新編新注十三經

何晉 撰

尚書新注

中華書局

圖書在版編目（CIP）數據

尚書新注/何晉撰. —北京：中華書局,2022.4
（新編新注十三經）
ISBN 978-7-101-15602-7

Ⅰ.尚…　Ⅱ.何…　Ⅲ.①中國歷史–商周時代②《尚書》–注釋　Ⅳ.K221.04

中國版本圖書館 CIP 數據核字（2022）第 009795 號

書　　名　尚書新注
撰　　者　何　晉
叢 書 名　新編新注十三經
責任編輯　石　玉
出版發行　中華書局
　　　　　（北京市豐臺區太平橋西里 38 號　100073）
　　　　　http://www.zhbc.com.cn
　　　　　E-mail:zhbc@zhbc.com.cn
印　　刷　三河市中晟雅豪印務有限公司
版　　次　2022 年 4 月第 1 版
　　　　　2022 年 4 月第 1 次印刷
規　　格　開本/920×1250 毫米　1/32
　　　　　印張 19⅝　插頁 2　字數 502 千字
印　　數　1-4000 冊
國際書號　ISBN 978-7-101-15602-7
定　　價　68.00 元

新編新注十三經芻議

袁行霈

一

今傳十三經有一個漫長的形成過程，其間經過多次變動。茲將十三經的形成過程作一簡要的論述。

孔子有"六藝"之說，指《詩》、《書》、《禮》、《樂》、《易》、《春秋》；[1]湖北荆門郭店楚墓出土竹簡《六德》，講到《詩》、《書》、《禮》、《樂》、《易》、《春秋》，[2]並未總稱爲"六經"。到西漢有"五經"之說，陸賈《新語・道基》："禮義不行，綱紀不立，後世衰廢，於是後聖乃定五經，明六藝，承天統地，窮事察微，原情立本，以緒人倫。"[3]漢武帝時正式將"五經"立於學官，《漢書・武帝紀》："（建元）五年（前 136）

<hr>

[1] 《史記・滑稽列傳》："孔子曰：'六藝於治一也。《禮》以節人，《樂》以發和，《書》以道事，《詩》以達意，《易》以神化，《春秋》以義。'"（《史記》，北京：中華書局 1982 年版，第 3197 頁）至於《莊子・天運篇》："孔子謂老聃曰：'丘治《詩》、《書》、《禮》、《樂》、《易》、《春秋》六經，自以爲久矣，孰知其故矣；以奸者七十二君，論先王之道而明周、召之跡，一君無所鉤用。甚矣夫！人之難説也，道之難明邪？'老子曰：'幸矣子之不遇治世之君也！夫六經，先王之陳跡也，豈其所以跡哉！……"（郭慶藩《莊子集釋》，北京：中華書局 1961 年版，第 531—532 頁）其中講到了"六經"，但此篇屬於《莊子》之外篇，其時代難以確定，僅録以備考。

[2] 《郭店楚墓竹簡・六德》："觀諸《詩》、《書》則亦才矣，觀諸《禮》、《樂》則亦才矣，觀諸《易》、《春秋》則亦才矣。"（北京：文物出版社 1998 年版，第 188 頁）

[3] 王利器《新語校注》，北京：中華書局 1986 年版，第 18 頁。

春……置五經博士。"[1] 五經的排列順序通常是《詩》、《書》、《禮》、《易》、《春秋》或《易》、《書》、《詩》、《禮》、《春秋》。[2]

唐太宗貞觀七年（633）頒《新定五經》，是經學史上的一件大事。[3] 此後，太宗又詔孔穎達等撰修《五經正義》，書成，因太學博士馬嘉運駁之，詔更令詳定，功竟未就。[4] 高宗永徽間又經考正，於永徽四年（653）始頒行。[5] 此外，唐代還有"九經"之稱，[6]"九經"包

---

[1] 《漢書》，北京：中華書局1962年版，第159頁。又《漢書·百官公卿表上》："武帝建元五年初置五經博士，宣帝黃龍元年稍增員十二人。"（《漢書》，第726頁）《漢書·儒林傳》贊："自武帝立五經博士，開弟子員，設科射策，勸以官祿，訖於元始，百有餘年，傳業者寖盛，支葉蕃滋，一經說至百餘萬言，大師衆至千餘人，蓋祿利之路然也。"（第3620頁）

[2] 《莊子·天下》篇："《詩》以道志，《書》以道事，《禮》以道行，《樂》以道和，《易》以道陰陽，《春秋》以道名分。"（郭慶藩《莊子集釋》，第1067頁）或疑此六句爲注文，誤入正文。《史記·儒林列傳》在"及今上即位，趙綰、王臧之屬明儒學，而上亦鄉之，於是招方正賢良文學之士"這段話後所列五經也是這個順序（《史記》，第3118頁）。而《漢書·藝文志》所列順序則是《易》、《書》、《詩》、《禮》、《春秋》。《白虎通·五經》曰："《五經》何謂？《易》、《尚書》、《詩》、《禮》、《春秋》也。"（陳立《白虎通疏證》，北京：中華書局1994年版，第448頁）《史記·司馬相如列傳》載相如《封禪文》云："軒轅之前，遐哉邈乎，其詳不可得聞也。五三六經載籍之傳，維見可觀也。"司馬貞《索隱》："胡廣云：'五，五帝也。三，三王也……。'案：六經，《詩》、《書》、《禮》、《樂》、《易》、《春秋》也。"（《史記》，第3064—3065頁）周予同《群經概論》云："六經的次第，今文學派主張（1）《詩》，（2）《書》，（3）《禮》，（4）《樂》，（5）《易》，（6）《春秋》。而古文學派主張（1）《易》，（2）《書》，（3）《詩》，（4）《禮》，（5）《樂》，（6）《春秋》。"（見《周予同經學史論著選集》，上海：上海人民出版社1996年版，第211頁）《樂經》不存，故實際只有五經。

[3] 《舊唐書·太宗本紀》，北京：中華書局1975年版，第43頁。又，《舊唐書·顏師古傳》："太宗以經籍去聖久遠，文字訛謬，令師古於秘書省考定五經。師古多所釐正，既成，奏之。太宗復遣諸儒重加詳議，于時諸儒傳習已久，皆共非之。師古輒引晉宋已來古今本，隨言曉答，援據詳明，皆出其意表，諸儒莫不欺服。於是兼通直郎、散騎常侍，頒其所定之書於天下，令學者習焉。"（《舊唐書》，第2594頁）

[4] 《舊唐書·孔穎達傳》："先是，與顏師古、司馬才章、王恭、王琰等諸儒受詔撰定《五經》義訓，凡一百八十卷，名曰《五經正義》。太宗下詔曰：'卿等博綜古今，義理該洽，考前儒之異說，符聖人之幽旨，實爲不朽。'付國子監施行，賜穎達物三百段。時又有太學博士馬嘉運駁穎達所撰《正義》，詔更令詳定，功竟未就。"（《舊唐書》，第2602—2603頁）

[5] 《舊唐書·高宗本紀》："（永徽四年）三月壬子朔，頒孔穎達《五經正義》於天下，每年明經令依此考試。"（《舊唐書》，第71頁）

[6] 《舊唐書·儒學傳·谷那律傳》："谷那律，魏州昌樂人也。貞觀中，累補國子博士。黃門侍郎褚遂良稱爲'九經庫'。"（《舊唐書》，第4952頁）

括《易》、《書》、《詩》、《周禮》、《儀禮》、《禮記》、《春秋左傳》、《春秋公羊傳》、《春秋穀梁傳》。文宗大和四年(830)鄭覃以經籍訛謬，請召宿儒奧學，校定六籍，勒石於太學，從之。[1]　文宗大和七年(833)籌備，至開成二年(837)告成，用楷書刻《周易》、《尚書》、《毛詩》、《周禮》、《儀禮》、《禮記》、《左傳》、《公羊》、《穀梁》、《孝經》、《論語》、《爾雅》十二經於長安太學，並以唐張參《五經文字》、唐玄度《九經字樣》爲附麗，共 650252 字，這就是《開成石經》，今藏西安碑林。宋趙希弁《讀書附志》經類，列《石經周易》、《石經尚書》、《石經毛詩》、《石經周禮》、《石經儀禮》、《石經禮記》、《石經春秋》、《石經公羊》、《石經穀梁》、《石經論語》、《石經孝經》、《石經孟子》、《石經爾雅》，曰：“以上石室十三經，蓋孟昶時所鎸，故《周易》後書：‘廣政十四年歲次辛亥五月二十日。’唯《三傳》至皇祐初方畢，故《公羊傳》後書：‘大宋皇祐元年歲次己丑九月辛卯朔十五日乙巳工畢。’”廣政爲五代後蜀年號，此即《蜀石經》。《石經孟子》下著録：“右《孟子》十四卷。不題經注字數若干，亦不題所書人姓氏。”[2]另據宋曾宏父《石刻鋪叙》卷上所云：“《孟子》十二卷，宣和五年九月帥席貢暨運判彭慥方入石，逾年乃成。”[3]可知《孟子》列入十三經，應當是北宋。南宋高宗紹興十三年(1143)又刻石經，也增加了《孟子》。清康熙年間陝西巡撫賈漢復在開成十二經之外，又補刻《孟子》，統稱“唐十三經”。十三經的順序爲《易》、《書》、《詩》、《周禮》、《儀禮》、《禮記》、《春秋左傳》、《春秋公羊

---

[1]　《舊唐書·鄭覃傳》：“覃長於經學，稽古守正，帝尤重之。覃從容奏曰：‘經籍訛謬，博士相沿，難爲改正。請召宿儒奧學，校定六籍，準後漢故事，勒石於太學，永代作則，以正其闕。’從之。”(《舊唐書》，第 4490 頁)

[2]　以上兩條引文見宋晁公武撰、孫猛校證《郡齋讀書志校證》，上海：上海古籍出版社1990 年版，第 1086—1087 頁。

[3]　然據宋晁公武《郡齋讀書志》“石經孟子十四卷”下所云：“右皇朝席旦(一作“益”)宣和中知成都，刊石實于成都學宫，云僞蜀時刻六經于石，而獨無《孟子》，經爲未備。”《知不足齋叢書》本，中華書局影印本第 4 册，第 182 頁。

傳》、《春秋穀梁傳》、《論語》、《孝經》、《爾雅》、《孟子》。[1]

明代已有《十三經注疏》刻本。清乾隆四年(1739)有武英殿刻本《十三經注疏》;嘉慶二十一年(1816)南昌府學重刊宋本《十三經注疏》附阮元《校勘記》刻成。後者流傳廣泛,成爲學者使用最廣的本子。

粗略地回顧上述歷史,我們由此可以得出三點結論:

第一,後來儒家所謂的"經"起初並未賦予"經"的名稱和地位。大概戰國中後期有學者尊稱某些儒家典籍爲"經",如《荀子·勸學》謂學之數"始乎誦經,終乎讀禮"。(楊倞注:"經,謂《詩》、《書》;禮,謂典禮之屬也。")[2]漢初學者陸賈等人以亡秦爲殷鑒,進一步推尊儒家典籍爲經。漢武帝"罷黜百家,獨尊儒術",儒家思想取得了國家意識形態的地位,"五經"立於學官。自此之後,《易》、《書》、《詩》、《禮》、《春秋》這五部書才被正式尊稱爲"經"。此乃取其"恒常"之義,《白虎通·五經》所謂"經,常也",[3]《釋名》所謂"經者,徑也,常典也",[4]代表了漢儒對於"經"的理解。後來劉勰《文心雕龍·論說》云"聖哲彝訓曰經,述經敘理曰論",是很有代表性的看法。[5] 正如張舜徽先生在《漢書藝文志通釋》中所云,"古之六藝,本無經名。孔子述古,但言'《詩》曰'、'《書》云',而不稱'詩經'、'書經';但言'學《易》',而未嘗稱'易經'。下逮孟、荀,莫不如此。……況經者綱領之謂,原非尊

---

[1] 乾隆《重刻十三經序》曰:"漢代以來儒者傳授,或言五經,或言七經。暨唐分三禮、三傳,則稱九經。已又益《孝經》、《論語》、《爾雅》,刻石國子學,宋儒復進《孟子》,前明因之,而'十三經'之名始立。"(《御製文》初集卷一一,《影印文淵閣四庫全書》第1301冊,臺北:商務印書館1986年版,第101頁)其所言未詳。以上所述,筆者除查閱《郡齋讀書志》及《讀書附志》外,又參考馬子雲、施安昌《碑帖鑒定》,桂林:廣西師範大學出版社1993年版,第358頁;孫欽善《中國古文獻學史》,北京:中華書局1994年版,第332—333頁;王錦民《古學經子》,北京:華夏出版社2008年版,第227頁。

[2] 王先謙《荀子集解》,北京:中華書局1988年版,第11頁。

[3] 陳立《白虎通疏證》,第447頁。

[4] 劉熙著、畢沅疏證《釋名疏證·釋典藝第二十》,廣雅書局叢書本。

[5] 范文瀾《文心雕龍注》,北京:人民文學出版社1958年版,第326頁。後來有"六經皆史"之說,見清章學誠《文史通義·內篇·易教上》,倉修良《文史通義新編新注》,杭州:浙江古籍出版社2005年版,第1頁。

稱。大抵古代綱領性文字,皆可名之爲經。故諸子百家之書,亦多自名爲經"。[1] 我們對儒家所謂"經"不必過於拘泥。

第二,十三經是在很長的時間内逐漸確定的。[2] 在漢代爲五經,到唐代擴充爲九經。其他如《孝經》、《爾雅》、《論語》都是後來增加進去的。而且在宋朝,《春秋》、《儀禮》、《孝經》還都曾一度被剔除出經部。[3]《孟子》十一篇在《漢書·藝文志》和《隋書·經籍志》中都屬於子書,到了宋代才歸入經書,從目録學的角度看來,所謂經書和子書的分類本來不很嚴格。既然如此,現在通行的十三經並不是不可調整的。

第三,漢武帝將五經立於學官,乃是將五經作爲學校的教科書。唐代實行科舉考試,則五經或九經又成爲科舉考試的標準用書。那時的朝廷是將經書作爲統一思想、治理國家、推行教化、選拔人才的依據。現在我們研究經書跟古代的出發點已有很大的區别,已不再需要那樣一套欽定的教科書或考試用書,而是將它們作爲中國傳統文化的源頭來研究,這是需要特别加以强調的。

二

今傳十三經全部是儒家的典籍。形成這種狀況,是漢武帝"罷黜百家,表章六經"的結果。[4] 借用劉勰《文心雕龍》前三篇的標題,可以説十三經以原道、徵聖、宗經爲主線,道、聖、經三者關係密切。我們

[1]　《張舜徽集·漢書藝文志通釋》(與《廣校讎略》合刊),武漢:華中師範大學出版社2004年版,第177頁。
[2]　漢代以來五經、七經、九經、十二經、十三經的演變情況十分複雜,本文並非專論經學史,只就其大概而言。
[3]　《宋史·選舉志》:"(熙寧四年)於是改法,罷詩賦、帖經、墨義,士各占治《易》、《詩》、《書》、《周禮》、《禮記》一經,兼《論語》、《孟子》。"(北京:中華書局1977年版,第3617頁)
[4]　《漢書·武帝紀》班固贊語,第212頁。

不禁要問：難道只有儒家的典籍才能稱爲“經”嗎？我們可不可以突破這種局限呢？以筆者的愚見，當初編纂儒家的經典，自然以這十三部典籍爲宜。如果不限於儒家，而是着眼於整個中國文化的原典，那就不應局限於現在通行的十三經。在儒家之外，道家、墨家、兵家、法家也有很重要的地位，應該納入中國文化的經書範圍之內。隨着社會的進步和學術的發展，以弘揚中華民族優秀傳統文化爲宗旨，對現在通行的十三經中所收各書需要重新審視，加以去取。顯而易見，我們今天研究中國傳統文化不應當限於儒家，所謂“國學”並不等於“儒學”，現在早已不是“罷黜百家，獨尊儒術”的時代了！我們應當改變儒家獨尊的地位，更廣泛地吸取各家之精華，以更廣闊的視野繼承和弘揚中國優秀的傳統文化。而這正是《新編新注十三經》努力的方向。從西周到春秋、戰國的幾百年間，是中華文明極其燦爛的時代，其多姿多彩的精神成果不僅體現在儒家典籍之中，也體現在儒家之外諸子百家的典籍之中。我們研究中國傳統文化，要從多個源頭清理中華文明的來龍去脈，廣泛地吸取其中的精華。

基於以上的學術理念，我倡議對十三經重新編選和校注。計劃中的《新編新注十三經》收入以下十三種典籍：《周易》、《尚書》、《詩經》、《禮記》、《春秋左傳》、《論語》、《孟子》、《荀子》、《老子》、《莊子》、《墨子》、《孫子》、《韓非子》，保留原來十三經中的七種，替換六種。

我們充分肯定傳統文化（包括儒家典籍）的重要價值，認爲上述十三種書具有長遠的意義，經過整理可以在今天充分發揮其作用。這是我們仍然沿襲“經”這個名稱的一個重要原因。又因爲“十三經”之稱如同《三字經》、《百家姓》、《千字文》、《唐詩三百首》，無論是學者還是一般讀者都已經習以爲常，而且中國本土文化中時代最早、可以稱之爲文化源頭而又流傳有緒的、帶有綱領性的重要典籍，恰好可以選擇十三種，仍然維持“十三經”的名稱是適宜的。

我們所謂的"經",與傳統的"經"相比,含義有所同也有所不同。首先,稱"經"有以示尊崇之意,因此,新編十三經,也就是選擇那些在中國文化中具有重要地位的典籍,意在使讀者能够藉此把握中國文化的要旨。其次,"經"有"恒常"的意思,表明這些典籍不僅在歷史上具有重要的影響,而且其深刻、豐富的思想在今天也有值得弘揚之處,在未來仍將具有不可忽視的影響力。第三,我們所謂的"經"具有開放性和多元性,不再封閉於原來那十三種儒家典籍的範圍,這樣可以更全面地反映中華文化的豐富内涵。

接下來就將新增的六種經典作一簡單的論述。

屬於儒家的一種:《荀子》。

荀卿自稱爲儒,《漢書·藝文志》著録《孫卿子》三十三篇,歸屬於儒家,孫卿就是荀子。《韓非子·顯學》篇説孔子以後"儒分爲八",其中"孫氏之儒"的"孫氏"就是指荀子。[1] 但荀子的學説與孔子有所不同,他曾遊學齊國的稷下學宫,受到道家、法家、名家的影響。荀子主張"法後王",又主張人性惡,並在《非十二子》中對子思、孟子等儒家學者進行了激烈的批判。《荀子》未能列入十三經,可能與他的這種思想傾向有關。其實,《荀子》中有不少值得注意的思想資源。其"王道"觀包含着豐富的内容,諸如"隆禮"、"賢能不待次而舉"、"平政愛民"等,都值得重視。其宇宙觀,主張"天行有常,不爲堯存,不爲桀亡。應之以治則吉,應之以亂則凶","制天命而用之",也值得注意。其經濟思想,提出"富國裕民"之道,很有意義。其他如"解蔽"之説,"虛壹而静"之説,以及其音樂理論、教育理論,也都值得進一步發掘整理。至於它對中國歷史文化的影響,譚嗣同《仁學》所謂"二千年來之學,荀學也"一語,[2]值得注意。蘊含着如此豐富思想資源的《荀子》,列入《新編新注十三經》是適當的。

---

[1]　參閲王先慎《韓非子集解》,北京:中華書局 1998 年版,第 456—457 頁。

[2]　蔡尚思、方行編《譚嗣同全集》(增訂本),北京:中華書局 1981 年版,第 337 頁。

屬於道家的兩種:《老子》和《莊子》。

漢武帝"罷黜百家,獨尊儒術"之後,道家的地位雖然比不上儒家,但道家在中國傳統文化中的影響仍然足以跟儒家相提並論,儒道互補成爲中國傳統文化的一個重要特點。在古代已有稱之爲"經"者,特別值得注意的是《隋書·經籍志》著錄《老子道德經》二卷,周柱下史李耳撰,漢文帝時河上公注。作爲道家之創始,《老子》一書中包含的樸素辯證法,關於人與自然關係的認識等,對中國文化的各個方面,如哲學、政治、文學、藝術等都有深遠的難以估量的影響。如果没有《老子》,就没有魏晉以後流行的玄學和唐代以後流行的禪學,中國文化就將失去不少多姿多彩的方面。道家關於清静無爲的説法,在戰亂之後社會需要休養生息之際,尤能顯示其在治國方面的重要意義。

郭店楚簡中發現了三種《老子》抄本,抄寫時間在公元前 300 年左右,雖然均不完整,但仍是目前所能見到的最古老的本子。湖南長沙馬王堆三號漢墓出土了兩種漢初的抄本,即帛書《老子》甲本和乙本,這是目前所能見到的較早的完整的本子。這些出土文獻,爲《老子》一書的校勘注釋和研究帶來了新的契機,已有許多新的研究成果問世。《新編新注十三經》收入《老子》,除原有的傳世《老子》版本外,可以利用楚簡本和帛書本及其研究成果,做出新的成績來。

《莊子》一書乃是莊周及其後學的著作。其内篇所闡述的"逍遥遊"代表着一種人生的理想,倡"無名"、"無功"、"無己",以求無待,無待則可以得到精神的自由。其所主張的"齊物論",有助於破除那種絶對、僵硬、呆板、滯塞的思維方式。作爲與儒家相對立的學説,《莊子》豐富多彩而又富於機辯,極具智慧之光芒,使中國文化帶上了靈動、活潑、通透的特點,具有充沛的想象力、創造力以及藝術感染力。在魏晉南北朝時期,莊子學復興,《莊子》與《老子》、《周易》並稱"三玄",是名士們研習的經典。唐宋兩朝,《老子》、《莊子》還曾被尊爲"經",並置

博士員,立於學官。[1] 而今《莊子》自然也應當和《老子》一併列入
《新編新注十三經》之中。

　　屬於墨家的一種:《墨子》。

　　墨家的創始人是墨翟。墨家在當時影響很大,《孟子·滕文公
下》云:"楊朱、墨翟之言盈天下。天下之言不歸楊,則歸墨。"《孟
子·盡心下》又說:"逃墨必歸於楊,逃楊必歸於儒。"[2]孟子的話雖
不免有點誇張,但從中仍然可以看出墨學在當時是一種顯學。《韓
非子·顯學》就明確地說:"世之顯學,儒、墨也。"[3]《莊子·天下》
云:"相里勤之弟子五侯之徒,南方之墨者苦獲、已齒、鄧陵子之屬,
俱誦《墨經》,而倍譎不同,相謂別墨。"[4]《呂氏春秋·仲春紀·當
染》稱:"(孔子與墨子)此二士者,無爵位以顯人,無賞祿以利人,舉
天下之顯榮者必稱此二士也。皆死久矣,從屬彌衆,弟子彌豐,充滿
天下。王公大人從而顯之,有愛子弟者隨而學焉,無時乏絕。"[5]可
見,在《呂氏春秋》成書之際,墨子仍然具有與孔子同等的地位。直
到漢武帝罷黜百家之後,墨家才消沉下來,而且迄今尚未得到廣泛
的重視。其實,《墨子》一書中有不少思想資源值得我們發掘,其尚
賢、兼愛、非攻、節用、非命等方面的思想,在今天仍然值得重視,而
其在邏輯學方面的貢獻,在自然科學方面的論述,也很值得注意。
《新編新注十三經》應當列入《墨子》。

　　屬於兵家的一種:《孫子》。

　　《史記·孫子吳起列傳》:"孫子武者,齊人也。以兵法見於吳王

[1]　《舊唐書·禮儀志》:"丙申詔……改《莊子》爲《南華真經》。……兩京崇玄學各置博
　　　士、助教,又置學生一百員。"(《舊唐書》,第926頁)《宋史》:"丙戌,詔太學、辟雍各置
　　　《内經》、《道德經》、《莊子》、《列子》博士二員。"(《宋史》,第400頁)
[2]　朱熹《四書章句集注》,北京:中華書局1983年版,第272、第371頁。
[3]　王先慎《韓非子集解》,第456頁。
[4]　郭慶藩《莊子集釋》,第1079頁。
[5]　陳奇猷《呂氏春秋校釋》,上海:學林出版社1984年版,第96頁。

闔廬。闔廬曰:'子之十三篇,吾盡觀之矣,可以小試勒兵乎?' 對曰:
'可。'"[1]《漢書·藝文志·兵書略》於兵權謀家著錄云"《吳孫子兵
法》八十二篇。圖九卷",顏師古注:"孫武也,臣於闔廬。"[2]中國古
代典籍中兵家的著作是一大筆寶貴的遺產,而《孫子》是兵家中最重要
的一部典籍。曹操《孫子序》指出其"審計重舉,明畫深圖"的特
點,[3]這已不限於用兵。《孫子》不僅有豐富的軍事思想,也有深厚的
戰略思維,對人才、行政和經濟管理,乃至外交,都有啟發借鑒的意義。
1972年山東臨沂銀雀山西漢墓葬出土的竹簡本《孫子兵法》十三篇,
帶動了《孫子》的研究,今天看來,完全有理由將之列入《新編新注十
三經》之中。

　　屬於法家的一種:《韓非子》。

　　《漢書·藝文志》曰:"法家者流,蓋出於理官,信賞必罰,以輔禮
制。《易》曰'先王以明罰飭法',此其所長也。"[4]在韓非子之前,法
家的商鞅重法,申不害重術,慎到重勢。韓非子綜合法、術、勢,成爲法
家的集大成者。《韓非子》一書也就成爲《新編新注十三經》的必選
經典。

　　此外,佛教自漢哀帝元壽元年(前2年)傳入中國以來,經過魏晉
南北朝這個戰亂時期,在社會上逐漸傳播開來,到唐代取得與儒、道兩
家並立的地位。《新編新注十三經》是否選入佛經,成爲筆者反復考慮
的一個問題。考慮到新編乃著眼於那些中國本土文化中原生的、時代
最早的、處於中國文化源頭的、在當時或後代具有廣泛深遠意義的典
籍,而佛經是從印度翻譯過來的,唐代盛行的禪宗及其典籍雖然已經
本土化,但時代晚了很多,因此佛經暫不入選爲宜。

[1]　《史記》,第2161頁。
[2]　《漢書》,第1756—1757頁。
[3]　曹操等注《十一家注孫子校理》,北京:中華書局1999年版,第310頁。
[4]　《漢書》,第1736頁。

三

《新編新注十三經》必須建立在學術研究的堅實基礎上，參考古代的各家之言，充分利用新出土的文獻資料，吸取最新的研究成果，使之成爲值得信賴的學術著作。我們的宗旨是爲讀者提供中華文化的元典，便於讀者從文獻的角度追溯中華文化的源頭，探尋中華文化的要義。編纂這套書是一項重要的文化建設和學術建設工作，對於弘揚中華民族優秀傳統文化意義重大，而且現在編纂時機已經成熟。我們的原則是取精用宏、守正出新。取精用宏對於這套書來說格外重要，因爲歷代的版本和研究成果浩如煙海，我們既要充分掌握已有的資料，又要去僞存真，去粗取精。守正出新是我在 1995 年主編《中國文學史》時提出來的，實踐證明取得了良好的效果。所謂守正就是繼承優良的學術傳統，所謂出新就是努力開拓新的學術格局，充分吸取新的研究成果，適當採用新的研究方法，使這套書具有時代的特色，以適應時代的要求。

近年來，古籍善本的普查和影印工作有了很大進展。以前的學者看不到的一些善本，我們有機會加以利用，這爲我們選擇底本和校本提供了很大方便，從而使新編工作有了堅實的基礎。自漢代以來，學者們圍繞這些經典所作的校勘、注釋和研究工作很多，成就卓著，爲《新編新注十三經》提供了極其重要的參考。此外，自二十世紀以來特別是近幾十年來出土了大量的文獻和文物，又爲經典的整理研究開拓了新的局面。例如臨沂銀雀山漢墓出土的竹書，長沙馬王堆漢墓出土的帛書，荆門郭店戰國楚墓出土的竹簡，上海博物館藏戰國楚竹書等，都向我們提供了大批極爲寶貴的新資料。由於這些新資料的出現，一些傳世的先秦古籍有了更早的古本，古籍中的一些錯誤得以糾正，古籍中的一些難點得到解釋。[1] 充分利用這些新發現的資料，可以提

---

[1]　參看裘錫圭《中國出土古文獻十講》，上海：復旦大學出版社 2004 年版，第 82—90 頁。

高我們的工作質量。

二十世紀之後的學術是在中西文化交流的大背景下展開的。借用西方的哲學、宗教學、文學、史學和人類學等方面的觀念來解釋中國的典籍,已經取得不少成績。陳寅恪先生所謂"取外來之觀念與固有之材料互相參證",[1]已被證明是行之有效的方法。這也爲《新編新注十三經》提供了廣闊的空間,從而保證了"出新"的可能。

還有一點值得注意,以前的學者整理經書,各有其家法,而且經今古文之爭十分激烈,各個門派互不相容;宋儒與漢儒又有所不同。今天我們重新整理,可以超越這類紛爭,兼容並蓄,擇善而從,從而取得新的成果。

當然,要想將這套書編好還存在許許多多的困難。一是資料浩繁,要花很多時間才能搜集完備並加以消化;二是每部書都存在不少難點,聚訟紛紜,要想取得進展,提出新見,並經得起考驗,實在很難;三是這套書既定位爲學術著作,又希望有較多的讀者使用,如何在專家與普通讀者之間找到平衡點,需要認真摸索。但是我們相信,依靠參加工作的各位學者刻苦鑽研,虛心聽取各方面專家的意見,集思廣益,反復討論,有希望達到預期的目標。

(原刊於《北京大學學報》,2009 年第 2 期)

---

[1] 陳寅恪《王静安先生遺書序》,《王國維遺書》,上海:上海書店 1983 年版。

目　録

夏　書

商　書

周　書

前　言

　　《尚書》是一部彙編記載上起堯舜下至春秋中期的歷史文獻的書，先秦時期稱爲"《書》"①，大概到了戰國末或西漢初開始被稱爲"《尚書》"，意思大概是"上古之書"，爲儒家"六經"之一。此後歷代統治者和士人也都很看重《尚書》，"歷代寶之，以爲大訓"②，對其中部分篇章在政治、思想上的延伸闡釋，更是深刻地影響了中國文化與學術③。

一、《尚書》概説

　　《尚書》的内容在先秦時期常被《左傳》《國語》《論語》《墨子》《荀子》《孟子》等書廣泛引用，文獻中頻繁出現"《詩》云""《書》曰"的現象，説明它和先秦另一部偉大經典《詩經》一樣，在當時已廣爲士君子

---

① 陳夢家《尚書通論》認爲"《書》"之稱，可能因爲此書大部分内容是"命書"（册命之書）和"誓書"（盟誓之書）的結集，故簡稱爲"《書》"。陳夢家《尚書通論》，北京：中華書局 2005 年，第 322 頁。
② 孔穎達《尚書正義·尚書序》，黄懷信整理，上海：上海古籍出版社 2007 年，第 8 頁。
③ 例如僞古文《尚書》中的《大禹謨》中"人心惟危，道心惟微，惟精惟一，允執厥中"所謂"十六字心傳"，成爲了宋明理學的核心命題，這十六字的内容，被看作君主治理天下的大法。此外，理學中一些重要的範疇如誠、信、仁等，也與《尚書》中的篇章密切相關，王應麟《困學紀聞》卷二中説："《仲虺之誥》，言仁之始也；《湯誥》，言性之始也；《太甲》，言誠之始也；《説命》，言學之始也。"王應麟《困學紀聞》，翁元圻等注，樂保群、田松青、吕宗力校點，上海：上海古籍出版社 2008 年，第 201—202 頁。

們所稱誦和推崇,《左傳》説:"《詩》《書》,義之府也。"①在《漢書·藝文志》"六藝"的排列次序上,《尚書》僅次於《周易》,位列第二②,這大概和此書有豐富的統治策略、深刻的政治經驗的記載有關③,"足以垂世立教","示人主以軌範"④。

先秦文獻不僅常稱"《書》曰",也有引用其篇名者,在《左傳》《國語》中還常引"《夏書》""《商書》""《周書》",這説明《書》作爲一類文獻的集合體,至少在戰國時期便已成形,且呈現出較爲清晰的内部結構。傳統的觀點,例如《史記》認爲孔子删定《詩》《書》,這將《書》的編定時間定在了春秋末年。《書》是否真由孔子編次而成,現在看來還缺少確切的證據加以論定,但文獻記載和新發現的出土文獻都表明,先秦時期存在不少的《書》類文獻,王充《論衡·正説篇》謂"《尚書》本百篇"⑤,這些文獻在周王室和諸侯國的檔案機構或史官部門傳承,後來或流布民間,總的數量應該不少,《尚書》可能確實是儒家基於上述材料選編而成。

不過,《尚書》不少篇章雖來源於文書檔案、史官記録,一些内容在文字和用語上也與西周金文接近,但這些經過編次、整理過的篇章,已脱離於原始的文書檔案性質,也與西周金文的性質有異。總體而言,編入《尚書》中的這些篇章,都或多或少經過史官或後世傳習者的整理甚至增益,個別篇章固然還殘留有文書檔案的特徵,不過基本都已是古書的性質,内容側重在討論治國之道及其教訓,正如劉知幾説,雖然

① 阮元校刻《春秋左傳注疏》僖公二十七年,臺北:藝文印書館 2001 年,第 267 頁。
② "六經"的排列次序,其初大多以《詩》爲首,如《莊子·天下》《禮記·經解》《商君書·農戰篇》及近年來出土的楚簡等等所記,可能到漢代《淮南子》、劉歆時才以《易》爲首。但無論是以《詩》還是以《易》爲首,《書》總是排列在第二,其重要地位未曾動摇。
③《荀子·勸學篇》:"故《書》者,政事之紀也。"王先謙《荀子集解》,北京:中華書局 1988 年,第 11 頁。《史記·太史公自序》:"《書》記先王之事,故長於政。"司馬遷《史記》卷一百三十,北京:中華書局 1959 年,第 3297 頁。
④ 孔穎達《尚書正義·尚書序》,黃懷信整理,第 13 頁。
⑤ 黃暉《論衡校釋》,"新編諸子集成",北京:中華書局 1990 年,第 1123 頁。

《尚書》"本於號令",但其目的在"所以宣王道之正義,發話言於臣下"①,旨歸於道義與訓誡。當然,它們的史料價值也很高,這是由於記載上古歷史的文獻本來也少,所以《史記·五帝本紀》《夏本紀》《殷本紀》《周本紀》幾乎抄用了《尚書》大部分内容。

流傳到今天的儒家"十三經"中的《尚書》,經歷了一個較爲複雜的過程。今本 58 篇的《尚書》,在内容上仍然分爲《虞書》《夏書》《商書》《周書》四個部分,在整體上具有一定的一致性,在各部分之間、各部分的一些篇章之間又存在着足夠明顯的差異。

從結構上看,今本《尚書》分爲四個部分:《虞書》《夏書》《商書》《周書》,一共 58 篇,合序,凡 59 篇。各部分的篇章,成篇早晚不同,大致來説,《周書》部分,大都爲西周作品;《商書》部分,有不少篇章當爲後世擬作,成於西周末至春秋初;《虞書》和《夏書》部分大概成篇最晚,個別篇章可能晚至戰國。

從體例上看,《尚書》篇章可以以例類分,《尚書序》謂之"典、謨、訓、誥、誓、命之文",約爲六類;唐代孔穎達《尚書正義》(以下簡稱孔穎達疏)在《堯典》疏中云:"撿其此體,爲例有十:一曰典,二曰謨,三曰貢,四曰歌,五曰誓,六曰誥,七曰訓,八曰命,九曰征,十曰範。《堯典》《舜典》二篇,典也;《大禹謨》《皋陶謨》二篇,謨也;《禹貢》一篇,貢也;《五子之歌》一篇,歌也;《甘誓》《泰誓》三篇、《湯誓》《牧誓》《費誓》《秦誓》,誓也;《仲虺之誥》《湯誥》《大誥》《康誥》《酒誥》《召誥》《洛誥》《康王之誥》八篇,誥也;《伊訓》一篇,訓也;《説命》三篇、《微子之命》《蔡仲之命》《顧命》《畢命》《冏命》《文侯之命》九篇,命也;《胤征》一篇,征也;《洪範》一篇,範也。"②這種完全依據其篇題之名而作的分類,固然有些僵化,但其中典、謨、誓、誥、命爲典型代表的類分特徵確實也很明顯,成爲了《尚書》的獨特體例。"典"被視爲典範,可

①浦起龍《史通通釋》卷一《六家第一》,王煦華整理,上海:上海古籍出版社 2009 年,第 2 頁。
②孔穎達《尚書正義》,黄懷信整理,第 27 頁。

百代常行，"謨"同"謀"是君臣之間的謀議對話，"誓"主要指戰前的宣誓之言，"誥"主要是君臣或臣民之間的誥教之詞，"命"主要是册命的内容。

從内容上看，《尚書》中多數篇章重在記言，所記多爲君主誓命臣民以及君臣之間謀議告誡之辭，另有少數叙事之篇，如《堯典》《金縢》《顧命》《禹貢》等。約成篇於戰國中晚期的郭店簡《性自命出》云："詩、書、禮、樂，其始出皆生於人。詩，有爲爲之也。書，有爲言之也。禮、樂，有爲舉之也。"①可見"書"類文獻以"言"爲主；《漢書·藝文志》云："古之王者，世有史官，君舉必書，所以慎言行，昭法式也。左史記言，右史記事，事爲《春秋》，言爲《尚書》。"②謂《尚書》重在記言，大略不差。

二、今文《尚書》與古文《尚書》

秦朝焚書，通曉《尚書》的原秦朝博士濟南伏勝，曾將《尚書》藏於壁中。西漢初年，他重新取出那些竹簡時，僅存 29 篇，以教於齊魯之間。伏勝 29 篇的組成，説法不一，大致有兩種代表性的觀點。其一，皮錫瑞《今文尚書考證》、陳夢家《尚書通論》等認同孔穎達疏"伏生二十九篇，而《序》在外"的説法，29 篇不包括《書》序在内，但《顧命》和《康王之誥》分開各爲一篇；大概在武帝時得到用隸書寫成的一篇《泰誓》之後，乃合《顧命》和《康王之誥》爲一篇，加上所得《泰誓》一篇，仍爲 29 篇。兩漢文獻如《史記·儒林傳》《漢書·藝文志》等，言《書》皆云 29 篇。陳夢家《尚書通論》："晉世始有伏生二十八篇説，《連叢子》曰'《尚書》二十八篇取象二十八宿'，《漢書·劉歆傳》注引臣瓚曰：'當時學者謂《尚書》唯有二十八篇。'至《隋書·經籍志》遂謂'至漢，

①荆門市博物館《郭店楚墓竹簡》，北京：文物出版社 1998 年，第 179 頁。
②班固《漢書》卷三十《藝文志》，北京：中華書局 1964 年，第 1715 頁。

唯濟南伏生口傳二十八篇'。凡此都因爲《泰誓》後得加入二十九篇內，故以爲伏生只二十八篇，不知二十八篇中《康王之誥》分出爲一篇，其數仍爲二十九。"①他認爲伏生《尚書》29 篇爲：《堯典》第一、《皋陶謨》第二、《禹貢》第三、《甘誓》第四、《湯誓》第五、《般庚》第六、《高宗肜日》第七、《西伯戡黎》第八、《微子》第九、《牧誓》第十、《洪範》第十一、《金縢》第十二、《大誥》第十三、《康誥》第十四、《酒誥》第十五、《梓材》第十六、《召誥》第十七、《洛誥》第十八、《多士》第十九、《無逸》第二十、《君奭》第二十一、《多方》第二十二、《立政》第二十三、《顧命》第二十四、《康王之誥》第二十五、《費誓》第二十六、《吕刑》第二十七、《文侯之命》第二十八、《秦誓》第二十九。後來又加入《泰誓》，而將《康王之誥》《顧命》合而爲一，仍爲 29 篇。其二，蔣善國《尚書綜述》認爲伏勝 29 篇，原有《泰誓》，不過僅有二篇，後武帝時得《泰誓》一篇，才共爲三篇；而《顧命》《康王之誥》本爲一篇，即《顧命》。故其所列伏勝 29 篇篇名，有《泰誓》，無《康王之誥》②。《尚書序》孔穎達疏云："二十九篇，自是計卷。若計篇，則三十四。"③這大概是《盤庚》分爲三篇後多出兩篇，再加上《泰誓》分爲三篇，《顧命》與《康王之誥》分開記篇而得的結果。

伏勝之《書》後來用隸書寫定，成爲西漢經生學習的教科書。漢武帝時歐陽所傳《尚書》被立爲博士，《漢書·藝文志》載《尚書》"歐陽經三十二卷"，從根據歐陽《尚書》刻成的熹平石經殘字看，此時已將後得之《大誓》一篇納入在內，陳夢家認爲乃《盤庚》析爲三，多出二篇，在原來 29 篇的基礎上共多出三篇，而爲 32 卷；而蔣善國認爲是《泰誓》析爲三，多出二篇，末後附 29 篇的《書》序一卷，而成 32 卷。兩相較之，似陳夢家説更妥。《漢志》又載"歐陽《章句》三十一卷"，陳夢家

---

① 陳夢家《尚書通論》，第 63 頁。
② 蔣善國《尚書綜述》，上海：上海古籍出版社 1988 年，第 24—28 頁。
③ 孔穎達《尚書正義·尚書序》，黄懷信整理，第 15 頁。

認爲是《章句》經文將《顧命》和《康王之誥》合而爲一，蔣善國則認爲是去掉了末後所附 29 篇的《書》序一卷。歐陽《尚書》僅就篇名而言當如下：《堯典》第一、《皋陶謨》第二、《禹貢》第三、《甘誓》第四、《湯誓》第五、《般庚》第六、《高宗肜日》第七、《西伯戡黎》第八、《微子》第九、《大誓》第十、《牧誓》第十一、《鴻範》第十二、《金縢》第十三、《大誥》第十四、《康誥》第十五、《酒誥》第十六、《梓材》第十七、《召誥》第十八、《雒誥》第十九、《多士》第二十、《毋劮》第二十一、《君奭》第二十二、《多方》第二十三、《立政》第二十四、《顧命》第二十五、《費誓》第二十六、《呂刑》第二十七、《文侯之命》第二十八、《秦誓》第二十九。在這一點上，陳夢家、蔣善國二家的觀點則並無不同。

宣帝時又立夏侯勝、夏侯建即所謂大、小夏侯《尚書》於學官，《漢書·儒林傳》贊曰“至孝宣世，復立大、小夏侯《尚書》”①，《漢書·藝文志》載《尚書》“經二十九卷，大、小夏侯二家”，經 29 卷，是將《康王之誥》《顧命》作爲一卷，再加上後得之《大誓》一卷數之，29 篇篇名同於上歐陽《尚書》篇名。

西漢歐陽、大、小夏侯《尚書》，均來自於伏生 29 篇之傳，此三家《尚書》因爲用漢代隸書抄寫而傳授，後世稱之爲“今文《尚書》”。三家今文《尚書》均立於學官，爲官學。東漢靈帝時將經書刻石，即“熹平石經”，採用的《尚書》即今文歐陽本，同時也注明了兩個夏侯本的異文。

在西漢，孔氏家還藏有先世傳下來的用戰國東方齊魯文字抄寫的《尚書》，也即所謂的“古文《尚書》”。《史記·儒林傳》記載，孔子第十一世孫孔安國把它與當時通行的伏生本相對照，發現古文本比今文本多出十餘篇，這些多出來的篇章被稱爲“逸《書》”。據《漢書·藝文志》，漢代中秘也藏有古文本《尚書》，劉向曾以之校今文《尚書》三家經文，此本是否即孔氏家藏本獻於朝廷者，尚不清楚，或有可能。此

---

①班固《漢書》卷八十八《儒林傳》，第 3621 頁。

外，《漢書·景十三王傳》說河間獻王曾從民間徵得先秦古文經，其中亦有《尚書》。又，《漢書·楚元王傳》附《劉歆傳》所載劉歆《移太常博士書》，謂中秘藏有孔子壁中逸《書》16 篇，爲魯恭王壞孔子宅時所得，由孔安國獻給朝廷。

《漢書·藝文志》記載，西漢晚期漢成帝時，劉向曾以皇家所藏古文《尚書》校歐陽、大、小夏侯三家今文《尚書》經文，結果是"《酒誥》脱簡一，《召誥》脱簡二"，僅脱三簡共約六七十字；此外雖然説"文字異者七百有餘"①，但大部分情況下可能也只是古文（戰國東方齊魯文字）與今文（漢代隸書）在字體字形上的差異。由這條記載，可以推測古文《尚書》與今文《尚書》都有的篇章，在内容上並無多大區别。

古文《尚書》一直流傳到東漢。據孔穎達疏所引東漢馬融、鄭玄《書》序，知逸《書》16 篇篇名爲：《舜典》《汩作》《九共》九篇、《大禹謨》《益稷》《五子之歌》《胤征》《湯誥》《咸有一德》《典寶》《伊訓》《肆命》《原命》《武成》《旅獒》《冏命》，爲 16 卷 24 篇（因爲《九共》有九篇）。《漢書·藝文志》載《尚書》"古文經四十六卷（爲五十七篇）"，顏師古注："劉玄《叙贊》云'後又亡其一篇'，故五十七。"②《武成》孔穎達疏引鄭玄云《武成》在建武之際亡，則所亡一篇蓋爲《武成》。未缺此一篇之前，古文《尚書》當爲 47 卷 58 篇，就卷數而言，古文《尚書》其中當有 31 卷與今文同，其餘 16 卷爲逸《書》（即前所云 16 篇，篇即卷）；就篇數而言，與今文相同的這 31 卷當爲 34 篇（其中《盤庚》《泰誓》各分爲三篇，《顧命》《康王之誥》單獨計篇）③，其餘 24 篇爲逸《書》。

①班固《漢書》卷三十《藝文志》，第 1706 頁。
②班固《漢書》卷三十《藝文志》，第 1705—1706 頁。
③蔣善國《尚書綜述》則以《漢書·藝文志》載《尚書》"古文經四十六卷，爲五十七篇"爲逸《書》16 篇，加上與今文同者 29 篇，共 45 篇，篇就是卷，再加《書》序一卷，共爲 46 卷；謂 57 篇，則不加《書》序數之，加之爲 58 篇。其釋《漢志》所記，云卷則加《書》序以數之，云篇則不加《書》序以數之，殊可怪也。

在東漢，古文《尚書》的興起和杜林很有關係，《後漢書・儒林傳》載："扶風杜林傳古文《尚書》，林同郡賈逵爲之作訓，馬融作傳，鄭玄注解，由是古文《尚書》遂顯于世。"①三國時王肅所注《尚書》，蓋亦此杜林本。朱彝尊《經義考》云："陸氏《釋文》采馬氏注甚多，然惟今文及小序有注，而孔氏二十五篇無一語及焉。"②可見馬、鄭所注杜林本古文《尚書》，僅注其今文、古文均有的篇章③，至於比今文多出的那16篇古文《尚書》逸篇，並無師說與傳者，《隋書・經籍志》云："後漢扶風杜林，傳古文《尚書》，同郡賈逵爲之作訓，馬融作傳，鄭玄亦爲之注。然其所傳，唯二十九篇，又雜以今文，非孔舊本。自餘絶無師說。"④《堯典》孔穎達疏引《書贊》云："自世祖興後漢，衛、賈、馬二三君子之業是也，所得傳者三十三篇，古經亦無其五十八篇，及《傳》說絶無傳者。"⑤這裏所謂"所得傳者三十三篇"，即指與今文29篇相同的部分，只不過在篇卷上分爲33篇。孔穎達疏又云："壁內所得孔爲傳者，凡五十八篇，爲四十六卷，三十三篇與鄭注同，二十五篇增多鄭注也。"⑥這是從唐代58篇《尚書》的角度出發，說其中33篇與鄭注《尚書》相同，其餘25篇是鄭注《尚書》没有的。衛、賈、馬所傳古文33篇的篇目，可能與僞孔本也即今本中源自今文的33篇的篇目相同，但難確認。《堯典》孔穎達疏曾言及鄭注《尚書》篇目，謂鄭玄本"則於伏生二十九篇之内，分出《盤庚》二篇、《康王之誥》，又《泰誓》三篇，爲三十四篇"⑦，此言"伏生二十九篇"，謂包括《泰誓》在内的伏生本。蓋孔穎達

①范曄《後漢書》卷七十九上《儒林列傳上》，北京：中華書局1965年，第2566頁。
②朱彝尊《經義考》卷七十七"杜氏林漆書古文《尚書》"條，影印《四部備要》本，北京：中華書局1998年，第425頁。
③惟毛奇齡《古文尚書冤詞》卷三認爲，杜林古文《尚書》有58篇，這58篇鄭玄都曾爲之作注，只不過其中25篇古文《尚書》篇章之注爲唐初墨守今文者去之。
④《隋書》卷三十二《經籍志》，北京：中華書局1973年，第915頁。
⑤孔穎達《尚書正義》，黃懷信整理，第30頁。
⑥孔穎達《尚書正義》，黃懷信整理，第29頁。
⑦孔穎達《尚書正義》，黃懷信整理，第29頁。

疏以爲鄭玄注古文《尚書》是把原在今文《尚書》中各爲一篇的《盤庚》《泰誓》都分成了三篇,故多出四篇,再加上分出的《康王之誥》一篇,共多出五篇,故爲 34 篇。《書贊》云 33 篇,孔穎達疏云 34 篇,有所矛盾,若孔穎達疏無誤,或《書贊》云杜林傳本古文《尚書》中《康王之誥》合於《顧命》爲一篇,故爲 33 篇,至鄭玄作注時乃分爲二,故爲 34 篇。

關於杜林所傳之古文《尚書》,是否完全就是西漢孔安國所獻古文《尚書》的原貌,也已難以確知,閻若璩《尚書古文疏證》認爲賈、馬、鄭所注古文《尚書》,就是西漢孔安國的"真古文"本;《四庫全書總目提要》於《説文解字》三十卷"下案語則認爲,賈、馬、鄭所注古文《尚書》乃杜林本,已並非孔安國原本。劉起釪《尚書學史》認爲杜林所傳"古文《尚書》",爲用古文字體改寫今文 29 篇而成,恐怕未必如此。

三、僞古文《尚書》

古文《尚書》大概在魏晉之際已亡佚。東晉初年,豫章内史梅賾(或作"頤")獻給朝廷一部有孔安國作傳(即注)的"古文《尚書》",此本將今文《尚書》28 篇(《泰誓》已佚)分爲 33 篇,《尚書序》孔穎達疏云:"以伏生本二十八篇,《盤庚》出二篇,加《舜典》《益稷》《康王之誥》凡五篇,爲三十三篇。"[1]此外又多出 25 篇,《尚書序》陸德明《經典釋文》云:"增多伏生二十五篇,謂《虞書·大禹謨》,《夏書·五子之歌》《胤征》,《商書·仲虺之誥》《湯誥》《伊訓》《太甲》三篇、《咸有一德》《説命》三篇,《周書·泰誓》三篇、《武成》《旅獒》《微子之命》《蔡仲之命》《周官》《君陳》《畢命》《君牙》《冏命》。"[2]再加上書前一篇所謂孔安國作的《尚書序》,共 59 篇。全書經文都有所謂孔安國作的傳。

唐代學者對此深信不疑,孔穎達爲它作《尚書正義》。唐文宗開成

---

[1]孔穎達《尚書正義》,黃懷信整理,第 19 頁。
[2]孔穎達《尚書正義》,黃懷信整理,第 17—18 頁。

二年(837)政府組織將經書刻成於石,此梅獻孔傳本《尚書》被作爲底本,這就是《尚書》"開成石經"本,一直流傳到今天。

但從宋代開始,有學者逐漸對梅獻孔傳本《尚書》産生懷疑,首先是南宋的吳棫,接着是朱熹。他們發現《尚書》中新增的所謂"古文"篇章,比漢代的今文還文通字順。朱熹的弟子蔡沈在其《書集傳》中部分繼承了朱熹的這種懷疑。蔡注《尚書》被納入"四書五經"中。

元代吳澄《尚書纂言》,開始只收28篇今文,此外,還删去了《尚書序》和孔傳。明代梅鷟撰《尚書譜》和《尚書考異》,指出"安國諸友董仲舒、太史遷名世儒者,曾無一人一言及於二十五篇之内者","《史》《漢》所載,惟《泰誓》、十六篇遞傳,絶無二十五篇影響"①,進一步從内容上考辨所增25篇爲雜取傳記中語以成文。

清代學者閻若璩,經過三十餘年的研究,著成《尚書古文疏證》,列舉一百多條證據,考定古文25篇是僞作。稍後,惠棟又作《古文尚書考》,補舉例證,力主閻説。從此以後,梅獻孔傳《尚書》的25篇古文部分及《尚書序》、全書孔傳皆僞作之説,在學界成爲定論。梅獻孔傳58篇所謂"古文《尚書》"並非西漢孔安國之古文《尚書》,其中多出的這25篇古文部分,就被稱爲"僞古文"。

不過,閻若璩的結論也有反對者,和他同時代的就有毛奇齡著《古文尚書冤詞》以駁之,有些駁斥有理有據大概還有些道理,所以閻若璩曾據毛奇齡所駁又再修改了自己書中的内容,讀者可參錢穆《中國近三百年學術史》中相關的論述。現在,只有極個别的學者還不承認僞古文篇章乃晚起僞書的觀點。2008年清華大學入藏一批戰國簡書,其中有不少與《尚書》相關的内容,特别是有幾篇可能就是戰國時代真正"古文《尚書》"的篇章,它們和僞古文《尚書》25篇中的篇章大有區别,再次有力地證明了僞古文《尚書》25篇爲晚起的僞書。但是,需要

①梅鷟《尚書考異》卷一,第98頁;《尚書譜序》第444頁,姜廣輝點校,上海:上海古籍出版社2014年。

注意的是,僞《書》25 篇不是字字均僞,其中來自其他書中所引《尚書》相關篇章的那些文句,應該另行看待。至於僞《書》25 篇,作僞者爲誰,今尚未能確知。

《尚書》全書的"孔安國傳"名不副實,因而今天常稱之爲"僞孔傳",雖然並非真正的西漢孔安國所作,但它的性質和價值,當與 25 篇經文區別看待。清代焦循《尚書補疏叙》中說:"置其爲假托之孔安國,而論其爲魏晉間人之傳,則未嘗不與何晏、杜預、郭璞、范甯等先後同時,晏、預、璞、甯之傳注可存而論,則此傳亦何不可存而論?"①陳澧對此也非常贊同,在其《東塾讀書記》中贊之爲"通人之論也。即以爲王肅作,亦何不可存乎?"②

僞孔傳的撰作者,有人認爲是魏時的王肅,或西晉的皇甫謐,或梅賾,但都無鐵證,蔣善國《尚書綜述》認爲:"總起來說,僞孔傳的傳文,是以《孔安國古文尚書說》爲底本,擴大成《傳》,以王肅《書》注爲宗,參以西晉太康以前的諸家《尚書》注說和他自己的創見而成的。"認爲僞孔傳"在解經方面,是西晉以前《尚書》經說的總結,價值很大"③,可謂公允之論。

四、《尚書》的版本與流傳

先秦傳世文獻及郭店簡與上博簡中部分文獻對《尚書》的徵引,使我們有機會一窺戰國時代《尚書》版本的雪泥鴻爪④;清華大學藏戰國竹簡中有關《尚書》的內容,則使我們看到了目前距今最久遠的、流傳

①焦循《尚書補疏叙》,《皇清經解》庚申補刊本,卷一千一百四十九。
②陳澧《東塾讀書記》,上海:世界書局 1936 年,第 53 頁。
③蔣善國《尚書綜述》,第 365、367 頁。
④對《尚書》的引用,《郭店楚墓竹簡》(簡稱郭店簡)集中在其《緇衣》《成之聞之》2 篇;《上海博物館藏戰國楚竹書》(簡稱上博簡)集中在上博簡(一)中《緇衣》篇,所引篇目有《尹誥》(即《咸有一德》)《康誥》《君奭》《君陳》《君牙》《呂刑》,此外上博簡(五)中《競建內之》亦涉及《高宗肜日》的部分內容。

於戰國時期的《尚書》的完整篇章①。這些是我們今天能看到的最早的一些《尚書》版本。

漢代的《尚書》流傳分爲今文和古文兩個系統。漢代官方認可授受的今文《尚書》,在公元175年,由漢靈帝下令刻文於石,此即所謂"熹平石經"本。熹平所刻石經,包括《易》《書》《詩》《儀禮》《春秋》五經和《公羊傳》《論語》二傳,共7種,其中的《尚書》以今文中的歐陽本作底本,同時也注明了另外兩個大、小夏侯本的異文。此《尚書》石經刻29篇經文,末附29篇《書》序,用隸書刻成,共18000多字,被立於洛陽太學的明堂前。但不久,熹平石經因戰亂被毀,經歷代輯錄,現在能看到的熹平石經《尚書》殘石的文字約有千餘字,分屬22篇。

漢代以來流傳的古文《尚書》,亦在曹魏正始(140—149)年間刻石②,史稱"正始石經"。據王國維《魏石經考二》,正始石經刊刻的經書,能够被確認全文刊刻的,只有《春秋》《尚書》二書,此外可能還有未刊全的《左傳》。因爲漢代太學所刊今文石經其時尚存,所以這次可能只刊刻了當時盛行的古文《尚書》和《左傳》。包括《尚書》在內的這些石經,因爲均由古文、篆文、隸書三種字體刻成,故又稱"三字石經"或"三體石經",但後來很快這些石經也遭廢毀。歷代所輯正始石經《尚書》文字,共約千字多一點(三體合計2300多字),分屬《尚書》17篇。此外漢代古文《尚書》的一些文字,還存在於《説文解字》的一些徵引中。

由於戰亂等原因,造成石經被毀,圖書散佚,於是東晉時朝廷下獻書之令,這時梅賾獻上了一部題爲漢代孔安國作傳的古文《尚書》。如上文已述,梅獻孔傳《尚書》多出了25篇"古文《尚書》"的內容,另外33篇的內容,蔣善國《尚書綜述》認爲必採自魏石經《尚書》,也就是説

①清華簡已公布的內容中,《尹誥》《説命》《周武王有疾周公所自以代王之志(金縢)》,對應《尚書》中的《咸有一德》《説命》《金縢》,另有一篇《攝命》或即《尚書》中的《囧命》。
②正始石經所刻《尚書》爲漢代古文《尚書》,參王國維《三字石經考三》。

這些篇章的來源是漢代的古文《尚書》，故其文字與漢石經有些差異；但孫欽善先生《中國古文獻學史》中則認爲梅獻孔傳《尚書》“以今文爲主，文字有改易，並雜有古文篇章”①。梅獻孔傳《尚書》中的文字，改易爲看起來較古的字體寫成，即所謂隸古定本，這個版本的原始面貌，不僅可以從敦煌與新疆吐魯番等地出土的唐及唐以前的寫本殘篇、宋代薛季宣的《書古文訓》、日本的寫本殘卷中得以管窺，更能據日本足利學校所藏源於唐或以前的隸古定本的寫本，以及據唐寫本之刻印本而傳抄的全書完整的内野抄本，而知其概貌。

　　梅獻孔傳 59 篇《尚書》本，在南朝末年有陸德明《經典釋文》爲之作音義，至唐貞觀時有孔穎達領銜爲之作《正義》（即疏）。唐在開成二年（837）刻成的石經中，《尚書》即以梅獻孔傳 13 卷本的經文作爲底本，此即所謂“開成石經”本②，《尚書》石經合計約 27000 多字。開成石經各經也只刻經文，正文用楷書字體，各經標題及卷數和字數則用隸書。此前，爲了讀認方便，就有人開始把隸古定本孔傳《尚書》中一些古字改爲當時大家認識的楷體今字，或者在隸古定寫本中那些難認的古字旁邊注上大家都能認識的楷體今字，唐天寶時，唐玄宗命集賢學士衛包把孔傳本《尚書》中的隸古定文字都改爲當時通行的楷體字，開成《尚書》石經，採用的就是已經被衛包改爲今字的孔傳《尚書》本，遺憾的是衛包不精於文字學，改錯了一些字，可參段玉裁《古文尚書撰異》中的舉例。和漢熹平石經、魏正始石經不一樣，唐開成石經基本完整保存至今。開成《尚書》石經，長時期以來爲後世提供了一個穩定的《尚書》版本，此後的各類版刻之本，無論是單經本（只有經文）、經注本（包括經文和孔傳）、單疏本（只包括孔穎達疏）、注疏本（包括

①蔣善國《尚書綜述》，第 380—381 頁；孫欽善《中國古文獻學史》，北京：中華書局 1994 年，第 222 頁。
②開成共刻 12 經：《易》《書》《詩》《周禮》《儀禮》《禮記》《春秋左傳》《公羊傳》《穀梁傳》《孝經》《論語》《爾雅》，附刻《五經文字》和《九經字樣》二種。至清代乾隆時，又補刻了《孟子》，康熙時又刻了《大學》《中庸》，其實《大學》《中庸》原已刻於《禮記》之中了。

經文、孔傳、孔穎達疏),基本都源自於此。

　　和其他儒經一樣,《尚書》的雕版印刷,開始於五代後唐長興年間,當時國子監根據唐石經開始刊刻九經①,《尚書》即在其中,王國維《五代兩宋監本考》認爲所刻《尚書》爲經注本,即包括經文和孔傳。此外蜀相母昭裔也在成都版刻九經,即所謂"蜀大字九經"。北宋刊印的經書,不僅有經注本,還有單疏本;到了南宋,不僅有單經本,還開始出現了注疏合刻本。現所見最早的《尚書》注疏合刻本,爲南宋初年兩浙東路茶鹽司所刻《尚書注疏》,今有保存於日本足利學校者②,此本因刻印於浙地越州,又稱"越本",每半葉八行,故又稱"八行本",光緒十年(1884)楊守敬曾用重金從日本大阪購回一部,共 20 卷,今藏於國家圖書館,李致忠《宋版書叙錄》言其缺卷七至八、十九至二十共四卷;王文進《文禄堂訪書記》則言其缺卷七、卷八、卷二十,卷十三缺第六至二十九葉,卷十四缺第十四至二十五葉。今核查此書,實際上卷十三、卷十四確有缺頁,卷十九亦全缺。其所有缺失部分,則用模刻日本足利學校影宋抄本補齊③。其後在各種刊本中,又有所謂"十行本",源出於南宋建陽坊間所刻附音本,故又叫"建本",因其書半葉十行,故又稱"十行本",爲後世閩本、監本、毛本各本之祖。浙本八行本爲官本,在宋本中是品質最好的本子;而十行本是福建的坊本,品質就比不上八行本了。

---

①王溥《五代會要》卷八"經籍":"後唐長興三年二月,中書門下奏:'請依石經文字刻九經印板。'敕:'令國子監集博士儒徒,將西京石經本,各以所業本經句度抄寫注出,子細看讀。然後顧召能雕字匠人,各部隨帙刻印板,廣頒天下。如諸色人要寫經書,並須依所印敕本,不得更使雜本交錯。'"上海:上海古籍出版社 1978 年,第 128 頁。不過,九經板刻,一直到後周前後歷經多年才最終全部完成。王國維《五代兩宋監本考》認爲,五代刻經的數目和唐石經相同,所以應該還刻有《孝經》《論語》《爾雅》,實際共 12 經。

②在山井鼎《七經孟子考文》中稱之爲"宋板",阮元《十三經注疏校勘記》中亦據《七經孟子考文》稱爲"宋板",今存足利學校遺跡圖書館。

③參李致忠《宋版書叙錄》,北京:書目文獻出版社 1994 年,第 66 頁;王文進《文禄堂訪書記》,上海:上海古籍出版社 2007 年,第 11 頁。南宋兩浙東路茶鹽司所刻注疏合刻本,所可考者共 8 經,其先刻有《易》《書》《周禮》,後刻有《詩》《禮記》《春秋》和《論語》《孟子》。

　　清代阮元校刻《十三經注疏》，稱主要以宋十行本爲據，並參以多本，考校異同，成爲影響較大的版本。其中刊刻的《尚書注疏》稱依據宋十行本，實則是依據宋十行本重新刊刻的元刊明修十行本。其《尚書注疏》的校勘，原以毛本爲底本，成“文選樓”本《校勘記》；後南昌府學刻《十三經注疏》，其《尚書注疏》則用十行本爲底本，其所附《校勘記》則是在“文選樓”本《校勘記》的基礎上改換摘録而成，要注意二者存在差別①。

　　1935 至 1939 年，日本東方文化研究所經學文學研究室吉川幸次郎等人編定有《尚書正義定本》，所校之本，有唐石經和《書古文訓》這2 種單經本，還有主要爲隸古定寫本的經傳本寫本 12 種，經傳本刊本6 種，單疏本 1 種，經注疏本 11 種，近儒校注本 7 種，成爲到目前爲止很值得參考的一個版本。

五、《尚書》的注疏與研究

　　今天能看到較早的對《尚書》的闡釋，是約成書於公元前二世紀據傳爲漢代伏生所作的《尚書大傳》，東漢鄭玄曾爲之作注，但此書大概在宋代已經失傳，清人陳壽祺輯有《尚書大傳輯校》，皮錫瑞有《尚書大傳疏證》亦可參考。

　　東漢至三國，賈逵、馬融、鄭玄、王肅也曾注過《尚書》，但後來逐漸散佚，其中部分爲唐代孔穎達疏引用而存，清代學者如孫星衍等有輯文。大概形成於魏晉期間的僞孔安國《尚書》傳，是保留至今最完整系統的《尚書》注，它吸收了一些漢魏學者的成果，很有價值。南朝陳時陸德明著成《經典釋文》，在《尚書》字義、注音、版本等方

---

① 參汪紹楹《阮氏重刻宋本十三經注疏考》，《文史》第 3 輯，北京：中華書局 1963 年，第 32頁；劉玉才主編《十三經注疏校勘記》中《尚書注疏校勘記》“整理説明”，北京：北京大學出版社 2014 年，第 285—299 頁。

面都有重要貢獻。到唐代，孔穎達等人以僞孔傳《尚書》爲底本，在僞孔傳的基礎上，主要採用隋代劉焯、劉炫對《尚書》的義疏，爲《尚書》作疏而成《尚書正義》，這是對南北朝以來《尚書》疏解的一次系統性彙集。北宋從慶曆時開始，解經不拘守舊的章句義疏，多與政治聯繫而引申，其代表作有王安石《尚書新義》、蘇軾《東坡書傳》；南宋時，林之奇《尚書全解》、吕祖謙《增修東萊書説》是宋代通貫性講解《尚書》的代表作，特別是朱熹等對漢唐人之注疏不滿，他作《四書集注》，其學生蔡沈作《書集傳》，風行宋、元、明、清。宋儒不爲漢唐注疏所囿，不搞繁瑣考證，讓大家把注意力主要放在經文本文，且重視"文勢"，敢於從上下文與情理處大膽解説，時有的論、新論、高論，但有時在具體的史實、字義的解釋上不太講究，清代皮錫瑞嚴屬批評宋人是憑"臆見"來論史，這是只就其缺點而作放大的批評，有些過火。

不過清代的《尚書》學確實有很大成就，首先是閻若璩、惠棟等對僞古文《尚書》的辨僞，在學界影響甚大，已爲大多數學者所接受，清代研究《尚書》的學者，基本都摒棄了僞《書》25篇，不再爲之作注疏。其次，由於清代學術在文字、音韻、訓詁、輯佚上的突出成就，出現了不少對《尚書》作新注、新疏的高水平著作，例如江聲《尚書集注音疏》、王鳴盛《尚書後案》、段玉裁《古文尚書撰異》、孫星衍《尚書今古文注疏》、皮錫瑞《今文尚書考證》等，此外還有一些就《尚書》中的專題進行深入探討的著述，如胡渭《禹貢錐指》等。

近現代以來，一些學者開始結合地下出土材料來研究《尚書》，王國維曾在清華大學開過這方面的課，其弟子楊筠如著《尚書覈詁》，特別注意使用金文材料，這方面的代表作還有于省吾的《尚書新證》。此外，顧頡剛、劉起釪《尚書校釋譯論》、曾運乾《尚書正讀》、屈萬里《尚書集釋》、周秉鈞《尚書易解》等，也都在《尚書》的詮釋上頗有貢獻。2008年入藏清華大學的一批戰國簡書逐漸公布之後，其中關於《尚書》的内容及其討論，也大大促進了《尚書》的研究，特別是爲古文《尚書》的辨僞提供了新證據。

由於《尚書》是儒家乃至中華傳統文化最重要的經典之一，域外很早也對它進行了譯介與研究，比較有名的，在西方，早期有宋君榮（Antoine Gaubil，1689—1759）和馬若瑟（Joseph de Prémare，1666—1763）的《書經》譯本，後來有理雅各（James Legge，1815—1897）的《尚書》譯注本，以及高本漢（Klas Bernhard Johannes Karlgren，1889—1978）的譯本，進入 21 世紀後又有一些新的譯本出現；在日本，有加藤常賢的《真古文尚書集釋》以及池田末利的譯注本等。

六、《尚書》的經典化與價值

劉知幾在《史通·斷限》中説：“夫《尚書》者，七經之冠冕，百氏之襟袖，凡學者必先精此書，次覽群籍。譬夫行不由徑，非所聞焉。”①從古至今，《尚書》吸引了不少政治家和學者去研讀它，早在先秦時期便已被儒家經典化。它試圖通過對中國文明開端時期特別是三代歷史書寫的編纂，並主要利用君王、大臣親口的言説誥教，來凸顯夏、商、周乃至後世恒久不變的政治“常道”②，總結中國古代政教最基本的價值，這些價值來自於對過往歷史的借鑑和歸納，也在將來的歷史中不斷被重申和强調。

《尚書》在編纂的結構體例上，就體現了系統的歷史建構，基本從一開始便獲得了競爭上的優勢和權威的地位，成爲後世認識中國上古歷史的基礎文獻，幾乎被司馬遷《史記》全部採用；也是鑄造中華文明

---

① 浦起龍《史通通釋》卷四《斷限第十二》，王煦華整理，第 90 頁。
② 僞孔安國《尚書序》：“少昊、顓頊、高辛、唐、虞之書謂之《五典》，言常道也，至于夏、商、周之書，雖設教不倫，雅誥奧義，其歸一揆。”説明《尚書》中記載夏、商、周的《夏書》《商書》《周書》，與記載堯、舜的《堯典》《舜典》一樣，旨歸於“常道”。

的基礎經典，春秋時便作爲《書》類文獻用於貴族子弟的教育①。其《虞書》中《堯典》《舜典》《大禹謨》《皋陶謨》《益稷》，這些篇的先後排列，形成了堯、舜、禹、皋陶、益的古史人物及其政治更替序列，作爲基本認識被戰國及以後時代的人普遍接受。《堯典》《舜典》篇題中特別使用的"典"字，更表達了編纂者希望其中所蘊含的賢人政治成爲百代常行之道示天下以典範的理想。其《夏書》《商書》《周書》三部分在結構上自然形成了夏、商、周的三代歷史分期，各部分首篇分別是《甘誓》《商誓》《泰誓》的安排②，提示夏、商、周不再是通過選賢舉能的禪讓，而是用暴力革命來改朝換代，此後三代便都踐行中國歷史上另一種政治更替模式——世襲制。

上述《夏書》《商書》《周書》三誓，告訴了我們什麽是壞的政治，什麽是好的政治。此外，全書中不少政治上的嘉言儆語，還被歷代傳誦和引用，例如在用人上，君主要提防"巧言令色"（《虞書·皋陶謨》）；仁愛的君主猶如人民的父母，其去世百姓"如喪考妣"（《虞書·舜典》）；君主應勤勞民事"兢兢業業"（《虞書·皋陶謨》），爲政"無偏無黨"（《周書·洪範》），行事要抓綱要"有條而不紊"（《商書·盤庚上》）；爲臣不能"作福作威"（《周書·洪範》）；爲民若"殺人越貨"（源自《周書·康誥》"殺越人于貨"）則嚴懲不貸。

好的政治取代壞的政治，乃是順天命而行。"天命"思想可以說貫穿於《尚書》全書，已成爲中國文化中的一個核心概念。書中認爲，天命即上天之命，不爲一族一姓所私有，"天工人其代之"（天之事由人

①《禮記·經解》："疏通知遠，《書》教也。"阮元校刻《禮記注疏》，臺北：藝文印書館 2001 年，第 845 頁。

②《夏書》首篇雖然是《禹貢》，但《禹貢》所述爲堯舜時事，歸在《夏書》乃爲彰顯禹治水之功，故僞孔傳謂《禹貢》"此堯舜時事，而在《夏書》之首，禹之王以是功"。從舜到禹的政治權力轉換仍被看作通過禪讓的形式進行，而啓則通過武力和對有扈氏的征伐獲得政權，是夏、商、周以及後代歷朝家天下這種穩定循環模式的開啓者，在這個意義上，《甘誓》可視爲《夏書》的首篇。

來代做。見《虞書·皋陶謨》），故夏、商、周的明哲先王都曾受有天命而順行之，廣有天下四方，但後代若不敬天保民，天命則會轉移，致使亡家喪國。牧民的君主僅是天下的託管者，並不能永久佔有天命，一旦失德不順天命，則會被改換，因此君主不斷被提醒天命難知，而"天聰明，自我民聰明；天明畏，自我民明威"（上天的視聽乃是通過人民的視聽，上天的威罰亦是通過人民而彰顯。見《虞書·皋陶謨》），要歷年長久，惟有修德愛民，"欲至于萬年，惟王子子孫孫永保民"（《周書·梓材》）。"天命"與"民本"，這一上一下，就這樣融鑄爲中國古代政治的一體兩面。

李零先生説："中國經典，天文祖《堯典》，地理宗《禹貢》，《易傳》道陰陽，《洪範》序五行，對中國思想影響至深。它們除《易傳》附於《易經》，皆在《尚書》中。"①此外，《尚書》中的《立政》講"官職"，《顧命》記"禮儀"，《吕刑》述"刑法"，亦無不對中國古代的官制、禮法產生影響。即便是其中的僞古文《尚書》25 篇，也因富含政治訓誡、思想智慧，早已融在中國傳統文化的血脈中，它們嫁接在《尚書》這一根深古樹之上，千年來逐漸成爲一體，由蘖枝交以致蔭蔽百世，雜交碩果，纍纍可觀，在釐清其時代、明瞭其性質之後，我們今天已不必將其砍除刈芟。

七、本書底本與體例説明

包含僞古文 25 篇在内的梅獻孔傳 58 篇《尚書》本，作爲一個整體已被傳布、詮釋了一千多年，本書亦遵從這一傳統，完整地將它們作爲一個文獻集合體來進行注釋的工作。在底本選擇上，本書《尚書》各篇正文、正文前後的《書》序和《尚書序》，以皕忍堂刊唐石經《尚書》本爲

①李零《禹跡考——〈禹貢〉講授提綱》，見其"我們的中國"之《茫茫禹跡：中國的兩次大一統》，北京：三聯書店 2016 年，第 161 頁。

底本,此本依原拓字體影摹刻版,殘缺處按阮元覆刻宋槧十行本經文雙鉤補足;以南宋初年兩浙東路茶鹽司所刊八行本爲參校本,並參考和吸收阮元嘉慶二十年(1815)江西南昌府學所刊《重刊宋本尚書注疏附校勘記》,日本東方文化研究所經學文學研究室吉川幸次郎等人編定《尚書正義定本》,顧頡剛、顧廷龍《尚書文字合編》等書的校勘成果及其内容。

在版刻各本中,南宋初年兩浙東路茶鹽司所刊八行本《尚書》是最好的一個版本,但本書底本没有選用它,而選用了莊忍堂刊唐石經《尚書》本,理由是:

1. 從文獻傳承、版刻源流上看:

八行本的價值主要在於注疏部分,至於經文部分,宋官刻八行本是來源於唐石經的。經書之板刻,始於五代後唐長興年間,即根據唐石經刊刻;其後蜀時又依據唐石經刻成蜀石經,《尚書》即在其中,蜀石經經文文字一仍唐石經,但增入了注。蜀石經雖然今皆亡佚,但流傳於南宋,全祖望《蜀廣政石經殘本跋》説"宋人所稱引,皆以蜀石經爲證……學官頒行之本,皆蜀石經"。所以,南宋版刻經書,雖然有私刻本如廖瑩中世綵堂本,除唐石經以外還曾參訂諸本多達二十多種,但作爲官本的八行本,就經文來説,雖然不能排除校訂時也會有唐石經這個系統之外的更古的其他版本作爲參考,但我們説官刻八行本經文仍主要是來源於唐石經的,則應無疑義,正如劉起釪在其《尚書源流及傳本考》中所説,唐石經是後世各種版刻本的開山祖,"因爲五代根據'唐石經'來版刻群經,以後各種版刻都從五代刻本發展出來。今日所得見常供閲覽的各種版本,它的經文可以説都是'唐石經'的直接或間接的翻刻本"①。所以,僅就選擇經文而言,唐石經是最早的較好的版本。

2. 從内容完整、增補多少上看:

今天我們能方便看到的、在國内流傳的八行本,爲光緒十年

---

① 劉起釪《尚書源流及傳本考》,瀋陽:遼寧大學出版社 1997 年,第 130 頁。

(1884)楊守敬用重金從日本大阪購回，共 20 卷，今藏於國家圖書館，書中缺失部分，乃以模刻日本足利學校影宋抄本補齊，所補文字的字體與原書字體有明顯區別。今國家圖書館出版社"中華再造善本"叢書中已收録進去並印行。

　　皕忍堂刊唐石經《尚書》，雖然亦因原石文字稍有殘缺，而據覆刻宋槧十行本經文雙鉤補足，但所補文字，從數量和所佔全書的比例上看，要遠遠小於八行本。八行本共 20 卷，但缺了 4 卷多，所缺已超過五分之一。

　　3. 從版本對勘、文字優劣上看：

　　宋八行本《尚書》共 20 卷，筆者將全書的經文與皕忍堂刊唐石經《尚書》經文作了一個大略比較，發現：①對全書經文進行比較，約有 10 處在文字上存在差異。可見，唐石經與八行本在經文上有差異，但差異很小。②唐石經與八行本在經文文字上存在差異時，可以看出在絕大部分情況下，無論是從版本依據還是内容上看，唐石經在文字上都要優於八行本。

　　所以，本書採用皕忍堂刊唐石經《尚書》作爲底本。

　　本書包括"校"與"注"兩方面的内容，但並不單出校記，而是校、注合一而以注爲主，可能"注"中有"校"，也可能僅有"注"，或偶爾僅有"校"。本書校注的大旨是，參考和尊重歷代各家之言，充分利用新出土的文獻資料，吸取最新的研究成果，對《尚書》全書作校注，並在校注中注意兼顧《尚書》在經學、史學、哲學上的意藴。

　　具體的校注原則如下：

　　在校的方面：

　　不作繁瑣的校勘，只有會導致文本内容産生歧解，或有助於更好地疏通文本内容的異文，才會被列出。

　　凡底本以雙鉤補足的殘缺文字，在本書中不再以雙鉤的形式與其他文字作區別。

凡底本因避諱而缺筆的字，一概補足筆畫，不作校記。

凡底本有異文、訛文、脱文、衍文、倒文，一般情況下不改底本，若有改動，均在校注中予以説明。

爲方便閲讀，對經文均作標點和適當的分段，校注置於段落之後。

在注的方面：

注釋字詞簡要不煩，對個別難以理解的整句，適當作扼要的全句疏通。

在體現作者對本書文義理解的同時，對一些重要的歧解仍予以保留，以便讀者參考。

注釋中凡引先賢、時賢之獨創觀點，一般都注明出處，通行之見從略，個人觀點或需補充説明時則加案語。

對一些難認或異讀的字，使用現代漢語拼音進行注音。

爲方便讀者，在注釋上以篇爲單位，篇與篇的注釋不避重複，重要的字詞等在首次出現時詳加解釋，後面在不同篇中再出現時亦略加解釋。

注釋儘可能利用新出土的文獻、文物資料，參考古今各家之説，擇善而從，不專主一派一家。

在對《尚書》中的 25 篇僞古文及《書》序進行校注時，會在題解、校注中作相應的説明和提示，以方便讀者瞭解和區分。

全書所引鄭玄、馬融《尚書》注，一般均來自孔穎達疏和孫星衍《尚書今古文注疏》所引，不再注明出處。

除了需要作文字辨析的地方，引用出土文字材料使用寬式釋文。

全書所引人名、書名除注明的外，不使用簡稱。

《尚書》歷來難治，本書雖名《新注》，但訓釋多參前賢，所謂“新”之所在，大概一是我們現在對《尚書》的認識、研究的角度和過去已有不同，二是在不斷發現的新材料基礎之上，出現了不少史學、考古學、文字學等方面的新研究成果可資參考利用。古人説注一本書比寫一本書要難得多,注書要揣摩作者的原意,闡釋本文的義旨,既要忠實於其本來的文字,有時又不能囿於文字,而要明白字面之後的表達,但"子非魚,安知魚之樂",本書若有曲解錯誤之處,則責任均在我,非敢誣古人。

尚書序

【題解】

　　“尚書”之名,孔穎達《尚書序》疏云:“聖賢闡教,事顯於言。言愜群心,書而示法。既書有法,因號曰‘書’。後人見其久遠,自於上世。‘尚’者,上也。言此上代以來之書,故曰‘尚書’。”本篇《尚書序》,陸德明《經典釋文》云:“此孔氏所作,述《尚書》起之時代,並叙爲注之由。”陸德明所云“孔氏”謂西漢孔安國,明清以來學者多辨其偽,如閻若璩《尚書古文疏證》多方論證,謂“此序不作於漢武時決矣”,乃魏晉時人偽托孔安國之作。

　　古者伏犧氏之王天下也①,始畫八卦②,造書契③,以代結繩之政④,由是文籍生焉⑤。伏犧、神農、黄帝之書謂之《三墳》,言大道也⑥;少昊、顓頊、高辛、唐、虞之書謂之《五典》,言常道也⑦。至于夏、商、周之書,雖設教不倫⑧,雅誥奥義⑨,其歸一揆⑩。是故歷代寶之⑪,以爲大訓⑫。八卦之説⑬,謂之《八索》⑭,求其義也;九州之志⑮,謂之《九丘》,丘,聚也,言九州所有,土地所生,風氣所宜,皆聚此書也。《春秋左氏傳》曰:“楚左史倚相能讀《三墳》《五典》《八索》《九丘》⑯。”即謂上世帝王遺書也。

【校注】

①伏犧氏:又作"宓犧""伏戲""包犧",傳說中的三皇之一,即太昊。 王:爲王。

②八卦:以陽爻━和陰爻╍兩類符號疊加組成的八個三畫卦,分別稱乾、巽、坎、艮、坤、震、離、兌。

③書契:謂文字。陸德明《經典釋文》:"書者,文字;契者,刻木而書其側,故曰書契。"

④結繩:結繩記事。 政:治。

⑤由是:因此。 文籍:文字書籍。 案:《周易‧繫辭下》云:"上古結繩而治,後世聖人易之以書契。"

⑥伏犧、神農、黄帝:即三皇。神農,傳說中的三皇之一,漢代或謂即炎帝,班固曰:"教民耕農,故號曰神農。"《周易‧繫辭下》:"包犧氏没,神農氏作。"作,興起。黄帝,傳說中的三皇之一,名軒轅,又號有熊氏,《史記‧五帝本紀》云:"有土德之瑞,故號黄帝。"《周易‧繫辭下》:"神農氏没,黄帝、堯、舜氏作。"《國語‧晉語四》:"黄帝以姬水成,炎帝以姜水成。成而異德,故黄帝爲姬,炎帝爲姜。"以黄帝、炎帝爲姬、姜二姓始祖。 墳:孔穎達疏:"墳,大也。以所論三皇之事其道至大,故曰'言大道也'。"

⑦少昊、顓頊、高辛、唐、虞:又稱爲五帝。《經典釋文》謂少昊名摯,黄帝之子;《史記‧五帝本紀》謂顓頊即高陽氏,黄帝之孫;高辛即帝嚳,或以爲東方商族之遠祖;唐謂帝堯,爲帝嚳之子,因曾封爲唐侯,都於陶,又稱陶唐氏;虞謂帝舜。 案:不同文獻所稱"五帝"有所差異,《史記‧五帝本紀》以黄帝、顓頊、帝嚳、唐堯、虞舜爲五帝。 典:孔穎達疏:"以'典'者常也,言五帝之道可以百代常行,故曰'言常道也'。"

⑧設教不倫:所設之教化與三皇、五帝不相類同。倫,類。

⑨雅誥奥義:孔穎達疏:"要其言,皆是雅正辭誥,有深奥之義。"

⑩其歸一揆：其旨趣歸向則是同一標準。揆，度，法度，標準。

⑪寶：珍愛。

⑫大訓：重要教典。訓，教。《周書·顧命》記周王陳先王之寶，其中即有大訓。參其注。

⑬説：解説。

⑭索：求。因八卦解説在索求其義，故稱《八索》。

⑮志：記。

⑯左史倚相：左史，官名。倚相，人名，其人爲春秋時楚靈王之史官。參《左傳》昭公十二年所記。

先君孔子生於周末①，覩史籍之煩文②，懼覽之者不一③，遂乃定《禮》《樂》，明舊章，删《詩》爲三百篇，約史記而修《春秋》，讚《易》道以黜《八索》，述《職方》以除《九丘》④，討論《墳》《典》斷自唐、虞以下訖于周⑤，芟夷煩亂⑥，翦截浮辭⑦，舉其宏綱⑧，撮其機要⑨，足以垂世立教⑩，典、謨、訓、誥、誓、命之文凡百篇⑪，所以恢弘至道⑫，示人主以軌範也⑬。帝王之制，坦然明白⑭，可舉而行。三千之徒⑮，並受其義。

【校注】

①先君：對自己先祖的稱呼。據《史記·孔子世家》，孔安國爲孔子十一代後裔。

②覩：看。 煩：煩多蕪雜。

③懼：憂，怕。 不一：謂各自有異。 案："之者"，阮元《校勘記》云："岳本作'者之'，顏師古《匡謬正俗》引亦作'者之'。"

④"遂乃定《禮》《樂》"諸句：孔穎達疏："修而不改曰定，就而減削曰删，準依其事曰約，因而佐成曰讚，顯而明之曰述。"史記，史官所記。黜，廢除。《職方》，職方氏所掌圖書文籍，《周禮·夏官·職方氏》謂其掌天下四方之圖籍、地理。除，去除。

⑤討論：整理。　訖：止。

⑥芟夷煩亂：刪除煩瑣雜亂的内容。

⑦翦截浮辭：剪裁截去虛浮的文辭。

⑧宏：大。

⑨撮（cuō）：提取，歸納。

⑩垂世：流傳到後世。　立教：建立教化。

⑪典、謨、訓、誥、誓、命：均爲《尚書》中的篇章體例類別。典，如《堯典》《舜典》。謨，如《皋陶謨》。訓，如《伊訓》。誥，如《康誥》《酒誥》。誓，如《湯誓》《牧誓》。命，如《説命》《文侯之命》。　百篇：現在僅能見到81個《尚書》篇題。詳參本書正文。

⑫所以：用來。　恢弘：光大。　至道：最高之道。

⑬軌範：軌儀模範。

⑭坦然：廣平而一目瞭然的樣子。

⑮三千之徒：謂孔子弟子。《史記·孔子世家》：“孔子以《詩》《書》《禮》《樂》教，弟子蓋三千焉。”

　　及秦始皇，滅先代典籍，焚書坑儒，天下學士逃難解散，我先人用藏其家書于屋壁①。漢室龍興②，開設學校，旁求儒雅③，以闡大猷④。濟南伏生⑤，年過九十，失其本經，口以傳授，裁廿餘篇⑥，以其上古之書，謂之《尚書》⑦。百篇之義，世莫得聞⑧。至魯共王⑨，好治宮室⑩，壞孔子舊宅以廣其居，於壁中得先人所藏古文虞、夏、商、周之《書》及《傳》《論語》《孝經》⑪，皆科斗文字⑫；王又升孔子堂⑬，聞金石絲竹之音，乃不壞宅，悉以書還孔氏⑭。

【校注】

①用：因此。

②漢室：漢王朝。　龍興：龍起飛在天。謂在天子之位。孔穎達疏：

"言龍興者,以《易》龍能變化,故比之聖人。九五'飛龍在天',猶聖人在天子之位,故謂之龍興也。"

③旁求儒雅:廣求儒雅之士。旁,廣,普。

④闡:闡述。　猷:道。

⑤伏生:名勝,秦漢儒生。《史記·儒林列傳》:"伏生者,濟南人也,故爲秦博士。……秦時禁書,伏生壁藏之。其後兵大起,流亡。漢定,伏生求其書,亡數十篇,獨得二十九篇,即以教於齊魯之間。"

⑥裁:僅,只。　廿:二十。

⑦謂之《尚書》:伏生所傳《尚書》,後在西漢用隸書寫定,即今文《尚書》。

⑧莫:没人。

⑨魯共王:名餘,漢景帝之子,封於魯。"共"亦作"恭",爲其謐號。

⑩好:喜歡。　治:修。

⑪古文:即戰國東方六國文字,漢人不識,以爲古之文字,故謂之"古文"。　虞、夏、商、周之《書》:即《尚書》之《虞書》《夏書》《商書》《周書》。此即古文《尚書》。　《傳》:《經典釋文》:"謂《春秋》也。"

⑫科斗文字:即蝌蚪文字,其形體特徵是頭粗尾細似蝌蚪。科斗文字即上所云"古文"。

⑬王:魯共王。　升:登。

⑭悉:盡,全。　孔氏:孔家。

科斗書廢已久,時人無能知者①。以所聞伏生之《書》考論文義②,定其可知者爲隸古定③,更以竹簡寫之,增多伏生廿五篇④。伏生又以《舜典》合於《堯典》,《益稷》合於《皋陶謨》,《盤庚》三篇合爲一,《康王之誥》合於《顧命》,復出此篇⑤,并序⑥,凡五十九篇⑦,爲四十六卷。其餘錯亂摩滅⑧,弗可復知。悉上送官,藏之書府⑨,以待能者。

【校注】

①知:認識。

②考論:考核論定。

③隸古定:就其古文之體而隸定之。孔穎達疏曰:"言'隸古'者,正
謂就古文體而從隸定之。存古爲可慕,以隸爲可識,故曰'隸古',
以雖隸而猶古。由此,故謂孔君所傳爲古文也。"

④增多伏生廿五篇:比伏生《尚書》增多二十五篇。《經典釋文》云:
"增多伏生二十五篇,謂《虞書·大禹謨》,《夏書·五子之歌》《胤
征》,《商書·仲虺之誥》《湯誥》《伊訓》《太甲》三篇、《咸有一德》
《説命》三篇,《周書·泰誓》三篇、《武成》《旅獒》《微子之命》《蔡
仲之命》《周官》《君陳》《畢命》《君牙》《冏命》。"

⑤復出此篇:謂再分出伏生所合篇章《舜典》《益稷》《盤庚》二篇、
《康王之誥》。《史記·儒林列傳》載伏生得《書》29 篇,皮錫瑞
《今文尚書考證》認爲,伏生此 29 篇包括了《顧命》《康王之誥》各
一篇,大概在武帝時又得到用隸書寫成的一篇《泰誓》,乃併《顧
命》和《康王之誥》爲一篇,加上所得《泰誓》一篇,仍爲 29 篇,後
《泰誓》又亡佚,故爲 28 篇。28 篇與所合《舜典》《益稷》《盤庚》
二篇、《康王之誥》,一共爲 33 篇。

⑥并序:加上《尚書》各篇序文。《尚書》各篇序文總爲一卷(篇),故
凡 59 篇。

⑦凡:總共。 五十九篇:33 篇加上增多的 25 篇以及全部序文共
1 篇。

⑧摩滅:謂文字磨損湮滅。

⑨書府:收藏圖書之處。

　　承詔爲五十九篇作傳①,於是遂研精覃思②,博考經籍,採
摭群言③,以立訓傳④。約文申義⑤,敷暢厥旨⑥,庶幾有補於
將來⑦。《書》序序所以爲作者之意⑧,昭然義見⑨,宜相附

近⑩，故引之各冠其篇首⑪，定五十八篇。既畢⑫，會國有巫蠱事⑬，經籍道息⑭，用不復以聞⑮。傳之子孫，以貽後代⑯。若好古博雅君子與我同志⑰，亦所不隱也⑱。

【校注】

①承詔：奉皇帝詔令。　傳：注解。

②研精：精心研究。　覃(tán)思：深深思考。覃，深廣。

③採摭(zhí)：選取，採用。摭，拾取。

④訓：訓詁。　傳：注解。

⑤約文：用簡明的文字。約，簡約。文，文字。　申義：申説其義。　案："申"，底本譌作"由"，據南宋兩浙東路茶鹽司八行本等正。

⑥敷暢：鋪陳疏通。　厥：其。　旨：旨義。

⑦庶幾：希望，但願。　補：補益，裨益。

⑧《書》序：《尚書》各篇之序。　序：叙述。　爲作者：寫作之人。

⑨昭然義見：意義顯現。昭然，明顯的樣子。見，即"現"。

⑩宜相附近：謂序文宜與各篇相依附靠近。

⑪引：援引。

⑫畢：完成。

⑬會：碰上。　巫蠱(gǔ)事：巫蠱事件。漢武帝末年迷信巫術，以爲太子宫中有興蠱爲亂之事而出兵討伐太子，致太子興兵抗拒，最終自殺。蠱，用來害人的毒蟲。

⑭經籍道息：孔穎達疏："好愛經籍之道滅息。"息，停息。

⑮用：以，因。　聞：奏聞於天子。

⑯貽：遺留給。

⑰同志：同有此志趣。

⑱隱：藏。謂隱藏其書。

堯典第一　虞書

【題解】

　　《尚書》中《虞書》《夏書》《商書》《周書》四個部分，大致分別記述堯舜、禹夏、商、周之事。在漢代，曾有把《虞書》《夏書》合併在一起稱《虞夏書》者。今本《尚書》中的《虞書》共有 5 篇，《堯典》爲首篇。虞爲舜興起之地，《堯典》記堯事，而歸屬《虞書》，孔穎達《尚書正義》（後面稱孔穎達疏）云：“《堯典》雖曰唐事，本以虞史所録，末言舜登庸由堯，故追堯作《典》，非唐史所録，故謂之《虞書》也。鄭玄云‘舜之美事，在於堯時’是也。”其實《堯典》亦非虞史所録，漢代亦有稱之爲“《唐書》”者，視其爲《唐書》亦或《虞夏書》，可能並無深意，僅僅分類不同而已，經學上的“三科”（虞夏、商、周）“五家”（唐、虞、夏、商、周）之説亦不必深究。“堯典”謂堯之典，孔穎達疏謂“典”爲可以百代常行之道，“特指堯舜之德，於常行之内，道最爲優，故名典”。今本《尚書》全書僅《堯典》《舜典》二篇稱“典”，所記重點是堯舜之道，即選賢與能、利天下而不利己的禪讓之道，又稱爲“唐虞之道”，郭店戰國楚墓竹簡《唐虞之道》曰：“唐虞之道，禪而不傳。堯舜之王，利天下而弗利也。”“禪也者，上德授賢之謂也。”《堯典》爲《虞書》首篇，亦爲《尚書》開篇，此篇後半部分後來又被割裂出來作爲《舜典》的内容，詳參後面《舜典》。本篇記述帝堯之道德品行、命人制定曆法、選擇繼位者諸事。其篇雖非作於堯時，篇中雜有一些後世才有的制度、觀念等内容,但其所記也能反映我國上古社會的一些情況,如部族集體議事、禪讓制、大洪水等,有些内容亦與殷墟甲骨文所載頗合,所以對研究我國上古時代的社會狀況有參考價值,但作爲史料引用時,其可靠程度需具體分辨。

昔在帝堯①,聰明文思②,光宅天下③。將遜于位④,讓于虞舜⑤。作《堯典》⑥。

【校注】

①帝堯:古史傳説中"五帝"之一,堯蓋爲其名號,據説因興起於唐地,故又稱唐堯。

②聰明文思:聰,善聽。明,明察。文思,心思和雅。此句蓋源自本篇正文"放勳欽明,文思安安",參其注。

③光宅天下:光,同"廣"。宅,居,領有。句謂堯廣有天下。此句蓋源自本篇正文"光被四表",參其注。

④遜:退,讓。

⑤虞舜:爲古史傳説中"五帝"之一,舜蓋爲其名號,因興起於虞地,故又稱虞舜,其事可參本書《舜典》。《孟子·離婁下》云:"舜生於諸馮,遷於負夏,卒於鳴條,東夷之人也。"相傳堯讓位於舜,後來舜又讓位於禹。《論衡·正説篇》云:"唐、虞、夏、殷、周者,土地之名。堯以唐侯嗣位,舜從虞地得達,禹由夏而起,湯因殷而興,武王階周而伐,皆本所興昌之地,重本不忘始,故以爲號,若人之有姓矣。"虞地所在,一説在今山西,一説在今河南之東,未知孰是。

⑥《堯典》:謂記堯事之典册。典,書寫重要内容的長大簡册,可以作爲典則垂範後世,故孔穎達疏云:"稱'典'者,以道可百代常行。"可見,"典"不是一般的簡册,而是經典化的、可垂範後世的重要典籍。孔穎達將《尚書》的内容分爲典、謨、貢、歌、誓、誥、訓、命、征、

範十種體例，"典"即爲其中之一，主要用來記載被後世奉爲聖王如堯、舜的言論和事蹟。以上爲《堯典》之序。相傳《尚書》曾有百篇之多，篇各有序；這些序文，其中許多曾被《史記》採入。劉起釪《尚書學史》認爲，西漢成帝時張霸將這些序文作了整齊編次，成百篇序文；陳夢家《尚書通論》則認爲百篇序文形成於西漢哀帝、平帝之際的劉歆時代，其中《史記》載録序文之外的那些内容，爲劉歆時代主張古文《尚書》的人編次而成。總之，百篇序文在西漢末年已被編次彙總。至東漢，馬融、鄭玄開始爲百篇序文作注，並認爲序文乃孔子所作，《書》序的地位於是上升，受到人們的重視。東漢熹平石經《尚書》刻 29 篇經文並末附 29 篇之序。東晉初梅賾獻上孔傳《尚書》58 篇，將百篇序文的内容收録其中。從今所見梅獻孔傳《尚書》中所録序文，可知所謂百篇序文，實謂爲《尚書》百篇所作之序文，非謂序文有百篇，其中有多篇一序者，實共 67 篇序文。《尚書》諸篇之序，原本單獨彙編别爲一卷置於書末，東漢馬融、鄭玄之時依然如此，梅獻孔傳《尚書》始將序文分置各篇之前，亡佚篇章之序則依次分别置於現存各篇之間，唐石經依之。本書仍依唐石經之舊，但將序文以區别於《尚書》正文的字體排版，以示有所區别。《尚書》諸篇之序的作者，漢代學者以爲孔子所作，宋代朱熹認爲周秦間《尚書》經師所作，明清以來學者多從朱熹説。此序謂因堯事而作《堯典》，非謂此篇作於堯時；《尚書》諸篇之序所言述作，基本均可作如是解，下不贅述。本篇《堯典》的作成時代，言其早者，如孔穎達《尚書正義》謂由虞舜時史官追記而成；其晚者，如顧頡剛甚至以爲是秦漢時作成。郭沫若認爲是春秋末年孔子或其弟子所作，屈萬里則以爲是戰國人述古之作。其實先秦秦漢古書並非固態，往往不成於一時一人，所以《堯典》篇中文字，既有來源於較早材料寫成的内容，也摻雜有較晚的戰國秦漢時期的一些制度和概念的内容，其作成時代的確定,不必太過拘泥。

堯　典

曰若稽古帝堯①,曰放勳欽明②,文思安安③,允恭克讓④。光被四表⑤,格于上下⑥。克明俊德⑦,以親九族⑧;九族既睦⑨,平章百姓⑩;百姓昭明⑪,協和萬邦⑫。黎民於變時雍⑬。

【校注】

①曰若:句首語助辭,無實際意義,文獻中亦作"越若""粵若",銅器銘文中又作"雩若",王國維《觀堂學書記》云:"雩、粵、越、曰,古通用。"　稽:查考,稽考。　古:古代。　案:西周恭王時器史牆盤銘文言"曰古文王","曰若稽古帝堯"或與之相類。

②曰放勳欽明:謂敬明大功。曰,句首語助詞。放,大;勳,功,王先謙《尚書孔傳參正》:"'放'有'大'義(段玉裁説),放勳猶言大勳。"欽,敬。明,彰顯。　案:戰國中後期以後,《孟子》《帝繫》、《史記》等書多以"放勳"爲堯名,"重華"爲舜名,"文命"爲禹名,宋儒多駁之。"放勳""重華""文命"當本爲讚美之辭,或後遂以爲名。

③文思安安:蓋謂心思和柔。文,柔和。安安,溫和,和柔。亦有引作"晏晏"者,安、晏字同,鄭玄云:"寬容覆載謂之晏。"

④允恭克讓:鄭玄云:"不懈于位曰恭,推賢尚善曰讓。"允,信。克,能。此句意謂堯不僅確實恭敬於事,而且能够謙虛讓賢。楊筠如《尚書覈詁》謂允、能二字古音近,允亦能也,允恭克讓謂能恭能讓。

⑤光被四表:光,同"廣",漢人所引即有作"廣"者,或又引作"橫",字異但聲近義同,義爲廣、大。被,及。四表,表,方也,四表即四方。一説"表"謂外,四表謂四海之外,謂四方極遠之地。"光被四表"謂堯德廣於天下。後《大禹謨》言禹"敷于四海""奄有四

海”，《夏書·禹貢》云“聲教訖于四海”，四海即四表，故《周書·
立政》云“至于海表，罔有不服”。

⑥格于上下：格，至。上下，天地。“上下”一詞，在《尚書》中或指
天、地，或指天神、地祇，或指上天、下民。上句“光被四表”既言四
方，則此“上下”仍指方位，謂天地，天地四方是謂六合。謂堯德充
塞於四方天地之間。後《周書·洛誥》成王讚美周公：“惟公德明
光于上下，勤施于四方。”亦言上下四方。

⑦克明俊德：明，彰顯。俊，大。德，品德行爲。謂堯能自明其大德，
此今文説，以“俊德”爲堯之德；古文説如鄭玄以爲堯能顯明大德
之士而任用之，以“俊德”爲他人之德。今文説義長。

⑧九族：今文説以爲“父族四，母族三，妻族二”，包括異姓之族，《左
傳》桓公六年孔穎達疏説之較詳：“今《戴禮》、《尚書》歐陽説，九
族乃異姓有屬者。父族四：五屬之内爲一族，父女昆弟適人者與
其子爲一族，己女昆弟適人者與其子爲一族，己之女子子適人者
與其子爲一族。母族三：母之父姓爲一族，母之母姓爲一族，母女
昆弟適人者與其子爲一族。妻族二：妻之父姓爲一族，妻之母姓
爲一族。”古文説如馬融、鄭玄則以爲均同姓，從高祖至玄孫凡九
代爲九族，即以己身爲標準，上推四代，下推四代，共九族，後世多
從此説。又有説“九”爲古人約舉多數之詞，並非實指，僅是虛言
其多，於義亦通。九族指堯之諸多部族，下文言“百姓”包括衆多
異族，則此“九族”謂同姓義長。

⑨睦：親睦，和睦。此“睦”與上“以親九族”中的“親”相應而義近。

⑩平章：平，惠棟《九經古義》謂當爲“釆（biàn）”，因形近而訛，漢人
所引或作“便”“辯”“辨”，字皆聲近通用，義爲分別、辨別。章，彰
明、彰顯。平、章二字實同義並列，意即明辨昭顯，“辨章學術”一
詞即用此義。　百姓：百族。姓是一個族屬的總稱號，百姓即諸
多不同姓的族屬，此與後世所言“百姓”指平民不同。　句謂能明

辨昭顯各個族屬。

⑪昭明：昭彰顯明。此"昭明"與上"平章百姓"中的"平章"相應而義同。古人著文，前後重複表達相同之義時往往異其辭，故其訓詁之義，往往可以前後往返求之。

⑫協和萬邦：後《周書·顧命》云"爕和天下"，爕和即協和。萬邦，萬國。上古方國衆多，泛稱萬邦。　案：此段述言堯德之推及，由小及大：由己及族，由族及姓，由姓及國。其遞進之次可表示爲：己身→九族→百姓→萬邦。即堯修明己德，乃及於同姓，再及於異姓，最終及於天下萬國，即儒家修身、齊家、治國、平天下之序。

⑬黎民於變時雍：黎民，即衆民、庶民，孔穎達疏云："謂天下衆人。"《爾雅·釋詁》："黎，衆也。"一說黎，黑也，蔡沈《書集傳》云："民首皆黑，故曰黎民。"則義與"黔首""蒼生"同類。於變時雍：於，於是，因此。時，是，於是，是以。"於"與"時"義近。變，即"卞"，亦作"弁"，樂也。雍，和也。"變"與"雍"義近，"於變"與"時雍"爲對文。此句意謂天下衆民於是喜樂，於是和雍。變，漢人今文又引作"蕃"，並就本字或釋爲"多"，或釋爲"養"，其實"蕃"與"弁"亦可假借，其義仍當與"卞"同，義爲喜樂。

乃命羲、和①，欽若昊天②，曆象日、月、星辰③，敬授人時④。分命羲仲⑤，宅嵎夷曰暘谷⑥。寅賓出日⑦，平秩東作⑧。日中星鳥⑨，以殷仲春⑩。厥民析⑪，鳥獸孳尾⑫。申命羲叔⑬，宅南交曰明都⑭。平秩南訛⑮，敬致⑯。日永星火⑰，以正仲夏⑱。厥民因⑲，鳥獸希革⑳。分命和仲㉑，宅西土曰昧谷㉒。寅餞納日㉓，平秩西成㉔。宵中星虛㉕，以殷仲秋㉖。厥民夷㉗，鳥獸毛毨㉘。申命和叔，宅朔方曰幽都㉙。平在朔易㉚。日短星昴㉛，以正仲冬㉜。厥民隩㉝，鳥獸氄毛㉞。

帝曰㉟："咨㊱！汝羲暨和㊲。朞三百有六旬有六日㊳，以閏月定四時成歲㊴。允釐百工㊵，庶績咸熙㊶。”

【校注】

①羲、和：即羲氏、和氏。據《國語下·楚語》，二氏爲重、黎之後，世代職掌天地之官。《左傳》昭公二十九年說重出自少皞，黎出自顓頊。古文說如馬融、鄭玄以羲氏、和氏與下文羲仲、羲叔、和仲、和叔四子合爲六卿，馬融云：“羲氏，掌天官。和氏，掌地官。四子，掌四時。”今文說則以羲氏、和氏分指下文羲仲、羲叔與和仲、和叔，實爲四而非六，乃司天而不司地，即掌天文而不掌民事。《史記》《漢書·古今人表》唯有四子而不另有羲氏、和氏。此當是先總言羲氏、和氏職掌天文，下文再分別敘述羲氏中的羲仲、羲叔及和氏中的和仲、和叔具體所掌職務。且六卿乃後世之制，堯時未必有，故以今文說爲長。

②欽：敬，慎重。　若：順，遵從。　昊：大。

③曆象：曆，曆算，推算。象，觀象，觀測。　星辰：馬融云：“星，二十八宿。”此蓋古文說。鄭玄謂星指金、木、水、火、土五星，此今文說。辰，日月之所會，在每月末始之際，一年十二會，即十二辰。

④敬授人時：慎重地把曆法時令頒布給人民。人，應作“民”，此爲避唐太宗李世民諱改“民”爲“人”。阮元《校勘記》：“古本‘人’作‘民’，注同。按唐以前引此句未有不作‘民’者。”內野本、神宮本、足利本均作“民”。

⑤分：分別。　案：以下分命羲仲、羲叔、和仲、和叔的內容，部分文字材料又可見於殷墟甲骨文與《山海經》中，但這些文字材料，《堯典》的編撰者或因爲所見未全，或因爲誤讀，組織運用到《堯典》篇中所表述出來的含義，已開始出現偏離和混淆。據胡厚宣、楊樹達、于省吾等學者研究，農業生產依賴於氣候雨水，風雨來自於四方，故上古時期的人們不僅以東南西北四方爲神靈，亦以四方之風爲神靈，四方之名與四方風名，被殷人求年於四方（祭祀四

方以求有好年成)時常記録在甲骨上,《堯典》篇中羲仲、羲叔、和
仲、和叔四子所宅分别對應着東南西北四方,與四方分别對應的
"厥民析,鳥獸孳尾"、"厥民因,鳥獸希革"、"厥民夷,鳥獸毛毨"、
"厥民隩,鳥獸氄毛",其中的"析""因""夷""隩"其實即東、南、
西、北四方之名(亦可作爲四方之神名);其中的"鳥獸"云云其實
也是誤解四方風名(東方風曰劦,南方風曰凱,西方風曰韋,北方
風曰寒)而演繹所成。胡厚宣在《釋殷代求年於四方和四方風的
祭祀》一文中總結説:"《堯典》的'宅某方曰某',是因襲甲骨文和
《山海經》的'某方曰某';'厥民某',是因襲甲骨文和《山海經》的
四方名;'鳥獸'某某,則由甲骨文的'鳳曰某'訛變,並因襲其四
方之風名。"農業、氣候、曆象三者關係密切,故《堯典》又把東南
西北四方和春夏秋冬四季作了整齊對應,而這是甲骨文和《山海
經》中所没有的内容。不過,雖然《堯典》篇的編撰者對四方之名
與四方風名材料本義的理解出現了偏差,但是這並不妨礙他可以
按照個人的理解去組織運用這些材料,並使得這篇文章形成自己
内在的合理邏輯而意義自足。經典的詮釋,固然包含史料的辨
析、制度的考證,但不以支離、破壞篇章自有的内在邏輯和系統完
整爲目的,而應該在作者自身的話語裏尋其意義,探其所指。基
於此,下面仍按《堯典》本文所指,參考歷代注疏,來疏通分命羲
仲、羲叔、和仲、和叔的内容。本書他篇遇此類情況,亦以此爲凡
例,下不贅述。

⑥宅:居處。"宅"一作"度",亦"居"之意,戴震《尚書義考》釋"度"
爲測量,測量日影長短,亦可備一説。　嵎(yú)夷:據説爲東夷所
居的極東之地,此代指東方。　暘(yáng)谷:又或作"湯谷",爲
東方日出之地。

⑦寅賓出日:寅,敬。賓,迎接日出的典禮儀式。句謂恭敬地舉行典
禮儀式迎接日出。

⑧平：與上"平章百姓"之"平"同，辨別。參"平章百姓"注。　秩：
秩次、排序。　東作：東，東方。作，升起。"東作"謂太陽自東方
升起。一説五行東方爲春，"東作"謂春天裏人民農作，使作物
生長。

⑨日中：白天不長不短，即晝夜長短相等，此指春分之日。　星鳥：
指二十八宿中南方朱雀之宿，因似鳥形而名。　"日中星鳥"，謂
春分之日黄昏時在正南天空之中能看見南方朱雀中的星宿。

⑩殷：正，定，與下"以正仲夏"之"正"義同。　仲春：一季三月，分
稱孟、仲、季，仲春指春季中間的第二月，春分即在此月。

⑪厥民析：厥，其。民，人民。析，分散。句謂春季人民分散在田野
裏耕作。一説"厥民析"謂此方其神曰析，民，人，謂神人，以《堯
典》編撰者未必不知"析""因""夷""隩"爲東南西北四方（神）
名。或有此可能，故亦補充於此。下同，不贅述。

⑫鳥獸孳尾：孳，生殖。尾，交尾、交配。句謂春季鳥獸交配生殖。

⑬申：再，重（chóng）。

⑭南交：南方交趾所在的極南之地，此代指南方。　曰明都：底本無
此三字，據鄭玄注補。明都，明亮之地，南方地名。

⑮南訛：即"南爲"，指太陽運動到最南而迴歸。一説"南爲"與上
"東作"對應，五行南方爲夏，"南爲"謂夏天裏人民農作，使作物
化育。

⑯敬致：致，到，歸。句謂恭敬地迎接太陽的迴歸。

⑰永：長。"日永"謂白晝最長之時，此指夏至之日。　星火：大火之
星，即二十八宿中東方蒼龍中的心星。　案：夏至之日黄昏時在
正南天空之中可以看見大火之星。

⑱正：定。　仲夏：夏季中間的第二月，夏至即在此月。

⑲厥民因：因，就。句謂夏季裏人民相因互助而農作。蓋夏季農忙，
人民互因互助。一説"厥民因"謂此方其神曰因。

⑳希革:希,稀疏。革,皮毛。句謂夏季鳥獸皮毛稀疏。

㉑分命:《史記》作"申命","申命"即"重命",王先謙《尚書孔傳參
　　正》認爲當依《史記》爲是,蓋上"羲仲"首言"分命",下羲叔、和
　　仲、和叔均承上而言"申命"。

㉒西土:極西之地,此代指西方。底本原無"土"字,此據《史記》所
　　引及文義補。　昧谷:亦作"柳谷",爲西方日落之地。

㉓寅餞納日:寅,敬。餞,送行日落的典禮儀式。納,入。"納日"即
　　"入日",與前"出日"相對。句謂恭敬地舉行儀式送行日落。

㉔西成:西,西方。成,落,完成。"西成"謂太陽在西方運行完成而
　　落下。一説五行西方爲秋,"西成"謂秋天裏人民農作,使作物
　　長成。

㉕宵中:黑夜不長不短,即晝夜長短相等,此指秋分之日。　星虛:
　　指二十八宿中北方玄武中的虛星。　案:秋分之日黃昏時在正南
　　天空之中能看見虛星。

㉖仲秋:秋季中間的第二月,秋分即在此月。

㉗厥民夷:夷,楊筠如《尚書覈詁》以爲同"刈",收割,此指農功收
　　穫。句謂秋季人民農作收割。此所謂秋收。一説"厥民夷"謂此
　　方其神曰夷。

㉘鳥獸毛毨(xiǎn):僞孔傳:"毨,理也。毛更生整理。"句謂秋季鳥
　　獸新生整齊的毛羽。

㉙朔方:極北之地,此代指北方。　幽都:幽暗之地,北方地名。《山
　　海經·海內經》:"北海之內,有山名曰幽都之山。"

㉚平在朔易:在,《爾雅·釋詁》云:"在,察也。"平在即辨別考察。
　　"平"參上文"平章百姓"注。朔易,與上"南訛"相對,指太陽運動
　　到最北而變易迴歸。一説五行北方爲冬;易,治,"朔易"謂冬天裏
　　人民没有農作,而有築路修屋等勞役整治之事。

㉛日短:謂白晝最短之時,此指冬至之日。　星昴(mǎo):二十八宿

中西方白虎中的昴星。 案:冬至之日黄昏時在正南天空之中可以看見昴星。

㉜仲冬:冬季中間的第二月,冬至即在此月。

㉝厥民隩(yù):隩,或作"奥",室内,《爾雅·釋宫》云"室西南隅謂之奥",句謂冬季人民入室而處。一説隩,藏也,《蒼頡篇》云"隩,藏也",《廣雅·釋詁》云"奥,藏也",謂藏穀,句謂冬季人民將農作物納藏入室而處,此所謂冬藏。一説"厥民隩"謂此方其神曰隩。

㉞鳥獸氄(rǒng)毛:僞孔傳:"鳥獸皆生㮶毳細毛以自温焉。"謂冬季鳥獸生有細密軟毛以保温防寒。氄毛,絨毛,細毛。

㉟帝:帝堯。

㊱咨:嗟也,感嘆詞。

㊲汝:你,你們。 羲:羲仲、羲叔。 暨:與。 和:和仲、和叔。

㊳朞三百有六旬有六日:朞,本意指時間上輪迴一個週期,此承上春夏秋冬輪迴的一個週期而言,即一歲,也即地球繞太陽一週的時間。有,又。旬,十日。日,地球自轉一週爲一日。句謂一歲有三百六十六日。又,王肅以爲,此三百六十六日實乃三百六十五又四分之一日的籠統表述,即不言小數而就其整數言之;杜預亦云:"《書》稱朞三百有六旬有六日云云……舉全數而言,故曰六日,其實五日四分之一日。"亦不無可能。

㊴以閏月定四時成歲:四時,四季。如上所述,地球繞日一週歷經春夏秋冬四季爲三百六十六日,此乃以太陽爲參照物,即陽曆,稱爲"歲";月亮繞地球一週爲一月,大月三十天,小月二十九天,十二個月共三百五十四天,此以月亮爲參照物,即陰曆,稱爲"年"。陰曆一年三百五十四日,比陽曆一歲三百六十六日少了十二天,故年、歲二者出現了長短不一致的矛盾。古人發現三年大約就會少一個月,故增加一個月,即閏月,以與一歲相應。閏月的設置即是

爲了解決陰曆、陽曆之間長短不一致的矛盾。閏月最初置於年末,後來置於沒有中氣的月份。三年一閏,亦不甚準確,後來發展到更精確的十九年七閏。有了閏月的調節,一歲的春夏秋冬四季,也就基本固定在相應的月份而不會脫節錯位,即鄭玄云"以閏月推四時,使啓(立春、立夏)、閉(立秋、立冬)、分(春分、秋分)、至(夏至、冬至)不失其常",此即《堯典》所謂"以閏月定四時成歲"之義。

⑩允釐(lí)百工:允,《爾雅·釋詁》《史記·五帝本紀》均釋爲信,誠;王念孫謂"允"猶"用"也,用來,其義同"以"。王説近是。釐,治理,釐定。百工,百官。句謂將曆政用來釐定百官職守。

⑪庶績咸熙:庶,衆。績,業績。咸,皆。熙,興盛。句謂各種業績均興盛起來。

帝曰:"疇咨若時登庸①?"放齊曰②:"胤子朱啓明③。"帝曰:"吁④!嚚訟⑤,可乎⑥?"

帝曰:"疇咨若予采⑦?"驩兜曰⑧:"都⑨!共工方鳩僝功⑩。"帝曰:"吁!静言庸違⑪,象恭滔天⑫。"

【校注】

①疇(chóu)咨若時登庸:句謂能做好這些事而可登用在位的,能是誰呢?疇,誰,疑問代詞。咨,感嘆語氣詞。若,《爾雅·釋詁》訓作"善",勝任,做好。時,是,此。登庸,登用。又,"疇咨若"在《舜典》中又省去中間感嘆詞"咨"作"疇若",在《堯典》《舜典》中凡四見,《史記》均釋"若"爲"順"。又,"登"可訓"成","庸"亦可訓"功","登庸"謂成其事功,則句謂能順其事而又能成其功如此者,能是誰呢?但下文云"疇咨若予采"即言事,則此當言登用在位義長。

②放齊:人名,堯臣。

③胤：胤嗣，繼位人。　朱：堯之子丹朱。　啓明：開明。

④吁(xū)：表示驚疑的嘆詞。

⑤嚚(yín)：説話不講忠信。　訟：争訟好辯。　案：後《益稷》篇又
云“丹朱傲”，謂其人傲慢不恭。

⑥可乎：可以嗎。表疑問，言不可。皮錫瑞《今文尚書考證》則疑
“可乎”二字爲後人所增。

⑦疇咨若予采：句謂能勝任我諸官之事的，能是誰呢？若，善，勝任，
做好。予，我。采，事。

⑧驩(huān)兜：人名，堯臣。

⑨都：相當於“於(wū)”，感嘆語氣詞。

⑩共工方鳩(jiū)僝(zhuàn)功：共工大求得民力多積攢功績。共
工，人名，堯臣，《左傳》《國語》《今本竹書紀年》記載他有治水之
事。顧頡剛、楊寬在《古史辨》第七册中考證共工即鯀。不過，
《堯典》的作者既視共工、鯀爲二人，其釋即仍當依作者之意作解。
方，或作“旁”，均“大”之義。“方鳩”蓋即文獻中常見之“旁求”，
《國語·楚語上》云“旁求四方之賢”、“旁求聖人”。僝，積攢，具
備。功，事功，功績。

⑪静言庸違：句謂言辭巧善卻行事邪僻。静言，巧言，善言，即漂亮
話。庸，用，用事，行事。違，一作“回”，均“邪僻”之義。

⑫象恭滔天：句謂外表看似恭敬，實則輕慢上天。象，貌象，外表。
滔，同“慆”，輕慢。又，周運中《中國文明起源新考》謂“象恭”是
“爲洪”之誤，“爲”訛作“象”，“洪”訛作“恭”，“爲洪滔天”謂共工
治水無功以致洪水滔天，《淮南子·本經》云“共工振滔洪水”，亦
洪水蕩溢滔天之意。

帝曰：“咨①！四岳②，湯湯洪水方割③，蕩蕩懷山襄陵④，
浩浩滔天⑤。下民其咨⑥，有能俾乂⑦？”僉曰⑧：“於⑨！鯀
哉⑩。”帝曰：“吁！咈哉⑪，方命圮族⑫。”岳曰：“异哉⑬！試可

乃已⑭。”帝曰:“往⑮,欽哉⑯!”九載⑰,績用弗成⑱。

【校注】

①咨:語氣嘆詞。

②四岳:岳,山岳。四方各有一山爲鎮山,東有東岳,南有南岳,西有
　　西岳,北有北岳。此處“四岳”代指四方方伯,即四方首領。後之
　　所謂“五岳”概念,蓋興起甚晚,在《堯典》的作成年代尚未形成。
　　又,蔡沈《書集傳》以“四岳”爲一人,顧頡剛、劉起釪《尚書校釋譯
　　論》亦以爲神話中的“四岳”只是一個人物。備考。

③湯湯(shāng shāng):形容大水急流之貌。　方:與上“方鳩僝
　　功”之“方”同義,讀作“旁”,其義爲“大”。　割:同“害”,禍害。

④蕩蕩:水勢浩大之貌。臧琳以爲此“蕩蕩”爲衍文,本作“湯湯洪
　　水方割,懷山襄陵,浩浩滔天”。　懷:懷抱,包圍。　襄:包,義同
　　於“懷”。　陵:丘陵。

⑤浩浩:水勢廣大之貌。“湯湯”“蕩蕩”“浩浩”均爲連綿詞用來形
　　容洪水。　滔:漫。

⑥其:王引之《經傳釋詞》云:“其,猶乃也。”　咨:嗟嘆,哀嘆,此謂
　　因洪災而哀憂。後《商書·盤庚》序云“民咨胥怨”。

⑦有能俾乂(yì):誰能治理洪水來保安下民? 有,同“或”,“有”
　　“或”在此均可釋作“誰”。俾,保。乂,安。俾乂即保而安之。後
　　《周書·多士》云“保乂有殷”。一說,俾,使;乂,治,句謂誰能使
　　洪水得到治理呢。亦通。

⑧僉(qiān):皆。

⑨於(wū):感嘆語氣詞。

⑩鯀(gǔn):人名,堯臣,相傳爲禹之父,即崇伯。崇,本鯀部所居之
　　地山名,後成爲其部族之名,史稱有崇氏。崇山即嵩山,在今河南
　　登封。

⑪咈(fú):違。蔡沈《書集傳》謂不以爲然之詞,亦通。

⑫方命:亦作"放命",楊筠如《尚書覈詁》以爲無論方、放,其義均爲"廢","方命"即"廢命"。《詩經·大雅·韓奕》云"無廢朕命",《周禮·天官·大宰職》"廢,以馭其罪"鄭玄注:"廢,猶放也。"金文中又常見"勿灋朕命"語,此又以"灋"爲"廢"。"放命""灋命"均謂廢命。　圮(pǐ):毀壞。　族:族屬同類。

⑬异:鄭玄讀作"異",不同,不是那樣。或據《説文解字》釋"异"爲"舉",舉用,亦通。吴汝綸《尚書故》云"异"同"已",嘆詞,"异哉"是兩個嘆詞連用來表達語氣,亦備一説。

⑭試可乃已:試,試用。已,停止。"試可乃已",《史記》作"試不可用而已",錢大昕《廿二史考異》云此乃古人語急詞略,以"不可"爲"可",句謂可舉以試用,若不可即止。又,俞樾《群經平議》釋"已"爲"以":"以,用也。'試可乃以'者,言試之而可,乃用之也。"亦通。

⑮往:去。謂任命鯀,使治水。

⑯欽:敬。謂敬慎其事。

⑰載:年。《爾雅·釋天》云:"載,歲也。夏曰歲,商曰祀,周曰年,唐、虞曰載。"此乃後世整齊歸納之説,未必確實有如此分別。

⑱績:功。

帝曰:"咨!四岳,朕在位七十載①,汝能庸命②,巽朕位③?"岳曰:"否德忝帝位④。"曰:"明明揚側陋⑤。"師錫帝曰⑥:"有鰥在下⑦,曰虞舜。"帝曰:"俞⑧!予聞⑨。如何?"岳曰:"瞽子⑩。父頑⑪,母嚚⑫,象傲⑬,克諧以孝⑭,烝烝乂⑮,不格姦⑯。"帝曰:"我其試哉⑰!女于時⑱,觀厥刑于二女⑲。"釐降二女于嬀汭⑳,嬪于虞㉑。帝曰:"欽哉㉒!"

【校注】

①朕:我。古人無論貴賤均可自稱爲朕,自秦始皇以後規定只有皇

帝才能自稱爲朕。

②庸命：庸，用。庸命謂能遵用天命，不逆天而行。

③巽（xùn）朕位：繼承我的君位。裘錫圭《讀逨器銘文札記三則》謂當依俞樾《群經平議》說將“巽”讀爲“篡”，義爲繼承，字又可作“纘”。“巽朕位”，《史記》作“踐朕位”，俞樾《群經平議》以爲此“巽”乃“踐”之假借字，二字古音相近。《禮記·中庸》“踐其位”鄭玄注：“‘踐’讀爲‘纘’。”

④否德忝（tiǎn）帝位：否，無，沒有。或釋否（pǐ）與“善”義相反，謂不善，亦通。忝，辱。句謂沒有德行有辱帝位，或德行不善有辱帝位。

⑤明明揚側陋：明明，前一個“明”謂“顯明”，動詞；後一個“明”謂“賢明之人”，名詞。“明明”謂推薦身邊有位有名的賢明之士。揚，舉，舉薦。側陋，亦作“仄陋”，“側”訓“伏”，“陋”訓“隱”，“側陋”謂“埋没之才”。“揚側陋”謂舉薦遠方微賤無名的埋没之才。　上文丹朱、共工等人之舉薦，蓋“明明”之意；下文舜之舉薦，蓋即“揚側陋”之意。

⑥師：衆，衆人。　錫：賜。此指賜言，即獻言。古代上賜下可曰賜，下獻上亦可曰賜。又參後《夏書·禹貢》“錫貢”“九江納錫大龜”注。

⑦鰥（guān）：無妻曰鰥，鰥夫，光棍。

⑧俞：表示讚許同意之詞，猶今之言“是”“對”。

⑨予聞：我有所聞知。

⑩瞽（gǔ）子：瞽瞍（sǒu）之子。瞽是目盲，古多以盲人任樂官，故樂官又稱“瞽”或“瞽瞍”，此“瞽子”即謂樂官之子。《上海博物館藏戰國楚竹書（二）》中《子羔》叙述子羔向孔子詢問舜的出身，孔子云：“有虞氏之樂正瞽瞍之子也。”《呂氏春秋·仲夏紀·古樂》載有瞽叟作瑟之事：“瞽叟乃拌以五弦之瑟，作以爲十五弦之瑟。”可

見瞽瞍即樂官。　案：郭店戰國楚墓竹簡《唐虞之道》説舜"爲瞽盲子"，《史記·五帝本紀》亦謂"舜父瞽叟盲"，而僞孔傳云"無目曰瞽，舜父有目不能分別好惡，故時人謂之瞽"，今皆不取。

⑪頑：思想不遵德義。《左傳》僖公二十四年："心不則德義之經爲頑，口不道忠信之言爲嚚。"意爲：心中不遵守德義準則就是頑，口中不言説忠信話語就是嚚。

⑫母嚚(yín)：母，舜之繼母。《史記·五帝本紀》云："舜父瞽叟盲，而舜母死，瞽叟更娶妻而生象。"嚚，説話不講忠信。

⑬象：舜異母弟之名。　傲：倨傲不敬。

⑭克諧以孝：克，能。諧，和，融洽。以，而，表並列關係，相當於今之"與"。孝，孝敬。句謂舜能融洽其弟，孝其父母。

⑮烝烝乂：烝烝，美厚之貌。乂，治，做事。句謂舜做事美善厚道。

⑯不格姦(jiān)：格，至。姦，邪惡。句謂舜以身作則，感化父、母、弟，使他們不至成爲奸邪之人。相傳舜之父、母、弟屢以不義邪行加之於舜，舜則始終美厚行事以待之，不使父、母、弟有奸惡之名。

⑰其：王引之《經傳釋詞》云"其"猶"乃"也，猶今言"就"。　試：試用。下文及《舜典》篇即叙所試之諸事。

⑱女：嫁女。　時：是，此人。謂舜。

⑲觀厥刑于二女：觀，察。厥，其。刑，同"型"，軌範，楷模，榜樣。二女，堯之二女，漢代《列女傳》云二女名娥皇、女英。句謂觀察他如何在兩個女兒面前做楷模。僞孔傳云："以二女妻舜，觀其法度接二女，以治家觀治國。"此試其治家。

⑳釐降：賜下。"釐"義同"賚"，賜予，《詩經·大雅·既醉》"釐爾女士"毛傳："釐，予也。"降，下。"釐"字，《史記·五帝本紀》作"飭"，義爲整飭，治理，故蔡沈《書集傳》釋爲"治裝"，整治嫁裝；楊筠如《尚書覈詁》釋"釐"爲敕令，命令，亦可備參考。　嬀(guī)：水名。嬀水一説在今山西永濟縣南，一説在今河南東部山

東境内。　汭(ruì):河水彎曲處。

㉑嬪(pín):婦,此用作動詞,嫁人爲婦。　虞:虞舜。一説虞地,亦通。

㉒欽哉:欽,敬。此爲堯勉勵二女之語。或以此爲堯勉勵舜之語,或以此乃堯讚舜能敬其事,可備參考。

舜典第二　虞書

【題解】

　　"舜典"謂舜之典。"典"之釋參上《堯典》。據陸德明《經典釋文》，東晉時梅賾獻孔傳《尚書》時，已缺《舜典》孔傳，甚或這部分經文亦缺，後遂有人用王肅注《堯典》中"慎徽五典"以下內容以補，作爲梅獻孔傳《尚書》中的《舜典》。後又有南齊姚方興主要採馬融、王肅等人之注（其中採王肅注最多）僞爲《舜典》孔傳以獻之，其正文於"慎徽五典"之前，增入了"曰若稽古帝舜，曰重華協于帝"十二字，到隋初劉炫進獻姚方興此篇時，又於此十二字後增入"濬哲文明，溫恭允塞。玄德升聞，乃命以位"十六字及傳文。最終，增加了二十八字的姚方興等人所注《舜典》篇，被納入到梅獻孔傳《尚書》系統中，成爲孔穎達疏所採用之本，並於唐時刻爲石經，遂成今貌。清代毛奇齡《古文尚書冤詞》認爲《堯典》《舜典》原有二篇，伏生合爲一篇，孔壁所出之《書》，孔安國雖考定篇次有《堯典》《舜典》，然其文則仍合爲一，馬融、鄭玄、王肅等人所注亦是如此。毛奇齡根據《史記》等書所引，認爲今《舜典》中自"月正元日"之前，實爲《堯典》內容而誤分以爲《舜典》；"月正元日"以後內容，乃爲真《舜典》之後截，《舜典》並未全亡，亡者乃《舜典》之前截，今《史記》中從"帝舜者名曰重華"以後直到"天下歸舜"，即所亡《舜典》之前截內容。今本《舜典》，敘述舜之德行及經歷各種考驗，並最終繼承堯位，巡行四岳,制定刑法,任用百官諸事。

虞舜側微①,堯聞之聰明②,將使嗣位③,歷試諸難④。作《舜典》⑤。

【校注】

①側:與《堯典》"揚側陋"之"側"同,訓爲"伏",意謂埋没民間。
微:賤。謂微賤没有名位。 舜在被舉薦之前爲庶人,從事微賤之事,傳世文獻如《孟子·公孫丑上》等記載舜曾"耕稼、陶、漁",作過農民、陶工、漁人;此外,出土文獻如《上海博物館藏戰國楚竹書(二)》之《容成氏》,亦有舜耕、陶、漁的記載。

②聰:善聽。 明:明察。

③嗣:繼。

④歷:多次,屢次。 難:艱難。

⑤作《舜典》:今之《舜典》既是從《堯典》中分出,此篇《舜典》序的真偽與來源遂需辨明。劉逢禄《書序述聞》認爲此序與《堯典》前之序,均是原篇《堯典》之序,爲"異序同篇",即《堯典》有兩篇序;皮錫瑞《今文尚書考證》則以爲此序與《堯典》前之序,均不見載於《史記》,疑爲東漢以後古文家如馬融、鄭玄等改竄而成。皮氏認爲,漢時《書》序盛行,《史記》載其大半,惟載於《史記》之《書》序方確乎可信,若馬、鄭古文之《書》序不見載於《史記》者,多不可信。皮氏又據今之《堯典》《舜典》篇前二序内容,認爲《舜典》從《堯典》中分出,可能早在梅賾獻偽孔傳《尚書》之前就已由東漢古文家完成,目的是"虛張篇目以示異於今文"。 案:百篇序文的形成,上篇《堯典》序文注中已述,蓋形成於西漢晚期。或張霸編次百篇書序之時,爲湊《尚書》百篇之數,已將《堯典》後半分爲《舜典》,故配有相應的《堯典》序和《舜典》序。張霸所編《尚書》百篇很快因偽被黜,後世不傳,故東漢馬融、鄭玄、王肅等人所注

《堯典》仍爲整篇,而未從中析出《舜典》,但張霸所編《尚書》百篇
序文卻流傳開來盛行後世,被收録入梅獻孔傳《尚書》中,可能正
因爲百篇序文中有《堯典》序和《舜典》序,故後來遂將《尚書》中
《堯典》後半析爲《舜典》以相應之。

舜 典

曰若稽古帝舜①,曰重華協于帝②,濬哲文明③,溫恭允
塞④。玄德升聞⑤,乃命以位⑥。

慎徽五典⑦,五典克從⑧;納于百揆⑨,百揆時叙⑩;賓于四
門⑪,四門穆穆⑫;納于大麓⑬,烈風雷雨弗迷⑭。

帝曰:"格⑮,汝舜,詢事考言⑯,乃言底可績⑰。三載⑱,汝
陟帝位⑲。"舜讓于德⑳,弗嗣㉑。

【校注】

①曰若:句首語助辭。 稽:查考,稽考。 古:古代。"曰若稽古"
又參上《堯典》及注。 帝舜:爲古史傳説中"五帝"之一,舜蓋爲
其名號,因興起於虞地,故又稱虞舜。孔穎達疏謂舜都於蒲坂。
又參上《堯典》序"讓于虞舜"注。

②曰重華協于帝:謂舜亦有文德,與帝堯之德相合。曰,句首語助
詞。重,再,又。華,文德。協,合,同。帝,帝堯。一説"重華"爲
舜之名,今不取其説,參上《堯典》"曰放勳欽明"注。

③濬(jùn):深,深厚。 哲:智,智慧。 文明:馬融云:"照臨四方
謂之明,經緯天地謂之文。"

④溫恭允塞:溫,溫和。恭,恭讓。允,信,確實。塞,充滿。句謂舜
溫和恭讓之美德充滿天下。

⑤玄德升聞:玄,幽深沉潛。升,上。句謂舜之幽深沉潛之德上聞

於堯。

⑥乃命以位：命，任命。位，官職，職位。句謂堯乃任命舜以職位。

⑦慎徽五典：謂舜謹重宣布五典之教。慎，謹。徽，當如《史記》訓爲
“和”，“和”即“宣”，宣布。《周禮》屢言“和布”，王引之謂即“宣
布”，故《左傳》文公十八年云“布五教于四方”，又《周禮·秋官·
大司徒之職》云“和布教于邦國都鄙”，宣教爲司徒之職，故鄭玄
云“慎徽五典”爲試舜以司徒之職。五典，即《左傳》文公十八年
所言“五教”：父義、母慈、兄友、弟恭、子孝。《左傳》同年又云：
“曰‘慎徽五典，五典克從’，無違教也。”可知“五典”即此“五教”。
故《史記·五帝本紀》亦云舜“使布五教于四方，父義，母慈，兄
友，弟恭，子孝”。蔡沈《書集傳》據《孟子·滕文公上》釋“五典”
云：“五典，五常也，父子有親、君臣有義、夫婦有別、長幼有序、朋
友有信是也。”蓋爲後起之義，不如《左傳》義長。

⑧克：能。　從：順，順行無違。

⑨納于百揆：謂使舜入於官府任以百官事務來考量他。納，入。揆，
揆度，考慮。“百揆”謂各種官職事務，即《史記》所謂“百官”。

⑩百揆時叙：謂各種官職事務全都承順有序。王引之《經義述聞》
云：“時叙，猶承叙也；承叙者，承順也。百揆時叙謂百揆莫不承順
也。”故《左傳》文公十八年云：“曰‘納于百揆，百揆時序’，無廢事
也。”孫星衍《尚書今古文注疏》據《左傳》文公十八年載舜“主后
土，以揆百事”，謂“納于百揆”爲試舜以司空之職，可備一説。

⑪賓于四門：賓，迎賓。四門，馬融云：“四門，四方之門。”江聲《尚
書集注音疏》以爲是明堂四方之門，屈萬里《尚書集釋》以爲是都
城四方之門。“賓于四門”謂舜於四方之門賓迎四方之諸侯。

⑫四門穆穆：穆穆，肅敬和美之貌。“四門穆穆”謂四門之四方之諸
侯都肅敬和美。孫星衍《尚書今古文注疏》謂“賓于四門”爲試舜
以司馬之職。《左傳》文公十八年言舜“賓于四門，流四凶族”，又

云"曰'賓于四門,四門穆穆',無凶人也",則謂舜賓迎於四門,四門肅穆而凶人不近。亦可爲一説。

⑬大麓:周秉鈞《尚書易解》謂山林之官。《説文解字》云:"麓,一曰山林吏也。"《國語·晉語九》"而麓不聞"韋昭注:"麓,主君苑囿之官。"此上"慎徽五典""納于百揆""賓于四門"均爲任官爲職之事,此"納于大麓"亦當同。　案:"大麓"之義,古今歧説紛紜,伏生《尚書大傳》、司馬遷《史記》、王充《論衡》等均釋爲山麓、林麓,王先謙《尚書孔傳參正》以此爲歐陽《尚書》説;班固《漢書》、桓譚《新論》等釋"大麓"爲"大録",謂三公、丞相之官,王先謙以此爲《尚書》大、小夏侯説。宋人林之奇《尚書全解》、清儒劉逢禄《尚書今古文集解》又謂"大麓"爲山麓祭祀之官,即《孟子》所云"使之主祭而百神享之"。又或以"大麓"爲地名,乃堯禪舜之地,即"鉅鹿"。此録以參考。

⑭烈風:暴風。　弗迷:《史記·五帝本紀》謂"舜行不迷",謂不能使舜迷失道路。疑"迷"當如《玉篇》解爲"亂","弗迷"即"弗亂","弗亂"即"順",與上"五典克從"之"從"訓"順"、"百揆時叙"之"叙"爲"順"同義而相呼應,"烈風雷雨弗迷"謂暴風雷雨有序而不亂,順時而作,即風調雨順之意。"五典克從""百揆時叙""四門穆穆""烈風雷雨弗迷"句式相同,"克從"者爲五典,"時叙"者爲百揆,"穆穆"者爲四門之諸侯,則"弗迷"者亦當爲烈風雷雨,而非舜也。

⑮格:來,至。牟庭《同文尚書》謂此"格"義爲"告":"下經'格于藝祖'、'格于文祖',《盤庚》'格于衆',《湯誓》'格爾衆庶',《高宗肜日》'惟先格王','格'皆告語之義。"然《益稷》云"帝曰:'來!禹'"、《吕刑》云"王曰:'吁!來!有邦有土'",則此"帝曰:'格,汝舜'"亦當作"帝曰:'來,汝舜'"解爲宜。

⑯詢事考言:詢,詢問。考,考察。句謂詢問其事考察其言。

⑰乃言厎(dǐ)可績：厎，致，達到，取得。績，功績。句謂你所言，可致功績。楊筠如《尚書覈詁》以“厎可績”爲“可厎績”之倒。又，孫星衍《尚書今古文注疏》以爲“乃言”二字可能爲衍文，亦可備一説。

⑱三載：三年。載，年。鄭玄云：“三年者，賓四門之後三年也。”

⑲陟：升，登。

⑳舜讓于德：讓，推讓，辭讓。于，以，因。句謂舜以己德不足而推讓。蔡沈《書集傳》云：“讓于德，讓于有德之人也。或曰：謙遜自以其德不足。”

㉑嗣：嗣位。“嗣”爲古文；今文則作“台”“怡”，喜悦，“不台”謂不以有天下爲樂，故《史記·五帝本紀》作“舜讓於德，不懌”。段玉裁《古文尚書撰異》謂司、台古音相近可通，作“嗣”，亦可解爲“怡”。

　　正月上日①，受終于文祖②。在璿璣玉衡③，以齊七政④。肆類于上帝⑤，禋于六宗⑥，望于山川⑦，徧于群神⑧。輯五瑞⑨，既月乃日⑩，覲四岳群牧⑪，班瑞于群后⑫。

【校注】

①上日：今、古文説解不同。今文説：《尚書大傳》云：“上日，元日。”元日即吉日。王引之《經義述聞》亦云：“上日，謂上旬吉日。元日，善日也，吉日也。”古文説：馬融、《書》傳均以爲：“上日，朔日也。”朔日即一個月的第一天。似古文説義長。《大禹謨》亦謂禹“正月朔旦，受命于神宗”。

②終：終結，終止。蔡沈《書集傳》云：“受終者，堯於是終帝位之事，而舜受之也。”　文祖：今文説如《史記》以爲乃堯太祖之廟，段玉裁《古文尚書撰異》言堯太祖蓋爲黄帝。又，金景芳、吕紹綱《〈尚書·虞夏書〉新解》言文祖即先祖，舜之先祖爲顓頊。古文説如馬融以爲指天：“文祖，天也。天爲文，萬物之祖，故曰文祖。”

③在：察，觀察。　璿（xuán）璣玉衡：今文説如《史記》以爲即指北斗七星（璿、璣、玉衡分別爲北斗七星中的第二、三、五星）；古文説如馬融、鄭玄以爲是用玉裝飾的天文觀測儀器，《書》傳即用此説："璿，美玉。璣、衡，王者正天文之器可運轉者。"蓋爲後起之説，不如今文説義長。

④齊：正，整齊，排比序列。　七政：《尚書大傳》云："七政者，謂春、夏、秋、冬、天文、地理、人道。"此爲今文説。馬融、鄭玄以爲日、月和金、木、水、火、土五星，此爲古文説。屈萬里《尚書集釋》云："古人以爲北斗七星每一星主一政事，故云'在璿璣玉衡，以齊七政'也。"則"七政"仍當以今文説義長。

⑤肆（sì）：遂，故。一説爲祭祀之名，解牲體而祭。　類：祭祀之名，是對天的一種祭祀。　上帝：《經典釋文》引王肅云："上帝，天也。"

⑥禋（yīn）：祭祀之名，置牲於柴上而燎之，使其香味隨煙而達於上。六宗：今文説以爲即天、地與四方或四時；古文説中如賈逵以爲："六宗者，天宗三，日、月、星也；地宗三，河、海、岱也。"然下文又云"望于山川"，則此"六宗"不必有山，故今文説義長。又，王莽曾用劉歆之説，以爲"六宗"即《周易》之"六子"，即水、火、雷、風、山、澤，亦可備一説。

⑦望：祭祀之名。鄭玄云："望者，祭山川之名也。"

⑧徧：普遍，全部。

⑨輯：集聚，集合。段玉裁《古文尚書撰異》謂當依《史記·五帝本紀》作"揖"。　五瑞：諸侯所執五種玉器。《白虎通》謂爲圭、璧、琮、璜、璋，此爲今文説。馬融云："五瑞，公、侯、伯、子、男所執，以爲瑞信也。"《周禮·春官·典瑞》云公執桓圭、侯執信圭、伯執躬圭、子執穀璧、男執蒲璧，此爲古文説。　輯瑞、班瑞之制，據《尚書大傳》載，古代各地諸侯執玉朝覲天子，天子將玉收聚，朝覲完

畢後再班還給諸侯,即下文所言"班瑞于群后"。又《尚書大傳》
云,諸侯無過行者,乃得班還其玉以歸其國;有過行者,則留其玉,
改過之後乃復還其玉。

⑩既月乃日:既已擇其月,又乃擇其日。周秉鈞《尚書易解》云:"月
與日皆作動詞,言既擇月乃擇日也。"《史記·五帝本紀》中作"擇
吉月日",即選擇吉利的月份與日子。

⑪覲(jìn):諸侯朝見天子曰覲。此謂舜接受諸侯的朝見。下見上曰
覲,上見下亦可曰覲,正如《尚書》中上對下言曰訓,下對上言亦可
曰訓。　四岳:東岳、南岳、西岳、北岳。此處"四岳"指四方方伯,
即四方首領。解見上篇《堯典》"咨! 四岳"。　牧:州的首領。
下言"咨十有二牧",十二牧即十二州之首領。

⑫班:分發、頒發。　瑞:五瑞。　群后:衆諸侯君長,即四岳群牧。
后,君長。

　　歲二月,東巡守①,至于岱宗②,柴③,望秩于山川④。肆覲
東后⑤。協時、月⑥,正日⑦,同律、度、量、衡⑧。修五禮、五
玉⑨,三帛、二生、一死贄⑩。如五器⑪,卒乃復⑫。五月,南巡
守,至于南岳⑬,如岱禮⑭。八月,西巡守,至于西岳⑮,如初⑯。
十有一月,朔巡守⑰,至于北岳⑱,如西禮⑲。歸⑳,格于藝祖㉑,
用特㉒。五載一巡守,群后四朝㉓。敷奏以言㉔,明試以功㉕,
車服以庸㉖。

　　肇十有二州㉗,封十有二山㉘,濬川㉙。

【校注】

①東巡守:向東巡狩。巡守,諸侯爲天子守土,天子巡視天下諸侯所
守之地曰巡守。亦稱巡狩。《太平御覽》引《禮記外傳》云:"夏殷
五載一巡狩,周制十二年一巡狩,皆在仲月。"仲月即每個季節的
第二月。故下文云"五月,南巡守","八月,西巡守","十有一月,

朔巡守”，二月、五月、八月、十一月分别爲春、夏、秋、冬的第二月。

②岱宗：東岳泰山，在今山東。泰山爲衆岳之宗，稱岱宗。

③柴：祭祀之名。柴爲祭天，馬融云：“祭時積柴加牲其上而燔之。”《白虎通·巡狩篇》云：“巡狩必祭天何？本巡狩爲天，祭天所以告至也。”此東巡狩，至泰山後，先祭天，再祭山川。

④望秩于山川：按尊卑次第望祭大小山川。望，又參見前“望于山川”注。秩，次第，次序。

⑤肆：遂，於是。 覲：見，朝見。 東后：東方君長。

⑥協：和，調和。 時：季節。 月：月份。

⑦正：定。定日，謂定下一個月裏每日的干支。

⑧同：統一，齊同。 律：音律。 度、量、衡：分别指長度、容積、重量。 又，鄭玄以爲，此“同律”即“吕律”。古十二律分爲六陽律、六陰律。六陽律稱“六律”；六陰律稱“六吕”，在《周禮》中又稱“六同”。《周禮·春官》中有“典同”：“掌六律六同之和。”故鄭玄以此“同律”即指六同六律，即“吕律”，統指音律。若如鄭説，則經文句讀當作“正日、同律、度、量、衡”，“日、同律、度、量、衡”均爲“正”字的賓語。

⑨五禮：鄭玄云：“五禮，公、侯、伯、子、男朝聘之禮矣。”舜接受東方大小諸侯君長的朝見，故修治朝聘之禮。 五玉：即上文“五瑞”，諸侯所執五種玉器。鄭玄云：“即五瑞也，執之曰瑞，陳之曰玉。”案：“五禮”之解，古今紛紛，馬融謂吉、凶、軍、賓、嘉五禮，《書》傳、蔡沈《書集傳》説同；邵懿辰《禮經通論·論五禮》謂即上文“慎徽五典”中五典之禮。可資參考。

⑩三帛：王肅謂纁、玄、黃三種顏色之帛，馬融謂三孤所執之贄。二生：《史記》《漢書》作“二牲”，謂羔、鴈，爲卿大夫所執。 一死：即死後之雉（野雞），爲士所執。 贄：相見時所執禮物，字又作“摯”。《禮記·曲禮》云：“凡摯，天子鬯，諸侯圭，卿羔，大夫

雁,士雉。"

⑪如:曾運乾《尚書正讀》謂"如"猶"若",爲轉折之語。屈萬里《尚
　書集釋》亦云:"如,若也。"　五器:即上文"五瑞"。

⑫卒乃復:馬融云:"五玉,禮終則還之。"謂禮儀完畢後乃歸還五玉
　於諸侯。鄭玄所解與之不同:"卒,已也。復,歸也。巡守禮畢乃
　返歸矣。"謂禮儀完畢後人馬不再東進而返回。若如鄭説,則經文
　可如此標點:"修五禮、五玉、三帛、二生、一死贄如五器。卒乃
　復。"句中"如"爲連詞,義爲"與""及""和"。王引之《經義述聞》
　"如五器"亦云:"如者,與也,及也。言五玉、三帛、二生、一死贄
　與所用之五器,皆因五禮而並修之耳。"

⑬南岳:《史記·封禪書》以爲衡山,在今湖南;《尚書大傳》等以爲
　霍山,在今安徽。皮錫瑞《今文尚書考證》則謂《封禪書》之衡山
　所指即《尚書大傳》之霍山。

⑭如岱禮:謂巡守南岳之禮,如同巡守東岳岱宗之禮。

⑮西岳:華山,在今陝西。

⑯如初:謂如同最初巡守東岳岱宗之禮。

⑰朔:北。

⑱北岳:恒山,在今河北。今山西之北岳恒山,爲晚起之義。

⑲如西禮:《史記》及馬融、鄭玄、王肅本均作"如初"。顧頡剛、劉起
　釪《尚書校釋譯論》謂"如西禮"乃姚方興所改。謂巡守北岳之
　禮,如同巡守西岳之禮。

⑳歸:巡守歸來。

㉑格:至。　藝祖:即"禰祖"。"藝"古作"埶",埶、禰古通,馬融云:
　"藝,禰也。"禰,父。　"格于藝祖"謂至父、祖之廟祭告。古者天
　子出入於境外,出入均告廟,故《尚書大傳》云:"天子遊不出封
　圻,不告祖廟。"鄭玄"藝祖"之釋與馬融不同,謂"藝祖"即上文舜
　"受終于文祖"之"文祖",《書》傳、蔡沈《書集傳》承之。

㉒用特:祭禮用一牛爲牲,即"特牲"。特,一牛。

㉓群后四朝:馬融云:"四面朝於方岳之下。"謂天子巡守之年,四方
諸侯分別朝於四方山岳之下。王肅説同。《書》傳亦云:"各會朝
於方岳之下,凡四處,故曰四朝。" 鄭玄釋"四朝"與上不同,認
爲不僅巡狩之年諸侯要分別朝於方岳之下,其他四年每年亦依次
有一方諸侯來朝於京師。蔡沈從其説,《書集傳》云:"蓋巡守之
明年,則東方諸侯來朝於天子之國;又明年,則南方之諸侯來朝;
又明年,則西方之諸侯來朝;又明年,則北方之諸侯來朝。又明
年,則天子復巡守。"然考之《春秋左傳》,天子朝會之禮實不如此
之煩。《舜典》所記,可能爲一理想的制度設計。

㉔敷奏以言:敷,普遍,廣泛。奏,奏上。以,用。句謂讓諸侯廣泛上
奏其言。《書》傳:"諸侯四朝,各使陳進治理之言。"以敷爲敷陳,
亦可通。 江聲《尚書集注音疏》謂"敷奏以言"爲"遍使諸侯進
陳其平時之政教",即述職,亦可備一説。

㉕明試以功:試,試用,考核。功,事。句謂明確地用事功來測試考
核。《書》傳:"明試其言以要其功。"要,審查,核實,即考績。

㉖車服以庸:庸,功。句謂根據其功之大小賜以不同的車馬、衣服以
表彰之。《白虎通·考黜篇》:"能安民者賜車馬,能富民者賜衣
服。" 與"敷奏以言"三句基本相同的内容,又見於《左傳》僖公
二十七年所載,杜預注:"賦納以言,觀其志也。明試以功,考其事
也。車服以庸,報其勞也。"此三句又見於後《益稷》篇。

㉗肇(zhào):亦作"兆"、"垗",兆域、疆域。此用作動詞,劃定疆
界。 有:又。 十二州:馬融、鄭玄以爲冀、兗、青、徐、揚、荆、
豫、梁、雍、并、幽、營十二州。然十二州之名,經傳無載,難以確
知,視之泛指而非實指亦可。

㉘封十有二山:蔡沈《書集傳》:"封,表也。封十二山者,每州封表
一山,以爲一州之鎮。"或以爲封,聚土爲壇,謂在十二山築土爲壇

以祭天。亦可資參考。

㉙濬(jùn):深挖疏通。後亦寫作"浚"。　川:河流、水道。

象以典刑①,流宥五刑②,鞭作官刑③,扑作教刑④,金作贖刑⑤。眚災肆赦⑥,怙終賊刑⑦。欽哉欽哉⑧,惟刑之恤哉⑨!

流共工于幽州⑩,放驩兜于崇山⑪,竄三苗于三危⑫,殛鯀于羽山⑬,四罪而天下咸服⑭。

【校注】

①象以典刑:以象刑爲常用之刑。象,象刑,古之耻辱刑,别異改變罪人衣冠、服飾以象其所犯之刑以耻辱之,是一種與傷殘人體的肉刑不同的刑罰。典,常。典刑即常用之刑。

②流宥(yòu)五刑:謂入五刑者又寬宥减輕而施之以流放之刑。流,流刑,流放之刑。因流刑爲寬减之刑,故其刑又稱"流宥"。宥,寬宥,寬减。五刑,黥(qíng 刺面)、劓(yì 割鼻)、剕(fèi 斷足)、宫(去勢)、大辟(殺頭)五種刑罰,因均殘傷肉體,又謂之肉刑。

③鞭作官刑:謂以鞭笞之刑作爲官中之刑。鞭,鞭刑,鞭笞之刑。官刑,官府之刑。

④扑:扑刑,教學中用楸木、荆條抽打不勤勉者之刑。　教刑:教育學習中所用之刑。

⑤金:金屬銅。金作贖刑,謂觸犯刑罰者乃因無意或善意,則可交納一定數量的銅以贖其罪。西周金文中多有賜金的記載,所賜之金亦爲銅。

⑥眚(shěng)災肆赦:眚,過失。災,禍難。肆,遂,故。赦,免。句謂因過失無意,雖造成大禍災害,遂可赦免其罪。一説"災"同"哉",謂如爲過失則可赦免。亦通。

⑦怙(hù)終賊刑:怙,仗恃。終,長久,自始至終。賊,同"則"。刑,

用刑。句意謂怙恃其惡，長久以來而不改者，則用刑罰。"眚災肆赦，怙終賊刑"，金景芳、呂紹綱《〈尚書·虞夏書〉新解》云："這兩句話是講刑罰施行過程中的靈活掌握問題。意謂施行刑罰要有所赦，有所不赦。上句言該赦的，下句言不該赦的。蔡沈《書集傳》謂'此二句或由重而即輕，或由輕而即重，蓋用法之權衡，所謂法外意也'。"案此二句，蓋概括《尚書·康誥》中相關內容而來，顧頡剛《尚書研究講義》云："《康誥》云：'人有小罪，非眚，乃惟終，自作不典，式爾，有厥罪小，乃不可不赦。'寫以近代之言，則爲：'人有小罪，非其遭際之不幸，而由其故犯，且怙惡不悛，以此不法之事爲當然，是則其罪雖小而不可不殺者。'此甚長之口語，《堯典》乃括以精整之四字曰'怙終賊刑'。又云：'乃有大罪，非終，乃惟眚災，適爾，既道極厥辜，時乃不可殺。'是謂：'人有大罪，非由其怙惡而由其遭際之不幸，適然罹禍，既已服其罪矣，是則不可殺者。'此亦一甚長之口語，而《堯典》復括以精整之四字曰'眚災肆赦'。"由此可見，《舜典》的寫作至少在《康誥》作成時代（西周初年）之後。　案："怙終賊刑"以上七句，朱熹謂："聖人立法制刑之本末，此七言者大略盡之矣。"

⑧欽：敬，做事認真虔敬。

⑨之：是。　恤：慎，謹慎。

⑩流：流放。下文三句中"放""竄""殛（jí）"均爲"流放"義。　共工：人名，堯臣，詳參上篇《堯典》注。　幽州：底本原作"幽洲"，依《孟子·萬章上》等所引及阮元《校勘記》正之。幽州，極北邊遠之地，蓋即《堯典》中之"幽都"。馬融云："幽州，北裔也；嵩山，南裔也；三危，西裔也；羽山，東裔也。"賈逵云："四裔之地，去王城四千里。"幽州、嵩山、三危、羽山四裔之地，要皆泛指四方極邊遠之地，不必實考其地之所在。

⑪放：流放。　驩（huān）兜：人名，堯臣，亦見於上篇《堯典》。　崇

山：極南邊遠之地。

⑫竄：流放。　三苗：古苗民部族，《戰國策·魏策一》"魏武侯與諸大夫浮於西河"章："昔者三苗之居，左彭蠡之波，右有洞庭之水。"《史記·五帝本紀》亦云："三苗在江淮荆州。"在《尚書》多有記載，又稱"苗""有苗""苗民"，堯、舜、禹時期與之多有征戰之事，故遷徙流放之。　三危：山名。此指在極西邊遠的三危山所在之地，或説即今敦煌東南三危山。後《夏書·禹貢》云："三危既宅，三苗丕叙。"

⑬殛(jí)：流放，放逐。　鯀：人名，堯臣，詳參上篇《堯典》注。　羽山：山名。此指在極東邊遠的羽山所在之地。

⑭四罪而天下咸服：罪，罪罰。咸，皆。句謂四人被罪罰而天下皆服。　案：《左傳》文公十八年載昔帝鴻氏有不才子曰渾敦，少皞氏有不才子曰窮奇，顓頊氏有不才子曰檮杌，縉雲氏有不才子曰饕餮，"舜臣堯，賓于四門，流四凶族渾敦、窮奇、檮杌、饕餮，投諸四裔"。鄭玄、杜預謂渾敦、窮奇、檮杌、饕餮"四凶"，即此《舜典》中驩兜、共工、鯀、三苗"四罪"。實則蓋因二書所據資料來源不同，故所記各異，不必强合爲一，故《史記·五帝本紀》記堯時述《舜典》之"四罪"事，記舜時述《左傳》之"四凶"事，各自叙述，並不牽合爲一。

　　廿有八載①，帝乃殂落②，百姓如喪考妣③，三載，四海遏密八音④。

　　月正元日⑤，舜格于文祖⑥。詢于四岳⑦，闢四門⑧，明四目，達四聰⑨。咨十有二牧⑩，曰："食哉惟時⑪！柔遠能邇⑫，惇德允元⑬，而難任人⑭，蠻夷率服⑮。"

【校注】

　　①廿(niàn)：二十，亦作"廿"。表示"二十"的字在古文字中寫作

凵、廿、卅。唐石經"二十"均作"廿","三十"均作"卅",八行本及今之通行本均作"二十"、"三十"。今仍依唐石經。　載:年。案:《史記·五帝本紀》云:"舜得舉用事二十年,而堯使攝政。攝政八年而堯崩。"則此二十八年謂舜被堯舉用,用事和攝政一共二十八年。

②帝:堯。　殂落:死。

③百姓:諸多族姓,詳參上篇《堯典》"平章百姓"注。或釋此"百姓"爲"百官"。堯時百官常爲大的族姓之長充任,即百官族姓,其義亦同,《詩經·小雅·天保》"群黎百姓"毛傳:"百姓,百官族姓也。"《國語·周語中》"百姓兆民"韋昭注:"百姓,百官也,官有世功受氏姓也。"　考妣:父母。父爲考,母爲妣。郭沫若《釋祖妣》謂上古文字材料中,常常是妣與祖爲配,考與母爲配,"考妣"連文謂父母乃戰國中期以後事,由此亦可見《舜典》成篇較晚。

④四海:天下。古以爲中國四境極邊遠處均有海環繞,各按方位爲"東海""南海""西海"和"北海",故或又以"四海"指四方最邊遠處,或又用來泛指整個天下。後《益稷》"予決九川,距四海"、《夏書·禹貢》"四海會同",蓋謂東、南、西、北四海;《大禹謨》"敷于四海""奄有四海""四海困窮",蓋均泛指天下;《益稷》"外薄四海"、《禹貢》"訖于四海",則指四境極邊遠處。不過三者意義緊密相聯,有時也不能明確區分。古又以爲四方極邊遠處爲蠻夷戎狄所居,故《爾雅·釋地》云:"九夷、八狄、七戎、六蠻謂之四海。"　遏:遏止、停止。　密:靜默、靜謐。　八音:八種不同材質製作的樂器,金、石、土、革、絲、木、匏(páo)、竹可製作鐘、磬、塤、鼓、琴、柷(zhù)敔(yǔ)、笙、管。此泛指所有音樂。

⑤月正:正月。　元日:《書》傳認爲即前文"上日",上日即朔日,初一,詳參上"正月上日,受終于文祖"注。王肅亦云:"月正元日,猶言正月上日,變文耳。"或釋元爲吉、善,元日謂上旬之吉日,亦

可參考。

⑥格:至。謂至文祖廟祭告即位。　文祖:解見前"正月上日,受終
于文祖"句。

⑦詢:咨詢、詢問。　四岳:四方首領,解見上篇《堯典》"咨! 四岳"。

⑧闢(pì)四門:謂開門納賢。闢,開啓。四門,解見前"賓于四
門"句。

⑨明四目,達四聰:謂廣視聽於四方。達,通。聰,聽。

⑩咨:嗟,嘆詞,曾運乾《尚書正讀》云"嗟而敕之也",蓋舜招呼十二
牧之辭。或謂"咨"爲咨詢、咨謀,亦可通。　牧:君長。

⑪食哉惟時:時,曆令、時令。民以食爲重,故强調時令季節。　或
讀"食"爲"飾",謹飭,飭勉;釋"時"爲"是","食哉惟時"猶言"惟
是飭哉",與下文"惟時懋哉"同義,亦通。

⑫柔遠能邇:此爲周代習見語。柔,安撫。能,同爲動詞,蓋與"柔"
義同,亦可訓"安",戴震《尚書義考》、王引之《經義述聞》均訓
"能"爲"善",義爲親善。邇,近。句意謂安撫遠方的,親善近處
的。孔穎達疏謂遠近有別,"柔遠"謂撫四方,"能邇"謂親中國。
"柔遠"與"能邇"爲對文,一如下"惇德"與"允元"爲對文。　又,
孫星衍《尚書今古文注疏》:"'能'讀爲'而'。而,如也。言安遠
國如其近者。"亦可備一説。

⑬惇(dūn)德允元:惇,厚。允,誠。元,善。句謂敦厚其德,信誠其
善。又,蔡沈《書集傳》云:"德,有德之人也。元,仁厚之人也。"
則句意謂厚待有德之人,信用仁厚之人,亦通。

⑭難:拒絕,排斥。一説"難"讀爲"戁",義爲警誡,亦通。又參後
《皋陶謨》"惟帝其難之"注。　任人:佞人,奸佞之人。

⑮率服:遵循服從。率,循。服,從。《詩經·小雅·采菽》"平平左
右,亦是率從"鄭玄箋:"率,循也。"率從謂循從,順從。

舜曰:"咨! 四岳,有能奮庸熙帝之載^①,使宅百揆亮

采②，惠疇③？"僉曰④："伯禹作司空⑤。"帝曰⑥："俞⑦，咨！禹，汝平水土⑧，惟時懋哉⑨！"禹拜稽首⑩，讓于稷、契暨皋陶⑪。帝曰："俞，汝往哉⑫！"帝曰："弃⑬，黎民阻飢⑭，汝后稷⑮，播時百穀⑯。"帝曰："契，百姓不親⑰，五品不遜⑱，汝作司徒⑲，敬敷五教⑳，五教在寬㉑。"帝曰："皋陶，蠻夷猾夏㉒，寇賊姦宄㉓，汝作士㉔。五刑有服㉕，五服三就㉖；五流有宅㉗，五宅三居㉘。惟明克允㉙。"

【校注】

①有能奮庸熙帝之載：有誰可進用使其光大帝堯事業。奮，進。庸，用。熙，美，光大。帝，帝堯。載，事。

②使宅百揆亮采：使其居于百官之位輔助衆事。宅，居。百揆，百官，謂衆官職事務，又參前文"納于百揆"注。亮，相，輔相，輔弼。采，事。

③惠疇：猶言"惟有誰"。惠，猶"惟"。疇，誰。

④僉：皆。

⑤伯禹：蓋"嵩伯禹"的簡稱，《逸周書》中又稱"嵩禹"，《國語·周語下》中亦稱"伯禹"以爲姒姓，《戰國策》中稱"大禹"，《史記》中稱"夏禹"，或徑稱"禹"，爲夏族首領。　司空：西周金文中作"司工"，主管水土、營築之官。

⑥帝：帝舜。

⑦俞：然，讚同之辭。

⑧平：平治，整治。

⑨時：是，此。謂平水土之功。　懋：同"茂"，豐，大，美。謂大其水土之功。

⑩拜稽首：拜然後稽首。《説文解字·手部》"捧"字段玉裁注："既跪而拱手，而頭俯至於手與心平，是之謂頭至手，《荀子》曰'平衡

曰拜'是也。頭不至於地,是以《周禮》謂之空首。空首者,對稽首、頓首之頭著地言也。詳言曰拜首,省言曰拜。"則跪而拱手、頭俯至於手曰拜,亦稱拜手;跪而俯身且叩首至地並停留曰稽首。稽首比拜更隆重莊敬。金景芳謂將拜、稽首兩個動作連結起來,就是拜稽首。

⑪讓:推讓。　稷:周人始祖,本名弃,因善於農耕種植,遂爲稷官(農官),故又稱"后稷"或"稷"。　契(xiè):字又作"偰",商人始祖。　暨:與。　皋(gāo)陶(yáo):字又作"咎繇",舜臣。後《皋陶謨》篇記載皋陶和禹之間的談話。

⑫俞,汝往哉:謂同意衆人意見,讓禹爲司空。

⑬弃:即上文"稷",周人始祖。

⑭黎民阻飢:阻,厄,困厄。句謂黎民受困於飢餓。

⑮后:君長,此用作動詞,主掌。或疑此"后"爲"司",其義亦爲主掌。　稷:農官。

⑯播:播種。　時:同"蒔",亦播種。《國語·鄭語》云:"周弃,能播殖百穀蔬以衣食民人者也。"

⑰百姓:衆族姓。　親:親睦。

⑱五品不遜:五種倫理法則還不順當。品,法也,式也。五品,五種法則,即前文"慎徽五典"之"五典",亦即《左傳》文公十八年所言"五教":父義、母慈、兄友、弟恭、子孝。故鄭玄云:"五品,父、母、兄、弟、子也。"遜,順。

⑲司徒:官名,在西周金文中作"嗣土",主掌農田、林牧;在《周禮》中主掌土地、人民、教化等。此處"司徒"蓋主掌教化。

⑳敷:布,施行。　五教:即上文"五品",謂父義、母慈、兄友、弟恭、子孝。

㉑五教在寬:"五教"二字原缺,《史記·殷本紀》及漢人引《尚書》不缺此二字,段玉裁《古文尚書撰異》云:"唐石經'五教'之下疊'五

教'二字,字形隱隱可辨,後乃摩去重刻,然則唐時本有作'敬敷五教,五教在寬'者,與《殷本紀》合。"今據補。寬,寬厚不急促。蔡沈《書集傳》謂五教"出于人心之本然,非有强而後能者……寬裕以待之,使之優柔浸漬,以漸而入"是也。

㉒蠻夷:泛指周邊少數民族。　猾:亂,侵擾。　夏:擾亂。俞樾《俞樓雜纂》云:"'夏'字亦有擾亂之義。……'猾夏'二字連文同義。猾,亂也;夏,亦亂也。"或釋"夏"爲"華夏",則是以春秋時乃有之華夷觀念以釋上古歷史,不取其説。

㉓寇賊姦宄(guǐ):群搶曰寇,殺人曰賊。姦宄,爲《尚書》中常用語,《廣雅·釋詁》云:"竊盜也。"《國語·晉語六》:"亂在内爲宄,在外爲姦。"

㉔士:主管征伐、刑戮的長官,古又作"李""理"。上古兵、刑不分,蠻夷猾夏,乃用兵;寇賊姦宄,則用刑。

㉕五刑有服:五刑,黥、劓、剕、宫、大辟。又參前文"流宥五刑"注。服,謂象刑,别異改變罪人衣冠、服飾以象其所犯之刑。句謂五刑皆各有其象刑以用之。或謂"服"爲"服刑",則句謂五刑各有其所施用的刑罰。亦可備一説。

㉖五服三就:三就,三等。句謂五刑所用象刑又分爲上、中、下三等。《尚書大傳》云:"唐虞之象刑,上刑赭衣不純,中刑雜屨,下刑墨幪。以居州里,而民耻之。"或謂就,處也,三就爲服五刑者按輕重被安排的三種處所,大罪在原野,其次在市,其次在朝,《國語·魯語上》云:"故大者陳之原野,小者致之市、朝。五刑三次。"韋昭注:"次,處也。三次,野、市、朝。"則句謂五刑所服有三處。亦可爲一説。

㉗五流:即前文"流宥五刑",入五刑者寬宥之而施之流刑。　有宅:各有其流放之居處地。

㉘五宅三居:句謂入五刑而被流放的居處地,依刑之輕重又分爲遠

近三等居次。馬融云:"大罪投四裔,次九州之外,次中國之外。"

㉙惟明克允:惟,願,希望。明,明察。克,能。允,信。句謂希望用刑明察,能公允使人信服。

帝曰:"疇若予工①?"僉曰:"垂哉②!"帝曰:"俞,咨,垂,汝共工③。"垂拜稽首,讓于殳斨暨伯與④。帝曰:"俞,往哉汝諧⑤。"

帝曰:"疇若予上下草木鳥獸⑥?"僉曰:"益哉⑦!"帝曰:"俞,咨,益,汝作朕虞⑧。"益拜稽首,讓于朱、虎、熊、羆⑨。帝曰:"俞,往哉汝諧。"

【校注】

①疇若予工:謂誰能勝任做我的百工之官。"疇若"可參上《堯典》"疇咨若"注。疇,誰。若,善,勝任,做好。予,我。工,工官,主管百工之官。

②垂:字又作"倕",人名,精巧於百工技藝,故又稱"巧倕"、"工倕"。

③共:同"供",供其職事。 工:工官。 "汝共工"謂汝供職於工官,與前"汝后稷"謂汝主管稷事(農事),詞例結構相同。後《史記·五帝本紀》及《漢書·百官公卿表》則以"共工"爲管理百工之官名。

④殳(shū)斨(qiāng):人名,善造兵械。 伯與:人名。王夫之《尚書稗疏》云:"《世本》:'伯余始作衣。'此'伯與'疑即'伯余'。"則伯與善製衣服。器、服製作均爲工官所掌内容。

⑤往哉汝諧:諧,同"偕",偕同,共同。"往哉"謂以垂爲工官,"汝諧"謂垂與殳斨、伯與偕同共事。

⑥上下:高山低地。或謂山陵川澤。

⑦益:人名,善於焚山澤,驅鳥獸,又稱伯益,爲秦人先祖,曾輔佐禹平治水土。又見於後《益稷》篇。

⑧朕:我。　虞:馬融云:"掌山澤之官名。"

⑨朱、虎、熊、羆:蔡沈《書集傳》云:"四臣名也。"四人蓋亦善知禽獸,故以獸名爲稱。"朱"即"豹",二字音轉可通。

　　帝曰:"咨!四岳,有能典朕三禮①?"僉曰:"伯夷②。"帝曰:"俞,咨,伯③,汝作秩宗④,夙夜惟寅⑤,直哉惟清⑥!"伯拜稽首⑦,讓于夔、龍⑧。帝曰:"俞!往,欽哉⑨!"

　　帝曰:"夔,命汝典樂⑩,教冑子⑪。直而溫⑫,寬而栗⑬,剛而無虐⑭,簡而無傲⑮。詩言志⑯,歌永言⑰,聲依永⑱,律和聲⑲。八音克諧⑳,無相奪倫㉑。神人以和㉒。"夔曰:"於㉓!予擊石拊石㉔,百獸率舞㉕。"

　　帝曰:"龍,朕堲讒説殄行㉖,震驚朕師㉗。命汝作納言㉘,夙夜出納朕命㉙,惟允㉚。"

　　帝曰:"咨!汝廿有二人㉛,欽哉!惟時亮天功㉜。"

　　三載考績㉝,三考㉞,黜陟幽明㉟,庶績咸熙㊱。分北三苗㊲。

　　舜生卅㊳,徵庸卅㊴,在位五十載㊵,陟方乃死㊶。

【校注】

①有:誰。　典:主管,掌管。　三禮:馬融云:"三禮,天神、地祇、人鬼之禮也。"蔡沈《書集傳》亦云:"祀天神、享人鬼、祭地祇之禮也。"

②伯夷:人名,後《周書·吕刑》説伯夷制定典法,掌管刑獄,《國語·鄭語》及《山海經·海内經》謂其爲姜姓之祖。

③伯:伯夷。此當脱"夷"字,《史記》引作"伯夷"。

④汝作秩宗:陸德明《經典釋文》謂"作"爲衍字。馬融、王肅本及熹平石經《堯典》殘字均無"作"字。"汝秩宗"蓋與前"汝后稷""汝

共工"例同。秩,序,次第,此用作動詞,排次第。宗,宗廟。"汝秩宗"謂汝排次宗廟行禮祭祀之序,即擔任禮官。

⑤夙夜:早晚。夙,早。西周恭王時器史牆盤銘文云"夙夜不惰",與金文中常見的"夙夕"義同。　寅:敬。

⑥直:正直。　清:清明。

⑦伯:伯夷。

⑧夔(kuí)、龍:均人名。《左傳》昭公二十八年載夔爲樂正(樂官),《禮記·樂記》云:"夔始作樂。"鄭玄注:"夔,舜時典樂者。"夔與龍均擅樂舞。

⑨欽:敬。謂敬慎其事。

⑩樂:古代"樂"的範圍較寬,包括詩、歌、聲、舞等内容。

⑪胄子:未成年的貴族子弟。鄭玄云:"胄子,國子也。"《漢書·禮樂志》:"國子者,卿大夫之子弟也。皆學歌九德,誦六詩,習六舞、五聲、八音之和。"

⑫直而温:直,正人之屈。而,能也。温,温和,和柔。句謂正人之屈又能不失温和。

⑬寬而栗:寬,寬宏大量。栗,嚴肅莊敬。句謂寬厚又能不失嚴肅。又,俞樾《群經平議》云:"'栗'與'稚'古通用,'寬而栗'猶'寬而稚'也,言寬大而條理秩然也。"謂既寬厚,又能講秩序。亦可通。

⑭剛而無虐:剛,剛強。虐,暴虐。句謂剛強又能不暴虐。

⑮簡而無傲:簡,簡略,疏簡。傲,倨傲。句謂疏簡又能不傲慢。
　案:直、寬、剛、簡四句,金景芳、吕紹綱《〈尚書·虞夏書〉新解》云:"直與温,寬與栗,剛與無虐,簡與無傲,各是相反相成的對子。雖然是四個對子,但是以第一字即直、寬、剛、簡爲主要。爲了不使直、寬、剛、簡過度,走向極端,乃至發展爲反面,而提出四項相應的防範措施。"孫星衍《尚書今古文注疏》稱直而温、寬而栗、剛而無虐、簡而無傲爲《虞書》四德,云:"古教學必先治性情,法天

地四時,於《虞書》爲四德,《皋陶謨》爲九德,《洪範》爲三德。此大學之道也。"又參後《皋陶謨》"寬而栗"等"九德"之釋。

⑯志:意志,内心思想。

⑰永:同"詠",詠唱。 言:即上云詩之所言。

⑱聲:五聲,即宫、商、角、徵、羽五個相對音階。 依:依助。 永:即上之所詠唱。

⑲律:十二律,即六律六吕,爲十二個絶對音高,又省稱六律。 和:協和。 聲:即上所言五聲。 "詩言志"四句,謂詩用來表達内心的思想,歌用來詠唱詩,五聲依助於詠唱之歌,律用來協和五聲。

⑳八音克諧:八音能够和諧而成樂。八音,用金、石、土、革、絲、木、匏、竹八種不同材質製作的樂器,又參前文"四海遏密八音"注。克,能。諧,和諧。

㉑無相奪倫:不相互錯亂音序旋律。奪,錯,亂。倫,理,序。

㉒以:因此。 和:和諧。

㉓於(wū):嘆詞。

㉔予:我。 擊:打擊。 拊(fǔ):輕擊。

㉕率:循,相從。 案:上"夔曰"句内容,又見於後《益稷》篇。蘇軾《東坡書傳》云:"此《益稷》之文也,簡編脱誤,復見於此。"

㉖朕:我。 堲(jí):憎惡。 讒説(yuè):諂媚。"説"同"悦"。殄(tiǎn)行:無行,没有好的品行,謂其行爲敗壞。殄,絶,無。

㉗震驚:驚動。 師:衆。

㉘納言:官名。

㉙出納:出入。《詩經·大雅·烝民》:"出納王命,王之喉舌。"西周晚期器師望鼎銘文、大克鼎銘文均云"出納王命"。

㉚允:誠信。

㉛卅有二人:卅,二十。二十二人所指,衆説紛紜,皮錫瑞據《史記·

五帝本紀》謂二十二人爲禹、皋陶、契、稷、伯夷、夔、龍、垂、益、彭祖與十二牧。

㉜時：是，此。代指後之“亮天功”。　亮：相，輔相，輔弼。　天功：天之事。後《皋陶謨》云：“天工人其代之。”謂天之事由人來代做，亦即人事。“功”亦作“工”，事也。“亮天功”例同前文“亮采”。《史記·五帝本紀》言禹、皋陶、契、后稷、伯夷、夔、龍、倕、益等人“自堯時而皆舉用，未有分職”，至此時，舜則分任職守，使各司其事。從未有分職到設官分職，是古代國家治理上的一大進步。郭店戰國楚墓竹簡《唐虞之道》云：“愛親尊賢，虞舜其人也。禹治水，益治火，后稷治土，足民養也；伯益守禮，夔守樂，遜民教也；咎繇内用五刑，出弋兵革，皋淫暴也。”《大戴禮記·五帝德》也有與上述内容類似的記載。

㉝三載：三年。　考績：考核政績。

㉞三考：考核三次，即九年。

㉟黜：罷黜。　陟：提升。　幽：昏闇。　明：賢明。

㊱庶績咸熙：句又見上篇《堯典》。庶，衆。績，業績。咸，皆。熙，興起。句謂各種業績均興盛起來。

㊲分北：分別。“北”同“背”，別也。　三苗：古苗民部族，參前“竄三苗于三危”注。　分別三苗，蔡沈《書集傳》云：“其善者留，其不善者竄徙之。”蘇軾《東坡書傳》謂此分別其民：“苗之國左洞庭、右彭蠡，南方之國也。而竄之西裔，必竄其君耳，其民未也。至此治功大成，而苗民猶不服，故分北之。”　案：上古不同時期，三苗或臣或叛，故苗亂與征苗之事，《尚書》前後多有記載。

㊳舜生卅：謂舜三十歲時。卅，三十。《史記·五帝本紀》云舜“年三十，堯舉之”。

㊴徵庸廿：徵舉用事二十年。廿，二十。“廿”，底本原作“卅”，今據《史記》及今文所引、鄭玄説改作“廿”。徵庸，登用，舉用。《史

記·五帝本紀》云“舜得舉用事二十年,而堯使攝政”,舜“年五十
攝行天子事”。

㊵在位五十載:在天子之位五十年。《史記·五帝本紀》謂舜“年三
十,堯舉之,年五十攝行天子事,年五十八堯崩,年六十一代堯踐
帝位。踐帝位三十九年,南巡狩,崩於蒼梧之野”,則舜百歲而
崩。　案:《舜典》謂舜三十被登用,登用二十年,在位五十年,壽
正百歲,則《舜典》“在位五十載”包括了《史記》所載舜攝政八年、
守喪三年、踐帝位三十九年全部年數而言。

㊶陟方乃死:巡行方國時死去。陟,登,行。《史記·五帝本紀》云舜
“南巡狩,崩於蒼梧之野”,蒼梧蓋在今湖南寧遠境内。或謂此陟
方乃南巡征苗,《淮南子·脩務訓》謂舜“南征三苗,道死蒼梧”,
《禮記·檀弓》“舜葬於蒼梧之野”鄭玄注:“舜征有苗而死,因葬
焉。”唯《孟子·離婁下》云舜“卒於鳴條”,鳴條所在,一説在安邑
(山西夏縣)之西,或在河南鄭州與偃師之間。

汨　作

九　共

稾　飫①

帝釐下土②,方設居方③,别生分類④。作《汨作》、《九共》
九篇、《稾飫》⑤。

【校注】

①汨(gǔ)作、九共、稾(kào)飫(yù):篇題底本原無,其正文亦亡
逸,僅存此序。爲清眉目,今增篇題於序前。後仿此,不再注明。

②帝:謂舜。　釐(lí):治理,整飾。　下土:天下。

③方設:廣設。"方"同"旁",廣,大。　居方:方國。又,曾運乾《尚書正讀》云:"居方蓋官名,與《周官》職方氏相當。"可備一説。

④別生分類:別,分別。生,同"姓"。句謂分別姓氏族類,猶前《堯典》"平章百姓"之意。

⑤《汩作》:僞孔傳云:"汩,治。作,興也。言其治民之功興,故爲《汩作》之篇。"　《九共》:《尚書大傳·虞夏傳》云:"《九共》以諸侯來朝,各述其土地所生美惡、人民好惡,爲之貢賦、政教。"如此,則或如曾運乾《尚書正讀》所云:"《九共》九篇,當爲九州所共給於上者,與《禹貢》相表裏。"共,即"供"。　《槀飫》:槀,同"犒",犒勞、犒賞。飫,賜宴。　案:《汩作》、《九共》九篇、《槀飫》,共十一篇,異篇同序,今僅存此序。《尚書》篇章亡逸而序存者,梅獻孔傳本皆依其篇次置於見存各篇之間。下同。

大禹謨第三　虞書

【題解】

　　"大禹謨"謂大禹之謀議。禹爲夏族首領。"大"爲尊美之辭。"謨"同"謀",謀議。漢代今文無《大禹謨》篇。鄭玄云《大禹謨》逸。今存此篇,爲魏晉間晚起僞古文《尚書》25 篇之第一篇。僞古文《尚書》雖爲晚作,但亦間或採有先秦文獻中所引《尚書》之片言隻語,今據前人成果,在校注中略作揭示,不過篇中釋義則以僞古文《尚書》編撰者的理解爲準。本書其他僞古文《尚書》篇章之釋,亦均仿此。本篇模仿《堯典》的叙述風格,雜記舜、禹、益、皋陶之間對治理天下政事的謀議,舜讚美衆臣的功勞,並因自己年老和禹有大功而欲讓位於禹,禹謙讓,最終接受舜之禪位,禹率軍征討苗民但苗民不服,而帝舜施行文德教化,苗民來臣。篇中在德政、刑法、占卜、任人、重民等方面,頗多統治經驗與政治智慧的總結,對中國後來的政治與文化都有重要影響,其"人心惟危,道心惟微,惟精惟一,允執厥中"這後人所謂的"十六字心傳",在宋代被視爲"道統"所在,成爲了宋明理學的核心命題。

　　皋陶矢厥謨①,禹成厥功②,帝舜申之③。作《大禹》《皋陶謨》、《益稷》④。

【校注】

　　①皋(gāo)陶(yáo):又作"咎繇",舜臣。　　矢:陳,陳獻,陳述。

厥：其。　謨：同“謀”，謀議。

②禹：夏族首領，又稱“大禹”。又參上篇《舜典》“伯禹作司空”注。

③申：重申，申述。

④作《大禹》《皋陶謨》《益稷》：此蓋三篇同序。僞古文《尚書》25 篇雖爲晚起，但《書》序卻成文於此前，這些序文，不少曾被《史記》採入。大概在西漢末年，各篇《書》序被編次彙集，東漢馬融、鄭玄曾爲這些序文作注。這些序文原本單獨彙編別爲一卷，置於書末，梅獻孔傳《尚書》始將序文分置各篇之前。《皋陶謨》《益稷》内容見後。

大禹謨

曰若稽古大禹①，曰文命敷于四海②，祗承于帝③，曰：“后克艱厥后④，臣克艱厥臣⑤，政乃乂⑥，黎民敏德⑦。”

帝曰⑧：“俞⑨！允若兹⑩，嘉言罔攸伏⑪，野無遺賢⑫，萬邦咸寧⑬。稽于衆⑭，舍己從人⑮，不虐無告⑯，不廢困窮⑰，惟帝時克⑱。”

益曰⑲：“都⑳，帝德廣運㉑，乃聖乃神，乃武乃文㉒。皇天眷命㉓，奄有四海㉔，爲天下君。”

禹曰：“惠迪吉㉕，從逆凶㉖，惟影響㉗。”

【校注】

①曰若：句首語助辭。　稽：查考，稽考。　古：古代。　案：“曰若稽古”又參前《堯典》及注。

②曰文命敷于四海：謂美好的教命布施于天下。曰，句首語助詞。文命，文德教命，文德猶言美德，“文”爲讚美之辭。下文亦云“帝乃誕敷文德”。一説“文命”爲禹之名，今不取其説，參前《堯典》

“曰放勳欽明”注。敷,布,施行。四海,天下。

③祗(zhī)承于帝:謂禹敬受命於帝舜。祗,敬。承,受。帝,帝舜。

④后克艱厥后:君能以爲君爲難。后,君。克,能。艱,難,以爲難。

⑤臣克艱厥臣:臣能以爲臣爲難。蔡沈《書集傳》:“孔子曰‘爲君難,爲臣不易’即此意也。”

⑥乂:治,治理。

⑦黎民:衆民,人民。又參前《堯典》“黎民於變時雍”注。　敏:同“勉”,勉力。

⑧帝:帝舜。

⑨俞:表示同意之詞,猶今之言“是”“對”。

⑩允:誠。　若:如。　兹:此。

⑪嘉言:善言。　罔:無。　攸:所。　伏:隱伏,埋没。

⑫野:此謂民間。　案:《荀子·正論篇》:“堯、舜南面而聽天下,天下無隱士,無遺善。”

⑬萬邦:萬國。　咸:皆,都。　寧:安寧。　案:《周易·乾》彖曰“萬國咸寧”。

⑭稽于衆:考詢於衆人。稽,考,詢問。

⑮舍己從人:捨棄自己個人欲念而聽從衆人。下文亦云“罔咈百姓以從己之欲”。　案:《孟子·公孫丑上》:“大舜有大焉,善與人同,舍己從人,樂取於人以爲善。”

⑯虐:虐待。　無告:弱勢而無依無靠的人。

⑰廢:棄。　困窮:處於困境窮地的人。　案:《莊子·天道篇》:“堯曰:吾不敖無告,不廢窮民。”

⑱惟帝時克:只有帝堯能够這樣。時,是,此。克,能。

⑲益:人名,又稱伯益,爲舜虞官,掌山澤。又參上篇《舜典》“僉曰:‘益哉’”注。

⑳都:讚嘆之詞。

㉑廣運:廣大深遠。僞孔傳云:"廣謂所覆者大,運謂所及者遠。"

㉒乃聖乃神,乃武乃文:乃,且,又。或云此"乃"爲語氣助詞。聖、神、武、文,僞孔傳云:"聖無所不通,神妙無方,文經天地,武定禍亂。" 案:《呂氏春秋·諭大篇》:"《夏書》曰:'天子之德廣運,乃神乃武乃文。'"

㉓皇天:謂上天。皇,大。"皇天"一詞,又在後《商書·伊訓》《太甲中》《咸有一德》等篇出現。 眷:顧念。 命:天命。

㉔奄:大,廣。

㉕惠迪吉:謂順從正道就吉利。惠,順。迪,沿道順行,謂正道。

㉖從逆凶:謂跟隨不正之道就凶險。從,隨。逆,反道逆行,謂不正之道,逆道。

㉗惟影響:影,影子。響,回響。僞孔傳云:"吉凶之報,若影之隨形,響之應聲。" 案:《太平御覽》卷八十一引《尸子》云:"舜云:從道必吉,反道必凶,如影如響。"

益曰:"吁①,戒哉! 儆戒無虞②,罔失法度③,罔遊于逸④,罔淫于樂⑤。任賢勿貳⑥,去邪勿疑⑦,疑謀勿成⑧,百志惟熙⑨。罔違道以干百姓之譽⑩,罔咈百姓以從己之欲⑪。無怠無荒⑫,四夷來王⑬。"

禹曰:"於⑭,帝念哉⑮! 德惟善政⑯,政在養民⑰。水、火、金、木、土、穀惟修⑱,正德、利用、厚生惟和⑲,九功惟叙⑳,九叙惟歌㉑。戒之用休㉒,董之用威㉓,勸之以九歌㉔,俾勿壞㉕。"

帝曰:"俞! 地平天成㉖,六府三事允治㉗,萬世永賴㉘,時乃功㉙。"

【校注】

①吁(xū):感嘆之詞。

②儆(jǐng):警惕,戒備。　虞:猜度,料想。"無虞"指没有意料到的,猶不測。　案:《詩經·大雅·抑》云"用戒不虞",與此意同,猶言以防不測。

③罔:無,不要。

④遊:遊樂。　逸:安逸。

⑤淫:過度,無節制。　樂:享樂。

⑥貳:不專一,三心二意。

⑦疑:遲疑,猶豫不決。　案:《戰國策·趙策二》"王立周紹爲傅"章:"《書》曰:'去邪勿疑,任賢勿貳。'"

⑧疑:疑惑而拿不準。　成:成就,實行。

⑨志:想法,謀劃。　熙:興盛。

⑩違道:違背正道。　干:求。

⑪咈(fú):違背,違逆。

⑫怠:懈怠。　荒:荒廢。

⑬四夷:周邊四方蠻夷戎狄之人。　來王(wàng):來朝見。案:《詩經·商頌·殷武》云"莫敢不來王",馬瑞辰《毛詩傳箋通釋》:"'王'本世見之名,亦通以爲朝覲之稱。蓋'王'之言'往',王者爲天下所歸往,曰'王';諸侯往朝於王,亦曰'王'。"

⑭於(wū):感嘆詞。

⑮念:念慮,考慮。

⑯德惟善政:句謂君主的美德惟在于善其政事。

⑰養:生養,謂供給食物及生活所必需之物使其生活下去。

⑱修:治,修治。

⑲正德:端正其德行。　利用:便利其器用。　厚生:增多其衣食。和:和順。　案:《左傳》文公七年云"水、火、金、木、土、穀謂之六府","正德、利用、厚生謂之三事";成公十六年亦云"民生厚而德正"。

⑳九功:水、火、金、木、土、穀、正德、利用、厚生。　案:《左傳》文公七年:"六府、三事,謂之九功。"　叙:陳述,記述。

㉑歌:歌詠。　案:《左傳》文公七年:"九功之德皆可歌也,謂之九歌。"

㉒戒之用休:用美善來勸勉他們。戒,勸戒,勸勉。休,美。

㉓董之用威:用威罰來督察他們。董,督察,監督。威,威罰。

㉔勸:勉,勸勉。

㉕俾:使。　案:《左傳》文公七年:"《夏書》曰:'戒之用休,董之用威,勸之以九歌,勿使壞。'"

㉖地平天成:蔡沈《書集傳》云:"言水土既平,而萬物得以成遂也。"地平,水土平定。天成,萬物長成。　案:《左傳》僖公二十四年云:"《夏書》曰:'地平天成。'"

㉗六府三事:蔡沈《書集傳》云:"六府,即水、火、金、木、土、穀也,六者財用之所自出,故曰府。三事,正德、利用、厚生也,三者人事之所當爲,故曰事。"　允:誠,的確。　治:治理好。

㉘賴:依靠,依賴。

㉙時:是,此。　乃:你的。

帝曰:"格①,汝禹!朕宅帝位②,卅有三載③,耄期倦于勤④。汝惟不怠,摠朕師⑤。"

禹曰:"朕德罔克⑥,民不依⑦。皋陶邁種德,德乃降,黎民懷之,帝念哉⑧!念兹在兹⑨,釋兹在兹⑩,名言兹在兹⑪,允出兹在兹⑫。惟帝念功⑬。"

帝曰:"皋陶,惟兹臣庶⑭,罔或干予正⑮,汝作士⑯,明于五刑⑰,以弼五教⑱,期于予治⑲,刑期于無刑,民協于中⑳,時乃功,懋哉㉑!"

皋陶曰:"帝德罔愆㉒,臨下以簡㉓,御衆以寬㉔;罰弗及嗣^㉕,賞延于世^㉖;宥過無大^㉗,刑故無小^㉘;罪疑惟輕^㉙,功疑惟重^㉚;與其殺不辜^㉛,寧失不經^㉜。好生之德^㉝,洽于民心^㉞,兹用不犯于有司^㉟。"

帝曰:"俾予從欲以治^㊱,四方風動^㊲,惟乃之休^㊳。"

【校注】

①格:來。

②宅:居。

③有:又。　載:年。

④耄(mào)期:謂年老。蔡沈《書集傳》云:"九十曰耄,百年曰期。"倦:疲倦。　勤:辛苦。

⑤揔(zǒng):即"總",總領,統領。　師:衆。

⑥罔:不。　克:能,勝任。

⑦依:依附,歸附。

⑧"皋陶邁種德"四句:蔡沈《書集傳》:"邁,勇往力行之意。種,布。降,下也。禹自言其德不能勝任,民不依歸。惟皋陶勇往力行以布其德,德下及於民,而民懷服之,帝當思念之而不忘也。"　案:《左傳》莊公八年云:"《夏書》曰:'皋陶邁種德,德乃降。'"

⑨念兹在兹:念,念慮,念想。二"兹"字義均爲"此",前一"兹"謂德,後一"兹"謂皋陶。下"釋兹在兹""名言兹在兹""允出兹在兹"亦類同。此句謂念想此德的是此人。

⑩釋:周秉鈞《白話尚書》謂此"釋"通"懌",喜悦。

⑪名言:稱説言談。名,稱説。謂在言語上稱説此德。

⑫允出:謂表現在行爲上亦誠爲此德。允,誠。　案:《論語·子路》子曰:"名不正,則言不順;言不順,則事不成。……君子名之必可言也,言之必可行也。"

⑬念功:念皋陶之功。　案:《左傳》襄公二十一年:"《夏書》曰:'念兹在兹,釋兹在兹,名言兹在兹,允出兹在兹。惟帝念功。'"

⑭兹:此。　臣庶:臣衆。庶,衆。　案:《孟子·萬章上》:"舜曰:'唯兹臣庶,汝其于予治。'"

⑮或:有。　干:犯。　正:同"政"。

⑯士:主管征伐、刑獄的官。又參上篇《舜典》舜命皋陶"汝作士"注。

⑰明:彰明。　五刑:黥、劓、剕、宮、大辟五種刑罰。又詳參上篇《舜典》"流宥五刑"注。

⑱弼:輔助。　五教:謂父義、母慈、兄友、弟恭、子孝。又參上篇《舜典》"敬敷五教"注。

⑲期于予治:黄懷信《尚書注訓》謂"期"上當脱"教"字。若如此,則句與下"刑期于無刑"相對,二句蓋謂弼五教以期予治,明五刑以期無刑。期,期望。治,治理好天下。

⑳協:和。　中:謂其刑公正合宜不輕不重。後《周書·君陳》云:"予曰辟,爾惟勿辟;予曰宥,爾惟勿宥,惟厥中。"

㉑懋:同"茂",盛,大。謂其功盛大而美。

㉒愆(qiān):過失。

㉓臨:猶統治。　簡:簡約,不細碎。

㉔御:駕御。　寬:寬大,不嚴酷。

㉕罰:懲罰。　及:及於,延及。　嗣:後代子孫。

㉖世:後世子孫。此"世"與上"嗣"同義。

㉗宥過無大:宥,寬宥,寬恕。過,過失。句謂因過失而犯法,無論罪多大,都可以寬宥。

㉘刑故無小:刑,用刑。故,故意。句謂若故意犯法,無論罪多小,都要用刑。僞孔傳云:"過誤所犯,雖大必宥。不忌故犯,雖小必刑。"　案:王充《論衡·答佞篇》:"故曰'刑故無小,宥過無大'。"

㉙罪疑惟輕:句謂罰罪時疑不能定,可輕可重,則輕罰之。

㉚功疑惟重:句謂賞功時疑不能定,可輕可重,則重賞之。

㉛不辜:無辜者,無罪者。辜,罪。

㉜寧失:寧可放過。　不經:不守法度者。經,常,法。　案:《左傳》
　襄公二十六年云:"《夏書》曰:'與其殺不辜,寧失不經。'"

㉝好生:珍愛生命。

㉞洽:和。

㉟茲用不犯于有司:因此人民不觸犯刑法。茲用,是以,因此。有
　司,官府,指負責刑獄的部門,此代指刑法。

㊱俾:使。　從欲:隨願,從心所欲。　案:《荀子·大略篇》:"舜
　曰:'維予從欲而治。'"

㊲四方:天下。　風動:(天下之民)響應感化如草應風而動。

㊳乃:你。　案:乃,内野本、神宫本、足利本作"女",此句"乃"後有
　"之",則當作"女(汝)"爲是。　休:美。

　　帝曰:"來,禹!降水儆予①,成允成功②,惟汝賢③。克勤
于邦④,克儉于家⑤,不自滿假⑥,惟汝賢。汝惟不矜⑦,天下莫
與汝爭能;汝惟不伐⑧,天下莫與汝爭功⑨。予懋乃德⑩,嘉乃
丕績⑪。天之曆數在汝躬⑫,汝終陟元后⑬。人心惟危⑭,道心
惟微⑮,惟精惟一⑯,允執厥中⑰。無稽之言勿聽⑱,弗詢之謀
勿庸⑲。可愛非君⑳?可畏非民㉑?衆非元后何戴㉒?后非衆
罔與守邦㉓。欽哉!慎乃有位㉔,敬修其可願㉕。四海困窮,
天禄永終㉖。惟口出好興戎㉗,朕言不再㉘。"

【校注】

①降水:洪水。"降"亦作"洚",謂大水泛濫。　儆(jǐng):警。
　案:《孟子·滕文公下》:"《書》曰:'洚水警余。'"

②成允成功:實現允諾成就功業。成,成就,實現。允,信,允諾。
　功,功業。蔡沈《書集傳》云:"禹奏言而能踐其言,試功而能有其
　功,所謂成允成功也。"　案:《左傳》襄公五年:"《夏書》曰:'成允
　成功。'"

③賢:賢能,有才能。

④克:能。　勤:勤勞。　邦:國。

⑤儉:節儉,儉樸。

⑥不自滿假:不自滿不自大。假,大。

⑦矜:驕矜。

⑧伐:誇耀。

⑨"汝惟不矜"四句:《荀子·君子篇》:"不矜矣夫,故天下不與爭能而致善用其功。"

⑩懋:同"茂",豐,大,美。此謂褒揚。案:後《商書·仲虺之誥》云:"王懋昭大德。"《太甲中》亦云:"王懋乃德。"《逸周書·祭公》:"維武王大剋之,咸茂厥功。"《詩經·小雅·南山有臺》:"樂只君子,德音是茂。"鄭玄箋:"茂,盛也。"　乃:你的。

⑪嘉:嘉獎。　丕績:大功。丕,大。績,功。

⑫曆數:帝王相繼的次序。蔡沈《書集傳》云:"曆數者,帝王相繼之次第,猶歲時節氣之先後。"　躬:自身。　案:《論語·堯曰篇》:"咨!爾舜,天之曆數在爾躬,允執其中。四海困窮,天禄永終。"

⑬陟:登,升。　元后:天子。元,首。后,君。

⑭人心:從人的角度產生的想法。　危:危險。

⑮道心:從道的角度形成的法則。　微:隱晦,不明顯。　"人心惟危"二句,意謂從人的角度產生的想法要意識到它常常是危險的,從道的角度形成的法則要考慮到它常常並非顯而易見的。　案:《荀子·解蔽篇》:"故《道經》曰:'人心之危,道心之微。'"

⑯精:精誠。　一:專一。

⑰允:誠,確實。　執厥中:執其中,謂遵行中道,不偏不倚。厥,其。

⑱稽:考查,驗證。

⑲詢:徵詢,咨詢。　庸:用。

⑳愛:愛戴。

㉑畏：畏怕。

㉒戴：擁戴。

㉓罔與：無與。　案：《國語·周語上》：“《夏書》有之曰：‘衆非元后何戴？后非衆無與守邦。’”類似的表達，又見於後《商書·太甲中》：“民非后，罔克胥匡以生；后非民，罔以辟四方。”《咸有一德》：“后非民罔使，民非后罔事。”

㉔乃：你的。　有位：僞孔傳謂天子之位。

㉕可願：民之所願、所欲。

㉖禄：福。　“四海困窮，天禄永終”句有二解：（1）“永終”，僞孔傳《尚書》、包咸注《論語》均解爲“長終”，劉寶楠《論語正義》釋“天禄永終”爲“享天禄能終竟之也”，蓋謂四海困窮之民，能享盡上天賜予他們的禄壽。屈萬里《尚書集釋》謂“永終”猶“永久”，亦大略類同。漢代人引用“天禄永終”多作此解。（2）蔡沈《書集傳》云：“四海之民，至於困窮，則君之天禄，一絶而不復續。”但閻若璩力辨“終”不當如此訓“絶”。兩相較之，前説爲是，後《商書·盤庚上》云“天其永我命于兹新邑”，商代武丁時期甲骨文亦云“帝隹（唯）其冬（終）兹邑”，周原甲骨文云“使孚于永終”，《周書·金縢》云“惟永終是圖”，永、終同義，即謂長久。　案：“四海困窮，天禄永終”亦見於《論語·堯曰篇》，何晏《論語集解》引包咸釋“困”爲“極”，謂“窮極四海，天禄所以長終”。而“窮”亦可訓極、盡，《國語·越語下》“日困而還，月盈而匡”韋昭注：“困，窮也。”故《論語》“四海困窮”可訓爲德政四海遍及，毛奇齡《論語稽求篇》力主此義，段玉裁《説文解字注》“困”字亦遵此説。不過“困窮”此義，於《論語》爲宜，卻不可用來説《書》。《尚書》58篇中，“困窮”一詞凡四見，特別值得注意的是，均只見於僞古文《尚書》25篇之中。除了此處，本篇《大禹謨》前文云“不虐無告，不廢困窮”，《商書·太甲中》云“先王子惠困窮，民服厥命，罔有不

悦",《周書·蔡仲之命》云"慎厥初,惟厥終,終以不困;不惟厥終,終以困窮",這三處"困窮"均不可作窮極、遍及解。此處"四海困窮",亦當順應僞古文《尚書》編撰者在其他三處對這一詞的理解和使用,解爲四海困窮之民,如此方符合僞古文《尚書》編撰者之意。

㉗惟口出好興戎:蓋即惟口出好、惟口興戎,謂口中所言,善用則與人生善,不善用則與人起惡而攻伐。口,謂言語。"出好"與"興戎"並列相對。出,生發。好,善。興,興起。戎,兵戎,攻伐。謂言惟在人善用與否。 案:《墨子·尚同中》云:"先王之書《術令》之道曰:'惟口出好興戎。'"孫詒讓《墨子閒詁》云:"'術令'當是'説命'之叚字。《禮記·緇衣》云:'《兑命》曰:惟口起羞,惟甲胄起兵。'……此文與彼引《兑命》辭義相類,'術''説'、'令''命',音並相近,必一書也。晉人作僞古文《書》不悟,乃以竄入《大禹謨》,疏謬殊甚。"清華簡《説命中》正作"且惟口起戎出好",可見孫詒讓判斷《大禹謨》此句當出自《説命》完全正確;今僞古文《商書·説命中》"惟口起羞,惟甲胄起戎"當採自《禮記·緇衣》所傳之本,詳參後《商書·説命中》注。

㉘再:兩次。

　　禹曰:"枚卜功臣,惟吉之從①。"

　　帝曰:"禹!官占②,惟先蔽志③,昆命于元龜④。朕志先定⑤,詢謀僉同⑥,鬼神其依⑦,龜筮協從⑧,卜不習吉⑨。"

　　禹拜稽首⑩,固辭。帝曰:"毋⑪!惟汝諧⑫。"

　　正月朔旦⑬,受命于神宗⑭,率百官若帝之初⑮。

　　帝曰:"咨,禹!惟時有苗弗率⑯,汝徂征⑰。"

　　禹乃會群后,誓于師曰:"濟濟有衆⑱,咸聽朕命⑲。蠢兹有苗⑳,昏迷不恭㉑,侮慢自賢㉒,反道敗德㉓。君子在野㉔,小人在位㉕。民弃不保㉖，天降之咎。肆予以爾衆士㉗,奉辭伐罪㉘。爾尚一乃心力㉙,其克有勳㉚。”

【校注】

①“枚卜功臣”兩句:枚卜,逐一占卜。上古選任,須占卜問吉凶。之,是。兩句謂禹謙遜,言當逐一占卜有功之臣,吉者乃選任爲君。

②官:占卜之官。

③蔽:定。　志:意志,意向。　案:“惟先蔽志”之“先”字可能爲“克”之誤。《左傳》哀公十八年:“《夏書》曰:‘官占,唯能蔽志,昆命于元龜。’”陸德明《經典釋文》云:“《尚書》‘能’作‘克’,‘克’亦‘能’也。”陳樹華《春秋經傳集解考正》云:“孔云《夏書》作‘先’,與今本合;陸云作‘克’,二者必有一誤。但《書》作‘克’,《左傳》作‘能’,義本相通,疑因孔安國《書》傳‘先斷人志,後命於元龜’之文,後人轉寫遂譌作‘先’字也。”

④昆:後。　命于元龜:以所卜之事告龜,即“命龜”,《周禮·春官·大卜》“命龜”注云:“命龜,告龜以所卜事。”元龜,大龜。後《周書·金縢》亦云“命于元龜”。

⑤朕:我。

⑥詢謀:咨詢謀問。《國語·魯語下》云“咨事爲謀”“咨親爲詢”,《詩經·小雅·皇皇者華》又有“咨謀”,毛傳亦解“謀”爲咨事。　僉:均,都。

⑦依:順從,依就。

⑧龜:謂用龜甲占卜。　筮:謂用蓍草算卦。　協:同。　從:依從。

⑨卜不習吉:謂占卜沒有重複多次便已得吉兆。習,同“襲”,重複。　案:《左傳》哀公十年:“趙孟曰:‘卜不襲吉。’”貞問同一事超過三次,第四次重複再卜稱作“習”,又參後《周書·金縢》“三龜,一習,吉”及注。

⑩拜稽首:拜然後稽首。跪而拱手、頭俯至於手曰拜,亦稱拜手;跪
　而俯身且叩首至地並停留曰稽首。參上《舜典》“禹拜稽首”注。

⑪毋:謂毋再言。

⑫諧:適合。

⑬朔旦:初一。

⑭神宗:僞孔傳謂舜之宗廟,蔡沈《書集傳》則謂堯廟。

⑮率百官若帝之初:謂禹受禪讓,總率百官,其禮儀一如當初舜受禪
　讓於堯。

⑯時:是,此。　有苗:古苗民部族,解見上篇《舜典》“三苗”。　率:
　率服,遵循服從教命。率,循,順從。上《舜典》云“蠻夷率服”。

⑰徂:往。

⑱濟濟:衆多貌。　有衆:衆人。有,詞頭,王引之《經傳釋詞》:“語
　助也。一字不成詞,則加‘有’字以配之。”

⑲命:教令。　案:《墨子·兼愛下》言及《禹誓》引禹曰:“濟濟有
　衆,咸聽朕言。非惟小子,敢行稱亂,蠢兹有苗,用天之罰。”

⑳蠢:動,謂不安分,蠢然欲動,動亂。　兹:此。

㉑昏:闇。　迷:惑。　不恭:不敬。

㉒侮慢自賢:蔡沈《書集傳》:“侮慢於人,妄自尊大。”

㉓反:違反。　敗:敗壞。

㉔君子:謂貴族在位者。

㉕小人:謂小民在野者。　案:《詩經·小雅·隰桑》序云:“小人在
　位,君子在野,思見君子,盡心以事之。”

㉖民弃不保:孔穎達疏:“民棄叛之。不保其有衆。”謂民棄有苗之
　君,有苗之君不保有其衆。或解爲民衆被有苗之君抛棄而不得安
　養,亦通。

㉗肆:遂,故。　以:率領。

㉘奉辭:奉舜討伐有苗之命令。　案:《國語·鄭語》:“奉辭伐罪,

無不克矣。”

㉙尚:表祈使之意,當。 一乃心力:謂你們要同心同力。一,同一。乃,你們的。

㉚克:能。 勳:功。

　　三旬①,苗民逆命②。益贊于禹曰③:“惟德動天④,無遠弗屆⑤。滿招損,謙受益,時乃天道⑥。帝初于歷山⑦,往于田⑧,日號泣于旻天、于父母⑨。負罪引慝⑩,祇載見瞽瞍⑪,夔夔齋慄⑫,瞽亦允若⑬。至誠感神⑭,矧兹有苗⑮。”禹拜昌言⑯,曰:“俞!”班師振旅⑰。帝乃誕敷文德⑱,舞干、羽于兩階⑲。七旬⑳,有苗格㉑。

【校注】

①旬:十日。

②逆命:違背教命,謂不服從。

③益:伯益。 贊:助,輔助。

④動:感動,觸動。

⑤屆:至,到達。

⑥時:是,此。 “滿招損”三句,僞孔傳:“自滿者,人損之;自謙者,人益之,是天之常道。”

⑦帝:帝舜。 初于歷山:“初”下,敦煌本、内野本、足利本等有“耕”字。《史記·五帝本紀》:“舜耕歷山。”歷山,鄭玄謂在河東,即今山西南部,或以爲在今河南濮陽至山東西部地區。

⑧往于田:去到田地裏。

⑨日:日日,每天。 號泣:呼號哭泣。 旻(mín)天:上天。《爾雅·釋天》:“秋爲旻天。” 案:《孟子·萬章上》:“舜往于田,號泣于旻天。”

⑩負罪引慝(tè):蔡沈《書集傳》:“負罪,自負其罪,不敢以爲父母

之罪。引慝，自引其慝，不敢以爲父母之慝也。”慝，惡。

⑪祇：敬。　載：事。　瞽（gǔ）瞍（sǒu）：舜父。詳參前《堯典》“瞽子”注。

⑫夔夔（kuí kuí）：戒懼敬慎貌。　齋：莊敬。　慄：戰慄。

⑬瞽亦允若：“瞽”下，内野本、神宫本、足利本有“瞍”字。江聲《尚書集注音疏》：“允，誠也。若，善也。舜敬事瞽瞍，見之必敬慎戰栗。瞽瞍化之，亦誠實而善。”謂瞽瞍最終被舜德感化，誠而爲善。　案：《孟子·萬章上》：“《書》曰：‘祇載見瞽瞍，夔夔齊慄，瞽瞍亦允若。’”

⑭諴（xián）：誠。

⑮矧（shěn）：況。

⑯昌言：美言。　案：下《皋陶謨》云：“禹拜昌言，曰：‘俞。’”

⑰班師振旅：蔡沈《書集傳》：“班，還；振，整也。謂整旅以歸也。”

⑱誕：表示前後相承的虛詞，又。　敷：敷施，布。　文德：猶言美德。文，讚美之辭。

⑲干、羽：均爲古代舞者所執舞具。干，盾。羽，羽毛製成的舞具。相傳文舞執羽，武舞執干。　兩階：堂之東階、西階，即舞於賓、主兩階之間。

⑳七旬：蔡沈《書集傳》：“言班師七旬，而有苗來格也。”

㉑格：來，謂來臣服。

皋陶謨第四　虞書

【題解】

　　"皋（gāo）陶（yáo）謨"謂皋陶之謀議。皋陶，亦作"咎繇"，舜臣，《史記·夏本紀》謂"皋陶作士以理民"，士爲掌管刑罰獄訟的官員。謨，謀也。上篇《大禹謨》序云："皋陶矢厥謨，禹成厥功，帝舜申之。作《大禹》《皋陶謨》、《益稷》。"《史記·夏本紀》云："帝舜朝，禹、伯益、皋陶相與語帝前，皋陶述其謀。"漢代流傳的《皋陶謨》，包括了今本《皋陶謨》和《益稷》兩篇的内容，至僞古文出，始將"帝曰來禹汝亦昌言"以下割裂分出來爲《益稷》篇。

　　今本《皋陶謨》篇，記載了皋陶和禹之間關於政務的對話，認爲國家的治理，在於"知人"和"安民"，知人方面提出了選拔官員以"德"爲主的重德標準，安民方面提出了"天聰明，自我民聰明；天明畏，自我民明威"的重民思想。故《尚書大傳》説："《皋陶謨》可以觀治。"《皋陶謨》（包括今本《益稷》篇）在寫作、用詞及其所反映的思想、制度上，與《堯典》（包括今本《舜典》篇）很相似，二篇當成於同一時期，所記内容亦互爲補充，可視爲姊妹篇。

皋陶謨

　　曰若稽古皋陶①，曰："允迪厥德②，謨明弼諧③。"禹曰：

"俞④！如何⑤？"皋陶曰："都⑥！慎厥身⑦，修思永⑧。惇叙九族⑨，庶明勵翼⑩，邇可遠⑪，在茲⑫。"禹拜昌言⑬，曰："俞。"

【校注】

①曰若：句首語助辭。　稽古：稽，查考，稽考。稽古謂考之於古代。　又詳參前《堯典》"曰若稽古帝堯"注。

②允迪厥德：誠能遵行其德。允，信，誠也。迪，遵行，行用。下《益稷》亦云"迪朕德"。

③謨：謀。　弼：輔弼。　諧：和諧。　"允迪厥德"二句，謂爲君者誠能遵行其德，則謀劃英明，輔弼諧和。德即下文之"九德"。

④俞：表示讚許同意之詞，猶今之言"是""對"。又參見前《堯典》注。

⑤如何：怎麼去做。

⑥都：相當於"於（wū）"，表歎美之詞。又參見前《堯典》注。

⑦慎：謹慎。　身：自身。

⑧修：修身。　思：助詞。　永：長久，永久。　"慎厥身"二句，謂慎其身，長修身。僞孔傳以"修"屬上句，釋爲"慎修其身，思爲長久之道"，亦可參考。

⑨惇：厚，惇厚。　叙：同"序"，次序。　九族：今文説以爲"父族四，母族三，妻族二"，包括異姓之族；古文説如馬融、鄭玄則以爲均同姓，從高祖至玄孫凡九代爲九族。此蓋泛稱自己的親族。又參前《堯典》"以親九族"及注。"惇叙九族"謂按照九族的次序去親近厚待他們，與《堯典》"以親九族"意近。

⑩庶明勵翼：庶，衆。明，俞樾《群經平議》謂"明"當讀爲"萌"，"萌"與"甿"同，"庶明"即"庶民"。勵，勉力。翼，翼助。句謂庶民勉力以助上。後《周書·立政》云"其惟吉士，用勱相我國家"，"勱相"與此"勵翼"義同。案：上"九族"與此"庶民"對言，亦如《堯典》由近及遠，先修明己德，乃及於同姓，再及於異姓，最終及於天

下萬民,此即儒家所言修身、齊家、治國、平天下之路徑。

⑪邇可遠:邇,近。句謂由近可及遠。蓋近謂九族,遠謂庶民。俞樾
《群經平議》:"九族,舉至近者;庶萌,舉至遠者,故曰'邇可遠,在
茲',《論語》曰'君子篤於親則民興於仁',此所以'惇叙九族,庶
萌厲翼'也。"

⑫在兹:(其道)在於此。此即對上所問"如何"的回應。

⑬昌言:善言,美言。

　　皋陶曰:"都! 在知人,在安民①。"禹曰:"吁②! 咸若
時③,惟帝其難之④。知人則哲⑤,能官人⑥。安民則惠⑦,黎民
懷之⑧。能哲而惠⑨,何憂乎驩兜⑩! 何遷乎有苗⑪! 何畏乎
巧言令色孔壬⑫!"

【校注】

①在知人,在安民:知,瞭解,明瞭。"人"與"民"對舉,意義有別,
"人"謂官長,"民"謂普通民衆。蔡沈《書集傳》引楊氏云:"知人、
安民,此《皋陶》一篇之體要也。'九德'而下,知人之事也;'天叙
有典'而下,安民之道也。"孫星衍《尚書今古文注疏》亦云:"民,
謂衆民;人,謂官人也。……皋陶既以修身睦族告禹,又云此者,
宗族貴戚人才不一,務在知而器使之。民衆在下,在偏安之,其政
乃可及遠也。"

②吁(xū):感嘆詞。

③咸若時:咸,皆,都。時,是,此。"咸若時"即"都如此"。

④惟帝其難之:惟,同"雖"。楊筠如《尚書覈詁》:"古唯、雖通用,
'唯'即'雖'字。"蔡沈《書集傳》:"帝,謂堯也。言既在知人,又在
安民,二者兼舉,雖帝堯亦難能之。"趙朝陽《出土文獻與〈尚書〉
校讀》:"'難'疑當讀爲'戁',《說文·心部》:'戁,敬。'……《説
文》所釋之'敬'亦是'警戒'之意。另外《堯典》'而難任人'之

'難'同此,亦當讀爲'戁',訓爲'警戒'。"從上下文意看,趙説可從。

⑤知人則哲:知人在於能明智。則,猶"在",在於。哲,明智。

⑥官人:任人爲官。官,任用。

⑦安民則惠:安民在於能仁愛,仁愛則惠愛民。惠,仁愛,謂愛民。

⑧懷:歸附,懷集。

⑨而:同"能"。或訓"而"爲"且",亦可通。

⑩憂:患,擔憂。　驩(huān)兜:人名,堯臣,又見前《堯典》《舜典》,《舜典》謂驩兜是"四罪"之一:"流共工于幽州,放驩兜于崇山,竄三苗于三危,殛鯀于羽山,四罪而天下咸服。"

⑪遷:流放。　有苗:古苗民部族,即前《舜典》"竄三苗于三危"之"三苗",在《尚書》中又稱"苗""苗民"。堯、舜、禹時期與苗民多有征戰之事,故遷徙流放之。

⑫畏:畏懼。　巧言:花言巧語。　令色:臉上裝作和善。　孔:甚,很。　壬:同"佞",奸佞,奸邪。　案:前《堯典》謂共工"静言庸違,象恭滔天",似與此"巧言令色孔壬"頗相符,故僞孔傳謂此指共工而言。孔穎達疏:"四凶惟言三者,馬融云禹爲父隱,故不言鯀也。"《史記集解·夏本紀》引鄭玄云:"禹爲父隱,故言不及鯀。"上述馬、鄭所釋,清人謂之爲古文説;又據《論衡·答佞篇》云"驩兜大佞",《恢國篇》云"三苗,巧佞之人",以爲今文説乃以"巧言令色孔壬"亦謂驩兜、有苗而言,非謂共工。

　　皋陶曰:"都!亦行有九德①,亦言其有德②,乃言曰:載采采③。"禹曰:"何④?"皋陶曰:"寬而栗⑤,柔而立⑥,愿而恭⑦,亂而敬⑧,擾而毅⑨,直而溫⑩,簡而廉⑪,剛而塞⑫,彊而義⑬。彰厥有常,吉哉⑭!日宣三德⑮,夙夜浚明有家⑯。日嚴祗敬六德⑰,亮采有邦⑱。翕受敷施⑲,九德咸事⑳。俊乂在

官㉑,百僚師師㉒,百工惟時㉓,撫于五辰㉔,庶績其凝㉕。無教
逸欲有邦㉖,兢兢業業㉗,一日二日萬幾㉘。無曠庶官㉙,天工
人其代之㉚。天叙有典㉛,勑我五典五惇哉㉜!天秩有禮㉝,自
我五禮五庸哉㉞!同寅協恭和衷哉㉟!天命有德㊱,五服五章
哉㊲!天討有罪㊳,五刑五用哉㊴!政事懋哉㊵!懋哉!天聰
明㊶,自我民聰明㊷;天明畏㊸,自我民明威。達于上下㊹,敬哉
有土㊺!”

【校注】

①亦行有九德:“亦”有多解:(1)語助詞。(2)蔡沈《書集傳》:“亦,
總也。亦行有九德者,總言德之見於行者,其凡有九也。”又楊筠
如《尚書覈詁》據段玉裁《説文解字注》“亦”同“奕”,“亦”可訓
大,故謂此“亦”猶言大凡也。與蔡説略同。(3)同“迹”,檢迹,檢
驗。周秉鈞《尚書易解》:“按:亦當讀爲迹,動詞,猶檢驗也。《墨
子·尚賢中》:‘聖人聽其言,迹其行。’《楚辭·惜誦》:‘言與行其
可迹兮。’此‘迹行’‘迹言’連文之證。《論衡》説此二語云:‘以九
德檢其行,以事效考其言。’然則‘亦’字訓檢驗,漢儒之舊詁也。”
通觀之,以周説爲勝。九德,即下文所言“寬而栗”等九德,詳見
下文。

②亦言其有德:“亦言”即“迹言”,檢考其言,與上“亦行”相對。今
“有德”上他本有“人”字,段玉裁《古文尚書撰異》云:“今本‘有
德’之上有‘人’字,非也。……《夏本紀》云‘亦言其有德’,則今
文《尚書》亦無‘人’字。”玩《論衡·答佞篇》“以九德檢其行,以事
效考其言”,則東漢王充所見亦無“人”字。偽孔傳云:“言人性行
有九德,以考察真偽則可知;稱其人有德,必言其所行某事某事以
爲驗。”則偽孔時已增“人”字,唐時雖刻“人”字於石經,但唐玄度
覆定石經時已覺不妥,遂將“人”字磨去删掉。内野本、神宫本亦

無"人"字。

③載采采："載"同"哉",始。采,事,義又見前《堯典》"疇咨若予
采"。"采采",前"采"字爲動詞,後"采"字爲名詞。"載采采"義
爲開始去做事。

④何："九德"爲何。

⑤寬而栗：寬,寬宏大量。而,能也。栗,嚴肅莊敬。句謂既寬厚,又
能不失嚴肅。又俞樾《群經平議》云："'栗'與'稚'古通用,'寬而
栗'猶'寬而稚'也,言寬大而條理秩然也。"謂既寬厚,又能講秩
序。亦可通。"寬而栗"語又見今本《舜典》。

⑥柔而立：柔,柔順。立,自立,自樹。

⑦愿而恭：愿,忠厚謹慎。恭,舊解爲恭敬。《史記・夏本紀》作"愿
而共",段玉裁《古文尚書撰異》云："疑《本紀》是也,謹愿人多不
能供辦,能治人多不能敬慎,德與才不能互兼也。《史記》'恭敬'
字不作'共',即《堯典》'允恭''象恭'可證。"楊筠如《尚書覈詁》
從其説,謂《史記》"共"與"供"通,言能供職有才能,勝於舊説。
則句謂既忠厚敬慎,又能有才能供職。

⑧亂而敬：亂,治,謂有治才。敬,敬慎,謹敬。屈萬里《尚書集釋》：
"有治才者,往往恃才輕物,故以敬謹爲佳。"

⑨擾而毅：擾,馴服順從。毅,果毅有決斷。

⑩直而溫：直,正人之屈。溫,溫和,和柔。句謂能正人之屈又能溫
和。"直而溫"語又見今本《舜典》。

⑪簡而廉：簡,簡略,疏簡。廉,廉察,分辨。句謂既疏略,又能廉察
分辨。俞樾《群經平議》："此經'廉'字鄭讀爲'辨',言雖簡約而
有分別也。"于省吾《尚書新證》："《論語・雍也》'可也簡'皇疏：
'簡,謂疏大無細行也。'《管子・正世》'人君不廉而變'注：'廉,
察也。'簡與廉爲對文。簡放者易於疏略,故以廉察爲言。" 案：
今本《舜典》亦云"簡而無傲",與此小異。

⑫剛而塞:剛,剛強,剛健。塞,充實,篤實。蔡沈《書集傳》:"剛而塞者,剛健而篤實也。"蘇軾《東坡書傳》:"剛者或色厲而内荏,故以實爲貴。《易》曰:'剛健篤實輝光,日新其德。'"　案:今本《舜典》亦云"剛而無虐",與此小異。

⑬彊而義:彊,彊盛,彊大。義,善。舊多釋爲道義,王引之《經義述聞》:"義,善也。……字通作'儀',《爾雅》:'儀,善也。'……昭元年《左傳》曰'不義而彊,其斃必速',正與此相反也。"今從王説。

　　案:以上九德,各從兩個方面論述,鄭玄云:"凡人之性有異,有其上者不必有下,有其下者不必有上,上下相協,乃成其德。"

⑭"彰厥"二句:彰,彰顯。厥,其。吉,善。二句言任人,謂爲君者彰顯其能常行九德之人使爲官,則乃善政也。《後漢書·鄭均傳》元和元年詔云:"《書》不云乎:'章厥有常,吉哉!'其賜均、義穀各千斛。"注云:"章,明也。吉,善也。言爲天子當明顯其有常德者,優其稟餼,則政之善也。《尚書·咎繇謨》之言。"可爲此句作一注脚。

⑮日:日日,每天。　宣:宣示,顯明。　三德:九德中之三種。鄭玄云:"三德、六德者,皆'亂而敬'已下之文。"據此,孫星衍《尚書今古文注疏》謂即簡而廉、剛而塞、彊而義三德。鄭注三德、六德爲何從最後往前倒數,王鳴盛《尚書後案》云:"三德、六德皆臣事……若兼九德,則天子之事。寬者君德,列九德首,故鄭不以爲臣德。"從下文看,三德與家對應,六德與邦對應,九德與天下對應。金景芳、吕紹綱《〈尚書·虞夏書〉新解》則以三德爲前面之寬而栗、柔而立、愿而恭,與孫星衍説異。

⑯夙夜:早晚。　浚明:孫星衍《尚書今古文注疏》訓"浚"爲敬,"明"爲勉。浚明即敬而勉力行之。　家:卿大夫封邑稱家。

⑰嚴祗敬:嚴、祗、敬三字同義疊用以表强調,其義均爲"敬"。嚴,同"儼",莊敬。祗,敬。又參後《周書·無逸》"嚴恭寅畏天命"

注。　六德：九德中之六種，依鄭注則指“亂而敬”以下六種。金景芳、吕紹綱《〈尚書·虞夏書〉新解》則以爲“寬而栗”以下六種。

⑱亮采：亮，輔相，輔助。采，事，事務。“亮采”之釋又見《舜典》“使宅百揆亮采”句。　有邦：即“有國”，諸侯之地稱國。

⑲翕：合。“翕受”謂三德、六德合而受之。　敷：遍，廣。　施：施用。

⑳事：立，成。九德俱成，此謂天子。　案：三德、六德、九德，分別對應卿大夫、諸侯、天子而言，謂有三德之人可以爲卿大夫，有六德之人則可以爲諸侯，能合有九德普施天下，全部成就九德的是天子。舊說有以九德屬臣下而言者，謂有九德之人皆能得到任用，與下句“俊乂在官”義有重複，故不取。亦有以三德、六德、九德皆屬天子而言者，謂天子行三德，可以使卿大夫敬勉其家；天子行六德，可使諸侯弼事其國；天子九德皆成，則才能卓越之士均居官處位。亦可備一說。又，大夫、諸侯、天子這種社會結構，蓋非皋陶時有，亦可見此篇爲後世所作。

㉑俊乂在官：僞孔傳：“俊德治能之士並在官。”馬融云：“才德過千人爲俊，百人爲乂。”疑“俊乂在官”謂俊民、乂民在官，“俊民”“乂民”多見於《尚書》，後《周書·洪範》云“俊民用章”，《多士》云“俊民甸四方”，《君奭》云“明我俊民”，《康誥》屢言“乂民”，“俊”同“畯”，與“乂”均治理之義，屬王時器𣪘（hú）簋銘文云“畯在位”，《清華大學藏戰國竹簡（叁）》中《說命下》云“俊在朕服”，後《周書·文侯之命》云“俊在厥服”，在官、在位、在服，義皆類同。至於《商書·太甲上》云“旁求俊彦”，《說命下》云“旁招俊乂”，以俊彦、俊乂爲才德出衆之人，乃晚出僞古文，無足與論。

㉒百僚：百官。　師師：俞樾《群經平議》云：“‘百僚師師’乃衆盛之貌，猶《詩》言‘濟濟多士’也。”

㉓百工惟時：百工，或以爲與“百僚”相對，此蓋百官中地位稍低者。

時,時令,四時。句謂百工皆依四時時令而行。

㉔撫于五辰:撫,順從。五辰,金、木、水、火、土五星,此代指天象。古觀天象以授民時。此句謂政事均順從於天象,猶《堯典》"欽若昊天"意。"五辰"甚有歧解,僞孔傳、蔡沈解爲"四時",孫星衍《尚書今古文注疏》解爲"五時";于鬯《香草校書》以爲"辰"爲"長"字之誤,"五長"即衆官之長;金景芳謂"五"爲"三"字之誤,"三辰"即日、月、星;周秉鈞《尚書易解》謂五辰即"北辰"。均覺不妥,故不從。

㉕庶:衆。 績:功績。 其:王引之《經傳釋詞》:"其,猶乃也。"凝:成。

㉖無教逸欲有邦:無教,不令。逸欲,安逸享樂。有邦,諸侯之國。句謂勿令諸侯們安逸享樂。

㉗兢兢業業:謹慎危懼盡職盡責的樣子。

㉘一日二日:日日,每日。 萬幾:亦作"萬機",萬端,謂衆多細微之事。幾,指事物變化發展剛開端尚不明顯,此時當及時處理。

㉙曠:空,廢。 庶:衆。

㉚天工人其代之:天之事由人來代做。"天工"亦作"天功",謂天之事,即天上日、月、星辰運行之事;人君以之爲則,代天理物,設官而爲四時之務,此與《堯典》"曆象日、月、星辰,敬授人時"意相應。曾運乾《尚書正讀》云:"天生民而立之君,使司牧之,故事曰天工;人其代之者,天不自下治之,使人代治之。"意亦相類。又,漢代今文經學或以"天工"爲"天官",解此句爲法天建官,王者代天官人。《潛夫論·忠貴》:"《書》稱'天工人其代之',王者法天而建官,自公卿以下,至於小司,輒非天官也?是故明主不敢以私愛,忠臣不敢以誣能。"《後漢書·劉玄傳》李淑上書曰:"夫三公上應台宿,九卿下括河海,故天工人其代之。"亦可資參考。

㉛天叙有典:天排定倫常的順序。叙,排定順序,此謂規定人與之

間的倫理秩序。典,常法,即下"五典"。

㉜勑:敕正,整敕。　五典:與前《舜典》中"慎徽五典"所指義同,即五常,五種天然倫常:父義、母慈、兄友、弟恭、子孝。　五惇:使五者惇厚之。

㉝天秩有禮:天排定禮秩的等級。秩,排定等級,此謂制定人與人之間不同的禮爵等次。

㉞自:由,循用,遵從。　五禮:鄭玄謂天子、諸侯、卿大夫、士、庶民五等之禮。此蓋通言天下各等之人,與《舜典》"修五禮"所指公、侯、伯、子、男朝聘之禮不同。王肅謂五禮爲王、公、卿、大夫、士,僞孔傳則謂公、侯、伯、子、男五等之禮,金景芳謂吉、凶、軍、賓、嘉五禮,説各不同。　五庸:使五者成爲常法。庸,常,常法。案:"五庸",底本原作"有庸",馬融作"五庸",内野本、神宮本、足利本亦作"五庸",今據改。

㉟同寅協恭:"同"與"協"同義,協同。"寅"與"恭"同義,恭敬。和衷:和善。

㊱天命有德:上天任命有德的人。

㊲五服:按任命的尊卑等級不同而制定的五等不同顏色、圖案的禮服。　五章:使五者彰顯。章,彰顯,顯明。　案:命各有服,此即前《舜典》所謂"車服以庸"。

㊳天討有罪:上天討治有罪的人。

㊴五刑:黥、劓、剕、宫、大辟。又參前《舜典》"流宥五刑""五刑有服"之釋。　五用:使五者施用。　案:以上四者,蓋即惇其五典,庸其五禮,章其五服,用其五刑。

㊵懋:美盛,大。

㊶聰明:聽和看。後《周書·泰誓中》云:"天視自我民視,天聽自我民聽。"

㊷自:由,從。

㊸明畏:即下句之"明威",顯明威罰。明,顯明,彰顯。畏,與"威"
　同,馬融本即作"明威"。後《周書‧多士》云"將天明威,致王罰
　勅",《君奭》云"後暨武王誕將天威,咸劉厥敵"。

㊹達于上下:通達於天與民上下之間。

㊺敬:謹慎認真。　有土:偽孔傳:"有土之君。"孔穎達疏:"《喪服》
　鄭玄注云:'天子、諸侯及卿、大夫有地者皆曰君。'即此'有土',
　可兼大夫以上。但此文本意實主於天子,戒天子不可不敬懼也。"
　後《周書‧呂刑》云:"吁!來!有邦有土,告爾祥刑。"孫星衍《尚
　書今古文注疏》云:"有國者,畿外諸侯。有土者,畿内有采地之
　臣。"此蓋有邦、有土對言而有别。

皋陶曰:"朕言惠可厎行①。"禹曰:"俞,乃言厎可績②。"
皋陶曰:"予未有知③,思曰贊贊襄哉④。"

【校注】

①朕:我。古人無論貴賤均可自稱爲朕,自秦始皇,規定只有皇帝才
　能自稱爲朕。　惠:順。一説同"惟"。　厎(dǐ):致。　行:
　施行。

②乃言厎可績:謂依你所言可取得功績。厎,致,達到,取得。績,功
　績。參前《舜典》"乃言厎可績"句。

③知:見識。

④思:楊筠如《尚書覈詁》謂語氣助詞,猶"惟"。　曰:句中語氣助
　詞。　贊贊襄:即"贊襄",謂佐助。贊,佐助。襄,輔佐,相助。
　案:此句蔡沈《書集傳》等謂"曰"爲"日"之誤,與下《益稷》"予思
　日孜孜"同例,解"襄"爲"成",謂惟思日日輔佐帝業以成其治,亦
　可參考。

益稷第五　虞書

【題解】

　　"益稷"謂伯益、后稷。《益稷》，據《書》序又名《弃稷》，已亡。今本《益稷》本爲漢代伏生及馬、鄭所見《皋陶謨》後面部分，僞古文將"帝曰來禹汝亦昌言"以下割裂分出以爲《益稷》篇。篇中主要記舜和禹有關政務的對話，討論了君、臣所當爲，闡明了在位賢臣對於君主的重要性，他們爲君主處理各類重大政事，是君主的股肱耳目，最後又記了夔、皋陶和舜彼此之間的對話，部分內容可與今本《堯典》《舜典》互爲參照。此篇中，禹在對話中言及益、稷二人的功績，非專記益、稷之事與言。

　　益，又稱伯益，《史記·秦本紀》中亦稱大費、柏翳，爲秦人先祖，曾輔佐禹平治水土，今本《竹書紀年》載益卒於夏啓六年。稷，周人始祖，本名弃，因善於農耕種植，遂爲主管農業的稷官，故又稱"后稷"或"稷"。《尚書》所記益、稷均爲舜、禹時的重臣。

益　稷

　　帝曰①："來！禹，汝亦昌言②。"禹拜曰③："都④！帝，予何言？予思日孜孜⑤。"皋陶曰："吁⑥！如何？"禹曰："洪水滔天，浩浩懷山襄陵⑦，下民昏墊⑧。予乘四載⑨，隨山刊木⑩，暨益奏庶鮮食⑪。予決九川,距四海⑫,濬畎澮距川⑬,暨稷播⑭,奏庶艱食、鮮食⑮。懋遷有無、化居⑯。烝民乃粒⑰,萬邦作乂⑱。"皋陶曰:"俞⑲!師汝昌言⑳。"

【校注】

①帝:帝舜。

②昌言:善言,美言。又見上《皋陶謨》"禹拜昌言"注。

③拜:跪而頭俯至於手與心平爲拜。詳參前《舜典》"禹拜稽首"注。

④都:相當於"於(wū)",感嘆詞。

⑤思:楊筠如《尚書覈詁》謂語氣助詞,猶"惟"。又參上《皋陶謨》"思曰贊贊襄哉"注。　日孜孜:日日勤勉不懈。日,每日。孜孜,勤勉不懈。成語"孜孜不倦"即來源於此。俞樾《群經平議》謂此"日"當作"曰",義同"思曰贊贊襄哉"之"曰",爲語氣助詞。

⑥吁:感嘆詞。

⑦浩浩:水勢盛大之貌。　懷:懷抱,包圍。　襄:包,義同"懷"。"浩浩懷山襄陵"謂洪水浩大,將山陵包圍。又參前《堯典》"蕩蕩懷山襄陵"及注。

⑧昏墊:鄭玄云:"昏,没也。墊,陷也。禹言洪水之時,人有没陷之害。"

⑨四載:四種乘載工具。《史記·夏本紀》謂"陸行乘車,水行乘舟,泥行乘橇(qiāo),山行乘檋(jú)"。橇,泥橇,用於在容易陷落的泥地上行走的用具。今猶有雪橇,用於雪地之行。檋,裴駰《史記集解》引如淳云:"檋車,謂以鐵如錐頭,長半寸,施之履下,以上山不蹉跌也。"蹉跌,失足跌倒。

⑩隨山刊木:隨山而行,伐木除道。刊,砍伐。句又見於下《夏書·禹貢》。于鬯《香草校書》云:"'隨'蓋讀爲'墮'……墮山即鑿山之謂矣。'墮山'與'刊木'對文。《傳》解爲隨行九州之山,其誤實承《史記》史公於《夏本紀》以'行'字代'隨'字。"並引《漢書·

溝洫志》"禹之治水,鑿龍門,闢伊闕,析底柱,破碣石",謂"凡山陵當路者毀之,此即禹'隨山'之謂"。古書中"隨""墮"多通,《國語·周語下》亦有"不墮山"之語,西周中期偏晚的燹公盨銘文云"天命禹敷土,墮山浚川",于説可從。

⑪曁:與。　益:又稱伯益,秦人先祖,善於焚山澤、驅鳥獸,曾爲山林川澤之官。前《舜典》云:"帝曰:'疇若予上下草木鳥獸?'僉曰:'益哉!'"　奏:進,給予。僞孔傳:"奏謂進於民。"　庶:衆多。　鮮:生鮮。　案:"鮮食",因經文云"隨山刊木",故僞孔傳謂此"鮮食"爲鳥獸。

⑫決:決通,疏導。　九川:王先謙《尚書孔傳參正》謂實指《禹貢》弱、黑、河、瀁、江、沇、淮、渭、雒九系之水。王肅、僞孔傳則均謂九州之川,泛指天下江河。　距四海:使江河流至四方極邊遠的四海。距,至,到。四海,非確指,泛指四周大海。王先謙則謂四海實有所指:河入北海,濰、淄、沛入東海,江、漢入南海,弱水入西海。

⑬濬(jùn):深挖疏通。後亦寫作"浚"。　畎(quǎn)澮(kuài):田間水溝。案《周禮·考工記》畎小澮大,故鄭玄云:"澮,所以通水於川也。"畎澮連言,泛指大小溝渠。　距川:使田間水溝之水流至江河。

⑭稷:本名弃,周人始祖,善於農耕種植。前《舜典》云:"帝曰:'弃,黎民阻飢,汝后稷,播時百穀。'"　播:播種。

⑮艱食:馬融本作"根食",云:"根生之食,謂百穀。"　鮮食:因經文云"決九川,距四海",故僞孔傳謂此"鮮食"爲魚鱉。案:此"鮮食"與上"鮮食",或統謂生鮮的鳥獸魚鱉可食之物,不必如僞孔傳如此區別。又,《史記·夏本紀》解"艱食"爲"難得之食",解此"鮮食"爲"食少",備考。

⑯懋遷:貿易、遷轉。　有無:有,多餘。無,不足。"懋遷有無"即

《史記·夏本紀》云"調有餘補不足"。 化居:賣出、居積。"化"
即"貨",漢石經即作"貨",貨賣,賣出。"居"即積貯、囤積。《史
記·吕不韋傳》云"奇貨可居"。

⑰烝:衆。 粒:鄭玄釋"粒"爲穀米,其箋《思文》"立我烝民"讀
"立"爲"粒",訓爲粒食,僞孔傳從之。王引之《經義述聞》則讀
"粒"爲"立":"粒,當讀爲《周頌·思文》'立我烝民'之'立';立
者,成也,定也。"《史記·夏本紀》即作"衆民乃定",則王説亦可
參考。

⑱萬邦:萬國。 作:則。 乂:治。

⑲俞:表示讚許同意之詞。

⑳師:江聲《尚書集注音疏》謂當爲"斯",此。師、斯聲近。 昌言:
美言。 "師汝昌言"義爲此真汝之美言。此與上文帝曰"來!
禹,汝亦昌言"句相照應。

禹曰:"都!帝,慎乃在位①。"帝曰:"俞!"禹曰:"安汝
止②,惟幾惟康③;其弼直④,惟動丕應⑤。徯志以昭受上帝⑥,
天其申命用休⑦。"

【校注】

①慎乃在位:蔡沈《書集傳》:"謹其在天子之位也。"慎,謹慎。乃,
你。在位,後《商書·盤庚上》云:"盤庚斆于民,由乃在位。"《史
記·殷本紀》謂"盤庚乃誥諭諸侯大臣",以"在位"爲諸侯大臣,
故周秉鈞《尚書易解》云:"在位,舊注指舜有帝位。今案:聯繫下
文,當指在位之大臣。慎乃在位,言慎汝之在位之臣。"周説可從。

②安汝止:鄭玄云:"安汝之所止,無妄動,動則擾民。"止,舉止,
行爲。

③惟幾惟康:江聲《尚書集注音疏》云:"言思其危殆,思所以保其
安。"幾,危。康,安。與舊訓"惟"爲"思"不同,金景芳、吕紹綱

《〈尚書・虞夏書〉新解》云："惟字固可訓思,然而在此,絶無思義。'惟幾惟康'這樣的句式在《尚書》中不一見,如本篇經下文之'惟時惟幾',《康誥》之'惟君惟長'、'惟威惟虐',僞《古文尚書・大禹謨》之'惟精惟一',《咸有一德》之'惟和惟一',《蔡仲之命》之'惟忠惟孝'等等,皆是。這些句子構造相同,其惟字必應同訓;若訓思,在此'惟幾惟康'句似乎勉强可以,而在它句則斷不可通。是知此惟字不宜訓動詞思。只有訓作介詞獨、僅,方可使上引各句經義順暢明通。"如其説,則"惟幾惟康"謂行舉可危、可安,故需"安汝止",安汝所舉止。

④其弼直:其輔佐之臣爲有德之人。弼,輔佐。直,舊訓正直,江聲、段玉裁、孫星衍認爲此"直"乃"惪"之壞字,"惪"即"德",《史記・夏本紀》亦作"輔德",今從之。

⑤動丕應:一行動,天下就會響應。動,行動。丕,舊訓大,王引之《經傳釋詞》以爲《尚書》中"丕"多用作語詞,楊筠如認爲此與"則"義略近。應,響應。

⑥徯志:謂平心静意。徯,等待,停留。志,心意,心志。《史記・夏本紀》作"清意",楊筠如謂徯、清聲通,"徯志"即"清潔心志",亦通。　昭受上帝:明受天命。昭,明。上帝,天。參前《舜典》"肆類于上帝"注。

⑦天其申命用休:上天將再賜以美好之命。申,重(chóng),再。用,以。休,賜。天休命即上天賜命,上天所賜命常爲美好之命,故休命常代指美命,休又有美意。

　　帝曰:"吁! 臣哉鄰哉①,鄰哉臣哉!"禹曰:"俞!"帝曰:"臣作朕股肱耳目②。予欲左右有民③,汝翼④。予欲宣力四方⑤,汝爲⑥。予欲觀古人之象⑦,日、月、星辰、山、龍、華蟲⑧,作會⑨;宗彝、藻、火、粉米、黼、黻⑩,絺繡⑪,以五采彰施于五色作服⑫,汝明⑬。予欲聞六律、五聲、八音⑭,在治忽⑮,以出納五言,汝聽⑯。予違汝弼⑰,汝無面從⑱,退有後言⑲。欽四鄰⑳！庶頑讒説㉑,若不在時㉒,侯以明之㉓,撻以記之㉔,書用識哉㉕,欲並生哉㉖。工以納言㉗,時而颺之㉘。格則承之庸之,否則威之㉙。"

【校注】

①鄰:親近。下云"四鄰",即前後左右親近之臣。《尚書大傳》:"天子必有四鄰,前儀、後丞、左輔、右弼。"

②股肱:大腿、臂膀。句謂臣爲君之手足耳目。

③左右:猶統領。 有民:傳統以"有"爲詞頭,"有民"即民。現代一些學者認爲此類詞組中,"有"爲代詞性用法,與代詞"厥(厥)"所處的語法位置十分吻合而用法相近。甲骨文、金文中"又(有)"、"厥(厥)"二字形近容易訛混,"有民"蓋即"厥民",其民。

④翼:輔翼,輔佐。

⑤宣力四方:廣布功業於天下四方。宣,布。力,功力,功業,功勳。于鬯《續香草校書》:"力猶功也。《周禮·司勳職》云:'治功曰力。'"

⑥爲:王引之《經義述聞》釋"爲"爲"助","汝爲"與上"汝翼"同義。

⑦觀:示,顯示。 象:(衣服上的)圖像紋飾,即下"日、月、星辰"云云。古之君臣上下等級有別,故衣服上的圖像紋飾亦異。

⑧星辰:北斗。 華蟲:鄭玄云:"雉謂華蟲。"雉,山雞。

⑨會:鄭玄云:"會讀曰繢,謂畫也。"謂日、月、星辰、山、龍、華蟲此六種形象是繪畫在衣服之上。

⑩宗彝:鐘鼎彝器,此指青銅彝器所象之動物。鄭玄云:"宗彝,虎、蜼(wèi)也。"蜼,長尾猿。古之鐘鼎彝器常有獸形,有像虎者,有像猿者,分別稱之爲虎彝、蜼彝。 藻:水草。 粉米:鄭玄謂白米。 黼:斧形圖案。 黻:像兩弓相背的"亞"字形圖案。"亞"即古"弗"字,因音同"黻",故又謂之"黻"。

⑪絺(zhǐ)繡：刺繡。謂宗彝、藻、火、粉米、黼、黻此六種形象是刺繡在衣服之上。據鄭玄《考工記・畫繢》注"繢以爲衣""繡以爲裳"，則日、月、星辰等六者爲繪畫在衣（上衣），宗彝、藻、火等六者爲刺繡在裳（下裳）。

⑫采：即"彩"。鄭玄云："性曰采，施曰色。未用謂之采，已用謂之色。"謂未調和施用之前的顏料爲彩，調和施用之後的顏色爲色。　彰：明。　施：用。　于：據王引之《經傳釋詞》，可訓"爲"。

作服：作成不同等級的衣服。鄭玄以爲五等。

⑬明：明察。或訓"明"爲"成"，成此事，亦可通。

⑭六律：鄭玄謂此指十二律，包括六律、六呂。《漢書・律曆志》："律十有二，陽六爲律，陰六爲呂。律以統氣類物，一曰黃鐘，二曰太族，三曰姑洗(xiǎn)，四曰蕤(ruí)賓，五曰夷則，六曰無射(yì)。呂以旅陽宣氣，一曰林鐘，二曰南呂，三曰應鐘，四曰大呂，五曰夾鐘，六曰中呂。"古人用十二個長度不同的律管吹出十二個高度不同的標準音，即此"十二律"。律爲絕對音高，若與西方音樂比照，黃鐘音高相當於 C。　五聲：宮、商、角、徵、羽。五聲爲五聲音階，僅有相對音高，相鄰兩音高低固定。　八音：用土、匏、皮、竹、絲、石、金、木八種不同材料做成的樂器，據《漢書・律曆志》，土曰塤，匏曰笙，皮曰鼓，竹曰管，絲曰絃，石曰磬，金曰鐘，木曰柷。又參前《舜典》"四海遏密八音"注。

⑮在：察。又參前《堯典》"平在朔易"注。　治忽：治亂。王引之《經義述聞》謂忽、滑古同聲，忽讀爲滑，滑訓亂。"在治忽"謂據音樂來察治亂。《禮記・樂記》云"治世之音安以樂，其政和；亂世之音怨以怒，其政乖……聲音之道，與政通矣"，故"審樂以知政"。　又，"在治忽"，顧頡剛、劉起釪《尚書校釋譯論》謂當據《尚書大傳・虞傳》"定以六律、五聲、八音、七始"，依《漢書・律曆志》作"七始咏"。

⑯出納:雖兼言出,而重在納。　五言:五方言語。此謂採集各方言語詩歌,獻給天子,以觀民情,猶後世之採詩。各方詩歌蓋亦可歌之、樂之,故人君觀五方之樂歌,亦可知政。聽:審聽。以上汝翼、汝爲;汝明、汝聽,皆可一并觀之。王安石《尚書新義》云:"汝翼,作肱;汝爲,作股;汝明,作目;汝聽,作耳也。"

⑰違:失,犯錯。　弼:匡正,匡輔。

⑱無:毋,不要。　面從:當面順從。

⑲有:又。　後言:背後非議。

⑳欽:敬。　四鄰:前後左右親近之臣,蓋即爲君之肱、股、耳、目之臣。　"欽四鄰",謂使前後左右親近之臣敬其職事,做到翼、爲、明、聽。

㉑庶:衆多。　頑:愚頑。　讒説(yuè):諂媚。"説"同"悦"。又參前《舜典》"讒説殄行"及注。

㉒若:金景芳、吕紹綱《〈尚書·虞夏書〉新解》:"相當於發語詞'惟',無義。"　在:察,明察。　時:是,這些。指上面"臣作朕股肱耳目"之義。

㉓侯以明之:用射禮來勉勵教育他們。侯,射侯,即箭靶。明,同"勉",勉勵。古代以射來考察德行、選拔人才。《禮記·射義》:"古者天子以射選諸侯、卿、大夫、士。"又云:"天子之大射謂之射侯。射侯者,射爲諸侯也。射中則得爲諸侯,射不中則不得爲諸侯。"

㉔撻(tà)以記之:用鞭扑笞擊來警誡教育他們。撻,笞擊。記,孫詒讓《尚書駢枝》:"記,疑當爲'誋',《説文·言部》云:'誋,誡也。'笞撻並是警誡過誤之刑。誋、記形聲並相近。"其説可從。又參前《舜典》"鞭作官刑,扑作教刑"及注。蘇軾《東坡書傳》:"衆頑讒説之人不率是教者,舜皆有以待之。夫化惡莫若進善,故擇其可進者以射侯之禮舉之;其不率教之甚者,則撻之。"

㉕書用識(zhì)哉：將所犯罪惡書寫標識出來。書，將罪惡書寫在方版上。用，以。識，標記。《周禮·秋官·大司寇》"以明刑耻之"鄭玄注："明刑，書其罪惡於大方版，著其背。"楊筠如《尚書覈詁》謂書其罪惡於刑書以記之，亦可通。

㉖欲並生哉：希望他們都能改過上進。並，都。生，進，上進，説見江聲《尚書集注音疏》。馬楠《周秦兩漢書經考》謂"生"讀爲"省"，反省其過惡，亦可通。

㉗工：官。前《堯典》言"百工"，即百官。　納：採納。　言：謂庶頑讒説者之言。

㉘時：善。　颺：即"揚"，揚舉，稱舉。　上二句謂官以採納其言，善者則揚舉之。

㉙"格則承之庸之"兩句：格，僞孔傳訓爲"至"，謂"至於道"；蘇軾《東坡書傳》、蔡沈《書集傳》則釋"格"爲"改過"，與《論語·爲政》"有耻且格"訓同。蘇軾《東坡書傳》云："其改過者則薦之，且用之；其不悛者則威之。"承，進，薦。庸，用。威，用刑威罰。

禹曰："俞哉！帝。光天之下①，至于海隅蒼生②，萬邦黎獻③，共惟帝臣④。惟帝時舉⑤，敷納以言⑥，明庶以功⑦，車服以庸⑧。誰敢不讓⑨，敢不敬應⑩？帝不時⑪，敷同⑫，日奏⑬，罔功⑭。"

"無若丹朱傲⑮，惟慢遊是好⑯，傲虐是作⑰。罔晝夜額額⑱，罔水行舟⑲，朋淫于家⑳，用殄厥世㉑，予創若時㉒。"

"娶于塗山㉓，辛壬癸甲㉔。啓呱呱而泣㉕，予弗子㉖，惟荒度土功㉗，弼成五服㉘，至于五千㉙。州十有二師㉚，外薄四海㉛，咸建五長㉜，各迪有功㉝，苗頑弗即工㉞。帝其念哉㉟！"

帝曰："迪朕德時乃功，惟叙㊱。皋陶方祗，厥叙㊲，方施象刑，惟明㊳。"

【校注】

①光：廣。訓同前《堯典》"光被四表"之"光"。

②隅：邊隅。海隅猶今言海涯。　蒼生：黎民百姓。

③黎：衆。　獻：賢。

④惟：爲，是。

⑤惟帝時舉：曾運乾《尚書正讀》等釋"時"爲"善"，即"惟帝善舉"。舉，舉用其臣。

⑥敷納以言：廣泛採納臣下上奏之言。敷，普遍，廣泛。納，採納。《舜典》作"敷奏以言"。奏上是從臣下言，此採納是從天子言，其實不異。

⑦明庶以功：明確地用事功來測試考核。庶，當同《舜典》作"試"，試用，測試。劉起釪謂此"庶"當爲音訛。章太炎將"庶"讀爲"度"。度，衡量，測試，與"試"義同。功，事功。

⑧車服以庸：根據其功勳大小賜以不同的車馬、衣服以表彰之。庸，功勳。與"敷納以言"三句基本相同的內容，又見於前《舜典》，以及《左傳》僖公二十七年所引，杜預注："賦納以言，觀其志也。明試以功，考其事也。車服以庸，報其勞也。"

⑨不讓：爭。"誰敢不讓"即"誰敢與爭"。

⑩敬應：恭敬順應天子。

⑪帝不時：與本段前面"帝時舉"相對，即"帝不時舉"。

⑫敷同：全都一同看待不加區別。敷，普，全。同，一同，相同。

⑬日奏：每日上奏。日，日日，每日。奏，奏上。　案：以上言選拔臣下的方法和重要性。

⑭罔：無，沒有。

⑮無若：不要像。　丹朱：堯之子，即前《堯典》之"胤子朱"，因居於丹水，又稱丹朱。　傲：傲慢不恭。　案：依《史記》《漢書》《論衡》等書所引，"無若"句以下爲帝舜所言。

⑯惟慢遊是好：喜好放慢遊佚。好，喜好。此乃“惟……是……”句
　　式，下句“傲虐是作”亦承此“惟”，句式同。

⑰傲虐是作：爲嬉遊戲謔之事。傲，阮元《校勘記》謂當作“敖”，游
　　也。《漢書·食貨志上》云“千里游敖，冠蓋相望”。虐，同“謔
　　（xuè）”，戲謔。作，爲。

⑱罔：無，沒有。“罔晝夜”即無晝無夜，不分晝夜。　　頟（é）頟：形
　　容日夜作樂不停的樣子，故僞孔傳謂“無休息”，蔡沈《書集傳》亦
　　謂“不休息之狀”。

⑲罔水行舟：沒有洪水時亦乘舟嬉遊。周秉鈞《尚書易解》：“言洪
　　水已平，猶乘舟漫遊也。”

⑳朋：群，朋黨結群。　　淫：淫樂，放縱逸樂。

㉑用：以，因。　　殄：絶。　　厥：其。　　世：嗣，繼位。　　案：帝舜對禹
　　所言，與下禹回答“娶于塗山”云云，正好形成勞、逸對比。

㉒創：懲創，懲罰。　　若：如。　　時：是，此。　　“予創若時”即我如此
　　懲罰他。謂不讓丹朱做堯的繼承人。

㉓娶于塗山：禹娶女於塗山。塗山所在，舊有二説，一據《左傳》《國
　　語》，謂浙江會稽山；一據《漢書·地理志》及應劭注，謂在漢代九
　　江郡當涂，即今安徽懷遠。　　依《史記》《漢書》等，此句以下爲禹
　　所言。

㉔辛壬癸甲：用甲乙丙丁戊己庚辛壬癸十個天干來記日，則辛壬癸
　　甲是相連續之四日。僞孔傳：“辛日娶妻，至于甲日，復往治水。”
　　則禹婚娶後第四日，便外出治水。

㉕啓：禹之子。　　呱呱：小孩啼哭之聲。

㉖予弗子：我沒有愛他如子。謂禹外出忙於治水，無暇撫育親愛自
　　己的兒子。子，慈愛。《孟子·滕文公上》：“禹八年于外，三過其
　　門而不入。”

㉗荒：大。孫星衍《尚書今古文注疏》釋“荒”爲“急忙”，可備一説。

度：成，成就。　土功：平治水土之事。

㉘弼：助，輔佐。蔡沈《書集傳》：“疆理宇内，乃人君之事，非人臣之所當專，故曰弼成也。”　五服：甸服、侯服、綏服、要服、荒服。以王城爲中心，每服相距五百里，則五服四方相距爲五千里。詳參下《禹貢》篇“五百里甸服”注。

㉙五千：五千里。

㉚州十有二師：鄭玄謂每州立十二人爲諸侯之長。有，又。師，長。又，《尚書大傳》云：“八家而爲鄰，三鄰而爲朋，三朋而爲里，五里而爲邑，十邑而爲鄉，十鄉而爲師。州十有二師焉。”（此依王念孫説改“都”爲“鄉”）則以師爲居民單位，一師有三萬六千家；僞孔傳釋爲治水每州征役十二師，一師二千五百人，每州十二師則三萬人。説各不同。

㉛薄：至，近。　四海：四方最邊遠處。

㉜咸：均，都。　建：立。　五長：“五長”之釋紛紜雜亂，此取吴澄《尚書纂言》説：“外迫四海之遠，皆建五等諸侯爲之長。”　僞孔傳謂每五國立長一人爲方伯，謂之五長；林之奇《尚書全解》謂四海每方各立五人爲長；曾運乾《尚書正讀》據《左傳》僖公四年管仲云“五侯九伯，汝實征之”，謂“五侯”即此“五長”，“九伯”即此“州十有二師”。錄於此供參考。

㉝各迪有功：謂於五長之中各進用有功之人。迪，進用。功，事功。

㉞苗頑：苗民，即三苗。又參前《舜典》“竄三苗于三危”注。苗因其凶頑不化，故謂之苗頑。　弗即工：不來參與平治水土的事功。謂苗頑無功，故不進用。即，就。

㉟念：思，念想。謂當念想各人之功。

㊱迪朕德時乃功，惟叙：謂我能遵行其德，此汝之功，當序次之。迪，遵行。時，是，此。乃，你的。叙，序次，排序。

㊲方：讀爲“旁”，大，廣。又參前《堯典》“方鳩僝功”“湯湯洪水方

割”注。　祇(zhī):敬。　厥叙:當叙次其功。厥,其,表希望。

㊳方施象刑,惟明:廣施象刑,明察無誤。方,大,廣。施,施行。象
刑,古之耻辱刑,別異改變罪人衣冠、服飾以象其所犯之刑以耻辱
之。又參前《舜典》“象以典刑”注。明,明察。

　　夔曰①:“戛擊、鳴球、搏拊、琴瑟②,以詠③。祖考來格④,
虞賓在位⑤,群后德讓⑥。下管鼗鼓⑦,合止柷敔⑧,笙鏞以
閒⑨。鳥獸蹌蹌⑩,《簫韶》九成⑪,鳳皇來儀⑫。”夔曰:“於!
予擊石拊石⑬,百獸率舞⑭。”

　　“庶尹允諧⑮,”帝庸作歌曰⑯,“勅天之命⑰,惟時惟幾⑱。”
乃歌曰:“股肱喜哉⑲,元首起哉⑳,百工熙哉㉑!”

　　皋陶拜手稽首㉒,颺言曰㉓:“念哉㉔! 率作興事㉕,慎乃
憲㉖,欽哉㉗! 屢省乃成㉘,欽哉!”乃賡載歌曰㉙:“元首明
哉㉚,股肱良哉㉛,庶事康哉㉜!”又歌曰:“元首叢脞哉㉝,股肱
惰哉㉞,萬事墮哉㉟!”帝拜曰:“俞! 往㊱,欽哉㊲!”

【校注】

①夔(kuí):人名,舜時樂官。又參前《舜典》“讓于夔、龍”注。　或
　以“曰”同“爰”,於是。則“夔曰”連下文均爲史官叙述之辭,如
　《史記》云“於是夔行樂”,亦可通。

②戛(jiá)擊:即《漢書·楊雄傳》所言“拮隔”,此代指敲擊樂器“柷
　(zhù)敔(yǔ)”。　鳴球:玉磬。球同璆(qiú),美玉。《漢書·刑
　法志》稱美玉之磬爲“璆磬”。　搏拊(fǔ):用牛皮製作的一種敲
　擊樂器,裏面裝糠,用於音樂節拍。《禮記·明堂位》云:“拊搏、
　玉磬、揩(jiá)擊、大琴、大瑟、中琴、小瑟,四代之樂器也。”拊搏即
　搏拊,揩擊即戛擊。

③以:用以,用來。　詠:歌詩。

④祖考:始祖。此謂祖考之神,蓋謂顓頊。《禮記·祭法》:“有虞氏

禘黄帝而郊嚳,祖顓頊而宗堯。” 格:至,降臨。

⑤虞賓:虞舜祭祀時之賓。舊説即堯之子丹朱,其爲王者之後,故不爲臣,而爲虞舜之賓。古祭祀時有賓以助祭。馬楠《周秦兩漢書經考》讀“虞”爲“迂”,謂“虞賓”即飲酒禮之迎賓,“群后”則謂衆賓,亦可參考。 在位:在其助祭之位,謂準備好已就序。

⑥群后:衆諸侯。 德讓:登升揖讓。《説文解字・彳部》:“德,升也。”

⑦下:堂下。上“以詠”乃歌詩在堂上,此下則言堂下。 管:吹管樂器。 鼗(táo):有柄小鼓。

⑧合止柷敔:協合節拍使用柷、敔。合,協合。止,于省吾《尚書新證》謂即“之”,古文字中之、止形似易淆。柷、敔,均敲擊樂器。舊説柷用在樂曲開始之時,敔用在樂曲結束之時。

⑨笙鏞(yōng)以間:堂下笙、鐘等器樂與堂上歌詩聲樂交替進行。鏞,大鐘,字亦作“鋪”。間,間替,交替。又,段玉裁《古文尚書撰異》謂“鏞”同“庸”,通“頌”,“笙”謂東面的笙磬、笙鐘,“頌”謂西面的頌磬、頌鐘。“笙鏞”蓋統謂鐘、磬樂器。《儀禮・大射》載“笙磬西面”“頌磬東面”,故鄭玄謂此“笙鏞”爲東西兩面的樂器。亦可通。

⑩蹌蹌(qiāng qiāng):舞蹈時動作趨行之貌。

⑪《簫韶》:舜時樂曲之名,《左傳》謂之“《韶箾》”,亦單稱“《韶》”。《白虎通・禮樂》引《禮記》云:“黄帝樂曰《咸池》,顓頊樂曰《六莖》,帝嚳樂曰《五英》,堯樂曰《大章》,舜樂曰《簫韶》,禹樂曰《大夏》,湯樂曰《大濩》,周樂曰《大武象》。” 成:樂曲一遍結束爲成。九成謂一遍結束又更變奏之,前後凡九次。

⑫鳳皇:即鳳凰。僞孔傳:“雄曰鳳,雌曰皇,靈鳥也。” 儀:來。

⑬予:我。 石:石磬。 拊:輕擊。

⑭率:循,相從。 案:上“夔曰”句,又見於前《舜典》。

⑮庶:衆。　尹:官長。　允:信,誠然。　諧:和諧。　案:"庶尹允諧"句,鄭玄云:"言樂之所感,使衆正之官信得其諧和。"但曾運乾《尚書正讀》云:"庶尹允諧,與上'百獸率舞'、'鳳皇來儀'等文不類……庶尹允諧,實帝歌章首,與下'惟時惟幾'韻。歌詞在上者,古人行文,自不拘也。"考之《舜典》《列子・黄帝篇》相關内容,"夔曰"下均無"庶尹允諧"一句,而"庶尹允諧"句正與"勑天之命"相應,故此從曾説。

⑯帝:帝舜。　庸:同"用",以,因此。

⑰勑(chì):即"敕",勤勉,謹勑。

⑱惟時惟幾:惟,僅,特,參上"惟幾惟康"之釋。時,善,謂善舉其臣,參上文"惟帝時舉""帝不時"。此"時"應"庶尹允諧"句。幾,危。此"幾"應"勑天之命"句。

⑲股肱:謂臣,股肱之臣。　喜:興。説參王引之《經義述聞》。

⑳元首:謂君,首領。　起:興起。

㉑百工:百官,蓋百官中地位稍低者。其義與前《堯典》"允釐百工"、《皋陶謨》"百工惟時"同。　熙:興盛。　此"百工熙哉",蓋即《堯典》"允釐百工,庶績咸熙"之省。

㉒拜手稽首:跪而拱手,頭俯至於手曰拜手,亦稱拜;跪而俯身且叩首至地並停留曰稽首。金景芳謂上述兩個動作連結起來,就是拜手稽首。又參前《舜典》"禹拜稽首"注。

㉓颺:同"揚",《爾雅・釋詁》:"揚,續也。"

㉔念:念想,記念。義與前"帝其念哉"同。

㉕率作興事:率領衆人爲事而興。率,率領。作,爲。興事,奮發而作事,蓋即上股肱、元首、百工之興。

㉖慎:謹慎。　乃:你的。　憲:法度。

㉗欽:敬。

㉘屢:屢次,多次。　省(xǐng):省察,察看。　成:功,事功。　以

上數句,蔡沈《書集傳》謂"興事功而數考其成",即考功。

㉙賡(gēng):繼續。　載:爲,作。"載歌"猶前"作歌"。

㉚明:英明。

㉛良:良善。

㉜庶事:衆事。與下"萬事"同義。　康:安康。　上"元首明哉"三句,周秉鈞《尚書易解》云:"皋陶言君明則臣良,而衆事皆安矣。"

㉝叢脞(cuǒ):細碎,瑣小。林之奇《尚書全解》云:"君行臣職則叢脞矣。……夫有虞之治,所以能冠百王之上者,惟其君臣各任其職而已。孔子曰:'無爲而治者,其舜也歟! 夫何爲哉? 恭己正南面而已矣。'又曰:'舜有臣五人而天下治。'蓋君無爲而執其要於上,臣有爲而致其詳於下。"

㉞惰:怠惰。

㉟墮:崩壞。此"萬事墮哉"與上"庶事康哉"義正相反。

㊱往:去。

㊲欽:敬。　案:"往,欽哉"之文,又見於《堯典》《舜典》。

禹貢第一　夏書

【題解】

“禹貢”謂禹制定九州貢賦。僞孔傳：“此堯時事，而在《夏書》之首，禹之王以是功。”謂禹因平治水土有功而王天下，夏王朝自此開始，故以《禹貢》爲《夏書》首篇。孔穎達疏謂禹都於安邑，一説都於陽城，在冀州。今本《尚書》中《夏書》共 4 篇，《禹貢》爲其首篇。本篇記載了禹循山治水的經歷，以及制定天下九州貢賦的情況，可看作中國最古老的一篇地理文獻，其反映的九州天下觀，對後世影響巨大，《史記·夏本紀》《漢書·地理志》都依據其内容。《禹貢》的九州，是以山川等爲標誌的自然地理區劃，是在天下一統的視野下寫成。《禹貢》從文字風格上看，並非禹時所作，王國維認爲作於西周中期，亦有作於春秋、作於戰國時期等説。禹平治水土一事，《尚書》《詩經》《左傳》等傳世文獻有載，此外，春秋時期的金文有載，新發現的西周中期偏晚的銅器燹公盨銘文中亦有記載，表明其事在西周中期已有流傳。《禹貢》對九州山川、湖澤、區劃的記載，大體接近於西周封建的範圍，篇中所記黄河下游河道及入海口的情況，也可佐證《禹貢》主體内容在西周時即已存在，顧頡剛、劉起釪《尚書校釋譯論》謂《禹貢》的作者“是更多熟悉中國西北地理的西周王朝史官”，其内容在後世又有所加工潤色。全篇可以分爲三個部分，第一部分記九州疆域及土、田、賦、貢，第二部分記導九山、導九川疏通山、川的情況,第三部分記五服制度及天下一統。

禹別九州^①,隨山濬川^②,任土作貢^③。

【校注】

①別:分,謂分別、區劃。　九州:《禹貢》所載九州爲冀州、兗州、青州、徐州、揚州、荆州、豫州、梁州、雍州。禹行遍九州,"禹跡""九州"後世遂用來代指中國。《左傳》襄公四年即有以"九州"指中國者。

②隨山:即下面正文"隨山刊木",隨山而行,伐木除道。這是對文中"導山"內容的概括。　濬(jùn)川:深挖疏通河流。這是對文中"導水"內容的概括。濬,又作"浚",決通水道。

③任土作貢:依據土壤類別、田地肥瘦,制定不同的貢賦。任,依憑。作,制定。貢,據胡渭《禹貢錐指》,貢、賦有別,賦出於百姓以供諸侯國用,貢出於諸侯以獻於天子,言貢可以包括賦在內,言賦則不包括貢。

禹　貢

禹敷土^①,隨山刊木^②,奠高山大川^③。

冀州^④:既載壺口^⑤,治梁及岐^⑥。既修太原^⑦,至于岳陽^⑧。覃懷厎績^⑨,至于衡漳^⑩。厥土惟白壤^⑪。厥賦惟上上錯^⑫。厥田惟中中^⑬。恒衛既從^⑭,大陸既作^⑮。島夷皮服^⑯。夾右碣石入于河^⑰。

【校注】

①敷(fū)土:使天下土地各有分布,謂禹平治水土區劃九州。敷,布,分布。僞孔傳釋爲"分布治九州之土",則敷又有治理之義,亦

可通。《孟子·滕文公上》"舉舜而敷治焉"趙岐注："敷,治也。"

②隨山刊木:隨山而行,伐木除道。刊,砍伐。"隨山刊木"句又見上《益稷》篇,參其注。于鬯《香草校書》謂"隨"當讀爲"墮",墮山即鑿山,此"墮山"與"刊木"對文;斅公盨銘文云"天命禹敷土,墮山浚川",《清華大學藏戰國竹簡(拾)》中《四告》(四)云"曰古禹降,敷土墮山,劃川濬泉",則原初作"墮山",《禹貢》作"隨山"或後人改編,二者可各自成義,今且仍以"隨"如字作解。

③奠:定。此謂以山川來定疆界,定某山爲某州之山,某水爲某州之水。《禹貢》九州區劃,均以自然山川爲標誌來劃定。

④冀州:《禹貢》冀州區域,本篇這裏沒有明說,其範圍大概包括了今天山西、河北大部,以及河南一部分。《周禮·夏官·職方氏》云:"河內曰冀州。"《呂氏春秋·有始覽》云:"兩河之間爲冀州。""河內"是黃河三河(西河、南河、東河)之內,"兩河之間"指西河、東河之間。可見冀州其西以西河(黃河陝西、山西段)與雍州爲界,其南以南河(黃河河南段)與豫州爲界,其東以東河(黃河河北段。上古時期,黃河在今鄭州西北向北流於河北滄州、天津東南一帶入海,與現在改道後的黃河流向不同)與兗州爲界,其北可能還包括今遼寧西部甚至內蒙古陰山以南一部分。不過冀州的核心區域是山西南部,這裏被看作天下之中,是上古時期的政治中心,故治水自此處開始。

⑤既:已。　載:事,從事,施工。　壺口:壺口山,在今山西吉縣西南。

⑥治:治理。　梁:梁山,在今陝西韓城縣。　岐:岐山,其地不詳,或即龍門山。李零先生《禹跡考》疑"梁"即橫跨龍門口的山梁,"岐"是這道山梁的缺口,也就是龍門口。頗可參考。　"既載壺口"以下兩句,大意爲已在壺口山施工完成後,便南下開始治理梁山和岐山。黃河流經壺口極窄,流經龍門口後則很寬。

⑦修:治。　太原:指今山西太原市一帶。汾水發源於此,流經太原

盆地,再南下到達太岳山南。

⑧岳:太岳山,又名霍山、霍太山,在今山西霍州東部。 陽:山之
南。山南、水北爲日光所照而稱陽。 "既修太原"以下兩句,大
意爲治理汾水流域,在太原治理完工後,南下直到太岳山之南。
太原在北甚遠,故一説"太原"謂大平原,指今山西南部的臨汾盆
地或運城盆地。汾水流經臨汾盆地,涑水流經運城盆地。

⑨覃(qín)懷:今河南沁陽縣、武陟縣一帶。沁水發源於山西沁源
縣,南流經過河南沁陽縣、武陟縣一帶匯入黄河。覃,蓋指沁陽縣
一帶。懷,指武陟縣一帶。 厎:致,獲得。 績:功績。厎績猶
言成功。

⑩至于衡漳:到達横流的漳水流域。衡,同"横"。漳水横流入黄河,
故謂之横漳。漳水分爲清漳水、濁漳水,二水合流後由西向東横
流,匯入由南向北流的黄河。

⑪厥:其。 土:未經人工治理的土地。 惟:爲,是。 白壤:鹽鹼
化的土壤。鹽鹼地返鹼以後地表顯現一片白鹼。運城盆地自古
多鹽池,至今仍産鹽。

⑫賦:田賦,是田地所出,故交賦以穀米爲主,後世亦出車馬軍械
等。 上上:第一等。賦以總數多少爲等,賦多則爲上上。 錯:
雜。上上錯,謂以上上爲主,時或雜以上中。 案:冀州之賦的數
量爲九州第一,或因州大人稠,或因爲王都納賦便利,故重於
他州。

⑬田:田地,經過人工整治後的耕地。 中中:第五等。田以高下肥
瘦爲等,少水害而肥則爲上上。冀州賦多爲第一等,田之肥瘠則
爲第五等。案:《禹貢》九州,田分九等,冀州是中中(第五等),兖
州是中下(第六等),青州是上下(第三等),徐州是上中(第二
等),揚州是下下(第九等),荆州是下中(第八等),豫州是中上
(第四等),梁州是下上(第七等),雍州是上上(第一等)。綜觀

之,下等田地之州大都處於河流下游,水害較多。

⑭恒:恒水,流入滱水(今唐河)。　衛:衛水,流入溏池(溏沱河)。
滱水、溏沱河在上古時均匯入古黃河,後黃河南徙改道,二水方另
行入海。胡渭《禹貢錐指》認爲恒、衛二水短且小,不足以當大禹
之功,以河流互受通稱之例,謂此處恒即指唐河,衛即指溏沱
河。　從:順從河道而流。　以上冀州治水,先記載治理黃河幹
流,從中游壺口到龍門,然後記載治理黃河的五條支流:汾水、沁
水、漳水、恒水、衛水。五水在冀州依次是從西向東,再向北,治水
已進入到黃河下游。

⑮大陸:澤名。大陸澤在今河北鉅鹿一帶,又稱鉅鹿澤,黃河曾由此
經過,今已乾涸。　作:治理。

⑯島夷:當依《史記·夏本紀》所引及馬融、鄭玄、王肅本作“鳥夷”,
指東北遼西、渤海灣一帶的少數民族,他們多以鳥爲圖騰。　皮
服:可用於穿着的鳥獸皮毛。謂冀州所貢,爲東北夷之禽獸皮毛
等可供穿戴之物。

⑰夾:近,靠近。　碣石:山名。碣石山在今河北昌黎縣西北。　此
句言入貢道路,謂沿海岸綫而行,右邊貼着碣石山,在黃河入海口
進入黃河。黃河是九州貢道的大通道,貢物最終通過它輸送到冀
州帝都。　案:《禹貢》九州,除此冀州外,其他八州的記載基本都
整齊有序:首敘州域範圍,再講山川地理,再講土田植被,再講貢
賦等級,最後記貢道。唯冀州的記載,首句缺州域界限,賦又在田
前,“恒衛既從,大陸既作”兩句在土田之後,次序不對。古之學者
多以冀州爲帝都所在有別於他州作解,今之學者則以此州文句錯
脫爲説,然《史記·夏本紀》所引已如此,則錯脫久矣,今仍其舊。

濟、河惟兗州①:九河既道②,雷夏既澤③,灉、沮會同④。
桑土既蠶⑤,是降丘宅土⑥。厥土黑墳⑦,厥草惟繇⑧,厥木惟
條⑨。厥田惟中下⑩。厥賦貞⑪。作十有三載乃同⑫。厥貢

漆、絲⑬，厥篚織文⑭。浮于濟、漯⑮，達于河⑯。

【校注】

①濟、河惟兗州：濟水、黃河（東河）之間是兗州。濟，字亦作"泲"，即濟水，又名沇（yǎn）水，兗州（《史記》中作"沇州"）即得名於沇水。長江、黃河、淮水、濟水在中國古代被稱爲"四瀆"，四瀆都是獨流入海的大河。《爾雅·釋水》云："江、河、淮、濟爲四瀆。四瀆者，發源注海者也。"濟水北段發源於河南濟源縣西王屋山，在黃河之北，後流入黃河，從黃河分出的岔流，在黃河之南，與黃河平行向東北流，在今山東東營獨自入海，是爲南段。嚴格來説北段、南段應爲二河，古有稱北段爲沇水、南段爲濟水者，但傳統習慣上將南北二段統稱濟水。濟水爲北方第二大河，又是兗州和青州、徐州的界限。河，黃河，此指黃河東河，古時東北流，在天津東南、河北滄州一帶入海（北口），是冀州和兗州的界限。東漢以來黃河改道，奪濟入海，濟水在東營一帶的入海口就成了黃河的入海口（東口），河、濟二水合一。黃河亦奪淮入海，是爲南口。惟，爲，是。兗州地域，當時西北是東河，東南爲濟水，在今河北、山東交接一帶，爲衛國故地。《吕氏春秋·有始覽》："河、濟之間爲兗州，衛也。" 以上言州域範圍。

②九河：兗州地勢低平，黃河在此分散爲九支，稱九河。鄭玄云："九河之名，徒駭、太史、馬頰、覆釜、胡蘇、簡、絜、鉤盤、鬲津。"今多堙没，僅存徒駭、馬頰二河。 道：同"導"，疏通。

③雷夏：澤名，又叫雷澤，在今山東菏澤一帶，已乾涸不存。 既澤：既已成澤。澤，瀦水爲澤。

④灉（yōng）：黃河支流。 沮（jū）：濟水支流。 會同：會合。謂共同匯入雷夏澤。二水今均已堙没不存。 以上言山川地理。

⑤桑土：適宜種桑的土地。 既蠶：已經能够養蠶。 兗州衛地，雖多水害，但適宜桑蠶，文獻多有記載，其地亦有"桑間"之稱。

⑥是降丘宅土：句謂洪水消去，民衆已從高地下來居住在低平之地。
是，於是。降，下。丘，高地。這種高地之丘，在水害頻繁的河、濟
之間最多，經學者研究，多爲避水害人工堆築而成。宅，居。土，
謂低平之地。

⑦厥土黑墳：其土爲黑壤而肥沃。墳，肥沃。

⑧惟：乃。　繇（yáo）：茂盛。

⑨木：樹木。　條：長。　以上言土田植被。

⑩中下：第六等。

⑪貞：當爲"下下"之誤。"下"字下加重文符號兩道短橫，後遂誤爲
"正"，正、貞同訓，"正"又寫作"貞"。下下，第九等。

⑫作十有三載乃同：治水第十三年兖州才同他州一樣有賦。禹治水
共十三年，則在最後一年治理兖州，故兖州徵賦最晚。作，治
理。　以上言賦。

⑬厥貢漆、絲：這裏的貢物是漆和絲。僞孔傳謂兖州"地宜漆林，又
宜養蠶"，則漆、絲是兖州的特產。賦是土地田畝所出，貢是山林
川澤所產。

⑭厥篚（fěi）織文：入貢之時用橢長竹筐盛裝有花紋的絲織品。篚，
用以裝物的橢形竹器。織文，有花紋的絲織品。　以上言貢。

⑮浮：乘舟行水。　濟：濟水。　漯（tà）：漯水，黃河在今河南浚縣
所分岔流，東流入海，今已堙沒不存。　古時濟、漯二水相通。

⑯達：通。僞孔傳："因水入水曰達。"謂從一條水道轉入另一條水
道。此即從濟水、漯水轉入黃河，最終到達冀州。蔡沈《書集傳》：
"帝都冀州，三面距河，達河則達帝都矣。"李零先生《禹跡考》總
結說："《禹貢》體例，貢道以水道爲主，乘舟行水曰'浮'，水道轉
水道曰'達'，水道轉陸路曰'逾'。"　以上言貢道。

　　海、岱惟青州①：嵎夷既略②，濰、淄其道③。厥土白墳④，
海濱廣斥⑤。厥田惟上下⑥。厥賦中上⑦。厥貢鹽、絺⑧，海物

惟錯⑨。岱畎絲、枲⑩,鉛、松、怪石⑪。萊夷作牧⑫。厥篚檿
絲⑬。浮于汶⑭,達于濟⑮。

【校注】

①海、岱惟青州:海與泰山之間是青州。海,北邊的渤海(古稱北
　海),以及東與南的黃海(古稱東海)。岱,泰山,亦名岱宗,爲五
　岳之中的東岳,海拔一千五百多米,是山東半島最高山。青州區
　域,在今山東半島,屬齊國故地,其西北以濟水與兗州爲界,東部
　爲半島,三面以海爲界,西南部以泰山與徐州爲界。九州之中,青
　州最東,東方色青,此蓋其州名來源。青州在《爾雅》中又稱營州,
　蓋得名於齊地營丘。　以上言州域。

②嵎(yú)夷既略:嵎夷之地既得經略。嵎夷,地名,東夷所居的最東
　之地,又參前《虞書‧堯典》"宅嵎夷曰暘谷"注。略,經略,治理。

③濰:濰水,在今山東臨淄以東。　淄:淄水,在臨淄旁。　其:《史
　記‧夏本紀》作"既",江聲《尚書集注音疏》謂"古字其、既通"。
　王引之《經傳釋詞》謂"其"可訓"乃",亦通。　道:同"導",疏
　通。　以上言山川。

④厥土白墳:其土爲白壤而肥沃。

⑤海濱廣斥:海濱地帶有大片鹽地。廣,大。斥,斥鹵之地,即鹽地。
　《說文解字‧鹵部》:"鹵,西方鹹地也。……東方謂之㡉(斥),西
　方謂之鹵。"　以上言土田。

⑥上下:第三等。

⑦中上:第四等。　以上言賦。

⑧鹽:海鹽。青州東部三面環海,故產海鹽,有魚鹽之利。　絺
　(chī):細葛布,多用於製作夏天衣物。

⑨海物:海產品。　惟:與,和。　錯:治玉的磨礪之石。《詩經‧小
　雅‧鶴鳴》:"他山之石,可以爲錯。"林之奇《尚書全解》:"此'鹽、
　絺、海物惟錯'與揚州'齒、革、羽、毛惟木'文勢正同,'木'既別是

一物,則此'錯'字亦應別是一物,蓋如豫州所謂'錫貢磬、錯',是治玉之石也。"

⑩岱畎:泰山山谷。畎,溝谷、山谷。　絲:蠶絲。　枲(xǐ):大麻。

⑪鉛(qiān):即"鉛",鉛礦。　松:松木。　怪石:有花紋的奇異之石。怪,奇異。　以上五種皆泰山溝谷所產。

⑫萊夷:東夷的一支,主要活動於山東北部。　作牧:養殖畜牧。此謂所貢爲萊夷畜牧產品。

⑬厣(yǎn):山桑樹,即柞(zuò)樹,葉可養蠶。　絲:蠶絲。　柞蠶絲爲山東昌邑、濰坊一帶的特產,十分堅韌,可用作琴瑟之絃。以上言貢。

⑭汶:汶水,發源於山東萊蕪,在臨淄西南。

⑮濟:濟水。　汶水在山東東平縣入濟水,入濟即與兗州貢道相通,入河,到達冀州。　以上言貢道。案:東部兗、青、徐、揚四州,貢道彼此相承,從揚州輸徐州,徐州輸青州,青州輸兗州,由兗州入河抵冀州。

　海、岱及淮惟徐州①:淮、沂其乂②,蒙、羽其藝③,大野既豬④,東原底平⑤。厥土赤埴墳⑥,草木漸包⑦。厥田惟上中⑧。厥賦中中⑨。厥貢惟土五色⑩,羽畎夏翟⑪,嶧陽孤桐⑫,泗濱浮磬⑬。淮夷蠙珠暨魚⑭。厥篚玄纖縞⑮。浮于淮、泗⑯,達于河⑰。

【校注】

①海、岱及淮惟徐州:黃海、泰山和淮水之間是徐州,即今山東南部和江蘇、安徽的淮北地區。海,黃海,爲徐州東界。岱,泰山,爲徐州北界,是徐州和青州的分界綫。其西則與豫州接壤。淮,淮水,爲徐州南界,是徐州和揚州的分界綫,亦是中國南北分界綫。淮水發源於河南桐柏縣桐柏山,東流橫貫河南南部、安徽北部和江

蘇北部,在江蘇濱海縣入海。徐州古多夷國,其得名可能與嬴姓的徐夷有關。　以上言州域。

②沂:沂水,發源於山東沂源縣艾山,南流,在江蘇睢寧縣附近注入泗水,後世泗水爲運河所奪,故沂水今入運河。　其:楊筠如謂"其"即"既"。或如王引之《經傳釋詞》訓"其"爲"乃",亦通。　乂(yì):治理。

③蒙:蒙山,在山東蒙陰縣西南,因在曲阜之東,又稱東山。　羽:羽山,在江蘇東海縣與山東臨沭縣交界處。　藝:治理。

④大野:澤名,即鉅野澤,在山東鉅野縣北,後因黄河泥沙淤積乾涸。　豬:同"瀦(zhū)",水蓄積。

⑤東原:指山東東平縣一帶,在汶水和濟水之間。　厎:致,得到。　平:治理。謂東原之地得到治理,可耕作。　以上言山川地理。

⑥厥土赤埴墳:其土爲紅色黏土而肥沃。赤,紅色。埴,黏土。僞孔傳:"土黏曰埴。"

⑦漸包:滋長而叢生。僞孔傳:"漸,進長。包,叢生。"

⑧上中:第二等。　以上言土田。

⑨中中:第五等。　以上言賦。

⑩土五色:五色土。天子之社(社壇)以五色土爲之,東方青,南方赤,西方白,北方黑,中間爲黄土,封四方諸侯時則各取所在方位之土,以白茅包之,賜給諸侯以立社。《淮南子·齊俗訓》:"有虞氏之禮,其社用土。"五色土爲徐州特産,産於山東諸城、江蘇銅山一帶。

⑪羽畎:羽山山谷。羽,即上"蒙、羽其藝"之羽山。畎,山谷,又參前青州"岱畎"之釋。　夏翟(dí):彩色長尾野雞。其五彩長羽可爲旌旗、樂舞之用。朱駿聲《尚書古注便讀》:"夏,華也,有采色也。""翟"亦作"狄"。

⑫嶧:嶧山,在今山東鄒城市。　陽:山之南面。　孤桐:獨生的桐木。桐木可製作琴瑟,生於山南的桐木尤佳。　一説"嶧陽"指嶧

陽山,又名葛嶧山,今名岠(jù)山,在今江蘇邳州市與睢寧縣交
界處。

⑬泗濱:泗水之濱。泗水,發源於山東泗水縣蒙山,因源頭有四,故
名,西南流入淮河。　浮磬:有石浮現水中,適合作磬。磬是一種
石製樂器,懸而擊之。

⑭淮夷:居於淮水流域的夷人,多爲嬴姓,殷墟甲骨文中已有,作"隹
(淮)夷";西周金文中又稱南淮夷。　蠙(pín)珠:河蚌中的珍
珠。　暨:及,與。　魚:一種當地所產的淮水白魚。或以魚謂鱷
魚,此指貢鱷魚皮。　蔡沈《書集傳》:"夏翟之出於羽畎,孤桐之
生於嶧陽,浮磬之出於泗濱,珠魚之出於淮夷,各有所產之地,非
它處所有,故詳其地而使貢也。"謂以上所貢均爲當地特產。

⑮玄:黑繒。　纖:黑白相間的細繒。　縞:白繒。　以上言貢。

⑯淮:淮水。　泗:泗水。

⑰河:王念孫《讀書雜志》謂當依《説文解字》作"菏",古本亦作
"荷",菏水,也叫菏澤水。其説爲是,理由有二:一是淮水、泗水與
河水並不相通;二是《説文解字·水部》《水經注·濟水》所引《禹
貢》此句均作"達于菏"。菏水爲濟水支流,是連接泗水與濟水的
河流,今已乾涸不存。達于菏,則入於濟,濟通漯,漯通河,最終至
冀州。　以上言貢道。

淮、海惟揚州①:彭蠡既豬②,陽鳥攸居③。三江既入④,震
澤厎定⑤。篠簜既敷⑥,厥草惟夭⑦,厥木惟喬⑧。厥土惟塗
泥⑨。厥田惟下下⑩。厥賦下上上錯⑪。厥貢惟金三品⑫,瑶、
琨、篠簜⑬,齒、革、羽、毛惟木⑭。島夷卉服⑮。厥篚織貝⑯,厥
包橘、柚⑰,錫貢⑱。沿于江、海⑲,達于淮、泗⑳。

【校注】

①淮、海惟揚州:淮水、東海之間是揚州。淮,淮水,是揚州在北與徐

州的分界。海,黄海(古稱東海),是揚州東南邊的界限。揚州之
南,蓋已達長江以南地區;其西,蓋與荆州接界。揚州得名,蓋與
州中所居有越人有關,揚、越雙聲可通,故有揚越連稱者。

②彭蠡:澤名,即鄱陽湖,古時主體在長江以北,跨江西、安徽二省,
在安徽宿松、望江一帶的龍感湖、大官湖地區。今鄱陽湖在長江
以南。　豬:同"瀦(zhū)",水蓄積。參前徐州"大野既豬"注。

③陽鳥:蓋指鴻雁類候鳥,冬天到彭蠡澤棲息過冬。　攸:所。
居:居住,棲息。

④三江:三江所指,古今異説紛紜,此蓋謂婁江、吳淞江、東江,三江
從震澤(今太湖)分出泄水入海,故下云"震澤厎定"。鄭玄以爲
三江即北江、南江、中江,乃長江及所匯入之水,即漢水、彭蠡、岷
江:"左合漢爲北江,右合彭蠡爲南江,岷江居其中,則爲中江。故
經稱東爲中江者,明岷江至彭蠡與南北合,始得稱爲中江也。"今
不取其説。　入:入海。

⑤震澤:又稱具區澤,即今太湖。　厎:致,獲得。　定:安定。

⑥篠(xiǎo):小竹。可以製箭。　簜(dàng):大竹。可製作笙
簫。　敷:布,布滿地上。

⑦夭:茂盛。

⑧喬:高大。

⑨塗泥:泥濘之地。揚州水多地濕。

⑩下下:第九等。

⑪厥賦下上上錯:僞孔傳:"賦第七,雜出第六。"下上,第七等。上
錯,時或雜有中下第六等。

⑫金:金屬。　三品:三種。　"金三品",鄭玄謂"銅三色",即三種
不同顏色的銅:青銅、白銅、赤銅。揚州盛産銅礦。王肅及僞孔傳
則釋三種金屬爲金、銀、銅。

⑬瑶:美玉,蓋今青瑪瑙。　琨(kūn):美石。

⑭齒：象牙。　革：皮革。蓋指犀、兕之革，可爲戰爭器具。　羽：鳥
　羽。　毛：同"旄"，牦牛尾。後面荆州亦貢"羽、旄"。古樂舞常
　以羽、旄爲飾。或釋此"毛"爲獸毛，可備一説。　惟：與，及。
　木：林之奇《尚書全解》："蓋木之可以爲器用者。"
⑮島夷：沿海各島的夷人。　卉服：即草服，謂穿戴蓑衣草笠之類。
　卉，即"草"。
⑯織貝：鄭玄釋爲一種織錦，即貝錦，《詩經·小雅·巷伯》云"成是
　貝錦"。凡絲織品之貢，皆用筐來盛裝。　顧頡剛、劉起釪等認爲
　織貝是南方海島居民用珠、貝爲材料裝飾的編織物，爲當地特産，
　亦可備一説。
⑰厥包橘、柚：將橘、柚包裹後上貢。包，包裹。橘、柚，水果名，橘小
　柚大。
⑱錫貢：納貢。錫，同"賜"，給，交納，獻。古者上賜下可曰賜，下獻
　上亦可曰賜，又參前《虞書·堯典》"師錫帝曰"及本篇下文荆州
　"九江納錫大龜"注。
⑲江：長江。　海：東海。
⑳淮：淮水。　泗：泗水。　此謂由長江入海，沿海北上入淮，再入
　泗，與前徐州貢道相連。其時江、淮尚未通，不能直接由長江通往
　淮河。《左傳》哀公九年載："吳城邗(hán)溝，江、淮始通。"吳王
　夫差挖掘邗溝，長江始與淮河相通。

　荆及衡陽惟荆州①：江、漢朝宗于海②，九江孔殷③，沱、潛
既道④，雲土夢作乂⑤。厥土惟塗泥⑥。厥田惟下中⑦。厥賦
上下⑧。厥貢羽、毛、齒、革惟金三品⑨，杶、榦、栝、柏⑩，礪、
砥、砮、丹惟箘簵、楛⑪。三邦底貢⑫，厥名包匭菁茅⑬，厥篚玄
纁、璣組⑭，九江納錫大龜⑮。浮于江、沱、潛、漢⑯，逾于洛⑰，
至于南河⑱。

【校注】

①荆及衡陽惟荆州：荆山與衡山南面之間是荆州。荆州地域包括今湖北、湖南及安徽、江西西部一帶。荆，荆山，在湖北南漳縣西南，爲荆州北界，其北爲豫州。荆州蓋即得名於荆山。衡，衡山，在湖南衡陽市北。陽，山之南。衡山之南，是荆州南界。荆州東爲揚州，西爲梁州。

②江：長江，東流在揚州境内入海。　漢：漢水，發源於陝西寧強縣嶓冢山，在湖北武漢入長江，是長江的最大支流。　朝宗于海：謂長江、漢水在荆州合流後歸向大海，猶諸侯之朝於天子。《詩經·小雅·沔水》：“沔彼流水，朝宗于海。”據《周禮·春官·大宗伯》，諸侯朝見天子，春天朝見叫朝，夏天朝見叫宗。

③九江：舊説異見紛紜。應指今湖北東部廣濟縣、黄梅縣一帶從西向東流入彭蠡澤（在長江北的鄱陽湖）的衆多河流，在彭蠡澤之西。彭蠡以東爲揚州界，九江以西爲荆州界。經文後有“九江納錫大龜”，與文獻記載上述地區產大龜也正相符合。蔡沈《書集傳》等以九江爲湖南洞庭湖所匯河流；亦或以爲即江西贛江，今皆不取。　孔：甚，大。　殷：正，定。

④沱：沱江，長江支流。　潛：潛水，漢水支流。《爾雅·釋水》謂水自江出爲沱，自漢出爲潛。　道：同“導”，疏通。　後梁州亦復言“沱、潛既道”。

⑤雲土夢：澤名，又稱雲夢澤，在湖北江陵以東。或謂當作“雲夢土”，指雲夢澤所在的周圍較大一片區域，包括不少土地山林，範圍涵蓋湖北東南大部地區。亦通。　作：始。　乂：治理。

⑥塗泥：泥濘之地。又參前揚州“厥土惟塗泥”注。荆州亦水多地濕。

⑦下中：第八等。

⑧上下：第三等。

⑨惟：與，和。　　羽、毛、齒、革、金三品，見前揚州注。

⑩杶（chūn）：椿樹。　　榦（gàn）：柘樹。　　栝（kuò）：檜樹。　　柏：柏樹。

⑪礪：粗磨石。　　砥：細磨石。　　砮（nǔ）：可製箭鏃的石頭。　　丹：丹砂，朱砂。　　箘（jùn）簬（lù）：竹名，可以製作箭杆。　　楛（hù）：木名，可以製作箭杆。《國語・魯語下》："肅慎氏貢楛矢、石砮。"則今東北地區亦產砮、楛。

⑫三邦：附近三國。　　厎：致，得到。

⑬厥：其。　　包匭（guǐ）菁茅：鄭玄云："青茅，茅有毛刺者，給宗廟縮酒。重之，故包裹又纏結也。"林之奇《尚書全解》則以"匭"爲匣："青茅供祭祀之用，既包而又匣之，所以示敬也。"李零先生疑"包匭"當讀爲"包橐（gāo）"，是包裹青茅的橐橐。要之，謂古以菁茅濾酒，需包裝運輸，以其特別，故名之"包匭菁茅"，亦簡稱"包茅"，齊桓公率軍伐楚，理由之一就是楚不供納包茅。

⑭玄纁（xūn）：黑色和淺絳色的絲織品。天子的冕服爲玄衣纁裳。玄，黑色。纁，淺絳色。　　璣（jī）組：綴以珠璣用以佩玉的絲帶。用於冕服。璣，不圓之珠。組，絲帶。

⑮九江：九江地區，在今湖北黃梅縣一帶。參前"九江孔殷"注。納錫：入貢。又參前揚州"錫貢"注。　　大龜：在黃梅縣蔡山一帶出產的大龜，很有名，又稱"大蔡"，《左傳》有載。龜用於占卜。

⑯江：長江。　　沱：長江支流。　　潛：漢水支流。　　漢：漢水。

⑰逾于洛：換陸路到洛水。蔡沈《書集傳》："逾，越也。漢與洛不通，故舍舟而陸，以達於洛，自洛而至於南河也。"漢、洛二水上游相距不遠，但中間隔以秦嶺而不通，故需從漢水捨舟換陸路到洛水。洛，洛水，豫州之洛水，發源於陝西洛南縣，流經河南洛陽，在今河南鞏義從南入黃河。　　案："洛"本當作"雒"，洛、雒二水不同，雍州之洛水在今陝西，後又稱北洛水；豫州之雒水在今河南，

後又稱南洛水。《史記》引作"雒"不誤,《尚書》今作"洛",蓋唐時衛包所改。

⑱南河:在冀州之南東西流的黃河,今黃河河南段。至南河,則到達冀州。

　荆、河惟豫州①:伊、洛、瀍、澗②,既入于河③,滎波既豬④。導菏澤⑤,被孟豬⑥。厥土惟壤⑦,下土墳壚⑧。厥田惟中上⑨。厥賦錯上中⑩。厥貢漆、枲、絺、紵⑪,厥篚纖、纊⑫,錫貢磬、錯⑬。浮于洛,達于河⑭。

【校注】

①荆、河惟豫州:荆山、黃河(南河)之間是豫州。豫州居九州中部,除青州爲兗、徐所隔,它與其他七州都接壤,故豫州亦稱中州,大致爲今黃河以南河南省的區域,其北以南河與冀州爲界,其南以荆山與荆州爲界,其西在潼關和函谷關之間,其東至於商丘、菏澤一帶。

②伊:伊水,源出河南欒川縣,在偃師注入洛水。　洛:洛水,實謂雒水,源出陝西洛南縣,在河南鞏義市注入黃河。參前荆州"逾于洛"注。　瀍:瀍水,源出河南孟津縣,在洛陽以北,爲洛水支流。　澗:澗水,源出河南陝縣,在洛陽以西,爲洛水支流。瀍、澗二水在洛陽注入洛水。以上伊、洛、瀍、澗四水最終均匯入黃河南河。

③河:黃河南河。　案:《上海博物館藏戰國楚竹書(二)》中《容成氏》云:"禹乃通伊、洛,併瀍、澗,東注之河,於是乎豫州始可處也。"

④滎波:澤名,亦名滎澤,在河南滎陽縣黃河南岸,爲沇水入黃河後南溢水而成,已堙没。　豬:同"瀦(zhū)",水蓄積。參前徐州"大野既豬"注。

⑤導:疏導,疏通。　菏澤:澤名,濟水所匯之澤,在山東定陶縣,已

埋没。又參後“導水”部分“導沇水,東流爲濟。入于河,溢爲滎。東出于陶丘北,又東至于菏”及注。

⑥被:同“陂(bēi)”,築堤壅障。 孟豬:澤名,亦作孟諸、望諸、明都、盟豬,在河南商丘,已埋没。

⑦壤:柔土。此謂表層之土。或疑“土”前有闕文。

⑧下土:表土之下。 墳:肥。 壚:板結的黑土。

⑨中上:第四等。

⑩錯:雜。 上中:第二等。 僞孔傳:“田第四,賦第二,又雜出第一。”

⑪枲(xǐ):大麻。參前青州“岱畎絲、枲”注。 絺(chī):細葛布。參前青州“厥貢鹽、絺”注。 紵(zhù):苧麻。

⑫纖:細繒。又參上徐州“厥篚玄纖縞”注。 纊(kuàng):絲棉。

⑬磬:石磬。 錯:治玉的磨石。又參前青州“海物惟錯”注。

⑭達于河:到達黄河南河。“達于”二字底本脱,今補。

　　華陽、黑水惟梁州①:岷、嶓既藝②,沱、潛既道③,蔡、蒙旅平④,和夷厎績⑤。厥土青黎⑥。厥田惟下上⑦。厥賦下中三錯⑧。厥貢璆、鐵、銀、鏤⑨,砮、磬、熊、羆⑩,狐、貍織皮⑪。西傾因桓是來⑫,浮于潛⑬,逾于沔⑭,入于渭⑮,亂于河⑯。

【校注】

①華陽、黑水惟梁州:華山之南、黑水之間是梁州。華,華山,在陝西華陰縣,爲西岳。陽,山之南。黑水,衆説不一,或以爲在西北,或以爲在西南,胡渭《禹貢錐指》謂金沙江,李零先生謂即今四川松潘黑水。梁州的地域,蓋華山之南爲東界,黑水爲西界,其北爲雍州,其東南爲荆州,範圍爲今陝西南部、四川大部及貴州北部地區。梁州的得名,或許與山有關:一説與梁山有關,一説與此州地勢高多山梁有關。

②岷：岷山，在四川松潘縣北，是岷江發源地。　嶓（bō）：嶓冢山，在陝西寧强縣西北，是漢水的發源地。　藝：治。又參前徐州"蒙、羽其藝"注。

③沱：沱江，長江支流。　潛：潛水，漢水支流。此謂長江、漢水二水支流在梁州者。　道：同"導"，疏通。　"沱、潛既道"又參前荆州注。

④蔡：蔡山，在四川雅安一帶。胡渭《禹貢錐指》謂蔡山即峨眉山。　蒙：蒙山，在四川雅安。亦有以爲蔡蒙爲一山者。　旅：治，謂道已治可通行。楊筠如《尚書覈詁》據王念孫説以爲："'旅'之訓治，與'道'之訓治，皆由道路之義，引申爲通行之義。"　平：定。

⑤和夷：住在和水的夷人，或即今彝族。和水，爲四川雅安青衣江支流，胡渭《禹貢錐指》謂即《説文解字·水部》之"渼水"。　厎：致，獲得。　績：功績。又參前冀州"覃懷厎績"注。

⑥青黎：青黑色。黎，黑。又，周秉鈞《尚書易解》："黎，疏散。馬融曰：'小疏也。'段玉裁曰：'黎之言離也。'"謂梁州之土青黑而疏鬆，亦可備一説。

⑦下上：第七等。

⑧下中三錯：僞孔傳："賦第八，雜出第七、第九三等。"下中，第八等。

⑨璆（qiú）：即"鏐（liú）"，與下鐵、銀、鏤均爲金屬，鄭玄本即作"鏐"，云"黄金之美者謂之鏐"，即紫磨金，金在這裏指銅。西周銅器銘文中有"玄鏐"，是一種良銅。舊釋"璆"同"球"，美玉，今不取。　鏤（lòu）：剛鐵，硬度較高的鐵，可以作刻鏤工具。

⑩砮（nǔ）：可製箭鏃的石頭。參前荆州注。　磬：石製樂器。參前徐州"泗濱浮磬"注。　熊：黑熊。　羆：棕熊。

⑪狐：狐狸。　貍：貍貓。　織皮：毛皮。毛可以織爲罽（jì），毛紡品；皮可以製作裘，皮製品。

⑫西傾:山名,在青海河南縣。此指西傾山一帶的貢物。　　因:經由。　　桓:桓水,即白龍江,源出四川若爾蓋縣,東南流經陝西,再入四川,在廣元注入長江支流嘉陵江。　　是來:來此梁州。

⑬潛:漢水支流。

⑭逾:由水路轉陸路再轉水路。參前荊州"逾于洛"注。沔,沔水,即漢水。但潛、沔水道相通,不當曰"逾";而沔、渭彼此不通,由沔入渭需從漢中陸行方可到達,故金履祥《書經注》謂此下兩句當作"入于沔,逾于渭"。

⑮渭:渭水。源出甘肅渭源縣西南鳥鼠山,東流經陝西,在臨潼北的風陵渡入黃河。

⑯亂:橫渡。

　　黑水、西河惟雍州①:弱水既西②,涇屬渭汭③。漆、沮既從④,灃水攸同⑤。荊、岐既旅⑥,終南、惇物⑦,至于鳥鼠⑧。原隰厎績⑨,至于豬野⑩。三危既宅⑪,三苗丕叙⑫。厥土惟黃壤⑬。厥田惟上上⑭。厥賦中下⑮。厥貢惟球、琳、琅玕⑯。浮于積石⑰,至于龍門西河⑱,會于渭汭⑲。織皮崐崘⑳,析支、渠搜㉑,西戎即叙㉒。

【校注】

①黑水、西河惟雍州:黑水、黃河西河之間是雍州。黑水,蓋即今黨河,源出祁連山南麓,此爲雍州黑水,亦即後"導水"中"導黑水,至于三危,入于南海"之黑水,與前梁州黑水非一水。西河,黃河陝西、山西段,由北向南流。黑水爲雍州西界,西河爲其東界,雍州之南爲梁州。雍州地域,跨今陝西、甘肅二省及青海東部,在渭水流域及以西的河西走廊。雍州的得名,可能與陝西鳳翔的雍山有關。

②弱水:即今甘肅張掖黑河,西流,再北流經內蒙,再注入居延

海。 既西:已導之西流。弱水是《禹貢》所載唯一的西流之水,鄭玄云:"衆水皆東,此獨西流也。"

③涇:涇水,源出寧夏涇源縣六盤山東麓的笄頭山,西南流經甘肅,進入陝西注入渭水。 屬(zhǔ):注入。 渭汭(ruì):渭水的彎曲處,涇水在此注入渭水。渭水又參梁州"入于渭"注。

④漆、沮:屈萬里《尚書集釋》云:"漆、沮,二水名,下流合爲一,名漆沮水。漆水源出今陝西銅川縣大神山,東南流至耀縣,與沮水合。沮水源出今陝西黃陵縣子午嶺,東南流折而南會漆水,至富平縣入渭。"此漆沮水在涇水之東,即今石川河,從北注入渭水。僞孔傳則謂漆沮水即洛水,顏師古《漢書》注、胡渭《禹貢錐指》、金景芳亦主此説。 從:從入於渭水。

⑤灃水攸同:灃水也注入渭水。灃水源出陝西秦嶺終南山,在渭水之南,注入渭水,《詩經·大雅·文王有聲》:"豐水東注,維禹之績。"攸,所。同,會合。蔡沈《書集傳》:"渭水自鳥鼠而東,灃水南注之,涇水北注之,漆、沮東北注之。曰屬、曰從、曰同,皆主渭而言也。"

⑥荆:荆山,舊説在陝西大荔縣朝邑南,但其地今無山,此荆山或即崤山,在大荔朝邑的東南角,今河南西部靈寶縣内,非荆州之荆山。 岐:岐山,又名天柱山,在陝西岐山縣東北,是周人崛起的地方,非冀州之岐山。 旅:治,謂治道可通行。

⑦終南:終南山,在西安市南面,屬秦嶺。 惇物:太白山,在陝西眉縣南,爲秦嶺主峰。 王先謙《漢書補注》則以爲西安市南面之終南山古僅稱南山,《禹貢》之終南山乃陝西眉縣南的太白山,惇物山又稱武功山,即今齔山,在太白山西南。

⑧鳥鼠:鳥鼠同穴山,在甘肅渭源縣西,渭水源出於此。以上兩句承"荆、岐既旅",謂終南、惇物、鳥鼠三山亦皆治理。

⑨原隰(xí):《爾雅·釋地》:"廣平曰原,下濕曰隰。"鄭玄謂特指幽

地:"原隰,幽地,從此致功,西至豬野之澤也。"幽地在今陝西邠縣、旬邑縣。　底績:謂治理成功。參前冀州"覃懷底績"注。

⑩豬野:澤名,在甘肅民勤縣東北,漢代名休屠澤,今已乾涸。　楊筠如《尚書覈詁》謂原隰、豬野均爲泛指,原隰泛指廣平、下濕之地,豬野泛指野中之澤,"原隰爲肥美之地,豬野爲荒蕪之所",謂地皆治理,可資參考。

⑪三危既宅:三危之地已可安居。三危,山名,在甘肅敦煌東南。宅,居。

⑫三苗:古苗民部族,又稱"苗""有苗""苗民",原居荊州江、淮流域,後被舜遷徙流放到西北。又參前《虞書·舜典》"竄三苗于三危"及注。　丕:大。　叙:同"序",順從,就序。

⑬黃壤:黃土。雍州地多屬黃土高原。

⑭上上:第一等。

⑮中下:第六等。

⑯球、琳(lín)、琅(láng)玕(gān):鄭玄云:"球,美玉也。琳,美石也。琅玕,珠也。"中國西北地區產玉。《爾雅·釋地》:"西北之美者,有崑崙虛之璆(qiú)、琳、琅玕焉。""璆"同"球",可製作笏、圭、磬等,敲擊可發聲的玉磬稱"鳴球",參前《虞書·益稷》"鳴球"注。

⑰積石:積石山,在青海東南部。一說即阿尼瑪卿山,在青海果洛自治州與海南自治州交界帶,又名大雪山,舊稱大積石山;一說即唐述山,在青海循化到甘肅臨夏一帶,舊稱小積石山。

⑱龍門:在山西河津縣西北。

⑲渭汭:渭水彎曲匯入黃河處。後云"導河積石,至于龍門",從積石山的黃河沿水路到龍門一帶,與渭水交匯。　蓋雍州貢道有二,北道爲從積石沿黃河至龍門,南道爲從渭水至黃河,南北二道在龍門西河會合。

⑳織皮崑崙：崑崙之地的毛皮。織皮，毛皮。崑崙，馬融謂在臨羌西，則地在今青海西寧之西。

㉑析支：後又稱鮮支、賜支，馬融謂在河關之西，則地在今青海西寧西南貴德縣一帶。　渠搜：亦作巨蒐，應劭謂在河關之西。　鄭玄云："衣皮之民居此崑崙、析支、渠搜三山之野者，皆西戎也。"則所貢爲崑崙、析支、渠搜三地西戎之皮毛。

㉒即：則。　顧頡剛、劉起釪《尚書校釋譯論》謂"織皮崑崙，析支、渠搜，西戎即叙"十二字爲錯簡，"織皮"爲貢物，當在"琅玕"下，其餘十字當在"三苗丕叙"下。

　　導岍及岐①，至于荆山②，逾于河③。壺口、雷首④，至于太岳⑤。底柱、析城⑥，至于王屋⑦。太行、恒山⑧，至于碣石⑨，入于海⑩。西傾、朱圉、鳥鼠⑪，至于太華⑫。熊耳、外方、桐柏⑬，至于陪尾⑭。

　　導嶓冢⑮，至于荆山⑯。内方，至于大别⑰。岷山之陽⑱，至于衡山⑲，過九江⑳，至于敷淺原㉑。

【校注】

①導：同"道"，開道通行。　岍（qiān）：岍山，即吴山，亦名汧山，爲汧水所出，在陝西隴縣西南。　岐：岐山，在陝西岐山縣東北。又參前雍州"荆、岐既旅"注。　此"導山"一節，所列二十六山，從内容結構上看，山分九系，《禹貢》下文謂之"九山"，《史記》謂之"道九山"，王夫之《尚書稗疏》謂禹隨山通道，通有九道。此九系二十六山，馬融、王肅有"三條"之説，以一至四爲北條，五、六爲中條，七至九爲南條；鄭玄有"四列"之説，以一至四系爲正陰列，五、六爲次陰列，七、八爲次陽列，九爲正陽列；唐僧一行又有"兩戒"之説，北戒以河源所在的三危、積石爲首，南戒以江源所在的岷山、嶓冢爲首。　此岍山、岐山與荆山，由西向東，爲第一系，大都

爲雍州之山。

②荆山：蓋即崤山。參前雍州“荆、岐既旅”注。

③逾于河：越過黄河。孔穎達疏云：“逾于河，謂山逾之也，此處山勢
相望，越河而東。”

④壺口：壺口山，在今山西吉縣西南，屬吕梁山脈南端。參前冀州
“既載壺口”注。　雷首：山名，亦名首山、首陽山，在今山西南部
永濟市南，屬中條山西南端。

⑤太岳：太岳山，又名霍山、霍太山，在今山西霍州東部。又參前冀
州“至于岳陽”注。　壺口山、雷首山、太岳山，爲第二系，均爲冀
州之山。

⑥厎柱：厎柱山，即三門山，在河南三門峽市北黄河中。《水經注》
“河水”注：“昔禹治洪水，山陵當路者鑿之，故破山以通河，河水
分流，包山而過，山在水中若柱然，故謂之厎柱，亦謂之三門。”
析城：析城山，亦名析津山，在山西陽城縣。

⑦王屋：王屋山，在河南濟源縣，爲濟水發源處，山形狀似冠蓋屋頂，
故名。　厎柱、析城、王屋三山，爲第三系，地處山西南部冀州、豫
州交界地帶。

⑧太行：太行山，在山西與河南、河北交界一帶，古文獻中的太行山，
多指今山西晉城東南一段。　恒山：在河北曲陽縣西北，爲古之
北岳，屬太行山脈。明清後以渾源縣玄武山爲恒山，故今之恒山
在山西渾源縣。

⑨碣石：碣石山，在今河北昌黎縣西北，屬燕山山脈東端。又參前冀
州“夾右碣石入于河”注。

⑩入于海：謂由此可入海。　太行、恒山、碣石三山，爲第四系，爲冀
州東部之山。

⑪西傾：西傾山，在青海河南縣，爲桓水之源。參前梁州“西傾因桓
是來”注。　朱圉(yǔ)：朱圉山，在甘肅甘谷縣西南。　鳥鼠：鳥

鼠山,在甘肅渭源縣西,爲渭水之源。又參前雍州"至于鳥鼠"注。

⑫太華:太華山,即華山,在陝西華陰縣南,爲西岳。　西傾、朱圉、鳥鼠、太華四山,爲第五系,大部分爲梁州西部和雍州西部之山。

⑬熊耳:熊耳山,在河南盧氏縣東北,爲伊水、洛水的分水嶺,伊水源出其西,洛水源出其東。　外方:外方山,即陸渾山,在河南嵩縣、汝陽一帶。一説謂河南登封附近的中岳嵩山。　桐柏:桐柏山,在河南桐柏縣,淮水發源於此。

⑭陪尾:陪尾山,在湖北安陸市東北。一説在山東泗水縣東,泗水源出於此;一説乃河南南部光山縣之光山。　熊耳、外方、桐柏、陪尾四山,爲第六系,都在豫州中部和南部。　以上六系,山多爲北方之山,至陪尾山始在江淮流域。

⑮嶓冢:嶓冢山,在陝西寧强縣西北,是漢水的發源地。又參前梁州"岷、嶓既藝"注。

⑯荆山:在湖北南漳縣西南。又參前荆州"荆及衡陽惟荆州"注。　嶓冢山、荆山二山,爲第七系,均在漢水以西。

⑰内方:内方山,即章山,在湖北鍾祥市西南,爲荆山山脈的東南端,在漢水之西。　大别:大别山,在河南、湖北、安徽三省交界處。　内方山、大别山二山,爲第八系,蓋均在荆州北部。

⑱岷山:在四川松潘縣北。又參前梁州"岷、嶓既藝"注。　陽:山之南。

⑲衡山:在湖南衡陽市北。或以爲太南,故楊守敬以江北之霍山當之,可備一説。

⑳九江:蓋在今湖北東部廣濟縣、黄梅縣一帶。參前荆州"九江孔殷"注。

㉑敷淺原:衆説紛紜,或以爲山,蔡沈等謂即廬山;或以爲原,在廬山東南之麓。　岷山、衡山、敷淺原山,爲第九系,均在長江流域。

導弱水①,至于合黎②,餘波入于流沙③。

導黑水④,至于三危⑤,入于南海⑥。

導河積石⑦,至于龍門⑧,南至于華陰⑨,東至于厎柱⑩,又東至于孟津⑪。東過洛汭⑫,至于大伾⑬;北過降水⑭,至于大陸⑮;又北,播爲九河⑯,同爲逆河⑰,入于海⑱。

嶓冢導漾⑲,東流爲漢⑳,又東,爲滄浪之水㉑。過三澨㉒,至于大別㉓,南入于江㉔。東匯澤爲彭蠡㉕,東爲北江㉖,入于海㉗。

【校注】

①導:疏通。或如胡渭《禹貢錐指》云:"導者,循行之謂。"　弱水:今甘肅張掖黑河,西流,再北流經內蒙,再注入居延海。參前雍州"弱水既西"注。此下"導水"一節,將二十三條水分爲九系,《禹貢》下謂之"九川",《史記》亦云"道九川",《史記索隱》解釋説:"弱、黑、河、瀁、江、沇、淮、渭、洛,爲九川。"

②合黎:山名,在甘肅高臺縣東北。

③流沙:澤名,即居延海。鄭玄引《地理志》謂流沙在居延西北,名居延澤。　以上爲九川之第一系。

④黑水:此謂雍州黑水,蓋即今黨河,源出祁連山南麓。參前雍州"黑水、西河惟雍州"注。

⑤三危:山名,在甘肅敦煌東南。參前雍州"三危既宅"注。

⑥南海:蓋即甘肅敦煌西北的哈拉湖。　以上爲九川之第二系。

⑦河:黃河。　積石:山名,在青海東南部。參前雍州"浮于積石"注。

⑧龍門:在山西河津縣西北。參前雍州"至于龍門西河"注。

⑨華陰:華山的北面。

⑩厎柱:厎柱山,即三門山,在河南三門峽市北黃河中。參前"導水"節"厎柱、析城"注。

⑪孟津：黃河渡口，又名盟津，在河南孟津縣東北、孟州市西南。

⑫洛汭：洛水注入黃河的彎曲處，在河南鞏義市。

⑬大伾(pī)：山名，在河南濬縣東南。

⑭降水：即洚水，注入漳水，後注入黃河。參前冀州"至于衡漳"注。

⑮大陸：澤名，在河北鉅鹿一帶，又稱鉅鹿澤，黃河曾由此經過。參前冀州"大陸既作"注。

⑯播：分，散。　九河：黃河在低平之地分散爲九條河流。參前兗州"九河既道"注。

⑰同爲逆河：合爲一條河向北流。鄭玄云："同，合也。下尾合，名曰逆河，言相向迎受也。"或以爲九河入海，海水倒灌，逆河而上，故均爲逆河。亦可參考。

⑱海：渤海。　此《禹貢》所記黃河下游水道及入海口，與《漢書·地理志》所記黃河下游水道不同，據譚其驤《西漢以前的黃河下游河道》考證，《漢志》所載黃河下游水道是春秋以來黃河常行之水道。可推測《禹貢》所記黃河下游水道，反映的是春秋以前黃河常行水道的情況。　以上爲九川之第三系。

⑲嶓冢：山名，在陝西寧强縣西北，是漢水的發源地。又參前梁州"岷、嶓既藝"注。　漾：漾水，漢水的源流之一，可視作漢水上游。

⑳漢：漢水。

㉑滄浪之水：漢水流經湖北丹江口市滄浪洲以後稱滄浪之水，即楚地漢水之名。

㉒三澨(shì)：水名，在湖北鍾祥市。胡渭《禹貢錐指》謂"三澨"乃漢水的三個堤防，在湖北襄陽市宜城之北，可備一說。

㉓大別：大別山。參前"導山"節"至于大別"注。

㉔江：長江。漢水在武漢漢口入長江。

㉕彭蠡：彭蠡澤，即鄱陽湖。參前揚州"彭蠡既豬"注。

㉖北江：彭蠡以東的長江下游。

㉗海：東海。　　以上爲九川之第四系。

　　岷山導江①，東別爲沱②，又東至于灃③。過九江④，至于東陵⑤，東迆北會于匯⑥，東爲中江⑦，入于海⑧。

　　導沇水⑨，東流爲濟⑩。入于河⑪，溢爲滎⑫。東出于陶丘北⑬，又東至于菏⑭，又東北會于汶⑮，又北東入于海⑯。

　　導淮自桐柏⑰，東會于泗、沂⑱，東入于海⑲。

　　導渭自鳥鼠同穴⑳，東會于灃㉑，又東會于涇㉒，又東過漆、沮㉓，入于河㉔。

　　導洛自熊耳㉕，東北會于澗、瀍㉖，又東會于伊㉗，又東北入于河㉘。

【校注】

①岷山：在四川松潘縣北，是岷江發源地。參前梁州“岷、嶓既藝”注。　江：長江。

②沱：長江的支流。

③灃：灃水，在湖南，長江支流。

④九江：蓋在湖北東部廣濟縣、黃梅縣一帶從西向東流入彭蠡澤的衆多河流。參前荆州“九江孔殷”注。

⑤東陵：地名，在九江之東，蓋在湖北黃梅以東至安徽境内一帶。

⑥迆(yǐ)：斜行。　匯：偽孔傳謂彭蠡澤。吳汝綸《尚書故》謂“匯”爲“淮”之借字，謂淮即今安徽境内長江支流青弋江；曾運乾《尚書正讀》亦云：“‘匯’爲‘淮’之叚借字。兩大水相合曰會。江、淮勢均力敵，故云會。古江、淮本通。”以淮爲淮河。

⑦中江：長江下游分道入海的支流，或即指長江下游，金景芳、呂紹綱《〈尚書·虞夏書〉新解》：“自彭蠡起，東至於海這段江稱北江。江本一條，而稱北江者，是從漢水的角度立言，以示對漢水地位的強調。漢水來自北方，故稱北……‘東爲中江’，是從江水的角度

立言,與北江相對而稱中江。……北江、中江,其實一江也。"

⑧海:東海。　以上爲九川之第五系。

⑨沇:濟水的上游。參前兗州"濟、河惟兗州"注。

⑩濟:濟水,"四瀆"之一。參前兗州"濟、河惟兗州"注。

⑪河:黃河。沇水在黃河北,入於黃河,再復出於黃河南。

⑫滎:滎澤,在河南滎陽市,位於黃河南,漢代已堙爲平地。此謂沇水與黃河交匯後溢爲滎澤。參前豫州"滎波既豬"注。

⑬出于:出往,出至。于,往。段玉裁《古文尚書撰異》:"按《禹貢》導水罕言'出'者,此經'出'字當依《説文》作'至'。"案:"出于"即往至。　陶丘:地名,在山東定陶縣。

⑭菏:菏澤,濟水所匯之澤,在山東定陶縣,已堙没。參前豫州"導菏澤"注。

⑮汶:汶水,今稱大汶河,源出山東萊蕪境,西南注入濟水。

⑯海:渤海。　以上爲九川之第六系。

⑰淮:淮水,"四瀆"之一。參前徐州"海、岱及淮惟徐州"注。　桐柏:桐柏山,在河南桐柏縣,是淮水的源出地。參前"導山"節"熊耳、外方、桐柏"注。

⑱泗、沂:泗水、沂水。沂水注入泗水,泗水注入淮水。

⑲海:東海,即今黃海。　以上爲九川之第七系。

⑳渭:渭水。參前梁州"入于渭"注。　鳥鼠同穴:山名,即鳥鼠山,在甘肅渭源縣西,渭水源出於此。參前雍州"至于鳥鼠"注。

㉑灃:灃水,源出陝西秦嶺終南山,在渭水之南注入渭水。參前雍州"灃水攸同"注。

㉒涇:涇水,源出寧夏涇源縣六盤山東麓的笄頭山,西南流經甘肅進入陝西,在渭水之北注入渭水。參前雍州"涇屬渭汭"注。

㉓漆、沮:漆水、沮水。參前雍州"漆、沮既從"注。

㉔河:黃河。　以上爲九川之第八系。

㉕洛：此豫州之洛水，發源於陝西洛南縣，流經河南洛陽，在今河南
　　鞏義市從南注入黃河。《史記》“洛”作“雒”。參前荊州“逾于洛”
　　注。　　熊耳：熊耳山，在河南盧氏縣東北，爲伊水、洛水的分水嶺，
　　伊水源出於其西，洛水源出其東。參前“導山”節“熊耳、外方、桐
　　柏”注。

㉖澗、瀍：澗水、瀍水，均爲洛水支流。瀍水源出河南孟津縣，在洛陽
　　以北；澗水源出河南陝縣，在洛陽以西。二水在洛陽注入洛水。
　　參前豫州“伊、洛、瀍、澗”注。

㉗伊：伊水，洛水支流，源出河南欒川縣，在偃師注入洛水。

㉘河：黃河南河。　　以上爲九川之第九系。　　從以上所記九川情況
　　看，《禹貢》編撰者對北方水系較爲熟悉。

　　九州攸同①，四隩既宅②，九山刊旅③，九川滌源④，九澤既
陂⑤，四海會同⑥。六府孔修⑦，庶土交正⑧，厎愼財賦⑨，咸則
三壤⑩，成賦中邦⑪。錫土、姓⑫，祗台德先⑬，不距朕行⑭。

【校注】

①九州：即前冀、兗、青、徐、揚、荊、豫、梁、雍九州。　　攸：語助詞。
　　同：《禮記·禮運》“是謂大同”鄭玄注：“同猶和也，平也。”九州攸
　　同，謂九州水土皆得平治。又，《詩經·大雅·文王有聲》云“四
　　方攸同”，鄭玄釋爲天下同心而歸之，則此“九州攸同”亦可釋爲
　　天下同一爲一統，亦通。

②四隩（ào 或 yù）：四方各角落。隩，角落。　　宅：居。　　四隩既
　　宅，謂洪水消去，四方土地已可居住。又，金景芳、呂紹綱《〈尚
　　書·虞夏書〉新解》云：“隩爲水之內，水之內謂二水交會處之內
　　側，洛汭、渭汭是也。……四隩，謂天下四方所有兩水交會處的內
　　側。四隩既宅，謂這些地方可以居住了。”若然，則以爲四隩蓋與
　　九州、九山、九川、九澤、四海均爲實指，然《禹貢》篇僅明言洛汭、

渭汭,不知其他二汭何所指。　案:《國語·周語下》謂禹治水:"封崇九山,決汨九川,陂鄣九澤,豐殖九藪,汩越九原,宅居九隩,合通四海。"與《禹貢》此處可資對照。

③九山:即前"導山"節所載九山。　刊:即上言"刊木",伐木除道。　旅:治,謂闢治道路使可通行。參上梁州"蔡、蒙旅平"注。

④九川:即前"導水"節所載九川。　滌(dí)源:疏通水源。

⑤九澤:九州之澤。上九州所言有十澤。皮錫瑞《今文尚書考證》:"《禹貢》九川、九山皆實有九數,則九澤亦當實有九數,非謂九州之澤也。以經考之,雷夏一也,大野二也,彭蠡三也,震澤四也,雲夢五也,滎播六也,菏澤七也,孟諸八也,都野九也,適符九澤之數。"不數大陸澤。　陂(bēi):修築堤岸,蓄水爲澤。謂使水有所積而無決溢。

⑥四海會同:謂九州川澤經過治理與東、南、西、北四海會同相通。又參前《虞書·益稷》"予決九川距四海"注。　又,《爾雅·釋地》:"九夷、八狄、七戎、六蠻,謂之四海。"則"四海會同"可謂四夷之貢會同於京師。《國語·周語下》"合通四海"韋昭注:"使之同軌也。"則"四海會同"也可解爲天下一統,合於一軌。"四海"又參前《虞書·舜典》"四海遏密八音"注。

⑦六府:六個負責徵收財貨賦税的部門。《左傳》文公七年云:"水、火、金、木、土、穀謂之六府。"前《虞書·大禹謨》"六府三事"蔡沈《書集傳》云:"六府,即水、火、金、木、土、穀也。六者財用之所自出,故曰府。"又,《禮記·曲禮》:"天子之六府,曰司土、司木、司水、司革、司器、司貨,典司六職。"鄭玄注:"府,主藏六物之税者。"則《禮記》之六府名稱雖異,亦爲徵收賦税的部門。　孔:甚。　修:治,飭理。

⑧庶:衆。　交:交相。僞孔傳釋爲"俱",亦通。　正:楊筠如《尚書覈詁》:"正,猶定也。古正、定通用。"謂定土田等級。一説

“正”同“征”，徵收，謂徵收賦税，亦通。

⑨底慎財賦：僞孔傳：“致所慎者，財貨貢賦。言取之有節，不過度。”
底，致。慎，謹慎。財賦，財貨貢賦。或釋底爲定，規定，楊筠如
《尚書覈詁》：“慎，疑當讀爲‘順’。古順、慎通用。……《釋詁》：
‘順，叙也。’”則底慎財賦，謂制定九州財貨貢賦使之有序。亦
可通。

⑩咸則三壤：皆把土地按標準劃定爲上中下三品共九個等級。咸，
全，皆。則，準則，標準。《國語・齊語》云“相地而衰徵”，《管
子・乘馬數》亦云“相壤定籍”，義與此類。

⑪成：定。　中邦：中國。謂不包括四夷在内。中國有貢有賦，四夷
有貢無賦。

⑫錫：同“賜”。　土：封地。　姓：族姓。　錫土、姓，蔡沈《書集
傳》：“言錫之土以立國，錫之姓以立宗。”案：《國語・周語下》云：
“其後伯禹念前之非度，釐改制量，象物天地，比類百則，儀之于
民，而度之于群生，共之從孫四嶽佐之，高高下下，疏川導滯，鍾水
豐物，封崇九山，決汨九川，陂鄣九澤，豐殖九藪，汨越九原，宅居
九隩，合通四海。……皇天嘉之，祚以天下，賜姓曰‘姒’，氏曰
‘有夏’，謂其能以嘉祉殷富生物也；祚四嶽國，命以侯伯，賜姓曰
‘姜’，氏曰‘有吕’，謂其能爲禹股肱心膂，以養物豐民人也。”考
之周代，實有賜土、賜姓之事。或謂賜姓即賜民、授民，賜土、姓言
賜之土而授之民。亦備一説。

⑬祇(zhī)台(yí)德先：于省吾《尚書新證》：“按《詩》‘亦祇以異’
傳：‘祇，適也。’《左・僖十三年傳》‘祇以成惡’，《周語》‘而祇以
覿武’，《晉語》‘祇以解志’，是‘祇以’爲周人語例。‘台’即
‘以’……此例金文習見。‘祇台德先’者，適以德化爲先也，下言
‘不距朕行’，語義正相銜接。”

⑭不距朕行：不違背我所行政教。距，同“拒”，抗拒，違背。朕，我。

五百里甸服①：百里賦納總②，二百里納銍③，三百里納秸服④，四百里粟⑤，五百里米⑥。

五百里侯服⑦：百里采⑧，二百里男邦⑨，三百里諸侯⑩。

五百里綏服⑪：三百里揆文教⑫，二百里奮武衛⑬。

五百里要服⑭：三百里夷⑮，二百里蔡⑯。

五百里荒服⑰：三百里蠻⑱，二百里流⑲。

東漸于海⑳，西被于流沙㉑，朔、南暨㉒，聲教訖于四海㉓。禹錫玄圭㉔，告厥成功㉕。

【校注】

①甸服：五服之一。《禹貢》所述貢賦，以天子所居王城爲中心，四方各延伸五百里爲一服，從內向外分別爲甸服、侯服、綏服、要服、荒服共五服。最內爲甸服，方千里，五服則五千里。胡渭《禹貢錐指》："五千里內皆供王事，故通謂之服，而甸服則主爲天子治田出穀者也。""甸"通"田"，甸服主要爲天子治田交納糧食，故名。五服之名又見《國語·周語上》，以賓服代綏服："夫先王之制，邦內甸服，邦外侯服，侯衛賓服，夷蠻要服，戎狄荒服。"又參前《虞書·益稷》"弼成五服，至于五千"注。　案：此爲《禹貢》"五服"，後《周禮·夏官·職方氏》又載有所謂"九服"：侯、甸、男、采、衛、蠻、夷、鎮、藩，在《周禮·夏官·大司馬》中又被稱爲"九畿"。

②百里：四周距王城中心百里之內。　賦：貢賦。　納：交納。總：禾之總體，謂禾連秆帶穗。

③二百里：四周距王城中心百里之外二百里之內。以下甸服之中三百里、四百里、五百里仿此，均以王城中心起計。　銍(zhì)：禾穗。銍本義爲短鐮刀，孔穎達疏："禾穗用銍以刈，故以銍表禾穗也。"

④秸(jiē)：禾秆。　服：蔡沈《書集傳》謂"秸"下"服"字爲統前總、銍二者總言之；楊筠如《尚書覈詁》："秸服之'服'，疑因上下文

而衍。”

⑤粟：未脱殼的禾穀。

⑥米：已脱殼的禾穀。

⑦五百里侯服：甸服之外四方各延伸五百里的區域爲侯服，是天子可以設置諸侯進行瞭望守衛的地區。侯，本義爲射侯，即箭靶，後借用爲斥候之義，指代在邊境瞭望守候的軍事職官。

⑧百里：甸服之外四方各延伸一百里的地區。　采：采邑，卿大夫的封土。蔡沈《書集傳》：“采者，卿大夫邑地。”采，同“菜”。又，《春秋公羊傳》襄公十五年注云：“所謂采者，不得有其土地、人民，采取其租税爾。”

⑨二百里：采邑之外四方各延伸二百里的地區。　男邦：子男的封土。蔡沈《書集傳》謂男爵之國。比卿大夫稍高，是可以擁有土地和人民的小國。

⑩三百里：皮錫瑞《今文尚書考證》謂“三”當作“二”，即男邦之外四方各延伸二百里的地區。　諸侯：諸侯的封土，爲擁有土地和人民的大國、次國。

⑪綏服：侯服之外四方各延伸五百里的區域爲綏服，是天子可以安撫的地區。綏，安撫。

⑫揆（kuí）文教：僞孔傳：“揆，度也。度王者文教而行之。”揆，考慮斟酌。

⑬奮武衞：王先謙《尚書孔傳參正》：“奮揚威武，爲我藩衞。”

⑭要（yāo）服：綏服之外四方各延伸五百里的區域爲要服，是天子可以約束羈縻的地區。要，約束。

⑮三百里夷：綏服之外四方各延伸三百里的地區爲夷人所居。夷，夷人。

⑯二百里蔡（sà）：要服三百里之外各延伸二百里之内的地區是流放犯人的區域。蔡，即“籺（sà）”，流放。蔡沈《書集傳》：“蔡與流，

皆所以處罪人,而罪有輕重,故地有遠近之別也。"

⑰五百里荒服:最外五百里是荒遠地區。荒,遠。

⑱三百里蠻:要服之外四方各延伸三百里的地區爲蠻族所居。蠻,
蠻族。

⑲二百里流:荒服三百里之外各延伸二百里之内的地區亦爲流放犯
人的區域。流,流放。

⑳漸:僞孔傳:"漸,入也。"　海:東海,此謂極東。

㉑被:僞孔傳:"被,及也。"　流沙:居延海,此謂極西。參"導水"節
"餘波入于流沙"注。　案:《禮記·王制》云"四海"東、西之極
"西不盡流沙","東不盡東海"。

㉒朔、南暨:北方、南方都到達。朔,北。暨,及,至。《禮記·王制》
云"四海"南、北之極"南不盡衡山","北不盡恒山"。　案:下"聲
教"二字僞孔傳屬上讀,《史記·夏本紀》裴駰《集解》屬下讀,今
從裴駰。

㉓聲教:蔡沈《書集傳》:"聲,謂風聲;教,謂教化。林氏曰:'振舉於
此而遠者聞焉,故謂之聲;軌範於此而遠者效焉,故謂之教。"金景
芳、吕紹綱《〈尚書·虞夏書〉新解》:"聲教是人君根據各地不同
風俗而進行的教化。"　訖:同"迄",至,到。　四海:四方最邊遠
處,泛指天下。

㉔禹錫玄圭:禹被賜以玄圭。《史記·秦本紀》謂帝舜賜禹,僞孔傳
謂帝堯賜禹,緯書《尚書琁璣鈐》等則謂天賜禹。又,蔡沈《書集
傳》則謂禹獻玄圭於舜:"水土既平,禹以玄圭爲贄而告成功于舜
也。"楊筠如《尚書覈詁》亦云:"錫,猶獻也。……以經文攷之,
'禹錫玄圭'與上文'九江納錫大龜'文法一例,非自帝錫之也。"
亦可備一説。錫,賜。玄圭,玄色玉圭。圭爲長條形片狀器,上鋭
下方,或上圓下方。

㉕厥:其。

甘誓第二　夏書

【題解】

　　“甘誓”謂甘地之誓。本篇記載夏啓在甘地對不服從的有扈氏作戰之前，對軍隊將士誓師的言辭。夏啓在甘打敗有扈氏，開啓和鞏固了“天下爲家”的格局。文中先列舉有扈氏的罪狀，然後對軍隊將士進行警誡和勸勉。篇幅雖簡短，但涉及上古史的一些重要觀念和問題，一直爲後世學者關注和討論，例如“六卿”“五行”“三正”“天”的概念，以及從禪讓轉變爲“家天下”的夏代第一代君主啓即位後的歷史問題。本篇非啓時所作，當經後世史官寫成，金景芳、吕紹綱《〈尚書·虞夏書〉新解》云：“《甘誓》寫定成篇的時間當在西周，材料則出於夏啓時。”從文辭和内容看，或許成篇當更晚。本篇所記内容，又見於《墨子·明鬼下》，題爲《禹誓》，文字稍異，但内容大致相同。誓，是告誡軍隊將士的誓師詞，《尚書》中以“誓”名篇者凡六：《甘誓》《湯誓》《泰誓》《牧誓》《費誓》《秦誓》，《甘誓》爲首篇。

　　啓與有扈戰于甘之野①，作《甘誓》②。

【校注】

①啓：又名開，禹之子。《史記·夏本紀》載禹即位後舉皋陶爲政，皋陶卒，遂舉益“任之政”，最終以天下授益，後益讓位於啓；但《古

本竹書紀年》云："益干啓位，啓殺之。"《上海博物館藏戰國楚竹書(二)》中《容成氏》則云："禹有子五人，不以其子爲后，見皋陶之賢也而欲以爲后，皋陶乃五讓以天下之賢者，遂稱疾不出而死。禹於是乎讓益，啓於是乎攻益自取。"無論如何，益、啓之間不再存在《尚書》所載堯舜禹之間的那種政權轉移模式。或許因此有扈不服。　　有扈：夏同姓之國。《世本》："有扈，姒姓。"馬融亦云"姒姓之國"，鄭玄同謂"有扈與夏同姓"。其地，舊説在陝西户縣一帶，但距離夏之統治中心晉南豫北地區太遠，顧頡剛、劉起釪謂在河南鄭州北部原陽一帶。《淮南子·齊俗訓》"有扈氏爲義而亡"高誘注："有扈，夏啓之庶兄也，以堯、舜舉賢，禹獨與子，故伐啓，啓亡之。"《史記·夏本紀》載禹以天下授益，崩於會稽，三年後益讓位於啓，啓即位，有扈氏不服，啓伐之，大戰於甘，"遂滅有扈氏，天下咸朝"。　　甘：馬融云："有扈氏南郊地名。"王國維謂"地在周、鄭間"，顧頡剛等認爲在河南洛陽市西南。

②作《甘誓》：誓，以言語相約信，此謂軍誓，是告誡軍隊將士的誓師詞。《史記·夏本紀》："夏后帝啓，禹之子，其母塗山氏之女也。有扈氏不服，啓伐之，大戰於甘，將戰，作《甘誓》。"

甘　誓

大戰于甘①，乃召六卿②。

王曰③："嗟④！六事之人⑤，予誓告汝⑥。有扈氏威侮五行⑦，怠弃三正⑧，天用勦絶其命⑨。今予惟恭行天之罰⑩。左不攻于左⑪，汝不恭命⑫；右不攻于右，汝不恭命；御非其馬之正⑬，汝不恭命。用命⑭，賞于祖⑮；弗用命，戮于社⑯，予則孥戮汝⑰。"

【校注】

①大戰于甘:本篇序及《史記·夏本紀》載啓與有扈大戰於甘,《墨子·明鬼下》《莊子·人間世》《吕氏春秋·恃君覽·召類》《説苑·政理篇》則載禹與有扈戰。皮錫瑞《今文尚書考證》:"古者天子征討諸侯,誅其君,不絶其後。若舜伐三苗,禹復伐三苗;周公踐奄,成王復踐奄(是二事,説見《多士》《多方》篇),皆其明證。又或别封一姓,仍其國名不改,如成王滅唐而封叔虞,國仍號唐之類。則禹伐有扈,何必啓不再伐?且高氏今文説以有扈爲啓庶兄,則禹或滅有扈,以封其庶子,至啓即位,不服,而啓伐之,亦未可知。"

②六卿:鄭玄云:"六卿者,六軍之將。""六卿",《墨子·明鬼下》作"左右六人"。

③王:據本篇序,王謂啓。《尚書》中前堯、舜、禹皆稱帝,此啓稱王。

④嗟:嘆詞。

⑤六事之人:謂六卿及其所率之人,即六軍將士。

⑥予:我。　汝:你們。

⑦威侮:輕慢。王引之《經義述聞》云:"'威'疑當作'烕(miè)',烕者,'蔑'之假借也。蔑,輕也。蔑侮五行,言輕慢五行也。"　五行:楊升南《〈尚書·甘誓〉"五行"説質疑》謂此"威侮五行"即《國語·周語下》所言"蔑棄五則":"上不象天,而下不儀地,中不和民,而方不順時,不共神祇。"則五行謂五種應行之道,即象天、儀地、和民、順時、共神。　又,陳夢家《尚書通論》云:"案:有扈氏威侮五行,怠棄三正,五行、三正指官吏。《左傳》昭廿九年蔡墨答魏獻子曰'故有五行之官,是謂五官……木正曰句芒,火正爲祝融,金正曰蓐收,水正曰玄冥,土正爲后土'……《左傳》隱六'翼九宗五正頃父之子嘉父從晉侯于隨,納諸鄂',襄廿五齊賂晉之'六正五吏',定四封唐叔'懷姓九宗,職官五正'。"後《周書·洪

範》云："五行：一曰水，二曰火，三曰木，四曰金，五曰土。水曰潤下，火曰炎上，木曰曲直，金曰從革，土爰稼穡。"亦存此以備參考。

⑧怠：怠慢。　弃：廢棄。　三正：周秉鈞《尚書易解》謂"正"與"政"通，三政即《左傳》文公七年所言"三事"：正德、利用、厚生，多與養民相關。故馬王堆漢墓帛書《二三子》云："聖人之菈政也，必尊天而敬衆，理順五行。"

⑨用：因此。　勦(jiǎo)：即"剿"，滅絶。　命：謂所受天命。

⑩恭行天之罰：後《胤征》言"奉將天罰"，《商書·湯誓》湯伐桀云"致天之罰"，《周書·泰誓上》言"厎天之罰"，《牧誓》亦云"惟恭行天之罰"，《多士》有"予亦致天之罰于爾躬"，《多方》曰"我則致天之罰"，可見爲習用語。　"今予惟恭行天之罰"前，《墨子·明鬼下》有"日中，今予與有扈氏争一日之命，且爾卿大夫庶人，予非爾田野葆土之欲也"云云。

⑪左：車左。戰國以前多用車戰，一輛兵車甲士三人，一般車左持弓箭主射，車右持戈矛主擊刺，駕御者在中間負責駕馭馬車；將帥之兵車，則將帥居中央，駕御者在左，車右仍在右。　攻：治，善，謂盡職做好。《墨子·明鬼下》引作"共"，即"恭"，謂敬其事。屈萬里《尚書集釋》以"攻"爲攻擊，不攻于左、右，謂不攻擊左邊、右邊的敵人，亦可通。《國語·吳語》："王乃命有司大徇於軍，曰：'謂二三子歸而不歸，處而不處，進而不進，退而不退，左而不左，右而不右，身斬，妻子鬻。'"

⑫恭命：恭行命令。

⑬御：御者，駕車人。　非：違背，背離。　正：同"政"，事。馬之正即駕馭之事。或釋正爲治，亦可通。

⑭用命：聽從命令。

⑮賞：賞賜。　祖：祖廟，蓋謂祖廟中遷廟之神主。周制，天子七廟，始祖后稷、文王、武王三廟百世不遷，其餘高、曾、祖、禰四廟逐代

而遷,即王崩之後入廟則遷其高祖,遷出之高廟即爲遷廟。各廟皆有主,此謂遷廟之神主。　案:古者天子巡狩、親征,載遷廟之主同行,有功者則賞於廟主前。西周金文中如小盂鼎、虢季盤銘文均有賞於周廟的記載。

⑯戮:懲罰。　社:此謂社之主,即土神。古者天子親征,亦載社主同行,不聽命者則施懲罰於社主前。《墨子·明鬼下》云:"賞於祖者何也? 告分之均也。僇於社者何也? 告聽之中也。"謂賞罰皆當在鬼神前,以示不偏不倚、公正允當。

⑰孥:同"奴",使之爲奴。　戮:加以刑戮。　後《商書·湯誓》亦云"爾不從誓言,予則孥戮汝"。顏師古《匡謬正俗》卷二云:"孥戮者,或以爲奴,或加刑戮,無有所赦耳。"　案:"予則孥戮汝"句,《墨子·明鬼下》無。

五子之歌第三　夏書

【題解】

　　“五子之歌”即五人所作之歌,五人謂太康之弟五人。漢代今文無此篇,鄭玄云:“《五子之歌》逸。”今存此篇,乃爲魏晉間晚起僞古文《尚書》25 篇之第二篇。本篇記載夏王太康因爲沉迷於安逸享樂,有違君主之道,失去民心,外出畋獵時,被后羿乘機阻擋在黄河之南不能返國而失去君位。太康之弟五人,怨責太康,乃追述其祖大禹之訓誡而作歌五首,闡述人民是國家的根本,君主若貪圖享受,違失綱紀,不遵法度,就會滅亡。本篇文字,簡明易曉,其成篇不僅晚於《周書》諸篇,也明顯晚於《堯典》《舜典》《皋陶謨》《益稷》《禹貢》等篇,學者以爲魏晉間人採摘經籍中所引《夏書》相關文句而作,固不無道理。

　　太康失邦①,昆弟五人②,須于洛汭③,作《五子之歌》。

【校注】

①太康:夏啓之子。　邦:國。　僞孔傳謂太康“盤于遊田,不恤民事,爲羿所逐,不得反國”。

②昆弟五人:兄弟五人,均太康之弟。五人之名,已不可詳知。《國語·楚語上》載“啓有五觀”,蓋即《今本竹書紀年》中載夏啓有季子名武觀者,《墨子·非樂》亦有載,蓋爲五子中之一,段玉裁以

"五子"爲一人,即武觀,皮錫瑞《今文尚書考證》、王先謙《尚書孔傳參正》已駁其非。《史記·夏本紀》又記太康有弟中康(仲康):"太康崩,弟中康立。"下《胤征》篇云:"惟仲康肇位四海。"

③須:待,止。　洛汭:洛水注入黄河的彎曲處,在河南鞏義市。此洛水乃《禹貢》"豫州"之洛水,爲黄河支流。參前《禹貢》"東過洛汭"注。　須于洛汭,鄭玄云:"避亂於洛汭。"

五子之歌

太康尸位①,以逸豫滅厥德②,黎民咸貳③。乃盤遊無度④,畋于有洛之表⑤,十旬弗反⑥。有窮后羿⑦,因民弗忍⑧,距于河⑨。厥弟五人,御其母以從⑩,徯于洛之汭⑪。五子咸怨⑫,述大禹之戒以作歌⑬。

【校注】

①尸位:蔡沈《書集傳》:"尸,如祭祀之尸。謂居其位而不爲其事。"祭祀之尸,謂祭祀時以活人作爲鬼神的代表與象徵,無所事而能有所享。

②以:因爲。　逸豫:安逸享樂。　滅厥德:喪失其人君的德行。厥,其。

③黎民:衆民,庶民,指天下衆人。參前《虞書·堯典》"黎民於變時雍"注。　咸:都,皆。　貳:有二心,謂對太康不再忠心專一。

④盤(pán)遊:即"盤于遊",樂於遊樂。盤同般(pán),《爾雅·釋詁》:"般,樂也。"案:後《周書·無逸》云:"文王不敢盤于遊、田。"謂文王不敢樂於遊樂、畋獵。　無度:沒有限度,沒有節制。

⑤畋(tián):畋獵。　有洛之表:即"洛之表",洛水的南面。此雍州之洛水。　案:《今本竹書紀年》載帝太康元年"畋于洛表"。

⑥十旬:百日。旬,十日。　反:同"返",返回。

⑦有窮:即窮,國名。"有"爲詞頭。 后羿:有窮君主。 案:《左傳》襄公四年:"《夏訓》有之曰:'有窮后羿。'"杜預注:"《夏訓》,《夏書》。有窮,國名。后,君也。羿,有窮君之號。"孔穎達疏:"羿居窮石之地,故以'窮'爲國號,以'有'配之,猶言'有周'、'有夏'也。"蔡沈《書集傳》引賈逵云:"《説文》:'羿,帝嚳射官。'故其後善射者皆謂之羿。有窮之君亦善射,故以羿目之也。"

⑧因民弗忍:趁着夏朝民衆不能忍受的時候。

⑨距于河:在黄河以北阻擋,使太康不得返國。距,同"拒",阻擋。河,黄河。

⑩御:僞孔傳:"御,侍也。"侍奉。 從:跟從。謂跟從太康畋獵。

⑪徯(xī):等待。 洛之汭:洛水的彎曲之處。汭,河水彎曲沖積形成的平坦地帶。

⑫咸:皆,都。

⑬述:追述。 戒:訓誡。

其一曰:"皇祖有訓①:民可近②,不可下③。民惟邦本④,本固邦寧⑤。予視天下⑥,愚夫愚婦⑦,一能勝予⑧。一人三失⑨, 怨豈在明⑩,不見是圖⑪。予臨兆民⑫,懍乎若朽索之馭六馬⑬。爲人上者,奈何不敬⑭!"

其二曰:"訓有之⑮:内作色荒⑯,外作禽荒⑰,甘酒嗜音⑱,峻宇彫牆⑲,有一于此,未或不亡⑳。"

其三曰:"惟彼陶唐㉑,有此冀方㉒。今失厥道㉓,亂其紀綱,乃底滅亡㉔。"

其四曰:"明明我祖㉕,萬邦之君。有典有則㉖,貽厥子孫㉗。關石和鈞㉘,王府則有㉙。荒墜厥緒㉚,覆宗絶祀㉛。"

其五曰:"嗚呼曷歸㉜?予懷之悲㉝。萬姓仇予㉞,予將疇依㉟?鬱陶乎予心㊱,顔厚有忸怩㊲。弗慎厥德㊳,雖悔可追?^㊴"

【校注】

①皇祖:大禹。皇,大。禹生啓,啓生太康。禹爲太康、五子之祖。
訓:訓誡。

②近:親近,看重。

③下:卑賤,謂疏遠、輕視。　案:《國語·周語中》:"《書》曰:'民可
近也,而不可上也。'"韋昭注:"不可上,不可高上。上,陵也。"

④民惟邦本:民衆是國家的根本。

⑤本固邦寧:蔡沈《書集傳》:"民者國之本,本固而後國安。"寧,安。

⑥予:我。大禹自謂。　視:看。

⑦愚夫愚婦:矇昧無知的夫、婦,謂普通民衆。

⑧一能勝予:都能勝過我。一,都,全。僞孔傳:"言能畏敬小民,所
以得衆心。"

⑨一人三失:一個人有許多過失。三,表示數量衆多。

⑩怨豈在明:怨恨豈在過失明顯時才會出現。

⑪不見是圖:在怨恨還沒顯現時就要顧慮。是,此,代指民衆的怨
恨。圖,圖謀,謀慮。　案:《國語·晉語九》:"《夏書》有之曰:
'一人三失,怨豈在明,不見是圖。'"

⑫臨:君臨,謂治理。　兆民:猶言萬民。僞孔傳:"十萬曰億,十億
曰兆,言多。"

⑬懍(lǐn):危懼,害怕。　若:像,如。　朽索:腐朽的繩索。　馭:
駕馭。　案:《淮南子·説林訓》:"君子之居民上,若以腐索御
奔馬。"

⑭奈何不敬:爲何不敬慎。

⑮訓:謂皇祖之訓,即大禹之訓。

⑯作:爲,行。　色荒:爲女色迷亂。荒,沉迷,迷亂。

⑰禽荒:爲畋獵迷亂。禽,禽獸,此代指畋獵獲取鳥獸。　案:《國

語·越語下》:"吾年既少,未有恒常,出則禽荒,入則酒荒。"

⑱甘酒嗜音:嗜好美酒、音樂。

⑲峻宇彫牆:高大其屋宇,雕繪其宮牆。峻,高。彫,雕繪,繪飾。

⑳未或:未有。或,有,參王引之《經傳釋詞》。

㉑惟:句首發語詞。　陶唐:陶唐氏,謂堯。《世本》:"帝堯爲陶唐氏。"蔡沈《書集傳》:"堯初爲唐侯,後爲天子,都陶,故曰陶唐。"

㉒冀方:冀州,此代指天下。冀州範圍,包括今山西、河北大部分,以及河南一部分。參前《禹貢》"冀州"注。孔穎達疏云:"堯都平陽,舜都蒲坂,禹都安邑,相去不盈二百里,皆在冀州。"蔡沈《書集傳》:"堯授舜,舜授禹,皆都冀州。"

㉓今失厥道:偽孔傳:"言失堯之道。"

㉔厎:致。　滅亡:謂太康失國。　案:《左傳》哀公六年引《夏書》曰:"惟彼陶唐,帥彼天常,有此冀方。今失其行,亂其紀綱,乃滅而亡。"

㉕明明:《詩經·大雅·江漢》:"明明天子,令聞不已。"王引之《經義述聞》卷七謂"明明"即"勉勉",謂勤勉。又,孔穎達疏釋"明明"爲"有明明之德",蔡沈《書集傳》云:"明明,明而又明也。"蓋謂英明非常,二說亦可參考。下《胤征》亦云:"百官修輔,厥后惟明明。"　祖:謂禹。

㉖有典有則:孔穎達疏:"有治國之典,有爲君之法。……典,謂先王舊典;法,謂當時所制。"則,法。

㉗貽:遺,留給。

㉘關石(dàn)和鈞:蔡沈《書集傳》:"關,通;和,平也。百二十斤爲石,三十斤爲鈞。"通其石,平其鈞,猶謂定其標準,統一度量權衡。　案:《國語·周語下》:"關石和鈞,王府則有。"韋昭注:"關,門關之征也。石,今之斛也。言征賦調鈞,則王之府藏常有也。"謂關徵及賦稅均平,亦可備一說。

㉙王府則有:謂財貨充實王之府庫而無缺。

㉚荒墜:荒廢丟失。 緒:前人留下的功業。

㉛覆:覆滅。 宗:宗廟。 絕:斷絕。 祀:祭祀。

㉜曷歸:歸向何處。曷,何。

㉝懷:思,念。 悲:傷悲。

㉞萬姓:衆多族姓。 仇:怨恨。

㉟疇依:依靠誰。疇,誰。

㊱鬱陶:哀思,憂愁。

㊲顔厚有忸(niǔ)怩(ní):謂既羞愧於色,又慚愧於心。偽孔傳:"顔厚,色愧。忸怩,心慚。"有,又。 案:《孟子·萬章上》:"象曰:'鬱陶思君爾。'忸怩。"

㊳慎:謹慎。

㊴雖悔可追:蔡沈《書集傳》:"言不可追也。"悔,改悔。可,或訓"何",或訓"不可"之省文。追,追及,此謂追補、挽救。

胤征第四 夏書

【題解】

　　“胤征”謂胤侯的征伐。漢代今文無此篇，鄭玄云：“《胤征》已逸。”今存此篇，乃爲魏晉間晚起僞古文《尚書》25篇之第三篇。本篇記載夏王仲康之時，職掌天文曆法的羲、和之官，廢其職事，沉湎於酒，胤侯作爲王朝軍事統帥，受王命而去征伐羲、和，征伐前對屬下講話，述先王法制，數羲、和之罪，並勉勵、告誡衆人同心協力，消滅敵首。蔡沈《書集傳》云：“此以‘征’名，實即誓也。”謂此篇雖名《胤征》，實際亦爲軍誓。《堯典》孔穎達疏引鄭玄注《禹貢》，其中有鄭玄引《胤征》佚文二句：“厥篚玄黃，昭我周王。”不在晚起僞古文《胤征》中。

　　羲、和湎淫①，廢時亂日②，胤往征之③，作《胤征》。

【校注】

①羲、和：羲氏、和氏，職掌天文曆法之官。參前《虞書·堯典》“乃命羲、和”注。　湎淫：謂過度沉迷於酒，即正文中所謂“酒荒”。湎，沉湎。淫，過度，無節制。後《周書·酒誥》云“罔敢湎于酒”。

②廢時亂日：謂不盡心本職，使時、日廢亂。時，四時，節令。日，日辰。

③胤：胤侯。僞孔傳：“胤國之君。”　往：去。　征：征討，征伐。

胤　征

惟仲康肇位四海^①，胤侯命掌六師^②。羲、和廢厥職^③，酒荒于厥邑^④，胤后承王命徂征^⑤。

告于衆曰："嗟予有衆^⑥，聖有謨訓^⑦，明徵定保^⑧。先王克謹天戒^⑨，臣人克有常憲^⑩，百官修輔^⑪，厥后惟明明^⑫。每歲孟春^⑬，遒人以木鐸徇于路^⑭。官師相規^⑮，工執藝事以諫^⑯。其或不恭^⑰，邦有常刑^⑱。惟時羲、和^⑲，顛覆厥德，沈亂于酒^⑳，畔官離次^㉑，俶擾天紀^㉒，遐弃厥司^㉓。乃季秋月朔^㉔，辰弗集于房^㉕，瞽奏鼓^㉖，嗇夫馳^㉗，庶人走^㉘，羲、和尸厥官^㉙，罔聞知^㉚，昏迷于天象^㉛，以干先王之誅^㉜。政典曰^㉝：'先時者殺無赦^㉞，不及時者殺無赦^㉟。'今予以爾有衆^㊱，奉將天罰^㊲。爾衆士^㊳，同力王室^㊴，尚弼予^㊵，欽承天子威命^㊶！火炎崑岡^㊷，玉石俱焚。天吏逸德，烈于猛火^㊸。殲厥渠魁^㊹，脅從罔治^㊺，舊染汙俗^㊻，咸與惟新^㊼。嗚呼！威克厥愛^㊽，允濟^㊾；愛克厥威，允罔功。其爾衆士，懋戒哉^㊿！"

【校注】

①仲康：夏王啓之子，太康之弟。　肇：語首詞。或釋爲"始"。　位（lì）：同"蒞"，臨，臨視，治理。　四海：天下。參前《虞書·舜典》"四海遏密八音"注。　案：疑"肇位四海"出自《詩經·商頌·玄鳥》"肇域彼四海"，謂擁有天下之地，"肇"同"兆"，"肇位"或即"兆域"之意。

②命掌六師：受命統掌六師。師，軍隊。據周制，天子有六師。

③廢：棄。　厥：其。　職：職事。

④酒荒：迷亂於酒。又參上《五子之歌》"色荒""禽荒"。

⑤亂后:亂君,即亂侯。后,君。　承:奉。　徂(cú):往,去。

⑥嗟:嘆詞。　予:我。　有衆:衆人,謂亂后所領徒衆。有,詞頭。

⑦聖:聖人。　謨:謀略。　訓:訓誡。

⑧明徵定保:蔡沈《書集傳》:"徵,驗;保,安也。聖人謨訓,明有徵驗,可以安定邦國也。"　案:《左傳》襄公二十一年:"《書》曰:'聖有謩勳,明徵定保。'"

⑨克:能。　謹:慎。　天戒:上天的儆戒。

⑩臣人:臣民。　常憲:常法。

⑪修輔:蔡沈《書集傳》:"修其職以輔其君。"謂恪敬職守,輔佐君王。

⑫后:君。　明明:即"勉勉",勤勉。參上《五子之歌》"明明我祖"注。

⑬孟春:春季第一月。第二月爲仲春,第三月爲季春。一年四季,每季三月,各以孟、仲、季稱之。

⑭遒(qiú)人:宣布政令的使者之官。　木鐸(duó):木舌之鈴。可以搖動引起人們的注意。　徇:巡行。

⑮官師:衆官員。師,衆。　相規:相互規諫、匡正。

⑯工:百工。　執:執持,遵照。　藝事:工藝技術之事。　諫:規諫,教誨。　案:《左傳》襄公十四年:"故《夏書》曰:'遒人以木鐸徇于路。官師相規,工執藝事以諫。'"

⑰或:有。　恭:恭敬,謂恭敬其事。

⑱邦:國。　常刑:常法。

⑲時:是,此。

⑳沈亂于酒:沉湎迷亂於酒。沈,同"沉"。後《商書·微子》云"沈酗于酒",《周書·酒誥》云"湎于酒",《無逸》云"迷亂酗于酒德",均可參閱。又《詩經·大雅·抑》:"顛覆厥德,荒湛于酒。"

㉑畔官離次:蔡沈《書集傳》:"官以職言,次以位言。畔官,則亂其

所治之職;離次,則舍其所居之位。"畔,即"叛",亂。離,離去。
次,位次,職位。

㉒俶(chù):始,開始。　擾:亂。　天紀:天之曆法。後《周書·洪
範》云"五紀":"一曰歲,二曰月,三曰日,四曰星辰,五曰曆數。"
《漢書·律曆志》:"箕子言大法九章,而五紀明曆法。"

㉓遐弃厥司:遠遠地拋棄他們所司職事。遐,遠。司,主管,職掌。

㉔乃:竟然。　季秋:秋季最後一個月。　月朔:一個月的第一天。
朔日月亮運行到地球與太陽之間,日月相會。

㉕辰弗集于房:日月之會不在房宿之處。謂定朔錯誤,曆法失算。
《左傳》昭公七年"日月之會是謂辰,故以配月"杜預注:"一歲日
月十二會,所會謂之辰。"集,會集,相聚。房,星宿名。季秋之月
的朔日,日月當會集於房、心所在的大火之次。

㉖瞽:樂官。瞽為盲人,古多以盲人任樂官,故樂官又稱"瞽"。
奏:進。謂進鼓而擊之。偽孔傳:"伐鼓於社。"伐,敲擊。《左傳》
文公十五年載:"日有食之,天子不舉,伐鼓于社;諸侯用幣于社,
伐鼓于朝。"昭公十七年亦有載。

㉗嗇夫:偽孔傳:"嗇夫,主幣之官,馳取幣,禮天神。"　馳:馳馬
奔跑。

㉘庶人:庶民,百姓。蔡沈《書集傳》:"庶人,庶人之在官者。"即在
官府服役的平民。　走:奔走。謂奔走於雜役、差遣。　案:以上
謂日月之會不在房宿,天象乖錯,可能出現了日食。《今本竹書紀
年》載仲康五年:"秋九月庚戌朔,日有食之。命胤侯帥師征羲、
和。"故面對日食,瞽奏鼓,嗇夫馳,庶人走,緊急採取挽救措施。
《左傳》載昭公十七年日食,太史曰:"日過分而未至,三辰有災,
於是乎百官降物,君不舉,辟移時,樂奏鼓,祝用幣,史用辭,故《夏
書》曰:'辰不集于房,瞽奏鼓,嗇夫馳,庶人走。'"

㉙尸厥官:猶上《五子之歌》之"尸位",謂居其官位而無所作為。

㉚罔:無,没有。

㉛昏迷于天象:對天象昏亂迷惑不清。

㉜干:干犯,違犯。　先王之誅:先王制定的誅殺之令。

㉝政典:僞孔傳:"夏后爲政之典籍。"

㉞先時:謂測定的曆日早於天之正常時日。

㉟不及時:即後時,謂測定的曆日晚於天之正常時日。先時、後時均
　謂曆日推算測定出錯。　案:《荀子·君道篇》:"《書》曰:'先時
　者殺無赦,不逮時者殺無赦。'"

㊱以:率領。　爾:你們。

㊲奉將:奉持,奉行。將,奉持。　案:前《甘誓》云"恭行天之罰",
　後《周書·泰誓下》云"恭行天罰",《牧誓》云"恭行天之罰",義皆
　類同。

㊳爾衆士:即上"爾有衆"。

㊴同力王室:一同效力於王室。

㊵尚:當。尚、當二字古韻同部,音近可通。　弼:輔弼,輔助。

㊶欽:敬。　承:奉。　案:前《虞書·大禹謨》云"祗承于帝",後
　《商書·盤庚下》云"恭承民命",《周書·武成》云"祗承上帝",祗
　承、恭承、欽承,義皆類同。　威命:威罰之命。

㊷炎:燃燒。　崐岡:崑崙山。此山産玉。

㊸"天吏"二句:僞孔傳:"逸,過也。天王之吏爲過惡之德,其傷害
　天下甚於火之害玉。"然以"天吏"爲天子之吏,頗覺怪異。《孟
　子·公孫丑》兩言"天吏",趙岐注均謂"天使",或此"天吏逸德"
　蓋謂"上天使其有過惡之德"?

㊹殲:滅。　渠魁:大頭領。謂羲、和。渠,大。魁,首領。

㊺脅從罔治:被脅迫跟從的人不加懲治。脅,脅迫。罔,無,不。

㊻舊染汙俗:過去沾染污穢習俗的人。

㊼咸與惟新:都給予新生。咸,都。新,更新爲人。

48威:威罰。　克:勝。　愛:愛心。蔡沈《書集傳》:"愛者,姑息之
　謂。"因愛故姑息。

49允:誠。　濟:成功。　案:《左傳》昭公二十三年:"吾聞之曰:作
　事威克其愛,雖小必濟。"

50懋戒哉:猶云"懋哉戒哉"。懋,勉力。戒,警誡。

帝　告
釐　沃

　自契至于成湯①,八遷②。湯始居亳③,從先王居④。作
《帝告》《釐沃》⑤。

【校注】

①契(xiè):字又作"偰",商人始祖。　成湯:即湯,殷墟甲骨文作
　"唐",商朝第一代君主,子姓,名履,《史記·殷本紀》稱爲"天
　乙",殷墟卜辭中稱大(tài)乙,周人稱之爲成湯,周原甲骨刻辭中
　作"成唐"。《史記·殷本紀》:"殷契佐禹治水有功,封于商,賜姓
　子氏。"　案:自契至於成湯,共十四世。《國語·周語下》:"玄王
　勤商,十有四世而興。"玄王即契。十四世詳見《史記·殷本紀》
　所記。

②八遷:八次遷都。

③亳(bó):湯所居之地。湯滅夏之前始居之亳,其地所在,古今爭
　論紛紜,鄒衡認爲即河南鄭州市偏東的鄭州商城遺址所在之地。
　或有以河南偃師商城遺址當之,亦有以爲在山東曹縣、河南商丘、
　山西垣曲者。

④從先王居:商之先王曾都於亳,今湯復居於此,故曰從先王居。先
　王,僞孔傳謂契之父帝嚳,皮錫瑞《今文尚書考證》則謂契,認爲湯

所居亳,即契之所封:"《商頌》稱契爲玄王,故曰從先王居。"

⑤作《帝告》《釐沃》:孔穎達疏云:"自此已下,皆《商書》也。序本別卷,與經不連。孔以經、序宜相附近,引之各冠其篇首。此篇經亡序存,文無所託,不可以無經之序爲卷之首,本書在此,故附此卷之末。契是商之始祖,故遠本之。自契至于成湯,凡八遷都,至湯始往居亳,從其先王帝嚳舊居。當時湯有言告,史序其事,作《帝告》《釐沃》二篇。"《帝告》亦作《帝誥》,其所記,僞孔傳謂"告來居",皮錫瑞《今文尚書考證》云:"稷、契皆帝嚳後,同有大功於國,稷之後得郊天,契之後亦得郊天可知。郊天祭感生帝,以祖配之。湯居亳時,未得天下,而已得郊祀,蓋告黑帝汁光紀,以契配之,故篇名《帝告》,謂告帝以從先王居之事也。"一説"帝告"本作"帝俈(kù)",帝俈即帝嚳,謂告帝嚳從先王居亳之事。《釐沃》,其所記,僞孔傳謂"治沃土"。釐,治。《帝告》《釐沃》二篇已亡。

湯　征

湯征諸侯,葛伯不祀①,湯始征之②,作《湯征》③。

【校注】

①葛伯:葛國之君。據《孟子・滕文公下》載湯居亳,與葛國爲鄰,則其地當與亳相鄰。　不祀:僞孔傳:"廢其土地、山川及宗廟、神祇皆不祀。"

②湯始征之:湯征葛伯一事,典籍多載,如《孟子・滕文公下》有載,又《梁惠王下》亦云:"湯一征,自葛始。"商湯向夏桀發起進攻,是從征伐葛伯開始的。

③作《湯征》:《湯征》篇已亡。《孟子・滕文公下》載有湯征葛伯事;《史記・殷本紀》云:"湯征諸侯,葛伯不祀,湯始伐之。湯曰:'予有言:人視水見形,視民知治不。'伊尹曰:'明哉!言能聽,道乃

進。君國子民，爲善者皆在王官。勉哉！勉哉！’湯曰：‘汝不能敬命，予大罰殛之，無有攸赦。’作《湯征》。”二書所載相關內容，蓋即《湯征》佚文。

汝　鳩
汝　方

伊尹去亳適夏①，既醜有夏②，復歸于亳③。入自北門④，乃遇汝鳩、汝方⑤，作《汝鳩》《汝方》⑥。

【校注】

①伊尹：人名，名摯，亦稱阿(ē)衡，或以爲有莘氏，或以爲姒姓，或以爲與商同姓，爲子姓。伊尹輔佐湯伐桀，爲商朝初期重要大臣，《呂氏春秋·慎大覽》謂“祖伊尹世世享商”，據商代後期甲骨文記載，伊尹可配祭上甲與成湯，可見其地位之高。《孟子·告子下》：“五就湯、五就桀者，伊尹也。”趙岐注：“伊尹爲湯見貢於桀，桀不用而歸湯。”謂湯曾將伊尹作爲人才貢給桀。可見伊尹曾往來於夏、商之間。其事還可參《呂氏春秋·慎大覽》、《清華大學藏戰國竹簡(壹)》中《尹至》《尹誥》等篇。　去：離開。　適：到，往。

②醜：憎惡。

③復：再，又。　案：《呂氏春秋·慎大覽》：“伊尹奔夏三年，反報於亳。”

④北門：亳之北門。

⑤汝鳩、汝方：僞孔傳：“二人，湯之賢臣。”

⑥《汝鳩》《汝方》：二篇已亡。其內容，孔穎達疏云：“言所以醜夏而還之意。”　案：以上《帝告》《釐沃》《湯征》《汝鳩》《汝方》五篇皆

亡,《經典釋文》云:"此五亡篇,舊解是《夏書》,馬、鄭之徒以爲《商書》。兩義並通。"王先謙《尚書孔傳參正》云:"《太誓》《牧誓》等篇亦在周未得天下之前而稱《周書》,以此例之,五亡篇應列《商書》。"與上引孔穎達疏云"自此已下,皆《商書》也"説同。

湯誓第一　商書

【題解】

　　"湯誓"謂商湯伐夏桀之誓。本篇爲已存《商書》第一篇。孔穎達疏謂《商書》"凡三十四篇,十七篇亡,十七篇見存"。本篇記載商湯征伐夏桀時的誓師之詞,從内容上看,所記與《詩經》及春秋金文可相印證;從文字上看,並非商初之作,當成篇於周代史官。此外《論語·堯曰篇》《國語·周語上》引有《湯誓》文字,《墨子·兼愛下》亦引湯之語,其内容似爲求雨之禱,均與本篇有異,可能别爲一篇,或以爲當爲《夏社》佚文。

　　伊尹相湯伐桀①,升自陑遂②,與桀戰于鳴條之野③,作《湯誓》④。

【校注】

　　①伊尹:湯之臣。參前《汝鳩》《汝方》序"伊尹去亳適夏"注。　相:輔助。　湯:殷墟甲骨文作"唐",商朝第一代君王,後亦稱商湯、成湯。鄭玄云:"契始封商,湯遂以商爲有天下之號。"至盤庚遷都於殷,商又稱殷或殷商。　桀:夏朝最後一代君王。《史記·殷本紀》云"夏桀爲虐政淫荒"。

　　②升:登。　自:從。　陑(ér)遂:陑之道。孔穎達疏云:"陑在河曲之南,蓋今潼關左右。"《太平寰宇記》云:"雷首山即陑山,湯伐桀

所升也。"謂在今山西南部永濟之南。遂,道路,通道。　案:《上海博物館藏戰國楚竹書(二)》中《容成氏》第三十九、四十簡言湯伐桀云:"然後從而攻之,升自戎遂,入自北門,立於中野。桀乃逃之鬲山氏,湯又從而攻之,降自鳴條之遂,以伐高神之門,桀乃逃之南巢氏。"有學者認爲"戎遂"即《書》序之"陑遂"。可見,此篇《書》序亦淵源有自。王寧謂陑、戎、娀、仍音近可通,戎又稱有戎、有娀、有仍,故《史記·殷本紀》言"桀敗於有娀之虛",認爲其地在山東濟寧,鳴條在山東曹縣一帶,亦可參考。

③鳴條:地名,孔穎達疏:"河曲在安邑西南,從陑向北渡河,乃東向安邑。鳴條在安邑之西,桀西出拒湯,故戰于鳴條之野。陑在河曲之南,鳴條在安邑之西,皆彼有其跡,相傳云然。"僞孔傳、孔穎達疏謂桀都於安邑,即今山西運城市夏縣西北,認爲鳴條在安邑之西。河南偃師二里頭遺址經考古發掘後,今之學者多以此爲夏代晚期至夏末的都城所在之處,有學者認爲此地即文獻中所記載的夏都斟鄩,或者夏都陽城。桀都安邑說不可從,則陑、鳴條之地,孔穎達疏所指便可商榷,或當另在他處;如果湯居之亳爲鄭州商城遺址所在,湯若自東向西伐桀,依情理推測,陑、鳴條或當在河南鄭州與偃師之間。

④作《湯誓》:《史記·殷本紀》云:"夏桀爲虐政淫荒,而諸侯昆吾氏爲亂。湯乃興師率諸侯,伊尹從湯,湯自把鉞以伐昆吾,遂伐桀。……以告令師,作《湯誓》。"

湯　誓

王曰①:"格爾衆庶②,悉聽朕言③!非台小子④,敢行稱亂⑤。有夏多罪,天命殛之⑥。今爾有衆⑦,汝曰:'我后不恤我衆⑧,舍我穡事而割正夏⑨?'予惟聞汝衆言⑩,夏氏有罪,予

畏上帝⑪,不敢不正⑫。今汝其曰⑬:'夏罪其如台⑭?'夏王率
遏衆力⑮,率割夏邑⑯,有衆率怠弗協⑰,曰:'時日曷喪⑱?予
及汝皆亡⑲。'夏德若兹⑳,今朕必往。爾尚輔予一人㉑,致天
之罰㉒,予其大賚汝㉓。爾無不信,朕不食言。爾不從誓言,予
則孥戮汝㉔,罔有攸赦㉕。"

【校注】

①王:湯。

②格:至,來。 爾:你們。 庶:衆。

③悉:全,盡。 朕:我。

④台(yí)小子:自謙之稱。台,我。後《周書·大誥》《洛誥》等篇又
　稱"予小子"。

⑤稱:舉。

⑥殛(jí):誅罰。

⑦爾有衆:你們衆人。上《夏書·胤征》云"今予以爾有衆"。

⑧后:君。 恤:體恤,顧念。

⑨舍:廢棄,放棄。 穡事:農事。 割:割伐。又參下"率割夏
　邑"。 正夏:依《史記·殷本紀》及僞孔傳,段玉裁《古文尚書撰
　異》、王先謙《尚書孔傳參正》均謂"夏"爲衍文。"正"即"夏"字
　之訛,夏、正二字古文字形極相似。"割夏"謂征伐夏。《史記》作
　"割政",乃讀"正"爲"政",則其時"夏"已誤作"正"。

⑩惟:雖。說參楊樹達《詞詮》。

⑪上帝:天。

⑫正:征伐。

⑬其:表推測語氣,猶言可能。

⑭如台(yí):如何。

⑮率(lǜ):語助詞。說見王引之《經傳釋詞》及楊樹達《詞詮》。下
　"率割夏邑""有衆率怠弗協"同。 遏:同"竭",竭盡。

⑯割:剝奪,割伐。　夏邑:夏國,猶後《周書·牧誓》周武王伐商紂稱"商邑"。

⑰怠:怠慢,怠惰。　弗協:不和。

⑱時:同"是",此,這。　日:太陽。　曷:何時。　喪:亡。

⑲及:和,與。　皆:讀作"偕",俱,一同。　案:《清華大學藏戰國竹簡(壹)》中《尹至》載伊尹述夏民衆之言:"民沇曰:'余及汝皆亡。'"

⑳夏德若茲:夏王的德行如此。茲,此。

㉑尚:當。一說同"倘",倘若,説見王引之《經傳釋詞》與楊樹達《詞詮》。　輔:佐。　予一人:天子自稱,《尚書》中有時又稱"我一人"。甲骨文、金文中亦有"余一人""我一人"之稱。或解"一人"猶第一人,與《尚書》中"元子"同義。元,首,鄭玄云:"言首子者,凡人皆天之子,天子爲之首耳。"

㉒致:達成。

㉓其:將。　賚(lài):賞賜。

㉔孥:同"奴",使之爲奴。　戮:加以刑戮。　案:前《夏書·甘誓》亦云"予則孥戮汝"。顏師古《匡謬正俗》卷二云:"孥戮者,或以爲奴,或加刑戮,無有所赦耳。"

㉕罔:無。　攸:所。

夏　社

疑　至

臣　扈

湯既勝夏①,欲遷其社②,不可,作《夏社》《疑至》《臣扈》③。

【校注】

①湯：殷墟卜辭作“唐”，商朝第一代君主，子姓，名履，又稱大乙，後又稱成湯、商湯。

②社：土神，此謂夏之社，相傳爲句龍。《左傳》昭公二十九年載：“共工氏有子曰句龍，爲后土……后土爲社……有烈山氏之子曰柱，爲稷，自夏以上祀之。周棄亦爲稷，自商以來祀之。”則自商以來，湯乃遷柱，以周棄代柱爲稷；今商欲遷句龍，而無有能繼之爲社者，故不可。孔穎達疏云：“漢世儒者説社稷有二：《左傳》説社祭句龍，稷祭柱、棄，惟祭人神而已；《孝經》説社爲土神，稷爲穀神，句龍、柱、棄是配食者也。”而賈逵、馬融認同《左傳》謂此處遷社即遷句龍。

③《夏社》《疑至》《臣扈》：鄭玄云：“《夏社》《疑至》《臣扈》亡。”《夏社》內容，僞孔傳云：“言夏社不可遷之義。”疑至、臣扈，馬融云：“二臣名。”後《周書·君奭》云：“在太戊，時則有若伊陟、臣扈。”

典　寶

夏師敗績①，湯遂從之②，遂伐三朡③，俘厥寶玉④，誼伯、仲伯作《典寶》⑤。

【校注】

①敗績：潰敗，大敗。

②從：追逐。

③三朡（zōng）：國名。其地所在今已不詳，僞孔傳謂在定陶。

④俘：繳獲。　厥：其。

⑤誼伯、仲伯：湯之二臣名。　《典寶》：鄭玄云：“《典寶》逸。”

仲虺之誥第二　商書

【題解】

　　"仲虺(huǐ)之誥"謂商湯之臣仲虺的誥辭。漢代今文無此篇,鄭玄云《仲虺之誥》亡。今存此篇,乃爲魏晉間晚起僞古文《尚書》25篇之第四篇。本篇記載湯滅夏,恐後世議己,故其臣仲虺作誥,首陳夏桀昏亂失德,湯則有智有勇,滅夏是順承天命;次言桀喪失臣民百姓,湯則受到萬民擁戴;最後闡明湯敬奉天命,叙述對不同的諸侯國可以採取的措施,以及爲政之道。這是一篇對商湯代夏後統治合理性的維護、闡述之辭。

　　湯歸自夏①,至于大坰②,仲虺作誥③。

【校注】

①湯歸自夏:湯滅夏,自夏而歸。

②大坰(jiōng):地名,《史記·殷本紀》作"泰卷",其地所在不詳,或以爲在今山東定陶。

③仲虺:人名,湯之臣,《史記·殷本紀》作"中䲹(huǐ)",《荀子·堯問篇》作"中蘬(huǐ)",《左傳》謂其爲湯之左相。　誥:告訴衆人的書文。

仲虺之誥

　　成湯放桀于南巢①，惟有慚德②。曰："予恐來世③，以台為口實④。"仲虺乃作誥，曰："嗚呼！惟天生民有欲⑤，無主乃亂⑥，惟生聰明時乂⑦。有夏昏德⑧，民墜塗炭⑨，天乃錫王勇智⑩，表正萬邦⑪，纘禹舊服⑫，兹率厥典⑬，奉若天命⑭。

【校注】

①成湯：湯，參上《湯誓》注。偽孔傳："湯伐桀，武功成，故以為號。"在殷墟甲骨文中"成""唐"之稱均能見到。　放：流放。　南巢：地名，所在不詳，或説在今安徽巢縣。

②有慚德：偽孔傳："慚德不及古。"慚，慚愧。　案：《左傳》襄公二十九年："聖人之弘也，而猶有慚德，聖人之難也。"

③來世：後世。

④台（yí）：我。　口實：藉口。　案：《國語·楚語下》："使無以寡君為口實。"

⑤有欲：蔡沈《書集傳》："有耳目口鼻愛惡之欲。"　案：《逸周書·文酌》："民生而有欲有惡，有樂有哀，有德有則。"

⑥主：君主。　案：《禮記·樂記》云："人生而静，天之性也。感於物而動，性之欲也。無主以治之，則强淩弱，衆暴寡，而亂矣。"

⑦聰明：聰明之人。　時：是，此，謂民。　乂：治理。　案：除石經本、九條本、内野本之外，他本"生"前有"天"字。

⑧昏德：昏亂德行。

⑨墜：陷、落。　塗：泥。　炭：火。

⑩錫：即"賜"。　王：商王湯。

⑪表：為表率。　正：治理。

⑫纘（zuǎn）：繼承。　舊服：過去的所作所行。服，事，行。　案：

後《周書·君牙》有“纘乃舊服”，與此近同。

⑬率：循，遵行。後《周書·微子之命》云“慎乃服命，率由典常”，《君陳》云“茲率厥常”，《畢命》云“弗率訓典”。 典：典法，典常。此謂禹所行典法。

⑭奉若天命：尊奉順從天命。若，順。後《說命中》亦云“奉若天道”，與此義近。

“夏王有罪①，矯誣上天②，以布命于下③。帝用不臧④，式商受命⑤，用爽厥師⑥。簡賢附勢⑦，寔繁有徒⑧。肇我邦于有夏⑨，若苗之有莠⑩，若粟之有秕⑪，小大戰戰⑫，罔不懼于非辜⑬。矧予之德言足聽聞⑭。

【校注】

①夏王：謂夏桀。

②矯：假託。 誣：欺蒙。

③布命：發布命令。

④帝：即“上天”。蔡沈《書集傳》：“天以形體言，帝以主宰言。” 用：以，以此。 不臧：不善，謂不善待夏王。 案：《左傳》昭公元年云“后帝不臧”。

⑤式：用，以。此謂帝以商受天之命。後《周書·立政》亦言“式商受命”，謂周代商受天命。 受命：受天之命。

⑥用爽厥師：用，以。爽，同“喪”，喪失。師，眾，民眾。句謂以使夏王喪失其眾。 案：《墨子·非命上》：“於《仲虺之告》曰：‘我聞于夏人矯天命，布命于下，帝伐之惡，龔喪厥師。’”《墨子·非命中》：“於先王之書《仲虺之告》曰：‘我聞有夏人矯天命，布命于下，帝式是惡，用闕師。’”《墨子·非命下》：“《仲虺之告》曰：‘我聞有夏人矯天命于下，帝式是增，用爽厥師。’”

⑦簡賢附勢：怠慢賢人，依附權勢。簡，怠慢，輕視。

⑧寔繁有徒:實多徒衆,謂人多。繁,多。　案:《左傳》昭公二十八
　年:"《鄭書》有之:'惡直醜正,實蕃有徒。'"杜預注:"《鄭書》,古
　書名也。言害正直者,實多徒衆。"

⑨肇我邦于有夏:我國之於夏國。肇,語首詞。邦,國。

⑩若:好像。　莠(yǒu):雜草。

⑪秕(bǐ):空殼的穀物。

⑫小大戰戰:大大小小之人都戰戰兢兢。

⑬懼于非辜:害怕無辜被懲。非辜,無辜,無罪。

⑭矧(shěn):況,況且。　予:商。　德言:德教。言,教令。　足
　聽聞:足以動人聽聞。　案:後《周書·康誥》云"紹聞衣德言"。

　　"惟王不邇聲色①,不殖貨利②。德懋懋官,功懋懋賞③。
用人惟己④,改過不吝⑤。克寬克仁⑥,彰信兆民⑦。乃葛伯仇
餉⑧,初征自葛⑨,東征西夷怨,南征北狄怨,曰:'奚獨後
予⑩?'攸徂之民⑪,室家相慶⑫,曰:'徯予后⑬,后來其蘇⑭。'
民之戴商⑮,厥惟舊哉⑯!

【校注】

①王:商王成湯。　邇:近。　聲色:聲樂女色。

②不殖貨利:僞孔傳:"殖,生也。不生資貨財利,言不貪也。"

③"德懋"二句:德顯者大其官,功多者大其賞。懋,大,盛。

④用人惟己:人有善則用之,如同己之有善而被用。惟己,若己。
　案:後《周書·秦誓》"人之有技,若己有之;人之彥聖,其心好之"
　云云,與此意同。

⑤改過不吝:己之有過則不吝改之。蔡沈《書集傳》:"不忌能於人,
　不吝過於己。"意謂不忌恨別人有能力(而去使用他們),不害怕
　自己有過錯(而去改正錯誤)。

⑥克:能。　寬:寬厚。　仁:仁愛。　案:《周易·文言》釋《乾》卦

九二爻辭謂君子"寬以居之,仁以行之"。

⑦彰:彰顯,顯明。 信:誠信。 兆民:猶言萬民。前《夏書·五子之歌》"予臨兆民"僞孔傳:"十萬曰億,十億曰兆,言多。"

⑧乃:乃者,從前,過去。 葛伯:葛國之君。《漢書·地理志》謂葛地在今河南寧陵縣。 仇:怨恨。 餉:送飯,此謂送飯之人。案:葛伯仇餉一事可參《孟子·滕文公下》所記,湯讓亳地民衆爲葛伯耕種,老弱送飯田中,葛伯殺其人而奪其飯食,猶如有仇怨而殺之,故謂之仇餉。

⑨初征自葛:謂湯之征,最初從征伐葛國開始。

⑩奚獨後予:爲何獨將我們排在後面。奚,何。 案:《孟子·梁惠王下》:"《書》曰:'湯一征,自葛始。'天下信之。東面而征西夷怨,南面而征北狄怨,曰:'奚爲後我?'"

⑪攸徂之民:湯所往征之地的民衆。攸,所。徂,往。

⑫室家:謂妻子兒女。 慶:慶賀。

⑬徯:待,等待。 后:君王。

⑭蘇:復蘇,重生。 案:《孟子·梁惠王下》:"民大悦。《書》曰:'徯我后,后來其蘇。'"

⑮戴:擁戴,愛戴。

⑯舊:久。蔡沈《書集傳》:"天下之愛戴歸往於商者,非一日矣。"

"佑賢輔德,顯忠遂良①。兼弱攻昧,取亂侮亡②。推亡固存,邦乃其昌③。德日新④,萬邦惟懷⑤;志自滿⑥,九族乃離⑦。王懋昭大德⑧,建中于民⑨,以義制事⑩,以禮制心,垂裕後昆⑪。予聞曰:'能自得師者王⑫,謂人莫己若者亡⑬。好問則裕,自用則小⑭。'嗚呼!慎厥終,惟其始⑮。殖有禮⑯,覆昏暴⑰。欽崇天道⑱,永保天命。"

【校注】

①"佑賢"二句:其中賢、德、忠、良,及下弱、昧、亂、亡,均指諸侯而言。蔡沈《書集傳》:"諸侯之賢德者,佑之輔之;忠良者,顯之遂之,所以善善也。"佑,幫助。輔,輔助。顯,顯揚。遂,進用。

②"兼弱"二句:兼,兼併。弱,衰弱之國。攻,攻克。昧,昏昧之國。取,奪取。亂,動亂之國。侮,侵凌。亡,將亡之國。孔穎達疏云:"弱、昧、亂、亡,俱是彼國衰微之狀。……仲虺陳此者,意亦言桀亂亡,取之不足爲愧。" 案:《左傳》宣公十二年:"兼弱攻昧,武之善經也。……仲虺有言曰'取亂侮亡',兼弱也。"

③"推亡"二句:僞孔傳:"有亡道則推而亡之,有存道則撫而固之。王者如此,國乃昌盛。"蔡沈《書集傳》:"推亡者,兼、攻、取、侮也;固存者,佑、輔、顯、遂也。" 案:《左傳》襄公十四年:"仲虺有言曰:'亡者侮之,亂者取之。推亡固存,國之道也。'"

④德日新:德行日日更新。湯之盤銘曰:"苟日新,日日新,又日新。"

⑤懷:聚集,歸附。

⑥志自滿:内心自滿自大。

⑦九族:今文説以爲父族四,母族三,妻族二,此泛指親族。參前《虞書·堯典》"以親九族"注。 離:離散。

⑧懋昭:大明,大顯。懋,盛,大。

⑨中:中道,適中的標準,即下云"以義制事,以禮制心"。

⑩制:裁制,裁奪。 案:《荀子·君子篇》:"以義制事,則知所利矣。"

⑪垂裕後昆:僞孔傳:"垂優足之道示後世。"垂,留傳。裕,優裕,多。《周易·繫辭下》云:"《益》,德之裕也。"後昆,後代,子孫。

⑫自得師者:蔡沈《書集傳》:"謂之自得師者,真知己之不足,人之有餘,委心聽順,而無拂逆之謂也。《孟子》曰湯之於伊尹,學焉而後臣之,故不勞而王。"

⑬莫己若:不如自己。 案:《荀子·堯問篇》:"其在中蘬之言也,曰:'諸侯自爲得師者王,得友者霸,得疑者存,自爲謀而莫己若者亡。'"中蘬即仲虺。

⑭"好問"二句:僞孔傳:"問則有得,所以足;不問專固,所以小。"自用,謂自以爲是,剛愎自用。

⑮"慎厥終"二句:謂慎重對待其最終結局,惟有從其一開始就慎重。 案:《禮記·表記》:"事君,慎始而敬終。"

⑯殖有禮:扶植有禮的君主。殖,樹立,扶植。

⑰覆昏暴:覆滅昏暴的君主。 案:《左傳》閔公元年:"親有禮,因重固,間攜貳,覆昏亂,霸王之器也。"

⑱欽:敬。 崇:尊奉。

湯誥第三　商書

【題解】

　　“湯誥”謂商湯之誥辭。漢代今文無此篇,鄭玄云《湯誥》已逸。今存此篇,内容與《史記·殷本紀》所引相關誥文不同,爲魏晉間晚起僞古文《尚書》25篇之第五篇。本篇記載湯滅夏後,回到亳地,誥示天下諸侯,謂夏桀作福作威,殘害百姓,上天降災於夏,故商湯替天行罰,黜退夏桀,使其服罪,並勉勵天下諸侯不要胡作非爲,要遵守典法,承順天命。該篇從正反兩面闡述了統治之道,認爲君王應小心謹慎敬天保命,不掩他人之善,不諱己身之過,敢於爲天下擔當、負責。

　　湯既黜夏命①,復歸于亳②,作《湯誥》③。

【校注】

①湯:殷墟甲骨文作“唐”,商朝第一代君主,子姓,名履,又稱大乙,後又稱成湯、商湯。　既:已。　黜(chù)夏命:廢去夏桀所受之命,即推翻了夏桀的統治。黜,廢,退。後《周書·微子之命》《周官》序亦云“成王既黜殷命”。

②亳:湯之國都。亳地所在,古今争論紛紜,鄒衡認爲即河南鄭州市偏東的鄭州商城遺址所在之地。又參前《帝告》《釐沃》之序“湯始居亳”注。

③作《湯誥》：僞孔傳：“以伐桀大義告天下。”蔡沈《書集傳》：“湯伐
　夏歸亳，諸侯率職來朝，湯作誥以與天下更始。”

湯　誥

　　王歸自克夏①，至于亳，誕告萬方②。王曰：“嗟！爾萬方
有衆③，明聽予一人誥④。惟皇上帝⑤，降衷于下民⑥。若有恒
性⑦，克綏厥猷⑧，惟后⑨。夏王滅德作威⑩，以敷虐于爾萬方
百姓⑪。爾萬方百姓，罹其凶害⑫，弗忍荼毒⑬，並告無辜于上
下神祇⑭。天道福善禍淫⑮，降災于夏，以彰厥罪⑯。

【校注】

①克：攻克，戰勝。

②誕：乃，表示前後相承的虛詞，在甲骨文、金文中作“延”，常見於西
　周金文。舊多釋爲“大”，或釋爲發語詞，均不確。　萬方：萬邦，
　衆方國。“萬”形容衆多。

③爾：你們。　有衆：衆人。有，詞頭。前《虞書·大禹謨》云：“濟
　濟有衆，咸聽朕命。”

④明聽：明白地聽，清楚地聽。　予一人：君王自稱。前《湯誓》有
　“爾尚輔予一人，致天之罰”，甲骨文、金文中有“余一人”“我一
　人”之稱。

⑤皇：大。　上帝：天。

⑥衷：僞孔傳：“衷，善也。”蔡沈《書集傳》釋爲“中”：“天之降命，而
　具仁義禮智信之理，無所偏倚，所謂衷也。”本篇下云“降災于
　夏”，前《虞書·大禹謨》有“天降之咎”，下篇《伊訓》有“皇天降
　災”，“作善降之百祥，作不善降之百殃”，後《咸有一德》有“惟天
　降災祥”，《周書·泰誓上》有“降災下民”，諸篇均爲晚出僞篇，用

詞與思想應互有聯繫,當以"降衷"作"降善"解,與降災、降咎、降
殃相應。

⑦若有恒性:順從保有民之恒常天性,即飢而食之,寒而衣之。若,
順,順從。有,保有。恒,常。後《周書·西伯戡黎》有"故天弃
我,不有康食,不虞天性",章太炎謂"虞"爲"娛",樂也;性,生也。
則"不虞天性"謂不能樂於自然應有之生活,可與此句當順從民之
恒常天性相互參考。

⑧克綏厥猷:能安於其道。克,能。綏,安。猷,道,法則。

⑨后:君王。

⑩作威:使用威刑殺戮。

⑪敷:布,施行。

⑫罹(lí):遭受。

⑬荼(tú)毒:蔡沈《書集傳》:"如荼之苦,如毒之螫(shì)。"荼,苦
菜。毒,毒蟲。螫,毒蟲叮咬。

⑭辜:罪。　上下神祇:天神地祇。

⑮福善禍淫:降福給善良之君,降禍給淫亂之君。　案:《左傳》成公
五年:"神福仁而禍淫。"《國語·周語中》:"天道賞善而罰淫。"

⑯彰:彰顯。

　　"肆台小子①,將天命明威②,弗敢赦③。敢用玄牡④,敢昭
告于上天神后⑤,請罪有夏⑥。聿求元聖⑦,與之勠力⑧,以與
爾有衆請命⑨。上天孚佑下民⑩,罪人黜伏⑪,天命弗僭⑫,賁
若草木⑬,兆民允殖⑭。俾予一人⑮,輯寧爾邦家⑯,茲朕未知
獲戾于上下⑰,慄慄危懼⑱,若將隕于深淵⑲。

【校注】

　①肆:故。　台(yí)小子:王自謙之稱。台,我。後《周書·大誥》
《洛誥》等篇中又稱"予小子"。

②將天命明威：謂奉持天命替天顯明威罰。將，奉持。明，顯明。參前《虞書·皋陶謨》"天明畏，自我民明威"注。後《周書·多士》亦云"將天明威，致王罰勅"，《君奭》云"後暨武王誕將天威，咸劉厥敵"。

③赦：赦免。

④敢：謙詞，猶言冒昧。《儀禮·士虞禮》"敢用絜牲剛鬣"鄭玄注："敢，昧冒之辭。"賈公彥疏："敢，昧冒之辭者，凡言敢者，皆是以卑觸尊不自明之意。" 玄：黑色。 牡：公牛。 句謂以黑色公牛爲祭品。

⑤昭：明。 神后：地神后土。蔡沈《書集傳》："神后，后土也。"疑"神后"與後《盤庚中》"先神后"義同，謂商先公先王。 案：《論語·堯曰第二十》："舜亦以命禹，曰：'予小子履，敢用玄牡，敢昭告于皇皇后帝：有罪不敢赦，帝臣不蔽，簡在帝心。朕躬有罪，無以萬方；萬方有罪，罪在朕躬。'"《墨子·兼愛下》："湯曰：'惟予小子履，敢用玄牡，告於上天后，曰：今天大旱，即當朕身履，未知得罪于上下。有善不敢蔽，有罪不敢赦，簡在帝心。萬方有罪，即當朕身。朕身有罪，無及萬方。'"

⑥罪：罪罰，降罪。

⑦聿(yù)：句首語氣詞。 元：首。聖：聖賢。"元聖"謂伊尹，輔佐湯滅夏，《孟子·萬章下》："伊尹，聖人之任者也。"

⑧勠(lù)力：勉力。他本又作"戮力"。 案：《墨子·尚賢中》："《湯誓》曰：'遂求元聖，與之戮力同心，以治天下。'"

⑨請命：請命於上天。

⑩孚(fú)：信，誠。或據《説文解字·爪部》"孚"古文亦作"𤓽"，謂此"孚"即古文"保"字，與下"佑"同義，後《太甲下》"邦其永孚于休"之"永孚"即永保，於義亦可通。

⑪罪人：夏桀。 黜伏：黜退伏罪。

⑫弗愆(jiàn):沒有差錯。愆,差錯。　案:後《周書·大誥》云"天命不愆"。

⑬賁(bì):美盛。

⑭兆民:猶言萬民,前《夏書·五子之歌》"予臨兆民"僞孔傳:"十萬曰億,十億曰兆,言多。"　允:信,確實。　殖:生。

⑮俾:使。

⑯輯:輯睦,和睦。　寧:安寧,安定。　邦家:邦,國,謂諸侯。家,謂大夫。

⑰茲:此。　獲戾:獲罪。　上下:天地神祇。

⑱慄慄:懼怕的樣子。

⑲若:好像。　隕:墜落。　案:《左傳》哀公十五年:"雖隕于深淵,則天命也。"

　　"凡我造邦①,無從匪彝②,無即慆淫③,各守爾典④,以承天休⑤。爾有善,朕弗敢蔽;罪當朕躬⑥,弗敢自赦,惟簡在上帝之心⑦。其爾萬方有罪,在予一人⑧;予一人有罪,無以爾萬方⑨。嗚呼!尚克時忱⑩,乃亦有終⑪。"

【校注】

①凡我造邦:凡我新造立之國。造,造立,建立。

②無:毋,不要。　從:跟從,依從。　匪:非。　彝:法。

③即:就,靠近。　慆淫:逸樂。慆,怠慢安逸。淫,縱樂過度。

④典:常法。

⑤承:承受。　天休:天所賜美命。一說蔭蔽福佑之命,福佑之命亦可視爲美命。　案:《國語·周語中》云:"先王之令有之曰:'天道賞善而罰淫,故凡我造國,無從非彝,無即慆淫,各守爾典,以承天休。'"

⑥罪當朕躬:謂罪在我身。朕,我。躬,自身。

⑦簡:簡閱,監察。

⑧在予一人:謂罪責在我一人。

⑨無以爾萬方:不罪及萬方之國。　案:《國語·周語上》引《湯誓》云:"余一人有罪,無以萬夫。萬夫有罪,在余一人。"又參上《論語·堯曰》及《墨子·兼愛下》所引相關内容。

⑩尚克時忱:希望能誠行此道。尚,表希望,祈使語氣詞。克,能。時,是,此。忱,誠,信。

⑪有終:有善終之命,有好結局。

明　居

　　咎單作《明居》①。

【校注】

①咎單(shàn)作《明居》:咎單,湯之臣。馬融云:"咎單,湯司空也。明居民之法也。"司空主管土木營建,故與居處民衆相關。《明居》篇早已不存。據《史記·殷本紀》,伊尹死後,咎單還曾作《沃丁》篇以誠太甲之子沃丁。

伊訓第四　商書

【題解】

　　"伊訓"謂伊尹之訓。訓，訓告，告教。漢代今文無此篇，鄭玄云《伊訓》逸。今存此篇，乃爲魏晉間晚起僞古文《尚書》篇章 25 篇之第六篇。本篇記載太甲繼位之後，伊尹在諸侯、百官面前，陳述夏桀滅亡的教訓以及商湯之德，訓告太甲，希望太甲從繼位一開始，就要遵循湯之德，愛親、敬長，奉行先祖所修定的人紀、官刑，要從諫如流，順從先賢之言。篇中伊尹還詳細闡述了湯制定的官刑內容，告誡太甲要遠離"三風十愆"，否則家國不保。最後伊尹告誡太甲要聽從聖人之言，天命不常，勿以德小而不爲，也勿以惡小而爲之。

　　成湯既没①，太甲元年②，伊尹作《伊訓》《肆命》《徂后》③。

【校注】

①成湯：即商朝第一代君王，子姓，名履，又稱大乙，周人稱之爲成湯。參前《帝告》《釐沃》之序"自契至于成湯"注。　没：同"殁"，去世。

②太甲：商湯太子太丁之子，爲湯之嫡孫。《史記·殷本紀》載："湯崩，太子太丁未立而卒。於是迺立太丁之弟外丙，是爲帝外丙。帝外丙即位三年，崩，立外丙之弟中壬，是爲帝中壬。帝中壬即位

四年,崩,伊尹遒立太丁之子太甲。太甲,成湯適長孫也,是爲帝太甲。"《孟子·萬章上》載:"湯崩,太丁未立,外丙二年,仲壬四年。"而僞孔傳云"湯崩踰月,太甲即位","太丁未立而卒,及湯没而太甲立,稱元年",以商湯去世太甲便即位,孔穎達疏亦申此義,謂"成湯既没,其歲即太甲元年",皮錫瑞《今文尚書考證》已辯其誤。當從《孟子》《史記》等書所載。

③伊尹:名摯,曾輔佐湯伐桀,爲商初重要大臣。參前《汝鳩》《汝方》之序"伊尹去亳適夏"注。　伊訓:即伊尹對太甲的訓導。　肆(sì)命、徂(cú)后:鄭玄云:"肆命者,陳政教所當爲也。徂后者,言湯之法度也。《伊訓》逸,《肆命》逸,《徂后》亡。"肆,陳。孫星衍《尚書今古文注疏》:"徂,往也;后,君也。已往之君,即湯之法度也。"僞孔傳謂《肆命》"陳天命以戒太甲",《徂后》"陳往古明君以戒"。

伊 訓

惟元祀十有二月乙丑①,伊尹祠于先王②,奉嗣王祗見厥祖③。侯甸群后咸在④,百官總己以聽冢宰⑤。伊尹乃明言烈祖之成德⑥,以訓于王⑦。曰:"嗚呼!古有夏先后⑧,方懋厥德⑨,罔有天災⑩。山川鬼神⑪,亦莫不寧⑫,暨鳥獸魚鱉咸若⑬。于其子孫弗率⑭,皇天降災⑮,假手于我⑯,有命⑰,造攻自鳴條⑱,朕哉自亳⑲。惟我商王,布昭聖武⑳,代虐以寬㉑,兆民允懷㉒。今王嗣厥德㉓,罔不在初㉔。立愛惟親,立敬惟長㉕;始于家邦,終于四海㉖。

【校注】

①元祀:元年,即序所言"太甲元年"。十有二月乙丑:十二月乙丑日。有,通"又"。關於太甲元年始於十二月,而未逾年始於次年

正月,孔穎達疏云:“周法以踰年即位……夏后之世,或亦不踰年也。顧氏云:‘殷家猶質,踰月即改元年以明世異,不待正月以爲首也。’”蔡沈《書集傳》:“元祀者,太甲即位之元年。十二月者,商以建丑爲正,故以十二月爲正也。”謂商以夏曆十二月爲正月,故太甲元年始於十二月。

②祠:祭奠。蔡沈《書集傳》:“祠者,告祭於廟也。”　先王:此謂成湯。王國維《殷卜辭中所見先公先王考》謂商族首領在湯以前的稱爲先公,從湯開始以後的稱爲先王。

③奉:侍奉。　嗣王:嗣位之王,謂太甲。　祗(zhī):敬。　厥:其。

④侯、甸:前《夏書·禹貢》載“五百里甸服”“五百里侯服”,甸服在最内,是主要爲天子治田交納糧食的地區;甸服之外爲侯服,是天子設置諸侯進行瞭望守衛的地區。侯、甸這裏泛指天下所有區域。　后:君主。　咸在:都各在位次。

⑤總己:總領、統率自己的屬官。　冢宰:大宰,此謂伊尹。《周禮》六官中天官之長爲冢宰,爲百官之首。　案:《論語·憲問》:“君薨,百官總己以聽於冢宰三年。”

⑥烈祖:有功業之祖。烈,功業。孔穎達疏:“湯有定天下之功業,爲商家一代之大祖,故以‘烈祖’稱焉。”　成德:所成之德。

⑦訓:訓告,教導。

⑧有夏:夏代。　先后:先代君王。依下文内容,此蓋謂夏禹。

⑨方:同“旁”,大。　懋:同“茂”,亦“大”之義。參前《虞書·大禹謨》“予懋乃德”注,此外《仲虺之誥》云“王懋昭大德”,後《太甲中》亦云“王懋乃德”。

⑩罔有天災:謂上天不降災。罔,無。

⑪山川鬼神:孔穎達疏:“山川之鬼神。”

⑫寧:安寧。　案:《墨子·明鬼下》引《商書》曰:“山川鬼神,亦莫敢不寧。”

⑬暨:及,與。 咸若:僞孔傳謂"皆順之",釋"若"爲"順";或此"咸若"亦即前《虞書·皋陶謨》、後《周書·君陳》"咸若時",謂"均如此",亦通。

⑭子孫:此謂夏桀。 率:遵循。後《周書·君牙》云"率乃祖考之攸行"。

⑮皇天:謂上天。皇,大。

⑯假手:借手。《左傳》隱公十一年云:"天禍許國,鬼神實不逞于許君,而假手于我寡人。"杜預注:"借手于我寡德之人以討許。" "于其子孫弗率"三句,僞孔傳:"言桀不循其祖道,故天下禍災,借手於我。"謂上天借湯之手降禍災於夏。

⑰有命:謂湯有天命誅伐夏王。

⑱造:始。 鳴條:地名,當在河南鄭州與偃師之間。詳參前《湯誓》之序"遂與桀戰于鳴條之野"注。

⑲朕:我。 哉:才,始。 自亳:從亳出征。亳,商湯所居之地,其地所在,古今争論紛紜,鄒衡認爲即河南鄭州市偏東的鄭州商城遺址所在之地。詳參前《帝告》《釐沃》之序"湯始居亳"注。 案:《孟子·萬章上》:"《伊訓》曰:'天誅造攻自牧宫,朕載自亳。'"趙岐注:"載,始也。"

⑳布昭:敷布顯明,明布。 聖武:聖明英武。

㉑代虐以寬:以湯之寬政代替桀之虐政。 案:《禮記·祭法》云:"湯以寬治民而除其虐。"

㉒兆民:猶"萬民",代指天下之民。 允:誠。 懷:歸附,懷集。

㉓嗣:繼承。

㉔初:初始之時。

㉕"立愛"二句:樹立愛,從親近的人做起;樹立敬,從年長的人開始。立,樹立。孔穎達疏:"行之所立,自近爲始。立愛惟親,先愛其親,推之以及疏;立敬惟長,先敬其長,推之以及幼。" 案:《禮

記·祭義》:"子曰:'立愛自親始,教民睦也;立教自長始,教民順也。教以慈睦,而民貴有親;教以敬長,而民貴用命。'"

㉖"始于家邦"二句:蔡沈《書集傳》:"始於家,達於國,終而措之天下矣。"

"嗚呼先王,肇修人紀①,從諫弗咈②,先民時若③;居上克明④,爲下克忠⑤;與人不求備⑥,檢身若不及⑦;以至于有萬邦⑧。兹惟艱哉⑨!敷求哲人⑩,俾輔于爾後嗣⑪,制官刑⑫,儆于有位⑬。曰:'敢有恒舞于宫⑭,酣歌于室⑮,時謂巫風⑯。敢有殉于貨色⑰,恒于遊畋⑱,時謂淫風⑲。敢有侮聖言⑳,逆忠直㉑,遠耆德㉒,比頑童㉓,時謂亂風㉔。惟兹三風十愆㉕,卿士有一于身,家必喪;邦君有一于身,國必亡。臣下不匡㉖,其刑墨㉗。具訓于蒙士㉘。'

【校注】

①肇(zhào):句首詞。 人紀:做人的綱紀、準則。

②從諫弗咈(fú):聽從規諫而不違反。咈,否定,違背。

③先民時若:順從先輩賢人的話。先民,先人,先賢。時,是。若,順。

④居上克明:居處上位能够明察。克,能。

⑤爲下克忠:居處下位能够盡忠。 案:《荀子·臣道篇》:"《書》曰:'從命而不拂,微諫而不倦,爲上則明,爲下則遜。'"

⑥與人不求備:結交他人時不求全責備。與,結交。

⑦檢身若不及:約束自檢時總像不及他人。檢身,自檢,自我約束。

⑧以至于有萬邦:謂遵守以上爲人之綱紀準則,一直到擁有天下成爲君王。

⑨兹:此。 艱:艱難。"艱",內野本、足利本作"難"。

⑩敷:廣,普遍。 哲人:賢哲之人。

⑪俾：使。

⑫制：作。　官刑：官府之刑。詳見下“三風十愆”。

⑬儆（jǐng）：警告，告誡。　有位：有官位的。

⑭恒：常。僞孔傳：“常舞則荒淫。”

⑮酣：僞孔傳：“樂酒曰酣。酣歌則廢德。”　室：内野本作“宫”。上古宫、室同義。

⑯時：是，此。　巫風：巫者之風俗。僞孔傳：“事鬼神曰巫。”巫者常以歌舞事神。案：《墨子·非樂上》：“先王之書，湯之《官刑》有之，曰：‘其恒舞于宫，是謂巫風。’”

⑰殉：求，貪求。　貨：財貨。　色：女色。

⑱遊畋：遊樂田獵。

⑲淫風：淫過之風俗。淫，過而無度。

⑳侮聖言：侮慢聖人之言。

㉑逆：悖逆。

㉒遠：遠離。　耆（qí）德：年老有德之人。耆，謂年老長者。

㉓比：親近。　頑童：年少頑愚之人。

㉔亂風：悖亂之風俗。亂，悖亂。蔡沈《書集傳》：“倒置悖理曰亂。”

㉕三風：巫風、淫風、亂風。　十愆（qiān）：十種過犯。孔穎達疏：“謂巫風二：舞也、歌也；淫風四：貨也、色也、遊也、畋也；與亂風四，爲十愆也。”愆，過犯，過錯。

㉖匡：匡正。

㉗墨：墨刑，在臉上刻刺塗墨，又稱“黥（qíng）”，爲五刑中最輕者，參前《虞書·舜典》“流宥五刑”注。

㉘具：全。　訓：教。　蒙士：下士，士之中地位最卑下者。孔穎達疏：“蒙謂蒙稚，卑小之稱。”

“嗚呼！嗣王祇厥身①，念哉②！聖謨洋洋③，嘉言孔彰④。惟上帝不常⑤，作善降之百祥，作不善降之百殃。爾惟德罔小,萬邦惟慶;爾惟不德罔大,墜厥宗⑥。"

【校注】

①祇厥身:敬慎自身。

②念:念想。僞孔傳:"念祖德。"

③聖謨洋洋:聖人之謀美而善。謨,謀。僞孔傳:"洋洋,美善。"

④孔:甚,很。　彰:彰明。

⑤上帝:天。　不常:天命不常。僞孔傳:"天之禍福,惟善惡所在,不常在一家。"王引之《經義述聞》謂"常"讀爲《詩經·大雅·抑》"肆皇天弗尚"之"尚",《爾雅·釋詁》:"尚,右也。""不尚"謂天不佑之,亦通。　案:《墨子·非樂上》:"嗚呼!舞佯佯,黄言孔章。上帝弗常,九有以亡。上帝不順,降之百殄,其家必壞喪。""舞佯佯"即《詩經·魯頌·閟宮》"萬舞洋洋",毛傳:"洋洋,衆多也。""黄言"謂笙簫樂器。

⑥"爾惟"二句:蔡沈《書集傳》:"勿以小善而不爲,萬邦之慶積於小;勿以小惡而爲之,厥宗之墜不在大。"墜,毁。宗,宗廟。宗廟墜毁,謂亡國。　案:《淮南子·繆稱訓》:"君子不謂小善不足爲也而舍之,小善積而爲大善;不謂小不善爲無傷也而爲之,小不善積而爲大不善。"

肆　命

祖　后①

【校注】

①《肆命》《祖后》:二篇已亡佚。鄭玄云:"《肆命》逸,《祖后》亡。"案:二篇與上《伊訓》共序,參其注。

太甲上第五　商書

【題解】

　　"太甲"謂商湯之孫太甲,因篇章内容與太甲相關,故以之名篇。漢代今文無此篇,鄭玄云《太甲》三篇亡。今見《太甲》三篇,乃爲魏晉間晚起僞古文《尚書》篇章。首篇篇名"太甲"後底本原無"上"字,爲清眉目,今補。《太甲上》記載太甲在位對伊尹不恭順,伊尹先後兩次訓導太甲,自陳輔佐之功,希望太甲始終堅守忠信,恪盡君職,任用賢人,遵行祖訓,不要墜失天命。但太甲充耳不聞,依舊不改,伊尹便將太甲放逐桐宫,使其服喪,念省祖訓。最終太甲改過自新,誠心成就其德。本篇以記言爲主,輔以叙事,主旨在闡明太甲爲何被放逐,蘊含其中的君臣關係與史事改作,意味深長。

　　太甲既立①,不明,伊尹放諸桐②。三年,復歸于亳③,思庸④,伊尹作《太甲》三篇⑤。

【校注】

①太甲:商湯太子太丁之子,爲湯之嫡孫。參上《伊訓》序"太甲元年"注。　立:立爲帝。

②伊尹:名摯,曾輔佐湯伐桀,爲商朝初期重要大臣。參前《汝鳩》《汝方》序"伊尹去亳適夏"注。　放:放逐,此謂離開國都。桐:地名,鄒衡認爲在今河南偃師商城遺址,此處可能爲商王離

宫,在鄭州商城之西。　　案:《史記·殷本紀》:"帝太甲既立三年,不明,暴虐,不遵湯法,亂德,於是伊尹放之於桐宫。三年,伊尹攝行政當國,以朝諸侯。帝太甲居桐宫三年,悔過自責,反善,於是伊尹迺迎帝太甲而授之政。帝太甲修德,諸侯咸歸殷,百姓以寧。伊尹嘉之,迺作《太甲訓》三篇,褒帝太甲,稱太宗。"《孟子·萬章上》也有類似記載。但《古本竹書紀年》所記不同:"仲壬崩,伊尹放大甲于桐,乃自立也。伊尹即位,放大甲七年,大甲潛出自桐,殺伊尹,乃立其子伊陟、伊奮,命復其父之田宅而中分之。"此外,據《書》序,似太甲即位後便被放逐桐三年;而《史記》謂太甲即位三年,後放逐桐三年,共六年;《竹書紀年》謂放逐桐七年,記載各異,或各有所本,未知孰是。

③亳:商之都城,鄒衡認爲即河南鄭州市偏東的鄭州商城遺址所在之地。詳參前《帝告》《釐沃》之序"湯始居亳"注。

④思:念。　庸:功。思功謂思成其功。前《虞書·大禹謨》云"惟帝念功",思功即念功。

⑤伊尹作《太甲》三篇:孔穎達疏云:"上篇是放桐宫之事,中、下二篇是歸亳之事。此序歷言其事,以總三篇也。"則此序統領《太甲》上、中、下三篇。

太甲上

惟嗣王不惠于阿衡①,伊尹作書曰:"先王顧諟天之明命②,以承上下神祇③,社稷宗廟,罔不祇肅④。天監厥德⑤,用集大命⑥,撫綏萬方⑦。惟尹躬克左右厥辟⑧,宅師⑨,肆嗣王丕承基緒⑩。惟尹躬先見于西邑夏⑪,自周有終⑫,相亦惟終⑬;其後嗣王,罔克有終,相亦罔終。嗣王戒哉!祇爾厥辟⑭,辟不辟⑮,忝厥祖⑯。"

【校注】

①嗣王：繼位之王，此謂太甲。　惠：恭順。　阿衡：官名，此謂伊尹。《詩經·商頌·長發》"實維阿衡，實左右商王"孔穎達疏："伊尹名摯，湯以爲阿衡，至太甲改曰保衡。阿衡、保衡皆公官。"

②先王：謂商湯。　顧：顧念，此謂看重。　諟（shì）：同"是"，此。明命：顯明之天命。　案：《禮記·大學》："《太甲》曰：'顧諟天之明命。'"

③承：奉從，承順。　上下神祇：天神地祇。前《湯誥》云"並告無辜于上下神祇"。

④罔不：無不。　祇（zhī）：同"祇"，敬。　肅：嚴肅。

⑤監：監視，看。　厥德：成湯之德。厥，其。

⑥用集大命：以成就天命。用，以。集，就，成。大命，天命。《詩經·大雅·大明》"有命既集"毛傳："集，就。""集"字本義爲鳥降棲在樹木上，故一說"集"有降落義，此"用集大命"謂天以降下大命，亦通。後《周書·君奭》云"其集大命于厥躬"，《文侯之命》云"惟時上帝，集厥命于文王"。

⑦撫綏：安撫。綏，安。　萬方：萬邦，衆方國。萬形容衆多。前《湯誥》亦屢言"萬方"。

⑧尹躬：尹，伊尹。據郭店簡、上博簡《緇衣》篇所引，裘錫圭謂"躬"蓋爲"允"字繁文的訛字，允，以也。　左右：佐佑，輔助。　辟：君，謂成湯。

⑨宅師：使民衆安居。宅，居。師，衆。

⑩肆（sì）：故，因此。　丕：大。　基緒：基業。緒，業。

⑪惟尹躬先見于西邑夏：尹，伊尹。躬，或爲"允"字之訛，允，以也。廖名春《清華簡與〈尚書〉研究》謂"躬""念"古音相近可通，此"躬"當依清華簡《尹誥》作"念"，謂思考。亦可參考。《禮記·緇衣》引《尹告》云"惟尹躬天見于西邑夏，自周有終，相亦惟終"，鄭

玄云“‘見’或爲‘敗’”，清華簡《尹誥》作“尹念天之敗西邑夏”，可見本篇“先見”乃“天敗”之誤，謂天敗西邑夏。西邑夏，夏朝。蔡沈《書集傳》：“夏都安邑，在亳之西，故曰西邑夏。”安邑在今山西運城市夏縣西北。當代不少學者認爲夏代晚期至夏末的都城在今河南二里頭遺址，亦在亳之西。參前《湯誓》序“遂與桀戰于鳴條之野”注。

⑫自：用。　周：忠信。《詩經·小雅·都人士》：“行歸於周，萬民所望。”　有終：有善終。

⑬相：輔相，輔佐大臣。　惟終：謂有善終。　案：《禮記·緇衣》引《尹吉》“自周有終，相亦惟終”二句，清華簡《尹誥》作“夏自絶其有民，亦惟厥衆”，馬楠《周秦兩漢書經考》據此謂《禮記·緇衣》“周”應爲“害”之形訛，“終”“衆”音同可通，謂民衆；李守奎《漢代伊尹文獻的分類與清華簡中伊尹諸篇的性質》謂“相”“喪”音近可通，説皆可從。則《緇衣》所引“自周有終，相亦惟終”應爲“自害[其]有衆，喪亦惟衆”，謂夏自害其民衆，其喪亡亦因其民衆。不過僞古文撰作者大概已不曉此二句本義，可能僅從其字面理解，故又僞造“其後嗣王，罔克有終，相亦罔終”於其後以應之，今仍依作僞者所作僞古文之字面意思作解。《尹誥》即真古文《咸有一德》，作僞者將其上述文字攙入《太甲》，亦可證本篇爲晚出。

⑭祗（zhī）爾厥辟：猶言敬汝君職。祗，敬。爾，你。辟，君。

⑮辟不辟：猶言爲君而不君，做君主的不像君主。

⑯忝（tiǎn）：辱。　案：《禮記·坊記》：“《書》云：‘厥辟不辟，忝厥祖。’”

王惟庸罔念聞①。伊尹乃言曰：“先王昧爽丕顯②，坐以待旦③。旁求俊彦④，啓迪後人⑤，無越厥命以自覆⑥。慎乃儉德⑦，惟懷永圖⑧。若虞機張⑨，往省括于度⑩，則釋⑪。欽厥止⑫,率乃祖攸行⑬,惟朕以懌⑭,萬世有辭⑮。"

【校注】

①王惟庸罔念聞:謂王不念聞成其功。庸,功。序云太甲"復歸于
　亳,思庸",此則不思庸。

②昧爽:早晨天將亮未亮之時。　丕顯:大大顯明其德。丕,大。
　顯,明。　案:《左傳》昭公三年:"《讒鼎之銘》曰:'昧旦丕顯,後
　世猶怠。'"

③旦:日出天亮。　案:《孟子·離婁下》:"仰而思之,夜以繼日;幸
　而得之,坐以待旦。"

④旁:大。　俊彦:有才幹的傑出人才。後《說命下》云"旁招俊
　乂"。

⑤啓迪:開導。

⑥無:毋,不要。　越:僞孔傳:"越,墜失也。"王念孫謂"越"即"妜
　(yuè)",義爲輕易:"越,輕易也。言毋輕發女之政令以自敗也,
　必度於道而後行之。"可備一説。　命:天命。　覆:傾覆,覆
　亡。　案:《禮記·緇衣》:"《太甲》曰:'毋越厥命以自覆也,若虞
　機張,往省括于厥度則釋。'"

⑦慎:謹慎。　乃:你的。　儉德:節儉之德。

⑧懷:思。　永圖:長遠打算。

⑨若:如,像。　虞:虞人,爲主管山林之官。　機:弓弩發箭的機
　關。　張:張開。

⑩往:去。　省(xǐng):視察,察看。　括:矢括,箭尾扣弦處。
　度:法度,謂瞄準合度。

⑪釋:放,放箭。

⑫欽:敬。　止:舉止。　案:《詩經·大雅·抑》云"淑慎爾止"。

⑬率:循。上《伊訓》云"于其子孫弗率,皇天降災"。　攸:所。

⑭朕:我。　懌(yì):喜悅。　案:後《周書·康誥》云"則予一人以

惇"，《畢命》云"予一人以寧"，與此類同。

⑮辭：讚美之辭。

王未克變①。伊尹曰："茲乃不義②，習與性成③，予弗狎于弗順④。營于桐宮⑤，密邇先王其訓⑥，無俾世迷⑦。"王徂桐宮居憂⑧，克終允德⑨。

【校注】

①克：能。　變：改變。

②茲乃不義：孔穎達疏："此嗣王所行乃是不義之事。"茲，此。

③習與性成：偽孔傳："言習行不義，將成其性。"謂常行不義之事，將養成作惡本性。

④狎：親近。　弗順：蔡沈《書集傳》："弗順者，不順義理之人也。"案《孟子·盡心上》："伊尹曰：'予不狎于不順。'"

⑤營：營築，營建。　桐宮：參篇前序"伊尹放諸桐"注。相傳湯葬於此。

⑥密：親密。　邇：接近。

⑦俾：使。　世：一世，終生。　迷：迷惑不醒悟。

⑧徂：往，去。　居憂：服喪。

⑨克終允德：能最終確實成就其德。

太甲中第六　商書

【題解】

　　漢代今文無此篇,今存此篇爲魏晉間晚起僞古文《尚書》篇章25篇中第八篇。正文篇名"太甲中"底本原無,爲清眉目而補。本篇記載太甲被放逐到桐宮第三年的十二月,伊尹迎接太甲回亳都,伊尹訓導太甲,希望太甲努力成爲明君,遵從祖先商湯之德,不要安樂怠慢,要慈愛人民,和諧臣下;太甲也表示自己此前没有聽從伊尹的教導,因爲貪欲和放縱而違背禮法,以致罪及於身,雖没有善始,但現在希望在伊尹的扶助下以善終。

太甲中

　　惟三祀十有二月朔①,伊尹以冕服奉嗣王歸于亳②,作書曰:"民非后③,罔克胥匡以生④;后非民,罔以辟四方⑤。皇天眷佑有商⑥,俾嗣王克終厥德⑦,實萬世無疆之休⑧。"

【校注】

　　①三祀:三年。蓋指太甲被放逐在桐宮的第三年。　朔:一個月的第一天,即初一。

　　②冕服:君王的禮帽、禮服。　奉:迎。　嗣王:繼位之王,此謂太甲。　亳:商之都城。

③民非后：謂人民若没有君主。非，猶"無"。

④罔克：不能。 胥：佐助。 匡：救助，匡助。 案：後《盤庚上》有"不能胥匡以生"之語。

⑤辟：君臨，統治。 四方：天下。 案：《禮記·表記》引《太甲》云："民非后，無能胥以寧；后非民，無以辟四方。"類似含義的表達，又參前《虞書·大禹謨》及後《咸有一德》。《孟子·盡心下》謂人民爲君王"三寶"之一："諸侯之寶三：土地、人民、政事。"由此可見民之重要。

⑥皇天：上天。皇，大。 眷佑：眷顧佑助。 案：前《虞書·大禹謨》云"皇天眷命"。

⑦俾：使。 克：能。 終厥德：終成其德。厥，其。

⑧疆：疆界。 休：美。 案：後《周書·召誥》有"無疆惟休"之語。

　　王拜手稽首①，曰："予小子不明于德②，自厎不類③。欲敗度④，縱敗禮⑤，以速戾于厥躬⑥。天作孽⑦，猶可違⑧；自作孽，不可逭⑨。既往背師保之訓⑩，弗克于厥初⑪，尚賴匡救之德⑫，圖惟厥終⑬。"

【校注】

①王：太甲。 拜手稽首：拜手後再稽首。跪而拱手、頭俯至於手曰拜手，亦曰拜；跪而俯身且叩首至地並停留曰稽首。内野本無"手"字。又參前《虞書·舜典》"禹拜稽首"注。

②予小子：自謙之稱。予，我。 案：前《湯誓》《湯誥》有"台（yí）小子"之稱，後《周書·泰誓下》《武成》《大誥》《洛誥》等篇也有"予小子"之稱。

③自厎不類：自致不善。厎，致。不類，不善，不好。

④欲：欲望。 敗：敗壞。 度：法度。

⑤縱：放縱。 禮：禮義。 案：《左傳》昭公十年："《書》曰：'欲敗

度,縱敗禮。'"

⑥速:僞孔傳:"速,召也。"招致。 戾:罪。案:後《周書·酒誥》云"惟民自速辜","速戾"與"速辜"類同。 躬:自身。

⑦孽:災,災禍。

⑧違:避免。

⑨逭(huàn):逃避。 案:《孟子·公孫丑上》引《太甲》曰:"天作孽,猶可違;自作孽,不可活。"《禮記·緇衣》引《大甲》曰:"天作孽,可違也;自作孽,不可以逭。"

⑩既往:以前,過去。 背:背離。 師保:師、保是負責教育、輔導的官名,此謂伊尹。 訓:訓導。

⑪弗克于厥初:不能善始。弗克,不能。初,始。

⑫尚:希望。 賴:依賴。 匡救:匡扶救助。

⑬圖惟厥終:惟圖謀能善終。

伊尹拜手稽首,曰:"修厥身,允德協于下①,惟明后②。先王子惠困窮③,民服厥命④,罔有不悅⑤。並其有邦⑥,厥鄰乃曰⑦:'徯我后⑧,后來無罰⑨。'王懋乃德⑩,視乃厥祖⑪,無時豫怠⑫。奉先思孝⑬,接下思恭⑭。視遠惟明⑮,聽德惟聰⑯。朕承王之休無斁⑰。"

【校注】

①允:信,確實。 協:合,協和。 下:臣下。

②明后:明君。

③先王:指成湯。 子惠:周秉鈞《白話尚書》:"子,通'慈'。惠,愛。子惠,即慈愛。" 困窮:困苦無助的人。

④服:服從,跟從。 命:教命。

⑤罔有:無有。 悅:喜悅。

⑥並:兼併。 有邦:邦國。

⑦厥:其。　鄰:鄰國。　乃:竟然,居然。

⑧徯(xī):等待。

⑨罰:罪罰。　案:《孟子·梁惠王下》引《書》曰:"徯我后,后來其蘇。"《滕文公下》引《書》曰:"徯我后,后來其無罰。"

⑩王懋乃德:王大其德。懋,大。内野本無"乃"字。

⑪視乃厥祖:句謂向你的祖先看齊。蔡沈《書集傳》等"厥祖"作"烈祖"。

⑫時:是,此。　豫:逸豫,安逸。　怠:同"怡",怡悦,安樂。

⑬奉先思孝:遵奉先祖,心念孝道。

⑭接下思恭:接待臣下,心思恭敬。此回應上文"德協于下"。蔡沈《書集傳》云:"思孝則不敢違其祖,思恭則不敢忽其臣。"

⑮視遠惟明:看得遠需要能夠明察的視力。

⑯聽德惟聰:聽良言需要靈敏的聽從能力。　案:《國語·楚語上》伍舉謂楚靈王曰:"臣聞國君服寵以爲美,安民以爲樂,國君聽德以爲聰,致遠以爲明。"

⑰朕:我。　承:順承。　休:美。　無斁(yì):無厭,不厭倦。

太甲下第七　商書

【題解】

　　漢代今文無此篇，今存此篇乃魏晉間晚起僞古文《尚書》篇章25篇中第九篇。正文中篇名"太甲下"底本原無，爲清眉目而補。本篇記載伊尹向太甲重申爲君不易，要他敬天保民，爲政以德，努力善始善終，並希望太甲遵從先王之德政，居安思危，既要思考，又要有所行動。其中告誡太甲"有言逆于汝心，必求諸道；有言遜于汝志，必求諸非道"，這對統治者來説可謂至理名言。

太甲下

　　伊尹申誥于王曰①："嗚呼！惟天無親②，克敬惟親③；民罔常懷④，懷于有仁⑤；鬼神無常享⑥，享于克誠⑦。天位艱哉⑧！德惟治⑨，否德亂⑩。與治同道⑪，罔不興；與亂同事⑫，罔不亡。終始慎厥與⑬，惟明明⑭。先王惟時懋敬厥德⑮，克配上帝⑯。今王嗣有令緒⑰，尚監茲哉⑱！若升高，必自下⑲；若陟遐⑳，必自邇㉑。無輕民事㉒，惟難㉓；無安厥位㉔，惟危㉕。慎終于始㉖。有言逆于汝心㉗，必求諸道㉘；有言遜于汝志㉙，必求諸非道㉚。嗚呼！弗慮胡獲㉛？弗爲胡成㉜？一人元良^㉝,萬邦以貞^㉞。君罔以辯言亂舊政^㉟,臣罔以寵利居成功^㊱,邦其永孚于休^㊲。"

【校注】

①申:重複,再。　誥:告,告誡。　王:太甲。

②無親:無所親。

③克敬惟親:即"惟親克敬",只親能敬天的人。克,能。敬,敬天。

④民罔常懷:人民沒有固定歸附。罔,無。懷,歸。

⑤懷于有仁:只歸附於有仁德的君主。

⑥鬼神無常享:鬼神不會固定享用某人的祭品。

⑦享于克誠:只享用那些誠心之人的祭品。

⑧天位:天子之位。　艱:難。内野本、足利本作"難"。

⑨德惟治:僞孔傳:"爲政以德則治。"

⑩否德亂:僞孔傳:"不以德則亂。"否,表否定。

⑪治:爲政以德能治理好天下的人。　同道:走同樣的道。

⑫亂:爲政不以德不能治好天下的人。　同事:做同樣的事。

⑬終始:謂自始至終。　慎:謹慎,小心。　厥:其。　與:交往,結交。

⑭明明:即"勉勉",勤勉貌。參前《五子之歌》"明明我祖"注。"惟明明"後,宋八行本《尚書注疏》有"后"字,阮元《十三經注疏校勘記》謂唐石經初刻有"后"字,後磨改只作"惟明明"。内野本等無"后"字。

⑮先王:指成湯。　時:是,此。　懋:大。　敬:恭修。

⑯克:能。　配:相配。　上帝:天。　案:《詩經·大雅·文王》:"殷之未喪師,克配上帝。"

⑰今王:指太甲。　嗣:繼承。　令:美,好。　緒:業,基業。

⑱尚:當。　監:鑒察。　兹:此。謂先王"懋敬厥德"之事。

⑲"若升高"二句:句意謂若要登到高處,一定是從低處開始。

⑳陟:行。　遐:遠。

㉑邇(ěr):近。　案:《禮記·中庸》:"君子之道,辟如行遠必自邇,辟如登高必自卑。"

㉒輕:輕視。

㉓惟難:要想想它的艱難。惟,思。"難",内野本作"艱"。

㉔無安厥位:不要安於君位。

㉕惟危:要想想它的危險。

㉖慎終于始:謂始終謹慎。王引之《經傳釋詞》:"于,與也,連及之詞。"

㉗逆:反,違反。　心:心意。

㉘必求諸道:一定要從正道的方面去考求。求,考求,檢察。

㉙遜:順,順從。　志:心意。與上"心"同義。

㉚必求諸非道:一定要從非正道的方面去檢察。

㉛慮:思。　胡:何。　獲:收穫。

㉜爲:做。　成:成就。

㉝一人:謂君王。　元良:吉善賢良。元,善,吉。

㉞貞:良善。僞孔傳:"貞,正也。……天下得其正。"何爲"得其正",孔穎達疏亦語焉不詳,今不取其説。　案:《禮記·文王世子》引語曰:"樂正司業,父師司成,一有元良,萬國以貞。"

㉟罔以:不以。　辯言:詭辯巧言。　舊政:先王之政。

㊱寵利:恩寵和利祿。　居成功:以成功自居。

㊲邦:國。　永孚于休:長久確有休美之命。後《周書·君奭》云"厥基永孚于休若"。孚,信,誠。休,休命,天所賜休美之命。一説"永孚"即"永保",亦可通,參前《湯誥》"上天孚佑下民"注。

咸有一德第八　商書

【題解】

　　"咸有一德"謂伊尹與商湯同有一德,篇名蓋來自篇中"惟尹躬暨湯咸有一德"句,《禮記·緇衣》又稱之爲《尹誥》。漢代今文無此篇,鄭玄云《咸有一德》已逸。據《虞書·堯典》孔穎達疏,西漢孔壁古文《尚書》有《咸有一德》,司馬遷可能見過,但至東漢末鄭玄時《咸有一德》已亡。今存此篇乃魏晉間晚起僞古文《尚書》篇章25篇中第十篇。《清華大學藏戰國竹簡(壹)》中有一篇《尹誥》,當即亡佚之真《咸有一德》,其首句爲"惟尹既及湯咸有一德",所記之事在成湯之時,非晚起僞古文《尚書》之《咸有一德》所說在太甲之時,可參本書後附錄"清華簡有關《尚書》的篇章"部分。本篇述伊尹歸政後訓誡太甲,指出天命無常,只有同心同德,才能保有君位,夏桀不常守此德,故亡,只有伊尹與成湯能有此德,故能順應天命而滅夏;並訓導太甲也要師法此德,謹慎選官任人,處理好與臣、民的關係,只有重視人民才能統治長久。通篇主要講"德",與真正的《咸有一德》主要強調"民"有別。

　　伊尹作《咸有一德》[①]。

【校注】

　　①伊尹作《咸有一德》:伊尹,名摯,曾輔佐湯伐桀,爲商朝初期重要

大臣。參前《汝鳩》《汝方》序"伊尹去亳適夏"注。據清華大學藏戰國竹簡和《禮記·緇衣》,《咸有一德》又名《尹誥》,《禮記·緇衣》"咸有壹德"鄭玄注云:"咸,皆也。君臣皆有壹德不貳。"今據殷墟甲骨文資料或謂"咸"乃湯之名。

咸有一德

伊尹既復政厥辟①,將告歸②,乃陳戒于德③。曰:"嗚呼!天難諶④,命靡常⑤。常厥德⑥,保厥位⑦。厥德匪常⑧,九有以亡⑨。夏王弗克庸德⑩,慢神虐民⑪,皇天弗保,監于萬方⑫,啓迪有命⑬,眷求一德⑭,俾作神主⑮。惟尹躬暨湯咸有一德⑯,克享天心⑰,受天明命,以有九有之師⑱,爰革夏正⑲。非天私我有商⑳,惟天佑于一德㉑;非商求于下民,惟民歸于一德㉒。德惟一,動罔不吉;德二三㉓,動罔不凶。惟吉凶不僭㉔,在人㉕;惟天降災祥㉖,在德㉗。

【校注】

①既:已。 復:返還。 厥:其。 辟:君。此謂太甲。

②告歸:告老而歸。告,告請。歸,回到自己的封地。

③陳戒于德:以德陳戒於太甲。陳,述。戒,訓誡。于,以。

④天難諶(chén):謂天命無常,不可確知信靠。諶,誠,信。後《周書·君奭》云"天難諶,乃其墜命",《詩經·大雅·大明》云"天難忱斯",諶、忱可通;《詩經·大雅·文王》亦云"天命靡常"。

⑤命:天命。 靡常:無常。

⑥常厥德:謂以德爲常。

⑦保:保有。

⑧匪:非,不。

⑨九有：即九囿、九域，九州，指天下。　案：《墨子·非樂上》："上帝弗常，九有以亡。"

⑩夏王：夏桀。　弗克庸德：謂不能遵用其德。克，能。庸，用，以。後《周書·囧命》云："惟予弗克于德。"

⑪慢：輕慢。　虐：殘害。

⑫監：察看。　萬方：萬邦，謂萬國，四方。　案：《詩經·大雅·皇矣》："皇矣上帝，臨下有赫；監觀四方，求民之莫。"

⑬啓：開啓。　迪：引導。　有命：有天命之人。

⑭眷求：顧念尋求。　一德：同一之德。下云"德二三"，與"一德"正相反。

⑮俾：使。　神主：蔡沈《書集傳》："百神之主。"指負責祭祀百神的君王，亦即天下之主。

⑯尹：伊尹。　躬：蓋爲"允"字之訛，允，以也。參前《太甲上》"惟尹躬克左右厥辟"注。　暨：及，與。　湯：商湯，太甲之祖。咸：鄭玄注："咸，皆也。"據殷墟甲骨文資料，或謂"咸"乃湯之名。　案："惟尹躬暨湯咸有一德"，郭店簡《緇衣》引《尹誥》作"惟尹允及湯咸有一德"，上博簡《緇衣》同，惟"湯"作"康"，清華簡《尹誥》作"惟尹既及湯咸有一德"。

⑰享：當，稱，符合。　天心：天意。

⑱師：眾。

⑲爰：於是。　革：變革。　夏正（zhēng）：夏代曆法。改曆是政權更替的標誌。僞孔傳云"遂伐夏，勝之，改其正"，"改其正"，古本作"改其政"，以"夏正"爲"夏政"，亦可備一說。

⑳私：偏私，私愛。

㉑佑：佑助。

㉒歸：歸附。

㉓二三：反覆有變而不同一。

㉔吉凶不僭:吉凶不會出差錯。僭,差失。僞孔傳:"行善則吉,行惡則凶。"

㉕在人:謂是吉是凶,乃在於人。

㉖災:災禍。　祥:善,福。

㉗在德:謂降災降福,乃在於德。

　　"今嗣王新服厥命①,惟新厥德②,終始惟一③,時乃日新④。任官惟賢材⑤,左右惟其人⑥。臣爲上爲德⑦,爲下爲民⑧。其難其慎⑨,惟和惟一⑩。德無常師⑪,主善爲師⑫;善無常主,協于克一⑬。俾萬姓咸曰⑭:'大哉王言⑮!'又曰:'一哉王心⑯!'克綏先王之禄⑰,永底烝民之生⑱。嗚呼!七世之廟,可以觀德⑲;萬夫之長,可以觀政⑳。后非民罔使㉑,民非后罔事㉒。無自廣以狹人㉓,匹夫匹婦㉔,不獲自盡㉕,民主罔與成厥功㉖。"

【校注】

①嗣王:謂太甲。　新服厥命:謂重新繼位爲王。服,服受,承當。命,天命。

②新:更新。

③一:同一。　案:《荀子·議兵篇》:"慎終如始,終始如一。"

④時:是,此。指同一之德。　日新:日日更新。

⑤任:任用。　賢材:蔡沈《書集傳》:"賢者,有德之稱;才者,能也。"

⑥左右:蔡沈《書集傳》:"左右者,輔弼大臣。"

⑦臣爲上爲德:臣使上面的君主行德。前"爲",使也。

⑧爲下爲民:使下面的屬官治理好人民。

⑨其難其慎:其事甚難,望謹慎爲之。

⑩和:同和。　一:同德。

⑪師:師法,傚法。

⑫主善爲師:僞孔傳:"以善爲主乃可師。"主,要素。

⑬協:合。　克一:能同一。

⑭萬姓:衆多族姓。

⑮大:偉大。

⑯一:同一。

⑰綏:安,保。　祿:天祿,即天命。

⑱厎:安定。　烝民:衆民。　生:生活。

⑲"七世之廟"二句:僞孔傳:"天子立七廟,有德之王則爲祖宗,其
　廟不毀,故可觀德。"世,代。

⑳"萬夫之長"二句:從任用的萬夫長,可以察知其政。　上四句
　分別從君、臣兩方面來論説。案:《吕氏春秋・諭大覽》有引《商
　書》曰:"五世之廟,可以觀怪;萬夫之長,可以生謀。"文義與此
　大異。

㉑后:君。　使:役使。

㉒罔事:無所盡力。

㉓自廣:自大。廣,大。　狹人:小瞧人。狹,小。

㉔匹夫匹婦:泛指普通男女民衆。

㉕不獲自盡:謂不盡其力。不獲,不得。

㉖民主:民之主,謂君王。　無與成厥功:則無人相助以成其功。
　與,相助。

沃　丁

　　沃丁既葬伊尹于亳①,咎單遂訓伊尹事②,作《沃丁》③。

【校注】

①沃丁:太甲之子,繼太甲爲商王。　亳:商都。

②咎單(shàn):商王臣下。　訓伊尹事:即"訓以伊尹事",謂以伊
　尹之事訓告沃丁。
③《沃丁》:鄭玄云:"《沃丁》亡。"

咸 乂

伊陟相太戊①,亳有祥桑穀共生于朝②。伊陟贊于巫
咸③,作《咸乂》四篇④。

【校注】

①伊陟:伊尹之子。　太戊:商王,爲太甲之孫,沃丁弟太庚之子。
②祥:妖異。　桑:桑樹。　穀:穀樹。　朝:朝廷院内。
③贊:告,説。　巫咸:人名,巫爲其官,咸爲其名。
④四篇:鄭玄云:"《咸乂》四篇皆亡。"

伊 陟

原 命

太戊贊于伊陟①,作《伊陟》《原命》②。

【校注】

①贊:告。
②《伊陟》《原命》:鄭玄云:"《伊陟》亡,《原命》已逸。"《原命》,《史
　記集解》引馬融曰:"原,臣名也。命原以禹、湯之道我所修也。"
　《史記會注考證校補》有《史記正義》曰:"原,再也。言太戊贊於
　湯廟,言伊陟尊高,不可使如臣佐。伊陟讓,乃再爲書命之,故云
　《原命》。"

仲 丁

仲丁遷于嚻①,作《仲丁》②。

【校注】

①仲丁:太戊之子,繼太戊爲王。 遷:遷都。 嚻(áo):地名,亦
作"隞""敖",《詩經·小雅·車攻》"搏獸于敖"鄭玄箋云:"敖,
鄭地,今近滎陽。"

②《仲丁》:鄭玄云:"《仲丁》亡。"

河亶甲

河亶甲居相①,作《河亶甲》②。

【校注】

①河亶(dǎn)甲:仲丁之弟,繼仲丁弟外壬爲王。 居相(xiàng):
從嚻遷都到相居處。相地所在,或説在今河南内黄縣東南。

②《河亶甲》:鄭玄云:"《河亶甲》亡。"

祖 乙

祖乙圮于耿①,作《祖乙》②。

【校注】

①祖乙:太戊之孫,《史記·殷本紀》謂其爲河亶甲之子,王國維《殷
卜辭中所見先公先王續考》謂其爲仲丁之子。《古本竹書紀年》:
"祖乙縢即位,是爲中宗。" 圮(pǐ)于耿:耿地被河水毁壞。圮,
毁壞。鄭玄云:"祖乙又去相居耿,而國爲水所毁。"耿,《史記·

殷本紀》作“邢”，其地或在今河北邢臺，一説即邢丘，在今河南温縣。據《竹書紀年》，大概祖乙遷耿第二年，其地便被河水毀壞，祖乙可能很快又遷居至庇，到祖丁時仍都於庇，繼任的南庚自庇又遷於奄。

②《祖乙》：鄭玄云：“《祖乙》亡。”

盤庚上第九　商書

【題解】

　　"盤庚"謂商王盤庚,《國語·周語上》等又作"般庚"。《盤庚》分上、中、下三篇,西漢伏勝本曾合爲一篇,後又分爲三篇。蔡沈《書集傳》云:"上、中二篇,未遷時言;下篇,既遷後言。"則其内容涉及盤庚遷都前後之事。其文辭古奥,屈萬里《尚書集釋》謂蓋殷末人或西周時宋人追述之作,有修飾、整齊的痕跡,但所述内容當有來源於商代的材料爲依據。底本首篇篇名"盤庚"後原無"上"字,爲清眉目,今補。《盤庚》上篇,記載商之臣、民均不願遷都,藉口箴諫而向盤庚提出反對意見,盤庚於是對臣、民進行訓誥,召集衆貴戚大臣,曉諭他們去除私心,不要只顧放縱安樂,突出了所謂的"盤庚之政",即去奢行儉。盤庚對大臣們恩威並用,一方面表示不會掩蓋他們的功勞,勉勵他們各盡其職,一方面也嚴厲警告他們不要發布錯誤言論("罔有逸言"),而要向百姓發布正確言論("和吉言于百姓"),命令他們只能聽從商王一人的謀略,否則懲罰至身,後悔不及。

　　盤庚五遷[1],將治亳殷[2],民咨胥怨[3],作《盤庚》三篇[4]。

【校注】

①盤庚:商王祖丁之子,繼其兄陽甲爲王。殷墟甲骨文及漢石經中
　　作"般庚"。　　五遷:商人從成湯至盤庚時,已有五次遷都,據古

本、今本《竹書紀年》等載,一遷爲仲丁自亳遷囂,二遷爲河亶甲自囂遷相,三遷爲祖乙從相遷耿,四遷爲祖乙從耿遷庇,五遷爲南庚從庇遷奄。最終盤庚自奄遷至殷,即安陽北洹河北岸之地,商因此被後世又稱爲殷。商盤踞於此二百七十多年,直至商紂時被周武王所滅。

②治:營建。　亳殷:鄭玄謂"亳之殷地"。殷地在今河南安陽小屯洹河沿岸,這裏發現了商王大量卜辭和宮殿、墓地遺址。　案:"將治亳殷",西晉束晳所引孔壁古文《尚書》作"將始宅殷",宅,居。

③咨:咨嗟,哀嘆。　胥:相互。

④作《盤庚》三篇:《史記·殷本紀》:"帝盤庚崩,弟小辛立,是爲帝小辛。帝小辛立,殷復衰,百姓思盤庚,迺作《盤庚》三篇。"

盤庚上

　　盤庚遷于殷[①],民不適有居[②],率籲衆慼[③],出矢言曰[④]:"我王來[⑤],既爰宅于兹[⑥],重我民無盡劉[⑦]。不能胥匡以生[⑧],卜稽曰其如台[⑨]?先王有服[⑩],恪謹天命[⑪],兹猶不常寧[⑫],不常厥邑[⑬],于今五邦[⑭]。今不承于古[⑮],罔知天之斷命[⑯],矧曰其克從先王之烈[⑰]?若顛木之有由蘖[⑱],天其永我命于兹新邑[⑲],紹復先王之大業[⑳],底綏四方[㉑]。"

【校注】

①遷于殷:將遷于殷。説本楊樹達《尚書説》:"此定計決遷之辭,實爲未遷也。"盤庚遷居的殷地,在安陽洹水北岸,武丁以後則主要在南岸。

②民:包括貴戚、大臣在内的民衆。　適:往。　有居:居住地,謂殷

地。"有"爲代詞性用法，相當於"厥""其"。"又（有）""乒
（厥）"二字形近，"有"或"乒"之訛混，參前《虞書·益稷》"予欲
左右有民"注。

③率：句首助辭。　籲（yù）：呼告。　衆慼：衆貴戚。"慼"當作
"戚"，段玉裁《古文尚書撰異》謂衞包改"戚"爲"慼"，"慼"爲俗
字。吳汝綸《尚書故》："《周書·大武解》有'政有四戚'，即此文
'衆戚'也。四戚：一、内姓；二、外婚；三、友朋；四、同盟。此經下
言'至于婚友'，是其證。"

④出矢言：謂盤庚向衆貴戚出陳其言。矢，陳，陳述。

⑤我王來：謂商王南庚遷都來到奄地。參序"盤庚五遷"注。

⑥既：已經。　爰：易，改換。　宅：居住。　兹：此地。謂奄。

⑦重我民無盡劉：蔡沈《書集傳》："重我民之生，非欲盡致之死地。"
重，重視。盡，全，都。劉，殺，傷害。

⑧胥：相。　匡：匡救。

⑨卜稽曰其如台（yí）：卜而詢問，將如何。卜，占卜。稽，問疑。如
台，如何，奈何。

⑩先王：指盤庚之前的商王。　服：事，事業。又參後《周書·大誥》
云："洪惟我幼沖人，嗣無疆大歷服。"

⑪恪：敬。　謹：勤。《國語·周語上》云"修其訓典，朝夕恪勤"，
《逸周書·小開武》云"敬聽以勤天命"。

⑫兹：此。　猶：仍，還。　寧：安。

⑬不常厥邑：没有長久的都邑。謂遷都頻繁。

⑭五邦：商湯至盤庚五遷之都，即囂、相、耿、庇、奄。參本篇序"盤庚
五遷"注。　案："于今五邦"，古本"于"前有"至"字。

⑮不承于古：不繼承爲民而遷都的舊傳統。

⑯罔知天之斷命：僞孔傳："無知天將斷絶汝命。"無知，不知。

⑰矧（shěn）曰：猶"更何況説"。矧，況。"矧曰"在《尚書》共出現

七次,總是與"其"相連,蓋"矧曰其"在當時爲一習用語。 克:
能。 從:跟從,遵循。 烈:業。

⑱顛木:倒下的樹。顛,仆倒。 由蘖(niè):樹木被伐之後生出新
枝條。由,生,《説文解字·屮部》引作"甹",云:"甹,木生條也。"

⑲其:將。 永:長久。 茲:此。 新邑:指將遷之殷地。

⑳紹:承繼。 復:復興。

㉑底(dǐ):定。 綏:安。 四方:天下。

　　盤庚斅于民①,由乃在位以常舊服正法度②,曰無或敢伏
小人之攸箴③。王命衆悉至于庭④。王若曰⑤:"格汝衆⑥,予
告汝訓汝⑦,猷黜乃心⑧,無傲從康⑨。古我先王,亦惟圖任舊
人共政⑩,王播告之修⑪,不匿厥指⑫,王用丕欽⑬;罔有逸言⑭,
民用丕變⑮。今汝聒聒⑯,起信險膚⑰,予弗知乃所訟⑱!

【校注】

①斅(xiào)于民:教導人民。斅,教導,曉諭。教導的内容即下"王
若曰"云云。句中教導之"民"即"民不適有居"之"民"。

②由:因,由於。此説明"盤庚斅于民"的原因。 乃:其。 在位:
大臣。 以:用,猶藉口。 常:守,遵守。 舊服:舊事,舊
制。 正:整飭。

③無或敢:即無敢。 伏:隱藏。 小人:小民。岩崎本、《雲窗叢
刻》本、内野本、神宫本等"小人"作"小民"。 攸:所。 箴:箴
諫。 句謂不敢隱瞞小民們的箴諫之言。實即以小民的名義提
出反對遷都的言論。

④王:盤庚。 衆:即上文"衆慼"。王先謙《尚書孔傳參正》:"經言
'衆',皆謂群臣。江聲以爲庶民,非也。" 悉:全,都。

⑤若:如此。

⑥格:來。

⑦告:告訴。　訓:教導。

⑧猷:謀,謀劃。　黜:去除。　乃:你的。　心:私心,私意。

⑨無:毋,不要。　傲:傲慢。　從:同“縱”,放縱。　康:安逸。

⑩圖:謀。　任:任用。　舊人:長久在位的舊戚老臣。　共政:共同參政。

⑪王播告之修:謂舊人唯先王布告是行。王,先王。播告,敷告,布告。之,是。修,行,推行。

⑫匿:隱藏。于省吾《尚書新證》謂“匿”應讀作“慝”,即忒,義爲變更,於文義亦通。　指:旨意。謂王布告的旨意。

⑬用:因此。　丕:大。　欽:敬。此謂敬其舊人。

⑭罔有:無有。　逸言:過言,錯誤言論。

⑮變:化,謂化於教令。

⑯聒聒(guō guō):嚷叫喧嘩的樣子。

⑰起信險膚:起來申說險惡之傳言。起,興。信,同“申”,申說。險,險惡,邪惡。吳汝綸《尚書故》云:“《廣雅》:‘險,衺也。’‘膚’者,‘臚’之籀文。韋昭《國語》注:‘臚,傳也。’《廣雅》:‘膚,傳也。’鄭《樂記》注:‘傳,猶說也。’險膚者,衺說也。”　案:《國語·晉語六》云:“風聽臚言於市。”韋昭注:“采聽商旅所傳善惡之言。”

⑱乃:汝,你們。　訟:爭辯,爭論。

“非予自荒茲德,惟汝含德,不惕予一人①。予若觀火②,予亦拙謀作③,乃逸④。若網在綱⑤,有條而不紊⑥;若農服田⑦,力穡乃亦有秋⑧。汝克黜乃心⑨,施實德于民⑩,至于婚友⑪,丕乃敢大言汝有積德⑫。乃不畏戎毒⑬,于遠邇惰農自安⑭,不昏作勞⑮,不服田畝,越其罔有黍稷⑯。汝不和吉言于百姓⑰,惟汝自生毒⑱,乃敗禍姦宄⑲,以自災于厥身⑳,乃既先惡于民㉑,乃奉其恫㉒。汝悔身何及㉓!相時憸民㉔,猶胥顧于箴言其發有逸口㉕,矧予制乃短長之命㉖！汝曷弗告朕㉗,而胥動以浮言㉘,恐沈于衆㉙,若火之燎于原㉚,不可嚮邇㉛,其猶可撲滅㉜！則惟汝衆,自作弗靖㉝,非予有咎㉞。

【校注】

①"非予自荒兹德"三句:意謂不是我廢棄此德,而是你們懷藏其德,不施加於我。荒,廢棄。兹德,此德,指信任舊人之德。含,懷。惕,施,施加。予一人,君王自稱,參前《湯誓》"爾尚輔予一人"注。 又,據《史記·殷本紀》,"含德"今文作"舍德",王先謙《尚書孔傳參正》云:"舍德與荒德,語意相對,較'含'爲合。"阮元《校勘記》謂葛本"含"作"舍"。"舍"有居、止之義,與懷而不施意近。

②若:好像。 觀火:意謂所見明顯。

③拙謀作:拙於謀略。謀作,謀略,謀劃。周秉鈞《尚書易解》:"'謀作'當連讀,猶下文之'作猷'也。"

④乃逸:汝乃有逸言。"逸"同"佚",失,過。過言,錯誤言論。

⑤綱:網之大繩。

⑥條:條理。 紊:亂。

⑦農:農人。 服:治理。

⑧力:勉力,盡力。 穡:稼穡,耕種收穫。楊筠如《尚書覈詁》:"《詩傳》:'種之曰稼,斂之曰穡。'此舉穡以包稼也。" 乃:才。 亦:蔣天樞《〈盤庚篇〉校箋》:"亦,讀爲奕,大也。大有秋猶大有年。"秋:收成。

⑨黜乃心:去除你們的私心私意。參上"猷黜乃心"注。

⑩實德:帶來實惠的德政。曾運乾《尚書正讀》:"不遷爲順民之虛名,遷則爲惠民之實德也。"

⑪至:達。 婚友:婚姻、朋友。此朋友蓋謂族人,後《周書·康誥》云"矧惟不孝不友""大不友于弟",《君陳》云"友于兄弟","友"是針對兄弟而言,"朋友"謂同族衆兄弟。《爾雅·釋訓》:"善父

母爲孝,善兄弟爲友。"

⑫丕乃:於是。丕亦乃。　　積:聚,此謂多。

⑬乃:卻。　畏:懼,怕。　戎:大。　毒:害。

⑭于:如,像。　邇:近。　惰農:懶惰的農人。　安:安逸。

⑮昏:鄭玄云:"昏,讀爲暋。暋,勉也。"　作勞:勞作。

⑯越其:於是就。王引之《經傳釋詞》:"越其,猶爰乃也。"　黍稷:
黍之黏者爲黍,不黏者爲稷。此"黍稷"泛指農作物。

⑰和:宣,宣布。　吉言:善言。指商王遷都的命令。　百姓:民。

⑱自生毒:謂自己種下禍害。毒,害,禍害。

⑲敗:敗壞。　禍:禍害。　姦:在外作惡。　宄(guǐ):在内作惡。

⑳災:禍害。　厥身:其身。

㉑既:已。　先:先導,帶頭。　惡:錯誤言論,與前"吉言"相對。指
不遷都的言論。

㉒奉:承受。　恫(tōng):哀痛。

㉓悔身:悔恨自身。

㉔相:看。　時:是,這些。　憸(xiān)民:小民。今文作"散民",王
先謙《尚書孔傳參正》:"散民,猶言凡民也。"謂普通民衆。

㉕胥:相。　顧:顧慮。　箴言:箴諫之言。　其:表推辭,猶"可
能"。　發:發言説出來。　逸口:即上文"逸言",過失之言,錯
誤言論。

㉖矧:何況。　制:掌控。　乃:汝。　短長之命:謂生死之命。

㉗曷:爲何。　弗:不。　告:報告。

㉘胥:相互。　動:鼓動。　浮言:浮淺傳言。

㉙恐沈(chén)于衆:恐怕浮言已深入衆人之心。沈,即今之"沉",深。

㉚燎:燃燒。

㉛嚮邇:靠近。

㉜其:豈。

㉝自作弗靖:王先謙《尚書孔傳參正》:"言汝自作不善以致刑戮,咎不在予。"釋"靖"爲"善"。疑"自作"謂衆人興作浮言聒聒,"弗靖"即不安。

㉞咎:過錯。

"遲任有言曰①:'人惟求舊②,器非求舊,惟新。'古我先王暨乃祖乃父胥及逸勤③,予敢動用非罰④,世選爾勞⑤,予不掩爾善⑥。兹予大享于先王⑦,爾祖其從與享之⑧。作福作災⑨,予亦不敢動用非德⑩。予告汝于難⑪,若射之有志⑫。汝無老侮成人⑬,無弱孤有幼⑭。各長于厥居⑮,勉出乃力⑯,聽予一人之作猷⑰。無有遠邇⑱,用罪⑲,伐厥死⑳;用德㉑,彰厥善㉒。邦之臧㉓,惟汝衆;邦之不臧,惟予一人有佚罰㉔。凡爾衆㉕,其惟致告㉖,自今至于後日㉗,各恭爾事㉘,齊乃位㉙,度乃口㉚。罰及爾身,弗可悔。"

【校注】

①遲任:鄭玄云:"遲任,古之賢史。"

②人:用人。 舊:舊人,舊臣。

③暨:及,與。 胥及逸勤:謂君臣同甘共苦。胥及,相與。逸,安樂。勤,勤勞。 案:皮錫瑞《今文尚書考證》云"逸勤"今文一作"肆勤",謂勤勞王事,肆亦勤。勤勞王事僅指臣言,與"胥及"不甚相符,今不取其説。

④敢:謂不敢。今文作"不敢"。 動用:動輒使用。 非罰:不符合法度的懲罰。 案:下文云"予亦不敢動用非德",則此當作"不敢"。

⑤世選爾勞:僞孔傳:"選,數也。言我世世數汝功勤。"孔穎達疏:"'選'即'算'也,故訓爲數。" 案:世,趙朝陽《出土文獻與〈尚書〉校讀》云:"'世'字頗疑當讀爲'撲',《集韻·薛韻》'撲,《説文》:"閲持也。"或作'抴'',《廣雅·釋詁》'抴、閲,數也'王念孫

《疏證》：'抴、閱，皆謂數之也。抴讀爲揲著之揲。''世選'並訓爲算、數，於文義更暢。另外，《逸周書》'世俘'之'世'殆亦應讀爲'揲'。"趙説可從。又，俞樾《群經平議》謂"選"當讀爲"纂"，繼承。謂繼其父祖之業，世代繼承爲官。《左傳》襄十四年云"纂乃祖考"，《孔悝鼎》亦云"纂乃祖服""纂乃考服"。録此亦備參考。

⑥掩：掩蓋。

⑦享：獻祭，祭祀。

⑧從與享之：跟從一起受到祭祀。從，跟從。與，一起參與。

⑨作福作災：謂君王向臣下賜福、降災。後《周書·洪範》云："惟辟作福，惟辟作威。"可見只有君主才有作福作災的權力。作災、作威可能含義相同，均謂君主對臣下的懲戮。"作福作災"，古本作"依福依災"。

⑩非德：不符合法度的恩德。

⑪于：以。　難：艱難。蓋謂遷都。

⑫射：射箭。　志：箭靶上的標識。

⑬無：不要。　老侮：以其老邁而輕慢。侮，輕慢。"老侮"與下"弱孤"相對。鄭玄云："老、弱，皆輕忽之意也。""老""弱"二字本身並無輕忽之意，蓋以其老、以其弱而有輕忽之意。　成人：謂年長之人。"成人"與下"有幼"相對，又《詩經·大雅·思齊》："肆成人有德，小子有造。"成人、小子對舉，小子爲年輕者，成人爲年長者。

⑭弱孤：以其弱小而輕賤。孤，輕賤。　有幼：謂年幼之人。"有"爲代詞性用法，相當於"厥""其"。"又（有）""厽（厥）"二字形近，"有"或"厽"之訛混，參前《虞書·益稷》"予欲左右有民"注。

⑮各：各自。　長：爲官長。　厥：其。　居：位，職位。

⑯勉：努力。

⑰作猷：謀劃。

⑱無有遠邇(ěr):不論遠近。遠蓋謂衆民,近蓋謂衆戚。邇,近。

⑲用罪:行之以罪。用,行用。

⑳伐:誅罰。 死:惡。

㉑用德:行之以德。

㉒彰:表彰。

㉓邦:國。 之:若。 臧:善。

㉔佚罰:罪過。"佚"同"失",過。罰,罪。

㉕凡:趙朝陽《出土文獻與〈尚書〉校讀》謂"凡"應是"同"字之誤,凡爾衆謂會同爾衆。

㉖致:傳達。 告:盤庚此誥。《左傳》哀公十一年引《盤庚》文字,稱其爲《盤庚之誥》。

㉗後日:往後之日。

㉘恭:敬。

㉙齊:整,整飭。又疑同"濟",敬,與上"恭爾事"之"恭"相應。屈萬里《尚書集釋》:"古'齋'字但作'齊',此當讀爲'齋',敬也。"亦可資參考。 位:職位。

㉚度乃口:僞孔傳釋爲:"以法度居汝口,勿浮言。"蔡沈《書集傳》亦謂:"法度汝言。"謂出口之言要有法度,不能"胥動以浮言"。又,江聲《尚書集注音疏》謂"度"即"斁(dù)",閉。今寫作"杜",亦可通。

盤庚中第十 商書

【題解】

正文中篇名"盤庚中"三字底本原無,爲清眉目而補。本篇亦記未遷之時,盤庚對不願跟從遷都的臣民進行訓誥,追述過去君臣關係和諧,休戚與共,强調君臣應該同心一意;指責現今臣下不爲君主分憂,警告他們若此以往,則如以舟載物渡河,將沉没無救。盤庚告誡臣下,如果不和君主親近,不僅商王的先王會向這些不同心同德的臣下降下禍難,他們自己的祖先之靈也會棄絶他們,不會拯救他們,而盤庚也會滅絶他們,不留後嗣。最後希望臣民遷往新都,在那裏長久安家。

盤庚中

盤庚作①,惟涉河以民遷②,乃話民之弗率③,誕告用亶其有衆④,咸造勿褻在王庭⑤,盤庚乃登進厥民⑥,曰:"明聽朕言⑦,無荒失朕命⑧。嗚呼!古我前后⑨,罔不惟民之承保⑩,后胥慼鮮⑪,以不浮于天⑫。時殷降大虐⑬,先王不懷厥攸作⑭,視民利用遷⑮。汝曷弗念我古后之聞⑯,承汝俾汝⑰,惟喜康共⑱。非汝有咎,比于罰⑲。予若籲懷兹新邑⑳,亦惟汝故㉑,以丕從厥志㉒。

【校注】

①作：興立。謂立爲君。

②惟：謀思。　涉河：渡過黄河。周秉鈞《尚書易解》："涉，渡也。奄在河之南，殷在河之北，故須渡河也。"　以：率領。　遷：遷都。

③話：會合。　率：從，遵循。

④誕告用亶(dǎn)其有衆：乃以誠告其衆。誕，乃。用，以。亶，誠。

⑤咸造勿褻在王庭：僞孔傳："衆皆至王庭，無褻慢。"咸，皆。造，至。勿褻，王先謙《尚書孔傳參正》："勿褻者，謂衆心肅静。"吳汝綸《尚書故》謂"勿褻"即"忽媟"："勿者，忽之壞字；褻者，媟之借字。忽媟者，輕嫚也。"亦可備一説。王庭，王宫前的院子。

⑥登進厥民：讓民衆上前。登，上。進，前。

⑦明：勉，努力。　朕：我。

⑧荒失：廢棄。

⑨前后：先后，即先君。后，君。

⑩惟民之承保：即"唯民是承保"。承保，奉養。

⑪后：君王。　胥：同"諝"，有才智。　戚：貴戚。　鮮：善，美。

⑫以：因此。　浮：罰，受罰。俞樾《群經平議》謂"浮"讀爲"佛"，違也，違背，亦通。　案：下句句首"時"字亦或有上屬作"天時"者，謂天道。但"天時"一詞不見於《尚書》他篇。

⑬殷：大。　虐：災。蓋謂河水氾濫。

⑭懷：安。　厥：其。　攸：所。　作：營作，建造。謂所營建的當時的居所。

⑮用：以。　遷：遷都。

⑯曷弗：何不。　念：思，想。　古后：蓋即上"古我前后"之簡稱，謂先君。　聞：舊聞，往事。

⑰承汝俾汝：楊筠如《尚書覈詁》："承女俾女，承上文'承保'而言。承俾，即承保也。古保、俾雙聲，蓋可通假，故'保乂'亦作'俾

义’。”承保,奉養。參上“罔不惟民之承保”注。

⑱喜康共:一起歡樂安寧。喜,樂。康,安。共,共同,一起。

⑲“非汝有咎”二句:謂若非汝有過,否則我們就一同受罰。前言共喜康,此言同過罰。咎,過錯。比,同,一起。

⑳若:如此,像這樣。 籲(yù):呼籲。 懷茲新邑:安於此新邑。懷,安。茲新邑,謂殷地。

㉑亦惟汝故:也還是爲了你們的緣故。

㉒丕:大。 從:順從。 厥:汝。 志:心願。

“今予將試以汝遷①,安定厥邦②,汝不憂朕心之攸困③,乃咸大不宣乃心④,欽念以忱動予一人⑤;爾惟自鞠自苦⑥,若乘舟⑦,汝弗濟⑧,臭厥載⑨。爾忱不屬⑩,惟胥以沈⑪,不其或稽⑫,自怒曷瘳⑬。汝不謀長⑭,以思乃災⑮,汝誕勸憂⑯,今其有今罔後⑰,汝何生在上⑱！今予命汝一⑲,無起穢以自臭⑳,恐人倚乃身㉑,迂乃心㉒。予迓續乃命于天㉓。予豈汝威㉔,用奉畜汝衆㉕。

【校注】

①試:裘錫圭《卜辭“異”字和詩、書裏的“式”字》謂“試”當讀爲“式”,在這裏爲“將要”之義。 以:率。

②邦:國。

③憂:擔憂。 攸:所。 困:困苦。 案:此句前漢石經有“今”字。

④乃:卻,竟然。 咸:皆,都。 大不宣乃心:謂汝心大不和。宣,和。乃,你的。下文亦云“迂乃心”。

⑤“欽念以忱”句:此承上“咸大不”而言,謂汝皆不敬思以誠心打動我。欽,敬。忱,誠。動,打動,影響。《孟子·離婁上》云:“至誠而不動者,未之有也;不誠,未有能動者也。”

⑥鞠(jū):困苦。“自鞠自苦”猶謂自討苦吃。

⑦乘舟：載物於舟。乘，載。

⑧濟：渡過。

⑨臭：久而腐朽有臭。　厥載：舟所載之物。厥，其。

⑩爾忱不屬：謂汝舟沉没，無物連屬可援引而救。忱，沉没。一説此
　句照應上"欽念以忱動予一人"，謂汝之誠不歸屬於我，謂不忠誠
　於我。

⑪惟胥以沈：周秉鈞《尚書易解》據楊筠如《尚書覈詁》謂："胥，讀爲
　湑，言淪湑也。沈，没也。惟胥以沈，猶《詩》言'淪胥以亡'也。"

⑫不其或稽：謂其將無所留。指舟所載之物沉没無留。稽，留下。

⑬怒：怨怒。"怒"字，《隸釋》載漢石經作"怨"。　曷瘳（chōu）：何
　救，怎麽有救。曷，何。瘳，救。

⑭謀：圖謀。　長：長久。

⑮思：反思，反省。　災：禍。

⑯誕：乃。　勸憂：樂憂，樂在憂患之中。勸，樂。憂，禍患。又，勸，
　勉力，盡力，謂助長禍患之事，亦可通。

⑰有今罔後：蔡沈《書集傳》："有今，猶言有今日也。罔後，猶言無
　後日也。"罔後即無後，謂死亡。

⑱汝何生在上：上天何能讓你生存。何，何能。生，生存。上，天。
　後《周書·西伯戡黎》云"我生不有命在天"。

⑲一：一心不二。謂與我一心。俞樾《群經平議》、吳汝綸《尚書故》
　謂"一"當屬下句，其義爲"皆"，亦可備一説。

⑳起：興，造作。　穢：污穢。　自臭：謂穢及其身。或以"臭"即
　"嗅"，以鼻聞之，亦可通。

㉑恐：恐怕。　人：他人。　倚乃身：使你身子不正。倚，偏斜，不
　正。乃，你的。

㉒迂乃心：使你心志歪斜。迂，歪。一説"迂"即"污"，亦通。

㉓予迂續乃命于天：王先謙《尚書孔傳參正》："續者，繼也，言天將

永我命于兹新邑,我爲汝迎而續之。"迓,迎。乃,其。

㉔予豈汝威:我豈是要威罰你們。威,威罰,謂遷都一事。

㉕用:以。　奉畜:奉養,供養。畜,養。　句謂遷都乃是爲了你們衆人有更好的生活。

　　"予念我先神后之勞爾先①,予丕克羞爾②,用懷爾然③。失于政④,陳于兹⑤,高后丕乃崇降罪疾⑥,曰曷虐朕民⑦?汝萬民乃不生生⑧,暨予一人猷同心⑨,先后丕降與汝罪疾⑩,曰曷不暨朕幼孫有比⑪?故有爽德⑫,自上其罰汝⑬,汝罔能迪⑭。古我先后既勞乃祖乃父,汝共作我畜民⑮,汝有戕則在乃心⑯,我先后綏乃祖乃父⑰,乃祖乃父乃斷弃汝⑱,不救乃死⑲。兹予有亂政同位,具乃貝玉⑳。乃祖先父丕乃告我高后曰㉑,作丕刑于朕子孫㉒,迪高后丕乃崇降弗祥㉓。

【校注】

①念:顧念。　先神后:即先后,謂先君。父、祖之前可加聖、神、皇、文這些表示美稱的字。前《虞書·大禹謨》云:"帝德廣運,乃聖乃神,乃武乃文。"　勞:辛勞。　爾先:你們祖先,即後文云"乃祖乃父"。

②丕:乃。　克:能。　羞爾:謂將吾之心志想法貢獻出來告訴你們。羞,獻,進,此謂獻言,進言,亦謂之羞告,下《盤庚下》云"羞告爾于朕志"。爾,汝。于,以。

③用:以。　懷:安。　然:同"焉",句末之詞。或"然"下屬後句,表轉折之意,亦通。

④失于政:政事有失。

⑤陳于兹:久在於此奄地。陳,久。周秉鈞《尚書易解》釋"陳"爲"處":"而失于政事,居處在此,則高后將重罰我,責問我曰:'何爲虐害我民乎?'"亦通。

⑥高后:與本文"前后""先后"同義,指先君。顧頡剛、劉起釪《尚書校釋譯論》:"甲骨文中'高'和'後'對用。如:高祖乙,后(後)祖乙;高祖丁,后(後)祖丁。故'高'就是'前'。"一説"高后"特指武丁。　丕乃:於是。"丕"亦"乃"義。　崇:同"終",最終。罪疾:罪禍。

⑦曷:何,爲何。　虐:虐待。

⑧乃:若,如果。　生生:營生,謀生。

⑨暨予一人猷同心:此句仍承上"乃不"而言。暨,與,和。猷,謀求。

⑩丕:乃。

⑪暨:與,和。　幼孫:謂盤庚。　比:同。謂同心。屈萬里《尚書集釋》:"比,按:義當如《周易·比卦》,及《詩·正月》'洽比其鄰'之比,親也。"作親睦解,亦通。

⑫故:因。　爽德:差失于德。爽,差失。《詩經·小雅·蓼蕭》云:"其德不爽,壽考不忘。"

⑬上:天。神靈之先王高高在天。　其:將。

⑭迪:行。此謂逃行。

⑮共:共同,一起。　作:爲。　畜:養。

⑯戕則:即戕賊,謂殘傷賊害之意。則,同"賊"。

⑰綏:告。吳汝綸《尚書故》:"綏,當訓'告'。下篇'綏爰有衆',告於有衆也;《大誥》'綏予曰',告予也。"孫詒讓《尚書駢枝》:"今考'綏'訓'安',引伸之,安人以言亦得曰綏,猶言慰安之也。……此與下文'乃祖先父丕乃告我高后'文正相對,'綏'與'告'義亦相近。"

⑱斷弃:絕棄。

⑲乃:汝。

⑳"兹予有亂政同位"二句:僞孔傳:"亂,治也。此我有治政之臣同位於父祖,不念盡忠,但念具貝玉而已。言其貪。"兹,此,今此。

同位,謂與其父祖同有其位。具,備,謂聚斂以爲己有。貝玉,貝
和玉,謂財寶。

㉑乃祖先父:內野本、神宮本、足利本作“乃祖乃父”。　我高后:
《經典釋文》云:“‘我高后’,本又作‘乃祖乃父’。”段玉裁《古文
尚書撰異》云:“按:別本是也。當‘乃祖乃父丕乃告’句絶,‘乃祖
乃父曰:作丕刑于朕子孫’句絶。”段説亦可參考。

㉒丕:大。　朕:我。　子孫:敦煌本、岩崎本無“孫”字。

㉓迪:語氣詞,猶“迪唯”,對後面詞語加以强調。　弗祥:凶禍。
祥,福。

　　“嗚呼!今予告汝不易①。永敬大恤②,無胥絶遠③,汝分
猷念以相從④,各設中于乃心⑤。乃有不吉不迪⑥,顛越不
恭⑦,暫遇姦宄⑧,我乃劓殄滅之⑨,無遺育⑩,無俾易種于兹新
邑⑪。往哉生生!今予將試以汝遷,永建乃家。”

【校注】

①予告汝不易:即《盤庚上》所謂“予告汝于難”。

②永敬大恤:要永久謹慎。“永敬”與“大恤”同義,永,長。敬、恤均
謹慎之義。

③無胥絶遠:不要與我相隔絶疏遠。謂要相親。胥,相。絶,隔絶。
遠,疏遠。《詩經·小雅·角弓》云:“兄弟婚姻,無胥遠矣。”

④分:當依漢石經作“比”,同,共同。蓋“分”因與“比”篆文形近而
訛。　猷:謀。　從:跟從我。

⑤各設中于乃心:各在你們心中要樹立旗幟,謂統一集中在商王盤
庚的旗幟下,與王心一致。中,旗幟。又,裘錫圭《説〈盤庚〉篇的
“設中”》謂“設中”即甲骨文“立中”,“中”爲所立測量風向的風
向標,引申爲標準、準則,亦可指法則、法度。則句謂各在你們心
中要立有應遵守的法度,亦通,《逸周書·度訓》:“天生民而制其

度。度小大以正,權輕重以極,明本末以立中。”“正”“極”“中”三字義相類,均可釋爲標準、準則,是對“天生民而制其度”之“度”(法度)從三個方面的分別解釋。

⑥乃:若,如果。　吉:善。　迪:善。

⑦顛越:倒行逆施越軌違法。

⑧暫遇:王引之《經義述聞》謂“暫”讀曰“漸”,詐欺也;“遇”讀爲“隅”,字或作“偶”,姦邪也。　姦宄:《廣雅·釋詁》云:“竊盜也。”《國語·晉語六》:“亂在内爲宄,在外爲姦。”上《盤庚上》亦云“敗禍姦宄”。

⑨劓殄:斷絶。　滅:滅亡

⑩遺:遺留。　育:生長。又,王引之《經義述聞》謂“育”讀爲“胄”,古育、胄同聲而通用。無遺胄,謂不留後嗣。趙朝陽《出土文獻與〈尚書〉校讀》云:“按,‘育’即幼、稚也。……‘無遺育’即無遺幼之意。禹鼎銘(《集成》2833)之‘勿遺壽幼’即含無遺幼之意。”二説亦可參考。

⑪無俾易種于兹新邑:不使不善之種蔓延至此新邑。俾,使。易,延,説參王引之《經義述聞》卷十七“惡之易也”條。

盤庚下第十一　商書

【題解】

　　正文中篇名“盤庚下”三字底本原無,爲清眉目而補。本篇記盤庚遷都殷地之後,再次告諭、勉勵衆人,説明遷都乃繼承先王爲民而遷的傳統,遷都也是爲了弘揚過去的美績,上天亦將以此光復商之先祖功業,使商得大治。盤庚還希望各級官長深思,申明選拔任用大家是要敬於民事,而不會任用爲個人撈取資財的人,只有那些努力協助在新都營生、安居的人,才會被銓選任用。最後勉勵衆官員不要爲自己聚斂財富,要與商王一心,和民衆一起在新邑建功立業。

盤庚下

　　盤庚既遷,奠厥攸居①,乃正厥位②,綏爰有衆③,曰:“無戲怠④,懋建大命⑤! 今予其敷心腹腎腸⑥,歷告爾百姓于朕志⑦。罔罪爾衆⑧,爾無共怒⑨,協比讒言予一人⑩。古我先王將多于前功⑪,適于山⑫,用降我凶德⑬,嘉績于朕邦⑭。今我民用蕩析離居⑮,罔有定極⑯,爾謂朕曷震動萬民以遷⑰,肆上帝將復我高祖之德⑱,亂越我家⑲。朕及篤敬⑳,恭承民命㉑,用永地于新邑㉒。肆予沖人㉓,非廢厥謀㉔,弔由靈各㉕;非敢違卜㉖,用宏兹賁㉗。

【校注】

①奠:定。　厥:其。　攸:所。

②乃:於是。　正厥位:謂即位行政。僞孔傳:"正郊廟朝社之位。"蔡沈《書集傳》:"正君臣上下之位。"二人所釋均即位的具體表現,似太實。

③綏:告。參上《盤庚中》"我先后綏乃祖乃父"注。　爰:於。

④無:不要。　戲:遊戲。　怠:懈怠。

⑤懋建大命:努力建立你們的重要職事。懋,勉,勉力。"懋",漢石經殘碑作"勖"。建,立。大,重大。命,職命,服命。

⑥敷心腹腎腸:猶謂敞開心胸。敷,布陳,公布,敞開。《左傳》宣公十二年云"敢布腹心",昭公二十六年亦云"敢盡布其腹心"。

⑦歷:遍。　爾:汝,你們。　百姓:百官。　于:以。　朕:我。志:心志。

⑧罔罪爾衆:我没有罪罰你們。罔,無。罪,罪罰,懲罰。此謂遷都並非是對大家的罪罰。

⑨共:一起。　怒:怨怒我。

⑩協比:協同。　讒言予一人:説我一人的壞話。

⑪將:欲將。　多于前功:猶言功蓋前人。前功,前人功業。

⑫適:往,遷往。　山:高處的山地。

⑬用:以。　降:減少。　凶德:吳汝綸《尚書故》:"凶德,猶後世言灾運也。《左傳》'先君之敗德'亦與此同。"

⑭嘉績于朕邦:美其功業於我國。嘉,美。績,功。邦,國。

⑮用:因。　蕩析:動蕩分散。　離居:離開居所。

⑯定極:安定停止。極,終極,所止之處。

⑰曷:何,爲何。　震動:驚動。

⑱肆:故。　上帝:天。

⑲亂:治,治理。　越:於。　我家:我國家。

⑳及:猶"汲汲",心情急切貌。　篤敬:篤敬上天。

㉑承:保,拯救。　民命:天命。

㉒用:以。　永地:永久居處。吳汝綸《尚書故》:"居其地謂之地。"　新邑:殷都。

㉓肆:故。　予沖人:盤庚自謂。

㉔非廢厥謀:非棄臣民不欲遷之謀。

㉕弔由靈各:謂善從占卜。弔,淑,善。由,用,遵從。"由"與上"廢"相對。靈各,李學勤《甲骨卜辭與〈尚書·盤庚〉》云:"'靈各'可能就是'靈骼',指占卜用的甲骨而言。""靈"謂龜,"骼"謂獸骨。

㉖違卜:違背占卜。

㉗用宏茲賁(bì):乃以弘揚先王嘉績也。用,以。宏,弘揚。賁,美,謂先王嘉績、美善功業。

"嗚呼!邦伯、師長、百執事之人①,尚皆隱哉②!予其懋簡相爾③,念敬我衆④。朕不肩好貨⑤,敢恭生生⑥,鞠人、謀人之保居,叙欽⑦。今我既羞告爾于朕志若否⑧,罔有弗欽⑨!無總于貨寶⑩,生生自庸⑪,式敷民德⑫,永肩一心⑬!"

【校注】

①邦伯:邦國之長。　師長:衆官長。師,衆。　百執事:各位執行政事的。百,言其衆。

②尚:表希望祈使語氣。　隱:思,考慮。

③懋:勉,大力。"懋",漢石經殘碑作"勖"。　簡相:簡視,視察。此有挑選之意。簡,閱。相,視。　爾:你們。

④念:思。　敬:勤謹。　衆:民衆。

⑤肩:使擔任,任用。　好貨:喜好財貨的人。

⑥敢:願。　恭:奉,舉用。　生生:謀生的人。上《盤庚中》篇末盤

庚勉勵衆民"往哉生生"。

⑦"鞠人"二句：王先謙《尚書孔傳參正》："能養人及謀人之安居者，叙而敬之。"鞠，養。謀，謀生。保，安。叙欽，次而敬用之。叙，次序。欽，敬。

⑧羞告：進言告之。羞，獻，進。　朕志若否：我心中肯定與否定的。若，順，謂肯定。否，否定。

⑨罔有弗欽：謂汝當無不恭敬爲之。有，或。欽，敬。

⑩無：毋。　總：聚斂。　貨寶：財寶。

⑪生生自庸：要營生以建立功業。庸，功。

⑫式：用，以。　敷：布施。　德：恩惠。

⑬肩：克，能。

説命上第十二　商書

【題解】

　　"説(yuè)命"謂説之命,説爲商王武丁求得的賢臣之名,又稱傅説。漢代今文無《説命》,鄭玄云《説命》三篇已亡。今本《説命》上中下三篇,爲魏晉間晚起僞古文《尚書》。《清華大學藏戰國竹簡(叁)》中有篇題爲《尃敓之命》的内容,"尃"即"傅","敓"即"説",即《傅説之命》,被整理命名爲《説命》上中下三篇,此三篇與今本《説命》三篇有較大差别,當即亡佚之《説命》三篇,參本書後附録"清華簡有關《尚書》的篇章"部分。《説命》蓋爲《傅説之命》的簡稱。今本《説命》三篇,孔穎達疏云:"此三篇,上篇言夢説,始求得而命之;中篇説既總百官,戒王爲政;下篇王欲師説而學,説報王爲學之有益,王又屬説以伊尹之功。"本篇乃魏晉間晚起僞古文《尚書》篇章25篇中第十一篇,篇名"説命"後底本原無"上"字,爲清眉目,今補。蔡沈《書集傳》:"《説命》記高宗命傅説之言,'命之曰'以下是也,猶《蔡仲之命》《微子之命》。"本篇主要記武丁器重傅説,對傅説寄予進諫、輔弼的厚望。一些文句當採自於《國語·楚語上》,又見於清華簡《説命中》。

　　高宗夢得説①。使百工營求諸野②,得諸傅巖③,作《説命》三篇④。

【校注】

①高宗夢得説(yuè)：僞孔傳："盤庚弟小乙子名武丁，德高可尊，故號高宗。夢得賢相，其名曰説。"高宗即商王武丁，繼盤庚之弟小乙爲王，高宗或爲其廟號，《史記·殷本紀》："祖己嘉武丁之以祥雉爲德，立其廟爲高宗。"但武丁在殷墟甲骨文中又稱"父丁""祖丁"，尚不見"高宗"之稱，僅《周易·既濟》九三爻辭有稱。

②百工：百官。又見前《虞書·堯典》"允釐百工"注。　營：謀。諸："之於"合音。　野：野外，謂民間。　案：清華簡云"王命厥百工向以貨徇求説于邑人"。

③傅巖：地名。因在傅巖之地得説，故亦名傅説。僞孔傳謂其地在虞、虢之界，即今山西平陸縣與河南三門峽市陝州區之間。

④作《説命》三篇：本篇序文言《説命》分三篇，而秦火之後《説命》已無流傳，除了僞古文《尚書》之外，其他傳世文獻均不記《説命》分三篇，清華簡確實證明戰國時《説命》爲三篇，可見《説命》之序當成篇較早，或即在戰國。

説命上

王宅憂亮陰三祀①。既免喪②，其惟弗言③，群臣咸諫于王曰④："嗚呼！知之曰明哲⑤，明哲實作則⑥。天子惟君萬邦⑦，百官承式⑧。王言，惟作命⑨；不言，臣下罔攸稟令⑩。"

王庸作書以誥曰⑪："以台正于四方⑫，台恐德弗類⑬，兹故弗言，恭默思道⑭。夢帝賚于良弼⑮，其代予言⑯。"乃審厥象⑰，俾以形旁求于天下⑱。説築傅巖之野⑲，惟肖⑳，爰立作相㉑，王置諸其左右㉒，命之曰："朝夕納誨㉓，以輔台德㉔。若金㉕，用汝作礪㉖；若濟巨川㉗，用汝作舟楫㉘；若歲大旱，用汝作霖雨㉙。啓乃心㉚,沃朕心㉛。若藥弗瞑眩㉜,厥疾弗瘳㉝;若跣弗視地㉞,厥足用傷㉟。惟暨乃僚㊱,罔不同心,以匡乃辟㊲,俾率先王㊳,迪我高后㊴,以康兆民㊵。嗚呼!欽予時命㊶,其惟有終㊷!"

説復于王曰㊸:"惟木從繩則正㊹,后從諫則聖㊺。后克聖㊻,臣不命其承㊼,疇敢不祇若王之休命㊽。"

【校注】

①王:商王武丁。　宅憂:武丁爲其父小乙居喪。宅,居。憂,父母之喪事。　亮陰:即"梁闇(ān)",亦作"諒陰""亮闇"等,梁謂楣梁,闇謂廬屋。此謂居住在簡陋棚屋裹。　祀:年。　案:後《周書·無逸》載高宗"作其即位,乃或亮陰,三年不言"。

②免喪:免除服喪。謂居喪期滿,不再居喪。

③其:武丁。　惟:因。　弗言:不言政。謂不理朝政。　案:後《周書·無逸》周公云武丁"其惟不言,言乃雍"。

④咸:皆,均。

⑤知之:蓋謂通曉事理。　明哲:明智,聰明而智慧。

⑥則:法則。

⑦君:統治。　萬邦:萬國,謂天下。

⑧承:仰承,承接。　式:法式,法令。

⑨"王言"二句:意謂王開口説話,即發出政令。言,開口言政。命,命令,政令。

⑩攸:所。　禀:禀受,領受。　令:義同上"命",命令,政令。　案:《國語·楚語上》引卿士曰:"王言,以出令也;若不言,是無所禀令也。"

⑪庸:用,因此。　作書:寫下書面的誥文。　誥:發布誥文。

⑫以:因。　台(yí):余,我。　正:治,治理,爲政。　四方:天下。

案:後《微子》云"殷其弗或亂正四方"。

⑬台(yí):余,我。"台",葛本、十行本、閩本、監本、《纂傳》本作"惟"。　類:善。　案:《國語·楚語上》:"武丁於是作書,曰:'以余正四方,余恐德之不類,兹故不言。'"

⑭恭:敬。　默:静默不言。　道:治理天下之道。　案:《國語·楚語上》云武丁"於是乎三年,默以思道"。

⑮帝:天。　賚(lài):賜予。　良弼:賢良的輔弼之臣。弼,輔。

案:清華簡《説命上》云"惟殷王賜説于天",即"天賜説于殷王",又云"帝抑爾以畀余",又云"説乃曰:'惟帝以余畀爾'",既稱"天",亦稱"帝",可見帝即天。

⑯其:將。

⑰審:詳審。　厥:其。　象:所夢良臣的形象。

⑱俾:使。　形:形象。　旁求:廣求,四方尋求。

⑲説(yuè):人名,即傅説。　築:築土。

⑳肖:偽孔傳:"肖,似。似所夢之形。"

㉑爰:乃,於是。　案:清華簡《説命上》云"命説爲公"。

㉒置:安置。　諸:之於。　左右:謂身邊。

㉓朝夕:早晚。　納:進。　誨:教誨之言。

㉔台(yí):余,我。

㉕若:像,如同。　金:金屬。

㉖用:以。　礪:磨石。

㉗濟:渡。　巨川:大河。

㉘舟楫:舟和槳。

㉙霖雨:下不停的雨。

㉚啓:打開。　乃:你的。

㉛沃:澆灌。　朕:我的。

㉜藥:治病之藥。　瞑(mián)眩:頭暈目眩。

㉝瘳(chōu):病愈。

㉞跣(xiǎn):赤脚。謂赤脚以行。　視:看。

㉟用:以,因此。　傷:受傷。　案:《國語·楚語上》:"如是而又使以象夢旁求四方之賢,得傅説以來,升以爲公,而使朝夕規諫,曰:'若金,用女作礪;若津水,用女作舟;若天旱,用女作霖雨。啓乃心,沃朕心。若藥不瞑眩,厥疾不瘳;若跣不視地,厥足用傷。'"

㊱暨:及,與。　僚:僚屬。

㊲匡:匡正。　乃:你的。　辟:君主。

㊳俾率:即"率俾",順從,服從。俾,亦作"比",順從。率,率服,順從。後《周書·武成》:"華夏蠻貊,罔不率俾。"　先王:此前先代商王。

㊴迪:由,跟從,遵行。　高后:一説與"先后"同義,謂先君。一説特指成湯。又參前《盤庚中》"高后丕乃崇降罪疾"注。

㊵康:安,樂。　兆民:猶萬民。兆,言其極多。或以百萬爲兆。

㊶欽:敬。　時:是。　命:謂上述任命之辭。

㊷其:表希望語氣。　有終:有善終。　案:前《湯誥》亦云:"尚克時忱,乃亦有終。"

㊸復:回答。

㊹從:遵從,依從。　繩:準繩,謂木工所劃墨綫。　正:直。

㊺后:君王。　聖:聖明。　案:《説苑·正諫》:"木受繩則直,人受諫則聖。"

㊻克:能。

㊼臣不命其承:臣下不等待命令便已奉行。

㊽疇(chóu):誰。　祗(zhī):恭敬。　若:順。　休:美。

説命中第十三　商書

【題解】

　　漢代今文無此篇,本篇乃魏晉間晚起僞古文《尚書》篇章25篇中第十二篇。正文中篇名"説命中"底本原無,爲清眉目而補。本篇主要記傅説統領百官之後,向商王武丁進言,希望商王敬奉天道,設立天子、諸侯、官長不是爲了滿足君王個人的安逸享樂,而是爲了治理好人民,故須謹於政令、兵戎之事,任官賜爵要以賢能爲標準,不要居功驕矜,要事事做好準備,祭祀、禮儀要符合節度。

説命中

　　惟説命總百官①,乃進于王曰②:"嗚呼!明王奉若天道③,建邦設都④,樹后王、君公⑤,承以大夫、師長⑥,不惟逸豫⑦,惟以亂民⑧。惟天聰明⑨,惟聖時憲⑩,惟臣欽若⑪,惟民從乂⑫。惟口起羞,惟甲胄起戎⑬,惟衣裳在笥⑭,惟干戈省厥躬⑮。王惟戒兹⑯,允兹克明⑰,乃罔不休⑱。惟治亂在庶官⑲,官不及私昵⑳,惟其能㉑;爵罔及惡德㉒,惟其賢㉓。慮善以動㉔,動惟厥時㉕。有其善㉖,喪厥善;矜其能㉗,喪厥功。惟事事乃其有備㉘,有備無患㉙。無啓寵納侮㉚,無耻過作非㉛。惟厥攸居^㉜,政事惟醇^㉝。黷于祭祀^㉞,時謂弗欽^㉟,禮煩則亂^㊱,事神則難^㊲。"

【校注】

①説(yuè):傅説。　命:受命。　總:總管,統領。

②進:進諫,獻言。　王:商王武丁。

③明王:明君,英明的君王。　奉若:尊奉順從。若,順。案:前《仲虺之誥》有"奉若天命",後《周書·君牙》有"用奉若于先王"。

④建邦設都:建設邦國、都邑。

⑤樹:立。　后王、君公:蔡沈《書集傳》:"后王,天子也。君公,諸侯也。"

⑥承以大夫、師長:謂以大夫、衆官長承擔各種職務。承,承擔職務。師長,衆官長。　案:《墨子·尚同中》:"是以先王之書《相年》之道曰:'夫建國設都,乃作后王、君公,否用泰也,卿大夫、師長,否用佚也,維辯使治天均。'"《尚同下》:"故古者建國設都,乃立后王、君公,奉以卿士、師長。此非欲用説也,唯辯而使助治天助明也。"

⑦不惟逸豫:不是爲了安逸享樂。

⑧亂:治,治理好。

⑨聰明:耳聰目明。

⑩聖:聖主。　時:承,受。《詩經·周頌·賚》"時周之命"馬瑞辰《毛詩傳箋通釋》:"時與承一聲之轉,古亦通用。《楚策》'抑承甘露而用之',《新序》'承'作'時',是其證也。周受天命,而諸侯受封於廟者又將受命於周。'時周之命'即承周之命也。"　憲:法,此謂法於天。《論語·泰伯第八》:"唯天爲大,唯堯則之。"

⑪欽若:謂敬順於天。欽,敬。若,順,遵從。參前《虞書·堯典》"欽若昊天"注。

⑫從:服從。　乂(yì):安定。

⑬ "惟口起羞"二句:《禮記·緇衣》云:"惟口起羞,惟甲胄起兵。"鄭玄注:"羞,猶辱也。……惟口起辱,當慎言語也。"今清華簡《説命中》則作"惟口起戎出好,惟干戈作疾","惟口起戎出好"一句《墨子·尚同中》引作"惟口出好興戎",亦參前《虞書·大禹謨》篇"惟口出好興戎"句及注。口,謂口中所言。起羞,興起羞辱。甲胄,鎧甲頭盔,爲戰争裝備。起戎,興起兵戎之事,發生戰争。揣摩《禮記·緇衣》及本篇這二句,似與《墨子·尚同中》和清華簡《説命中》之句意旨不盡相同,前者蓋謂自己好口出惡言,必引起他人言語上的羞辱;自己好甲兵,必引起他人的兵戎進犯,强調的重點不同,很可能是傳本各有不同所致。關於謹慎言語,《上海博物館藏戰國楚竹書(七)》中《武王踐阼》云:"皇皇惟謹口,口生敬,口生㖐。"㖐、詬聲同可通,"口生㖐"謂口之言語可招致詬辱,與"口起羞"類同。相關文句又參《大戴禮記·武王踐阼》。

⑭ 惟衣裳在笥:《禮記·緇衣》所引此句鄭玄注:"裳,朝祭之服也。……惟衣裳在笥,當服以爲禮也。"笥,竹筐。　案:鄭玄之釋,與前後句意不協。清華簡《説命中》作"惟衣載病",《緇衣》所引"在笥"可能爲"載病"的譌誤。或釋"惟衣載病"爲"惟愛載病",謂不恰當的愛便會導致災害;又或釋"惟衣載病"爲"惟哀載病",謂悲哀導致疾病。待考。

⑮ 干:盾牌。　省:通"眚",災、禍害。　厥:其。　躬:自身。

⑯ 戒:警戒。　兹:此。謂上四"惟"之事。

⑰ 允:信,誠。　克:能。　明:英明,謂在四"惟"之事上能够英明。

⑱ 休:美。

⑲ 庶:衆。蔡沈《書集傳》:"庶官得其人則治,不得其人則亂。"

⑳ 官:官職,此謂任官。　及:到,涉及。　私:私人。　昵:親近。

㉑ 能:才能。

㉒ 爵:爵位,此謂賜爵。　惡德:有惡德的人。　案:《禮記·緇衣》:

"《兌命》曰:'爵無及惡德民,立而正事,純而祭祀,是爲不敬。事煩則亂,事神則難。'"鄭玄注:"'純'或作'煩'。"案:作"煩"義長,句謂爵不賜及惡德之民,他們立在政事之位,會繁雜於祭祀,此乃對鬼神不敬。祭事繁雜則亂,以事鬼神則難。舊以"爵無及惡德"爲句,"民"字下屬,致使句意難通。《緇衣》前有"民有惡德"云云,則此當作"惡德民"爲句。

㉓賢:賢德。

㉔慮善以動:考慮好才行動。

㉕動惟厥時:行動選好時機。

㉖有:自居,獨佔。

㉗矜:自誇,自吹。

㉘備:準備,預備。

㉙有備無患:《左傳》襄公十一年:"《書》曰:'居安思危。'思則有備,有備無患。"

㉚無:同"毋",不要。 啓:開啓。 寵:寵幸。 納:受納。 侮:輕慢。其句意,孔穎達疏:"小人得寵則慢。若寵小人,則必恃寵慢主。"謂不要開寵小人,否則將受其侮慢。 案:《左傳》定公元年士伯謂韓簡子曰:"啓寵納侮,其此之謂矣。"

㉛無耻過作非:蔡沈《書集傳》:"毋耻過誤而遂己之非。"謂耻於承認過錯,將錯就錯,遂成大非。

㉜惟厥攸居:思其所居之位。惟,思。攸,所。居,居位。

㉝醇:純粹,完美。

㉞黷(dú):濫用。僞孔傳:"祭不欲數,數則黷,黷則不敬。"

㉟時:是。 欽:敬。

㊱煩:繁瑣。 亂:擾亂。

㊲事:事奉。 難:困難。

王曰:"旨哉①! 説乃言惟服②,乃不良于言③,予罔聞于行④。"説拜稽首⑤,曰:"非知之艱,行之惟艱⑥。王忱不艱⑦,允協于先王成德⑧。惟説不言,有厥咎⑨。"

【校注】

①旨:美。

②説:傅説。　乃言:汝所良於言者。依後文"乃不良于言",則此即"乃良于言"。　服:行,行用。　案:《詩經・大雅・板》云"我言維服"。

③良:美,善。

④于:與。

⑤拜稽首:拜然後稽首。參前《虞書・舜典》"禹拜稽首"注。

⑥非知之艱,行之惟艱:僞孔傳:"言知之易,行之難。"艱,難。二"艱"字,《雲窗叢刻》本、足利本等作"難"。　案:《左傳》昭公十年:"非知之實難,將在行之。"

⑦忱:誠,真心。　不艱:不以爲艱。

⑧允:誠,確實。　協:合。　成德:已有之德。

⑨惟説(yuè)不言,有厥咎:林之奇《尚書全解》云:"君能亹勉以行臣之言,臣有嘉謀嘉猷匿而不告,則臣爲有罪矣。"咎,罪過。

説命下第十四　商書

【題解】

　　漢代今文無此篇,本篇乃魏晉間晚起僞古文《尚書》篇章 25 篇中第十三篇。正文中篇名"説命下"底本原無,爲清眉目而補。本篇主要記商王武丁與傅説君臣之間相互勉勵、督促的對話。傅説希望商王遵守先王舊有的傳統、典法,特別强調要多聽從教導,自己亦承諾廣招賢能之人,爲商王服務。商王則勉勵傅説,希望他能像成湯時的伊尹一樣來輔佐自己。

説命下

　　王曰:"來,汝説①。台小子舊學于甘盤②,既乃遯于荒野③,入宅于河④,自河徂亳⑤,暨厥終罔顯⑥。爾惟訓于朕志⑦,若作酒醴⑧,爾惟麴蘖⑨;若作和羹⑩,爾惟鹽梅⑪。爾交修予⑫,罔予弃⑬,予惟克邁乃訓⑭。"

　　説曰:"王,人求多聞⑮,時惟建事⑯。學于古訓⑰,乃有獲。事不師古⑱,以克永世⑲,匪説攸聞⑳。惟學遜志㉑,務時敏㉒,厥修乃來㉓。允懷于兹㉔,道積于厥躬㉕。惟斅學半㉖,念終始典于學㉗,厥德修罔覺㉘。監于先王成憲㉙,其永無愆㉚。

惟説式克欽承㉛,旁招俊乂㉜,列于庶位㉝。"

【校注】

①説(yuè):傅説。

②台(yí)小子:自謙之稱。台,我。後《周書·大誥》《洛誥》等篇又稱"予小子"。此武丁自稱。 舊:過去。 甘盤:商代賢臣之名。據《今本竹書紀年》,小乙時曾命世子武丁學於甘盤;據後《周書·君奭》,甘盤似亦曾在武丁時爲臣。

③既乃:遂乃。 遯(dùn):同"遁",遷移。

④宅:居住。 河:黄河旁。

⑤徂(cú):往。 亳:亳地,或説在今河南偃師。 "入宅于河,自河徂亳"兩句,惠棟《古文尚書考》云:"'入于河',往就學也;'自河徂亳',入即位也。"案:類似的文字亦見《國語·楚語上》:"昔殷武丁能聳其德,至於神明,以入於河,自河徂亳。"

⑥暨:及,到。 終:最終。 罔顯:不明顯。僞孔傳謂"無顯明之德"。謂學無所成。

⑦訓:教。 朕:我。 志:蔡沈《書集傳》:"心之所之謂之志。"

⑧若:如,像。 酒醴(lǐ):泛指酒。醴,甜酒。

⑨麴(qū)糵(niè):酒麴,釀酒所用的發酵物。

⑩和羹:經過調和的羹湯。

⑪梅:酸梅,此指醋。

⑫交:反覆多次。 修:治,此指教導。

⑬罔予弃:不棄我。 案:《國語·楚語上》:"必交修余,無余棄也。"

⑭克:能。 邁:勉力行之。參前《虞書·皋陶謨》"皋陶邁種德"注。 乃:你的。 訓:教導。

⑮聞:聞聽。此謂聞聽教導。

⑯時:是。 建事:建立事業。建,立。

⑰古訓:蔡沈《書集傳》:"古訓者,古先聖王之訓,載修身治天下之道,二典、三謨之類是也。"

⑱師古:師法古訓。

⑲克:能。　永世:永久世世代代傳下去。

⑳匪:非。　攸:所。

㉑遜:謙遜。　志:心志。

㉒務:致力。　時:是。　敏:勉,謂勤勉於學。

㉓修:修養,即學有成就,謂德之養成。　案:《禮記·學記》引《兌命》:"敬孫務時敏,厥脩乃來。"

㉔允:誠。　懷:念,想。　兹:此。

㉕躬:自身。

㉖惟斆(xiào)學半:教與學各一半。斆,教。　案:《禮記·學記》:"故曰:教學相長也。《兌命》曰:'學學半。'"

㉗念終始典于學:始終常常念想着學習。念,念想。典,常。　案:《禮記·文王世子》《學記》均引《兌命》曰:"念終始典于學。"

㉘罔覺:不自覺,不知不覺。

㉙監:借鑒。　成憲:已有的典法。憲,法。

㉚愆(qiān):過錯。

㉛式:用,以。　克:能。　欽:敬。　承:受,遵守。

㉜旁:廣。　俊乂:才幹出衆的人。前《虞書·皋陶謨》云:"俊乂在官,百僚師師。"《太甲上》云"旁求俊彥"。

㉝庶位:衆官位。庶,衆。位,官職之位。上篇《説命中》云:"惟治亂在庶官。"

王曰:"嗚呼! 説,四海之内,咸仰朕德①,時乃風②。股肱惟人③,良臣惟聖④。昔先正保衡⑤,作我先王⑥,乃曰:'予弗克俾厥后惟堯舜⑦,其心愧恥⑧,若撻于市⑨。'一夫不獲⑩,則曰時予之辜⑪。佑我烈祖⑫,格于皇天⑬。爾尚明保予⑭,罔俾阿衡專美有商⑮。惟后非賢不乂⑯,惟賢非后不食⑰。其爾克紹乃辟于先王⑱,永綏民⑲。"

　　說拜稽首⑳,曰:"敢對揚天子休命㉑。"

【校注】

①咸:皆,都。　仰:景仰,仰望。

②時:是,此。　乃:汝。　風:風化,教化。

③股肱(gōng)惟人:有大腿、手臂乃成其爲人。股,大腿。肱,上臂。

④良臣惟聖:有賢良臣下乃成其爲聖主。

⑤先:先前。　正:長官。　保衡:官名,此蓋謂伊尹。

⑥作:興起。　先王:成湯。

⑦予:我。　克:能。　俾:使。　后:君王。此謂成湯。　惟:如,像。

⑧其心愧恥:我心中慚愧羞恥。

⑨若:如,像。　撻(tà):用鞭或棍笞撻。　市:市場。　案:《孟子·公孫丑上》:"思以一豪挫於人,若撻之於市朝。"

⑩一夫:一人。　不獲:僞孔傳:"不得其所。"

⑪時:是,此。　辜:罪。　"一夫不獲"二句,林之奇《尚書全解》云:"其在於民有一夫不被堯、舜之澤,則曰是我之罪。"《孟子·萬章上》謂伊尹"思天下之民匹夫匹婦有不被堯、舜之澤者,若己推而内之溝中"。

⑫佑我烈祖:謂伊尹佑助我先祖成湯。佑,佑助,輔佐。烈祖,有功業的先祖,此謂成湯。烈,業。

⑬格于皇天:上天來享。格,來,來享。皇,大。後《周書·君奭》亦言"格于皇天""格于上帝",皇天、上帝同義。

⑭尚:表希望語氣,應當。　明:勉,勉力,努力。　保:輔佐,幫助。

⑮阿衡:即前之"保衡",謂伊尹。　專美:獨有美名。專,獨。　有

商:商。"有"爲詞頭。

⑯賢:賢臣。　乂:治。

⑰食:食禄,謂做官。

⑱其:表祈使語氣。　爾:你。　克:能。　紹:佑助。　乃:你的。
辟:君主。　案:後《周書·文侯之命》云:"汝肇刑文、武,用會紹乃辟,追孝于前文人。"

⑲綏:安。

⑳拜稽首:拜然後稽首。參前《虞書·舜典》"禹拜稽首"注。

㉑敢:謙詞。　對揚天子休命:僞孔傳:"答受美命而稱揚之。"對,答。揚,稱揚,弘揚。休,美。"休"前,他本有"之"字,敦煌本甲、岩崎本無"之"字。

高宗肜日第十五　商書

【題解】

　　“高宗肜（róng）日”謂高宗武丁肜祭之日，亦本篇之首句，或取之以爲篇名。本篇記商王祭祀之時，有雉飛升至鼎耳而鳴，大臣祖己借此異象訓導商王，强調上天掌管主持正義，因此所有人的壽命都有長有短，長短取決於他是否行義、順德、服罪；祖己還告誡説，歷代的商王都是上天認可的後嗣，希望現在的商王在祭祀之事上有所改變，在祭祀自己的近親之廟時不要特别豐厚，否則就會出現雉鳴鼎耳的警誡。

　　高宗祭成湯①，有飛雉升鼎耳而雊②，祖己訓諸王③，作《高宗肜日》《高宗之訓》④。

【校注】

①高宗：商王武丁。又參前《説命上》序“高宗夢得説”注。　成湯：商朝第一代王，子姓，名履，又稱大乙。

②雉（zhì）：野雞。　升：登。　雊（gòu）：雉鳴。《詩經·小雅·小弁》：“雉之朝雊，尚求其雌。”鄭玄注：“雊，雉鳴也。”

③祖己：王國維《高宗肜日説》認爲即武丁之子，即文獻中所載之孝己，爲商王祖庚之兄。　訓：訓告，訓導。　諸：之於。　王：商王武丁。

④作《高宗肜日》《高宗之訓》：肜日，祭祀名，殷墟甲骨文中將肜日
之祭的前一夜小的預祭稱爲肜夕，第二天正式大的祭祀爲肜日。
據《史記·殷本紀》："帝武丁崩，子帝祖庚立。祖己嘉武丁之以
祥雉爲德，立其廟爲高宗。遂作《高宗肜日》及《訓》。"則二篇之
作，非在武丁之時。蓋武丁死後，後人因之而作此二篇。鄭玄云：
"《高宗之訓》亡。"

高宗肜日

　　高宗肜日①，越有雊雉②。祖己曰："惟先格王③，正厥
事④。"乃訓于王⑤，曰："惟天監下民⑥，典厥義⑦，降年有永有
不永⑧，非天夭民⑨，民中絕命⑩，民有不若德、不聽罪⑪。天既
孚命，正厥德⑫，乃曰其如台⑬。嗚呼！王司敬民⑭，罔非天
胤⑮，典祀無豐于昵⑯。"

【校注】

①高宗肜日：高宗肜祭之日。依本篇序文，此指高宗武丁肜祭成湯
之日。《尚書大傳》亦謂"武丁祭成湯，有飛雉升鼎耳而雊，武丁
問諸祖己，祖己曰"云云。今多有學者依商代卜辭文例，以"高宗
肜日"爲肜祭高宗，遂使本篇"乃訓于王"之"王"爲祖庚，與《史
記·殷本紀》所記爲武丁祭成湯不符，亦與《書》序有悖。據本篇
"高宗""祖己"之稱，可知本篇爲後世追述之作，亦非作於祖庚之
時，故"高宗肜日"不必依商時卜辭文例作解。正如前《堯典》序
文云堯"將遜于位，讓于虞舜，作《堯典》"，謂因堯讓於虞舜一事
而作《堯典》，非謂《堯典》作於堯時。《上海博物館藏戰國楚竹書
（五）》有《競建內之》（此篇內容當合於其後《鮑叔牙與隰朋之諫》
篇中，二篇實爲一篇），其中亦載"昔高宗祭，有雉雊於彝前，詔祖

己而問焉"云云,可見戰國時亦以爲高宗祭,而非祭高宗。

②越:句首語氣詞。亦作"曰""粵",金文中作"雩",王國維《觀堂學書記》云:"雩、粵、越、曰,古通用。"參前《虞書·堯典》"曰若稽古"注。　雊雉:蓋即序文"有飛雉升鼎耳而雊"。商人以鳥爲圖騰,據殷墟甲骨文知商人以雉鳴爲災異。雉鳴於鼎耳之異象,僞孔傳解爲"耳不聰之異",鄭玄解云:"鼎,三公象也,又用耳行。雉升鼎耳而鳴,象視不明,天意若云當任三公之謀以爲政。"

③先格王:孔穎達疏據僞孔傳謂"先世至道之王",此訓"格"爲"至"。"格"一作"假",莊述祖《尚書今古文考證》云:"'假'當讀'嘏(jiǎ)',此與逸書《嘉禾》篇'假王莅政,勤和天下'皆'嘏王'之辭也。"嘏王猶言偉大之王,《爾雅·釋詁》:"嘏,大也。"《詩經·周頌·我將》:"伊嘏文王,既右饗之。"　案:《上海博物館藏戰國楚竹書(五)》中《競建内之》:"隰朋曰:'群臣之辠也。昔高宗祭,有雊雉於彝前,詔祖己而問焉,曰:"是何也?"祖己答曰:"昔先君客(格)王"'"云云,則此"先格王"理解爲"先君格王"亦可。

④正厥事:飭正祭祀之事。僞孔傳:"正其事而異自消。"正,飭正,端正。事,祭祀之事。《左傳》文公二年:"祀,國之大事也。"又成公十三年:"國之大事,在祀與戎。"一説總謂政事,《史記》云"先修政事"。

⑤訓:告,教導。　王:商王武丁。

⑥惟天監下民:敦煌本、岩崎本、《雲窗叢刻》本、内野本、神宮本無"民"字。監,監視。《詩經·大雅·大明》:"天監在下,有命既集。"

⑦典厥義:猶謂主掌正義。典,主,掌。義,宜,行事合宜,《淮南子·齊俗訓》:"義者,循理而行宜也。"

⑧年:年壽。　永:長。

⑨夭:夭折短命。

⑩民中絶命:《史記》作“中絶其命”,敦煌本、岩崎本無“民”字。當以無“民”字爲是。中,中途,中道。　案:孫星衍《尚書今古文注疏》:“殷自陽甲以來,兄弟相及,皆不永年。《竹書紀年》陽甲四年,小辛三年,小乙十年。……不敢斥言前王,故泛推天命人事也。”

⑪民有不若德、不聽罪:民有不順之德、不服之罪。若,順。聽,從,服從。

⑫天既孚命,正厥德:句中“命”“德”承上“中絶命,民有不若德”而言,謂天既已應驗以義中絶其命,正其不順德之罪,此時乃曰該如何是好,悔之晚矣。既,已。孚,誠,應驗。正,飭正。

⑬如台(yí):如何,奈何。

⑭王:殷之先王。　司:同“嗣”,繼位。

⑮罔非:無不是。雙重否定,表肯定。　天胤:上天之繼嗣。胤,嗣,繼嗣,後代。

⑯典:常。蔡沈《書集傳》釋“典”爲“主”,亦可通。　祀:祭祀。豐:厚。　昵(nì):敦煌本甲、岩崎本作“尼”。僞孔傳:“昵,近也。……祭祀有常,不當特豐於近廟。”近廟謂近親之廟,近親指高宗的直系親屬先祖。此謂祭祀時對近親之廟的獻祭不要格外豐厚,否則將會出現雉鳴鼎耳的災異。　案:“王司敬民”三句,周秉鈞《尚書易解》云:“此言殷之先王嗣位敬民,無非天之後裔,故常祀不應獨豐於昵廟。”

西伯戡黎第十六　商書

【題解】

　　"西伯戡黎"謂西伯周武王戡定黎國,篇名蓋摘取自篇首"西伯既戡黎"句。周人在文王、武王時,勢力大有擴張,特別是征服商之屬國黎國後。商之大臣祖伊大懼,急忙向商王紂報告,闡述商之天命可能即將結束,無論人事、龜卜都顯示不吉,祖伊認爲這一切都是因爲現在的商王紂淫樂暴虐,自絶於先王和上天,致使人民不能安定生活,心中充滿怨恨。而商王紂卻仍一意孤行寄望於天,祖伊只能哀嘆商將遭受天的威罰。有趣的是,本篇中人民及其統治者皆寄望於天,最終看來天站在了人民這一邊。

　　殷始咎周①,周人乘黎②。祖伊恐③,奔告于受④。作《西伯戡黎》⑤。

【校注】

　　①咎:歸罪。

　　②乘:征服,戰勝。　黎:亦作"耆""飢""䆿",音近而相通,爲商之屬國,其地在今山西東南部長治市附近。

　　③祖伊:商王紂的臣下。　恐:懼,怕。

　　④受:即紂,商最後一任君主帝辛,爲帝乙之子。

　　⑤西伯:周在西部雍岐之地爲諸侯之長,文王始稱西伯,此伐黎之西

伯當指武王，《今本竹書紀年》載：“（帝辛）三十四年，周師取耆及
邘（yú）。”又載：“（帝辛）四十四年，西伯發伐黎。”楊筠如《尚書
覈詁》謂三十四年文王所伐之耆，爲古之驪戎，在今陝西新豐；四
十四年武王所伐之黎，地在古上黨，即今山西東南部，逼近商都，
故祖伊恐。案：《清華大學藏戰國竹簡（壹）》中《耆夜》篇云：“武
王八年，征伐耆，大戡之。”清華簡之“耆”即武王所伐之“黎”；武
王八年，即文王受命八年，爲文王去世後第二年。　戡（kān）：戡
定，戰勝。古文“戡”一作“戔”，與清華簡同。

西伯戡黎

　　西伯既戡黎，祖伊恐，奔告于王①，曰：“天子②，天既訖我
殷命③。格人元龜，罔敢知吉④。非先王不相我後人⑤，惟王
淫戲用自絶⑥，故天弃我⑦，不有康食⑧，不虞天性⑨，不迪率
典⑩。今我民罔弗欲喪⑪，曰：‘天曷不降威⑫？大命胡不
摯⑬？’今王其如台⑭？”

　　王曰：“嗚呼！我生不有命在天⑮？”

　　祖伊反曰⑯：“嗚呼！乃罪多參在上⑰，乃能責命于天⑱？
殷之即喪⑲，指乃功⑳，不無戮于爾邦㉑。”

【校注】

①王：商王紂。

②天子：内野本、神宫本無此“天子”二字。

③既：已。又，俞樾《群經平議》謂此“既”與“其”通用，表推度，亦可
　　資參考。　訖：終，止。　命：天命。《雲窗叢刻》本“命”前有
　　“王”字，神宫本亦云或本有。

④“格人元龜”二句：僞孔傳：“至人以人事觀殷，大龜以神靈考之，

皆無知吉。"孔穎達疏:"'格'訓爲'至'。'至人'謂至道之人,有
所識解者也。"牟庭《同文尚書》則云:"'格人'當讀爲'嘏人',蓋
早見之士能傳天意以告語人者謂之'格人',不必作至人解也。"
馬融云:"元龜,大龜也,長尺二寸。"

⑤相(xiàng):佑助。

⑥淫戲:淫樂嬉戲。　用:以。　自絕:孔穎達疏:"《禮記》稱'萬物
本於人,人本於祖',則天與先王俱是人君之本。紂既自絕於先
王,亦自絕於天。"

⑦故天弃我:孔穎達疏:"上經言紂自絕先王,此言天棄紂,互明紂自
絕,然後天與先王棄絕之。"

⑧康食:猶今俗謂"安穩飯"。康,安。牟庭《同文尚書》謂"不有康
食"爲"天下不得安居而食"。

⑨不虞天性:謂天下之民乃憂於衣食。虞,同"娱",樂。天性,謂人
自然之性,如飢則食,寒則衣。

⑩不迪率典:故天下之民不順從典法,遂反叛。迪,順從。率,孫星
衍《尚書今古文注疏》訓"法",僞孔傳云"所行不蹈循常法",疑
"率"仍當謂遵循,後《周書‧康誥》云"不率大戛",大戛謂常法;
《顧命》云"率循大卞,燮和天下",率、循同義。

⑪今我民罔弗欲喪:僞孔傳:"民無不欲王之亡。"罔弗,無不。喪,喪
失天命。

⑫曷:何。　降威:降下威罰。

⑬大命:天命。謂對商紂的威罰之命。"命"下底本旁添"胡"字,
《史記‧殷本紀》作"大命胡不至"。今加入正文。　摯:至。

⑭如台(yí):如何。

⑮生:生來。　有命在天:謂有天命。

⑯反:即"返",回覆,回答。

⑰乃:汝。　參:段玉裁《古文尚書撰異》謂"參"乃"絫"之誤,即今

之“累”,累積,據《玉篇》和《敦煌石室遺書》所引字本作“厽”,僞
孔傳讀爲“參”,釋爲“參列”,而《經典釋文》引馬融云:“力捶反,
累也。罪多累在上。”《汗簡》《古文四聲韻》作“纍”。

⑱乃能:寧能,難道能。　責:求。

⑲即:將。　喪:謂喪命於天,即喪失天命。

⑳指:致,致成。俞樾《群經平議》云:“指,致也。言致極爾之事,必
將爲戮也。《詩·武篇》‘耆定爾功’毛傳曰:‘耆,致也。’‘指’與
‘耆’,古字通用。《皇矣篇》‘上帝耆之’,《潛夫論·班祿篇》引作
‘上帝指之’,是其證也。《書》言‘指乃功’,《詩》言‘耆定爾功’,
文異而義同,美惡不嫌同辭。”　功:事。　“指乃功”謂致成其喪
失天命之事。

㉑不無戮于爾邦:謂殷國必遭懲戮。不無,雙重否定表肯定,猶言肯
定有。戮,懲罰。爾邦,謂殷國,敦煌本、岩崎本、《雲窗叢刻》本、
内野本、神宮本無“爾”字。

微子第十七　商書

【題解】

　　"微子"謂微子啓,爲商紂之庶兄。本篇記商末紂王淫亂,沉湎於酒,敗壞其先祖成湯之德,臣民亦皆作姦犯軌,不守法度。微子預料商將喪亡,是否要逃離於商,未能拿定主意,故向父師、少師詢問。父師陳述殷人已上不畏天威,下不畏賢人,不謹慎祭祀,還加重賦斂的惡劣狀況,故勸微子逃走,以存殷祀。其文辭雖可能爲後世追述,但所記內容當有所據。

　　殷既錯天命①,微子作誥父師、少師②。

【校注】

①錯:馬融云:"錯,廢也。"

②微子作誥父師、少師:俞樾《古書疑義舉例》謂當作"微子作誥,誥父師、少師",可備一説。微子,僞孔傳云:"微,圻內國名;子,爵。爲紂卿士。"微地在今山東梁山縣西北,一説在今山西潞城市東北。微子名啓,爲帝乙之子,商王紂庶兄。誥,告訴。父師、少師,《宋微子世家》作"太師、少師":"微子度紂終不可諫,欲死之,及去,未能自決,乃問於太師、少師。"今文説以太師、少師爲商之樂官,樂師瞽史知天道,故微子問焉。鄭玄用古文説,以父師爲箕子、少師爲比干。周秉鈞《尚書易解》則云:"比干實爲父師,箕子

實爲少師。《漢書·五行志》謂箕子在父師位,乃比干既死以後事也。本文父師所語皆比干語,所云刻子即箕子。"箕子、比干蓋均爲紂之諸父,微子則爲紂之庶兄,三人被孔子稱爲殷之"三仁"。

微　子

　　微子若曰①:"父師、少師,殷其弗或亂正四方②。我祖底遂陳于上③,我用沈酗于酒④,用亂敗厥德于下⑤。殷罔不小大好草竊姦宄⑥。卿士師師非度⑦,凡有辜罪⑧,乃罔恒獲⑨,小民方興⑩,相爲敵讎。今殷其淪喪⑪,若涉大水⑫,其無津涯⑬,殷遂喪,越至于今⑭。"曰:"父師、少師,我其發出狂吾家⑮,耄遜于荒⑯?今爾無指告⑰,予顛隮⑱,若之何其⑲?"

【校注】

①微子若曰:王先謙《尚書孔傳參正》:"微子若曰者,周史述其誥太師、少師如此言也。"若,如此。

②其:表推測語氣。　弗或:不能。　亂正四方:治理天下。亂、正皆"治"意。前《説命上》云"正于四方",後《周書·顧命》云"其能亂四方",此則云"亂正四方",其義一也。《史記·宋微子世家》謂"殷不有治政,不治四方",今不取其説。四方,天下。

③我祖底(dǐ)遂陳于上:蔡沈《書集傳》:"我祖成湯致功陳列於上。"馬融:"我祖,湯也。"孫星衍《尚書今古文注疏》:"馬注見《史記集解》。云我祖爲湯者,以《史記》下文'敗厥德'作'敗湯德'知之。"底,致,古本作"致"。遂,成。陳,列。上,上世,前世。

④我:我君,指紂。孫星衍《尚書今古文注疏》:"經文言'我',不斥言紂者,爲尊親諱。"　用:因,由於。　沈(chén)酗:沉湎。

⑤用:以。　亂:淫亂。　敗:敗壞。　厥德:成湯之德。　下:下

世,後世。

⑥罔不小大:即小大罔不。小大,下至小民,上至卿士群臣。罔不,雙重否定加重肯定語氣。 好:喜好。 草竊:江聲《尚書集注音疏》謂民爲盜竊傷害善良,猶雜草害苗爲盜,《呂氏春秋·辨土》謂"凡耕之道,毋與三盜","草竊"爲三盜之一,其《任地》云:"弗除則蕪,除之則虛,則草竊之也。故去此三盜者,而後粟可多也。"又,孫星衍《尚書今古文注疏》謂"草"通"鈔",即抄,掠奪,亦可爲一説。 姦宄(guǐ):《廣雅·釋詁》:"竊盜也。"《國語·晉語六》:"亂在内爲宄,在外爲姦。"參前《虞書·舜典》"寇賊姦宄"及注。

⑦師師:馬融云:"轉相師效。"謂相互師法。或解爲衆長,謂衆官長,孫星衍《尚書今古文注疏》:"此'師師',上'師'言衆,下'師'言長,或如《梓材》云'我有師師',謂卿士師長,不必如馬氏所云也。" 非:違背。 度:法,法度。

⑧辜:罪。

⑨乃:卻。 罔:不。 恒:常。 獲:抓獲治罪。 案:上二句,周秉鈞《尚書易解》:"言凡有罪人,乃常不能獲得。"曾運乾《尚書正讀》云:"猶《詩·瞻卬》云'此宜無罪,女反收之。彼宜有罪,女覆説之'也。"覆,反。説,即"脱"。

⑩方興:並起。興,起。

⑪其:將。 淪喪:淪没喪亡。

⑫若:如同。 涉:渡。 大水:大河。

⑬津:渡口。 涯:河岸。 案:江聲《尚書集注音疏》:"津,濟渡處。涯,水邊地也。"

⑭"殷遂喪"二句:王先謙《尚書孔傳參正》:"言殷竟喪亡,乃至於今日。"遂,竟。越,於是。

⑮發:起,起身出發。 出:出走。 狂:往,去往他處。于省吾《尚

書新證》謂狂、往古通用。　　吾家:吾邦,猶言我商國。　　案:此"出狂吾家"即"出狂於吾家",謂從我國逃出去往他處。

⑯耄(mào):即"耄",老。　　遜:退避。　　荒:荒野。

⑰指告:致告,説見王引之《經義述聞》。

⑱顛隮(jī):顛墜。顛,顛倒。隮,墜落。

⑲若之何:怎麼辦。　　其:語氣助詞。　　案:上三句大意爲:現在你們不致告於我,我將顛墜喪命,如何是好?

　　父師若曰:"王子①,天毒降災荒②,殷邦方興③,沈酗于酒,乃罔畏畏④,咈其耇長舊有位人⑤。今殷民,乃攘竊神祇之犧牷牲用⑥,以容將食無災⑦。降監殷民⑧,用乂讎斂⑨,召敵讎不怠⑩。罪合于一⑪,多瘠罔詔⑫。商今其有災,我興受其敗⑬;商其淪喪,我罔爲臣僕⑭。詔王子出迪⑮。我舊云刻子、王子弗出⑯,我乃顛隮⑰。自靖⑱,人自獻于先王⑲。我不顧行遯⑳。"

【校注】

①王子:謂微子。微子爲商王帝乙之子,故稱之爲王子。

②毒:篤,厚。《爾雅·釋詁》:"毒,厚也。"　　荒:喪,亡。　　案:《詩經·大雅·召旻》云:"旻天疾威,天篤降喪。"

③殷邦方興:謂殷國之民並起,沈酗於酒。亦參上文"小民方興",後《周書·吕刑》云"民興胥漸"。

④罔畏畏:即不畏威,不畏於天威。罔,無,不。畏畏,後"畏"同"威"。

⑤咈(fú):違逆。　　耇(gǒu)長:年長者。此或指比干,比干爲紂諸父。耇,年老。長,長輩。　　舊有位人:久在位者。此或指箕子。舊,久。位,官位。皮錫瑞《今文尚書考證》:"此句疑今文本無之,或經師以'舊'訓'老',以'有位人'訓'長',誤入正文也。"備考。　　案:上二句,僞孔傳謂"上不畏天災,下不畏賢人"。

⑥攘竊：偷盗。舊説來而取之曰攘，往而盗之曰竊。　神祇：天神地祇。　犧牷（quán）牲用：僞孔傳：“色純曰犧，體完曰牷，牛羊豕曰牲，器實曰用。”用，謂祭祀之器所盛黍稷等。《左傳》襄公七年云“牲用具備”。

⑦容：容忍，容許。　將食：將而食之。將，奉持而進之。　無災：無以爲災禍。　案：或以“用以容”爲句，謂用刑寬容，即不加處罰。用，用刑，處罰。容，寬容，寬大。後《梓材》云“合由以容”，由，用也。亦可備一説。

⑧降監殷民：謂商王君臨殷民。降，下。監，監臨，猶統治。

⑨用乂讎斂：所用治策乃頻繁賦斂。乂，治。讎，同“稠”，數，頻繁多次。

⑩召：自召。　敵讎：謂殷民的仇恨。　不怠：不懈。

⑪罪合于一：蔡沈《書集傳》：“君臣上下，同惡相濟，合而爲一。”此指統治者多罪。或謂人民多罪集合於一身，則指民衆多困。

⑫多瘠罔詔：謂瘠弱之人無處申告。罔，無。詔，告，申訴。

⑬興：起。　受：承受。

⑭罔爲臣僕：敦煌本、岩崎本無“臣”字。《説文解字·菐部》“僕”字古文作“䑋”，此“臣僕”或即“䑋”誤分。段玉裁謂無“臣”爲是，《詩》傳：“僕，附也。”則句謂殷商淪喪，我不附從，謂將離去。《史記·殷本紀》載商王紂“剖比干，觀其心。箕子懼，乃詳狂爲奴，紂又囚之。殷之大師、少師乃持其祭樂器奔周”。此以“父師”爲樂師作解，若以“父師”爲比干，則“罔爲僕”謂不作他國奴隸，謂將與商國共存亡。臣、僕均奴隸之稱。

⑮詔：告。　迪：由，行，此謂行而避之，即逃。參前《盤庚中》“自上其罰汝，汝罔能迪”注。

⑯我：父師自謂。　舊云：猶長久以來一直説。舊，久。　刻子：人名，焦循《尚書補疏》、孫詒讓《尚書駢枝》謂即“箕子”，箕、刻音

近。　弗出：不出逃。

⑰我：謂殷商。　　案：上二句，周秉鈞《尚書易解》謂我“久已言箕子、王子兩人皆當出，若箕子、王子不出，則我殷乃顛墜矣”。顛墜謂殷滅絕祀。箕子、微子爲商王之裔，出走可爲商留下宗祀。周原甲骨刻辭記載“唯衣微子來降”，衣微子即殷微子，周滅商，微子被周封於商丘，建立宋國，奉商之宗祀。

⑱自靖：僞孔傳云“各自謀行其志”，釋“靖”爲謀，謂各自爲謀。蔡沈《書集傳》：“靖，安也。各安其義之所當盡。”謂各安所安。

⑲自：各自。　　獻：效。

⑳我不顧行遯（dùn）：父師謂我將不反顧而逃。顧，反顧，回頭看。行遯，出行逃遁。此以“父師”爲樂師作解。若以“父師”爲比干，則句謂我不會考慮出行逃走。顧，念，考慮。

泰誓上第一　周書

【題解】

　　“泰誓”即“大誓”,謂周武王大誓諸侯。今本《尚書》中《周書》一共32篇,其中僞古文共12篇。先秦文獻引《泰誓》,篇名中“泰”在《左傳》《國語·周語下》《管子》中亦作“大”,在《史記·周本紀》中作“太”,泰、大、太三字義同,大誓即大會師以誓衆。《泰誓》不見於西漢《尚書》今文29篇中,蓋已亡。劉向《別録》謂武帝時(王充《論衡·正説篇》謂宣帝時)民間出有《泰誓》,馬融等學者多疑其僞,後亦不存。今本《泰誓》三篇,爲魏晉間晚起僞書,其中《泰誓上》列在《周書》第一篇,爲僞古文《尚書》25篇中第十四篇。正文中篇名“泰誓”後底本原無“上”字,爲清眉目,今補。《泰誓》三篇,分別記周武王的三次誓師之辭。《泰誓上》記周武王大會諸侯之師於孟津時的軍誓之辭,斥責商王紂不敬上天,沉湎於酒色,施刑殘暴,爲害百姓,故皇天震怒,賜文王天命,替天行威,可惜未能完成功業;而紂愈加倒行逆施,武王繼承天命而誅之,乃順天而行,人馬雖少,但衆人一心,上天必助武王行天之罰,爲天下人民除殘去穢。

　　惟十有一年[①],武王伐殷。一月戊午[②],師渡孟津[③],作《泰誓》三篇[④]。

【校注】

　　①惟:句首語詞。　十有一年:周文王受命十一年。有,又。此時文

王已死，但文王、武王均受天命，故史書仍用文王受命紀年，這在《詩經·大雅·江漢》《尚書·周書·洛誥》、清華簡《程寤》《祭公之顧命》及不少西周金文中都有記載。文王死年主要有二説：(1)《史記·周本紀》及《尚書大傳》以爲文王受命七年而崩，《史記·齊太公世家》載："文王崩，武王即位。九年，欲修文王業，東伐以觀諸侯集否……遂至盟津，諸侯不期而會者八百諸侯。諸侯皆曰：'紂可伐也。'武王曰：'未可。'還師。與太公作此《太誓》。"此爲武王在文王受命第九年第一次大會諸侯師。《史記·周本紀》："十一年十二月戊午，師畢渡盟津，諸侯咸會。曰：'孳孳無怠！'武王乃作《太誓》，告于衆庶。"此爲文王受命十一年，也即武王即位第四年第二次大會諸侯師，也即武王克商滅紂之年，夏商周斷代工程項目組 2000 年公布的《夏商周年表》認爲滅紂之年即公元前 1046 年。皮錫瑞《今文尚書考證》云："古文《書序》云'一月戊午'，《史記》云'十二月戊午'者，殷之十二月，周之一月。古文《書序》據周正言，《史記》用今文説，仍據殷正，其義非有異也。"王國維《周開國年表》則以《史記》"十二"爲"一"之誤。(2)《逸周書·文傳》及劉歆、僞古文《泰誓》及僞孔傳以爲文王受命九年而崩。故僞孔傳解此序中"一月戊午"爲受命十三年；僞古文《泰誓》篇首亦言"惟十有三年春，大會于孟津"。　案：《清華大學藏戰國竹簡(壹)》中《耆夜》云："武王八年，征伐耆，大戕之，還，乃飲至於文太室。"文太室即文王太廟，可見此時文王已死，若此武王八年仍指文王受命第八年，則文王受命九年而崩的説法有誤。又，李學勤等認爲武王曾改元獨立紀年，此武王八年爲武王即位第八年，可備一説。中國準確紀年，從西周共和元年也即公元前 841 年才開始，此前夏商周三代紀年，後世文獻雖有所記，但衆説不一，實難確定，以上二説相較，文王之崩年當以"七年説"爲宜。

② 一月戊午：文王受命十一年一月戊午這天。參上注。舊注以戊午

爲一月二十八日；王國維《生霸死霸考》謂此戊午當爲二月戊午，二月戊戌朔，戊午爲二月二十一日。又參後《牧誓》"時甲子昧爽"注。

③師：軍隊。　渡：渡河。　孟津：亦作"盟津"，黃河渡口名，在河南孟津縣東北、孟州市西南。

④作《泰誓》三篇：皮錫瑞《今文尚書考證》："《太誓》三篇，首篇言觀兵事，中、下二篇言居二年再伐紂事，蓋三篇非一時之事，實一時所作，由伐紂追溯觀兵時事而並言之，故《書序》總云'作《泰誓》三篇'。"則《泰誓上》是關於武王第一次會師於孟津觀兵觀政的內容。

泰誓上

惟十有三年春①，大會于孟津②。

王曰③："嗟！我友邦冢君④，越我御事庶士⑤，明聽誓⑥！惟天地萬物父母⑦，惟人萬物之靈⑧，亶聰明作元后⑨，元后作民父母⑩。今商王受⑪，弗敬上天，降災下民，沈湎冒色⑫，敢行暴虐，罪人以族⑬，官人以世⑭。惟宮室、臺榭、陂池、侈服⑮，以殘害于爾萬姓⑯，焚炙忠良⑰，刳剔孕婦⑱。皇天震怒，命我文考⑲，肅將天威⑳，大勳未集㉑。肆予小子發㉒，以爾友邦冢君㉓，觀政于商㉔。惟受罔有悛心㉕，乃夷居㉖，弗事上帝神祇㉗，遺厥先宗廟弗祀㉘，犧牲粢盛㉙，既于凶盜㉚。乃曰'吾有民有命㉛'，罔懲其侮㉜。天佑下民㉝，作之君㉞，作之師㉟，惟其克相上帝寵綏四方有罪無罪㊱，予曷敢有越厥志㊲。同力度德，同德度義㊳。受有臣億萬㊴，惟億萬心㊵。予有臣三千，惟一心㊶。商罪貫盈㊷，天命誅之，予弗順天，厥罪惟鈞㊸。予小子夙夜祗懼㊹,受命文考㊺,類于上帝㊻,宜于冢土㊼。以爾有衆㊽,厎天之罰㊾。天矜于民㊿,民之所欲,天必從之㉛。爾尚弼予一人㉜,永清四海㉝,時哉弗可失㉞!”

【校注】

①惟十有三年春:依本篇序文及《史記·周本紀》,“十三年”當作“十一年”。參本篇序文“惟十有一年”注。陸德明《經典釋文》云:“惟十有三年春,或作‘十有一年’。”

②會:會師。

③王:周武王。

④友邦:友好之國。或“友邦”即“有邦”,亦通。邦,國。 冢:大。君:君長,即友邦之君長。 案:後《牧誓》云“王曰:‘嗟!我友邦冢君’”。

⑤越:與、及。 御事庶士:迎受事務之衆士。御,迎,承。庶,衆。 案:後《大誥》云“肆予告我友邦君,越尹氏、庶士、御事”。

⑥明:明白地。 誓:誓師之辭。

⑦惟天地萬物父母:《莊子·達生篇》:“天地者,萬物之父母也。”

⑧惟人萬物之靈:人爲萬物之靈。僞孔傳:“靈,神也。天地所生,惟人爲貴。”

⑨亶(dǎn)聰明作元后:僞孔傳:“人誠聰明,則爲大君。”亶,誠。元,首。后,君。 案:《禮記·中庸》:“聰明足以有臨也。”臨,君臨。

⑩元后作民父母:後《洪範》云:“天子作民父母,以爲天下王。”

⑪商王受:商王紂,即帝辛。段玉裁《古文尚書撰異》謂古文作“受”,今文作“紂”。受、紂音近可通。

⑫沈(chén)湎:沉湎於酒。 冒色:貪好女色。冒,貪。

⑬罪:治罪,懲處。 族:滅族。僞孔傳:“一人有罪,刑及父母兄弟妻子。”

⑭官：任官，任用。　世：世襲。僞孔傳：“官人不以賢才，而以父兄。”謂任人惟親。

⑮臺榭：高臺樓榭。　陂(bēi)池：湖泊池塘。　侈服：奢侈衣服。

⑯萬姓：萬民，百姓。

⑰焚炙：焚燒。《史記·殷本紀》記紂有炮烙之刑。

⑱刳(kū)剔：剖割。　案：《墨子·明鬼下》云殷王紂“刳剔孕婦”，“故於此乎天乃使武王至明罰焉”。

⑲文考：有文德的父親，謂文王。文，尊美之辭。考，父。

⑳肅：敬。　將：持，行。　天威：上天的威罰之命。　案：後《多士》云“將天明威”，《君奭》云“後暨武王誕將天威”。

㉑勸：功業。　集：就，成。“未集”謂文王功業未成而崩。後《武成》亦云文王“惟九年大統未集”，謂文王受命九年而卒，未完成一統天下的大業。

㉒肆(sì)：故，因此。　予小子：自謙之稱。予，我。前《商書·太甲中》、後《大誥》《洛誥》等篇也有“予小子”之稱。　發：此武王自稱其名。

㉓以：率領。

㉔觀政于商：蓋謂此前文王崩後二年，武王會師於孟津觀兵而返之事。觀政，觀察政事。參《史記·周本紀》。

㉕悛(quān)：悔改。

㉖乃：竟。　夷居：安然而處。夷，平，安。

㉗事：事奉。　上帝：天。　神祇：天神地祇。

㉘遺：遺棄。　厥先：其祖先。

㉙犧牲：祭祀用的牛羊等牲畜。　粢(zī)盛(chéng)：盛在器物中用於祭祀的黍稷等糧食。

㉚既于凶盜：僞孔傳：“凶人盡盜食之。”既，盡。前《商書·微子》云：“今殷民，乃攘竊神祇之犧牷牲用。”

㉛有命：有天命。前《商書·西伯戡黎》載商王紂曰“我生不有命在天”。

㉜罔：不。　懲：制止。　侮：侮慢。　案：以上諸句，又見引於《墨子·天志中》：“紂越厥夷居，不肯事上帝，棄厥先神祇不祀，乃曰‘吾有命’，無廖僇務天下，天亦縱棄紂而不葆。”類似的内容又見《墨子·非命上》《非命中》。

㉝佑：佑助。

㉞作：立。

㉟師：官師，百官。

㊱惟：表希望語氣。　其：君、師。　克：能。　相：助，輔佐。　寵：愛，護衛。　綏：安定。　四方有罪無罪：謂四方有罪無罪之民。案：《孟子·梁惠王下》：“《書》曰：‘天降下民，作之君，作之師，惟曰其助上帝寵之四方有罪無罪。’惟我在，天下曷敢有越厥志。”在，察知，審察。《清華大學藏戰國竹簡(伍)》中《厚父》亦云：“古天降下民，設萬邦，作之君，作之師，惟曰其助上帝亂下民之匿。”《孟子》所引《書》或出自《厚父》。又《清華大學藏戰國竹簡(玖)》中《成人》：“古天氏降下民，作時后王、君公，正之以四輔祝、宗、史、師，乃有司正典獄，惟曰助上帝亂治四方之有罪無罪。”

㊲予曷敢有越厥志：蔡沈《書集傳》：“夫有罪之當討，無罪之當赦，我何敢有過用其心乎？言一聽於天而已。”曷，何。越，越過。厥志，天意。

㊳“同力度德”二句：僞孔傳：“力鈞則有德者勝，德鈞則秉義者强。”鈞，同。度，度量。

㊴受：紂。　臣：臣民。　億萬：謂人數衆多。案：後《洛誥》云“萬億”，僞孔傳：“十千爲萬，十萬爲億。”但《左傳》昭公二十年“豈能勝億兆人之詛”杜預注：“萬萬曰億，萬億曰兆。”一以十萬爲億，一以萬萬爲億。《禮記·内則》“降德於衆兆民”孔穎達疏：“億之

數有大小二法,其小數以十爲等,十萬爲億,十億爲兆也;其大數以萬爲等,萬至萬是萬萬爲億,又從億而數至萬億爲兆。”

㊵億萬心:謂人心各異,不同心。

㊶一心:謂人數雖少於商紂,但衆人一心。商被稱爲“大邑商”,周人則自稱“小邦周”,故彼此人數多少亦異。　案:《左傳》昭公二十四年:“同德度義。《大誓》曰:‘紂有億兆夷人,亦有離德;余有亂臣十人,同心同德。’”《管子・法禁》:“《大誓》曰:‘紂有臣億萬人,亦有億萬之心;武王有臣三千,而一心。”

㊷貫盈:惡貫滿盈。貫,串滿。盈,滿溢。

㊸鈞:同,均等。　案:後《吕刑》云“其罪惟均,其審克之”。

㊹夙(sù)夜:早晚。　祇:敬。　懼:怕。

㊺受命文考:謂武王從文王那裏繼承了上天賦予的天命。

㊻類:祭祀名,以事類告天之祭。前《虞書・舜典》云“肆類于上帝”。

㊼宜:祭祀名,爲社神之祭。　冢:大,表尊稱。　土:土地,此謂社神。

㊽以:率領。

㊾底(dǐ):致。古本作“致”。參前《商書・湯誓》“致天之罰”,後《多士》云“予亦致天之罰于爾躬”,《多方》云“我則致天之罰”。

㊿矜(jīn):憐憫,同情。

(51)“民之所欲”二句:《左傳》襄公二十一年引《大誓》曰:“民之所欲,天必從之。”《國語・周語中》《鄭語》亦引此二句。

(52)尚:表祈使之意,當。　弼:輔弼,佐助。　案:前《商書・湯誓》云“爾尚輔予一人”,後《周官》亦云“弼予一人”。

(53)清:清除穢惡,此謂除掉商紂。　四海:天下。

(54)時:時機。　失:錯失。　案:《左傳》昭公二十七年:“吴公子光曰:‘此時也,弗可失也。’”

泰誓中第二　周書

【題解】

本篇爲僞古文《尚書》25篇中第十五篇。正文中篇名"泰誓中"底本原無,爲清眉目而補。《泰誓中》所記,部分語句和《泰誓上》類同,在内容上亦先數商紂惡行,責紂不順天命,其臣下效而爲惡,彼此仇殺,無辜的人民只能向天呼求。武王人衆雖不及商紂,但同心同德,定能戰勝商紂,不過他也提醒衆人不要輕敵,並勉勵大家建立功勳。

泰誓中

惟戊午①,王次于河朔②,群后以師畢會③。

王乃徇師而誓曰④:"嗚呼! 西土有衆⑤,咸聽朕言⑥。我聞吉人爲善⑦,惟日不足⑧;凶人爲不善⑨,亦惟日不足。今商王受⑩,力行無度⑪,播弃犂老⑫,昵比罪人⑬,淫酗肆虐⑭。臣下化之⑮,朋家作仇⑯,脅權相滅⑰。無辜籲天,穢德彰聞⑱。惟天惠民⑲,惟辟奉天⑳。有夏桀弗克若天㉑,流毒下國㉒。天乃佑命成湯㉓,降黜夏命㉔。惟受罪浮于桀㉕,剥喪元良㉖,賊虐諫輔㉗,謂己有天命㉘,謂敬不足行㉙,謂祭無益,謂暴無傷。

厥監惟不遠[30]，在彼夏王[31]。天其以予乂民[32]，朕夢協朕卜[33]，襲于休祥[34]，戎商必克[35]。受有億兆夷人[36]，離心離德；予有亂臣十人[37]，同心同德[38]。雖有周親[39]，不如仁人。天視自我民視[40]，天聽自我民聽。百姓有過，在予一人，今朕必往[41]。我武惟揚，侵于之疆[42]，取彼凶殘[43]，我伐用張[44]，于湯有光[45]。勖哉夫子[46]！罔或無畏，寧執非敵[47]。百姓懍懍[48]，若崩厥角[49]。嗚呼！乃一德一心[50]，立定厥功[51]，惟克永世[52]！"

【校注】

①戊午：即前序文中"一月戊午"。

②王：周武王。　次：止，駐紮。　河朔：黄河北岸。朔，北。

③群后：衆邦之君。后，君。　以：率領。　畢：全。

④徇：巡行，巡視。　師：軍隊。

⑤西土有衆：謂西方之衆。周及其伐紂的同盟諸國都來自西部之地，進攻在東方的商紂。

⑥咸：皆，都。　朕：我。　案：前《商書·湯誓》云"悉聽朕言"，《盤庚中》云"明聽朕言"，後《吕刑》云"皆聽朕言"。

⑦吉人：善良的人。

⑧日：時日。　案：《詩經·小雅·天保》："降爾遐福，維日不足。"

⑨凶人：凶惡的人。

⑩受：紂。

⑪力行無度：猶言拼命爲非法之事。力，竭力。度，法度。

⑫播：散，棄。　犂老：老人。"犂"或作"黎"，王引之《經義述聞》謂"黎老"即"耆老"，"黎"與"耆"通。案："犂"字足利本作"黎"，神田本作"耆"。　案：《國語·吴語》載申胥曰："今王播棄黎老，而孩童焉比謀。"《墨子·明鬼下》云殷王紂"播棄黎老"。

⑬昵比：親近。

⑭淫酗:沉湎於酒。前《商書·微子》云"沈酗于酒"。　肆虐:肆意作惡。

⑮化:同化,影響。謂臣下被商紂酗酒爲惡所同化。

⑯朋家:朋黨。　作仇:爲敵。

⑰脅權相滅:挾持權力相互伐滅。

⑱"無辜籲(yù)天"二句:僞孔傳:"民皆呼天,告冤無辜;紂之穢德,彰聞天地。"辜,罪。籲,呼告。穢德,惡德。彰,明。

⑲惠:愛。

⑳辟:君主。　奉:尊奉。

㉑桀:夏最後一位君主。　弗克:不能。　若:順。

㉒流:流布,傳播。　毒:禍害。　下國:諸侯國。

㉓佑:佑助。　命:賜命。　成湯:即商朝第一代君王,子姓,名履,又稱大乙,周人稱之爲成湯。

㉔降黜:貶退廢黜。　夏命:夏之天命。

㉕受罪:紂之罪。　浮:過。

㉖剝喪:去除。　元:大。　良:善。　案:此"元良"或即指微子。

㉗賊虐:殺害。　諫輔:上諫的輔佐之臣。此或即指比干。

㉘謂己有天命:前《商書·西伯戡黎》載紂曰"我生不有命在天",上篇《泰誓上》述紂曰"吾有民有命"。

㉙敬:敬天。

㉚監:鑒,借鑒。　遠:久遠。　案:《詩經·大雅·蕩》:"殷鑒不遠,在夏后之世。"

㉛夏王:桀。　案:《墨子·非命下》引《太誓》之言曰:"爲鑑不遠,在彼殷王。謂人有命,謂敬不可行,謂祭無益,謂暴無傷。"

㉜以:用。　乂:治理。

㉝朕夢協朕卜:我的夢和我的占卜相符合。協,合。

㉞襲于休祥:又重有吉祥之兆。襲,重(chóng)。休,美。祥,吉兆。

㉟戎商：大商。戎，大。殷墟甲骨文、西周金文中稱商爲“大邑商”，《詩經·大雅·大明》亦云“篤生武王，保右命爾，爕伐大商”，“涼彼武王，肆伐大商”。後《武成》有“一戎衣”，“戎衣”即“戎殷”；《康誥》亦載“天乃大命文王殪戎殷”，戎殷即戎商。舊多誤釋“戎”爲兵戎，謂征伐，今不從。　克：攻克，戰勝。　案：《國語·周語下》載單襄公曰：“吾聞之《大誓》故曰：‘朕夢協朕卜，襲于休祥，戎商必克。’以三襲也。”三襲即三重吉祥，謂夢、卜、祥三者均相合。

㊱億兆：謂人數衆多。參上《泰誓上》“受有臣億萬”注。　夷人：夷民，謂商之民衆。商是東方之國，治下多東夷之民。

㊲予有亂臣十人：亂：治，理。　案：底本旁添“臣”字，可見石經原無“臣”字，神田本無，内野本、神宫本等云“臣”爲衍字。

㊳“受有億兆夷人”四句：《左傳》襄公二十八年曰：“武王有亂臣十人。”《左傳》昭公二十四年萇弘引《大誓》曰：“紂有億兆夷人，亦有離德；余有亂臣十人，同心同德。”《論語·泰伯第八》云：“武王曰：‘予有亂臣十人。’”據阮元《校勘記》及宋本、岳本、足利本等無“臣”字，諸經均不當添有“臣”字。

㊴周親：至親。周，至。

㊵視：看。　自：從。　案：《孟子·萬章上》引《泰誓》曰：“天視自我民視，天聽自我民聽。”前《虞書·皋陶謨》云：“天聰明，自我民聰明。”

㊶“百姓有過”三句：過，罪過。僞孔傳：“民之有過，在我教不至。”案：《論語·堯曰篇》：“雖有周親，不如仁人。百姓有過，在予一人。”又引商湯曰：“朕躬有罪，無以萬方；萬方有罪，罪在朕躬。”《國語·周語上》引《湯誓》曰：“余一人有罪，無以萬夫；萬夫有罪，在余一人。”萬方蓋即萬夫，謂萬民。蔡沈《書集傳》云：“今民皆有責於我，謂我不正商罪，以民心而察天意，則我之伐商，斷必

往矣。”以過爲責，可備一説。

㊷“我武惟揚”二句：僞孔傳：“揚，舉也。言我舉武事，侵入紂郊疆伐之。”武，武事，軍事。揚武即舉兵。疆，疆域。

㊸取：攻取。　凶殘：謂商紂。《孟子·梁惠王下》謂紂爲“殘賊之人”：“賊仁者謂之賊，賊義者謂之殘；殘賊之人，謂之一夫。聞誅一夫紂矣，未聞弑君也。”

㊹我伐用張：以張我殺伐之功。伐，殺伐，攻伐。用，以。張，張大。

㊺于湯有光：《孟子·滕文公下》引《泰誓》曰：“我武惟揚，侵于之疆，則取于殘，殺伐用張，于湯有光。”趙岐注：“比於湯伐桀，爲有光寵。美武王德優前代也。”

㊻勖(xù)：勉，努力。　夫子：僞孔傳：“夫子，謂將士。”下《牧誓》云“夫子勖哉”，亦云“勖哉夫子”。

㊼“罔或無畏”二句：蔡沈《書集傳》：“無或以紂爲不足畏，寧執心以爲非我所敵也。”無畏，謂輕敵。非敵，不敵。

㊽懔(lǐn)懔：危懼不安的樣子。

㊾若崩厥角：俞樾《古書疑義舉例》謂即“厥角若崩”，叩頭如山崩裂。《漢書·諸侯王表》“諸侯王厥角稽首”應劭注：“厥者，頓也。角者，額角也。”“厥”通“蹶”。　案：《孟子·盡心下》：“武王之伐殷也，革車三百兩，虎賁三千人。王曰：‘無畏！寧爾也，非敵百姓也。’若崩厥角稽首。”

㊿乃：你們。

(51)立：建立。　定：奠定，完成。　案：《詩經·周頌·武》云：“勝殷遏劉，耆定爾功。”

(52)克：能。　永世：蓋猶西周金文、《詩經》中的“萬年”，表長久。案：《漢書·刑法志》引《書》曰：“立功立事，可以永年。”

泰誓下第三　周書

【題解】

　　本篇爲僞古文《尚書》25 篇中第十六篇。正文中篇名"泰誓下"底本原無,爲清眉目而補。《泰誓下》記周武王第三次對軍隊衆官長發布誓辭,再述商紂"自絶于天,結怨于民"的種種暴虐罪行,不祭祀天地,也不祭祀祖先,因此上天降給他災禍,而讓武王"恭行天罰",消滅失道寡助之獨夫紂。總體而言,軍誓之辭,一則要闡明出師的正當性,一則要勉勵鼓舞士衆,本篇也大抵如此。

泰誓下

　　時厥明①,王乃大巡六師②,明誓衆士③。

　　王曰:"嗚呼! 我西土君子④。天有顯道⑤,厥類惟彰⑥。今商王受⑦,狎侮五常⑧,荒怠弗敬⑨,自絶于天,結怨于民。斮朝涉之脛⑩,剖賢人之心⑪。作威殺戮,毒痛四海⑫。崇信姦回⑬,放黜師保⑭。屏弃典刑⑮,囚奴正士⑯。郊社不修⑰,宗廟不享⑱。作奇技淫巧⑲,以悦婦人⑳。上帝弗順㉑,祝降時喪㉒。爾其孜孜㉓,奉予一人㉔,恭行天罰㉕。古人有言曰:'撫我則后㉖,虐我則讎。'獨夫受洪惟作威㉗,乃汝世讎㉘。樹德務滋,除惡務本㉙。肆予小子㉚,誕以爾衆士㉛,殄殲乃讎㉜。爾衆士,其尚迪果毅㉝,以登乃辟㉞,功多有厚賞,不迪有顯戮㉟。嗚呼!惟我文考㊱,若日月之照臨,光于四方㊲,顯于西土㊳。惟我有周,誕受多方㊴。予克受㊵,非予武㊶,惟朕文考無罪㊷;受克予,非朕文考有罪,惟予小子無良㊸。”

【校注】

①時厥明:僞孔傳:“是其戊午明日。”時,是。厥,其。明日,第二天。
　案:“明”下,内野本、神宮本、足利本有“日”字。

②巡:巡行,巡視。　六師:天子有六師,此謂西周六師。或泛指所有軍隊。　案:上《泰誓中》亦云“王乃徇師而誓”。

③明:明白地。　衆士:衆官長。　案:前《泰誓上》亦云“御事庶士,明聽誓”。

④西土君子:上篇《泰誓中》亦云“西土有衆”。

⑤天有顯道:天自有其彰顯之道。顯,彰顯,猶表揚。

⑥類:善。　彰:彰顯。　案:《墨子·非命下》云:“惡乎君子,天有顯德,其行甚章。”

⑦今商王受:受,紂。敦煌本、神田本、内野本、神宮本無“今”字。

⑧狎(xiá)侮:輕忽侮慢。　五常:即前《虞書·舜典》所言“五典”,也即《左傳》文公十八年所言“五教”:父義、母慈、兄友、弟恭、子孝。參前《虞書·舜典》“慎徽五典”注。

⑨荒:荒廢。　怠:怠慢。　弗敬:僞孔傳:“不敬天地神明。”

⑩斮(zhuó)朝涉之脛:僞孔傳:“冬月見朝涉水者,謂其脛耐寒,斬而視之。”斮,斬。朝,早晨。涉,徒行涉水。脛,小腿。

⑪剖賢人之心:僞孔傳:“比干忠諫,謂其心異於人,剖而觀之。”　案:《淮南子·俶真訓》:“剖賢人之心,折才士之脛。”高誘注:“賢人,比干也。”

⑫毒痡(pū):毒害。　四海:天下。

⑬崇:尊,尊崇。　信:信任。　姦回:姦邪之人。"回"同"違",邪。

⑭放黜:放逐黜退。　師保:太師太保。

⑮屏弃:摒棄。　典刑:常法。

⑯囚:囚禁。　奴:奴役。　正士:正直之士。此蓋謂箕子。　案:《史記·殷本紀》:"箕子懼,乃佯狂爲奴,紂又囚之。"

⑰郊:祭天。　社:祭地。　修:治。

⑱享:祭祀。

⑲奇技淫巧:蔡沈《書集傳》:"奇技,謂奇異技能。淫巧,爲過度之巧。"

⑳悦:取悦。　婦人:蓋謂妲己。

㉑上帝:天。　順:依順,依從。

㉒祝降時喪:僞孔傳:"斷絶其命,故下是喪亡之誅。"祝,斷。降,下。時,是。喪,喪亡。　案:《墨子·非命下》引云:"上帝不順,祝降其喪。"

㉓爾:你們。　其:表祈使語氣。　孜孜:勤勉努力。

㉔奉:事奉,擁戴。　予一人:君王自稱。甲骨文、金文中有"余一人""我一人"之稱。

㉕恭行天罰:下《牧誓》云"今予發,惟恭行天之罰",亦參前《夏書·甘誓》"今予惟恭行天之罰"及注。

㉖撫我則后:愛護我的則爲我君主。撫,愛,親。后,君主。

㉗獨夫:蔡沈《書集傳》:"言天命已絶,人心已去,但一獨夫耳。《孟子》曰:'殘賊之人,謂之一夫。'"　洪惟:亦惟。後《大誥》有"洪惟我幼沖人",《多方》有"洪惟圖天之命","洪惟"乃"剨惟"之訛。詳參《大誥》"洪惟我幼沖人"注。　作威:用威刑殺戮。

㉘世讎:僞孔傳:"累世之讎。"一説"世讎"即"大讎",亦通。

㉙"樹德務滋"二句:僞孔傳:"立德務滋長,去惡務除本。言紂爲天下惡本。"樹,立。務,致力於。滋,滋長。　案:《左傳》哀公元年

伍員曰:"臣聞之:'樹德莫如滋,去疾莫如盡。'"《戰國策·秦策三》:"《書》云:'樹德莫如滋,除害莫如盡。'"鮑彪本"書"作"詩",注云:"滋,益也。"

㉚肆:故。　予小子:自謙之稱。予,我。前《商書·湯誓》《湯誥》有"台(yí)小子"之稱,《商書·太甲中》、《周書·大誥》《洛誥》等篇有"予小子"之稱。

㉛誕:乃。　以:率領。

㉜殄(tiǎn):滅絕。　殲:殲滅。

㉝尚:當。　迪:由,順從,遵行。　果毅:果敢堅毅。案:《左傳》宣公二年:"君子曰:'戎,昭果毅以聽之之謂禮。殺敵爲果,致果爲毅。易之,戮也。'"可見兵戎之事,提倡彰顯果毅,反易此道,則將被刑戮懲處。

㉞登:成,成就。　辟:君。

㉟不迪:即"不迪果毅"。　顯戮:蔡沈《書集傳》:"謂之顯戮,則必肆諸市朝以示衆庶。"即公開行刑。

㊱文考:對父親的尊稱,此指武王之父文王。又參前《泰誓上》"命我文考"注,後《武成》亦云:"我文考文王,克成厥勳。"

㊲光于四方:光照天下。

㊳顯:顯揚。　西土:西部之地。　案:以上四句相關內容,《墨子·兼愛下》曰:"《泰誓》曰:'文王若日若月,乍照光于四方、于西土。'"

㊴誕:乃。　受:接受,獲得。　案:"誕受"一詞,又見後《微子之命》《康誥》"誕受厥命",《康王之誥》"誕受羑若"。　多方:衆方國。　案:《墨子·非命下》引《太誓》之言曰:"惟我有周,受之大帝。"陳喬樅等謂"帝"當作"商",言周受有大商之命。

㊵予克受:如果我戰勝紂。克,攻克,戰勝。受,商王紂。

㊶武:勇武。

㊷無罪:無過失。偽孔傳:"推功於父,言文王無罪於天下,故天佑之。"

㊸無良:不善。偽孔傳:"若紂克我,非我父罪,我之無善之致。"

案:《禮記·坊記》:"《大誓》曰:'予克紂,非予武,惟朕文考無罪;紂克予,非朕文考有罪,惟予小子無良。'"

牧誓第四　周書

【題解】

　　“牧誓”謂在牧野的誓師。本篇爲《周書》中第四篇,記述中國歷史上一次改朝換代的戰役之前的誓師之辭,即周武王率領八國軍隊伐商,在牧野與商紂作戰之前對士衆的誓辭。這也是一篇周人討伐商紂的檄文,一方面慰勞己方軍衆,另一方面數紂之惡,謂紂“惟婦言是用”,不祭祀祖先神靈,離棄兄弟親戚,以致神怒民怨,故武王恭行天罰,征討商紂,最後勉勵將士遵守軍紀勇猛殺敵,若不勉力,將會嚴懲。屈萬里《尚書集釋》謂此篇文辭淺易,非西周初年作品,蓋爲戰國時人述古之作。

　　武王戎車三百兩①,虎賁三百人②,與受戰于牧野③,作《牧誓》。

【校注】

①武王:周武王,周文王之子,名發。　戎車:兵車。　兩:即“輛”。

②虎賁(bēn):勇士之稱。孔穎達疏:“若虎之賁走逐獸,言其猛也。”賁,同“奔”。　案:《孟子·盡心下》:“武王之伐殷也,革車三百兩,虎賁三千人。”《司馬法》:“革車一乘,士十人。”或以此“虎賁三百人”當作“虎賁三千人”。

③受:商王紂。　牧野:牧之野,在紂所居朝歌之南七十里,今河南

淇縣之南,在新鄉市東北。"牧"亦或作"坶""踇"。

牧　誓

時甲子昧爽①,王朝至于商郊牧野②,乃誓③。王左杖黄鉞④,右秉白旄以麾⑤,曰:"逖矣西土之人⑥!"王曰:"嗟!我友邦冢君⑦,御事司徒、司馬、司空、亞旅、師氏、千夫長、百夫長⑧,及庸、蜀、羌、髳、微、盧、彭、濮人⑨,稱爾戈⑩,比爾干⑪,立爾矛,予其誓⑫。"

【校注】

①甲子:文王受命十一年二月甲子這天。西周成王初年時器利簋銘文亦言"武王征商,隹(惟)甲子朝"。《史記·周本紀》:"二月甲子昧爽,武王朝至于商郊牧野,乃誓。""二月",《史記集解》引徐廣曰:"一作'正'。此建丑之月,殷之正月,周之二月也。"《史記·齊太公世家》即作:"十一年正月甲子,誓於牧野,伐商紂,紂師敗績。"《逸周書·世俘》:"越若來二月既死魄,越五日甲子朝至,接于商,則咸劉商王紂。"《國語·周語下》:"王以二月癸亥夜陳。"韋昭注:"二月,周二月。四日癸亥,至牧野之日。"此蓋依《漢書·律曆志》以二月庚申朔。癸亥爲甲子前一天,則甲子之誓在二月五日;王國維《生霸死霸考》則謂二月戊戌朔,甲子爲二月二十七日。武王伐紂滅商之年,歷來衆説紛紜,夏商周斷代工程項目組公布的《夏商周年表》認爲即公元前1046年,又參前《泰誓》序"惟十有一年"注。　昧爽:黎明之時。昧,暗。爽,明。

②王:武王。　朝:早晨。　商郊:商王紂所居朝歌之郊。商後期所都在今河南安陽殷墟,但紂常居於離邑朝歌,以之爲都。邑外爲郊,郊外爲野。

③誓：誓師。

④左：左手。　杖：持拿。　黄鉞：黄銅大斧。鉞象徵王權和威殺。

⑤右：右手。　秉：執握。　白旄：有白色旄牛尾作裝飾的旗子。
旄：揮。

⑥逖(tì)：遠。謂所來路途甚遠。"逖"，或引作"遏"。　西土：西部
之地，謂西部諸國。武王伐紂，所率衆國均來自西部地區。

⑦友邦：友好之國。或"友邦"即"有邦"，亦通。邦，國。　冢：
大。　君：君長，即友邦之君長。

⑧御事：迎受事務。御，迎。"御事"非官職專名，此加在其他官職之
前以統之。亦用爲各類官吏之泛稱。孔穎達疏："此'御事'之文
指三卿而説，是不通於'亞旅'已下。"　司徒、司馬、司空：僞孔傳
謂此爲三卿："司徒主民，司馬主兵，司空主土。"　亞旅：僞孔傳：
"亞，次；旅，衆也。衆大夫，其位次卿。"謂位次於卿的衆大夫。
師氏：官名，負責帶兵守衛在王之門外。　千夫長、百夫長：鄭玄
謂千夫長爲師之長，百夫長爲旅之長，據《周禮·夏官》一師二千
五百人，一旅五百人。

⑨庸、蜀、羌、髳(máo)、微、盧、彭、濮：僞孔傳謂八國皆蠻夷戎狄之
國，爲周屬國。依李零先生説，庸，在今湖北竹山；蜀，在今四川成
都；羌，在今甘青地區；髳，在今四川漢源；微，在今四川眉山；盧，
在今湖北南漳；彭，在今湖北房縣；濮，在今湖北西部。

⑩稱：舉。　爾：你的，你們的。

⑪比：並列。　干：盾。

⑫其：將。

　　王曰："古人有言曰①：'牝雞無晨②，牝雞之晨③，惟家之
索④。'今商王受，惟婦言是用⑤，昏弃厥肆祀弗荅⑥，昏弃厥遺
王父母弟不迪⑦，乃惟四方之多罪逋逃是崇是長⑧，是信是
使⑨，是以爲大夫卿士⑩，俾暴虐于百姓⑪，以姦宄于商邑⑫。

今予發^⑬,惟恭行天之罰。

"今日之事^⑭,不愆于六步、七步^⑮,乃止齊焉^⑯。夫子勖哉^⑰!不愆于四伐、五伐、六伐、七伐^⑱,乃止齊焉。勖哉夫子!尚桓桓^⑲,如虎如貔^⑳,如熊如羆^㉑,于商郊^㉒。弗迓克奔^㉓,以役西土^㉔。勖哉夫子!爾所弗勖^㉕,其于爾躬有戮^㉖。"

【校注】

①古人有言曰:敦煌本、神田本無"曰"字。

②牝(pìn)雞:母雞。 無:不。 晨:打鳴。

③牝雞之晨:若母雞打鳴。

④惟家之索:謂禍害於家。之,是。索,僞孔傳:"索,盡也。"但郭永秉、鄔可晶等指出,此"索"即甲骨文、金文中从索从刀的"剺"字,即"割"字,戰國文字中的"藜"即"葛",葛、剺(割)古音同,《尚書》中"割"可通"害"或"曷",則此"索(剺)"可釋爲"害",禍害。案:此説可從,後《洪範》云"其害于而家",《大誥》云"天降割于我家",均言害家。

⑤惟婦言是用:底本石經"是"字旁添,神田本、内野本、神宮本無"是"字,《漢書·五行志》引此亦無"是"字。婦,蓋謂妲己。用,聽用,聽從。

⑥昏弃:王引之《經義述聞》謂即"泯棄",絶棄,《左傳》昭公二十九年云"若泯棄之"。或謂"昏弃"爲盡棄,亦可通。 厥:其。 肆祀:祭祀之名,爲享祭宗廟。 荅:應答,答享,對享。

⑦遺:餘,留。 王父:金文中常稱父爲王父,此泛指父輩。"王"爲尊稱之辭。 母弟:同母之弟,此泛指兄弟輩。 迪:進用。

⑧乃:卻。 逋(bū)逃:逃亡。逋,亡。 崇:尊崇。 長:敬重。

⑨信:信任。 使:使用。

⑩大夫:貴族中的一個等級。 卿士:執政的一個官名。

⑪俾:使。 暴虐:孔穎達疏:"'暴虐'謂殺害,殺害加於人,故言

‘於百姓’。”

⑫以：使。　姦宄（guǐ）：孔穎達疏：“‘姦宄’謂劫奪，劫奪有處，故言‘於商邑’。”　商邑：商之城邑。

⑬發：武王自謂。武王名發。

⑭事：戰事。

⑮愆：過，超過。

⑯止齊：停一下使隊伍整齊。

⑰夫子：對男性的美稱，此謂將士。　勖（xù）：勉。

⑱伐：擊刺。

⑲尚：當。　桓桓：威武之貌。

⑳貔（pí）：一種似虎的猛獸。

㉑羆（pí）：熊之一種。

㉒于：往。

㉓迓：迎，迎擊。　克：能。　奔：奔來投降者。

㉔役：服役。

㉕所：若，如果。

㉖躬：自身。　戮：懲處。

武成第五　周書

【題解】

　　“武成”謂武王克商成就其功。鄭玄云《武成》亡於東漢光武帝之時。今本此篇爲僞古文《尚書》25篇中第十七篇,爲《周書》第五篇,記述周武王滅商勝利後班師,偃武修文,返回到豐祭祀祖廟和天地,告成大功,任命諸侯百官並作講話,回顧了此前周之公劉、太王、王季、文王的歷史功績,強調自己繼承了上天給予文王的天命,在伐紂路上將紂之罪惡告於天地山川,奉行天命以伐紂,商之民衆亦紛紛歸附。最後一段的內容頗與其上武王講話不相銜接,再次叙述武王伐商獲勝,實施尊賢愛民的措施,垂拱而治。故蔡沈《書集傳》謂此篇編簡有錯亂。本篇本爲晚起的僞古文篇章,內容上的拼接與錯亂可不必深究。

　　武王伐殷,往伐歸獸①。識其政事②,作《武成》③。

【校注】

①往伐歸獸:往而伐紂,歸而巡狩。獸,通“狩”。《史記·周本紀》:“乃罷兵,西歸行狩,記政事,作《武成》。”皮錫瑞《今文尚書考證》:“‘西歸行狩’即‘歸狩’,非史公假‘狩’爲‘獸’也。所以知史公非假‘狩’爲‘獸’者,《周本紀》以縱馬放牛、偃干戈、振兵釋旅之文,置於營成周於洛邑之後,則史公所據今文説,不以歸馬放

牛爲罷兵西歸行狩時事，即不得以歸馬放牛之文當‘歸獸’之文矣。古文《書》序作‘往伐歸獸’，蓋謂往而伐殷，歸而巡狩。其義與今文不異。”此駁僞孔傳釋“歸獸”爲“歸馬牛於華山、桃林之牧地”。

②識(zhì)：記。

③作《武成》：“武成”其義，僞孔傳釋爲“武功成”、“有此武功，成于克商”；鄭玄謂“著武道至此而成”；蔡沈《書集傳》謂“篇中有‘武成’二字，遂以名篇”；黄懷信《尚書注訓》謂截取《逸周書·世俘》“維四月乙未日武王成辟”中武、成二字而成篇名。今取僞孔傳之説。

武　成

　　惟一月壬辰旁死魄①，越翼日癸巳②，王朝步自周③，于征伐商④。厥四月哉生明⑤，王來自商⑥，至于豐⑦，乃偃武修文⑧，歸馬于華山之陽⑨，放牛于桃林之野⑩，示天下弗服⑪。丁未⑫，祀于周廟⑬，邦、甸、侯、衛駿奔走⑭，執豆籩⑮。越三日庚戌，柴望⑯，大告武成⑰。既生魄⑱，庶邦冢君暨百工⑲，受命于周⑳。

【校注】

　　①一月壬辰旁死魄：謂伐紂之年一月壬辰旁死魄這天，蓋即文王十一年一月壬辰。參前《泰誓》序“惟十有一年”注。僞孔傳以旁死魄爲一月二日，用劉歆《三統曆》之説。王國維《生霸死霸考》謂一月戊辰朔，則一月壬辰爲一月二十五日。旁死魄，“魄”亦作“霸”，指所見月明部分，王國維認爲一月戊辰朔，下弦日爲二十三日，其第三日爲“旁死魄”，即一月二十五日，王氏云：“旁者，溥

也,義進於既。"

②越:及,越至。姜昆武《詩書成詞》謂"越"義即"越過"。　翼日:即"翌日",第二天。　癸巳:癸巳日。此日武王領軍從周出發征商,至癸亥陳于商郊,歷三十日。

③朝:早晨。　步自周:從周出發。步,行。自,從。周,鎬京,武王所都之地,在今陝西長安區西北灃水東岸。

④于:往。　案:以上四句,《漢書·律曆志》引《武成》曰:"惟一月壬辰旁死霸,若翌日癸巳,武王乃朝步自周,于征伐紂。"又《逸周書·世俘》云:"惟一月丙辰旁死魄,若翼日丁巳,王乃步自于周,征伐商王紂。"

⑤四月哉生明:僞孔傳謂四月三日。王國維謂"哉生明"一詞爲僞古文《尚書》所造。

⑥來:歸來。　商:朝歌。

⑦豐:文王所都之地,在今陝西長安區西北灃水西岸。周先王宗廟在此。

⑧偃:止息,停止。　武:武備。　修:興修,修治。　文:文教。

⑨歸:放歸。　陽:山南曰陽。

⑩放:放歸。　桃林:僞孔傳:"桃林,在華山東。"

⑪服:乘用。　案:《禮記·樂記》言武王克殷返回後,"馬散之華山之陽,而弗復乘;牛散之桃林之野,而弗復服"。

⑫丁未:四月丁未。

⑬祀于周廟:在周祖廟進行祭祀。僞孔傳:"祭告后稷以下、文考文王以上七世之祖。"

⑭邦、甸、侯、衛:方國、甸服、侯服、衛服的諸侯。邦,方國。　駿:僞孔傳:"駿,大也。"《詩經·周頌·清廟》:"對越在天,駿奔走在廟。"鄭玄箋:"駿,大也。"孔穎達疏:"以其俱來,故訓'駿'爲'大'。大者,多而疾來之意。《禮記·大傳》亦云'駿奔走',注:

'駿,疾也。疾奔走,言勸事也。'其意與此相接成也。" 奔走:奔走助祭。

⑮執:持,拿。 豆籩(biān):豆和籩用以盛放祭物。蔡沈《書集傳》:"豆,木豆;籩,竹豆。"豆盛肉醬,籩盛果實。 案:《禮記·大傳》:"遂率天下諸侯,執豆籩,逡奔走。"鄭玄注:"逡,疾也。疾奔走,言勸事也。"

⑯柴:祭祀之名,燒柴祭天。 望:祭祀之名,遙祭山川。

⑰武成:武功之成。

⑱既生魄:僞孔傳:"十五日之後。"依王國維《生霸死霸考》一月四分之説,自朔至上弦爲初吉,自上弦至望爲既生霸,自望至下弦爲既望,自下弦至晦爲既死霸。既生魄作爲公名,指上弦至望,即第八、九日至十四、十五日這一時段;作爲專名,亦可用來指這一時段的第一天。

⑲庶:衆。 冢:大。 暨:及,和。 百工:百官。

⑳受命于周:僞孔傳:"諸侯與百官受政命於周。"

王若曰①:"嗚呼!群后②,惟先王建邦啓土③,公劉克篤前烈④,至于大王⑤,肇基王迹⑥,王季其勤王家⑦,我文考文王⑧,克成厥勳⑨,誕膺天命⑩,以撫方夏⑪,大邦畏其力,小邦懷其德⑫,惟九年大統未集⑬。予小子其承厥志⑭,底商之罪告于皇天后土、所過名山大川⑮,曰:'惟有道曾孫周王發⑯,將有大正于商⑰。今商王受無道,暴殄天物⑱,害虐烝民⑲,爲天下逋逃主⑳,萃淵藪㉑。予小子既獲仁人㉒,敢祗承上帝,以遏亂略㉓,華夏蠻貊㉔,罔不率俾㉕。恭天成命㉖,肆予東征㉗,綏厥士女㉘。惟其士女,篚厥玄黄㉙,昭我周王㉚。天休震動㉛,用附我大邑周㉜。惟爾有神㉝,尚克相予㉞,以濟兆民㉟,無作神羞㊱。'"

【校注】

①若:如此。陳夢家《尚書通論》根據金文謂史官或他人代宣王命時,例用"王若曰"。

②群:衆。 后:君。

③先王:僞孔傳:"謂后稷也。尊祖,故稱先王。"后稷即弃,爲周之始祖。舜封弃於邰。 邦:國。 启:開。 孔穎達疏:"文、武之功起於后稷,后稷始封於邰,故言'建邦启土'。"《詩經·周頌·閟宮》亦謂后稷"奄有下國"。

④公劉:后稷曾孫。公劉居於豳。 克篤前烈:僞孔傳:"能厚先人之業。"克,能。篤,厚。烈,業。

⑤大王:即太王,公亶父,爲王季之父,文王之祖。太王遷居於岐。

⑥肇基王迹:開始王者之業。《詩經·周頌·閟宮》:"后稷之孫,實維大王;居岐之陽,實始翦商。"《史記·周本紀》:"王瑞自太王興。"肇,語首詞。基,始。迹,業,迹業。

⑦王季:即太王之少子季歷,即位後稱公季,死後被尊稱爲王季,爲文王之父。 其勤王家:僞孔傳:"乃勤立王業。"《史記·周本紀》云:"公季脩古公遺道,篤於行義,諸侯順之。"

⑧文考:有文德的父親。文,尊敬之辭。考,父。 文王:王季之子,武王之父。

⑨勳:功。

⑩誕:乃。 膺(yīng):受。屬王時器師詢簋銘文云:"丕顯文、武,膺受天命。"

⑪以撫方夏:僞孔傳:"以撫綏四方中夏。"撫,安撫,綏撫。中夏,中國。

⑫"大邦畏其力"二句:畏,敬畏。力,威勢,武力。懷,念。 案:《左傳》襄公三十一年:"《周書》數文王之德曰:'大國畏其力,小國懷其德。'言畏而愛之也。"

⑬惟九年大統未集：謂文王受命九年而卒，未完成一統天下的大業。集，就，成。大統，大業。前《泰誓上》亦云文王"大勳未集"。案：據《史記》《尚書大傳》，文王受命七年而卒。

⑭予小子：自謙之稱。　厥志：其志，謂文王一統天下之志。

⑮厎(dǐ)：致。古本作"致"。　皇天后土：天神地祇。　名山大川：僞孔傳謂華山、黄河。武王東伐商紂，從鎬京往朝歌，必經過華山、黄河。

⑯有道：有道德，與"無道"相對，下言"今商王受無道"。孔穎達疏："自稱'有道'者，聖人至公，爲民除害，以紂無道，言己有道，所以告神求助。"　曾孫：《禮記·曲禮》謂諸侯"臨祭祀，内事曰'孝子某侯某'，外事曰'曾孫某侯某'。"内事謂宗廟之祭，外事謂封内社稷山川之祭。　案：《墨子·兼愛上》有"有道曾孫周王有事"云云。

⑰正：同"征"，征伐。

⑱暴殄(tiǎn)天物：殘害滅絶萬物。天物，謂鳥獸草木等大自然的物産。"殄"，古本作"絶"，殄、絶義同。　案：《禮記·王制》："田不以禮，曰暴天物。"

⑲烝：衆。

⑳爲天下逋(bū)逃主：紂爲天下逃亡之人的招徠接待者。逋，逃亡。

㉑萃：萃集，聚集。　淵藪(sǒu)：集聚之所。淵，魚聚之處。藪，獸聚之處。蔡沈《書集傳》："紂殄物害民，爲天下逋逃罪人之主，如魚之聚淵，如獸之聚藪也。"　案：《左傳》昭公七年："昔武王數紂之罪以告諸侯曰：'紂爲天下逋逃主，萃淵藪。'"

㉒獲：得。　仁人：僞孔傳謂太公、周公、召公等人。

㉓"敢祗(zhī)承上帝"二句：祗，敬。遏，絶。略，僞孔傳："略，路也。言誅紂敬承天意，以絶亂路。"　案：《左傳》襄公八年："脩而車

賦,儆而師徒,以討亂略。”

㉔華夏蠻貊(mò):華夏中國和蠻夷之國。蠻,古代常泛指南方少數
民族。貊則泛指北方少數民族。

㉕率俾:順從,聽從。率,率服,順從。俾,從。　案:後《君奭》云:
“海隅出日,罔不率俾。”

㉖恭:恭奉。　成命:既定的天命。　案:《詩經·周頌·昊天有成
命》:“昊天有成命,二后受之。”

㉗肆:故。　予:我。　東征:往東征伐商紂。

㉘綏:安定。　士女:男女,泛指百姓。

㉙篚(fěi)厥玄黃:謂進獻用竹筐盛裝的玄黃布帛。篚,橢形竹筐,
此用作動詞,以橢形竹筐盛裝。參前《夏書·禹貢》“厥篚織
文”注。

㉚昭:蓋同《孟子·滕文公下》所引“紹我周王”之“紹”,紹見。趙岐
釋之爲“願見”。

㉛天休:天之休命。謂克商之天命。　震動:驚動。謂驚動天下
之人。

㉜用:因此。　附:歸附。　案:《孟子·滕文公下》引《書》曰:“有
攸不惟臣,東征綏厥士女,篚厥玄黃,紹我周王見休,惟臣附于大
邑周。”

㉝有神:謂天地山川之神。“有”爲詞頭。　案:《左傳》襄公十八年
云“唯爾有神裁之”。

㉞尚:當。　克:能。　相:輔,助。　案:《左傳》昭公二十一年:
“平公之靈,尚輔相余。”

㉟濟:拯救。　兆民:猶言萬民。

㊱無作神羞:不爲神所恥。無,不。作,爲。羞,恥。　案:《左傳》襄
公十八年:“苟捷有功,無作神羞。”

既戊午師逾孟津①,癸亥陳于商郊②,俟天休命③。甲子

昧爽④,受率其旅若林⑤,會于牧野⑥,罔有敵于我師⑦,前徒倒戈攻于後⑧,以北⑨,血流漂杵⑩。一戎衣⑪,天下大定。乃反商政⑫,政由舊⑬。釋箕子囚⑭,封比干之墓⑮,式商容之閭⑯,散鹿臺之財⑰,發鉅橋之粟⑱,大賚于四海⑲,而萬姓悦服⑳。列爵惟五㉑,分土惟三㉒。建官惟賢㉓,位事惟能㉔。重民五教㉕,惟食喪祭㉖。惇信明義㉗,崇德報功㉘。垂拱而天下治㉙。

【校注】

①既:之後。　師:軍隊。　逾:渡過。　孟津:亦作"盟津",黄河渡口名,在河南孟津縣東北、孟州市西南。　案:前《泰誓》序云:"武王伐殷,一月戊午師渡孟津。"

②癸亥:戊午至癸亥歷五日。　陳:即"陣",布陣。　商郊:商都之郊,謂牧野。

③俟:等待。　案:《周易·大有》象曰:"君子以遏惡揚善,順天休命。"

④甲子:文王受命十一年二月甲子這天。　昧爽:黎明之時。　案:前《牧誓》云武王伐紂在"時甲子昧爽",參其注。

⑤受:紂。　旅:軍衆。　若林:多如樹林。僞孔傳:"如林,言盛多。"　案:《詩經·大雅·大明》云:"殷商之旅,其會如林。矢于牧野,維予侯興。"

⑥會:會戰,交會。　牧野:在紂所居朝歌之南,在今河南淇縣之南。

⑦罔有敵于我師:無人爲敵於我軍。罔,無。敵,敵對。

⑧前徒:前軍。徒,徒衆。　倒戈:掉轉戈矛。　後:後軍。

⑨北:敗逃。

⑩杵(chǔ):舂穀米之類的棒槌。《孟子·盡心下》孟子曰:"盡信《書》,則不如無《書》。吾於《武成》,取二三策而已矣。仁人無敵於天下,以至仁伐至不仁,而何其血之流杵也!"

⑪一戎衣:《禮記·中庸》引作"壹戎衣","壹"即"殪(yì)",滅亡; "戎衣"即"戎殷",指"大邑商",前《泰誓中》中稱"戎商"。戎, 大。衣、殷音同字通,周原甲骨文與周初武王時器天亡簋銘文均 見以"衣王"稱"殷王"。後《康誥》云:"天乃大命文王,殪戎殷,誕 受厥命越厥邦厥民。"《清華大學藏戰國竹簡(拾)》中《四告》 (一)亦云:"上帝弗若,迺命朕文考周王殪戎有殷。"舊多釋"戎" 爲兵戎,謂征伐,今不從。

⑫反:猶廢除。 商政:謂當前商王紂所行之政。

⑬由:用。 舊:謂商先王舊時之善政。

⑭箕子:商王紂之叔父。 案:《史記·殷本紀》載商王紂"剖比干, 觀其心。箕子懼,乃詳狂爲奴,紂又囚之"。

⑮封比干之墓:增添比干墓上的封土。整修以示尊敬。句中"之"字 爲底本旁增。

⑯式商容之閭:孔穎達疏:"式者,車上之横木。男子立乘,有所敬則 俯而憑式,遂以式爲敬名。《説文》云:'閭,族居里門也。'武王過 其閭而式之,言此内有賢人。式之,禮賢也。"疑"式"可讀作"飾", 表飾,修飾。商容,商之賢人。句中"之"字爲底本旁增。 案:《荀 子·大略篇》云:"武王始入殷,表商容之閭,釋箕子之囚,哭比干 之墓,天下鄉善矣。"

⑰散:散發。 鹿臺:商紂聚斂錢財的府庫。《史記·殷本紀》載商 紂"厚賦税以實鹿臺之錢"。

⑱發:散發。 鉅橋:商紂糧倉之名。 案:《史記·周本紀》:"已 而命召公釋箕子之囚,命畢公釋百姓之囚,表商容之閭,命南宮括 散鹿臺之財,發鉅橋之粟,以振貧弱萌隸,命南宮括、史佚展九鼎 保玉,命閎夭封比干之墓。"

⑲賚(lài):賜。 四海:天下四方。

⑳萬姓:猶言百姓。 悦服:心悦誠服。

㉑列爵惟五：班列爵位五等。僞孔傳：“爵五等，公、侯、伯、子、男。”

㉒分土惟三：僞孔傳：“裂地封國，公、侯方百里，伯七十里，子、男五十里，爲三品。”

㉓建官惟賢：建立官職，必以賢才充任。

㉔位事惟能：居其位理其事，必任用有能力之人。　案：《孟子·公孫丑上》：“賢者在位，能者在職。”又，“位”亦同“莅”，義爲監視、治理，“莅事惟能”亦通。

㉕五教：即《左傳》文公十八年所言“五教”：父義、母慈、兄友、弟恭、子孝。前《虞書·舜典》云：“汝作司徒，敬敷五教。”

㉖食喪祭：飲食、喪葬、祭祀。蔡沈《書集傳》：“食以養生，喪以送死，祭以追遠。”　案：《論語·堯曰》：“所重：民、食、喪、祭。”

㉗惇信明義：惇厚其信，顯明其義。

㉘崇德報功：尊崇有德者，報答有功者。

㉙垂拱：垂衣拱手。謂不煩勞作。　案：《管子·任法》：“不思不慮，不憂不圖，利身體，便形軀，養壽命，垂拱而天下治。”

洪範第六　周書

【題解】

　　"洪範"即大法，僞孔傳："言天地之大法。"亦治天下之大法。《洪範》載周武王向箕子請教治國大法，箕子向周武王獻言"洪範九疇"。舊有引其文稱之爲《商書》者，今本此篇爲《周書》第六篇，其成篇年代，屈萬里《尚書集釋》謂在戰國初期至戰國中期，或以爲在春秋中期，亦有以爲在周初。本篇通過箕子之口，闡述了君王對天下的有序治理及其方法來源於天，涉及九類：五行、五事、八政、五紀、皇極、三德、稽疑、庶徵、五福六極，包括了物質特性、君王修身、國家政事、曆法紀時、占卜決疑、天人感應、福災徵驗等，其中特別是對統治中"皇極"的重要性及其意義作了系統的重點強調，以之作爲庶民、人臣遵守的最終準則。文中提出要摒棄政治中的朋黨阿私、個人好惡，要一切統一到君王的思想，如此，王道才正直坦蕩；君王遵守這套準則，也是順從天的旨意，才可以爲天子，爲人民父母，爲天下之王。此外在"三德"的闡述中，還強調了君主的權威，認爲唯有君主才能專賞、刑，"惟辟(君主)作福，惟辟作威，惟辟玉食"，這都反映了君主集中權力的需求及其理論。《洪範》過去被視爲帝王之書，對中國古代政治、哲學、思想都産生了重要影響，其内容全文引用於《史記·宋微子世家》。

　　武王勝殷，殺受①，立武庚②。以箕子歸③，作《洪範》④。

【校注】

①受：紂，商王帝辛。

②武庚：紂之子，一名禄父。《史記·殷本紀》載武王克商後，“封紂子武庚禄父，以續殷祀，令修行盤庚之政”。

③箕子：《史記·宋微子世家》：“箕子者，紂親戚也。……紂爲淫洪，箕子諫，不聽。人或曰：‘可以去矣。’箕子曰：‘爲人臣諫不聽而去，是彰君之惡而自説於民，吾不忍爲也。’乃被髮詳狂而爲奴。”馬融云：“箕，國名也；子，爵也。箕子，紂之諸父。”　歸：來到鎬京。　案：《尚書大傳》云：“武王勝殷，繼公子禄父，釋箕子囚。箕子不忍周之釋，走之朝鮮。武王聞之，因以朝鮮封之。箕子既受周之封，不得無臣禮，故於十三祀來朝，武王因其朝而問《鴻範》。”《史記·周本紀》載文王受命十一年武王克商，“已而命召公釋箕子之囚”，或封箕子於朝鮮即在此年。後二年，箕子乃來朝鎬京。

④洪：大。一或作“鴻”。洪、鴻可相互通用。　範：法。

洪　範

惟十有三祀①，王訪于箕子②。王乃言曰：“嗚呼箕子！惟天陰騭下民③，相協厥居④，我不知其彝倫攸叙⑤。”

箕子乃言曰：“我聞在昔⑥，鯀陻洪水⑦，汩陳其五行⑧，帝乃震怒⑨，不畀洪範九疇⑩，彝倫攸斁⑪。鯀則殛死⑫，禹乃嗣興⑬，天乃錫禹洪範九疇⑭，彝倫攸叙。

“初一曰五行⑮，次二曰敬用五事⑯，次三曰農用八政⑰，次四曰協用五紀⑱，次五曰建用皇極⑲，次六曰乂用三德⑳，次七曰明用稽疑㉑，次八曰念用庶徵㉒，次九曰嚮用五福、威用六極㉓。

【校注】

①十有三祀:謂周文王受命第十三年,即武王克商後二年。《史記·周本紀》:"武王已克殷,後二年,問箕子殷所以亡。"又參前《泰誓》序文"惟十有一年"注。有,又。祀,年。

②王:周武王。　訪:訪問,諮訪。

③陰:蔭蔽,覆蔽,猶庇護。　騭(zhì):定,安定。

④相:助。　協:協和。　厥:其,謂下民。

⑤彝倫:常理,常道。彝,常。倫,理。　攸:所,王引之《經傳釋詞》謂猶"所以"。　叙:順,有序。

⑥昔:往昔。

⑦鯀(gǔn):禹之父。參前《虞書·堯典》"鯀哉"注。　陻(yīn):堵塞。

⑧汨(gǔ)陳其五行:擾亂五行的序列。汨,亂。陳,列。五行,水、火、木、金、土。《左傳》襄公二十七年云:"天生五材,民並用之。"五類材質可以爲人所行用,故曰五行。《尚書大傳》:"水、火者,百姓之所飲食也;金、木者,百姓之所興作也;土者,萬物之所滋生也。是爲人用。"又,《白虎通·五行》:"五行者何謂也?謂金、木、水、火、土也。言行者,欲言爲天行氣之義也。"鄭玄亦云:"行者,言順天行氣也。"與《尚書大傳》所釋不同。

⑨帝:即天。蔡沈《書集傳》:"帝,以主宰言;天,以理言也。"

⑩畀(bì):賜與。　洪範九疇:九類大法。疇,類。標目詳參下"初一曰五行"至"次九曰嚮用五福、威用六極"65字,舊或以此出自《洛書》,王充《論衡·正説篇》:"禹之時得《洛書》,書從洛水中出,洪範九章是也。"九疇即九章。

⑪斁(dù):亂,敗壞。

⑫則:即,楊筠如《尚書覈詁》謂此"即"同"既",表已然之詞。　殛(jí)死:流放而死。殛,流放。參前《虞書·舜典》云"殛鯀于羽山"。

⑬嗣：繼。　興：興起。

⑭錫：即"賜"。

⑮初一：猶第一。謂"九疇"中之第一類。初，始。　曰：王引之《經傳釋詞》："曰，猶爲也，謂之也。"　五行：水、火、木、金、土。

⑯次二：猶第二。次，第。　用：屈萬里《尚書集釋》引王引之説謂"用"即"於"，敬用五事即敬於五事。下"農用""協用""建用""乂用"等"用"字均可如此解。　五事：貌、言、視、聽、思。五事均爲君王所行之事，詳見下文。

⑰農：努力，勉力。楊筠如《尚書覈詁》："農，《廣雅》：'勉也。'《呂刑》'農殖嘉穀'謂勉殖嘉穀也。《左傳》'小人農力以事其上'謂勉力以事其上也。"　八政：食、貨、祀、司空、司徒、司寇、賓、師八項政務。鄭玄則謂爲負責八種政務之官。"八政"內容詳見下文。

⑱協：合，謂合於天時。　五紀：歲、月、日、星辰、曆數五種紀時。內容詳見下文。

⑲建用皇極：建立君王標準。皇，君王。極，標準，準則。"皇極"或作"王極"，皮錫瑞《今文尚書考證》云："今文家或作'王'，或作'皇'，或訓'君'，或訓'大'。……皇與王雖可通用，而義則當從《五行志》訓'君'。蓋'王之不極'、'皇之不極'必訓爲'君'而後可通，若訓爲'大之不中'則不辭甚矣。"楊筠如《尚書覈詁》："皇，《大傳》作'王'。俞樾謂下文'皇極之敷言'，與'凡厥庶民極之敷言'相對爲文，則'皇'之爲'君'無疑矣。'極'爲準則，蓋亦古有此義。《詩·殷武》'商邑翼翼，四方之極'，《後漢書·樊準傳》注引《韓詩》作'四方是則'，是毛作'極'，韓作'則'，其義同也。"

⑳乂（yì）：安。　三德：正直、剛、柔三種君主的德行。詳參下文。

㉑明：明曉，明察。　稽：卜以問疑。　疑：疑問，疑惑之事。

㉒念：念慮，思。　庶：衆多。　徵：徵驗。詳參下文"休徵""咎徵"內容。

㉓嚮:嚮往,慕。　五福:壽、富、康寧、好德、考終命五種幸福。詳參下文。　威:同“畏”,畏懼,怕。　六極:凶短折、疾、憂、貧、惡、弱六種懲罰。詳參下文。極,同“殛(jí)”,謂殛罰,誅懲。

"一,五行:一曰水,二曰火,三曰木,四曰金,五曰土。水曰潤下,火曰炎上,木曰曲直,金曰從革,土爰稼穡①。潤下作鹹,炎上作苦,曲直作酸,從革作辛,稼穡作甘②。

"二,五事:一曰貌,二曰言,三曰視,四曰聽,五曰思③。貌曰恭,言曰從,視曰明,聽曰聰,思曰睿④。恭作肅,從作乂,明作哲,聰作謀,睿作聖⑤。

"三,八政:一曰食⑥,二曰貨⑦,三曰祀⑧,四曰司空⑨,五曰司徒⑩,六曰司寇⑪,七曰賓⑫,八曰師⑬。

"四,五紀:一曰歲⑭,二曰月,三曰日,四曰星辰⑮,五曰曆數⑯。

【校注】

①“水曰潤下”五句:周秉鈞《尚書易解》謂此言水、火、木、金、土之性。水之性濕潤、向下,火之性炎熱、向上,木之性可曲亦可直,金之性可因亦可變,土之性可生長稼穡。從,因,謂保持原狀。革,變,謂改變形狀。爰,同“曰”,二字音近可通。稼,種植。穡,收穫。

②“潤下作鹹”五句:周秉鈞《尚書易解》:“此言五行之味。作,生也。見《詩·天作》傳。潤下之水產生鹹鹵之味,炎上之火產生焦苦之味,曲直之木產生酸澀之味,從革之金產生辛辣之味,稼穡之物產生甘味。按五行詳言其性味者,謂五者之性味不同,宜因其自然,區別對待,方能爲人所用也。”則“性”生“味”,再生“用”。屈萬里《尚書集釋》:“'潤下'謂水也,下文'炎上'等仿此。'作',甲骨文作'乍',其用法有時與'則'字義同。此下五'作'

字，義猶‘則’也。”亦可通，但不如周説貼切。

③“一曰貌”五句：謂君王之容貌、言語、視察、聽聞、思考。“思”，今文作“思心”。

④“貌曰恭”五句：謂儀容要恭敬，言語要順理，視察要明晰，聽聞要聰敏，思考要通達。從，順，順理。睿，通達。

⑤“恭作肅”五句：恭敬則能敬肅，順理則能治理，看得明白則能智慧，聽得清楚則能聰慧，思考通達則能聖明。作，則。肅，敬。乂，治。哲，即“哲”，智。謀，即“敏”，聰慧。謀、敏二字音近可通。《詩經·小雅·小旻》云：“國雖靡止，或聖或否；民雖靡膴，或哲或謀，或肅或艾。”春秋晚期王孫遺者鐘銘文：“肅哲聖武，惠于政德，淑于威儀。”

⑥食：《漢書·食貨志上》：“食，謂農殖嘉穀可食之物。”即農業生產出來的糧食，此謂農業。

⑦貨：《漢書·食貨志上》：“貨，謂布帛可衣及金刀龜貝所以分財布利通有無者也。”即工商貿易的布帛、貨幣等，此謂商業。

⑧祀：祭祀之事。《漢書·郊祀志》：“祀者，所以昭孝事祖，通神明也。”

⑨司空：謂土木建造等事務。

⑩司徒：謂人民、土地、賦税等事務。

⑪司寇：謂搜捕盜賊、維護治安等事務。

⑫賓：謂外交、賓客接待等事務。

⑬師：軍事。

⑭歲：地球繞太陽一週歷經春夏秋冬四季，爲一歲。前《虞書·堯典》云：“以閏月定四時成歲。”

⑮星辰：馬融云：“星，二十八宿。辰，日月之所會也。”星爲二十八宿，此蓋古文説；鄭玄謂星指金、木、水、火、土五星，此今文説。辰，日月之所會，在每月末始之際，一年十二會，即十二辰。

⑯歷數:歷算。　　案:戴震《原象》四云:"分至啓閉,紀於歲者也;朔望朏霸,紀於月者也;永短昏昕,紀於日者也;列星見伏昏旦中、日月躔逡,紀於星辰者也;贏縮經緯、終始相差,紀於歷數者也。"

"五,皇極:皇建其有極①。斂時五福②,用敷錫厥庶民③,惟時厥庶民于汝極④。錫汝保極⑤。凡厥庶民無有淫朋⑥,人無有比德⑦,惟皇作極⑧。凡厥庶民有猷、有爲、有守⑨,汝則念之⑩;不協于極⑪,不罹于咎⑫,皇則受之⑬。而康而色⑭,曰予攸好德⑮,汝則錫之福⑯,時人斯其惟皇之極⑰。無虐煢獨而畏高明⑱,人之有能、有爲⑲,使羞其行⑳,而邦其昌㉑。凡厥正人㉒,既富方穀㉓,汝弗能使有好于而家㉔,時人斯其辜㉕。于其無好德㉖,汝雖錫之福,其作汝用咎㉗。無偏無陂㉘,遵王之義㉙。無有作好㉚,遵王之道㉛。無有作惡㉜,遵王之路。無偏無黨㉝,王道蕩蕩㉞。無黨無偏,王道平平㉟。無反無側㊱,王道正直。會其有極,歸其有極㊲,曰:皇㊳,極之敷言是彝是訓㊴,于帝其訓㊵;凡厥庶民,極之敷言是訓是行,以近天子之光㊶。曰天子作民父母,以爲天下王㊷。

【校注】

①皇建其有極:君王建立標準,即《朱子語類》謂使天下視君王爲標準。又參上文"次五曰建用皇極"注。皇,君王。建,建立。有極,準則,楊筠如《尚書覈詁》:"有極,與'有邦'、'有居'同例,'有'字無意義。"

②斂:聚。　時:此。　五福:壽、富、康寧、好德、考終命。參上文"次九曰嚮用五福"注及下文"五福"內容。

③用:以。　敷:普,遍。　錫:賜,賜予。　厥:其。

④時:是,此。　于汝極:以你爲準則。楊筠如《尚書覈詁》:"于,與'以'同。于女極,謂以女作極,與下文'惟皇作極'相同。"　案:

此“惟時厥庶民于汝極”與下“時人斯其惟皇之極”可對應。

⑤錫:同“賜”,給,獻與。此謂箕子獻言。　保極:保受此極。保,保有,保受。極,皇極。

⑥無有:不得有。　淫朋:淫邪朋黨。

⑦人:在位之臣。與上“庶民”相對。　比德:阿黨行爲。阿黨爲比。德,行爲。

⑧惟皇作極:惟君王才是準則。作,爲。

⑨猷:謀慮。　爲:作爲。　守:職守。

⑩念:常思不忘。

⑪協:合。

⑫罹(lí):陷入。今文、古文作“離”。　咎:罪。

⑬皇:君王。　受:容受,容納。

⑭而康而色:猶“和顏悅色”。周秉鈞《尚書易解》:“兩‘而’字連用,連接兩個詞,表示爲平列關係。康,安也。色,溫潤也,見《詩·泮水》‘載色載笑’傳。而康而色,即又安和又溫潤也。”

⑮予:我。　攸好德:謂有美好之德。攸,同“脩”,即“修”,美,善。

⑯錫:即“賜”。　福:即上所言“五福”。

⑰時:是,此。　人:在位者。　斯:乃。　其:將。　惟皇之極:即“惟皇是極”,惟以君王作爲標準,即遵法君王。上云“惟皇作極”。

⑱無:不。　虐:虐待。　煢(qióng)獨:孤獨無所依靠之人。　畏:畏懼。　高明:顯貴之人。蔡沈《書集傳》:“高明,有位之尊顯者也。……有位之尊顯者,有不善則當懲戒之。”　案:“無虐煢獨而畏高明”句,亦謂下句之“人”。

⑲有能:有才能。

⑳羞:進,貢獻。“羞其行”謂貢獻其才能,施展才幹。段玉裁《古文尚書撰異》謂“羞”是“脩”之誤,脩其行,亦可通。

㉑而:汝,你的。　其:乃。　昌:盛。

㉒正人：爲政作官之人，謂官長。

㉓既富方穀：曾運乾《尚書正讀》：“既富方穀者，猶云既富且貴也。”方，並。穀，禄。底本“穀”原訛作“穀”，今據文義改。本篇下文“百穀用成”“百穀用不成”，亦改“穀”爲“穀”，不再注。

㉔好：善。　而：汝，你的。

㉕時人：是人，即上云“正人”。　辜：罪責。

㉖無好德：不好德。王引之《經義述聞》謂“無好”與上句“有好”相對，“德”字爲衍文。《雲窗叢刻》本、内野本、神宫本無“德”字，足利本有。　案：此以賜福而言，當與上“予攸好德”相應，“好德”與“不好德”相對，有“德”字或不誤。

㉗其作汝用咎：蔡沈《書集傳》釋爲：“則爲汝用咎惡之人也。”爲責備之語。吳汝綸《尚書故》：“汝用咎，猶言汝受其咎。”亦可備一説。作，爲。　案：上“斂時五福”至此“其作汝用咎”一段，王柏《書疑》、金履祥《書經注》疑爲錯簡，或謂當在後第九極“五福”或“六極”之下。但此段亦多處言及“皇極”，在此亦有道理。

㉘無偏無陂(pō)：僞孔傳：“偏，不平。陂，不正。”“陂”字，《雲窗叢刻》本、内野本、神宫本、足利本作“頗”，段玉裁謂作“頗”是。

㉙遵：遵循。　義：法。

㉚有：或。　作：爲。　好(hào)：私好，個人偏好。

㉛道：路。

㉜惡(wù)：個人憎惡。

㉝偏：偏私。　黨：朋黨。

㉞蕩蕩：平坦通暢的樣子。

㉟平平：即“便便”，安閑的樣子。

㊱反：背反，不正。謂背反正道。　側：傾側，不直。謂側行邪道。

㊲“會其有極”二句：二句義同，是對前面所陳“無偏無陂”以下之文的目的之總結，謂一切所會、所歸均在於“極”。會，會聚。歸，

歸向。

㊳皇：君。此與下“庶民”相對。

㊴敷言：所陳言教。敷，布，陳述。 是彝是訓：即“彝是訓是”。彝，
法，取法。訓，順，順從。是，謂“極之敷言”，劉逢禄《尚書今古文
集解》謂即上文“無偏無陂”至“王道正直”48字之言。

㊵于帝其訓：楊筠如《尚書覈詁》：“于帝其訓，猶言惟帝是順耳。”
帝，上帝，天。訓，順，順從。

㊶以近天子之光：劉逢禄《尚書今古文集解》：“庶民亦順行是言，則
可以近天子盛德之光輝也。”近，親近。天子，天之子，謂君王。
光，蔡沈《書集傳》：“光者，道德之光華也。”

㊷以：因。

　　“六，三德①：一曰正直②，二曰剛克③，三曰柔克④。平康
正直⑤，彊弗友剛克⑥，燮友柔克⑦。沈潛剛克⑧，高明柔克⑨。

　　“惟辟作福⑩，惟辟作威⑪，惟辟玉食⑫。臣無有作福、作
威、玉食⑬。臣之有作福、作威、玉食⑭，其害于而家⑮，凶于而
國⑯。人用側頗僻⑰，民用僭忒⑱。

【校注】

①三德：前言“次六曰乂用三德”，則此三德，謂君主之德。

②正直：正之直之，《左傳》襄公七年：“正直爲正，正曲爲直。”

③剛克：以剛克之，用强硬措施制之。克，制，制約。

④柔克：以柔克之，用懷柔方法待之。

⑤平康正直：其平和者，可端正其曲直。康，和。

⑥彊弗友剛克：恃强不親順者，可以剛制之。友，順從，親近。

⑦燮友柔克：和順友好者，可以柔制之。燮，和恊，和順。

⑧沈（chén）潛：在下之低賤者。“沈”即“沉”。

⑨高明：在上之顯貴者。 蔡沈《書集傳》云：“平康正直，無所事乎

矯拂,無爲而治是也。强弗友剛克,以剛克剛也。燮友柔克,以柔克柔也。沈潛剛克,以剛克柔也。高明柔克,以柔克剛也。"

⑩惟:只有。　辟:君長。　　作福:賜福,謂專慶賞。作,爲。

⑪威:威罰。作威謂專刑罰。

⑫玉食:美食。謂備珍美。

⑬"惟辟作福"四句:蔡沈《書集傳》云:"福、威者,上之所以御下。玉食者,下之所以奉上也。曰'惟辟'者,戒其權不可下移。曰'無有'者,戒其臣不可上僭也。"臣,包括下文"人"(在位之臣)和"民"(庶民)兩者。

⑭之:王引之《經傳釋詞》謂"之"猶"若",如果,表假設。

⑮害:禍害。　而:汝,你。　家:室家。　案:此云"害于而家",上云"好于而家"。

⑯凶:禍殃。　國:邦國。　案:此"害于而家,凶于而國",家、國對言,可見有別。從政治與統屬的意義上看,卿大夫所統屬稱家,天子與諸侯所統屬稱邦、稱國;從宗法與血緣的意義上看,天子、諸侯、卿大夫均可稱家、稱室,如《酒誥》《多士》《君奭》等篇之"王家",《康王之誥》之"王室",《大誥》以"我家"指周王室,以"邦君室"指邦君之室。此"而家""而國"之"而"均指周王,則"家"是從宗法與血緣的意義而言,"國"是從政治與統屬的意義上而言。

⑰人:在位之臣。　用:因,因此,謂因作福、作威、玉食。　側:斜而不正。　頗:偏頗。　僻:邪僻。

⑱民:庶民。　僭:僭越。　忒(tè):疑貳。　案:"惟辟作福"至"民用僭忒"一段48字,王柏《書疑》謂當在"五,皇極"段末"曰天子作民父母,以爲天下王"之下,而錯簡在此。

　　"七,稽疑①:擇建立卜筮人②,乃命卜筮③,曰雨,曰霽,曰蒙,曰驛,曰克④,曰貞,曰悔⑤,凡七,卜五⑥,占用二⑦,衍忒⑧。立時人作卜筮⑨,三人占,則從二人之言⑩。汝則有大疑⑪,謀及乃心⑫，謀及卿士，謀及庶人⑬，謀及卜筮。汝則從⑭，龜從⑮，筮從⑯，卿士從⑰，庶民從⑱，是之謂大同⑲，身其康彊⑳，子孫其逢㉑，吉。汝則從，龜從，筮從，卿士逆㉒，庶民逆，吉。卿士從，龜從，筮從，汝則逆，庶民逆，吉。庶民從，龜從，筮從，汝則逆，卿士逆，吉㉓。汝則從，龜從，筮逆，卿士逆，庶民逆，作內，吉；作外，凶㉔。龜筮共違于人㉕，用靜㉖，吉；用作㉗，凶。

【校注】

①稽疑：用卜筮來稽考占問疑惑之事。《左傳》桓公十一年云：“卜以決疑。”

②擇：選擇。　建立：設立。建，亦立也。下徑云“立時人作卜筮”。卜筮人：占卜、筮問的專人，亦即孔穎達疏謂卜、筮之官。卜用龜甲，其象爲兆；筮用蓍草，其數爲卦。

③乃命卜筮：鄭玄云：“將立卜筮人，乃先命名兆、卦而分別之。兆、卦之名凡七。”其名即下文云雨、霽、蒙、驛、克、貞、悔七種。命，名。孔穎達疏不從鄭説，謂“乃命以卜筮之職”；而王引之《經義述聞》則謂“命卜筮”即《士喪禮》之“命龜、命筮”，卜、筮時告以所問之事。

④“曰雨”五句：雨、霽、蒙、驛、克五種爲占卜時出現的龜兆之形。鄭玄謂雨爲兆之體氣如雨然；霽又作“濟”，如雨止之雲氣在上；蒙又作“雺(méng)”，曚昧昏闇之貌；驛又作“圛(yì)”，色澤光明；克，如陰陽之氣相侵犯。又，蔡沈《書集傳》謂：“雨者如雨，其兆爲水。霽者開霽，其兆爲火。蒙者蒙昧，其兆爲木。驛者絡驛不屬，其兆爲金。克者，交錯有相勝之意，其兆爲土。”以五行比附，蓋爲晚起之説。有關卜兆的詳情早已失傳，今《上海博物館藏戰國楚竹書(九)》中《卜書》中略及兆象、兆色、兆名。顧頡剛、劉起釪《尚書校釋譯論》則謂此五者並非占卜時龜甲上的兆紋形，而是所

卜問之事,即命龜之詞,貞問是否有雨、霽、蒙、驛、克,亦可供
參考。

⑤曰貞,曰悔:筮占中内卦(又稱本卦)爲貞,外卦(又稱之卦)爲悔。

⑥卜五:占卜用上面雨、霽、蒙、驛、克五種。

⑦占用二:筮占用上面貞、悔二種。

⑧衍忒:推演變化,以卜占吉凶。孔穎達疏云:"總謂卜筮皆當衍其
義、極其變。"衍,推演。忒,變化。　又,皮錫瑞《今文尚書考證》
謂當據《論衡·辨祟篇》斷句爲:"凡七卜,五占用,二衍忒。"以
"卜"統卜、筮七者,其中五者用於占卜,二衍忒謂貞、悔之演變,與
鄭玄舊讀"凡七,卜五占用,二衍忒"稍同。亦錄於此以供參考。

⑨立時人作卜筮:鄭玄注:"立是能分別兆卦之名者,以爲卜筮人。"
時,是,此。

⑩"三人占"二句:三人卜筮,若二人所言相同,則從之。謂少從於
多。從,順從,讚同。

⑪則:若。　大疑:大的疑問。

⑫謀及乃心:孔穎達疏云:"人君先盡己心以謀慮之。"謂先斷以己
意。乃,你的。

⑬庶人:"人",《隸釋》載漢石經作"民"。　案:下文五言"庶民",則
此亦當爲"庶民"。

⑭汝則從:你所謀斷若與之相一致。則,若。從,順從,相順,謂
一致。

⑮龜從:龜卜結果與之相一致。

⑯筮從:筮占結果與之相一致。

⑰卿士從:卿士意見與之相一致。

⑱庶民從:庶民意見與之相一致。

⑲是:此,代指前面五從。　大同:意見全部相同。

⑳身:自身。　其:乃。　康彊:康健,强健。

㉑逢：大，盛。“子孫其逢”猶《左傳》言“其後必大”，《左傳》閔公元年云：“卜偃曰：‘畢萬之後必大。’”僖公十五年云：“箕子曰：‘其後必大。’”

㉒逆：不相從，不相順，謂意見相左。

㉓吉：上述三者皆三從二逆，爲吉。少從於多。

㉔作内，吉；作外，凶：此二從三逆，鄭玄注：“此逆者多，以故舉事於境内則吉，境外則凶。”僞孔傳：“可以祭祀冠婚，不可以出師征伐。”作，興作，舉事。 案：此雖二從三逆，逆者多，或因“筮短龜長”，有龜從，重於筮從，故於内仍可興作舉事而吉。

㉕龜筮共違于人：卜、筮結果全部與所有人意願相違背，即二逆三從：龜逆、筮逆、汝則從、卿士從、庶民從。 案：此二逆三從，雖人意皆從，從者多，但龜、筮俱不從，神靈不佑，故不可興作舉事，唯可静處。

㉖静：静處。

㉗作：興作。

　“八，庶徵①：曰雨，曰暘②，曰燠③，曰寒，曰風④。曰時⑤，五者來備⑥，各以其叙⑦，庶草蕃廡⑧。一極備⑨，凶；一極無⑩，凶。

　“曰休徵⑪：曰肅，時雨若⑫；曰乂⑬，時暘若；曰晢⑭，時燠若；曰謀⑮，時寒若；曰聖⑯，時風若。

　“曰咎徵⑰：曰狂，恒雨若⑱；曰僭⑲，恒暘若；曰豫⑳，恒燠若；曰急㉑，恒寒若；曰蒙㉒，恒風若。

　“曰王省惟歲，卿士惟月，師尹惟日㉓。歲、月、日時無易㉔，百穀用成㉕，乂用明㉖，俊民用章㉗，家用平康㉘。日、月、歲時既易㉙，百穀用不成，乂用昏不明，俊民用微㉚，家用不寧。庶民惟星㉛，星有好風，星有好雨㉜。日、月之行，則有冬有夏㉝。月之從星，則以風、雨㉞。

【校注】

①庶:衆。　徵:徵驗。

②暘(yáng):日出天晴。與"雨"相對。

③燠(yù):暖而熱。與"寒"相對。

④風:四時之風,季風。

⑤時:適時,按時。蔡沈《書集傳》:"雨、暘、燠、寒、風各以時至,故曰時也。"此"時"與下"凶"相應,此先言"時",與下後言"凶",在句法及先後次序上稍異。清儒多以"曰時五者來備"爲句,以"時"爲"是",雖亦可通,但下文"休徵"均言"時",故不取其說。

⑥五者:謂雨、暘、燠、寒、風五者。"者"下,《雲窗叢刻》本、内野本、神宮本、足利本有"是"字。　備:備有而無缺。

⑦各以其叙:分別按其時序。

⑧庶:衆。　蕃:盛,茂盛。　廡(wú):同"蕪",豐,茂盛。

⑨一:五者之一。　極備:極其多,過多。

⑩極無:極其少,過少。　案:極備、極無之爲"凶",王安石《尚書新義》:"雨極備則爲常雨,暘極備則爲常暘,風極備則爲常風,燠極無則爲常寒,寒極無則爲常燠。此飢饉疫癘之所由作也,故曰'凶'。"江聲《尚書集注音疏》:"'備'是具足之誼,言'極'則過多矣。下文'恒雨''恒暘'之等皆謂常久如是,常久則亦過多,故云'極備',即所謂'恒'也。"

⑪休徵:好的徵驗。休,美,好。

⑫曰肅,時雨若:君王恭敬,便適時降雨。肅,敬。此肅及下乂、哲、謀、聖,參前"二,五事"中"恭作肅,從作乂,明作哲,聰作謀,睿作聖"注。時,適時,按時。若,語助詞。下諸"若"字同此。

⑬乂:治,政事治理。

⑭哲:智,智慧。

⑮謀:敏,聰敏。

⑯聖：聖明。

⑰咎徵：惡的徵驗。咎，惡，過。"咎徵"與上"休徵"相對。

⑱曰狂，恒雨若：君主狂傲，便一直下雨。狂，狂傲，倨慢。恒，一直，常久。

⑲僭：差錯。

⑳豫：逸豫懈怠。"豫"或作"舒"，亦謂遲緩、怠惰。

㉑急：迫促，急躁。

㉒蒙：昏昧。

㉓"曰王省惟歲"三句：蔡沈《書集傳》："王者之失得，其徵以歲；卿士之失得，其徵以月；師尹之失得，其徵以日。蓋雨、暘、燠、寒、風五者之休咎，有係一歲之利害，有係一月之利害，有係一日之利害，各以其大小言也。"以"省"即"眚"，過失，謂王者有過失，會影響一整年；卿士有過失，會影響一月；衆官長有過失，會影響一天。師尹，衆官長。師，衆。尹，官正。舊多從上下統屬關係上作解，如僞孔傳："王所省職，兼所總群吏，如歲兼四時。卿士各有所掌，如月之有別。衆正官之吏，分治其職，如日之有歲月。"曾運乾《尚書正讀》亦云："卿士惟月者，言卿士統於王，如月統于歲也。師尹惟日者，言師尹統於卿士，如日統于月也。"不如蔡沈説義長。

㉔歲、月、日時無易：時，蔡沈《書集傳》："雨、暘、燠、寒、風不失其時。"無易，無變，没有異常。句謂王、卿士、師尹均無所失。或以"時"爲時令，亦可通。

㉕用：因，乃。　成：成熟豐收。

㉖乂：政事治理。　用：因，乃。　明：清明。

㉗俊民：治理人民。"俊"亦作"畯""𤱩"，康王時器大盂鼎銘文云"𤱩正厥民"，恭王時器史牆盤銘文云"達殷畯民"，厲王時器五祀㝬(hú)鐘銘文云"永𤱩尹四方"，畯、正、尹蓋同義，謂治理、統治。後《多士》亦云"俊民甸四方"，甸亦謂治理、統治。　用：因，乃。

章:明。此以"章"應前句"乂用明"之"明"。

㉘平康:平安。康,安。

㉙時既易:謂失時。

㉚微:隱而不顯,闇。此以"微"應前句"乂用昏不明"之"昏不明"。

㉛庶民惟星:庶民其徵驗以星。

㉜"星有好(hào)風"二句:有,或。好,喜好。馬融云:"箕星好風,畢星好雨。"

㉝日、月之行,則有冬有夏:太陽、月亮的運行,則有了冬、夏,有寒有熱。此日、月不指前面紀時的日、月,而指太陽、月亮,與星爲一類。

㉞月之從星,則以風、雨:月從於星,則有了風、雨。從,從之,謂進入相應星域。以,有。蘇軾《東坡書傳》云:"箕好風,畢好雨,月在箕則多風,在畢則多雨。言歲之寒燠由日、月,其風、雨由星,以明卿士之能爲國休戚,庶民之能爲君禍福也。"　案:此"曰王省惟歲"至"則以風雨"一段,顧炎武《日知録》卷十謂當依蘇軾《東坡書傳》之説,定爲錯簡,應在"四,五紀"一段"五曰曆數"之下。從內容來看,此説有理,不過此段"星有好風,星有好雨。日、月之行,則有冬有夏。月之從星,則以風、雨",其中風、雨、冬、夏之生,正出於日、月、星的運行,猶雨、暘、燠、寒、風的徵驗出自於王、卿士、師尹、庶人之行,故此段係於"八,庶徵"之末亦不無道理。

"九,五福:一曰壽①,二曰富②,三曰康寧③,四曰攸好德④,五曰考終命⑤。六極⑥:一曰凶短折⑦,二曰疾⑧,三曰憂⑨,四曰貧⑩,五曰惡⑪,六曰弱⑫。"

【校注】

①壽:長壽。

②富:有財富。

③康寧:身心安康。謂身無疾病而心安寧。

④攸好德：即"攸好之德"，美好之德。攸，同"脩"，即"修"，美，善。

⑤考終命：即"考終之命"，老長善終之命。考，老，長。

⑥極：同"殛"，懲罰，與"福"相反。

⑦凶短折：早死。鄭玄云："未齔（chèn）曰凶，未冠曰短，未婚曰折。"齔，換牙。金履祥《書經注》則謂"凶短折"爲凶折、短折："凶折者，橫死；短折者，夭死。"亦可通。

⑧疾：有疾病。蔡沈《書集傳》："疾者，身不安也。"

⑨憂：蔡沈《書集傳》："憂者，心不寧也。"

⑩貧：貧窮。蔡沈《書集傳》："貧者，用不足也。"

⑪惡：《漢書·五行志》謂"民多被刑或形貌醜惡"，鄭玄謂容毀而惡，僞孔傳亦謂"醜陋"。此以"惡"爲貌醜，亦有以爲德惡者，以與上"攸好德"相應。

⑫弱：衰弱。　案：關於五福、六極，前面第九疇謂"嚮用五福、威用六極"，即使人慕求五福，使人畏懼六極；又説"惟辟作福，惟辟作威"，可見惟有君王有權用五福、六極爲賞、刑；君王之所以能立有這些準則，所謂"皇建其有極"，是因爲天帝賜給君王"洪範九疇"。這基本可視爲"君權神授"的一個理論建設，其中關於刑、賞的思想也和戰國的法家思想頗有相似之處。

分　器

武王既勝殷，邦諸侯①，班宗彝②，作《分器》③。

【校注】

①邦諸侯：封諸侯。邦，封國。

②班：班發，分發。　宗彝：宗廟彝器。

③《分器》：鄭玄云《分器》亡。分器，分殷之器物。《史記·周本紀》載武王克商後"封諸侯，班賜宗彝，作《分殷之器物》"。

旅獒第七　周書

【題解】

　　"旅獒"謂西戎遠國之獒。僞孔傳謂獒是一種高大之犬。馬融、鄭玄則將"獒"讀爲"豪",即酋豪,謂西戎之首領,西戎遠國遣其酋豪來朝見周。鄭玄云《旅獒》已逸。今本此篇爲僞古文《尚書》25篇中第十八篇,爲《周書》第七篇。本篇主要闡述"明王慎德",四夷遠人才會賓服,獻上各方物産,但君王要重德甚於重物,不能恃德傲人,既不能輕慢統治階層的君子,也不要輕慢被役使的下層人民,並勸誡君王不好珍禽異獸、遠方寶物,不要玩物喪志,而要親近賢人,慎於小事,始終勤謹,如此方能長治久安。

　　西旅獻獒①,太保作《旅獒》②。

【校注】

①西旅:僞孔傳:"西戎遠國。"蔡沈《書集傳》:"西旅,西方蠻夷國名。"孫星衍《尚書今古文注疏》:"遠國,以客禮待之,故稱曰旅。"獒:僞孔傳:"犬高四尺曰獒,以大爲異。"

②太保:官名。僞孔傳、蔡沈《書集傳》謂即召公奭,《史記》謂召公與周同爲姬姓。

旅　獒

惟克商①,遂通道于九夷八蠻②。西旅厎貢厥獒③,太保乃作《旅獒》,用訓于王④。曰:"嗚呼!明王慎德⑤,四夷咸賓⑥,無有遠邇⑦,畢獻方物⑧,惟服食器用⑨。王乃昭德之致于異姓之邦⑩,無替厥服⑪;分寶玉于伯叔之國⑫,時庸展親⑬。人不易物,惟德其物⑭。德盛不狎侮⑮,狎侮君子⑯,罔以盡人心⑰;狎侮小人⑱,罔以盡其力⑲。不役耳目⑳,百度惟貞㉑。玩人喪德㉒,玩物喪志㉓。志以道寧,言以道接㉔。不作無益害有益㉕,功乃成;不貴異物賤用物㉖,民乃足。犬馬非其土性不畜㉗,珍禽奇獸不育于國㉘。不寶遠物㉙,則遠人格㉚;所寶惟賢㉛,則邇人安㉜。嗚呼!夙夜罔或不勤㉝,不矜細行㉞,終累大德㉟。爲山九仞㊱,功虧一簣㊲。允迪茲㊳,生民保厥居㊴,惟乃世王㊵。"

【校注】

①克商:謂周武王克商。

②通道:通開道路。　九夷八蠻:泛稱周邊少數民族。　案:《國語·魯語下》:"昔武王克商,通道于九夷百蠻,使各以其方賄來貢。"

③厎:致。　貢:獻。　厥:其。

④用:以。　訓:教。

⑤明王慎德:英明的君王謹慎於德。

⑥四夷:四方少數民族。　咸:皆,都。　賓:賓服,順服。

⑦無有遠邇(ěr):不分遠近。邇,近。　案:"無有遠邇"見前《商書·盤庚上》。

⑧畢：盡，全部。　方物：一方特産之物。

⑨惟服食器用：只有吃穿之物、器物用品，謂無奢侈異物等。

⑩昭：示。此謂賜予。　德之致：謂四夷所獻方物。因武王慎德，故四夷送致方物。致，送來。　異姓之邦：異姓之國。邦，國。

⑪替：廢。　厥：其。謂異姓之國。　服：服事，職事。　案：《國語·魯語下》云："先王欲昭其令德之致遠也，以示後人，使永監焉，故銘其栝曰'肅慎氏之貢矢'，以分大姬，配虞胡公而封諸陳。"又云："分異姓以遠方之職貢，使無忘服也。"

⑫伯叔之國：姬姓的同姓之國。天子謂同姓諸侯曰伯父、叔父，謂異姓諸侯爲伯舅、叔舅，《儀禮·覲禮》："同姓大國則曰伯父，其異姓則曰伯舅；同姓小邦則曰叔父，其異姓小邦則曰叔舅。"

⑬時：是。　庸：用，以。　展親：示親近。展，示。　案：《國語·魯語下》亦云："分同姓以珍玉，展親也。"

⑭人不易物，惟德其物：依上下文義，當如蔡沈《書集傳》所解："王者以其德所致方物分賜諸侯，故諸侯亦不敢輕易其物，而以德視其物也。"易，輕易，輕看。或"易"同"異"，謂人不好異物，惟好其德，如僞孔傳所釋："言物貴由人，有德則物貴，無德則物賤。所貴在於德。"與前"明王慎德"相應，亦可通。此句當本於《左傳》僖公五年宮之奇對虞國之君的諫言"民不易物，惟德繄物"，其義本爲：人民不更換對神的祭物，因爲只有德才是最好的祭物。若以"易"爲"改換"，則本文此句似又可解爲：諸侯不廢替這些四夷所獻之物，惟對之感恩戴德。

⑮狎（xiá）侮：輕慢。

⑯君子：貴族，統治階層。

⑰罔以盡人心：不能使他們竭盡其心。罔，無，不。盡，竭盡。

⑱小人：與上"君子"相對，謂平民，被統治階層。

⑲罔以盡其力：不能讓他們竭盡其力。　案：《左傳》襄公九年："君

子勞心,小人勞力,先王之制也。”《孟子·滕文公上》云:“勞心者治人,勞力者治於人。”

⑳不役耳目:不役於聲色。耳目,謂耳目所好之聲色。

㉑百度:百事。 貞:正。

㉒玩人:蔡沈《書集傳》:“玩人,即上文狎侮君子之事。”

㉓玩物:蔡沈《書集傳》:“玩物,即上文不役耳目之事。”

㉔“志以道寧”二句:僞孔傳:“在心爲志,發氣爲言,皆以道爲本。”即以道安其心志、發其言論。接,應答。蔡沈《書集傳》則以“志”爲“己之志”,“言”爲“人之言”:“己之志,以道而寧,則不至於妄發;人之言,以道而接,則不至於妄受。”亦可參考。

㉕無益:無益之事。 害:損害。 有益:有益之事。

㉖貴:看重。 異物:珍貴奇異之物。 賤:輕看。 用物:日常使用之物。

㉗非其土性不畜:僞孔傳:“非此土所生不畜。”性,生。畜,畜養。

㉘育:養育。

㉙寶:以之爲寶,當爲寶物。 遠物:遠方之物。

㉚格:至,來。

㉛賢:賢人。

㉜邇:近。

㉝夙夜:早晚。 或:有。

㉞矜(jīn):慎重。 細行:小的行爲。細,小。

㉟終:最後。 累(lèi):連累,害及。

㊱仞(rèn):僞孔傳:“八尺曰仞。”

㊲簣(kuì):盛土的竹筐。此謂一筐土石。

㊳允:信,誠,果真。 迪:順從,遵行。 兹:此。謂上所言。

㊴生民:人民。 保:安。 厥:其。

㊵乃:汝,你。 世王:世代爲王。

旅巢命

巢伯來朝①,芮伯作《旅巢命》②。

【校注】

①巢伯:鄭玄云:"巢伯,殷之諸侯,伯爵也,南方之國……聞武王克商,慕義而來朝。"其國所在,或在今安徽巢縣。

②芮伯:鄭玄云:"芮伯,周同姓國,在畿内。"其國蓋在今陝西朝邑縣南。 《旅巢命》:芮伯讚美巢伯之命,故名其篇。旅,同"魯",嘉,讚美,又參後《嘉禾》序"旅天子之命"注。命,册命。鄭玄云《旅巢命》亡。

金縢第八　周書

【題解】

　　“金縢（téng）”謂以金屬物封縅，此指“金縢之書”，謂周公封縅於櫃中的祝辭册書。《金縢》此篇蓋爲後來史官據“金縢之書”中周公的那些禱祝之辭及相關史事而作，其篇中部分内容作成時代當較晚，或在春秋末期，亦有以爲增定於戰國時。和《尚書》中大部分篇章以記言爲主不同，此篇以記事爲主，且跨時較長。其所載内容，大部分又見載於《史記·魯周公世家》，但略有小異，讀者可作參照閱讀。目前所見先秦傳世文獻中，尚不見引用《金縢》者；2008 年有一批戰國竹簡入藏清華大學，其中一篇的内容絶大部分與今本《金縢》相同而文字略少，爲戰國中期鈔本，其第十四簡簡背題有“周武王有疾周公所自以代王之志”14 字，學者多以爲篇題，亦有以爲《書》序者，參本書附録，收録於《清華大學藏戰國竹簡（壹）》中。清華簡此篇，大多數學者認爲即戰國時期的《金縢》。《金縢》是記載周公事蹟最重要的一篇文獻，對後人瞭解周公其人以及周初政治具有重要意義。

　　武王有疾①，周公作《金縢》②。

【校注】

　　①有疾：生病。

②周公:名旦,周文王子,周武王弟,封於魯,爲魯國始祖。《史記·
魯周公世家》説周公"輔翼武王,用事居多"。 作《金縢》:僞孔
傳:"爲請命之書,藏之於匱,緘之以金,不欲人開之。……遂以所
藏爲篇名。"金,金屬。縢,束緘。保存在用金屬物束緘的箱櫃中
的那些册書檔案被稱爲"金縢之書",此類册書檔案頗爲重要,不
能隨便開啓檢視。序言"周公作《金縢》",謂周公作了記録在金
縢之書中的那些禱辭,非謂周公作了《金縢》此篇。

金　縢

既克商二年①,王有疾弗豫②。二公曰③:"我其爲王穆
卜④!"周公曰:"未可以戚我先王⑤。"

公乃自以爲功⑥,爲三壇同墠⑦。爲壇於南方⑧,北面⑨,
周公立焉,植璧秉珪⑩,乃告太王、王季、文王⑪。史乃册⑫,祝
曰⑬:"惟爾元孫某⑭,遘厲虐疾⑮。若爾三王⑯,是有丕子之責
于天⑰,以旦代某之身。予仁若考能多材多藝⑱,能事鬼神⑲。
乃元孫不若旦多材多藝⑳,不能事鬼神,乃命于帝庭㉑,敷佑四
方㉒,用能定爾子孫于下地㉓,四方之民罔不祗畏㉔。嗚呼!
無墜天之降寶命㉕,我先王亦永有依歸㉖。今我即命于元
龜㉗。爾之許我㉘,我其以璧與珪歸㉙,俟爾命㉚;爾不許我,我
乃屏璧與珪㉛。"

【校注】

①既:已經。 克商二年:克商之年,據《古本竹書紀年》和《史記·
周本紀》,爲文王受命十一年,則此克商二年爲文王受命十三年,
也即武王即位第六年。據夏商周斷代工程項目組 2000 年公布的
《夏商周年表》,武王克商在公元前 1046 年,克商後二年即公元前

1044 年。王國維《周開國年表》説，周初文王去世武王即位後，仍
以文王受命年數紀年而不改元，這種情況曾一直延續到成王時
期。又參前《泰誓》序文“惟十有一年”注。　案：“二年”，清華簡
作“三年”。

②王：武王，名發，爲文王之子，周公之兄。　有疾：生病。據下文言
“遘厲虐疾”，可見是重病惡疾。　弗豫：不舒適。　案：“王有疾
弗豫”，清華簡作“王不豫有遲”。

③二公：召（shào）公和太公。召公名奭，《史記·燕召公世家》言其
爲周之同姓，封於燕，爲燕國之始祖。太公名尚，其先祖曾封於
吕，故又稱吕尚；姜姓，故後世又俗稱爲“姜太公”，因功封於齊，爲
齊國之始祖。周公和召公、太公是周初最有權力的三位貴族，對
周初政治有很大的影響。

④穆卜：在宗廟肅穆静謐地進行卜問。穆，肅穆、静謐。朱駿聲《尚
書古注便讀》云：“穆，廖也，猶幽隱也。”《詩經》中有《清廟》，云
“於穆清廟”；又有《閟宫》，云“閟宫有侐”，“閟”同“秘”，因不開
放而清静、隱秘。宗廟乃肅穆、静謐之地，故在宗廟的占卜稱“穆
卜”。《上海博物館藏戰國楚竹書（四）》中《柬大王泊旱》屢言“祕
而卜之”，祕卜蓋即穆卜。牟庭《同文尚書》云：“穆之言密也……
古者國有恐懼，密卜於先王之廟謂之穆卜也。”故下文云“天大雷
電以風，禾盡偃，大木斯拔，邦人大恐”，成王亦欲穆卜。

⑤戚：鄭玄云：“二公欲就文王廟卜。戚，憂也。未可憂怖我先王
也。”意謂召公與太公欲往文王廟中卜問吉凶，而周公認爲不可以
讓先王聽到武王生病的消息而擔憂受驚。周公不欲在宗廟而欲
自己在别處另行設壇進行禱祝，故與二公説如此。

⑥公乃自以爲功：僞孔傳：“周公乃自以請命爲己事。”孔穎達疏：
“不復與二公謀之，乃自以請命爲己之事，獨請代武王死也。”以
“事”訓“功”。蔡沈《書集傳》云：“周公不於宗廟而特爲壇墠以自

禱也。"此句"功"字在《史記·魯周公世家》作"質",功、質同訓,謂成其功,但清代學者又別有所釋,孫星衍《尚書今古文注疏》釋爲抵押的人質:"自以爲質者,以身爲質也。"牟庭《同文尚書》云:"自以爲功者,周公託言自身有事欲卜之,不言爲王卜也。……功、質義同,故訓'功'曰'質'也,《廣雅》曰:'質,主也。'《莊子·庚桑楚》曰'因以己爲質',郭注曰:'質,主也。'然則真孔謂'自以爲功',是自以爲事主也。"仍大略與僞孔傳同。或以"質"即"贄",爲祭神的犧牲禮物;或以"功"即"貢",謂周公以自己爲貢獻;或以此"功"爲祈禱告祭之名,即《周禮·春官》大祝所掌告神求福之"六祈"之一的"攻",衆説紛紜,録以備參。

⑦爲三壇同墠(shàn):在同一祭祀場地建造了三個祭壇。從下文可知,三壇分別是爲周三位先王太王、王季、文王而設。文王爲武王之父,王季爲武王祖父,太王爲武王曾祖父。爲,建造。壇,堆土而成的祭臺。墠,祭祀場地。《禮記·祭法》"去祧爲壇,去壇爲墠"鄭玄注:"封土爲壇,除地爲墠。"江聲《尚書集注音疏》云:"除地者,謂去草萊,辟除空地爲廣平之場。"

⑧爲壇於南方:在三壇的南面又建造了一壇。

⑨北面:面向北。孔穎達疏:"周公北面,則三壇南面可知。"

⑩植璧秉珪:植,有今、古文之別:(1)鄭玄云:"植,古'置'字。"謂置璧於神前。此爲古文家説。(2)"植"字在《史記·魯周公世家》中作"戴",陳喬樅《今文尚書經説考》云:"古者,以玉禮神,皆有幣以薦之,璧加於幣之上,故曰'戴璧',亦作'載璧',讀如'束牲載書'之'載'。今文家説當如是也。" 案:"植璧秉珪",清華簡作"秉璧戴珪",秉,執持;戴、植古音相近,即"持",與"秉"義同。璧和珪皆爲玉器,璧爲圓形,圭爲上鋭下方。古人認爲玉可以通靈,故用來禮敬神靈。

⑪太王:即公亶父,王季之父,文王之祖父,武王之曾祖父。 王季:

太王之少子季歷,即位後稱公季,死後被尊稱爲王季,爲文王之父。　文王:王季之長子,武王之父。

⑫史乃册:史官就把周公禱祝的話書寫下來。史,指擔任"作册"的史官,後來或稱"内史"。"作册""作册内史"亦常見於金文。册,簡册,這裏指書寫簡册。"册"字在《史記·魯周公世家》中作"策",古册、策二字同。後《洛誥》云"王命作册逸祝册","祝册"即讀册文祝告於神。

⑬祝:讀册文向鬼神祝禱。鄭玄云:"祝者,讀此簡書以告三王。"案:清華簡作"祝告先王"。

⑭爾:你。　元孫某:元,首也,長也。元孫即長孫,後《召誥》中有"元子",義同。據《史記·管蔡世家》文王長子爲伯邑考,次武王發,但伯邑考早卒,乃武王滅商而有天下,或因此稱武王爲"元孫"。某,林之奇《尚書全解》云:"某者,謂武王名也。周公之禱也,蓋用武王名。"則周公册書原文當直書武王名字"發",《史記·魯周公世家》即作"元孫王發",清華簡亦作"元孫發","發"作"某"當是後世所改。

⑮遘厲虐疾:遭遇危惡暴病。遘,遭遇。僞孔傳:"厲,危。虐,暴也。"又,《廣雅·釋詁》云:"厲,惡也。"或以爲"虐"即"瘧",爲疾病之名,亦備一説。"遘厲虐疾"在《史記·魯周公世家》作"勤勞阻疾",孫星衍《尚書今古文注疏》云:"蓋古、今文之異,非史公訓詁,言武王勤勞以致險疾也。《説文》云:'阻,險也。'《集解》引徐廣曰:'阻,一作淹。'淹與險聲相近,疑經文本作'淹疾',史公易爲'阻'也。淹,久也,見《廣雅·釋詁》。"

⑯若:假若。　三王:指太王、王季、文王三位先王。

⑰是:同"寔",實,的確。　有丕子之責于天:有多説:(1)鄭玄認爲"丕"讀曰"不",愛子孫曰"子",不愛子孫即曰"不子",意謂:現在你們的元孫遇疾,假若你們不救,這樣你們就有不愛子孫之過而

爲天所責。欲三位先王向天爲武王請命。此爲古文説。于省吾《尚書新證》認同此説：“鄭康成訓不愛子孫爲近是。”（2）《史記·周本紀》中“丕”作“負”。何謂“負子”？《白虎通》云：“天子病曰不豫，言不復豫政也；諸侯曰負子，子，民也，言憂民不復子之也。”段玉裁《古文尚書撰異》云：“今文《尚書》‘負子之責’説當如此，惟以諸侯之稱通加諸天子耳。”“蓋謂民安其所，乃無背棄子民之咎。負者，背也。《金縢》今文‘是有負子之責於天’，謂武王有背棄子民之咎而將死。”此爲今文説。意謂：假若你們三王不救，武王在上天那裏就會有背棄子民之咎而爲天所責。（3）馬融“丕”仍讀如字，訓“丕”爲“大”，意謂：上天賦予三王以大慈愛其子孫的責任。與史公、鄭玄均異。（4）僞孔傳亦承馬融説訓“丕”爲“大”，認爲“大子”即“元子”，釋“責”爲“債”，“是有丕子之責于天”謂“負天一大子”，欠上天一個大兒子，意即：假若你們三王是欠了上天一個子孫而必須貢獻給上天一人，請捨棄武王，而讓我（周公旦）代替他去死。（5）楊筠如《尚書覈詁》繼承其師王國維的觀點，認爲“丕子”即“不兹”，“兹”與“慈”通，“慈，猶和也，不和則即有疾”。意謂：假若三王在上天要責讓武王，欲其不寧而疾，請讓我去代替他。　案：以下文周公謂己“予仁若考能多材多藝，能事鬼神”，則仍以僞孔傳説義長。“丕子”，清華簡作“備子”。

⑱予仁若考：我佞而巧。予，我。仁，佞，有才。若，而。考，讀爲“巧”，《史記·魯周公世家》中四字作“旦巧”，王引之《經義述聞》謂王念孫認爲“考”與“巧”古字通，朱駿聲《尚書古注便讀》：“考，巧也，技也。”又，俞樾《群經平議》認爲“仁”當讀爲“佞”，“‘予仁若考’者，予佞而巧。‘佞’與‘巧’義相近，‘仁’與‘巧’則不類矣。《史記·周本紀》‘爲人佞巧’，亦以‘佞巧’連文，是其證也。古人謂才爲‘佞’，故自謙曰‘不佞’。佞而巧，故多材多藝，能事鬼神也。……‘予仁若考能多材多藝’者，若，而也；能，亦而也，猶

曰‘予仁而巧而多材多藝’也”。認爲此“能”字訓爲“而”，其義與下文“能事鬼神”的“能”作“能够”講不同。俞説可從。“仁若考”，清華簡正作“仁若巧”。

⑲事：事奉，服侍。　鬼神：此指三王。

⑳乃：你們的。　不若：不如，比不上。　案：此但云“乃元孫不若旦多材多藝”，則武王亦仁（仁）且巧可知也，亦知仁（仁）、巧、多材多藝三者乃並列之三種。

㉑乃命于帝庭：其初武王受命於天帝之庭。謂受天命爲天子也。乃，楊樹達《詞詮》：“乃，始也，初也。”命，受命。帝庭，天庭。《清華大學藏戰國竹簡（壹）》中《程寤》云：“（文）王及大子發並拜吉夢，受商命于皇上帝。”

㉒敷佑四方：（1）馬融釋“敷”爲“布”，謂“布其道以佑助四方”。（2）王引之《經義述聞》釋“敷”爲“徧”“普”，謂武王受命於帝庭，以遍佑四方之民。（3）俞樾《群經平議》及王國維、楊筠如《尚書覈詁》則認爲“敷佑”即“溥有”，即金文中的“匍有”和典籍中常見的“撫有”，此爲西周常用語，此“敷佑四方”意謂普有天下、廣有天下，謂武王爲天下主也。　案：清華簡作“尃又四方”，“尃又”即“溥有”。俞樾、王國維、楊筠如説爲是。

㉓用：因而。　定：安定。　下地：對“上天”而言，指人間。

㉔四方：猶天下。　罔不：無不。　祗：敬。

㉕墜：墜失，喪落。　寶命：鄭玄云：“寶，猶神也。”此“寶命”即指前面所言受於帝庭之命。

㉖有依歸：鄭玄云：“有所依歸，爲宗廟之主也。”謂不失國家，有宗廟，故先王在宗廟中有神主，永有歸依之處。依《史記·魯周公世家》、鄭玄注、內野本、足利本等，經文“有”後當有“所”字。

㉗命于元龜：孫星衍《尚書今古文注疏》謂命辭於龜，將所卜問內容告龜，以問吉凶。元龜，大龜，古人占卜用龜。

㉘之:如果,倘若。　許:應許,同意。

㉙歸:饋送,獻上。

㉚俟爾命:等候你們下命。

㉛屏:僞孔傳:"屏,藏也。"謂收藏起來不以之事鬼神。孫星衍《尚書今古文注疏》謂"屏"同"庰",亦釋爲"藏"。楊筠如《尚書覈詁》釋"屏"爲棄除、撤除,亦通。　案:"爾之許我"五句,清華簡作:"爾之許我,我則晉璧與珪。爾不我許,我乃以璧與珪歸。""晉"字當爲"瘞",埋而祭之;清華簡"歸"字上屬,其義爲帶着璧與珪回去,不以之事鬼神。"以璧與珪歸"在今本和清華簡中位置不同,或今本有所移易。今本"歸"字上屬,則其義當釋作饋送;或"歸"字下屬,於文義亦通。總體來看,今本文字所表達的意思和清華簡基本相同。

　　乃卜,三龜①,一習②,吉。啓籥見書③,乃并是吉④。公曰:"體⑤,王其罔害⑥,予小子新命于三王⑦,惟永終是圖⑧。兹攸俟⑨,能念予一人⑩。"

　　公歸,乃納册于金縢之匱中⑪。王翼日乃瘳⑫。

【校注】

①三龜:三次龜卜。從《史記·魯周公世家》"乃即三王而卜"看,似於三王分別各卜一龜,共三次龜卜;今多以爲非三王各卜一龜,而是由不同的三位卜人先後各卜一次,共三次龜卜,説見楊筠如《尚書覈詁》:"按《洪範》'三人占,則從二人之言',則古者卜必三人,故有三龜,非謂就三王前各卜一龜也。"楊説可從。

②一習:一次習卜。貞問同一事超過三次,第四次重複再卜就稱作"習"。"習"同"襲",重,重複。

③啓:開。　籥:鎖。下亦言成王"啓金縢之書",可與此"啓籥見書"相應,"籥"與"金縢"相應,謂鎖鑰。　書:記録占兆之辭

的書。

④并：同，一併。　是：爲。錢宗武、杜純梓《尚書新箋與上古文明》
認爲“是”在這裏作判斷詞，謂《尚書》中“是”字 28 處，作判斷詞
用僅此一處。　案：“乃并是吉”，俞樾《群經平議》云：“又曰‘乃
并是吉’何也？‘并’當作‘併’，竝也。……‘乃併是吉’言王與周
公竝吉也。……蓋周公本意，請以身代，三龜皆吉，則武王當愈，
不待言矣。武王愈，周公宜死，及啓籥見書，更詳審之，乃知王與
周公竝吉也。不然，則上文‘以旦代某’之言更無歸宿，一似聖人
苟爲美詞以冀動聽，自言而自食之，斯不然矣。下文‘公曰：體，王
其罔害’，此決武王之不死也；又曰‘予小子新命于三王，惟永終是
圖’，此知己亦不死也。”

⑤體：兆象，龜甲上裂紋的形狀。占卜中龜甲上裂紋的形狀和走向，
可用來判斷吉凶。又，皮錫瑞《今文尚書考證》説“體”可訓爲
“幸”，俞樾《群經平議》亦云：“‘體’字義以一言爲句，乃發語之
辭，‘慶幸’之意也。”或可備一説。

⑥其：表推測語氣，相當於“應當會”。　罔害：無害。謂武王之病將
愈而無害。

⑦予小子：周公自謙之稱。　新命：新受命。上文云“俟爾命”，故此
受三王之命。又，牟庭《同文尚書》謂“新”當讀爲“親”，親受命亦
通，但不如“新”本字義長。

⑧惟永終是圖：武王可圖永終其命。謂病將愈而無恙。永終謂永
久、長終。前《商書·高宗肜日》云“年有永有不永”，後《康誥》云
“乃惟終”，《洛誥》云“惟終”。朱駿聲《尚書古注便讀》：“永、終，
皆長也。”

⑨茲攸俟：意謂我就於此等候（三王之命）。句應上云“俟爾命”。
謂等待三王許以武王不死而以周公代武王之命。茲，此。攸，所。
俟，等待。

⑩能念予一人：三王尚能顧念於我。謂竟能許我不以身代而不死。
念，顧念。予一人，周公自稱。

⑪納：入藏。　册：記載禱辭的書册。　匱：同“櫃”，櫃子。

⑫翼日：即“翌日”“明日”，第二天。　瘳（chōu）：病愈。

　　武王既喪①，管叔及其群弟乃流言於國②，曰：“公將不利
於孺子③。”周公乃告二公曰：“我之弗辟④，我無以告我先
王。”周公居東二年⑤，則罪人斯得⑥。于後⑦，公乃爲詩以貽
王⑧，名之曰《鴟鴞》⑨。王亦未敢誚公⑩。

【校注】

①既喪：死去之後。《史記·封禪書》説武王克商後二年即崩。

②管叔及其群弟：管叔，文王之子，武王之弟，周公之兄，名鮮，封於
管（今鄭州附近），故又名管叔鮮。據《史記·管蔡世家》載：“太
姒，文王正妃也，其長子曰伯邑考，次曰武王發，次曰管叔鮮，次曰
周公旦，次曰蔡叔度，次曰曹叔振鐸，次曰成叔武，次曰霍叔處，次
曰康叔封，次曰冉季載。冉季載最少。”這裏的“群弟”指蔡叔和
霍叔。武王滅殷後，使管叔、蔡叔、霍叔同監東方殷地之民，史稱
“三監”。又參下《大誥》序“三監及淮夷叛”注。　流言：散布
謠言。

③孺子：指年少的周成王，名誦，繼武王而立。錢大昕《十駕齋養新
錄》謂古代天子諸侯之嫡長子嗣位者專稱“孺子”。關於成王即
位時的年齡，古有多説：《尚書大傳》和《史記》説其時成王處襁褓
之中，此爲今文説；《尚書》古文説認爲成王即位時，爲十三歲；鄭
玄則謂武王去世時成王年十歲。當以古文説近是。

④之：如果，倘若。　辟：有多解：（1）《史記·魯周公世家》讀“辟”
爲“避”，避讓，其文云：“我之所以弗辟而攝行政者，恐天下畔周，
無以告我先王太王、王季、文王。”因此史公把後文的“居東”釋讀

爲“興師東伐”，即平定三監和東方諸國之亂。此爲今文説。與伏勝《尚書大傳》“周公攝政，一年救亂，二年克殷”説相合。王肅和僞孔傳亦釋“居東”爲東征。（2）馬融、鄭玄釋“辟”爲“避”，逃避，意爲周公因避嫌，故逃避成王而居東。馬融云：“辟爲避居東都。”鄭玄云：“居東者，出處東國待罪，以須君之察己。”此爲古文説。蔡沈《書集傳》釋爲居國之東。此“東都”“東國”“國之東”具體所指爲何地尚無定説，或謂泛指豐鎬之東、洛邑之西的地區，因爲此時還未營建洛邑；或謂即周公封地（今山東曲阜附近）。又《論衡・感類篇》云：“古文家以武王崩，周公居攝，管、蔡流言，王意狐疑，周公奔楚，故天大雷，以悟成王。”俞正燮《癸巳類稿》謂居東即奔楚。此外《史記・蒙恬列傳》也説“周公旦走而奔楚”。這裏的“楚”在何處，亦衆説紛紜，有人認爲即東國，認爲當時的楚在豐鎬之東，亦屬東國範疇；牟庭《同文尚書》則認爲居東爲居豳，其地在豐鎬之東，“楚”乃古文“邠”隸寫而訛。（3）僞孔傳釋“辟”爲“法”，法辦，謂對管、蔡、霍三叔討罪征伐。（4）曾運乾《尚書正讀》釋“辟”爲“君”，爲君，指攝政，周公謂我不攝政，將無以告我先王也。以上諸説相較，釋“辟”爲“法”較妥，謂對管、蔡、霍三叔以法討罪征伐。

⑤居東：東征。　二年：清華簡作“三年”。　案：當以“三年”爲是，即周公東征三年。《詩經・豳風・東山》云“自我不見，于今三年”，《詩》序謂即周公東征三年而歸，此或亦可爲三年之證。

⑥罪人：（1）史公以爲即管叔、蔡叔、武庚。謂周公東征，“遂誅管叔，殺武庚，放蔡叔。收殷餘民，以封康叔於衛。封微子於宋，以奉殷祀。寧淮夷東土，二年而畢定”。伏生《尚書大傳》亦同。此爲今文説。（2）鄭玄以爲：“罪人，周公之屬黨，與知居攝者。周公出，皆奔，今二年盡爲成王所得。”以周公居東爲逃居東國，成王抓捕了當初參與周公攝政的屬黨。此爲古文説。當以今文説爲

是。　得：抓獲，捕獲。

⑦于後：其後。

⑧貽：貽送。

⑨《鴟(chī)鴞(xiāo)》：見《詩經·豳風》，其《序》云：“《鴟鴞》，周公救亂也。成王未知周公之志，公乃爲詩以遺王，名之曰《鴟鴞》焉。”鴟鴞，一種小鳥，陸璣説似黄雀而小。

⑩王：成王。　誚(qiào)：僞孔傳釋爲“讓”，責備。“誚”字，《史記·魯周公世家》作“訓”，錢大昕《廿二史考異》云：“此作‘訓’，字誤耳。予謂‘誚’从‘肖’，古書或省从‘小’，轉寫訛爲‘川’耳。”“王亦未敢誚公”，清華簡作“王亦未逆公”，謂周公東征將歸時，成王未決定迎接周公。據本篇下云“惟朕小子其新逆”“王出郊”，此“誚”當爲“逆”之誤，蓋因形近“逆”先誤爲“逍”，義難通，遂後又改爲“誚”。

秋，大熟①，未穫②。天大雷電以風③，禾盡偃④，大木斯拔。邦人大恐⑤。王與大夫盡弁⑥，以啓金縢之書⑦，乃得周公所自以爲功代武王之説⑧。二公及王乃問諸史與百執事⑨，對曰：“信⑩。噫公命⑪，我勿敢言。”王執書以泣，曰：“其勿穆卜。昔公勤勞王家，惟予沖人弗及知⑫。今天動威，以彰周公之德⑬，惟朕小子其新逆⑭，我國家禮亦宜之⑮。”

【校注】

①秋：清華簡“秋”前有“是歲也”三字，可見乃爲周公貽成王《鴟鴞》詩之年。　熟：農作物好而成熟。　案：孫星衍《尚書今古文注疏》云：“經文‘秋，大熟’以下，必非《金縢》之文。……此篇經文，當止于‘王翼日乃瘳’。或史臣附記其事，亦止于‘王亦未敢誚公’也。其‘秋，大熟’已下，考之《書》序，有成王告周公作《薄姑》，則是其逸文也。後人見其詞有‘以啓金縢之書’，乃以屬於

《金縢》耳。"但清華簡中《金縢》篇的出土,表明至少在戰國中期,
《金縢》篇的文本即已有"秋,大熟"以下内容。孫説不可從。

②穫:收割,收穫。

③雷電以風:以,與。"雷電以風"蓋爲古文,《尚書大傳》等今文作
"雷雨以風"。清華簡作"疾風以雷"。

④盡:全。 偃:倒下。

⑤邦人:國人,國都裏的人。

⑥盡:全,都。 弁:皮帽,這裏指穿戴禮服。蓋將穆卜。

⑦書:清華簡作"匱",《論衡·感類》《恢國》及《後漢書·章帝紀》所
引同。

⑧説:當初的禱祝之辭。

⑨諸:之於。 史:即前面"史乃册"之"史",擔任"作册"的史官。 百
執事:衆執政官員。

⑩信:確實如此。

⑪噫公命:然而周公有命。噫,王引之《經傳釋詞》謂同"抑",表轉
折,而,但。

⑫予沖人:成王自稱。沖,同"童",年幼。《史記·魯周公世家》作
"予幼人"。後《大誥》云"我幼沖人"。

⑬彰:彰顯。

⑭朕小子:成王自我謙稱。 新逆:親迎。逆,迎也。關於"新逆"
有兩種解釋:(1)馬融"新逆"作"親迎",謂成王親迎周公東征
歸來。清華簡即作"親逆"。又,鄭玄云:"新迎,改先時之心,更
自新以迎周公於東,與之歸,尊任之。"但鄭玄《詩經·豳風·東
山》序箋云:"成王既得《金縢》之書,親迎周公。"此古文説。
(2)《尚書大傳》等今文説無"新"字,以爲此乃周公死後,先按
公的規格葬周公,結果天變動威,然後又改以王的規格葬周公,
上天才平息。則此"逆"非爲迎逆周公,故孫星衍《尚書今古文

注疏》釋爲"逆行",謂成王逆禮而行,故遭此天變。從清華簡下文云"王乃出逆公至郊"看,今文"改葬説"爲後起之説。當以馬融古文説爲是。

⑮我國家禮亦宜之:謂王出郊親迎周公從東歸來亦符合國家禮法。

　　王出郊①,天乃雨②,反風③,禾則盡起。二公命邦人,凡大木所偃,盡起而築之④。歲則大熟。

【校注】

①出郊:出而郊迎。

②天乃雨:今文一作"天止雨",因上文"雷電以風",《尚書大傳》等今文作"雷雨以風",故此處言"天止雨";而古文作"雷電以風",不言雨,故此處言"天乃雨"。清華簡無"乃雨"二字。

③反風:"反"同"返"。風又折返吹回來。

④築:馬、鄭古文説謂拾取,拾取被大樹壓倒的禾物,不丟棄它們;今文説則釋爲扶起大樹而夯實加固。

大誥第九　周書

【題解】

　　“大誥”謂大告天下邦國,其名蓋來源於本篇之首“大誥爾多邦”一句。《史記·魯周公世家》:“管、蔡、武庚等果率淮夷而反,周公乃奉成王命,興師東伐,作《大誥》。”可見本篇是在管叔、蔡叔、武庚率領淮夷叛周的背景下產生的,此時武王已去世,成王年幼,周公攝政,周對天下的統治處於危機之中。本篇記述在此大禍難之時,周公告衆邦國之君及其臣下,申明將弘揚並完成前王大業,號召大家一起來討叛伐殷,此不僅於占卜得到吉兆支持,而且也是上天之命不可廢替。雖然有不少邦國及其臣下認爲困難很大,再加上內部也有不安,因而不願出兵,但周公從成就文、武之業,遵從上天之命兩方面,反復告衆邦國應當順從天命和占卜,興兵東征。本篇使用了較多的雙重否定和反問之辭,表達了強烈的語氣和情感;以占卜始,亦以占卜終,首尾作了呼應。屈萬里《尚書集釋》云:“本篇文辭古奧,其語法與西周金文同,爲西周初年作品無疑。”三監之亂及周公東征,是西周初年的重大事件,本篇無疑是這方面的重要歷史文獻。

　　武王崩①,三監及淮夷叛②,周公相成王③,將黜殷④,作《大誥》⑤。

【校注】

①崩：死。《公羊傳》隱公三年謂天子死稱"崩"。

②三監：《清華大學藏戰國竹簡（貳）》中《繫年》云："周武王既克殷，乃設三監于殷。武王陟，商邑興反，殺三監而立彔子耿。成王屎（伐）伐商邑，殺彔子耿。"成王時器大保簋銘文云"王伐彔子聖"，彔子耿即彔子聖，即禄父武庚。《逸周書·作雒》："武王克殷，乃立王子禄父，俾守商祀。建管叔于東，建蔡叔、霍叔于殷，俾監殷臣。"鄭玄以管叔、蔡叔、霍叔爲三監，監視商紂之子禄父也即武庚。而《漢書·地理志》云："周既滅殷，分其畿內爲三國，《詩》'風'邶、庸、衛國是也。邶，以封紂子武庚；庸，管叔尹之；衛，蔡叔尹之。以監殷民，謂之三監。"則以武庚、管叔、蔡叔爲三監。調和之説謂霍叔相武庚，二人同治於一地。案：彼此相較，"三監"所指，以管叔、蔡叔、霍叔爲妥。其地所在，鄭玄《詩譜》云將殷地"乃三分其地置三監，使管叔、蔡叔、霍叔尹而教之，自紂而北謂之邶，南謂之庸，東謂之衛"，一説邶在今河南湯陰縣東南，庸在衛輝倪灣鄉，衛在浚縣衛賢集。　淮夷：淮河下游的夷人。參前《夏書·禹貢》"淮夷蠙珠暨魚"注。

③相：輔佐。僞孔傳："相，謂攝政。"　成王：周成王，名誦，周武王之子，繼武王而立。《呂氏春秋·慎大覽》："文王造之而未遂，武王遂之而未成，周公旦抱少主而成之，故曰'成王'。"後《顧命》"王崩"，馬融本作"成王崩"，並注云："安民立政曰成。"

④黜：黜退，廢。　殷：段玉裁《古文尚書撰異》謂"殷"下當有"命"字："版本無'命'字，唐石經初刻有，後磨改。《正義》云'黜退殷君武庚之命'，又云'獨言黜殷命者'，又云'古特言黜殷命也'，然則《正義》本有'命'字明矣。此云'將黜殷命'，下文云'既黜殷命'，正相銜接。"

⑤作《大誥》：《史記·周本紀》："管、蔡畔周，周公討之，三年而畢

定,故初作《大誥》,次作《微子之命》,次《歸禾》,次《嘉禾》,次
《康誥》《酒誥》《梓材》。"

大　誥

　　王若曰[①]:"猷大誥爾多邦[②],越爾御事[③]。弗弔[④]！天降
割于我家[⑤],不少延[⑥]。洪惟我幼沖人[⑦],嗣無疆大歷服[⑧],弗
造哲迪民康[⑨],矧曰其有能格知天命[⑩]？已[⑪]！予惟小子[⑫],若
涉淵水[⑬],予惟往求朕攸濟[⑭],敷賁敷前人受命[⑮],兹不忘大
功[⑯],予不敢閉于天降威[⑰],用寧王遺我大寶龜[⑱],紹天明[⑲]。
即命曰[⑳]:'有大艱于西土[㉑],西土人亦不静[㉒],越兹蠢殷小腆
誕敢紀其叙[㉓],天降威,知我國有疵[㉔],民不康[㉕],曰:予復[㉖]！
反鄙我周邦[㉗]。今蠢今翼日[㉘],民獻有十夫予翼[㉙],以于敉寧、
武圖功[㉚],我有大事[㉛],休[㉜]？'朕卜,并吉[㉝]。

【校注】

　　①王若曰:王如此説。一般用於王不在現場,轉述、代宣王命的情
　　　況。若,如此。鄭玄云:"王,周公也。周公居攝,命大事則權稱
　　　王。"謂周公攝政踐阼代成王以"王"言。《逸周書·明堂》:"武王
　　　崩,成王嗣,幼弱未能踐天子之位,周公攝政君天下。"《禮記·明
　　　堂位》:"武王崩,成王幼弱,周公踐天子之位以治天下。"《韓非
　　　子·難二》:"周公旦假爲天子七年。"《史記·魯周公世家》:"周
　　　公恐天下聞武王崩而畔,周公乃踐阼,代成王攝行政當國。"
　　②猷大誥:猷,同"繇",語氣詞;一説本句當依今文及鄭玄古文本作
　　　"大誥猷",《經典釋文》云馬融本作"大誥繇",繇、猷同,"誥猷"同
　　　後《多士》之"猷告",謂教而告之。誥,告。猷,教導。　　爾:你
　　　們。　　多邦:多方,衆邦國。邦,國。

③越：與。　御事：各類官吏之泛稱。參前《牧誓》"御事司徒、司馬、司空"注。

④弗弔（shū）：不善，猶今言不幸。弔，淑，善也。《詩經·大雅·瞻卬》有"不弔不祥"，不弔與不祥同義。《詩經·小雅·節南山》兩言"不弔昊天"，"不弔"雖與"昊天"連屬，蓋因詩四字一句的形式所致，且"不弔"用以修飾"昊天"，與此不同。

⑤割：同"害"，禍。謂武王之喪。又參前《虞書·堯典》"湯湯洪水方割"注。　我家：我王室。家，室。

⑥不少延：謂武王年壽未能稍有延長。

⑦洪惟：裘錫圭《說金文"引"字的虛詞用法》謂爲"矧惟"之訛誤，西周晚期器毛公鼎銘文云"引唯乃智余非""引其唯王智"，蓋《尚書》"矧"亦本作"引"，"引"訛爲"弘"，而弘、洪同，故《尚書》又改作"洪"。王引之《經傳釋詞》："矧，猶'亦'也。"此"矧惟"即"亦惟""又惟"。　幼沖人：君王自我謙稱，此當爲周公自謙之稱。一說此謂成王。

⑧嗣：繼承。　無疆：沒有疆界，廣大無垠。此謂空間。　大歷：長久。此謂時間。大，時間長。歷，久。　服：事，職事，事業。"嗣無疆大歷服"謂繼承廣大長久之王業。

⑨造：遭，遇。　哲迪：智善之人。哲，智。迪，善。　康：安。　《清華大學藏戰國竹簡（捌）》中《攝命》云"余弗造民康"。

⑩矧（shěn）曰：猶"更何況說"。矧，況。　有：又。　格：推度，推究。

⑪已：感嘆語氣詞，亦作"熙"。

⑫予：我。　惟：同"雖"。　小子：謙稱之辭。

⑬涉：渡水。　淵水：深水。

⑭往：去。　朕：我。　攸：所。　濟：渡。

⑮敷賁（bì）：大其美績。與前《商書·盤庚下》"用宏茲賁"義同。

敷，大，弘揚。賁，美。説參王引之《經義述聞》。　　敷前人受命：
弘揚前人所受天命。前人蓋謂文王、武王。

⑯兹不忘大功：斯不亡前人之大功。兹，斯。忘，同“亡”，亡失。

⑰閉：閉停，結束。　　天降威：上天對周降下威罰。此謂武王之死。
林之奇《尚書全解》云：“‘予不敢閉于天降威’者，言武王之喪，是
天下其威於我國家，而我不敢閉拒之也。……不敢閉者，以其天
命之不可逃也，亦順受之而已矣。此云‘天降威’，即上文所謂
‘天降割’也，惟天威之不可拒。”下文“天降威”亦同此義。

⑱寧王：文王。春秋之前“文”字與“𡪀”字形近，致“文”誤爲“𡪀”，
𡪀、寧古通，故後來又被改爲“寧”。下“寧王”“寧人”均同。
遺：遺留。

⑲紹天明：昭顯天之明命。紹，同“昭”，顯明。天明，天之明命。前
《虞書·益稷》云“昭受上帝”，即明受天命。

⑳即：則。　　命：以卜事告龜，所謂“命龜”。《周禮·春官·大卜》
“命龜”注云：“命龜，告龜以所卜事。”“命曰”以下爲占卜時的命
龜之詞。

㉑艱：難，禍難。　　西土：西方之國，謂周。

㉒不静：不安寧，騷動。吳汝綸《尚書故》引戴鈞衡云：“爲難西土，
謂武庚；西土人，謂三叔。”

㉓越：與，和。　　兹：此，這。　　蠢：動。今猶言蠢蠢欲動。　　殷：商。
小腆：小主，謂武庚。王肅云：“腆，主也。殷小主謂禄父也。”
誕：乃。　　紀其叙：僞孔傳：“紀其王業。欲復之。”曾運乾《尚書
正讀》：“紀，理。叙，讀爲緒，統也。”則“紀其叙”謂武庚理其已滅
殷商王業統緒，欲圖恢復殷商。以叙爲統緒。又，周秉鈞《尚書易
解》：“紀其叙，組織其殘餘也。”以叙爲餘緒，謂殘餘勢力。陳夢
家《尚書通論》：“《莽誥》作‘於是動嚴鄉侯信，誕敢犯祖亂宗之
序’，是今本‘紀’是‘犯’字之誤。”亦可資參考。

㉔疵(cī):病,災。内野本、神宫本"疵"上無"有"字。

㉕康:安。

㉖予復:我要復國。

㉗鄙:鄙視,輕看。 又,"鄙"今文作"啚",王先謙《尚書孔傳參正》:"古文'啚'爲'鄙',與'圖'字形近,其義當爲'圖'。"謂圖謀我周邦,亦可備一説。

㉘今蠢今翼日:俞樾《群經平議》謂"翼"即"翊",蠢以蟲喻,翊以鳥喻,共同用來形容武庚、淮夷之人動亂的樣子。日,時日。裘錫圭《談談地下材料在先秦秦漢古書整理工作中的作用》據于省吾《歲時起源初考》一文説:"卜辭常用'今翼'爲記時之詞。有一條卜辭説:'自今春至今翼,人方大不出。'《大誥》的'今蠢今翼日'可能與'自今春至今翼'意近。'今翼(翌)'的確切含義尚待研究。"兩説較之,後者義勝。疑此"翼日"連讀,猶今言"明天會更好"之"明天"非實指明日,而指將來的時日。

㉙民獻:民之賢者。獻,賢人。後《洛誥》有"殷獻民",謂殷民之賢者。 十夫:十人。 予翼:即"翼予",輔佐我。

㉚以:與,參與。 攺(mǐ):即"伙",金文中作"屌",可讀作"彌",義爲"繼"。案下文云"攺寧(文)王大命",《周書》亦常有"攺……功"句式,《洛誥》云"亦未克攺公功",《立政》云"率惟攺功",舊多訓"攺"爲安定、安撫,楊筠如《尚書覈詁》引王國維説當讀爲"彌",終,謂達成、完成,今均釋爲"繼"爲是。"繼……功"的表述又可參見《詩經》,《豳風·七月》云"載纘武功",《周頌·烈文》云"念兹戎功,繼序其皇之","纘""繼序"義均爲"繼"。

寧、武:即文、武,文王、武王。 圖功:王引之《經義述聞》謂大功,古圖、大聲近。

㉛大事:東征討伐三監及淮夷叛亂的戰事。《左傳》成公十三年:"國之大事,在祀與戎。"祭祀與戰争是國之大事。

㉜休:吉。

㉝并:皆,都。

　　"肆予告我友邦君①,越尹氏、庶士、御事②,曰:'予得吉卜!　予惟以爾庶邦于伐殷逋播臣③。'爾庶邦君越庶士、御事,罔不反曰④:'艱大⑤!　民不静⑥,亦惟在王宫、邦君室⑦,越予小子考⑧,翼不可征⑨。王害不違卜⑩?'肆予沖人永思艱⑪,曰:'嗚呼!　允蠢⑫,鰥寡哀哉⑬!'予造天役⑭,遺大投艱于朕身⑮。越予沖人不卬自恤⑯,義爾邦君越爾多士、尹氏、御事綏予曰⑰:'無毖于恤⑱,不可不成乃寧考圖功⑲。'已!　予惟小子⑳,不敢替上帝命㉑。天休于寧王㉒,興我小邦周。寧王惟卜用㉓,克綏受兹命㉔。今天其相民㉕,矧亦惟卜用㉖。嗚呼!　天明畏㉗,弼我丕丕基㉘。"

【校注】

①肆:遂,故。　友邦君:邦君。"友邦"即"有邦"。又參前《牧誓》"我友邦冢君"及注。

②越:與,和。　尹氏:楊筠如《尚書覈詁》:"尹氏,官名。《克鼎》:'王呼尹氏册命善夫克。'《揚敦》:'王命内史□册命揚。'是尹氏即内史之别名。内史一名作册,尹氏,其長也,故又稱作册尹。《師晨(chén)鼎》:'王呼作册尹册命師晨。'即其證也。"　庶士:衆士。庶,衆。

③以:率領。　庶邦:衆邦國。　于:往。　逋播臣:逃散之臣。蓋謂武庚。逋,逃亡。播,散,遷徙,播遷。

④罔不:無不。　反:反對。或"反"同"返",謂回復。　案:"爾庶邦君"句,内野本、神宫本無"庶"字。

⑤艱大:禍難嚴重。上言"有大艱于西土"。

⑥民不静:民衆也不安寧。"民"下,内野本、神宫本、足利本有"亦"

字。上言"西土人亦不静"。

⑦亦惟在王宮、邦君室：楊筠如《尚書覈詁》："王宮，與'邦君室'相對，其義並同。謂有管、蔡等内奸也。"管叔、蔡叔爲王室，亦爲邦君，這些人與武庚共同叛亂，故云"艱大，民不静"。

⑧越：句首語詞。　予小子：衆邦君自謙之稱。　考：父輩。　此謂王宮、邦君室的管、蔡均屬父輩，故不願出征作戰。

⑨翼：同"緊"，語助詞。

⑩害不：曷不，何不。害，曷。

⑪肆：遂。　永：長久。　思：思慮，考慮。　艱：艱難。

⑫允蠢：確實已有動亂。允，誠，信，確實。蠢，動，動亂。

⑬鰥：無妻者。　寡：無夫者。

⑭造：遭，遭遇。　天役：楊筠如《尚書覈詁》："役，讀爲'疫'。……天役，即天災也。"謂上天降下的禍難。後《文侯之命》有"造天丕愆"，謂遭到上天降下的大災禍。

⑮遺：周秉鈞《尚書易解》謂當讀爲"惟"，句首助詞。　投：投下，降下。

⑯越：句首語詞。　不卬(áng)自恤：謂自己不以自身爲慮。卬，自身，我。恤，憂慮。

⑰義：宜，應當。屈萬里《尚書集釋》："'義'應貫下文'綏'字讀，言爾邦君宜如此綏予也。"　越：與。　多士：猶上"庶士"。　綏：安，安慰。

⑱無毖于恤：請不要憂勞。毖，勞。于，與。恤，憂。

⑲成：成就。　乃：你的。　寧考：即"文考"，對父親的美稱。此謂武王。

⑳惟：同"雖"。

㉑替：廢替。又，段玉裁《古文尚書撰異》謂"替"當作"僭"："今文《尚書》作'朁'，讀爲'僭'，故《漢書》作'僭'。魏三體石經蓋用

今文《尚書》也。……篇末云‘天命不僭，卜陳惟若兹’，則此亦當作‘僭’爲長。”僭，差失，差錯，“不敢替上帝命”謂不敢差失上帝之命，亦通。

㉒休：賜美命。　寧王：即“文王”。

㉓惟卜用：即“惟卜是用”，謂用卜。

㉔克：能。　綏：安。　受兹命：受此天命。

㉕相：助。

㉖矧亦：矧，亦，又。“矧亦”連言進一層加強語氣。上文言文王“惟卜用”，故此言“矧亦惟卜用”。“矧亦”亦可作“亦矧”，見西周早中期器毛公旅鼎銘文。

㉗天明畏：上天顯明其威罰。畏，威。參前《虞書·皋陶謨》“天明畏”注。

㉘弼我丕丕基：僞孔傳：“輔成我大大之基業。”弼，輔，助。丕，大。基，業。

王曰①：“爾惟舊人②，爾丕克遠省③，爾知寧王若勤哉④！天閟毖我成功所⑤，予不敢不極卒寧王圖事⑥，肆予大化誘我友邦君⑦，天棐忱辭⑧，其考我民⑨，予曷其不于前寧人圖功攸終⑩？天亦惟用勤毖我民⑪，若有疾⑫，予曷敢不于前寧人攸受休畢⑬？”

【校注】

①王曰：同篇中“王若曰”下之“王曰”，或承上而爲“王若曰”之省。

②爾：你們。　舊人：老臣。輔佐過文王、武王的舊臣。

③丕：大。　克：能。　省：省視。

④寧王：文王。　若：如此。　上“爾惟舊人”三句，周秉鈞《尚書易解》云：“言汝等爲舊臣，汝等多能遠知過去，汝等知道文王如何勤勞哉！”

⑤天閟毖我成功所：上天勞我以成功所在。謂上天委我以成功之事。閟毖，段玉裁《古文尚書撰異》："毖、祕、閟，古通用。……《尚書》斷無複用'閟毖'二字之理。……《尚書》之'毖'或作'閟'，其字皆必聲也，以其或作'閟'，遂兩存之曰'閟毖'，猶'民儀'一作'民獻'，遂兩存之曰'民獻儀'也。"則閟、毖二字同義，均謂勞，下云"天亦惟用勤毖我民"，勤毖連用。所，所在。

⑥極卒：徹底完成。極，終。卒，完成。王引之《經義述聞》謂"極"讀爲"亟"，急速，趕緊，亦通。

⑦肆：遂，故。　化誘：教化誘導。　友邦君：內野本、神宮本無"君"字。

⑧天棐忱辭：謂天命無常，不可確知信靠。前已言"矧曰其有能格知天命"。棐，同"匪"，不。忱，誠，信。辭，同"斯"，語氣詞。《詩經·大雅·大明》云"天難忱斯，不易維王"，《大雅·蕩》云"天生烝民，其命匪諶"，後《康誥》云"天畏棐忱"，《君奭》云"若天棐忱"，"天難諶，乃其墜命"，棐忱即匪諶，難忱即難諶，忱、諶可通。

⑨考：成，成就。

⑩曷其不：何不。曷，何，爲何。其，語助詞，白軍鵬《〈尚書〉新證三則》謂"其"乃"甘"字之訛，而"甘"與"敢"又可相假借。下文雖屢言"曷敢不"，但亦言"予曷其極卜敢弗于從"，有"曷其"，亦有"敢弗"，則"曷其不"或不誤。　前寧人：前文人，謂有文德之前人，在西周金文中常用爲對先祖考的美稱。此謂文王、武王。

圖功攸終：楊筠如《尚書覈詁》："攸，猶是也。《詩·蓼蕭》'萬福攸同'，《長發》'百祿是遒'，攸、是同義。按此文法與《洪範》'于帝其訓'同。言予曷爲不惟前人圖功是終耳。"終，完成。句謂我何不完成此前人之大功。

⑪用：以。　勤毖我民：勤勞我民。謂委民以戰事，以除去叛亂勢力。

⑫若有疾：猶如有疾病需要除去。

⑬予曷敢不于前寧人攸受休畢：我何敢不受此前人之廕蔽。休，廕庇，庇佑。畢，于省吾《尚書新證》謂爲“翼”之訛。翼爲翼蔽、翼護。戰國文字中“翼”“畢”字形相似，故致訛誤。

　　王曰：“若昔朕其逝①，朕言艱日思②。若考作室③，既底法④，厥子乃弗肯堂⑤，矧肯構⑥。厥父菑⑦，厥子乃弗肯播⑧，矧肯穫⑨。厥考翼其肯曰⑩：予有後，弗弃基⑪。肆予曷敢不越卬敉寧王大命⑫。若兄考⑬，乃有友伐厥子⑭，民養其勸弗救⑮？”

【校注】

①若昔朕其逝：如同往昔我將去東征。昔，謂昔日周公曾同武王東往伐殷。其，將。逝，往。

②言：於。　艱：艱難。　日：日日，每天。　案：朕於艱日思，即我日思於艱，上文云“予沖人永思艱”。

③若：如同。　考：父。　作室：興建房屋。

④既：已。　底：定。　法：法式，規劃。

⑤厥子：其子。　肯：願意，樂意。　堂：砌建堂基。古代堂在高臺上，常有“高堂”之稱，故下面需有臺基。

⑥矧：況，何況。　構：蓋房子，構建房屋。

⑦菑（zī）：墾田。

⑧播：播種。

⑨穫：收穫。

⑩厥：其。　考：父。　翼：同“繄”，語助詞。　其：豈。

⑪予有後，弗弃基：我有後代，他不會抛弃我的基業。

⑫肆：故。　曷敢不越：蓋與前“曷敢不于”相似。越，於。　卬：我。　敉（mǐ）：即“侎”，繼。參上“以于敉寧、武圖功”注。　寧王：文

王。内野本、神宮本“王”作“人”。

⑬若：好像，如同。　兄考：父兄。下文言“民”，則此指民之父兄。此暗喻武王。

⑭友：親友，兄弟。此暗喻管、蔡、武庚。　伐：攻伐。　子：此暗喻成王。

⑮養：助長。　其：與。　勸：鼓勵。　案：此言“弗救”，針對上文庶邦君希望“違卜”不出兵相救而言。

王曰：“嗚呼！肆哉①！爾庶邦君越爾御事②。爽邦由哲③，亦惟十人④，迪知上帝命越天棐忱⑤，爾時罔敢易法⑥，矧今天降戾于周邦⑦，惟大艱⑧。人誕鄰胥伐于厥室⑨，爾亦不知天命不易⑩？予永念曰⑪，天惟喪殷⑫，若穡夫⑬，予曷敢不終朕畝⑭？天亦惟休于前寧人⑮，予曷其極卜敢弗于從⑯，率寧人有指疆土⑰？矧今卜并吉。肆朕誕以爾東征⑱，天命不僭⑲。卜陳惟若兹⑳。”

【校注】

①肆：努力。“肆”下，内野本、神宮本、足利本有“告”字。

②越：與。“越”下，内野本、神宮本無“爾”字。

③爽：句首語詞，猶後《康誥》“爽惟民迪吉康”之“爽惟”，參其注。邦由哲：謂邦國應任用智善之人。邦，國。由，用。哲，智而善者。參上文“弗造哲迪民康”注。　又，蔡偉《誤字、衍文與用字習慣》謂“爽”通“相”，“相邦由哲”謂輔助國家要用明智之人，亦可參考。

④十人：即上文所云“民獻有十夫”，僞孔傳：“謂民獻十夫來佐周。”案：鄭玄謂此十人乃武王所謂“予有亂臣十人”，即文母、周公、太公、召公、畢公、榮公、太顛、閎夭、散宜生、南宮括。蔡沈《書集傳》從之，云“十夫，民之賢者爾，恐未可以爲迪知帝命”。上文云民有

賢者十人輔佐周室，此承上而言，故不取鄭玄、蔡沈之説。

⑤迪知上帝命越天棐忱：誠知上帝之命與天命不可信靠。迪，吳汝
　綸《尚書故》：“《方言》：‘由、迪，正也。’鄭《論語》注：‘正，《魯》讀
　爲誠。’迪知者，誠知也。”知，瞭解。後《君奭》亦云“迪知天威”，
　天威即天命。越，與，和。天棐忱，謂天命無常，不可確知信靠。
　此再申上文“天棐忱辭”之義。

⑥爾時罔敢易法：你們不要膽敢輕視廢棄這天命。時，是，此。易，
　輕易，輕視。法，同“廢”，廢棄。康王時器大盂鼎銘文云“勿灋朕
　命”，“灋”即“廢”。此與彼十人知上帝命對比而言。

⑦矧今天降戾于周邦：更何況上天降下了罪禍給周邦。矧，況。戾，
　罪禍，禍難。句意即上文所云“弗弔！天降割于我家”。

⑧惟大艱：是爲大難。後《秦誓》云“是惟艱哉”，句式與此類同。

⑨人：他人。謂管叔、蔡叔。　誕：延請，勾結。楊筠如《尚書覈詁》：
　“誕，讀爲‘延’，謂延鄰敵相伐也。”　鄰：鄰人。謂武庚。　胥：
　相。　厥室：謂王室。

⑩亦：也。　知：瞭解，明瞭。　不易：不容易，難。後《君奭》云“不
　知天命不易”，前《商書·盤庚中》亦云“今予告汝不易”。

⑪永：長。　念：思。

⑫喪：滅。

⑬若：如同。　穡夫：種莊稼的人，農夫。

⑭終朕畝：完成我的田畝之事，即終其農事。終，竟，完成。朕，我。
　畝，田畝。《左傳》隱公六年云：“爲國家者，見惡如農夫之務去草
　焉。”此以終其農事，所謂除去雜草，以喻當除去武庚殘餘勢力，即
　除惡欲盡。

⑮休：嘉善。

⑯予曷其極卜敢弗于從：即“予曷其敢極卜弗于從”，謂我何敢不服
　從最終的占卜結果。本篇“予曷其不”“予何敢不”多次出現，此

句亦當視作相似的"予曷其敢弗"句式,唯詞序稍變耳。極,終,最終的,又參上"予不敢不極卒寧王圖事"注。從,服從,順從。

⑰率寧人有指疆土:循前人之業而有美好疆土。此句仍承前"予曷其敢弗"。率,循,此所遵循者,即前之"天休于前文人",謂遵循上天賜給前人的嘉善之業。寧人,即前文人。指,即"旨",美。

⑱肆:故。　誕:乃。　以:率領。　東征:東征討伐管叔、蔡叔、武庚及淮夷之亂。

⑲僭:差失,差錯。

⑳卜陳惟若兹:卜兆所示就是如此。陳,示。兹,此。

微子之命第十　周書

【題解】

　　"微子之命"謂微子的册封之命。鄭玄云《微子之命》亡。今本此篇爲僞古文《尚書》25 篇中第十九篇,爲《周書》第十篇,記述周殺武庚後,封商王帝乙之子微子於東方建立宋國而爲君的命辭。篇中稱讚微子有德,能敬神和民,故使其爲殷嗣,並勉勵微子遵從先王商湯的爲政之道,以寬政安撫人民,遵行殷商舊有的典章常法,慎其政事,藩衛周室。此章多四字一句,與常見西周金文風格有異。

　　成王既黜殷命殺武庚①,命微子啓代殷後②,作《微子之命》③。

【校注】

①成王:周成王,名誦,繼武王而立。　黜殷命:謂黜退殷君武庚之命。黜,廢,退。　武庚:商紂王之子,又稱禄父。《史記·殷本紀》載武王克商後,"封紂子武庚禄父,以續殷祀"。後武庚叛亂,周公東征平叛,殺武庚。

②微子啓:鄭玄云:"微,采地名。微子啓,紂同母庶兄也,武王投之于宋,因命之,封爲宋公,代殷後,承湯祀。"微子爲商王帝乙之子,名啓。投之于宋,謂遷徙於宋。又參前《商書·微子》序"微子作誥父師、少師"注。　代殷後:代替武庚爲殷之後裔。

③命:册命。

微子之命

王若曰①:"猷殷王元子②!惟稽古崇德象賢③,統承先王④,修其禮物⑤,作賓于王家⑥,與國咸休⑦,永世無窮⑧!嗚呼!乃祖成湯⑨,克齊聖廣淵⑩,皇天眷佑⑪,誕受厥命⑫,撫民以寬⑬,除其邪虐⑭,功加于時⑮,德垂後裔⑯,爾惟踐修厥猷⑰,舊有令聞⑱,恪慎克孝⑲,肅恭神人⑳。予嘉乃德㉑,曰篤不忘㉒。上帝時歆㉓,下民祗協㉔,庸建爾于上公㉕,尹兹東夏㉖。欽哉㉗!往敷乃訓㉘,慎乃服命㉙,率由典常㉚,以蕃王室㉛。弘乃烈祖㉜,律乃有民㉝,永綏厥位㉞,毗予一人㉟。世世享德㊱,萬邦作式㊲,俾我有周無斁㊳。嗚呼!往哉惟休㊴,無替朕命㊵。"

【校注】

①若:如此。

②猷:告教。 殷王:商王,此謂帝乙。 元子:蔡沈《書集傳》:"元子,長子也。"元,首。 案:《左傳》哀公九年:"微子啓,帝乙之元子也。"

③稽古:能考之於古。稽,查考。又參前《虞書·堯典》"曰若稽古"注。 崇德:尊崇有德者。 象賢:效法賢者。

④統承:猶繼承。 先王:殷之先代賢王,如成湯。

⑤修:修治。 禮物:蔡沈《書集傳》:"禮,典禮;物,文物也。修其典禮文物,不使廢壞。"

⑥作賓:爲客。蔡沈《書集傳》:"賓,以客禮遇之也。"案:《左傳》僖公二十四年:"宋,先代之後也,於周爲客。"《左傳》昭公二十五年

宋樂大心亦云："我於周爲客。" 王家：王室，此謂周王室。

⑦咸：皆，都。 休：美。

⑧無窮：没有盡頭。窮，盡。

⑨乃：你的。 成湯：即商朝第一代君王，子姓，名履，又稱大乙，周人稱之爲成湯。

⑩克：能。 齊：同"濟"，莊敬。 聖：通達。 廣：宏大。 淵：深遠。 案：《左傳》文公十八年："昔高陽氏有才子八人：蒼舒、隤敳、檮戭、大臨、龙降、庭堅、仲容、叔達，齊聖廣淵，明允篤誠，天下之民謂之八愷。"

⑪皇天：老天。皇，大。 眷佑：眷顧佑助。 案：前《商書·太甲中》亦云"皇天眷佑有商"。

⑫誕：乃。 厥：其。 命：天命。 案：後《康誥》云："天乃大命文王殪戎殷，誕受厥命越厥邦厥民。"

⑬撫民以寬：僞孔傳："撫民以寬政。"撫，安撫。寬，寬政。

⑭除其邪虐：除去邪惡殘暴之政。邪，惡。虐，暴。蔡沈《書集傳》："即伊尹所謂'代虐以寬，兆民允懷'者。" 案：《國語·魯語上》："湯以寬治民，而除其邪。"

⑮加：施加。 時：當時，當代。

⑯垂：流傳。 後裔：後代。

⑰爾：你。 踐修：履行。 猷(yóu)：教，教導。謂成湯之教。

⑱舊有令聞：僞孔傳："久有善譽，昭聞遠近。"舊，久。令，美，善。聞，聲譽。

⑲恪：敬。 慎：謹。 克：能。

⑳肅恭神人：於神於人都嚴肅恭敬。肅，嚴。恭，敬。

㉑嘉：善，嘉美。此用作動詞。

㉒篤：厚。 案：《左傳》僖公十二年載齊桓公謂管仲："舅氏！余嘉乃勳！應乃懿德，謂督不忘。往踐乃職，無逆朕命！"督，通"篤"。

㉓上帝：即前"肅恭神人"之"神"。　時：是，謂微子之德。前已言"予嘉乃德"。　歆：歆享。　案：《詩經·大雅·生民》："其香始升，上帝居歆。"鄭玄注："其馨香始上行，上帝則安而歆享之。"後《酒誥》云"惟德馨香"，《君陳》亦云"黍稷非馨，明德惟馨"。

㉔下民：即前"肅恭神人"之"人"。　祗：敬。　協：和協。

㉕庸：用，以。　建：立，封立。　上公：蔡沈《書集傳》："王者之後稱公，故曰上公。"

㉖尹：治理，統治。　茲：此。　東夏：偽孔傳："東方華夏之國。宋在京師東。"微子封於宋，宋都在東方地區。

㉗欽：敬。

㉘往敷乃訓：前往去發布你的教令。敷，布。訓，教。

㉙服命：王所班賜的職事與册命，職命。參後《康誥》云"明乃服命"及注。

㉚率：遵循。　由：依從。　典常：典章常法。　案：前《商書·仲虺之誥》云"纘禹舊服，茲率厥典"，下《康誥》云"不率大戛"，大戛謂常法，後《君陳》亦云"茲率厥常"，《畢命》亦云"弗率訓典"。

㉛蕃：同"藩"，藩衛，護衛。　王室：周王室。

㉜弘：弘揚，光大。　烈祖：有功業之祖。此蓋謂成湯。烈，功業。"烈祖"一詞僅出現於偽古文《書》二十五篇中，前《商書·伊訓》云"伊尹乃明言烈祖之成德，以訓于王"，《説命下》云"佑我烈祖"，亦均謂成湯。

㉝律：約束，規範。　有民：即"民"，"有"爲詞頭。下"有周"同。

㉞永：長。　綏：安。　厥：其。　位：上公之位。　案：後《文侯之命》："有績予一人，永綏在位。"

㉟毗（pí）：輔弼，佐助。　予一人：自謙之稱。

㊱世世：代代。　享德：享有德命。

㊲萬邦作式：爲萬國典範。邦，國。式，法式，楷模。

㊳俾我有周無斁(yì)：順從我周而不厭。俾，從，順從，《爾雅》："俾，
　從也。"無斁，無厭，不厭倦。後《周官》云"萬邦惟無斁"，謂萬國
　順從我周而不厭。
㊴往哉惟休：偽孔傳："遣往之國，言當惟爲美政。"休，美，善。
㊵替：廢。　案：《詩經·大雅·韓奕》云"無廢朕命"。

歸　禾

　　唐叔得禾①，異畝同穎②，獻諸天子③。王命唐叔歸周公于
東④，作《歸禾》⑤。

【校注】
①唐叔：成王之弟，名虞，封於唐，故稱唐叔，其子燮父後來遷於晉，
　改國號爲晉。《史記·晉世家》："於是遂封叔虞於唐。唐在河、
　汾之東，方百里，故曰唐叔虞，姓姬氏，字子于。唐叔子燮，是爲晉
　侯。"　禾：即今稱小米者。《史記·周本紀》："晉唐叔得嘉穀，獻
　之成王，成王以歸周公于兵所。"孫星衍《尚書今古文注疏》："《説
　文》云：'禾，嘉穀也。二月始生，八月而孰，得時之中，故謂之
　禾。'《詩·生民》云：'種之黃茂。'傳云：'黃，嘉穀也。'疏云：'穀
　之黃色者，爲粟稷耳。'則禾即今之小米也。"
②異畝同穎：偽孔傳："畝，壟。穎，穗也。禾各生一壟，而合爲一
　穗。"此古文説。《史記·魯周公世家》等今文"畝"作"母"，與
　"拇"通，異拇即枝指，謂禾異枝莖而同穗，《尚書大傳》："成王時
　有苗異莖而生，同爲一穟。"
③天子：周成王。
④歸(kuì)：同"饋"，贈送。　周公：名旦，周文王子，周武王弟，周成
　王叔父。此時正出征於東方。
⑤歸禾：即"饋禾"。鄭玄云："《歸禾》亡。"

嘉 禾

周公既得命禾^①,旅天子之命^②,作《嘉禾》^③。

【校注】

①命禾:即上《歸禾》序中所述成王命唐叔饋送周公之禾。鄭玄以
"命禾"爲命與禾,即餽禾之命與其禾,亦可通。

②旅天子之命:讚美成王賜禾之命。旅,同"魯",其義爲嘉、美、善,
此謂讚美。

③嘉禾:嘉美之禾。鄭玄云:"《嘉禾》亡。"

康誥第十一　周書

【題解】

　　“康誥”即册封康叔的誥命。據《左傳》、本篇之序、《史記》，此篇爲周公平三監叛亂後命康叔於衛之誥。但宋儒胡宏、朱熹、蔡沈等則以之爲武王時册命封於康，屈萬里《尚書集釋》亦主此説：“知康叔初封於康，後徙封於衛，則封於康時，自當在武庚之亂以前，亦即當武王之世。本篇題曰《康誥》，而時王稱康叔曰弟，可知此乃康叔封於康時武王告之之辭也。惟篇首四十八字，與後文不相應，宋以來學者，多以爲錯簡，説亦甚諦。”杜勇《〈尚書〉周初八誥研究》與顧頡剛、劉起釪《尚書校釋譯論》則仍以之爲周公攝政時對康叔的誥辭，因周公攝政踐阼，故稱康叔爲弟。杜、劉之説爲是。本篇記述周公封康叔於殷遺民所在之衛，要求他盡心盡職安撫好不服管教的殷民，使之成爲周的新民，重點在於勉勵康叔要像文王那樣“明德慎罰”，並反復申告康叔要善於學習、繼承並使用殷人的刑罰來統治殷人，多向殷人請教，因爲“殷罰有倫”，同時也指出只能由康叔專其刑罰，但在施刑時不能盡都順從遷就自己的心意，在處理刑獄時要注意犯罪人的主觀動機而不僅僅看罪之大小，還特別強調對那些不孝不友的，則要施行“文王之法”予以嚴懲。《禮記·表記》説“殷人尊神，率民以事神，先鬼而後禮，先罰而後賞”，篇中對不孝不友刑罰的強調，表明了當時用周刑對殷刑有意識進行的補充和滲入，突出了禮在殷刑中的重要性。總之要通過"明德慎罰",教導殷民走向正道。最終康叔奉命而行並取得了很好的成就。《史記·衛康叔世家》載"康叔之國,既以此命,能和集其民,民大説",王亦"賜衛寶祭器以章有德"。《康誥》全篇中以"王若曰""王曰""又曰"爲段者總凡十四,有個别部分在上下銜接上似不緊密,可能今之《康誥》已經過後世有所整理編排。

　　成王既伐管叔、蔡叔①,以殷餘民封康叔②,作《康誥》《酒誥》《梓材》③。

【校注】

①成王:周成王,名誦,繼武王而立。　管叔、蔡叔:均文王之子,武王之弟。管叔名鮮,封於管(今河南鄭州附近),故稱管叔;蔡叔名度,封於蔡(今河南上蔡),故稱蔡叔。管叔、蔡叔與武庚發動叛亂,故成王、周公伐之。

②餘民:周滅商後,將部分殷民遷往他地,蓋其不遷在商舊地者謂之餘民,也即遺民。　康叔:名封,周武王之弟,曾任周司寇之職。"康"爲其封地名。《清華大學藏戰國竹簡(貳)》中《繫年》第四章載:"乃先建衛叔,封于康丘,以侯殷之餘民。衛人自康丘遷于淇衛。"《史記·衛康叔世家索隱》引宋忠曰:"康叔從康徙衛。"《括地志》:"故康城在許州陽翟縣西北三十五里。""康丘"即康,舊説在今河南臨汝、禹縣之間,或以爲在今河南禹州市康城村,李學勤認爲當在三監邶鄘衛的衛地,此衛地蓋在紂城朝歌之東,爲今河南浚縣一帶。康叔後從康遷於此地又稱沬、妹邑,在今河南淇縣。因封國在衛,又稱衛康叔。案:《左傳》定公四年載,分康叔以殷民七族。《史記·衛康叔世家》云:"武王已克殷紂,復以殷餘民封紂子武庚祿父,比諸侯,以奉其先祀勿絶。爲武庚未集,恐其有賊心,武王乃令其弟管叔、蔡叔傅相武庚祿父,以和其民。武

王既崩,成王少,周公旦代成王治,當國。管叔、蔡叔疑周公,乃與武庚禄父作亂,欲攻成周。周公旦以成王命興師伐殷,殺武庚禄父、管叔,放蔡叔,以武庚殷餘民封康叔爲衛君,居河、淇間故殷墟。"則武庚被殺,後來康叔從康遷到了紂都朝歌,即"淇衛"之地。成王時器沐司徒疑簋銘文云:"王來伐商邑,誕命康侯鄙于衛。"康侯鼎銘文云"康侯丰",或以爲康侯丰即衛康叔封。 "封康叔",内野本"封"作"邦",神宫本、足利本作"邦封"。

③作《康誥》《酒誥》《梓材》:《史記·衛康叔世家》:"周公旦懼康叔齒少,乃申告康叔曰:'必求殷之賢人君子長者,問其先殷所以興、所以亡,而務愛民。'"《酒誥》《梓材》二篇見後。孔穎達疏云:"《酒誥》《梓材》,亦戒康叔,但因事而分之。然《康誥》戒以德刑;又以化紂嗜酒,故次以《酒誥》;卒若梓人之治材爲器,爲善政以結之。"則《康誥》《酒誥》《梓材》皆爲周公誥康叔。先秦文獻中多引用《康誥》篇名而無引《酒誥》《梓材》者,或如段玉裁《古文尚書撰異》所言周時《酒誥》《梓材》亦稱《康誥》;或如皮錫瑞《今文尚書考證》所謂三篇本同爲一篇即《康誥》,正像鄭玄《周禮序》中所説與《盤庚》《説命》《泰誓》一樣,分爲了上、中、下,在西漢今文中始各有《康誥》《酒誥》《梓材》之名。

康 誥

惟三月哉生魄①,周公初基作新大邑于東國洛②,四方民大和會③,侯、甸、男邦④,采、衛百工、播民和見士于周⑤。周公咸勤⑥,乃洪大誥治⑦。

【校注】

①惟三月:"惟三月"以下四十八字,這一段講營建洛邑,《尚書大傳》謂"五年營成周",則此三月當爲周公攝政五年三月。不過這

一段内容,從宋代以來,便有學者疑其爲錯簡。蔡沈《書集傳》力持此論,以其爲《洛誥》篇首脱簡,而《洛誥》篇末云"惟周公誕保文、武受命,惟七年",若然,則此三月當如僞孔傳所言爲"周公攝政七年三月"。但林之奇《尚書全解》云:"此三篇之誥康叔,蓋俱是四方之民五服之君咸造於洛邑,周公慰勞而誥誡時之所作也。"則不以此段爲錯簡。據《尚書大傳》"四年建侯衛",則此三月爲周公攝政四年三月,如鄭玄及孫星衍《尚書今古文注疏》所説。

哉生魄:月之第二日或第三日。哉,才,始。魄,又作"霸",指所見月明部分,《説文解字·月部》:"霸,月始生魄然也。承大月二日,小月三日。从月䨣聲。《周書》曰'哉生霸'。"

②周公:名旦,周文王子,周武王弟。武王死,年幼的成王即位,周公攝政。又參前《金縢》序"周公作《金縢》"注。 基:楊筠如《尚書覈詁》引《爾雅·釋詁》釋"基"爲"始",初基即初始。案:"基"字各家所解多異,于省吾《尚書新證》謂"基"同"其","其"可表將、要之義,後《召誥》有"其作大邑"。僞孔傳解"初基"爲"初造基",以基爲基址。鄭玄云:"此時未作新邑。基,謀也。岐、鎬之域,處五嶽之外,周公爲其於政不均,故東行於洛邑,合諸侯,謀作天子之居。" 作:建造。 新大邑:東都洛邑,即西周金文中屢稱之"成周",在《召誥》《洛誥》《多士》及金文中又稱"大邑""新邑""新邑洛",即後《洛誥》中"瀍水東瀍水西"之地,詳參其注。 東國洛:屈萬里《尚書集釋》云:"東國,意謂東方。洛,謂洛水附近,字應作'雒'。"此雒水入黄河者,與洛水入渭河者有别。"洛邑"亦本當作"雒邑",唐石經已作"洛邑"。今仍其舊。案:《逸周書·作雒》云:"乃作大邑成周于土中。"

③和會:合會,謂四方諸侯等朝會於此。句意蓋即周初之保尊、保卣銘文云"四方會"。

④侯、甸、男:遠近不同的三類諸侯,與下采、衛二類諸侯一起,後來

被稱爲五服諸侯。僞孔傳:"此五服諸侯,服五百里。侯服去王城千里,甸服千五百里,男服去王城二千里,采服二千五百里,衛服三千里。"與前《虞書·益稷》《夏書·禹貢》從内向外分爲甸服、侯服、綏服、要服、荒服"五服"不同。參《益稷》"弼成五服"、《禹貢》"五百里甸服"注。《周禮·夏官·職方氏》又云有九服之邦國:"乃辨九服之邦國,方千里曰王畿,其外方五百里曰侯服,又其外方五百里曰甸服,又其外方五百里曰男服,又其外方五百里曰采服,又其外方五百里曰衛服,又其外方五百里曰蠻服,又其外方五百里曰夷服,又其外方五百里曰鎮服,又其外方五百里曰藩服。"五服、九服諸侯的概念,在周初未必實有,可能爲後世整齊化的説法。　邦:國,此謂國君,邦君。

⑤百工:百官。　播民:遷徙之民。蓋謂殷商遷移之民。播,散,播遷。　和:合,會合。　見士于周:即"見事于周",謂供職、述職於周,即效力於周。于省吾《尚書新證》:"見士即見事,士、事古通。"西周早期的匽侯旨鼎銘文云:"匽侯旨初見事于宗周。"内野本、神宫本"士"下無"于"字。

⑥咸:皆,都。　勤:勞,慰勞。

⑦洪大:宏大。洪,大。　誥:告。　治:治理之道。一説"治"通"辭",亦告之義,説見楊筠如《尚書覈詁》。

王若曰①:"孟侯②,朕其弟③,小子封④,惟乃丕顯考文王⑤,克明德慎罰⑥,不敢侮鰥寡⑦,庸庸⑧,祗祗⑨,威威⑩,顯民⑪,用肇造我區夏⑫,越我一二邦以修我西土⑬。惟時怙冒⑭,聞于上帝,帝休⑮,天乃大命文王殪戎殷⑯,誕受厥命越厥邦厥民⑰。惟時叙⑱,乃寡兄勗⑲,肆汝小子封在兹東土⑳。"

【校注】

①王若曰:王如此説。王謂周公,此時周公攝政代成王以"王"言。

又參前《大誥》"王若曰"注。

②孟侯：即康叔，《漢書·地理志》："周公封弟康叔，號曰孟侯，以夾輔周室。"顏師古注："孟，長也，言爲諸侯之長。"下篇《酒誥》王謂康叔"明大命于妹邦"，一說因康叔淇衛地又稱妹邦、沫邑，妹音轉爲孟，故稱孟侯，在西周金文中又稱"康侯"，參本篇序"以殷餘民封康叔"注。

③其：之。

④小子封：相對於先祖先父稱之爲小子；封爲康叔之名，乃文王少子。　案："孟侯，朕其弟，小子封"三句，分別從三個角度説明康叔的重要身份以表重視，"孟侯"謂其爲諸侯之長，"朕之弟"謂其爲當政者周公之弟，"小子封"謂其爲文王之子，猶《詩經·衛風·碩人》"齊侯之子，衛侯之妻。東宮之妹，邢侯之姨，譚公維私"頌稱之意。

⑤乃：你的。　丕顯考："丕顯"爲尊美之詞，猶偉大光輝。考，父。後《洛誥》云"光烈考"與此類同。　文王：周文王，康叔之父。

⑥克：能。　明德慎罰：顯明德行，慎用刑罰。《左傳》成公二年："《周書》曰'明德慎罰'，文王所以造周也。明德，務崇之之謂也；慎罰，務去之之謂也。"據其所言，則明德謂任用有德之人。本篇下又云"告汝德之説于罰之行"，後《吕刑》云"罔不惟德之勤，故乃明于刑之中"，《多方》亦云"至于帝乙，罔不明德慎罰"，可見德、刑常對舉。《左傳》成公十六年云："德以施惠，刑以正邪。"

⑦侮：輕慢。　鰥寡：泛指孤獨没有依靠的小民。鰥，無妻者。寡，無夫者。　案：後《無逸》亦云"知小人之依，能保惠于庶民，不敢侮鰥寡"，《詩經·大雅·烝民》云"不侮矜寡"，"矜寡"即"鰥寡"。

⑧庸庸：用其可用者。庸，用。

⑨祗祗：敬其可敬者。祗，敬。

⑩威威：威罰其可威罰者。

⑪顯民:光顯其民。顯，顯明。楊筠如《尚書覈詁》：“顯民者，謂以民爲顯而敬畏之也。”

⑫用肇造:即“肇用造”，謂用以建造。肇，語首詞。用，以。造，建，興建。西周金文常見“肇用作”，偶爾也能見到“用肇作”。　我區夏:謂周。楊筠如《尚書覈詁》：“蓋區以別之，則有小意。然則‘用肇造我區夏’，猶《大誥》‘興我小邦周’矣。”《左傳》成公二年：“《周書》曰‘明德慎罰’，文王所以造周也。”案：“我區夏”猶後《君奭》《立政》之“我有夏”。

⑬越:與。　一二邦:一二邦國，謂所屬諸侯國數量少。邦，國。修:蓋即後《君奭》“惟文王尚克修和我有夏”之“修和”，調和，協和。參其注。　西土:西方之地，謂周。又參前《牧誓》“逖矣西土之人”注。

⑭時:是，此。　怙:依賴，憑恃。　冒:同“勖”，勉力。

⑮休:喜。謂嘉美之。

⑯殪(yì):滅亡。　戎殷:大殷，即《詩經》中所稱“大商”，在殷墟甲骨文、西周金文中又稱“大邑商”。戎，大。又參前《武成》“一戎衣”注。

⑰誕:乃。　厥:其。　命:天命。　越:與。

⑱時叙:承順。謂武王承順文王之命。《禮記·中庸》云“武王纘太王、王季、文王之緒”。纘，繼。緒，功業。“時叙”，參前《虞書·舜典》“百揆時叙”注。

⑲乃:表因果承接，於是。　寡兄:楊筠如《尚書覈詁》：“寡兄，謂武王也。寡，讀爲‘嘏’，大也。”　勗:勉力。

⑳肆:故。　兹:此。　東土:東方之地，謂殷商，此指建國於殷商王畿之地的衛國。

　　王曰：“嗚呼！封，汝念哉①！今治民將在祗②。遹乃文考紹聞衣德言③，往敷求于殷先哲王④，用保乂民⑤。汝丕遠惟商耇成人⑥,宅心知訓⑦,別求聞由古先哲王⑧,用康保民⑨。弘于天若德⑩,裕乃身不廢在王命⑪。"

【校注】

①念:思,考慮。僞孔傳:"念我所以告汝之言。"

②今治民將在祇:祇,敬。案:僞孔傳、蔡沈《書集傳》均注"今治民"云云,"民"上,内野本、神宫本、足利本等正有"治"字,可見僞孔、蔡沈所見本有"治"字。今據以補底本所缺"治"字,如此文義方足。

③遹(yù):語首助詞,與"聿""曰"同。 乃:你的。 文考:對父親的美稱。 紹聞衣德言:承繼聽從殷之德教。紹,繼承。聞,聞聽,聽從。衣,通"殷"。德言,德教,言,教令。案:西周中期穆恭之際的𤼈鼎、𤼈簋、𤼈盨銘文云"朕文考其經遺姬、遺伯之德言",句式與此相類,"經"謂常守,遵法。 案:"衣",内野本、神宫本作"服"。

④往:去。 敷求:廣求。敷,徧,廣。"敷求"一詞常見於金文,《詩經·大雅·抑》:"罔敷求先王,克共明刑。"下文亦云"別求聞由古先哲王","別求"與"敷求"義同,所求者爲德行言教。《詩經·周頌·時邁》云:"我求懿德,肆于時夏。"懿德,美德。《清華大學藏戰國竹簡(壹)》中《祭公之顧命》云"敷求先王之恭明德"。
殷先哲王:殷代早先的明哲賢王。先,早先。哲,智。哲王,明哲賢王。《清華大學藏戰國竹簡(伍)中《厚父》亦云"夏之哲王",《詩經·大雅·下武》:"下武維周,世有哲王。"

⑤用:以。 保乂(yì):保安。保,治。乂,安。 案:"往敷求于殷先哲王,用保乂民"二句,王先謙《尚書孔傳參正》云:"言往徧求殷先賢王之道以安治其民。是問其先殷所以興,而以愛民爲務也。"

⑥丕:大。 惟:思。 耇(gǒu)成人:年老賢德之人。耇,老。

⑦宅心知訓:揣度其心意,懂得其教導。宅,度,揣度,考慮。知,瞭

解,懂得。訓,教導。

⑧别:王引之《經義述聞》謂"别"通"辨",徧也,此"别求"與上"敷求"義同。《墨子·天志》云:"且天之愛百姓厚矣,天之愛百姓别矣。"别即徧。　聞:聽。　由:於。又,黄傑《〈尚書〉之〈康誥〉〈酒誥〉〈梓材〉新解》謂"由"訓"求","聞由"即"問求",求問,亦可備一説。　古先哲王:鄭玄云:"古先哲王,虞、夏也。"前言"殷先哲王",此謂古代早先的虞舜、夏代之明哲賢王。

⑨用康保民:與上"用保乂民"義類同。康,安。下文又云"用康乂民"。

⑩弘于天若德:即"弘天若德",宏大上天順我之德。弘,大,宏大,弘揚。若,順。下《酒誥》亦云:"兹亦惟天若元德,永不忘在王家。"

⑪裕乃身不廢在王命:裕,同"欲",于省吾《尚書新證》據金文辭例云:"在,于也。言弘于天若德,欲汝身不廢于王命也。"不廢于王命,猶金文之"勿廢朕命",不要荒廢王所任的職命。命,職命,服命。與此相反,則如下文所云"大放王命",放,廢棄。楊筠如《尚書覈詁》云:"此文之'裕',並假爲'欲'。'命',宋本《荀子》引作'庭',則'不廢在王命'謂不廢在王庭,謂可承受王命,長在王庭,不至廢黜。舊以不廢王命釋之,非也。"亦可參考。

　　王曰:"嗚呼!小子封,恫瘝乃身①,敬哉②!天畏棐忱③,民情大可見④,小人難保⑤,往盡乃心⑥,無康好逸豫⑦,乃其乂民⑧。我聞曰:'怨不在大,亦不在小⑨。惠不惠,懋不懋⑩。'已⑪!汝惟小子⑫,乃服惟弘王應保殷民⑬,亦惟助王宅天命⑭,作新民⑮。"

【校注】

①恫(tōng)瘝(guān):憂慮。恫,痛,哀憂。瘝,通"鰥",矜,憂也。《淮南子·繆稱訓》云"故君子見善則痛其身焉",痛有哀憐、哀憂之意;又清華簡《説命下》云"恫瘝小民",《攝命》云"恫瘝寡鰥,惠

于小民”，與此“恫瘝”蓋同。

②敬:謹慎。

③天畏棐(fěi)忱:天威不可確知信靠。畏，同“威”。棐，同“匪”，不。忱，誠，信。又詳參前《大誥》“天棐忱辭”注。

④民情大可見:謂天威難以確知信靠，而民情則大可曉見。

⑤小人:小民。　保:安。

⑥往盡乃心:謂往衛國盡心爲政。

⑦無:不要。　康:安。　逸豫:安樂。“豫”，内野本等作“裕”。

⑧其:楊筠如《尚書覈詁》:“其，猶可也。”　乂:治。

⑨怨不在大，亦不在小:謂殷民之怨不在大小，唯在認真對待。怨雖大，若盡心爲之則無咎;怨雖小，若懈怠處之則釀大禍。殷民之怨有大有小，正應前“小人難保”之義。

⑩惠不惠，懋不懋:惠愛給那些不被惠愛的人，褒揚那些未被褒揚的人。懋，美，褒揚。後《無逸》云“能保惠于庶民”，“懷保小民，惠鮮鰥寡”，《文侯之命》云“惠康小民”。《清華大學藏戰國竹簡(捌)》中《攝命》云:“惠不惠，亦乃服。”又云:“恫瘝寡鰥，惠于小民。”

⑪已:感嘆語氣詞。

⑫惟:同“雖”。　小子:猶言後輩。

⑬乃:你的。　服:職事，職責。　惟:爲，是。　弘:弘揚，光大。此“弘”與下“助”相對成文，均作動詞。　應保:王引之《經義述聞》謂“應保”即“受保”，受而保有。亦作“膺保”，《國語·周語下》云“膺保明德，以佐王室”，應與膺同，受也。後《召誥》云“保受王威命明德”，《洛誥》云“承保乃文祖受命民”。

⑭宅:度，念慮，顧念。後《多方》云“爾乃不大宅天命”。

⑮作新民:謂使殷民改造成爲周的新臣民。作，作成，改作。

王曰:“嗚呼! 封，敬明乃罰①。人有小罪，非眚②，乃惟終③，自作不典④，式爾⑤，有厥罪小，乃不可不殺;乃有大罪⑥，非終⑦,乃惟眚災⑧,適爾⑨,既道極厥辜⑩,時乃不可殺⑪。"

　　王曰:"嗚呼! 封,有叙時乃大明服⑫,惟民其勑懋和⑬。若有疾,惟民其畢弃咎⑭;若保赤子,惟民其康乂⑮。非汝封刑人殺人,無或刑人殺人⑯;非汝封又曰劓刵人⑰,無或劓刵人⑱。"

【校注】

①敬:謹,慎重。　明:明辨,明察。　乃:你的。　罰:刑罰。

②非眚(shěng):不是過失。謂有意犯罪。眚,過失。

③乃惟終:而是始終長久如此。終,始終,長久,終久。

④作:爲。　典:法。

⑤式爾:經常如此。吳汝綸《尚書故》:"式爾者,常然也。式,法也;法,常也。"爾,如此。

⑥乃:若,如果。

⑦非終:並非始終如此。與上"乃惟終"義相反。

⑧乃惟眚災:而是過失之禍。又可參前《虞書·舜典》"眚災肆赦"注。又,俞樾《群經平議》謂此"災"即"哉":"《潛夫論》引作'乃惟省哉',當從之。上文云'非眚,乃惟終','眚'下無'災'字,則此文宜亦無'災'字也。'乃惟眚災'與《洛誥》'乃時惟不永哉'文法正相近。哉、災聲相近,因而致誤耳。"其義亦通。

⑨適爾:偶爾如此。吳汝綸《尚書故》:"適爾,偶然也。《鬼谷子》注:'適然者,有時而然也。'"

⑩道:述説,交待。　極:盡。　厥:其。　辜:罪。

⑪時:是,此。

⑫有叙時乃大明服:你大爲努力地職事,能使它次第有序。楊筠如《尚書覈詁》:"有,猶能也。《禮記》'知止而後有定,定而後能靜',有、能對文,其誼同也。"叙,次第,有序。時,是,此。乃,你。明,同"勉",勉力,努力。服,事,職事。《清華大學藏戰國竹簡

（伍）》中《厚父》云"永叙在服""用叙在服"，"叙在服"謂職事有序，即在位之意。

⑬惟民其勑懋和：則殷民將得到救正治理而大爲和順。惟，則。民，殷民。其，將。勑，即"敕"，救正，治理。懋，大。和，和順。

⑭若有疾，惟民其畢弃咎：謂視民有罪如同身有疾病，務必除之，則民將盡離弃其罪罰。若，如同。畢，盡，全部。咎，罪罰。　又，孫詒讓《尚書駢枝》云："古者攘除疾病或謂之'畢'……'畢棄咎'即攘除棄去疾病也。"楊樹達《尚書說》同意孫說，謂"畢"讀爲"祓"。亦可備一說。

⑮若保赤子，惟民其康乂：謂視愛民如同愛養自己的嬰孩，則民將安治。保，養。赤子，嬰孩。乂，治。"惟民其康乂"，内野本、神宫本無"其"字。　案："若有疾""若保赤子"蓋威恩並用。

⑯非汝封刑人殺人，無或刑人殺人：若不是你康叔封來刑人殺人，則不會有其他人來刑人殺人。謂刑殺專於康叔封。無或，無有。

⑰又：有。　劓（yì）刵（èr）：割鼻割耳。均爲刑罰。王引之《經義述聞》謂五刑中無刵刑，他書有"刵"誤作"刖（yuè）"者，此亦乃二字形相似而誤，"刵"當作"刖"，後《吕刑》之"劓刵"亦爲"劓刖"之訛，可資參考。

⑱"非汝封"二句：刑人殺人爲重刑，劓人刵人爲輕刑，兩句謂無論刑之輕重，均爲康叔封所專。

　　王曰："外事①，汝陳時臬司師②，兹殷罰有倫③。"
　　又曰："要囚④，服念五六日⑤，至于旬時⑥，丕蔽要囚⑦。"
　　王曰："汝陳時臬事罰⑧，蔽殷彝⑨，用其義刑義殺⑩，勿庸以次汝封⑪。乃汝盡遜曰時叙⑫，惟曰未有遜事⑬。已！汝惟小子⑭，未其有若汝封之心⑮，朕心朕德⑯，惟乃知⑰。凡民，自得罪⑱：寇攘姦宄⑲，殺越人于貨⑳，暋不畏死㉑，罔弗懲^⑫。"

【校注】

①外事:江聲《尚書集注音疏》:"外事,聽獄之事也。聽獄在外朝,故曰外事。"又,楊筠如《尚書覈詁》云:"外事,與外正同。下文'越厥小臣外正','正'與'事',皆謂官也。《酒誥》'有正有事',又曰'允惟王正事之臣',皆以正、事並舉。案:正,《釋詁》:'長也。'……此'外事',王呼康叔也。"亦可資參考。

②汝陳時臬(niè)司師:你公布此刑法來管理眾人。陳,宣布,公示。時,是,此。臬,刑法。司,主管,管理。師,眾,眾人。

③兹:此。　殷罰:殷之刑罰。　有倫:有條理。倫,理。

④要(yāo)囚:拘執囚禁。楊筠如《尚書覈詁》據王國維釋"要"爲"幽",謂"要囚"即"幽囚",囚禁。　案:"要"有制約、約束之義,要而囚之,即拘執囚禁。

⑤服:思。　念:想。

⑥旬:十天爲一旬。　時:三月爲一時。一年四時。

⑦丕:乃。　蔽:斷,裁決。

⑧事罰:從事於罰。謂施行刑罰,即用刑。

⑨蔽殷彝:即"蔽以殷彝",以殷之刑罰來決斷。彝,法。

⑩義:宜,合宜。

⑪勿庸以次汝封:蔡沈《書集傳》:"謂刑罰不可以就汝封之意。"孔穎達疏:"用心不如依法。"庸,用。次,即,就,遷就。封,康叔封。

⑫乃汝盡遜曰時叙:若盡順你心意才叫承順。乃,若,如果。盡,全。遜,順。時叙,承順。參上"惟時叙"注、前《虞書·舜典》"百揆時叙"注。

⑬惟曰未有遜事:我要強調說將不會有順你心意之事。

⑭惟:同"雖"。

⑮未其有若汝封之心:謂我所誥之辭,未必將或順你心意。其,將。

有,或。若,順。

⑯朕:我。　案:"朕心朕德",神宮本等無下"朕"字。

⑰惟乃知:惟有你知道。乃,你。王鳴盛《尚書後案》:"定六年《傳》:'太姒之子,惟周公、康叔爲相睦。'故云'朕心朕德,惟乃知'也。"

⑱自得罪:自己犯罪。蔡沈《書集傳》:"自得罪,非爲人誘陷以得罪也。"

⑲寇攘姦宄:搶劫盜竊。寇,群搶。攘,盜取。姦宄,《廣雅·釋詁》云:"竊盜也。"亦參前《虞書·舜典》"寇賊姦宄"注。

⑳殺越人于貨:殺人劫貨。越,劫奪。于,與。貨,財貨。

㉑暋(mǐn):强悍。

㉒罔弗憝(duì):謂人無不怨憎上述罪行。罔弗,無不。憝,怨憎。

王曰:"封,元惡大憝①,矧惟不孝不友②。子弗祗服厥父事③,大傷厥考心④,于父不能字厥子⑤,乃疾厥子⑥;于弟弗念天顯⑦,乃弗克恭厥兄⑧,兄亦不念鞠子哀⑨,大不友于弟,惟弔茲⑩,不于我政人得罪⑪,天惟與我民彝大泯亂⑫。曰:乃其速由文王作罰⑬,刑茲無赦⑭。

"不率大戛⑮,矧惟外庶子、訓人⑯,惟厥正人越小臣、諸節⑰,乃別播敷⑱,造民大譽⑲,弗念弗庸⑳,瘝厥君㉑,時乃引惡㉒,惟朕憝㉓。已!汝乃其速由兹義率殺㉔。

"亦惟君惟長,不能厥家人越厥小臣、外正惟威惟虐㉕,大放王命㉖,乃非德用乂㉗。汝亦罔不克敬㉘,典乃由㉙,裕民惟文王之敬忌㉚,乃裕民曰:'我惟有及㉛。'則予一人以懌㉜。"

【校注】

①元惡大憝:即"大憝之元惡",謂爲人大所怨憎的最首之惡。元,首。

②矧:亦。　不孝不友:不善待父母不善對兄弟。《爾雅·釋訓》:
　"善父母爲孝,善兄弟爲友。"

③子弗祗服厥父事:兒子不恭敬服事父親。祗,敬。服,從事,做。
　厥,其。

④考:父親。

⑤于:與。説見王引之《經傳釋詞》。楊筠如《尚書覈詁》亦云:
　"'于'亦'與'也。《多方》'不克敬于和',謂不克敬與和也。下
　文'告女德之説于罰之行',亦謂'與罰之行'也。"　字:慈,慈愛。
　朱駿聲《尚書古注便讀》:"字,慈也,愛也。"《左傳》僖公三十三
　年:"《康誥》曰:'父不慈,子不祗,兄不友,弟不共,不相及也。'"
　金文中亦有"慈父"作"字父"。

⑥疾:恨,憎惡。

⑦于:與。　念:思。　天顯:天之明命。謂天理,天倫。

⑧克:能。　恭:恭敬。

⑨兄亦不念鞠(jū)子哀:僞孔傳:"爲人兄亦不念稚子之可哀憐。"鞠
　子,稚子,年幼者。《爾雅·釋言》:"鞠,稚也。"

⑩弔兹:至此。謂至有以上不孝不友這些情況。弔,《爾雅·釋詁》
　云:"至也。"兹,此。

⑪于:由。　政人:執政官長。　得罪:獲其人而罪罰之。

⑫天惟與我民彝大泯亂:天賜與我民之綱常將大亂。與,賜與。民
　彝,民之綱常,謂子孝父慈弟恭兄友。彝,法,綱常。泯,亂。
　案:"惟弔兹"三句,周秉鈞《尚書易解》釋云:"惟至于此,若不由
　我行政之人獲而罪之,則天與我民之常法大亂矣。"

⑬乃其:乃當。其,當。　速:迅速。　由文王作罰:遵用文王所作
　刑罰。由,遵從,遵用。

⑭刑:用刑罰懲治。　兹:此,這些不孝不友的人。　案:此蓋謂通
　常之罪,以殷之刑罰來判處;不孝不友之罪,則以文王之刑罰來

判處。

⑮率:循,遵循。　彝(jiá):綱常,常法。孔穎達疏云:"'彝'猶'楷'也,言爲楷模之常,故'彝'爲'常'也。"

⑯外:在王朝之外,謂諸侯國。　庶子、訓人:掌管教化的官名。

⑰厥:其。　正人:官長,爲政做官之人。　越:與。　小臣:掌君王之命的官。　諸節:掌符節的諸官。

⑱乃別播敷:乃另行播布施用他刑。別,另外。敷,布,施用。

⑲造民大譽:促成民衆大加稱譽。造,成就。

⑳弗念弗庸:不顧念、不施用大彝常法。念,思。庸,用。

㉑瘝(guān)厥君:使其君憂。瘝,憂。參上"恫瘝乃身"注。又,黃傑《〈尚書〉之〈康誥〉〈酒誥〉〈梓材〉新解》以"弗念、弗庸瘝厥君"爲句,謂"庸瘝"即上"恫瘝",則句意爲不顧念、不憂慮其君,亦通。

㉒時乃引惡:此延伸之惡。時,是,此。引,延長,延伸。"元惡"爲首要之惡,"引惡"爲延續之惡,二者相應而言。內野本、神宮本無"乃"字。

㉓惟朕憝:此惟我所怨憎。

㉔義:即上文"義刑義殺"。義,宜。　率:用,以。　殺:刑殺,刑懲。

㉕不能厥家人越厥小臣、外正惟威惟虐:不要以其家人與其小臣、外正爲能,惟使之行威作虐。不能,不以之爲能。外正,諸侯國之官長。內野本、神宮本無"臣"字。

㉖放:廢棄。參前《虞書·堯典》"方命圮族"注。　命:職命。

㉗乃非德用乂:此乃不用有德之人以治之。用,以。乂,治。

㉘罔不:無不,一定要。　克:能。　敬:謹慎,敬慎。上文云"敬明乃罰"。

㉙典乃由:遵從典法。典,法。由,用,遵從。

㉚裕民惟文王之敬忌:即"欲民惟文王是敬忌",欲民敬畏文王所作刑罰。裕,同"欲",參上"裕乃身不廢在王命"注。之,是。敬忌,

敬畏。後《顧命》云："以敬忌天威。"

㉛及:至,達到,做到。此謂敬畏文王所作刑罰。一説"及"同"汲",努力。

㉜予一人:我,王自謙之詞。　懌(yì):喜樂。

　　王曰:"封,爽惟民迪吉康①。我時其惟殷先哲王德②,用康乂民作求③。矧今民罔迪④,不適不迪⑤,則罔政在厥邦⑥。"

　　王曰:"封,予惟不可不監⑦,告汝德之説于罰之行⑧。今惟民不静⑨,未戾厥心⑩,迪屢未同⑪,爽惟天其罰殛我⑫,我其不怨。惟厥罪無在大⑬,亦無在多,矧曰其尚顯聞于天⑭。"

【校注】

①爽惟:句首語助詞。　民:下民。　迪:順從。　吉:善。康:安。

②時:是,代指殷先哲王之德。"時",内野本、神宫本、足利本作"是"。

③用康乂民:與上文"用保乂民""用康保民"義類同。用,以。康,安。乂,治。　作:爲。　求:求請,求得。　案:"我時其惟殷先哲王德,用康乂民作求"句,又可與上文"紹聞衣德言,往敷求于殷先哲王,用保乂民"内容相參。

④矧今民罔迪:況今之殷民不順從。矧,況。罔,不。迪,順從。

⑤不適不迪:若不歸善、不順從。不適,謂不歸於善。《左傳》昭公十五年:"民知所適,事無不濟。"杜預注:"適,歸也。"孔穎達疏:"言皆知歸於善也。"

⑥則罔政在厥邦:則不能爲政於其國。

⑦監:同"鑒",借鑒。後《召誥》云:"我不可不監于有夏,亦不可不監于有殷。"《論語·八佾》:"子曰:'周監於二代,郁郁乎文哉!'"二代謂夏、殷。此蓋謂不可不鑒於殷。

⑧德之説：謂明德。　于：與。　罰之行：謂慎罰。行，道。

⑨民：殷民。　静：安。

⑩戾：安定。

⑪迪屢未同：教導多次仍未能使其順從和同。謂殷民叛，屢不順服，
　不能同心同德，難治。迪，教導。屢，屢次，多次。後《多方》云
　"爾乃迪屢不静"。

⑫天其罰殛(jí)我：上天其或誅罰於我。罰殛，誅罰。"殛"下，内野本、
　神宫本、足利本有"於"字。　案：後《多方》亦云"我乃其大罰殛之"。

⑬惟：因爲。　無：不。"無"上，内野本、神宫本無"罪"字。

⑭矧(shěn)曰其：猶"更何況説"。矧，況。　尚：上。　顯：明。

　　王曰："嗚呼！封，敬哉①！無作怨②，勿用非謀非彝蔽時
忱③，丕則敏德④，用康乃心⑤，顧乃德⑥，遠乃猷⑦，裕乃以民
寧⑧，不汝瑕殄⑨。"

　　王曰："嗚呼！肆汝小子封⑩！惟命不于常⑪，汝念哉！
無我殄享⑫，明乃服命⑬，高乃聽，用康乂民⑭。"

　　王若曰⑮："往哉！封，勿替敬⑯，典聽朕誥⑰，汝乃以殷民
世享⑱。"

【校注】

①敬：慎。

②無作怨：不作怨於民。作，爲。

③勿用非謀非彝蔽時忱：不用不善之謀、非常之法敗壞我對你的誠
　信。蔽，即"敝"，敗也。時，是，此。忱，誠，信。

④丕則敏德：王引之《經傳釋詞》："丕則，猶言'於是'也。……於是
　勉行德教也。"敏，勉。

⑤用：以。　康：安。　乃：你的。又，周秉鈞《尚書易解》云："乃，
　猶'其'也，見《經傳釋詞》，指殷民，下二'乃'字訓同。"亦可通。

⑥顧:念,思。

⑦遠乃猷:謂深遠謀劃。遠,深遠。

⑧裕乃以民寧:于省吾《尚書新證》:"裕乃以民寧者,言欲汝與民寧也。"裕,同"欲"。乃,汝,你。以,與。寧,安寧,安定。

⑨不汝瑕殄:即"不瑕殄汝",謂殷民不會疵病於你。瑕,疵。殄,病。疵病,挑毛病,責難。

⑩肆汝小子封:蓋即"肆哉!汝小子封"。肆,努力。參前《大誥》"肆哉!爾庶邦君越爾御事"注。此與上"肆汝小子封在茲東土"之"肆"不同。

⑪惟命不于常:當思天命不常。惟,思。命,天命。

⑫無我殄享:即"無殄我享",不滅絕我所享德命。殄,滅,絕。享,所享德命。又,江聲《尚書集注音疏》云:"享,祭祀也。凡封諸侯,必命之祭其封內山川社稷,所謂'命祀'。國亡則絕其祀。故言汝其念天命之無常,毋殄絕我之命祀。"

⑬明乃服命:勉力於你的職命。明,勉。服命,謂所受職事與任命。古受命時亦受職,故服命亦可單言"服",如上云"乃大明服",亦可單言"命",如上云"不廢在王命",又如下《酒誥》云"明大命于妹邦",通解爲職事亦可。

⑭高乃聽,用康乂民:偽孔傳:"高汝聽,聽先王道德之言,以安治民。"王先謙《尚書孔傳參正》:"此云高聽,則非高論不足以聽,知當時康乂殷民,非用先王道德之言不能爲治也。"牟庭《同文尚書》則逕謂"聽"字當爲"德"字之誤,"高乃德"謂貴先王之德,亦可備一說。　案:"用康乂民",內野本、神宮本無"用"字。

⑮王若曰:本篇第二次出現"王若曰",陳夢家《尚書通論·王若曰考》曰:"此和西周金文不合。西周金文每一冊命只有一個'王若曰',篇幅長的冊命可以分節,第二節以下均以'王曰'開始,絕不重現'王若曰'。……此《康誥》末節的'王若曰'可能是'王曰'之

誤,《康誥》乃一獨立完整的命書。"

⑯替:廢,棄。　敬:慎。　案:上文兩言"敬哉",於此言"勿替敬"
再作强調。

⑰典聽:常聽。典,常。　朕:我。　誥:誥命,誥教。　案:下《酒
誥》云"爾典聽朕教""汝典聽朕毖"。

⑱以:與。　世享:世世享有德命,猶言世世在位。此"享"與上"珍
享"相對。

酒誥第十二　周書

【題解】

　　“酒誥”，爲周公以不沉湎於酒誥誡衛康叔封，即《史記·衛康叔世家》載周公“乃申告康叔……告以紂所以亡者以淫於酒，酒之失，婦人是用，故紂之亂自此始”。本篇內容，開篇爲周公引述文王過去的誥教：“祀兹酒（祭祀才用酒）”，“無彝酒（不要經常飲酒）”，訓教衆人勤力農事，愛惜糧食，善養父母君長，之後方能謹慎用酒；然後再述殷商的先代明哲賢王，亦敬畏天命、民事，故能成就王業，但仍不敢肆意群聚飲酒，而紂卻沉湎於酒，不敬天保民，故天命不保，以致滅國；最後，周公教導康叔，要以殷紂喪失天命爲鑒，訓告殷、周衆官、衆臣勿沉湎於酒，否則將有相應懲罰，並勉勵康叔不失王命。本篇誥辭在不能沉湎於酒的論述中，除了引用周文王誥教衆人之事，亦稱殷之先王不敢自暇自逸沉湎於酒，蓋因康叔所封之地爲殷之故地，所用之人有殷之故臣，所治之民爲殷之故民，欲在殷地移風易俗，故以遵守殷商先王舊訓爲由，禁止臣民沉湎於酒，以便於周人在此長治久安。

酒　誥

　　王若曰①：“明大命于妹邦②！乃穆考文王③，肇國在西

土④,厥誥毖庶邦、庶士越少正、御事朝夕曰⑤:'祀兹酒⑥。惟
天降命⑦,肇我民惟元祀⑧。天降威⑨,我民用大亂喪德⑩,亦
罔非酒惟行⑪,越小大邦用喪⑫,亦罔非酒惟辜⑬。'文王誥教
小子、有正、有事無彝酒⑭,越庶國飲惟祀⑮,德將無醉⑯。

【校注】

①王若曰:王如此説。王謂周公,此時周公攝政踐阼,僞孔傳:"周公
以成王命誥康叔。"參上篇《康誥》"王若曰"注。"王若曰"以下爲
誥康叔之辭。　案:"王若曰",今文與馬融本作"成王若曰",馬
融謂"成"乃"後録《書》者加之"。

②明大命:勉力於你的重大職命。明,勉,勉力。命,服命,職命。
"明大命"即上篇《康誥》封康叔於衛所云"明乃服命",詳參其
注。　妹邦:即衛國所建之地。妹,地名,亦作"沫",爲商之都,故
又名妹邦、沫邑。

③乃:你的。　穆考:對父親的美稱。其詞亦見西周晚期器伯克壺
銘文,猶文考、皇考之類,《詩經·大雅·文王》亦云"穆穆文王"。
穆,尊美之詞。考,父。　文王:周文王,康叔之父。

④肇:語首詞。　國:立國,建國。　西土:西部之地。

⑤厥:其。謂文王。　誥毖:誥告。毖,告。後《多方》云"誥告爾多
方"。　庶邦、庶士:謂衆諸侯國君及其衆臣。　越:與。　少正、
御事:均爲服務於王朝的官員。　案:楊樹達《尚書説》云:"此篇
下文分外服、内服爲言,其實全篇文字莫不分別言之。此文庶邦、
庶士,外服也;少正、御事,内服也。下文'文王誥教小子、有正、有
事,無彝酒',内服也;'越庶國,飲惟祀',外服也。又'庶士、有正
越庶伯、君子','庶士、有正',内服也;'越庶伯、君子',外服也;
'庶伯'即下文之'侯甸男衛邦伯'也。又'邦君、御事、小子,尚克
用文王教','邦君',外服也;'御事',内服也。又'汝劼毖殷獻臣
侯甸男衛',外服也;'矧太史友、内史友越獻臣百宗工',内服

也。”内服指王畿之内，爲王直接統轄的地區，外服指王畿之外的臣屬地區，爲衆邦國諸侯所統治。又參下“内服”“外服”注。

朝夕：早晚。謂朝夕誥教之。

⑥祀兹酒：僞孔傳：“惟祭祀而用此酒。”王引之《經傳釋詞》：“兹，猶‘斯’也。惟祭祀斯用酒也。”謂文王誥教衆人慎於酒，僅在祭祀時乃用酒。《清華大學藏戰國竹簡（伍）》中《厚父》：“酒非食，惟神之饗。”

⑦天降命：謂天降休命給文王。

⑧肇：語首詞。　我民惟元祀：我民僅用酒於元年之祀。惟，只，僅。元祀，元年之祀，因常在改元元年進行祭天大祀，故“元祀”後又常指元年。後《洛誥》亦言“元祀”，謂成王改元元年時祭天大祀。此“元祀”蓋謂文王受命元年之大祀。

⑨天降威：天降威命。

⑩用：因。　喪德：失德。

⑪亦罔非酒惟行：亦無不是因爲酒的行用。行，用。

⑫越：與。　小大邦：小大邦國。　用：以。　喪：亡。

⑬亦罔非酒惟辜：亦無不是因爲酒的罪過。辜，罪。

⑭小子：相對於先祖先父，對後輩的一種稱呼。此謂文王之子孫。
有正、有事：蓋謂上文少正、御事之官。有，詞頭。正，蓋謂執政的官長。事，蓋謂執事的僚屬。　無彝酒：不要常飲酒。彝，常。《韓非子·説林上》：“彝酒者，常酒也。常酒者，天子失天下，匹夫失其身。”

⑮越：與，以及。　庶國：衆國。“庶國”亦文王所誥教對象，即文王分別誥教小子、有正、有事與衆國。　飲惟祀：飲酒惟在祭祀之時。

⑯德將無醉：謂靠助於德，不醉於酒。將，扶助。又，“將”有“奉獻”之義，所謂“黍稷非馨，明德惟馨”，或此亦可解爲祭祀乃以德享

神,故不沉醉於酒。《韓非子·説林上》:"桀以醉亡天下。"

"惟曰我民①,迪小子惟土物愛②,厥心臧③,聰聽祖考之彝訓越小大德④。小子惟一妹土⑤,嗣爾股肱⑥,純其藝黍稷⑦,奔走事厥考厥長⑧;肇牽車牛遠服賈⑨,用孝養厥父母⑩,厥父母慶⑪,自洗腆,致用酒⑫。庶士、有正越庶伯、君子⑬,其爾典聽朕教⑭:爾大克羞耇惟君⑮,爾乃飲食醉飽⑯。丕惟曰爾克永觀省⑰,作稽中德⑱,爾尚克羞饋祀⑲,爾乃自介用逸⑳。兹乃允惟王正事之臣㉑,兹亦惟天若元德㉒,永不忘在王家㉓。"

【校注】

①惟曰我民:"我"上,内野本、神宫本、足利本有"化"字。據僞孔傳"文王化我民",則底本當有"化"字。

②迪小子惟土物愛:即"小子迪惟土物愛",謂後輩誠愛其土地所生所產之物。小子,青年後輩,王先謙《尚書孔傳參正》:"據下'聰聽祖考之彝訓'句,則此及下文'小子'與'祖考'相對爲文,必指民之子孫。或以爲指康叔,非。""迪惟"一詞,表强調語氣,又見於後《君奭》"迪惟前人光",《立政》"古之人迪惟有夏"。惟土物愛,即"惟土物是愛",土物,土地生產之物,此謂黍稷穀物等。愛,惜。孫星衍《尚書今古文注疏》云:"謂酒以糜穀,當愛惜也。"

③厥:其。謂小子。 臧:善。

④聰聽:清楚地聽。聰,聽得清楚。 祖考:祖父。 彝訓:常訓,法教。 越:於,在。 小大德:小大德行。 句謂於小、大行爲均聽從祖父的常訓。案:九條本、神宫本無"之"字。"訓",九條本、内野本作"言"。

⑤小子惟一妹土:小子惟有專一盡力於妹邦之土。一,專一。妹土,妹之土。參上"明大命于妹邦"注。

⑥嗣爾股肱：繼續施展手腿之力。謂盡力於農事勞作。嗣，繼續。股，大腿。肱，上臂。

⑦純：專，專心於。　藝：種植。

⑧事厥考厥長：僞孔傳："事其父兄。"事，事奉。厥，其。考，父。長，兄長。

⑨肇：語首詞。　服：事，從事。　賈（gǔ）：貿易買賣之事。

⑩用：以。前《商書·盤庚中》云"用奉畜汝衆"。

⑪慶：喜慶。

⑫自洗腆，致用酒：周秉鈞《尚書易解》："洗腆者，潔治豐盛之膳食也。致，獲得。言農事畢，又速牽車牛，遠爲商賈，孝養其父母；父母慶幸之餘，自己潔治其膳，可得用酒。"洗，清潔。腆，豐厚。蔡沈《書集傳》："洗以致其潔，腆以致其厚也。"

⑬越：與。　庶伯：庶邦之伯。　君子：在位貴族。

⑭其：表命令語氣。　爾：你們。　典：常。　朕：我。　教：誥教。案：此云"爾典聽朕教"，下文亦云"汝典聽朕毖"。毖，語毖，誥教，參前"厥誥毖庶邦"注。

⑮克：能。　羞：即"饈"，進獻。　耇（gǒu）：年長者。　惟：與。

⑯飲：喝。　食：吃。

⑰丕惟曰：與前"惟曰"類同，此加重强調，故前加"丕"。丕，大。永：長。　觀省：檢視省察。

⑱作稽中（zhòng）德：舉止都合於德。作，舉，興。稽，止，停。中，合，符合。

⑲尚克：尚能。　羞饋祀：進獻熟食祭祀祖先。饋祀又稱饋食，熟食，《周禮·春官·大宗伯》云"以饋食饗先王"。鄭玄則謂"饋祀，助祭於君"，此另爲一說。

⑳乃：才。　自介用逸：自己求得飲酒以樂。介，丐，亦作"匃"，求。用，以。逸，樂，此謂逸樂於酒。《詩經·豳風·七月》云"爲此春

酒,以介眉壽”,春秋早期器召叔山父簠銘文云“用匄眉壽”。

㉑兹:此,這。 允:誠。 正:即前“有正”,執政的官長。 事:即前“有事”,執事的僚屬。

㉒天若元德:上天順應的大德。若,順。元,大。此“天若元德”與上篇《康誥》“天若德”類同。 案:後《召誥》亦兩言“面稽天若”,姜昆武《詩書成詞考釋》謂此四“天若”均當解爲“天善”:“順則善,天若,天之所善。天若德,天所善之德。故《尚書》凡用‘天若’非言天之所順,乃由此引伸作天善,意爲天善之而與之禄位,特用於有德者,故亦爲成詞。”可見“善”是從“若”訓“順”引申而來,此訓“順”亦可通,儘管引申爲“善”亦可,但不如逕訓爲“順”爲宜。

㉓永不忘在王家:永不忘於王室所任職命。在,於。王家,周王室。王引之《經義述聞》謂“忘”即“亡”,失,廢,謂不廢於王命,亦可通。此段“兹亦惟天若元德,永不忘在王家”二句,與上篇《康誥》“弘于天若德,裕乃身不廢在王命”句、義相同,是誥命小結時的勉勵之語,“永不忘在王家”即“不廢在王命”,也即金文中的“不廢朕命”,段末此句正與段首“明大命于妹邦”前後呼應。 案:上“王若曰”內容,主要爲王引用叙述周文王對於飲酒的誥教,以勉勵康叔封於妹邦之後戒慎於酒。

王曰:“封①,我西土棐徂邦君、御事、小子②,尚克用文王教③,不腆于酒④,故我至于今,克受殷之命⑤。”

王曰:“封,我聞惟曰在昔殷先哲王⑥,迪畏天顯、小民⑦,經德秉哲⑧,自成湯咸至于帝乙⑨,成王畏⑩。相惟御事⑪,厥棐有恭不敢自暇自逸⑫,矧曰其敢崇飲⑬?越在外服⑭,侯、甸、男、衛邦伯⑮;越在內服⑯,百僚、庶尹惟亞惟服、宗工越百姓、里居⑰,罔敢湎于酒⑱,不惟不敢,亦不暇,惟助成王德顯越尹人祗辟⑲。

【校注】

①封:封爲康叔之名。

②棐:同"匪",非。　徂(cú):及,至。

③用:遵行。　教:誥教,即上文"文王誥教小子、有正、有事無彝酒"云云。

④不腆于酒:不多飲酒。謂不沉湎於酒。腆,厚,豐。

⑤克受殷之命:謂能代殷受天命。

⑥殷先哲王:殷代早先的明哲賢王。又參上篇《康誥》"往敷求于殷先哲王"注。

⑦迪畏天顯、小民:誠敬畏天命、小民。迪,誠,參前《大誥》"迪知上帝命"注。蔡沈《書集傳》:"畏天之明命,畏小民之難保。"天顯,即前《大誥》"天明",天之明命,即天命。後《多士》云"罔顧于天顯、民祇",亦天、民並舉。

⑧經德秉哲:即"秉哲經德",持守彰明常德。經德,可常法之德。經,常。"經德"頗見於西周金文,《孟子·盡心下》亦云"經德不回",不回謂不偏邪,《清華大學藏戰國竹簡(伍)》中《厚父》云"帝亦弗鞏啓之經德",《清華大學藏戰國竹簡(捌)》中《攝命》云"汝亦毋不夙夕經德"。秉,持。哲,同"晢",明,前《洪範》云"明作晢"。德可秉,亦可明,後《君奭》《多方》屢言"秉德",西周晚期的梁其鐘銘文亦云"帥型祖考秉明德",虢叔旅鐘銘文云"秉元明德",宣王時器逨盤銘文云其高祖"克明哲厥德"。明哲謂彰顯、顯明,金文常見"克哲厥德"文句,如西周晚期井人妄鐘銘文云其文祖皇考"克哲厥德",師望簋銘文云"克明厥心,悊厥德","悊厥德"即明厥德,《詩經·魯頌·泮水》云"克明其德",上《康誥》亦云"惟乃丕顯考文王,克明德慎罰",前《虞書·堯典》亦云"克明俊德"。

⑨成湯:即湯,殷墟甲骨文作"唐",商朝第一代王,名履,又稱大乙,

周人稱之爲成湯。　咸:徧,皆。一説"咸"爲湯名。　帝乙:商最後一代國君紂之父。

⑩成王畏:成就王業但始終有畏。謂畏天顯、小民。

⑪相(xiàng):看,察。　御事:謂各類官吏。

⑫厥棐有恭不敢自暇自逸:他們若非恭行職事(例如祭祀)之時,是不敢自行偷閑逸樂飲酒的。厥,其。棐,非。暇,閑暇。逸,逸樂。此謂逸樂於酒。　案:九條本無下"自"字。

⑬矧(shěn):況,何況。　其敢:豈敢。　崇飲:聚集飲酒。崇,聚。

⑭越:句首語詞。　外服:王畿之外的地方諸侯國,相對於王畿之内的"内服"而言。

⑮侯、甸、男、衞:遠近不同的四類諸侯。又參上篇《康誥》"侯、甸、男邦,采、衞百工、播民和見士于周"注。　邦伯:諸侯國君,邦君。

⑯内服:王畿之内。

⑰百僚:百官。　庶:衆。　尹:正長官。　惟:與。　亞:次,副長官。服:事,任事之官。　宗工:主管宗族事務之官。　越:與。　百姓、里居:西周晚期器史頌鼎、簋銘文有"里君百生",王國維謂此"里居"即"里君"之誤,謂一里之君;"百生"即"百姓",謂各族官長。

⑱罔敢湎于酒:不敢沉湎於酒。

⑲助:佐助。　成王:成就王業。　德顯:德命顯明。上文云殷先哲王"經德秉哲"。　越:與。　尹人:即上篇《康誥》之"正人",爲政作官之人。　祇辟:敬治民事。祇,敬。辟,治理,謂治民。

"我聞亦惟曰在今後嗣王酗身①,厥命罔顯②,于民祇,保越怨不易③。誕惟厥縱淫泆于非彝④,用燕喪威儀⑤,民罔不盡傷心⑥。惟荒腆于酒⑦,不惟自息⑧,乃逸⑨。厥心疾很⑩,不克畏死⑪,辜在商邑⑫,越殷國滅⑬,無罹⑭。弗惟德馨香祀登聞于天⑮,誕惟民怨⑯,庶群自酒⑰,腥聞在上⑱。故天降喪于殷^⑲,罔愛于殷^⑳,惟逸^㉑。天非虐^㉒,惟民自速辜^㉓。"

【校注】

①後嗣王:帝乙之後繼位的王,謂紂。 酗身:蔡沈《書集傳》:"沉酗其身。"謂紂自身沉酗於酒。

②厥命罔顯:其德命不顯。

③于民祇,保越怨不易:於敬民之事,安於民怨而不悔改。祇,敬。保,安。越,於。易,改。小民難保,本當敬慎其事,如上文云"祇辟",如今卻安於民怨而不悔改。此"厥命罔顯,于民祇,保越怨不易"與上"迪畏天顯、小民""惟助成王德顯越尹人祇辟"正相比較而言。

④誕:大。 厥:其。 縱:恣縱。 淫泆:淫樂。 非彝:非常,非法。

⑤用燕喪威儀:因燕飲而喪其威儀。用,以,因。

⑥盡(xì):痛,《說文解字·皿部》:"盡,傷痛也。"

⑦惟:思。 荒:大。楊筠如《尚書覈詁》:"荒腆,猶言荒湎,《詩·抑篇》'荒湛于酒',是其義也。"

⑧惟:思。 息:止。

⑨乃:而,卻。 逸:逸樂,此謂逸樂於酒。 案:或"不惟自息乃逸"作一句讀,謂不思自止其逸樂,釋"乃"爲"其",亦可通。

⑩疾很:忿疾狠戾。

⑪不克畏死:謂不怕死。克,能。

⑫辜在商邑:謂犯罪於商邑。辜,罪。在,於。

⑬越:及至。

⑭無罹:不憂慮。罹,憂。

⑮弗惟德馨香祀登聞于天:沒有德的馨香用來祭祀,上聞於天。惟,有。登,上。又,俞樾《群經平議》謂"祀"爲"已"之假借字,已、以可通,謂無有德之馨香以登聞於天,亦通。 案:《左傳》僖公五年

引《周書》亦云"黍稷非馨,明德惟馨"。

⑯誕惟民怨:而大有民怨上聞於天。誕,大。惟,有。

⑰庶群:謂殷紂君臣衆人群體。庶,衆。　自酒:自行飲酒。楊筠如
《尚書覈詁》疑"自"爲"甘"之譌,甘酒即嗜酒。但本篇"爾乃自介
用逸""不敢自暇自逸""不惟自息,乃逸"及下"惟民自速辜"多用
"自",則此亦應作"庶群自酒",用"自"來强調表達自行出於己身
的行爲。　案:康王時器大盂鼎銘文周康王亦云:"我聞殷墜命,
唯殷邊侯甸雩殷正百辟率肆于酒,故喪師。"《清華大學藏戰國竹
簡(捌)》中《攝命》王亦謂攝"余既設乃服,汝毋敢朋酗于酒"。

⑱腥聞在上:酒之腥臭聞於上天。　案:後《吕刑》亦云:"罔有馨香
德,刑發聞惟腥。"《國語·周語上》云:"國之將興……其德足以
昭其馨香……國之將亡……其政腥臊,馨香不登。"

⑲喪:滅亡。

⑳罔:不。

㉑惟逸:只因飲酒逸樂。逸,樂,謂逸樂於酒。本篇此處及"爾乃自
介用逸""不敢自暇自逸""不惟自息,乃逸"之"逸",均謂飲酒
之逸。

㉒天非虐:並非上天傷害殷。虐,殘害,虐傷。

㉓自:自己。　速:召。　辜:禍罪。　案:"惟民自速辜",九條本
"民"作"人"。王先謙《尚書孔傳參正》云:"統紂與庶臣言,自天
視之,在下皆民也。天降喪亡,非天之暴虐,乃民自召之。"

　　王曰:"封,予不惟若兹多誥①,古人有言曰:'人無於水
監②,當於民監③。'今惟殷墜厥命④,我其可不大監撫于時⑤。
予惟曰汝劼毖殷獻臣、侯、甸、男、衞⑥,矧太史友、內史友⑦,越
獻臣、百宗工⑧,矧惟爾事服休、服采⑨,矧惟若疇圻父薄違、農
父若保、宏父定辟⑩,矧汝⑪:剛制于酒⑫。厥或誥曰⑬:'群

飲⑭。'汝勿佚⑮,盡執拘以歸于周⑯,予其殺⑰。

"又惟殷之迪諸臣惟工⑱,乃湎于酒⑲,勿庸殺之⑳,姑惟教之㉑,有斯明享㉒;乃不用我教辭㉓,惟我一人弗恤㉔,弗蠲乃事㉕,時同于殺㉖。"

王曰:"封,汝典聽朕毖㉗,勿辯乃司民湎于酒㉘。"

【校注】

①若兹:如此。 多誥:多次誥教。

②無於水監:不要以水爲鏡鑒。無,毋,不要。監,即"鑒",本義爲照鏡,後亦爲名詞。古人常以水爲鏡。

③當於民監:應當以人民爲鏡鑒。 案:《國語·吳語》申胥諫吳王:"王其盍亦鑑於人,無鑑於水。"《墨子·非攻中》:"古者有語曰:君子不鏡於水,而鏡於人。鏡於水,見面之容;鏡於人,則知吉與凶。"《史記·殷本紀》載湯曰:"予有言:人視水見形,視民知治不。"《范雎蔡澤列傳》載蔡澤曰:"吾聞之:'鑒於水者見面之容,鑒於人者知吉與凶。'"

④墜:墜失。 厥:其。 命:天命。

⑤其可:豈可。 監撫:楊筠如《尚書覈詁》:"監撫,猶言監覽也。《左傳》'入則監國,出則撫軍',監、撫同義。" 時:是,此。謂"殷墜厥命",所謂殷鑒。

⑥劼毖:謹慎告教。劼,謹慎。毖,告。《清華大學藏戰國竹簡(叄)》中《説命下》云"余既諟劼毖汝",《清華大學藏戰國竹簡(捌)》中《攝命》云"余既明啓劼毖汝",又云"劼姪毖攝",或劼毖連言,或言劼、言毖,則"劼毖"二字又似同義並列,與"誥毖"同。李學勤《戎生編鐘論釋》謂"劼"字爲"嘉"字省體,亦備一説。殷獻臣:林之奇《尚書全解》:"殷獻臣謂之賢臣嘗在於商者,今則仕于康叔也。"獻臣,賢臣。 案:周秉鈞《尚書易解》云:"從'殷獻臣'至'宏父定辟'共四十四字,均爲'劼毖'之賓語。"劼毖的具

體內容爲"剛制于酒"。

⑦矧：亦，又，並列連詞，這裏相當於"與"。 太史友、內史友：太史、內史均爲官名，鄭玄謂分別掌記言、記行。友，僚友。楊筠如《尚書覈詁》："友，謂僚友也。《詩·吉日》'或群或友'，《士喪禮》'僚友群士也'，是其義矣。蓋大史、內史之官，僚友甚多，故呼之曰大史友、內史友，猶《毛公鼎》之言'大史寮、內史寮'也。"

⑧越：與，和。 獻臣：林之奇《尚書全解》："上既言殷獻臣，則此獻臣，其未仕于商者，乃周臣也。" 百：謂衆多。

⑨矧：亦，又。 爾：你的。 事：蓋即"有事""御事"之官，治事之官。 服休、服采：鄭玄云："服休，燕息之近臣；服采，朝祭之近臣。"即負責君主休息、朝祭事務的官員，均爲"御事"之官。服，治，從事。休，休息。采，事。孫星衍《尚書今古文注疏》："服采爲朝祭之臣者，《魯語》云：'天子大采朝日，少采夕月。'注云：'虞説曰：大采，袞織也。''少采，黻衣也。'蓋掌朝祭之服。"

⑩矧惟若疇：曾運乾《尚書正讀》："若疇者，汝之三卿司馬、司徒、司空也。疇，讀如壽。《詩·閟宮》'三壽作朋'《箋》：'三壽，三卿也。'矧惟若疇，與上'矧惟爾事'對文。"若，你的。 圻父：即司馬，負責軍事，《詩經·小雅·祈父》中作"祈父"。于省吾《尚書新證》："司馬之稱'圻父'，以'旂'代稱，與邦圻之'圻'無涉。"薄違：于省吾《尚書新證》："薄違，猶言討伐叛逆。"薄，迫。違，邪。《詩經·小雅·出車》："赫赫南仲，薄伐西戎。""薄違"是對司馬職能的説明，下"若保""定辟"類同。 農父：司土，即司徒，負責土地農事。 若保：順養而安生。若，順。保，安。 宏父：即司空，負責營造、土建等事務。 定辟：確定法式。楊筠如《尚書覈詁》："辟，《釋詁》：'法也。'法謂建築造作之法式也。"

⑪矧汝：與你自身。矧，又，與。

⑫剛制：吳汝綸《尚書故》："剛，猶嚴也。……《廣雅》：'制，禁也。'

　　剛制,嚴禁也。"

⑬厥:其。　　或:有。　　誥:告,報告。

⑭群飲:群聚飲酒。九條本、内野本、神宫本作"飲群"。　　案:上文
　　云"庶群自酒",即"群飲"。

⑮佚:失,縱而使逸之。

⑯盡:全,都。　　執拘:抓捕。又,段玉裁謂此"拘"爲"扣"之誤,《説
　　文解字·手部》:"扣,扣摍也,从手,可聲。《周書》曰:'盡執
　　扣。'"段玉裁注:"小徐本'扣'下有'獻'字,蓋誤衍。《酒誥》文
　　今'扣'作'拘',字之誤也。《周書》當'盡執'爲逗,下云'扣以歸
　　於周',謂指摍以歸於周也。"亦可資參考。

⑰其:將。

⑱殷之迪諸臣惟工:殷所任用諸臣與諸官。迪,進用,任用。諸臣惟
　　工,即諸臣與諸官。惟,與。工,官。

⑲乃:若。

⑳庸:用。

㉑姑:姑且。　　教:教導。

㉒有斯明享:有其潔净的享祀。明,潔净。享,祭祀。謂接受教導,
　　則有享祀,此乃接受教導的好處。

㉓乃:若。　　用:遵從。　　教辭:教導之辭,教令。

㉔惟我一人弗恤:即"弗恤我一人",不顧念於我。我一人,即"余一
　　人",君王自謙之稱。恤,憂,念。後《文侯之命》云:"惟祖惟父,
　　其伊恤朕躬。"

㉕蠲(juān):免,捨。　　乃:其。　　事:飲酒之事。

㉖時:是,此。代指"不用我教辭,惟我一人弗恤,弗蠲乃事"三
　　者。　　同于殺:同於"群飲"之殺。

㉗典:常。　　聽:教。　　案:又參前"其爾典聽朕教"注。

㉘勿辯乃司民湎于酒:僞孔傳:"辯,使也。勿使汝主民之吏湎于酒。

言當正身以帥民。"王引之《經義述聞》:"'辯'之言'俾'也。……
《書序》'王俾榮伯作《賄肅慎之命》',馬融本'俾'作'辯'。辯、
俾聲近而義通。'俾'亦'使'也。"戰國楚簡文字中"使"常用"史/
吏"表示,"史/吏"與"弁"字形很相近,而弁、辯在傳世文獻中常
互爲異文,故《酒誥》或本作"史/吏"(使),後訛混爲"弁",又寫成
了"辯"。　司民:治民之官。司,治。

梓材第十三 周書

【題解】

　　"梓材"，其名來源於本篇三個比喻中的"若作梓材"（有的版本無"作"字），其義爲梓人（木匠）治其木材。《史記·衛康叔世家》："周公旦懼康叔齒少……爲《梓材》，示君子可法則。"本篇爲周公誥康叔封，繼續申明《康誥》中"明德慎罰"之義，尤以"慎罰"爲重，强調官長"罔厲殺人（不無辜殺人）"，在用刑上要求對殷地之人施行寬宥的政策。於諸侯監國，指出諸侯之治乃爲其民，要求對人民不要刑戕傷害，而且要照顧到鰥寡各類人等，並教導各級君長官吏要長久安民，不要像殷人過去那樣屢屢對人民施刑。同時還教導康叔要像文王、武王那樣勤力於行用明德，懷柔殷人，和集衆邦，使其爲周之夾輔。最後勉勵康叔和悦殷地之民，繼承先王所受明命，如此乃能萬年長久，子子孫孫長久安保其民。全篇多以民爲言，足見周初統治以民爲重的觀念。本篇末尾類似文句，常見於西周誥命之辭的結尾，亦可見《梓材》可能本與《康誥》爲一篇，或在原初《康誥》篇之末。

梓　　材

　　王曰[①]："封[②]，以厥庶民暨厥臣達大家[③]，以厥臣達王[④]，惟邦君汝若恒越曰我有師師司徒、司馬、司空、尹旅⑤,曰予罔厲殺人⑥。

"亦厥君先敬勞肆徂⑦,厥敬勞肆往⑧。姦宄殺人、歷人宥⑨,肆亦見厥君事⑩,戕敗人宥⑪。王啓監厥亂爲民⑫,曰無胥戕⑬,無胥虐⑭,至于敬寡⑮,至于屬婦⑯,合由以容⑰。王其效邦君越御事⑱,厥命曷以⑲?引養引恬⑳。

【校注】

①王:周公。此時周公攝政代成王以"王"言。

②封:封爲康叔之名,爲文王少子。

③以厥庶民暨厥臣達大家:由其庶民與其臣至卿大夫。以,由。厥,其。暨,及,與。臣,此謂卿大夫之臣。達,至。大家,謂大的卿大夫。卿大夫有采地稱家。 案:"民",九條本、内野本、神宮本、足利本作"人"。

④以厥臣達王:由其臣至王。王,此謂諸侯。諸侯亦可稱王,説詳王國維《古諸侯稱王説》。臣,此謂王(諸侯)之臣,即含卿大夫。

⑤邦君:國君,謂康侯。 若:其,將。 恒:常。 越:與。 曰:告曰。謂告以上庶民、衆臣、卿大夫、諸侯王。 師師:衆官長。前"師"訓"衆",後"師"訓"長",官長。 司徒、司馬、司空:分別主管民事、軍事、徒役的官長。可參上篇《酒誥》"矧惟若疇圻父薄違"句注。 尹旅:衆大夫。尹,正。旅,衆。疑此"尹旅"爲大夫之爲正官者,蓋與"亞旅"相對。前《牧誓》有"亞旅",僞孔傳:"亞,次。旅,衆也,衆大夫。"蓋爲大夫之爲副官者。尹旅、亞旅其位均比司徒、司馬、司空三卿稍低,故位列三卿之下。

⑥罔:不。 厲殺人:無辜殺人。《逸周書·謚法》:"殺戮無辜曰厲。"

⑦厥君:其君。謂康叔。康叔爲衛國殷遺民之君。 先敬勞肆徂:

率先敬勞其事盡力往爲之。肆,盡力,努力。徂,往。

⑧厥敬勞肆往:謂其臣亦敬勞其事盡力往爲之。

⑨姦宄殺人:盜竊殺人者。姦宄,《廣雅·釋詁》云:"竊盜也。" 歷
人:被繫俘者。 宥:寬宥,赦免。 案:前《康誥》云"寇攘姦宄,
殺越人于貨"。

⑩肆:乃,遂。 見:現,顯。 厥君事:厥君敬勞之事。

⑪戕敗人宥:殘傷人者亦寬宥之。戕敗,殘傷。 案:以上告教康叔
往治殷地,當向殷人宣告不濫殺無辜,且寬宥罪人,改變過去殷人
濫殺重刑的狀況,以便在殷地的統治。

⑫启:當爲"肈"字之訛,金文"肈"有時省去"聿"作"㕼",與"启"字
相近。肈,語助詞,與前《夏書·胤征》"惟仲康肈位四海"、後《洛
誥》"王肈稱殷禮"、《文侯之命》"汝肈刑文、武"用法同。 監:
視,監臨。 亂:治,治民。于省吾《尚書新證》謂"亂"爲"治"之
訛。 爲民:即《論衡·效力》所引"化民",教化民衆。爲、化音
同可通。

⑬無:毋,不要。禁止之詞。 胥:相。 戕:戕害。

⑭虐:暴虐。

⑮敬寡:即"鰥寡",鰥夫寡婦。段玉裁《古文尚書撰異》:"蓋古文
《尚書》作'敬',今文《尚書》作'矜',而'矜'亦作'鰥'。《吕刑》
古文'哀敬折獄',《尚書大傳》作'哀矜',《漢書·于定國傳》作
'哀鰥',正其此例。"《尚書大傳》:"老而無妻謂之鰥,老而無夫謂
之寡。"

⑯屬婦:《説文解字·女部》引《周書》作"媰(chú)婦",謂孕婦。段
玉裁《古文尚書撰異》謂"屬婦"與"鰥寡"對句,引《小爾雅》云:
"妾婦之賤者謂之屬婦。屬,逮也。逮婦之名,言其微也。"黄傑
《〈尚書〉之〈康誥〉〈酒誥〉〈梓材〉新解》謂"屬"可能應當讀爲
"獨","獨婦"即失去丈夫的婦人,引《管子·問》"問獨夫、寡婦、

孤寡、疾病者幾何人”等爲證。黃説或可從。

⑰合：全。　由：由是。謂因“無胥戕，無胥虐”之教。　容：容納鰥寡、孕婦。鰥寡、孕婦弱勢之人尚不加欺侮戕害，則其餘人無不相容。

⑱效：教命，誥教。曾運乾《尚書正讀》：“效，當爲‘效’，形之譌也。效、教古今字。”　越：與。　御事：各類官吏之泛稱。前《大誥》云“猷大誥爾多邦，越爾御事”。

⑲厥命曷以：謂王用何命教邦君與御事。曷，何。以，用。

⑳引養引恬：長養民，長安民。此爲答辭，也即教命的具體內容。引，長。恬，安。

“自古王若兹監，罔攸辟①。惟曰若稽田②，既勤敷菑③，惟其陳修④，爲厥疆畎⑤；若作室家⑥，既勤垣墉⑦，惟其塗墍茨⑧；若作梓材⑨，既勤樸斲⑩，惟其塗丹雘⑪。今王惟曰先王既勤用明德⑫，懷爲夾⑬，庶邦享作⑭，兄弟方來⑮。亦既用明德⑯，后式典集⑰，庶邦丕享⑱。

“皇天既付中國民越厥疆土于先王⑲，肆王惟德⑳，用和懌先後迷民㉑，用懌先王受命㉒。已㉓！若兹監㉔。惟曰欲至于萬年，惟王子子孫孫永保民㉕。”

【校注】

①自古王若兹監，罔攸辟：王先謙《尚書孔傳參正》：“自古王者如此監臨其國，無所用刑辟也。”若兹，如此。監，監臨。罔，無。攸，所。辟，刑，用刑，蓋即上“戕”、“虐”之類。

②若：如，如同。　稽田：治田，楊筠如《尚書覈詁》謂種田。

③既：已。勤：勤力。　敷：布，播種。　菑（zī）：初墾田地。前《大誥》云：“厥父菑，厥子乃弗肯播。”

④其：表祈使、希望。　陳修：治理。謂治其土田農事。

⑤爲：治，修。　疆畎（quǎn）：田地間的疆界、溝洫。

⑥作：爲，建造。　室家：居室房屋。“室家”，内野本、神宫本作“家室”。

⑦垣（yuán）墉（yōng）：牆壁。垣，矮牆。墉，高牆。

⑧塗：塗抹。此謂塗牆。字或作“斁”。　墍（jì）：以泥塗之。　茨：以草蓋之。上古屋頂以草覆下，又從内裏以泥上塗。

⑨作：治。九條本、内野本、神宫本等無“作”字。　梓材：梓人治其木材。馬融云：“治木器曰梓，治土器曰陶，治金器曰冶。”《考工記》有梓人、陶人、冶氏。

⑩樸：削木材去皮。　斲（zhuó）：砍斫加工。

⑪丹雘（huò）：丹青顔料。

⑫先王：周之先王，蓋謂文王、武王。　用：行用，施用。

⑬懷爲夾：王先謙《尚書孔傳參正》：“懷來諸侯，以爲夾輔。”懷，來。夾，輔。

⑭庶邦：衆諸侯國。　享作：王先謙《尚書孔傳參正》云：“《釋詁》：‘享，獻也。’《詩》傳：‘作，始也。’‘享作’猶言作享。……言衆邦諸侯，始來朝獻。”屈萬里《尚書集釋》：“享，《爾雅·釋詁》：‘獻也。’此謂進獻貢物。作，起也，義見《詩·無衣》毛傳。享作，言起而進獻貢物。”與王先謙所釋相似，亦可參考。

⑮兄弟方：兄弟方國。謂友好之國。方，方國。

⑯亦既用明德：謂今王亦既已行用明德。九條本、内野本、神宫本無“德”字。

⑰后：邦君。　式：用，以。楊筠如《尚書覈詁》：“式言乃也。”亦可通。　典：常。　集：會集，會合。

⑱丕：乃。于省吾《尚書新證》謂“丕”可訓爲“斯”。“庶邦斯享”亦可通。　享：享獻，朝獻。

⑲皇天：上天的尊稱。皇，大。　既：已，已經。　付：與，給與。中國：字面本義爲中央的區域、城邑，常指王邑京師，國城所在地

域,是一國統治的核心區域,往往與四方、四國(謂四域)相對;後來亦指天下的中央區域即洛邑地區,又發展爲指華夏文化的區域,往往與四夷、蠻夷相對,近現代以來則成爲主權國家之稱。此蓋謂原來殷人統治的天下。周人未滅殷之前居於西土,殷人統治着當時的天下之中,也即黄河中下游一帶的中原地區。《詩經·大雅·蕩》云"文王曰咨,咨女殷商。女炰(páo)烋(xiāo)于中國,斂怨以爲德",又云"内奰(bì)于中國,覃及鬼方",二"中國"均指商統治的天下地區。 越:與。

⑳肆:故。 惟德:謂用明德。

㉑用和懌(yì)先後迷民:用,以。和懌,和悦。迷民,愚惑之殷民。林之奇《尚書全解》:"予嘗聞陳瑩中諫議之説謂'先迷民者,紂之民也。後迷民者,武庚之民也'……竊謂此説爲勝于諸家。夫以商之先後迷民,其惡積罪大,自他人觀之,蓋將以爲刑罰之所刺裁,法令之所整齊,而後可以遏其姦心,非教化可得而漸摩也。而周公之意則不然,故謂今王惟用德以和懌之。"王先謙《尚書孔傳參正》亦云:"《釋言》:'迷,惑也。'先迷民,謂爲紂所惑群湎於酒者;後迷民,謂爲管叔、武庚所惑而畔亂者。"一説"先後"謂引導,亦可通。

㉒用:以。 懌:同"繹",續,繼承。 受命:所受明命。

㉓已:嘆詞。

㉔若兹監:謂當如此統治汝國。監,監臨。

㉕保:安。

召誥第十四　周書

【題解】

　　“召（shào）誥”，蓋因召公相宅於洛邑，誥詞涉及召公，因以爲篇名。召公是成王時最重要的大臣之一，官任太保，其地位僅次於周公，他率領衆殷民負責勘察測度新建洛邑的方位。本篇誥辭的主要內容是，告誡成王應“敬德”，即謹慎於上天所賜德命。謂夏、殷均曾受上天之德命，但最終都墜失其天命，使賢人遠去，害民之人在位，故上天哀憐人民，轉移天命。遂勉勵年幼的成王，任用年老有德之人，繼承文王、武王所受之德命，上合謀於天，下和諧於民，在天下之中的洛邑，謹慎祭祀天地神祇，繼承上帝既定之天命，任用殷、周諸官吏臣屬，治理萬民。强調周要借鑒夏、殷不敬德而失去天命的教訓，提出治民要以德爲首，不能以刑戮爲主，惟有“敬德”，才能長有天命。這是一篇研究周初政治中天命思想的重要文獻，王國維《殷周制度論》謂“文、武、周公所以治天下之精義大法，胥在於此”。

　　成王在豐①，欲宅洛邑②，使召公先相宅③，作《召誥》。

【校注】

　①成王：周成王，名誦，爲周武王之子。又參前《大誥》序“周公相成王”注。　豐：豐邑，文王所都之地，在今陝西長安區西北灃水西岸。文王廟在此。

②宅:居宅。僞孔傳:"武王克商,遷九鼎於洛邑,欲以爲都,故成王居焉。"據《逸周書·度邑》《作雒》,可知武王時便已計劃營建洛邑,蓋此地爲當時天下之中,方便周人統治天下和控制殷人。成王時器何尊銘文亦載:"惟武王既克大邑商,則廷告于天,曰:余其宅兹中國,自之乂民。"《史記·周本紀》:"成王在豐,使召公復營洛邑,如武王之意。周公復卜申視,卒營築,居九鼎焉。曰:此天下之中,四方入貢道里均。" 洛邑:本當作"雒邑",下文"洛汭"亦當作"雒汭",參前《康誥》"周公初基作新大邑于東國洛"注。據下篇《洛誥》,周初洛邑在"澗水東瀍水西"。

③召公:周初的重要大臣,姬姓,名奭,封邑在召(在今陝西岐山縣西南),稱召公,亦稱召康公,曾佐武王滅商,受封而爲燕國始君,命其長子就國。成王年幼即位,召公任太保之官,治理陝之西。相:視,勘察。 宅:居所。

召 誥

惟二月既望①,越六日乙未②,王朝步自周③,則至于豐④。惟太保先周公相宅⑤,越若來三月⑥,惟丙午朏⑦,越三日戊申,太保朝至于洛⑧,卜宅⑨,厥既得卜⑩,則經營⑪。越三日庚戌,太保乃以庶殷攻位于洛汭⑫,越五日甲寅,位成⑬。若翼日乙卯⑭,周公朝至于洛,則達觀于新邑營⑮。越三日丁巳,用牲于郊⑯,牛二⑰。越翼日戊午,乃社于新邑⑱,牛一、羊一、豕一。越七日甲子,周公乃朝用書命庶殷、侯、甸、男邦伯⑲,厥既命殷庶,庶殷丕作⑳。

【校注】

①惟:句首語詞。 二月:此爲何年二月,有二説:(1)僞孔傳:"周

公攝政七年二月。"皮錫瑞《今文尚書考證》亦云："鄭從《大傳》，以作《召誥》在五年，《洛誥》在七年。史公、劉歆以作《召誥》《洛誥》皆在七年。以經考之，當以《史記》與劉歆之説爲合。"這一傳統説法過去爲大多數學者接受，認爲《召誥》與《洛誥》一樣作於周公攝政七年；(2) 鄭玄則以爲此乃周公攝政五年二月。《尚書大傳》謂"五年營成周"，1963 年陝西寶雞發現的西周早期成王時器何尊銘文載"惟王初遷宅于成周"云云，末有"惟王五祀"之語，則召公相宅以及營建洛邑當在五年爲宜。或相宅營建之事在五年，而誥告之辭作在七年，事與誥不在同年，也即本篇首段爲相宅記事之辭，從第三段開始乃別爲誥辭，因二者相關，史官綴爲一篇。

既望：王國維《生霸死霸考》有一月四分之説，謂既望作爲公名指自望至下弦，即於小月爲十六至二十二日，於大月爲十七至二十三日；既望作爲專名也可以用來指這一時段的第一天，也即望之後第一日。此用作專名，從"越六日乙未"可推知既望這天爲庚寅。

②越：及，越至。

③王：成王。　朝：早晨。　步自周：從周出發。步，行。自，從。周，宗周，此謂鎬京，爲武王所都之地，在今陝西長安區西北灃水東岸。

④則：趙朝陽《出土文獻與〈尚書〉校讀》謂當讀作"昃(zè)"，日昃，日西斜之時。　豐：豐邑。文王之廟在豐。孔穎達疏云："武王已都於鎬，故知宗周是鎬京也。文王居豐，武王未遷之時於豐立文王之廟，遷都而廟不毀，故成王居鎬京則至於豐，以遷都之事告文王廟也。大事告祖，必告於考。……告廟當先祖後考，此必於豐告文王，於鎬京告武王也。"

⑤太保：官名。此謂召公，其在成王時爲太保。　先周公：在周公之先。周公，名旦，周文王子，周武王弟。武王死，年幼的成王即位，

周公攝政。

⑥越若:句首語助詞。參前《虞書·堯典》"曰若稽古"注。　來:王引之《經義述聞》:"來,至也。"又曾運乾《尚書正讀》謂"來"即"來歲"之"來":"後歲言來歲,後月亦來月,猶明日言昱日也。古書言下一月皆稱來月。"前言二月,故此言"來三月"。

⑦朏(fěi):僞孔傳:"朏,明也,月三日明生之名。"謂月初第三日。

⑧洛:洛水之地。

⑨卜宅:占卜選擇所宅之地。

⑩得卜:得到吉卜。

⑪則:就。　經營:測量定位。僞孔傳:"經營規度城郭、郊廟、朝市之位處。"

⑫以:率領。　庶殷:衆殷民。下亦稱"殷庶"。庶,衆。　攻:治。位:城郭、宗廟、宮室的方位。　洛汭(ruì):洛水流入黃河的彎曲處。

⑬位成:方位測定規劃完成。《逸周書·作雒》云:"乃作大邑成周于土中,城方千七百二十丈,郭方七十里(依江聲、王鳴盛説),南繫於雒水,北因於郟山。"

⑭若:及。　翼日:即"翌日",明日,第二天。甲寅後一日爲乙卯。

⑮達觀:段玉裁《古文尚書撰異》:"達觀若今俗語云通看一徧。"達,通。　新邑:洛邑,在前《康誥》中稱"新大邑",在後《洛誥》《多士》及西周金文中又稱"大邑""新邑洛"。　營:經營之區域。

⑯用牲:宰殺祭祀之牲。　郊:郊祭,在南郊祭天帝。

⑰牛二:牛二頭。《逸周書·作雒》載"于南郊以祀上帝,配以后稷",孫星衍《尚書今古文注疏》云:"牛二者,帝牛一,稷牛一。"郊特牲,通常郊祭只用牛,無羊、豕。皮錫瑞《今文尚書考證》則認爲古皆南北郊,分祭天地,各用一牛,故牛二。

⑱社:對土神后土的祭祀。社、稷之祭皆用太牢,即下"牛一、羊一、

豕一”。或如僞孔傳所言，此祭社亦包括祭稷。社、稷常同祭。

⑲朝：早晨。一説謂朝見，周公接見衆殷民、諸侯。　用：以。　書：記載營建役事安排的文書。　命：任命，分派任務。　侯、甸、男：遠近不同的三類諸侯。參前《康誥》“侯、甸、男邦”注。　邦伯：邦君，諸侯國君。

⑳丕：大。王引之《經傳釋詞》則謂“丕”猶“乃”，亦通。　作：興作。謂興建洛邑。

　　太保乃以庶邦冢君出①，取幣②，乃復入，錫周公③。

　　曰④：“拜手稽首⑤，旅王若公⑥，誥告庶殷越自乃御事⑦：嗚呼！皇天上帝改厥元子⑧，兹大國殷之命惟王受命⑨，無疆惟休⑩，亦無疆惟恤⑪。嗚呼！曷其奈何弗敬⑫！

　　“天既遐終大邦殷之命⑬，兹殷多先哲王在天，越厥後王後民，兹服厥命⑭；厥終，智藏瘝在⑮，夫知保抱攜持厥婦子⑯，以哀籲天⑰，徂厥亡，出執⑱。嗚呼！天亦哀于四方民⑲，其眷命用懋⑳。王其疾敬德㉑。

【校注】

①乃：於是。　以：率領。　庶邦：衆國。九條本、内野本、神宮本作“庶殷”。　冢君：謂衆國之長君。冢，大。

②幣：玉帛類禮物。

③錫：即“賜”，進獻。楊筠如《尚書覈詁》：“錫，猶獻也，古者下奉上，通謂之錫。《禹貢》‘九江入錫大龜’即其例也。”又參前《夏書·禹貢》“錫貢磬、錯”注。

④曰：“曰”下之誥語，古今多以爲召公所告；于省吾《尚書新證》謂本當作“周公曰”，“曰”上“周公”二字應有重文符號，後脱，“曰”下乃周公告召公及成王之詞。于説可從。

⑤拜手稽首：跪而拱手、頭俯至於手爲拜手；跪而俯身且叩首至地並

停留曰稽首;將拜、稽首兩個動作連結起來,就是拜手稽首,亦稱拜稽首。參前《虞書·舜典》"禹拜稽首"注。此爲禮節用語,曾運乾《尚書正讀》:"稱'拜手稽首',若後世言'頓首上書'矣。""拜"前,内野本、神宫本、足利本有"敢"字。

⑥旅王若公:謂讚美王與召公。旅,同"魯",嘉,讚美,參前《嘉禾》序"旅天子之命"注。王,成王。若,及。公,召公。

⑦誥:告。 越:與。 自:皮錫瑞《今文尚書考證》:"《詩·思齊》鄭箋引《書》曰'越乃御事',無'自'字,'自'蓋衍文。" 御事:各類迎受事務之臣。

⑧皇天上帝:即上天。皇天,上天的尊稱。皇,大。又參上《梓材》"皇天既付中國民越厥疆土于先王"注。上帝,亦指上天。參前《虞書·舜典》"肆類于上帝"注。 改:改變,變更。 元子:此謂天子。元,首。鄭玄云:"言首子者,凡人皆天之子,天子爲之首耳。"天子或即天之元子省稱。

⑨命:天命。 王:成王。

⑩無疆:無止境。 休:美,慶。

⑪恤:憂。

⑫曷其奈何:曷其、奈何義相同,此複用以加强語氣,謂怎能。曷其,何其。 敬:謹慎。

⑬遐:楊筠如《尚書覈詁》:"遐,《釋詁》:'遠也。'遠之,則棄之也。《詩·汝墳》'不我遐棄'是其義也。" 終:止。

⑭"兹殷多先哲王"三句:謂已去世在天的殷之衆多的早先明哲賢王,與其後代的殷王、殷民,均能服受其命。《詩經·大雅·文王》亦云:"殷之未喪師,克配上帝。"先哲王,早先的明哲賢王,參前《康誥》"往敷求于殷先哲王"注。越,與。服,服受,承當。"服厥命",義同下文"今王嗣受厥命"、前《微子之命》《康誥》"誕受厥命"之"受厥命",與本篇及《酒誥》《君奭》屢言之"墜厥命"相對。

⑮厥終，智藏瘝在：周秉鈞《尚書易解》：“厥終，謂後王之終，即紂之末年。瘝，讀爲鰥，《釋詁》：‘鰥，病也。’紂政不善，賢智者藏匿，病民者在位。”

⑯夫：人。謂丈夫。　知：語助詞。《説文解字·矢部》：“知，詞也。”　保：背負。　抱：懷抱。

⑰以哀籲（yù）天：向天哀呼。籲，呼告。

⑱徂厥亡，出執：僞孔傳：“往其逃亡，出見執殺。無地自容。”徂，往。亡，逃。執，拘捕。

⑲哀：哀憐。

⑳眷命：顧念天命。眷，念。　用：以。　懋：曾運乾《尚書正讀》：“懋，讀爲貿。《益稷》‘懋遷有無、化居’，《書大傳》作‘貿遷’。《説文》：‘貿，易財也。’此言易也。”謂改易天命由殷至周。

㉑疾：速，快。　敬：謹慎。　案：“王其疾敬德”句，九條本、內野本、神宮本無“德”字。

“相古先民有夏①，天迪從子保②，面稽天若③，今時既墜厥命④。今相有殷，天迪格保⑤，面稽天若，今時既墜厥命。今沖子嗣⑥，則無遺壽耇⑦，曰其稽我古人之德⑧，矧曰其有能稽謀自天⑨。嗚呼！有王雖小⑩，元子哉！其丕能諴于小民⑪，今休⑫。王不敢後⑬，用顧畏于民碞⑭。王來紹上帝⑮，自服于土中⑯。旦曰其作大邑⑰，其自時配皇天⑱，毖祀于上下⑲，其自時中乂⑳。王厥有成命治民㉑，今休。王先服殷御事㉒，比介于我有周御事㉓，節性㉔，惟日其邁㉕，王敬作所㉖，不可不敬德。

【校注】
　①相：視，看。　有夏：夏。“有”爲詞頭。下“有殷”同。
　②天迪從子保：謂上天唯順從之，又慈保之。迪，猶“迪惟”，語氣詞，對後面詞語表强調。從，順從。子保，即“慈保”，愛而養之。

"子"與"慈"可通。《國語·周語上》云"慈保庶民,親也",《禮記·緇衣》云"子愛百姓",即"慈愛百姓"。

③勔:即"勔",勉力,努力。 稽天若:合於上天順我之德命。天若,即前《康誥》"天若德",亦即《酒誥》"天若元德",謂天之德命。案:"面"上,內野本、神宮本、足利本有"禹"字。

④墜:墜失。

⑤天迪格保:謂上天來享而保之。迪,猶"迪惟",表強調的語氣詞。格,來,謂上天來享。保,猶上文"慈保"。

⑥沖子:年幼之人,謂成王。沖,同"童",年幼。 嗣:嗣位。

⑦無:不要。 遺:遺棄。 壽耇:年老有德之人。

⑧稽:合。

⑨矧(shěn)曰:猶"更何況説"。矧,況。 有:又。 稽謀自天:謀慮合於天命,亦即上所云"稽天若"。自,於。

⑩有王:謂成王。 小:年少。

⑪丕:大。 諴(xián):和,諧。

⑫今休:曾運乾《尚書正讀》:"休,美也。'今休'句絶,言今其無患也。"

⑬後:楊筠如《尚書覈詁》:"後,《説文》:'遲也。'遲與上文'王其疾敬德',相反成義。"

⑭用:以,因爲。 顧畏:畏忌。 民嵒(yán):民言。俞樾《群經平議》:"'嵒'爲多言,則《尚書》之'畏于民嵒'即《詩》所謂'畏人之多言'也。"一説嵒即巖,謂艱險,民嵒謂殷民險而難治,亦可通。

⑮來:來洛邑。 紹上帝:昭顯上帝天命,即前《大誥》之"紹天明"。紹,同"昭",昭顯。

⑯自:親自。 服:服受天命,即上文"越厥後王後民,兹服厥命"之"服厥命",謂受有天命。下文亦云"有夏服天命惟有歷年"。土中:土地中央區域,謂洛邑。洛邑居天下之中,《逸周書·作雒》

云:"乃作大邑成周于土中。"故亦稱洛邑爲土中。

⑰旦:周公名旦。此周公自稱。　作:建造。　大邑:洛邑。

⑱其:表祈使,相當於"要"。　自時配皇天:在此配命於上天。自,在。時,是,此。配,配天命,猶應合天命。金文中常見"配皇天"之語,《詩經·周頌·思文》亦云"克配彼天",《詩經·大雅·文王》《下武》均云"永言配命",《文王》亦云"克配上帝",上帝亦謂天。後《多士》云"罔不配天其澤"。

⑲毖(bì)祀:勤謹祭祀。毖,勤謹。　上下:上下天地神祇。

⑳自時中乂:自此居中而治。時,是,此。乂,治,治民。成王時器何尊銘文云:"余其宅兹中國,自之乂民。"中國,謂居天下之中的區域,謂洛邑。之,是。《清華大學藏戰國竹簡(壹)》中《祭公之顧命》云:"其皆自時中乂萬邦。"

㉑厥:其。　成命:顧頡剛、劉起釪《尚書校釋譯論》:"成命,謂上帝之定命。"《詩經·周頌·昊天有成命》:"昊天有成命,二后受之。"鄭玄箋云:"有成命者,言周自后稷之生而已有王命也。"馬瑞辰《毛詩傳箋通釋》:"古文明、成二字同義,《爾雅·釋詁》:'明,成也。'《臣工篇》'將受厥明',明亦成也。成命猶言明命。"亦可備一説。

㉒服:任事,使用。　殷御事:"殷"上,內野本、神宮本、足利本有"有"字。"有殷御事"可與下"有周御事"相對。

㉓比介:親近。比,親。介,段玉裁《古文尚書撰異》疑本作"迩"而譌爲"介",而足利本正作"迩",即"邇",近。

㉔節性:謂調和民衆之性。節,調節,調和。《禮記·王制》云:"司徒脩六禮以節民性。"此蓋即上所云"誠于小民"。

㉕惟日其邁:謂時日流逝。邁,逝去。後《秦誓》云"日月逾邁",《詩經·唐風·蟋蟀》亦云"日月其邁",《詩經·小雅·小宛》云"我日斯邁",均謂時光流逝。此用以勉王"疾敬德"。舊多訓"邁"爲

進,謂日日有所邁進;楊筠如《尚書覈詁》則云"其本字當作'勸',《説文》:'勸,勉力也。'"謂日日勉之。今皆不取。

㉖王敬作所:王要謹慎於新建造之所,謂謹慎爲政於洛邑。作,建造。所,處所,地方。

　　"我不可不監于有夏①,亦不可不監于有殷。我不敢知曰②,有夏服天命惟有歷年③;我不敢知曰,不其延④。惟不敬厥德,乃早墜厥命。我不敢知曰,有殷受天命惟有歷年;我不敢知曰,不其延。惟不敬厥德,乃早墜厥命。今王嗣受厥命⑤,我亦惟兹二國命嗣若功⑥。王乃初服⑦,嗚呼!若生子⑧,罔不在厥初生⑨。自貽哲命⑩?今天其命哲、命吉凶、命歷年⑪?知今我初服⑫,宅新邑⑬。肆惟王其疾敬德⑭,王其德之⑮,用祈天永命⑯。

【校注】

①監:即"鑒",本義爲照鏡,此謂鑒戒。

②知:瞭解,明瞭。又,俞樾《群經平議》:"'知'乃語辭。……'我不敢知曰'者,我不敢曰也。"亦可備一説。

③服:受。　歷年:年歲長久。歷,久。

④不其延:謂夏受天命年歲不長久。延,長。

⑤嗣:繼。

⑥我亦惟兹二國命嗣若功:我亦惟於此夏、殷二國受命者中繼承其有功業者。蔡沈《書集傳》:"謂繼其能敬德而歷年者也。"若,其。

⑦初服:初服天命。謂成王初任政事。

⑧若生子:好像教養孩子。生,生養,教育。

⑨罔不在厥初生:無不在其初養之時。謂好的教育,當早在最初開始。《論衡·率性篇》:"初生意於善,終以善;初生意於惡,終以惡。"

⑩自貽哲命:自予明命。自貽,自己給予自己,《詩經·小雅·小明》

云“自詒伊戚”，詒即貽，予，遺。哲，明。

⑪“今天其命哲”三句：王先謙《尚書孔傳參正》：“‘今天其命哲’云云者，‘其’是不定之詞，言天其命明哲、命吉命凶、命歷年長短？皆非我所敢知。”命，賜予，賜命，與上“貽”義類同。

⑫知今我初服：我惟知者，乃如今我周初服受天命。此“知”與上所云“我不敢知”相應。以“初服”應“初生”。

⑬宅：居。　新邑：洛邑。

⑭肆：故。　其：表希望、祈使語氣。　疾敬德：九條本、内野本、神宫本無“德”字。

⑮王其德之：猶“王其惟德”。其，表希望、祈使語氣，相當於“要”。上《梓材》云“王惟德”，後《吕刑》云“罔不惟德之勤”。

⑯用：以。　祈天永命：祈求上天賜長久之命。永，長。

　　“其惟王勿以小民淫用非彝①，亦敢殄戮用乂民②，若有功③。其惟王位在德元④，小民乃惟刑用于天下⑤，越王顯⑥，上下勤恤⑦，其曰我受天命⑧，丕若有夏歷年⑨，式勿替有殷歷年⑩。欲王以小民受天永命⑪。”

　　拜手稽首曰⑫：“予小臣敢以王之讎民、百君子越友民⑬，保受王威命明德⑭。王末有成命⑮，王亦顯⑯。我非敢勤⑰，惟恭奉幣用供王能祈天永命⑱。”

【校注】

①其：表希望、祈使語氣。　以：率領。　淫用非彝：蓋即前《酒誥》云“縱淫泆于非彝”之意。淫，淫泆。用，以，於。非彝，非法，違法。

②亦敢殄戮用乂民：亦敢用滅絕刑殺以治民。殄，滅絕。戮，刑戮。用，以。乂，治。

③若有功：好像這樣才有功。謂以刑殺治民，似若有功。　案：上“其惟王勿以小民淫用非彝”三句從反面而言，表否定，下“其惟

王位在德元"則從正面而言,表肯定,乃前後彼此相對而言。

④位在德元:僞孔傳:"居位在德之首。"謂以德爲先。元,首。

⑤刑:同"型",典型模範。此謂尊爲典型,傚法,謂傚法以德爲
先。 用:行用。

⑥越王顯:於是王之德命乃顯。越,於是。顯,德命顯明,前《酒誥》
云"惟助成王德顯",亦云"在今後嗣王酣身,厥命罔顯"。

⑦上下:王與小民。 恤:敬慎。

⑧其曰:小民其曰。

⑨丕:乃。

⑩式:用,以,此謂以及,連及,連帶。 勿替:不廢。謂長有之。《詩
經·小雅·楚茨》云:"子子孫孫,勿替引之。"毛傳:"替,廢。引,
長。" 案:"其曰我受天命"三句,謂我受天命,如同夏之年歲長
久以及殷之年歲長久。

⑪以:帶領。 案:"欲王以小民受天永命"句,照應上文"其惟王勿
以小民淫用非彝"。

⑫拜手稽首曰:此乃召公拜手稽首曰。内野本、神宮本無"曰"字。

⑬予小臣:召公自謙之稱。 敢:敬詞,猶冒昧。 以:與。 讎民:
謂殷民。蔡沈《書集傳》:"讎民,殷之頑民與三監叛者。" 百君
子:鄭玄云:"王之諸侯與群吏。" 越:與。 友民:蔡沈《書集
傳》:"周之友順民也。"一說"友"爲詞頭,"友民"即民,謂周民。

⑭保:安。 威命明德:明德威命,即德命,或言天明、天顯,或言天
威、天畏,或言天命,其義一也。

⑮末:終。 成命:上帝之定命。馬瑞辰《毛詩傳箋通釋》謂"成命"
即"明命"。參上文"王厥有成命治民"注。

⑯王亦顯:王亦德命顯明。此照應上文"越王顯",參其注。

⑰我非敢勤:謂我非敢曰勤。此照應上文"上下勤恤"之"勤"。

⑱幣:玉帛之類禮物。參上文"取幣"注。 用:以。

洛誥第十五　周書

【題解】

　　“洛誥”，僞孔傳：“既成洛邑，將致政成王，告以居洛之義。”“洛”字本當作“雒”，爲入黄河之雒水，與入渭河之洛水有別，故“洛邑”亦本當作“雒邑”，但雒水、雒邑早在唐石經已作“洛”，今仍其舊。據《史記》以及《洛誥》篇末所記，此篇爲當時的史官作册逸作於周公攝政七年返政成王之時，王國維《觀堂集林·〈洛誥〉解》云：“《尚書》記作書人名者，惟此一篇。”本篇主要内容是周公向成王報告洛邑營建選址、規劃之事，闡述營建洛邑，既是對上天賜周美命的敬重，也和成王成爲明君在中土治民安定天下緊密相關，故周公敦促百官要跟從成王一起來到洛邑，舉行盛大的祭祀之禮，希望成王從此擔任聽政大事，勉勵成王繼承並發揚文王、武王的大業，以恭敬之政、誠信之行爲先務，上合天命，下合民情，厚待諸侯、百官、人民，如此方能“萬邦咸休，惟王有成績”。成王亦讚譽周公輔佐之功、丕顯之德，自己將回到宗周爲君，勤勉於政事，並指示周公繼續留在洛邑爲治，輔弼天下。本篇周公、成王二人之間的幾次對話，非必當面、同時，但在内容上卻多彼此呼應，有來有往，或經史官有所編纂，要不失爲一篇研究周初王朝權力轉移的重要文獻。

　　召公既相宅[①]，周公往營成周[②]，使來告卜[③]，作《洛誥》。

【校注】

①召公：周初的重要大臣，姬姓，名奭。　相宅：勘察建爲成王居宅之所的洛邑之址。又參上篇《召誥》序“使召公先相宅”注。

②周公：名旦，周文王子，周武王弟，成王即位後曾攝政當國。　營：營建。“營”上，内野本、神宫本、足利本有“經”字。　成周：洛邑。鄭玄云：“居攝七年，天下太平，而此邑成，乃名曰成周也。”案：“成周”是洛邑建成之後才有的對它的一個稱謂，《尚書》經文中尚無“成周”之稱，在何尊、德方鼎、唐叔虞方鼎、史獸鼎等銘文中有出現。

③使來告卜：周公遣使以所卜吉兆告於成王。使，派人。卜，占卜之事。

洛　誥

周公拜手稽首曰①：“朕復子明辟②，王如弗敢及③，天基命定命④，予乃胤保⑤，大相東土⑥，其基作民明辟⑦。予惟乙卯朝至于洛師⑧，我卜河朔黎水⑨，我乃卜澗水東瀍水西⑩，惟洛食⑪。我又卜瀍水東，亦惟洛食。伻來以圖及獻卜⑫。”

王拜手稽首曰：“公不敢不敬天之休⑬，來相宅，其作周匹休⑭。公既定宅，伻來⑮，來視予卜休恒吉⑯，我二人共貞⑰。公其以予萬億年敬天之休⑱！拜手稽首誨言⑲。”

【校注】

①拜手稽首：跪而拱手、頭俯至於手爲拜手；跪而俯身且叩首至地並停留曰稽首；將拜、稽首兩個動作連結起來，就是拜手稽首，亦稱拜稽首。參前《虞書·舜典》“禹拜稽首”注。

②朕復子明辟：我回復你成王明君。朕，我。復，回復，復命。子，

你,謂成王。明辟,明君。楊筠如《尚書覈詁》:"復,《周禮》鄭司農注:'謂奏事也。'辟,《釋詁》:'君也。'子與明辟,同指成王。古人自有複語。《立政》'告嗣天子王矣',又曰'咸告孺子王矣',皆其明證。舊以爲還明辟之政于成王,非也。" 案:此句古今解各不同:(1)僞孔傳:"言我復還明君之政於子。"謂周公歸政於成王。(2)宋人如蔡沈《書集傳》等始謂此乃"成王命周公往營成周,周公得卜,復命於王也"。(3)黃式三《尚書啓幪》:"明辟,明法也,謂洛邑之經營也。曰復明辟,曰作明辟,皆言營洛之法也。"(4)于省吾《尚書新證》謂"復子"爲一名詞,即昆弟之子:"復子、猶子、若子,其義一也。'明辟'者,明君也。'朕復子明辟'者,如言'我之猶子明君'也。"結合本篇序文,似以宋人及楊筠如之説爲宜。

③王如弗敢及:謂王因年幼若似不能及至文王、武王之業。如,若似。及,達到,及至。又可參前《康誥》"我惟有及"注。

④天基命定命:謂上天乃始賜其命且終成既定之命。基,始。定命,成命,上篇《召誥》謂成王"王厥有成命治民","王末有成命"。案:始賜其命謂上天賜文王、武王命,終成既定之命則謂成王。《詩經·周頌·昊天有成命》云"昊天有成命,二后受之。成王不敢康,夙夜基命宥密",謂上天有既定之命,文王、武王二王受之,成王不敢自安,早晚於始受之命行寬和之政。其篇題與内容亦言及"成命""基命"。

⑤予乃胤保:屈萬里《尚書集釋》:"周公初保文、武,又繼輔成王,故云胤保。"胤,繼。保,輔佐。或以"予乃胤保大相東土"作一句讀,謂我乃繼太保召公之後視察東土洛邑,上《召誥》云"惟太保先周公相宅",亦可資參考。

⑥大相東土:蓋即上篇《召誥》所載周公"達觀于新邑營"。相,視察。東土,東方,此謂洛邑。洛邑在鎬京之東。

⑦其基作民明辟:謂王乃始可作民明君。其,乃。基,始。

⑧洛師:洛邑。蔡沈《書集傳》:"洛師,猶言京師也。" 案:上《召
誥》亦云:"若翼日乙卯,周公朝至于洛。"唐蘭謂《洛誥》"予惟乙
卯朝至于洛師"爲周公追述。

⑨河朔黎水:蔡沈《書集傳》:"河北黎水交流之内也。"河,黄河。
朔,北。黎水未詳在何處,《清續文獻通考》謂衛河、淇水合流至黎
陽故城爲黎水,亦曰潴水;雒江生《尚書校詁》:"《爾雅·釋詁》
云:'黎,衆也。'是黎水猶言衆水。謂先卜黄河以北衆水之間土地
不吉。""水"下,敦煌本有"上"字。

⑩澗水:洛水支流,發源於河南澠池縣白石山,東經新安縣,從今洛
陽西南入洛水。 瀍(chán)水:洛水支流,發源於河南孟津縣西
北穀城山,南流,從今洛陽東入洛水。 案:"澗水東瀍水西",也
即二水之間,蓋即當時所建洛邑之處。或以爲西周洛邑爲雙城,
一是周王作爲東都的王城,即《洛誥》謂"澗水東瀍水西"者,二是
殷遺遷入的成周,即《洛誥》謂"瀍水東"者,王城在西,成周在東,
兩地合稱新邑。但"雙城"説,在目前的考古發掘方面尚未有明
證。楊筠如《尚書覈詁》云:"竊疑《漢志》以成周爲居殷頑民之
地,王城爲周公所營之都,其説亦大謬。昭三十二年《左傳》:'昔
成周合諸侯,城成周以爲東都,崇文德焉。'《説苑》:'昔周成王之
卜居成周也。'……是並以成王(當作"成周")爲周公所營之東
都,非僅居殷頑民之地。且彝器所載宗周,皆指鎬京;而言成周,
皆指東都。……蓋殷頑所遷,即在成周附近,古時並無二名。王
城之名,始于平王東遷以後,實即成周……至王赧徙都西周始有
王城之名,《史記》'王赧時,東、西周分治,周赧徙都西周'是也。
故《漢志》之王城,實爲西周君之都邑,與周公所營東都無涉也。"

⑪惟洛食:惟此洛水之地有吉兆。洛,洛水。食,有吉兆。曾運乾
《尚書正讀》:"食者兆,不食者不兆。"裘錫圭謂鬼神饗祭祀也可

以叫做"食","洛食"謂洛水之神饗之而吉,説亦可參。

⑫伻(bēng)來以圖及獻卜:僞孔傳:"遣使以所卜地圖及獻所卜吉兆來告成王。"伻,使。王國維《觀堂集林·〈洛誥〉解》則謂:"伻,使。圖,謀也。俾成王來雒,以謀定都之事,且獻卜兆于王。"亦備一説。

⑬天之休:天之休命,上天所賜美好的福命。下亦云"敬天之休"。前《大誥》云"天休于寧王","天亦惟休于前寧人"。

⑭作周匹休:爲周配天之休命。作,爲。匹,配。《詩經·大雅·文王有聲》:"作邑于豐,文王烝哉! 築城伊淢,作豐伊匹。"毛傳:"匹,配也。"配,配天之命,《詩經·大雅·文王》《下武》均云"永言配命",下《多士》云"罔不配天其澤"。又參上《召誥》"自時配皇天"注。

⑮伻來:遣使以來,即上文"伻來以圖及獻卜"。

⑯視:蔡沈《書集傳》:"視,示也。示我以卜之休美而常吉者也。"
恒:常。

⑰我二人共貞:謂成王與周公二人共當其美。貞,當。古貞、鼎字同,鼎,當也。

⑱其:表希望、祈使語氣。 以:與。 萬億年:僞孔傳:"十千爲萬,十萬爲億。言久遠。"

⑲拜手稽首誨言:王謂己恭受教誨之言。拜手稽首,在此爲禮節用語。參上《召誥》"曰拜手稽首"注。誨,曉教,教誨。于省吾《尚書新證》謂"誨"即"謀",咨、諏、訪皆謀也,"誨言"即謀言、咨言,亦可備一説。 "拜"上,敦煌本有"王"字。

　　周公曰:"王肇稱殷禮祀于新邑①,咸秩無文②。予齊百工伻從王于周③,予惟曰庶有事④。今王即命曰⑤:'記功宗⑥,以功作元祀⑦。'惟命曰⑧:'汝受命篤弼⑨,丕視功載⑩,乃汝其悉自教工⑪。'孺子其朋⑫,孺子其朋,其往⑬! 無若火始燄敎^⑭,厥攸灼叙弗其絶^⑮。厥若彝及撫事如予^⑯,惟以在周工往新邑^⑰,伻嚮即有僚^⑱,明作有功^⑲,惇大成裕,汝永有辭^⑳。"

【校注】

①肇:語助詞。又疑"肇"即"肇祀",《詩經·大雅·生民》云"以歸肇祀",又云"后稷肇祀",鄭玄以爲在郊兆祭天之祀,在《周頌·維清》中又稱"肇禋"。 稱:舉,舉行。 殷禮:盛大之禮。蔡沈《書集傳》:"殷,盛也。"下文又云:"稱秩元祀,咸秩無文。"元祀即元年大祀,殷禮即此大祀之禮,王國維《觀堂集林·〈洛誥〉解》以"殷禮"爲"祀天改元之禮"。鄭玄則謂"殷禮"爲殷人之禮:"王者未制禮樂,恒用先王之禮樂。伐紂以來,皆用殷之禮樂,非始成王用之也。周公制禮樂既成,不使成王即用周禮,仍令用殷禮者,欲待明年即政,告神受職,然後班行周禮。班訖,始得用周禮。故告神且用殷禮也。"僞孔傳説同。可備參考。 新邑:即洛邑。參上《召誥》"則達觀于新邑營"注。

②咸秩無文:均祭祀有序,而無憂患。咸,都,均。秩,有秩序。文,王引之《經義述聞》:"'文'當讀爲'紊'。紊,亂也。……'咸秩無文'者,謂自上帝以至群神,循其尊卑大小之次而祀之,無有淆亂也。"何景成《古文獻新證二則》認爲:"《洛誥》中'咸秩無文'之'無文'的用法與上引金文中的'無敃'相近,'無文'之'文'應讀爲閔憂之'閔'。""無文"謂無憂,無患。今從何説。

③予齊百工伻從王于周:謂我齊整百官,使其在宗周跟從王去新邑。齊,齊整,齊聚。百工,百官。伻,使。從,跟隨。于,在。周,宗周,謂鎬京。下文云:"惟以在周工往新邑。"此《召誥》《洛誥》以"周"爲地名時蓋均指宗周,不指洛邑,而以"新邑"稱洛邑,《尚書》經文亦不見以"成周"稱洛邑,在成王之後的金文中始以"成周"稱洛邑。

④庶有事:王先謙《尚書孔傳參正》:"庶幾得與於祭事。宗廟之中,

以有事爲榮也。”有事，謂祭祀之事，即上文云“祀于新邑”。

⑤即命曰：就下命説。又，僞孔傳謂“即命”爲“行王命於洛邑”，王先謙《尚書孔傳參正》據《經典釋文》“曰”或作“日”，謂之“王即命於周之日”。可備一説。

⑥記功宗：記功績於宗室。功，謂營建洛邑之功。宗，周宗室，或以爲主管周宗室事務與祭祀的宗人，亦通。周公與成王爲同一宗族。

⑦以功作元祀：謂周公因功可以來舉行大祀。以，因。作，行，舉行。元祀，元年大祀。王國維以爲成王此年改元而行祀天大禮：“殷人謂年爲祀，元祀者，因祀天而改元，因謂是年曰元祀矣。”周初一直使用文王受命紀年，到文王十九年。次年，也即周公攝政七年，成王改元，此後各王均以在位之年紀年。又參前《泰誓上》序“惟十有一年”注。

⑧命曰：亦成王命曰。

⑨汝受命篤弼：汝受命於先王厚輔王室。篤，厚。弼，輔。

⑩丕：大。　視：看，檢視。或“視”即“示”，謂見示於。　功載：蔡沈《書集傳》：“記功之載籍也。”

⑪悉：盡，全都。　自教工：自效勞其職事。教，學，效。工，功，事。

⑫孺子其朋：僞孔傳：“少子慎其朋黨。”鄭玄云：“孺子，幼少之稱。謂成王也。”《清華大學藏戰國竹簡（捌）》云“毋朋多朋”，整理者注云“毋結交朋黨”。又，章太炎《尚書説》據韋昭《吳語》“奮其朋勢”，以“群”訓“朋”，謂群往曰朋往，此謂成王當率領百官群往之。上文周公云“予齊百工伻從王于周”，下文亦云“其往”，則其説亦可資參考。

⑬其往：“其”上，敦煌本、内野本、神宫本、足利本有“慎”字。僞孔傳云：“戒其自今已往。”則僞孔本亦當有“慎”字。“慎其往”蓋與下云“汝往敬哉”類同。

⑭無:不要。　若:如同,像。　火始燄燄(yàn yàn):火開始之時有炎炎大火。段玉裁《古文尚書撰異》謂今文本作"炎炎",衛包因《經典釋文》"音豔"妄謂炎、燄爲古今字而改爲"燄"。炎炎,火盛之貌。

⑮厥攸灼叙弗其絶:即"弗其繼厥攸灼叙",不繼其大火燃燒之餘緒。厥,其。攸,所。灼,燒。叙,緒,餘緒,殘餘。絶,爲"繼"之誤,曾運乾《尚書正讀》:"絶,當爲'繼',因古文'絶'作'𢇍','繼'作'𢇍',形易混而致誤也。……意謂孺子其奮往新邑哉,無若火始燄燄,其所灼爇僅存餘燼而不繼之以薪也。以喻己攝政已久,國家漸致隆平,汝當繼起踵成,宣揚文、武光烈也。《莊子》曰:'薪火相傳。'謂此也。"

⑯厥若彝及撫事如予:蔡沈《書集傳》:"其順常道及撫國事,常如我爲政之時。"若,順。彝,常道,常法。撫,治理。

⑰惟以在周工往新邑:率領在宗周之百官去往新邑。以,率領。周,宗周,謂鎬京。工,官。上文云"予齊百工伻從王于周"。

⑱伻嚮即有僚:使其趨就官職。猶謂使其各就其職。伻,使。嚮,趨。即,就。有僚,官職。"有"爲詞頭,猶有夏、有商。僚,官。王國維《觀堂集林·〈洛誥〉解》謂"有"讀爲"友",前《酒誥》有"太史友、内史友",西周晚期器毛公鼎銘文有"卿事寮、大史寮","有僚"即"友寮",亦通。

⑲明作有功:勉力爲之而有功績。明,勉。作,爲。

⑳"惇大成裕"二句:王先謙《尚書孔傳參正》:"惇厚廣大以成寬裕之治,則汝永有聞譽之辭於後世矣。"惇,惇厚。裕,寬裕。辭,讚譽之辭。

公曰:"已①!汝惟沖子②,惟終③。汝其敬識百辟享④,亦識其有不享。享多儀⑤,儀不及物⑥,惟曰不享。惟不役志于享⑦,凡民惟曰不享⑧,惟事其爽侮⑨。乃惟孺子頒⑩,朕不暇

聽⑪。朕教汝于棐民彝⑫，汝乃是不蘉⑬，乃時惟不永哉⑭！篤
叙乃正父罔不若予⑮，不敢廢乃命⑯。汝往敬哉⑰！兹予其明
農哉彼⑱，裕我民無遠用戾⑲。”

【校注】

①已：感嘆之詞。“已”下，內野本、神宮本、足利本有“乎”字。

②惟：同“雖”。　沖子：年幼之人，謂成王。沖，同“童”，年幼。上
　《召誥》云“今沖子嗣”。

③惟終：惟終其天命，亦即前《金縢》“惟永終是圖”、《康誥》“乃惟
　終”之義。偽孔傳：“嗣父祖之位，惟當終其美業。”終其美業蓋亦
　終其天命。

④敬：謹。　識：記。　百辟：衆國之君，謂諸侯。　享：貢給周王的
　朝獻禮物。享，獻，朝貢。

⑤享多儀：朝貢看重在禮儀。多，重視，看重。

⑥儀不及物：謂禮儀少而禮物多。周秉鈞《尚書易解》：“儀不及物，
　謂物有餘而禮不足。”物，朝貢的幣帛等禮物。

⑦役志：用心。周秉鈞《尚書易解》：“役，《周禮·小宰》注：‘謂使用
　也。’役志，用心。”

⑧凡民惟曰不享：周秉鈞《尚書易解》：“百辟不用心于享，凡民聞
　之，亦謂不享可也。”

⑨惟事其爽侮：則政事將出差錯受輕慢。惟，則。事，政事，國事。
　其，將。爽，差錯。侮，輕慢。

⑩頒：分。謂分擔周公之政。

⑪朕不暇聽：我於聽政有所不暇。暇，閑暇。聽，聽政。孫星衍《尚
　書今古文注疏》：“言聽政之事繁多，孺子分其任，我有所不遑
　也。”不遑，無暇。

⑫朕教汝于棐民彝：謂我不僅僅教你以民之彝法。朕，我。于，以。
　棐，非，非但。彝，法，綱常。又，馬楠《周秦兩漢書經考》謂“棐”

當讀爲"匪",與指示代詞"彼"通用,亦可通。

⑬汝乃是不蘉(máng):汝若不勉於是。乃,若。是,謂民彝。蘉,勉,勉力。

⑭乃時:猶如此,這樣。時,是,此。　永:終。此"惟不永"與上文"惟終"相應。永、終義同,謂永久、終久。前《金縢》云"惟永終是圖"。

⑮篤叙乃正父罔不若予:謂要像我一樣按班秩次序厚待你的官長。"篤叙"蓋猶前《虞書·皋陶謨》"惇叙九族"之"惇叙"。篤,厚。叙,次。正、父,王國維《觀堂集林·〈洛誥〉解》:"正、父皆官之長也。""罔不若予"即若予,與上文"厥若彝及撫事如予"之"如予"同。

⑯不敢廢乃命:汝之官長乃不敢廢棄你任命的職事。

⑰汝往敬哉:汝往洛邑謹行政教。

⑱兹:此,現在。　其:將。　明農:楊筠如《尚書覈詁》:"按:明、農皆'勉'也,古明、勉通。《廣雅》:'農,勉也。'字假爲'努'。"　哉:同"在"。　彼:謂洛邑。

⑲裕:同"欲"。　無遠用戾:無論遠近均因以安定。無遠,無論遠近。用,以,因。戾,定,安定。

王若曰①:"公明保予沖子②,公稱丕顯德③,以予小子④,揚文、武烈⑤,奉荅天命⑥,和恒四方民⑦,居師⑧,惇宗將禮⑨,稱秩元祀⑩,咸秩無文。惟公德明光于上下⑪,勤施于四方⑫,旁作穆穆⑬,迓衡不迷⑭。文、武勤教⑮,予沖子夙夜毖祀⑯。"

王曰:"公功棐迪篤,罔不若時⑰。"

【校注】

①若:如此。

②明:勉,勉力,努力。　保:輔佐,幫助。"明保",與後《顧命》"用敬保元子釗"之"敬保"類同,《多方》亦云"大不克明保享于民"。

予沖子：成王自稱。

③公稱丕顯德：公揚舉顯明之德。稱，舉，揚舉。下文云“惟公德明光于上下”。

④以：使。　予小子：成王自謂，猶上“予沖子”。

⑤揚：發揚。　文、武：文王、武王。　烈：業，事業。

⑥奉苔天命：奉應天命。奉，奉受。苔，即“答”，應答，答享。前《牧誓》列舉商紂之罪云：“昏弃厥肆祀弗苔。”

⑦和恒：周秉鈞《尚書易解》：“和恒，雙聲連語，猶和悦也。”　四方：天下。

⑧居師：居於洛邑。師，洛師，洛邑。周之都可稱京、稱師、稱京師。洛師可稱“師”猶鎬京可稱“京”。

⑨惇：厚待，重視。　宗：宗室。　將：助祭。　禮：元祀之典禮。案：上文云成王命周公“以功作元祀”。

⑩稱：舉行。　秩：使之有序。　元祀：元年祭天大祀。又參上“王肇稱殷禮祀于新邑”。

⑪惟公德：惟公之德。　明光于上下：德盛而廣於天地。明，盛，謂德盛。光，廣。此讚美周公。前《虞書·堯典》讚美堯德云：“光被四表，格于上下。”《墨子·兼愛下》引《泰誓》讚美文王云：“文王若日若月，乍照光于四方于西土。”“明光于上下”與下句“勤施于四方”均謂周公之德。　案：句中“德明”，内野本、神宫本作“明德”。

⑫勤：盡。　施：施行。

⑬旁：溥，大。　作：爲。　穆穆：美。

⑭迓：御，操持。　衡：稱量用的稱。　案：“迓衡”，馬楠《周秦兩漢書經考》讀爲“虞衡”，爲掌山林川澤之官，亦可參考。　不迷：不惑。　案：“惟公德明光于上下”以下四句，孫星衍《尚書今古文注疏》：“言周公之德，光于天地，施于四方，溥爲穆穆之美化，操御

平天下之衡,不有迷錯。"

⑮文、武勤教:文王、武王盡力效勞於政事。勤,盡。教,學,效。
　案:上文云周公亦"乃汝其悉自教工"。

⑯愍祀:勤謹祭祀。愍,勤謹。上《召誥》云"旦曰其作大邑,其自時
　配皇天,愍祀于上下"。下《多士》云"自成湯至于帝乙,罔
　不明德恤祀","恤祀"義同此"愍祀"。

⑰公功棐迪篤,罔不若時:謂公之功非惟如此厚,亦無不如文、武勤
　教。棐,同"匪",非。迪,猶"迪惟",表強調語氣。篤,厚。時,
　是,謂文、武勤教。

　　王曰:"公!予小子其退①,即辟于周②。命公後③,四方
迪亂未定④,于宗禮亦未克敉公功⑤,迪將其後⑥,監我士、師、
工⑦,誕保文、武受民⑧,亂爲四輔⑨。"

　　王曰:"公定⑩,予往⑪,已公功肅將祗歡⑫。公,無困哉
我⑬!惟無斁⑭,其康事⑮,公勿替⑯,刑四方⑰,其世享⑱。"

【校注】

①其:將。　退:還。謂回到鎬京。

②即辟:就君位。即,就。辟,君。謂周公歸政於成王。　周:宗周
　鎬京。

③命公後:蔡沈《書集傳》:"命公留後治洛。……猶後世留守、留後
　之義。先儒謂封伯禽以爲魯後者,非是。考之《費誓》'東郊不
　開',乃在周公東征之時,則伯禽就國蓋已久矣。下文'惟告周公
　其後','其'字之義益可見其爲周公不爲伯禽也。"

④四方迪亂未定:四方誠亂而未定。迪,誠。

⑤宗禮:宗室之典禮。　克:能。　敉(mǐ):即"侎",繼,參前《大
　誥》"以于敉寧、武圖功"注。又,陳劍謂此"敉"可讀爲"選",其義
　爲"算",數算,"選公功"即"算公功",與西周"算功""算勞"之事

相關。亦可參考。　　功：事。

⑥迪：誠。　　將：將事，行事。

⑦監：監察，監臨。謂統其事。　　士、師、工：王國維《觀堂集林·〈洛誥〉解》：“士、師、工，皆官也。”

⑧誕：大。　　保：安，安養。　　文、武：文王、武王。　　受民：所受於天之民。

⑨亂爲四輔：謂爲治理四方之輔弼。亂，治。或以“亂”爲“率”字形之訛，“率爲四輔”亦通。四，四方，謂天下。　　案：上文云成王命周公“汝受命篤弼”，下文“亂爲四方新辟”句式與此同，謂爲治理四方之新君，此則謂爲治理四方之輔弼。一説“四輔”謂師、保、疑、丞。

⑩公定：公留止於此。定，止。“公定”猶上文“公後”。

⑪予往：謂我將往鎬京。上文云“予小子其退”。

⑫已公功肅將祇歡：以公之功，肅以奉之，敬以樂之。已，同“以”。肅，恭敬。將，奉。祇，敬。歡，樂。馬楠《周秦兩漢書經考》疑“歡”當讀爲“勸”，訓爲“勉”，亦備一説。

⑬公，無困哉我：俞樾《群經平議》謂哉、我二字傳寫誤倒，當作“公，無困我哉”，《漢書·杜周傳》引《書》稱“公，毋困我”，毋困我，謂毋使我有困。　　案：《逸周書·祭公》亦云“公，無困我哉”，但清華簡《祭公之顧命》作“公，女念哉”，陳劍《清華簡與〈尚書〉字詞合證零札》謂今本“無”應係由“毋”變來，而“毋”又應係由“女(汝)”與“母/毋”區分不嚴而來；困、念二字可能或因形、或因音致訛。則《洛誥》“公，無困哉我”此句或亦當作“公，女念哉”，“我”應爲衍文，内野本、神宫本正無“我”字；或“哉”與“我”因形近而訛作“我”，如《漢書》所引；或因訛又衍，故“哉”“我”並見。

⑭無斁(yì)：不厭，不厭棄。

⑮康事：康民之事。康，康保其民。前《康誥》云“用康保民”“用康

乂民"。

⑯無替：無廢。謂無廢康民之事。

⑰刑四方：型於四方，爲四方模範典型。刑，同"型"。

⑱其：其將。 世享：世世享命。前《康誥》云"乃以殷民世享"。

周公拜手稽首曰："王命予來①，承保乃文祖受命民②，越乃光烈考武王③，弘朕恭④。孺子來相宅⑤，其大惇典殷獻民⑥，亂爲四方新辟⑦，作周恭先⑧。曰其自時中乂⑨，萬邦咸休⑩，惟王有成績⑪。予旦以多子越御事⑫，篤前人成烈⑬，荅其師⑭，作周孚先⑮，考朕昭子刑⑯，乃單文祖德⑰。

"伻來毖殷⑱，乃命寧予⑲，以秬鬯二卣⑳，曰㉑：'明禋㉒，拜手稽首休享㉓。'予不敢宿㉔，則禋于文王、武王㉕。惠篤叙㉖，無有遘自疾㉗，萬年猒于乃德㉘，殷乃引考㉙，王伻殷乃承叙㉚，萬年其永觀朕子懷德㉛。"

【校注】

①來：謂來營建洛邑。

②承保：奉養。前《商書·盤庚中》亦云："古我前后，罔不惟民之承保。" 乃：你的。 文祖：謂文王。文，尊美之詞。祖，祖父。
受命民：受命、受民。前《康誥》云"天乃大命文王殪戎殷，誕受厥命越厥邦厥民"。僞孔傳謂"命民"爲"所受命之民"，孔穎達疏："天以民命文王，故民是文王所受命之民。"雖亦可通，但不確，今不從其説。

③越乃光烈考武王：謂亦承保乃光烈考武王受命命。林之奇《尚書全解》謂此史家之省文也，由上文"誕保文、武受民"可知。越，及，與。光烈考，光烈爲尊美之詞，烈亦光也；考，父親。此"光烈考"與前《康誥》"丕顯考"類同。

④弘朕恭：謂弘王恭敬之德。此承前"王命"引述王言，"朕"謂王。

上篇《召誥》周公屢告成王"敬德",故王在此命周公助其弘大恭
敬之德。

⑤孺子:謂成王。

⑥其大惇典殷獻民:當多以寬厚典法對待殷之賢人。謂對臣服於周
的殷之臣民,多行寬法厚政。惇,厚。典,法。獻,賢。又,馬楠
《周秦兩漢書經考》:"惇訓厚,典疑讀爲腆,亦訓厚。"謂大爲厚待
殷獻民,亦通。

⑦亂爲四方新辟:爲治理四方之新君。亂,治。辟,君。一説"亂"爲
"率"之誤。又參上文"亂爲四輔"注。

⑧作周恭先:爲周恭敬之先務。又參上文"弘朕恭"注。下文"作周
孚先"與此類同。

⑨自時中乂:自此居中而治。時,是,此。乂,治,治民。"其自時中
乂"亦見於上篇《洛誥》,成王時器何尊銘文亦云:"余其宅兹中
國,自之乂民。"《清華大學藏戰國竹簡(壹)》中《祭公之顧命》云:
"其皆自時中乂萬邦。"

⑩咸:皆,都。 休:美。

⑪績:功。

⑫旦:周公之名。 以:率領。 多子:猶言"多士",謂衆卿大夫。
孫星衍《尚書今古文注疏》:"多,衆。子,男子之美稱。謂衆卿大
夫。" 越:與。 御事:各類事務之臣。

⑬篤前人成烈:篤厚先王所成之業。篤,厚,鞏固。前人,先王,蓋謂
文王、武王。烈,業。

⑭荅其師:順應衆庶。荅,即"答",應。上文"奉荅天命"爲上應天
命,此"荅其師"爲下應庶民。

⑮作周孚先:爲周誠信之先務。作,爲。孚,通"符",信。《詩經·
大雅·下武》:"永言配命,成王之孚。成王之孚,下土之式。"可
見王有誠信,下民乃以之爲法式。

⑯考:察。　朕:我。周公自謂。　昭:示。　子:你。謂成王。
　刑:法式,典範。蓋謂"作周恭先"與"作周孚先"。

⑰單:大,光大。《詩經·小雅·天保》:"天保定爾,亦孔之固。俾
　爾單厚,何福不除。"　文祖:文王。

⑱伻:使,謂成王遣使。　毖殷:慰勞於殷地。毖,勞,慰勞。

⑲命:令。　寧:問安。　予:我。

⑳以:與,賜與。　秬(jù)鬯(chàng)二卣(yǒu):黑黍所釀香酒二
　卣。秬,黑黍。鬯,香酒。卣,中型盛酒器。

㉑曰:周公述成王之言曰。

㉒明禋(yīn):明潔的祭天之禋祀。明,潔。禋,祀天之祭,置牲帛於
　柴上,燒柴升煙,上聞於天。

㉓拜手稽首休享:敬於文王、武王美享。拜手稽首,禮節用語。休,
　美。享,獻享。内野本、神宮本云或本無"手"字。

㉔不敢宿:不敢拖延,謂立即舉行禋祀。宿,止留,拖延。

㉕則:即,就。　禋:禋祀。禋祀祭天之時,同時以文王、武王配享。

㉖惠:惟,句首語氣詞。　篤叙:即上文"篤叙乃正父",謂按班秩次
　序厚待衆官長。篤,厚。叙,次序。此下爲周公祭祀時爲成王禱
　祝之辭。

㉗無有遘自疾:蔡沈《書集傳》謂此祝願成王身體健康,"無有遘遇
　自罹疾害者",自己不要遭遇疾病。無有,無或,不要。遘,遭遇。
　自,莊述祖《尚書今古文考證》謂"自"當作"辠",章太炎《太炎先
　生尚書説》云:"'自'即'辠'之省借,'辠疾'連文,見《春官·小
　祝》及《盤庚》中篇。"章説可從。句謂無或遭逢罪疾。

㉘萬年猒于乃德:謂天帝萬年都滿足於你的德行。萬年,猶上文"公
　其以予萬億年敬天之休"之"萬億年",謂長久。猒,即"厭",飽
　足,滿足。乃德,謂成王之德。西周晚期器毛公鼎銘文曰:"丕顯
　文、武,皇天引厭厥德。"

㉙殷乃引考：殷地亦乃長久。長久猶長治久安。引，長。考，老，年長，亦謂長久。

㉚王伻殷乃承叙：王使殷地乃承順有序。伻，使。承，承順。叙，有序。

㉛其永觀朕子懷德：蔡沈《書集傳》："其永觀法我孺子而懷其德也。"朕子，即上文之"沖子"，謂成王。周公可稱成王"汝惟沖子"，成王亦可自稱"予沖子"。懷，思，懷念。

戊辰①，王在新邑烝祭②，歲文王騂牛一③，武王騂牛一。王命作册逸祝册④，惟告周公其後⑤。王賓⑥，殺禋⑦，咸格⑧，王入太室裸⑨。王命周公後，作册逸誥⑩，在十有二月⑪，惟周公誕保文、武受命⑫，惟七年⑬。

【校注】

①戊辰：周公攝政七年十二月戊辰之日。僞孔傳謂"十二月戊辰晦"，則戊辰爲十二月最後一天。《漢書·律曆志》："是歲十二月戊辰晦，周公以反政。"則周公在年末最後這一天返政於成王。

②王：成王。　新邑：洛邑。　烝（zhēng）祭：冬季之祭。《禮記·王制》："天子諸侯宗廟之祭，春曰礿（yuè），夏曰禘（dì），秋曰嘗，冬日烝。"

③歲：同"劌（guì）"，割分。　文王騂（xīng）牛一：用於祭祀文王的赤色牛一頭。騂，赤色。周尚赤。

④作册：官名，掌命命之事。"作册""作册内史"亦常見於金文。册謂簡册，亦作"策"。　逸：人名，或説即史佚。作册屬史官。　祝册：根據册文祝告於神。而郭沫若《殷契粹編》云："祝與册之别，蓋祝以辭告，册以策告也。《書·洛誥》'作册逸祝、册'乃兼用兩者。"

⑤告周公其後：告周公留後治洛。王國維《觀堂集林·〈洛誥〉解》：

"告者,告於文王、武王也。"又參上文"命公後"注。

⑥王賓:王儐迎神靈。賓,即"儐",儐神,迎神,此謂儐迎文王、武王。

⑦殺:殺牲。 禋:禋祀。

⑧咸格:文王、武王之神靈皆來享。咸,皆。格,至,來。

⑨太室:太廟中央之室。 祼(guàn):灌酒於地而奠祭。

⑩誥:告。蔡沈《書集傳》謂"誥周公"。王國維《觀堂集林·〈洛誥〉解》:"誥謂告天下。成王既命周公,因命史佚書王與周公問答之語並命周公時之典禮,以誥天下,故此篇名《洛誥》。"上述內容,是否需誥天下頗可懷疑,本篇實周公與成王互誥,故以蔡沈"誥周公"說爲宜。

⑪有:又。

⑫受命:所受天命。文王受命,武王亦受命,又見載於《詩經》及西周金文等,《詩經·大雅·江漢》:"文、武受命,召公惟翰。"《周頌·昊天有成命》"昊天有成命,二后受之"鄭玄云:"二后,文、武也。"西周晚期器詢簋銘文:"丕顯文、武受命。"師詢簋銘文:"丕顯文、武,應受天命。"乖伯歸夆簋銘文:"朕丕顯祖文、武,膺受大命。"逨鼎、逨盤銘文亦云:"丕顯文、武,膺受大命。"大命即天命。《文選》王元長《三月三日曲水詩序》李善注曰:"《周書》武王曰:'膺受大命革殷,受天明命。'"《史記·周本紀》採《逸周書·克殷》內容亦云:"於是武王再拜稽首曰:'膺更大命革殷,受天明命。'"則《逸周書·克殷》曾記武王受命。

⑬七年:謂周公攝政七年。《韓非子·難二》:"周公旦假爲天子七年,成王壯,授之以政。"

多士第十六　周書

【題解】

　　"多士"即衆士，謂殷之衆士，這一詞在本篇中多次出現，曰"爾殷遺多士"，曰"肆爾多士"，曰"爾殷多士"，曰"告爾多士"等等。《史記·周本紀》："成王既遷殷遺民，周公以王命告，作《多士》《無佚》。"本篇的主要內容，爲周公以王命誥殷之衆士，篇名雖無"誥"字，實乃誥體之文。篇中説上天不再善於殷人，終結了殷人天命，轉而輔佑周人。並追述歷史，殷革夏命，周革殷命，究其原因，皆因淫逸無度，"不明厥德"，不能彰顯天之德命。告誡殷之衆士，將他們遠遷於洛邑，亦本於天命，如果好好服事周王，在洛邑安居下來，則仍可以有土田，有邑居，有職事，能長久。本篇與後《多方》可視作姊妹篇，二篇頗可對讀。由本篇可見，周雖爲征服者，但面對商之遺民衆士，爲維護統治穩定，仍要託詞天命，借助殷商舊貴族士人，對殷人推行恩威並用的政策。

　　成周既成①，遷殷頑民②，周公以王命誥③，作《多士》。

【校注】

①成周：洛邑。鄭玄云："居攝七年，天下太平，而此邑成，乃名曰成周也。"參上《洛誥》序"周公往營成周"注。　成：建成。

②殷頑民：孔穎達疏據僞孔傳與鄭玄注而云："頑民，謂殷之大夫士

從武庚叛者,以其無知,謂之頑民。"孫星衍《尚書今古文注疏》則謂"頑"訓"衆",則此"殷頑民"猶《史記·周本紀》之"殷遺民"。篇中亦稱"殷遺",孫説可從。

③周公:名旦,周文王子,周武王弟。　以王命誥:以成王之命告殷之衆士。

多　士

惟三月①,周公初于新邑洛用告商王士②。

王若曰③:"爾殷遺多士④,弗弔⑤!旻天大降喪于殷⑥。我有周佑命⑦,將天明威⑧,致王罰勅⑨,殷命終于帝⑩。肆爾多士⑪,非我小國敢弋殷命⑫,惟天不畀⑬,允罔固亂⑭,弼我⑮,我其敢求位⑯?惟帝不畀⑰,惟我下民秉爲⑱,惟天明畏⑲。

【校注】

①三月:成王改元後第一年三月。

②初:始,初次。　于:在。　新邑洛:洛邑。　用:以。　王士:俞樾《群經平議》云:"當以'王士'二字連文。王士之稱,猶《周易》言'王臣',《春秋》書'王人',《傳》稱'王官',其義一也。《周書·世俘篇》:'癸丑,薦殷俘王士百人。'此'王士'二字連文之證。"

③王若曰:王如此説。一般用於王不在現場,或轉述、奉宣王命的情況。若,如此。據序"周公以王命誥",則此乃周公代成王以王命誥殷之衆士。

④爾殷遺多士:屈萬里《尚書集釋》:"爾等殷王所遺留之衆官吏也。"爾,你們。

⑤弗弔(shū):不幸。參前《大誥》"弗弔!天降割于我家"注。

⑥旻天:上天。　喪:禍害,災禍。　案:前《酒誥》云:"故天降喪于

殷。《詩經·大雅·召旻》:“旻天疾威,天篤降喪。”

⑦有周:周。“有”爲詞頭。 佑命:即“有命”,有上天之命。楊筠如《尚書覈詁》:“佑,當作‘有’。《金縢》‘敷佑四方’,《盂鼎》作‘匍有四方’,即其證也。《詩·文王》:‘天監在下,有命既集。’又曰:‘有命自天。’《西伯戡黎》:‘我生不有命在天?’此‘有命’之義也。”又,吳汝綸《尚書故》:“陸德明《易釋文》:‘佑,配也。’佑命,猶《詩》之言‘配命’。《廣雅》:‘配,當也。’”亦可備一説。又參前《召誥》“其自時配皇天”注。

⑧將天明威:奉天顯明威命。將,奉。明,顯明。威,威命,威罰,參前《虞書·皋陶謨》“天明畏,自我民明威”注。後《君奭》云“後暨武王誕將天威,咸劉厥敵”。

⑨致王罰勑(chì):致王者之誅罰以敕正之。勑,即“敕”,敕正,整敕。《周易·噬嗑》象傳:“先王以明罰勑法。”

⑩殷命終于帝:殷之天命被上帝終結。前《召誥》云:“天既遐終大邦殷之命。”西周早期器邢侯彝銘文云:“帝無終命于有周。”終其命者,爲天,爲帝。天即帝。

⑪肆:故。

⑫我小國:謂周。前《大誥》中周人自稱“小邦周”。 弋:代。 殷命:殷之天命。

⑬畀(bì):予,賜予。 案:一説“不畀”即“丕畀”,則“惟天丕畀”謂我所取代之殷命,乃上天所予。於義亦可通。但本篇三言“不畀”,非均能作“丕畀”可通,而均作“不畀”則可通,故仍以“不畀”爲宜。

⑭允:誠,確實。 罔:無,没有。 固亂:楊筠如《尚書覈詁》:“固,《國語》韋注:‘安也。’亂,《釋詁》:‘治也。’”謂殷誠無安定之治。又,江聲《尚書集注音疏》讀“固亂”爲“怙亂”:“怙,或作‘忮’,俗讀爲‘固’,或且改爲‘固’字,非也。《春秋傳》曰‘毋怙亂’。”則

"允罔固亂"蓋謂周誠非恃亂而爲。

⑮弼我：謂乃天助我周。

⑯其敢：豈敢。　位：天子之位。

⑰惟：以，因爲。以下三"惟"，皆是對"我其敢求位"卻有其位的説明。　帝：亦"天"。　案：此"惟帝不畀"與上文"惟天不畀"義同，謂天不再予殷天命，上文云"殷命終于帝"。

⑱惟我下民秉爲：因爲我下民秉德而行。秉，秉德。後《君奭》《多方》三言"秉德"。爲，行事。

⑲惟天明畏：因爲上天要顯明威命。"明畏"即上文"將天明威"之"明威"，"畏"與"威"同。

　　"我聞曰：上帝引逸①。有夏不適逸②，則惟帝降格嚮于時夏③。弗克庸帝④，大淫⑤，泆有辭⑥，惟時天罔念聞，厥惟廢元命，降致罰⑦。乃命爾先祖成湯革夏⑧，俊民甸四方⑨。自成湯至于帝乙⑩，罔不明德恤祀⑪，亦惟天丕建⑫，保乂有殷⑬，殷王亦罔敢失帝⑭，罔不配天其澤⑮。在今後嗣王⑯，誕罔顯于天⑰，矧曰其有聽念于先王勤家⑱；誕淫厥泆⑲，罔顧于天顯、民祗⑳，惟時上帝不保㉑，降若兹大喪㉒。惟天不畀，不明厥德㉓。凡四方小大邦喪㉔，罔非有辭于罰㉕。"

【校注】

①上帝引逸：俞樾《群經平議》："言上帝不縱人逸樂，有逸樂者則收引之，勿使大過也。"引，收斂，收制。逸，淫逸。《國語・越語下》："淫佚之事，上帝之禁也。"上帝之禁即上帝是禁。

②有夏：夏。"有"爲詞頭。　不適逸：不安適淫逸。適，安逸。

③則惟帝降格嚮于時夏：於是上帝下來就嚮於夏。謂天命歸於夏。降，下。格，至，來。嚮，同"饗"。時，是，此。後《多方》亦云"惟帝降格于夏"。

④弗克庸帝：但後來夏王不能聽用上帝之命。庸，用，聽用。

⑤淫：淫佚。

⑥泆：通"屑"，多。《經典釋文》謂"泆"又作"佾"，馬融本作"屑"，佾、屑一字，所從偏旁亻同於尸。後《多方》云："乃惟爾辟以爾多方大淫，圖天之命，屑有辭。" 有辭：僞孔傳："有惡辭聞於世。"上篇《洛誥》言"汝永有辭"，則謂長有讚譽之辭聞於世。

⑦"惟時天罔念聞"三句：惟時，因此。時，是，此。罔，不。念，顧念。聞，聽。江聲《尚書集注音疏》："元，始也。惟是天無所念聞，廢其始時之命，下致滅亡之罰。"或以"元命"爲大命，亦可通。

⑧成湯：即湯，殷墟甲骨文作"唐"，商朝第一代王，名履，又稱大乙，周人稱之爲成湯。 革夏：革夏之命。革，改易。

⑨俊民甸四方：治理人民統治四方。"俊民"即康王時器大盂鼎銘文云"畯正厥民"之義，厲王時器五祀㝬(hú)鐘銘文云"永畯尹四方"，"甸四方"亦謂治理四方，統治天下。甸，治理。

⑩帝乙：商紂前一任商王，爲紂之父。

⑪明德恤祀：顯明德命，勤謹祭祀。恤，勤謹。"恤祀"蓋與前《召誥》"其自時配皇天，毖祀于上下"、《洛誥》"予沖子夙夜毖祀"之"毖祀"類同。

⑫丕：大。 建：建立天命。前《商書·盤庚下》云"懋建大命"。

⑬保乂(yì)：保安。保，安。乂，安定。 案：前《康誥》云"應保殷民"，後《無逸》云"能保惠于庶民""懷保小民"，《君奭》亦言"保乂有殷"，保乂、應保、保惠、懷保，義皆類同。

⑭殷王亦罔敢失帝：殷之諸王亦不敢失意於帝，謂不敢違失帝命。內野本無"殷"字，神宮本云或本無。

⑮罔不配天其澤：無不配命上天以澤民。配天，又參前《召誥》"自時配皇天"注。

⑯後嗣王：帝乙之後繼位的王，謂紂。

⑰誕:乃。　罔顯于天:不光顯於天命。前《酒誥》亦云"今後嗣王
　　酗身,厥命罔顯"。

⑱矧(shěn)曰其:猶"更何況説"。矧,況。又參前《商書·盤庚上》
　　"矧曰其克從先王之烈"注。　有:又。　聽念于先王:聽用、顧念
　　先王之法度。聽,聽用,下文云"予一人惟聽用德"。念,顧念,
　　《詩經·大雅·文王》:"王之藎臣,無念爾祖。""念爾祖"即"聽念
　　于先王"。　勤家:勤力於王家之事。前《金縢》云"勤勞王家"。

⑲泆:同"佚",淫佚。

⑳罔顧于天顯、民祗:謂不顧念天命、人民。前《酒誥》亦云"畏天
　　顯、小民"。天顯,即前《大誥》"天明",天之明命,即天命。民祗,
　　民難保,故當敬而治之。祗,敬。

㉑惟時:因此。　案:此言殷"惟時上帝不保",與上文言夏"惟時天
　　罔念聞",可對照看。

㉒若兹:如此。

㉓不明厥德:不顯明其德命。上文云"罔不明德恤祀",義與此正
　　相反。

㉔小大邦:小國大國。邦,國。　喪:喪亡。

㉕罔非:無不。　有辭于罰:蔡沈《書集傳》:"其致罰皆有可言者。"

　　王若曰①:"爾殷多士,今惟我周王②,丕靈承帝事③,有命
曰割殷④,告勑于帝⑤。惟我事不貳適⑥,惟爾王家我適⑦。予
其曰惟爾洪無度⑧,我不爾動,自乃邑⑨。予亦念天即于殷大
戾⑩,肆不正⑪。"

　　王曰:"猷告爾多士⑫,予惟時其遷居西爾⑬,非我一人奉
德不康寧⑭,時惟天命無違⑮,朕不敢有後⑯,無我怨⑰。惟爾
知,惟殷先人有册有典⑱,殷革夏命。今爾又曰:'夏迪簡在王
庭⑲,有服在百僚⑳。'予一人惟聽用德㉑,肆予敢求爾于天邑

商㉒,予惟率肆矜爾㉓。非予罪㉔,時惟天命㉕。"

【校注】

①王若曰:本篇出現了兩個"王若曰",陳夢家《尚書通論·王若曰
　考》謂包含了兩個誥命,後來被整理彙編於一篇,"至東晉《尚
　書·君牙》一篇之中兩見'王若曰',則是仿擬今本《尚書》之誤"。

②周王:僞孔傳:"周王,文、武也。"

③靈承:善承。承,奉。楊筠如《尚書覈詁》:"靈,《詩》箋:'善也。'
　靈承,古成語。《多方》'不克靈承于旅',又曰'惟我周王,靈承于
　旅',皆其例也。"　帝事:上帝所命之事。此謂下文"割殷"之事。

④有命曰割殷:僞孔傳:"天有命,命周割絶殷命。"割,割除。前《商
　書·湯誓》云"率割夏邑"。

⑤告勅于帝:屈萬里《尚書集釋》:"言割殷之命,乃上帝所勅令。"
　勅,敕令。

⑥惟我事不貳適:我割殷不往征別人。我事,我征伐之事,即割殷。
　貳,别,另外。適,往,謂往而伐之。

⑦惟爾王家我適:只你們殷王室我往而征之。

⑧洪無度:大無法度。洪,大。度,法度。

⑨"我不爾動"二句:僞孔傳:"我不先動誅汝,亂從汝邑起。言自招
　禍。"動,動師征伐。自,從。乃,你的。

⑩念:念慮,考慮到。　天即于殷大戾:上天降給殷商大罪禍。蓋謂
　天革殷命,周滅殷。即,就,謂降至。戾,罪禍。

⑪肆:遂,故。　不正:不再征討、誅罰。謂將遷之。正,即"征"。

⑫猷告:教告。猷,教導。

⑬惟時:因此。　西爾:西遷你們。洛邑在殷都西南。江聲《尚書集
　注音疏》謂"西"即"棲",棲處。可備一説。

⑭我一人:王自稱,猶下文"予一人"。　奉:奉持,秉。後《多方》亦
　云"非我有周秉德不康寧"。　不康寧:不安寧。謂遷居殷民於

洛邑。

⑮時:是,此。　天命無違:即"無違天命",無,不。

⑯朕:我。　有:或。　後:延遲。謂延後天命。

⑰無我怨:毋怨我。

⑱有册有典:謂有簡册典籍記載。

⑲夏:此謂夏之衆士。　迪簡在王庭:進用選拔於朝庭之中。迪,進用。簡,選拔。在,於。王庭,殷王朝廷。

⑳有服在百僚:供職服事於百官之中。服,事。僚,官。　案:後《多方》亦云:"我有周惟其大介賚爾,迪簡在王庭。尚爾事,有服在大僚。"

㉑聽用德:任用有德之人。聽,任。

㉒肆:故。　求:求取賢人。　天邑商:商,又稱大邑商、大商、戎商。

㉓予惟率肆矜(jīn)爾:俞樾《群經平議》:"予惟率憐爾也。率者,用也。《詩經·思文》篇'帝命率育'毛傳曰:'率,用也。'是其義也。今文古文其字雖異,其義則同。'肆'亦語辭。"矜,憐。

㉔罪:過錯。

㉕時惟天命:謂此乃天命我爲之,不敢違背,即上文"時惟天命無違"之意。

王曰:"多士①!昔朕來自奄②,予大降爾四國民命③。我乃明致天罰,移爾遐逖④,比事臣我宗多遜⑤。"

王曰:"告爾殷多士,今予惟不爾殺⑥,予惟時命有申⑦。今朕作大邑于兹洛⑧,予惟四方罔攸賓⑨,亦惟爾多士攸服奔走臣我多遜⑩,爾乃尚有爾土⑪,爾乃尚寧幹止⑫。爾克敬,天惟畀矜爾⑬;爾不克敬,爾不啻不有爾土⑭,予亦致天之罰于爾躬⑮。今爾惟時宅爾邑⑯,繼爾居⑰,爾厥有幹、有年于兹洛⑱,爾小子乃興從爾遷⑲。"

王曰⑳。又曰：“時予乃或誨言爾攸居㉑。”

【校注】

①多士：漢石經“多士”上有“告爾”二字。

②奄：國名，亦稱蓋，故地在今山東曲阜。奄在周初曾參與反叛活動，被周公、成王平定。成王時器禽簋銘文記有“王伐蓋侯”，蓋即奄。

③予大降爾四國民命：王先謙《尚書孔傳參正》：“大降爾民命者，謂我大下教命於汝四國民也。”四國，四域，四方。後《多方》亦云“我惟大降爾命，爾罔不知”，“我惟大降爾四國民命”。

④移：遷移。　遐逖：遙遠之地，此謂洛邑。遐、逖，均謂遠。

⑤比事臣我宗多遜：近來服事臣於我周宗室更便順。比，近。事，服事。我宗，周宗室，周王朝。遜，順。

⑥不爾殺：不殺爾。爾，你們。

⑦時：是。　有：又。　申：重申。蔡沈《書集傳》：“以自奄之命爲初命，則此命爲申命也。”

⑧作：建造。前《康誥》云：“作新大邑于東國洛。”

⑨四方罔攸賓：於四方諸侯無所擯斥。四方，四方諸侯。罔攸，無所。賓，即“擯”，擯斥，棄絕。

⑩服：服事。　奔走：奔走效勞。

⑪尚：猶。　土：土田。

⑫爾乃尚寧幹止：爾乃猶能安其事業與居止。寧，安。幹，事。止，居留地。敦煌本無“爾”字。

⑬“爾克敬”二句：僞孔傳：“汝能敬行順事，則爲天所與，爲天所憐。”畀，予，給與。矜，憐憫。

⑭不啻(chì)：不但。

⑮躬：身。

⑯宅：居。

⑰繼爾居：繼續你們的事業。江聲《尚書集注音疏》："'宅爾邑'既謂安其居處，則'繼爾居'不得復謂居處，故以爲所居之業。《易·文言》象云：'修詞立其誠，所以居業也。'是業可以居也。《蟋蟀》詩云：'職思其居。'亦謂所爲之事爲居也。"

⑱厥：其。　有幹：有事業。　有年：有年壽。謂長久。

⑲爾小子：你們的子孫後輩。　興從：起而跟從。興，起。又，王先謙《尚書孔傳參正》："'小子'謂子孫，與《酒誥》'我民迪小子'同義。言爾子孫乃由此興盛，是從爾遷始也。"亦可備一説。

⑳王曰：蔡沈《書集傳》："'王曰'之下當有闕文，以《多方》篇末'王曰''又曰'推之可見。"

㉑時予乃或誨言爾攸居：此即我乃有言告爾等所當安居。時，是，此。或，有。阮元云唐石經"或"下本有"誨"字，後磨改；敦煌本有"誨"字。偽孔傳云"我乃有教誨之言"，可見底本當有"誨"字，今補。誨，告，教告。攸，所。居，安居。

無逸第十七　周書

【題解】

　　"無逸"即毋逸,謂不要追求逸樂,其語蓋源自本篇之首"君子所,其無逸"二句。《史記·魯周公世家》:"周公歸,恐成王壯,治有所淫佚,乃作《多士》,作《毋逸》。"謂周公作《無逸》以誡成王。本篇的主要內容,首先,周公開宗明義提出執政者要瞭解民衆疾苦,不能貪圖逸樂。其次,以商王太戊、武丁、太甲三王爲例,說明只有瞭解民衆疾苦,恭敬勤政,施惠下民群臣,方能在位長久,反之則短祚不壽。然後告誡成王要向文王學習,在政務上要盡力於民事、農事,篇中連用三"無"之句警誡成王:"無淫于觀、于逸、于遊、于田","無皇曰今日耽樂","無若殷王受之迷亂酗于酒德",其憂患誠意,可謂拳拳!最後周公告訴成王要聽從古人之訓,要愛民寬刑,民乃順從統治,否則將民怨集身,"民否則厥心違怨,否則厥口詛祝",君主享國亦不能長久,所以希望成王要以史爲鑒。全篇有論有據,敘述清楚,行文流暢,是一篇中國古代政治思想方面的重要文獻,特別是篇中一再强調統治者要重視民意,把民衆的怨責、民心的向背看作是和政權存亡攸關的大事,亦直指政治的根本。

　　周公作《無逸》①。

【校注】

　　①周公:名旦,周文王子,周武王弟。　　《無逸》:《史記·周本紀》作

"《無佚》",《魯周公世家》作"《毋逸》",王應麟《困學紀聞》謂《尚書大傳》作"《毋佚》"。無同毋,逸同佚。

無　逸

周公曰:"嗚呼! 君子所,其無逸①,先知稼穡之艱難乃逸②,則知小人之依③。相小人④,厥父母勤勞稼穡⑤,厥子乃不知稼穡之艱難乃逸⑥,乃諺既誕⑦,否則侮厥父母曰⑧:昔之人無聞知⑨!"

【校注】

①"君子所"二句:鄭玄云:"君子,謂在官長者。所,猶處也,君子處位為政,其無自逸豫也。"君子,在位執政的貴族,與下"小人"相對。所,居官。逸,逸樂。

②稼穡:謂農事。稼,耕種。穡,收穫。　乃:才。王念孫《讀書雜志》謂"乃逸"二字乃因下文而衍,可備一説。

③小人:從事農業的下民。　依:隱痛。王引之《經義述聞》:"依,隱也。……小人之隱,即上文'稼穡之艱難',下文'小人之勞'也。云'隱'者,猶今人言苦衷也。"

④相:看,視。

⑤厥:其。

⑥乃不知稼穡之艱難乃逸:與上文"先知稼穡之艱難乃逸"相對。

⑦乃諺既誕:乃恣睢放任且長此以往。諺,同"喭",恣睢。誕,同"延",長,久。

⑧否則:王引之《經傳釋詞》:"《漢石經》'否'作'不',不則,猶於是也。""不則"亦即前《康誥》"丕則敏德"之"丕則"。　侮:輕慢,輕視。

⑨昔之人無聞知:蔡沈《書集傳》:"古老之人無聞無知,徒自勞苦而

不知所以自逸也。"昔之人,老年人。

　　周公曰:"嗚呼! 我聞曰:昔在殷王中宗①,嚴恭寅畏②,天命自度③,治民祗懼④,不敢荒寧⑤。肆中宗之享國⑥,七十有五年⑦。其在高宗⑧,時舊勞于外,爰暨小人⑨,作其即位⑩,乃或亮陰⑪,三年不言⑫,其惟不言,言乃雍⑬,不敢荒寧,嘉靖殷邦⑭,至于小大,無時或怨⑮。肆高宗之享國,五十有九年。其在祖甲⑯,不義惟王⑰,舊爲小人,作其即位,爰知小人之依,能保惠于庶民⑱,不敢侮鰥寡⑲。肆祖甲之享國,卅有三年。自時厥後立王⑳,生則逸㉑。生則逸,不知稼穡之艱難,不聞小人之勞,惟耽樂之從㉒。自時厥後,亦罔或克壽㉓,或十年,或七八年,或五六年,或四三年㉔。"

【校注】

①殷王中宗:《史記》謂中宗爲商王太戊,爲商湯玄孫,太甲之孫,太庚之子,《殷本紀》載太戊即位後"殷復興,諸侯歸之,故稱中宗",此蓋漢代今文説。但《古本竹書紀年》云:"祖乙滕即位,是爲中宗。"王國維《殷卜辭中所見先公先王續考》據此及商代甲骨文,謂中宗乃祖乙,"《紀年》是而古今《尚書》家説非也"。

②嚴恭寅畏:四字同義疊用以表強調,其義均爲"敬"。嚴,即"儼",敬。恭,恭敬。寅,敬。畏,畏敬。戰國中晚期器中山王方壺銘文云:"穆濟嚴敬,不敢怠荒。"穆、濟亦恭敬之義。

③天命自度(duó):即"自度天命",度,念慮,顧念。前《康誥》云"亦惟助王宅天命",後《多方》云"爾乃不大宅天命","宅天命"即"度天命"。

④祗:敬。　懼:畏。

⑤荒寧:荒怠而安樂。

⑥肆:故。　享國:統治國家,在位。

⑦有:又。

⑧高宗:商王武丁。又參前《商書·説命上》序"高宗夢得説"注。

⑨"時舊勞于外"二句:僞孔傳:"武丁,其父小乙使之久居民間,勞是稼穡,與小人出入同事。"時,武丁尚未即位之時。舊,久。爰,乃,於是。曁,與。"與小人"謂與小人一起做事。

⑩作:及。

⑪乃:就。　或:有。　亮陰:即"梁闇(ān)",亦作"諒陰""亮闇""梁闇"等,梁謂楣梁,闇謂廬屋。此謂居住在簡陋棚屋裏。

⑫不言:不言於政。謂謹於政,不妄對政事指手劃脚。

⑬雍:和,和悦。《史記·魯周公世家》《禮記·檀弓》《坊記》"雍"作"讙",蓋爲今文,讙即歡,喜悦。

⑭嘉靖:善而安之。靖,安。"嘉"字今文作"密",密,同"宓",亦安也,密靖謂安寧,春秋中期器國差䱸銘文云"齊邦鼏靜安寧",鼏靜即密靖。　殷邦:殷國。

⑮"至于小大"二句:鄭玄云:"小大,謂萬民上及群臣也。言人臣小大皆無怨王。"小大,下至萬民,上至群臣。時,是,代指商王高宗。或,有。

⑯祖甲:僞孔傳:"湯孫太甲。"《史記·殷本紀》載太甲稱太宗,段玉裁《古文尚書撰異》據漢石經殘文及每行字數計算,謂今文《尚書》"祖甲"作"太宗",與其下文字至"卅有三年",當在上文"昔在殷王中宗"的"昔在殷王"之下。《漢書·韋賢傳》記王舜、劉歆云"故於殷,太甲爲太宗,大戊曰中宗,武丁曰高宗,周公爲《毋逸》之戒,舉殷三宗以勸成王"。但鄭玄以此"祖甲"爲武丁之子帝甲:"祖甲有兄祖庚,賢,武丁欲廢兄立弟,祖甲以此爲不義,逃於人間,故云'久爲小人'。"此古文《尚書》説。楊筠如《尚書覈詁》:"惟古文之義,亦自可通。《多士》:'自成湯至于帝乙,罔不明德恤祀。'武丁爲殷高宗,'帝乙'當在武丁之後,則惟武乙及帝乙二

人足以當之。武乙以射天震死,帝乙亦非賢王,而周公亦盛稱之。《詩·文王》:'殷之未喪師,可配上帝。'則紂以前,皆非極虐之主,自有足稱者在也。"則不需移易文本亦自可通,此祖甲謂帝甲。

⑰不義惟王:不以爲王爲宜。義,宜。惟,爲。又,皮錫瑞《今文尚書考證》:"不義維王者,義,古'儀'字,擬也。'不義維王',謂不擬居王位。《孟子》曰:'湯崩,太丁未立,外丙二年,仲壬四年。'殷法兄終弟及,立子不立孫,使外丙、仲壬或有一人永年,則太甲無次立之勢,故太甲不自擬爲王。殷時王子多在民間,太甲未立之時,或亦在外,故云'久爲小人',于外知小人之依也。"此以今文《尚書》"祖甲"作"太宗"謂太甲爲説,亦可參考。

⑱保:安。　惠:愛。

⑲不敢侮鰥寡:"不敢",敦煌本無"敢"字。侮,輕慢。鰥寡,泛指孤獨沒有依靠的小民。鰥,無妻者。寡,無夫者。　案:前《康誥》亦云:"惟乃丕顯考文王,克明德慎罰,不敢侮鰥寡。"

⑳時:是,此。　厥:其。　立王:繼立之王。《詩經·大雅·桑柔》云:"天降喪亂,滅我立王。"

㉑生則逸:生來便處安逸。

㉒耽樂:過度逸樂。僞孔傳:"過樂謂之耽。"　之:是。　從:追求。

㉓罔:無。　或:有。　克:能。　壽:長命,長久。

㉔或四三年:"四三",內野本、神宮本作"三四"。僞孔傳云:"高者十年,下者三年。言逸樂之損壽。"即生於憂患,死於安樂。

　　周公曰:"嗚呼!厥亦惟我周太王、王季①,克自抑畏②。文王卑服即康功、田功③,徽柔懿恭④,懷保小民⑤,惠鮮鰥寡⑥,自朝至于日中昃⑦,不遑暇食⑧,用咸和萬民⑨。文王不敢盤于遊、田⑩,以庶邦惟正之供⑪。文王受命惟中身⑫,厥享國五十年。"

周公曰:"嗚呼！繼自今嗣王⑬,則其無淫于觀、于逸、于遊、于田⑭,以萬民惟正之供⑮。無皇曰今日耽樂⑯,乃非民攸訓,非天攸若⑰,時人丕則有愆⑱。無若殷王受之迷亂酗于酒德哉⑲！"

【校注】

①太王:即公亶父,爲文王祖父,周公曾祖。　王季:即季歷,太王之子,文王之父,周公之祖。

②克自抑畏:僞孔傳:"能以義自抑,畏敬天命。"克,能。抑,抑制逸樂。

③文王卑服即康功、田功:謂文王身卑於事,以成安民之事、田作稼穡之事。服,事。即,就,成。功,事。康功,康民之事,即前《洛誥》"我！惟無戩其康事"之"康事"。前《大誥》言"民康""民不康",《康誥》言"用康保民""惟民其康乂""用康乂民",故知康事即康民之事。田功,田作稼穡之事。又,于省吾《尚書新證》謂"卑"乃"畏"之訛,金文中卑、畏二字形近,故致訛誤。亦備參考。

④徽柔:美善仁和。徽,善。柔,仁。　懿恭:懿美恭敬。

⑤懷:安。"懷保"猶《康誥》之"康保"。

⑥惠鮮鰥寡:乃"惠於鰥寡"之誤,《漢書》《後漢書》均引作"惠於鰥寡"。惠,愛。鮮,《爾雅·釋詁》:"善也。"段玉裁《古文尚書撰異》:"'惠鮮'恐是'惠于'之誤,'于'字與'羊'字略相似,又因下文'鰥'字魚旁誤增之也。"吳汝綸《尚書故》:"惠鮮,猶惠于也。于、鮮皆語詞。《詩》箋:'齊魯之間,鮮聲近斯。'"段、吳謂此"鮮"當作"于"講極是,但此"鮮"字蓋因"於""鮮"二字在戰國文字中寫法相近,乃形近而訛。

⑦朝:早晨。　日中:太陽正中,謂中午。　昃(zè):日昃,太陽斜下西側,謂下午。"昃",一作"仄""昗"。《周易·豐》象傳:"日中則昃。"

⑧不遑暇:不空閑。遑、暇同義疊文。　食:吃東西。

⑨用:以。　咸:俞樾《群經平議》:"咸,亦和也。《詩·常棣篇》箋曰:'周公弔二叔之不咸。'正義曰:'咸,和也。'蓋'咸'即'諴'字之省,《説文·言部》:'諴,和也。''用咸和萬民'者,用諴和萬民也。傳以爲皆和萬民,則不辭矣。"前《召誥》云"諴于小民"。

⑩盤:樂。　遊:遊樂。　田:即"畋",畋獵。

⑪以:率領。　庶邦:衆邦國。　正:同"政",政事。　之:是。供:王引之《經義述聞》謂"供"訓"奉",謂奉行政事。《國語·楚語上》云:"《周書》曰文王'至於日中昃,不皇暇食','惠於小民,唯政之恭'。""恭"即"共",奉。

⑫受命:受天命。　中身:舊謂中年。李家浩、趙平安等謂"中身"即"忠信",謂文王以忠信之德而受命。此説是。以上中宗、高宗、祖甲皆以品行言其享國長久,此文王亦當以品行言。

⑬繼自今:屈萬里《尚書集釋》:"繼今以往也。"　嗣王:嗣位之王。謂成王。

⑭其:表祈使語氣。　無:不要。　淫:放縱過度。　觀:觀遊。逸:逸樂。

⑮"則其無淫于觀"二句:段玉裁《古文尚書撰異》據漢石經殘文,謂此乃古文《尚書》,今文《尚書》則作:"其毋淫于酒,毋逸于遊、田,維正之共。"

⑯無皇曰:僞孔傳:"無敢自暇曰。"皇,即"遑",暇,得空。

⑰"乃非民攸訓"二句:俞樾《群經平議》:"若,順也。訓,亦順也。《廣雅·釋詁》曰:'訓,順也。''非民攸訓'言非民所順也,'非天攸若'言非天所順也,文異而義實不異。"攸,所。天若,又可參前《康誥》"天若德"、《酒誥》"天若元德"、《召誥》"面稽天若"注。

⑱時人丕則有愆:時人於是責其過失。時人,當時的人。丕則,於是。愆(qiān),過,此用作動詞,責其過,舉其過。"時人丕則有愆"亦即下文云"民否則厥心違怨,否則厥口詛祝"之意。

⑲若:如,像。 殷王受:商王紂。 迷亂:迷惑昏亂。 酗于酒德:蔡沈《書集傳》:"酗酒謂之德者,德有凶有吉。"

周公曰:"嗚呼!我聞曰,古之人猶胥訓告①,胥保惠②,胥教誨③,民無或胥譸張爲幻④。此厥不聽⑤,人乃訓之⑥,乃變亂先王之正刑⑦,至于小大⑧,民否則厥心違怨⑨,否則厥口詛祝⑩。"

周公曰:"嗚呼!自殷王中宗及高宗及祖甲及我周文王⑪,兹四人迪哲⑫。厥或告之⑬,曰小人怨汝詈汝⑭,則皇自敬德⑮;厥愆⑯,曰朕之愆⑰,允若時⑱,不啻不敢含怒⑲。此厥不聽,人乃或譸張爲幻,曰小人怨汝詈汝,則信之則若時⑳,不永念厥辟㉑,不寬綽厥心㉒,亂罰無罪,殺無辜,怨有同㉓,是叢于厥身㉔。"

周公曰:"嗚呼!嗣王其監于兹㉕。"

【校注】

①胥:相。 訓告:誠而告之。

②保惠:安而愛之。保,安。惠,愛。

③教誨:教而曉之。

④或:有。 譸(zhōu)張:欺誑,欺詐。 爲幻:欺詐。爲,同"僞",《説文解字·人部》:"僞,詐也。"段玉裁注:"詐者,欺也。《釋詁》曰:'詐,僞也。'案:經傳多假'爲'爲'僞'。"幻,《説文解字·予部》:"幻,相詐惑也。"

⑤此:謂"我聞曰"之下內容。 聽:聽從。

⑥人乃訓之:俞樾《群經平議》:"言人乃順從其意,以變亂舊法也。"訓,順。

⑦正:同"政"。 刑:法。

⑧至于小大:謂下至萬民上至群臣,無不變亂先王之政刑。

⑨否則:於是。　厥:其。　違怨:怨恨。王引之《經義述聞》:"厥心違怨,'違'與'怨'同義,猶'厥口詛祝','詛'與'祝'同義耳。"

⑩詛祝:詛咒。

⑪"自殷王"句:段玉裁《古文尚書撰異》:"此經次第,今文當不如是。""'自殷王中宗及高宗及祖甲',今文《尚書》必云'自殷王太宗及中宗及高宗',此無可疑者。"參上"其在祖甲,不義惟王"二句注。

⑫兹:此。　迪哲:善而哲智。迪,善。參前《大誥》"弗造哲迪民康"之"哲迪"注。

⑬或:有。

⑭小人:小民。　詈(lì):責駡。

⑮皇自敬德:鄭玄云:"皇謂暇,言寬暇自敬。"皇,即"遑",暇。"遑"蓋與"不遑"相對,"不遑(暇)"猶今謂"不得空",則"遑"可謂"得空時"。皇自敬德,謂得空便自慎其德。

⑯厥愆:周秉鈞《尚書易解》:"厥愆,'厥或愆之'之省文;此'愆'用作動詞,謂舉其過失也。"謂政事有過失,人則責怨之,即上文所云"時人丕則有愆"。

⑰曰朕之愆:説是我的過失。

⑱允若時:誠如此。允,信,誠。若,如。時,是,此,謂"有愆"。

⑲不啻(chì)不敢含怒:鄭玄云:"不但不敢含怒,乃欲屢聞之,以知己政得失之源也。"不啻,不但。

⑳則信之則若時:則信欺詐之言以爲如此。

㉑永:長。　念:顧念。　辟:君主。

㉒不寬綽厥心:猶不寬大爲懷。綽,寬緩。不寬綽厥心,即含怒,故下云"亂罰無罪,殺無辜"。

㉓怨有同:民怨會同。同,會同。

㉔叢:聚,集。

㉕嗣王:謂成王。　監于兹:以此爲鑒。監,同"鑒"。兹,此。

君奭第十八　周書

【題解】

　　“君奭(shì)”指召公奭，“君”爲尊稱，“奭”爲召公之名，或作“壽”，《説文解字·皕部》“奭”下引《史篇》謂召公名“醜”，張政烺先生《〈説文〉燕召公〈史篇〉名醜解》謂“醜”爲“壽”之訛。《史記·燕召公世家》：“成王既幼，周公攝政，當國踐祚，召公疑之，作《君奭》。……於是召公乃悦。”則此篇之作，當在周公攝政當國之時，目的爲釋召公之疑。本篇內容，主要以周公之口，闡明天命難以確知信靠，君王若要不失天命，不出差錯，惟在有賢臣佐助。周公舉商以爲例，羅列凡有大成就的商王，如成湯有伊尹，太甲有保衡，太戊有伊陟、臣扈、巫咸，祖乙有巫賢，武丁有甘盤，均有賢臣佐助，故能保有殷之天命，有國長久，百官、臣下亦皆安定服從。及周接受天命，文王、武王亦多有賢臣勉力輔佐，同仇敵愾，大獲成功；及至成王，則惟周公、召公二人爲輔，但有人懷疑二人不堪其任，故周公希望召公秉承武王囑託遺志，勉力佐助王室，二人精誠團結，同心同德，克艱共濟，顯揚成就文王所受天命。這充分彰顯了周公作爲周初一位偉大政治家的寬廣胸懷和長遠眼光，也使本篇成爲探討周初天命、君臣政治的重要文獻。

　　召公爲保①，周公爲師②，相成王爲左右③。召公不説④。

周公作《君奭》。

【校注】

①召公:周初重要大臣,姬姓,名奭,食邑於召,稱召公。成王年幼即位,召公任太保之官,又稱太保奭。參前《召誥》序"使召公先相宅"注。 保:太保,官名。又見前《召誥》"惟太保先周公相宅"注。保、師其名,《禮記·文王世子》云:"師也者,教之以事而諭諸德者也。保也者,慎其身以輔翼之而歸諸道者也。"

②周公:周初重要大臣,名旦,周文王子,周武王弟。 師:太師,官名。太師在《尚書》中僅一見於《周官》,其謂太師、太傅、太保爲三公。

③相:輔佐。 成王:周成王,名誦,周武王之子,繼武王而立。 左右:《史記·燕召公世家》:"其在成王時,召公爲三公。自陝以西,召公主之;自陝以東,周公主之。"馬融云:"分陝爲二伯,東爲左,西爲右。"

④説:即"悦",高興。

君 奭

周公若曰①:"君奭,弗弔②!天降喪于殷③,殷既墜厥命④,我有周既受⑤,我不敢知曰⑥,厥基永孚于休若⑦。天棐忱⑧,我亦不敢知曰,其終出于不祥⑨。嗚呼!君,已曰時我⑩,我亦不敢寧于上帝命⑪,弗永遠念天威越我民⑫;罔尤違,惟人⑬。在我後嗣子孫,大弗克恭上下⑭,遏佚前人光在家⑮,不知天命不易⑯,天難諶⑰,乃其墜命⑱,弗克經歷⑲。嗣前人恭明德⑳,在今予小子旦㉑,非克有正㉒,迪惟前人光施于我沖子㉓。"

又曰："天不可信^㉔，我道惟寧王德延^㉕，天不庸釋于文王受命^㉖。"

【校注】

① 若：如此。

② 弗弔(shū)：不幸。參前《大誥》"弗弔！天降割于我家"注。

③ 天降喪于殷：天降禍害於殷。前《多士》亦云"旻天大降喪于殷"。喪，禍害。

④ 墜：喪失。　厥：其。　命：天命。

⑤ 受：受天命。

⑥ 我不敢知曰：我不敢明確地説。知，瞭解，明瞭。又參前《召誥》"我不敢知曰"注。　案：内野本、神宫本等無"曰"字。依《尚書》多處行文，當有"曰"字爲是。

⑦ 厥基永孚(fú)于休若：其一開始便長久誠有天之美善之命。厥基，其始，與下"其終"相對。永，長久。孚，信，誠。休，美。若，順，善。休若謂美善之命。

⑧ 天棐忱：與下文"天難諶""天不可信"同義，謂天命無常，不可確知信靠。棐，同"匪"，不。忱，誠，信。又參前《大誥》"天棐忱辭"注。

⑨ 其終出于不祥：其最終就會往至不祥結局。出于，出往，往至。于，往。又參前《夏書·禹貢》"東出于陶丘北"注。"不祥"與上"休若"相對。

⑩ 君：對召公的尊稱。　已曰時我：屈萬里《尚書集釋》："時，善也，義見《詩·頍弁》毛傳。此言天已善我周室也。周已代殷受命，故云。"《詩經·大雅·蕩》云："匪上帝不時，殷不用舊。"

⑪ 寧：安，安而恃之。

⑫ 弗：不。　念：思。　天威：天之威命。　越：與，和。　案：下文有"予惟用閔于天越民"，前《酒誥》亦云"畏天顯、小民"，《多士》

云“罔顧于天顯、民祇”，天顯、天威，均謂天命。

⑬罔尤違，惟人：沒有過失違誤，惟在於有賢人。罔，無。尤，過失。
違，違誤。人，賢人。

⑭克：能。 恭：敬。 上下：天與民。

⑮遏：斷絕。 佚：失，失去。 前人：謂文王、武王。 光：光烈，光
輝業績。 在：于。 家：周家，周王室。

⑯知：瞭解，明瞭。 不易：不容易。 案：“不知天命不易”，內野
本、神宮本無“天”字。前《大誥》亦云“爾亦不知天命不易”。

⑰天難諶：天難以確知信靠。諶，誠，信。

⑱其：其或，或將。

⑲弗克經歷：不能長久。歷，久。

⑳嗣前人恭明德：即“嗣前人之恭明德”，繼承文王、武王之恭奉明
德。嗣，繼承。恭，恭奉，奉持。《清華大學藏戰國竹簡（壹）》中
《祭公之顧命》云“敷求先王之恭明德”，《清華大學藏戰國竹簡
（伍）》中《厚父》云“聞前文人之恭明德”，聞謂問聽。

㉑予小子旦：周公自稱。

㉒非克有正：非敢能有其政事，謂攝政當國。正，政。

㉓迪惟前人光施于我沖子：可使先王之光輝業績延及我年幼之人。
迪惟，表強調語氣。施，延。沖子，年幼之人，蓋謂成王，又參前
《召誥》“今沖子嗣”注。

㉔信：信賴。

㉕我道惟寧王德延：我惟延續文王之德行。道，單行本《經典釋文》
謂馬融本作“迪”，三體石經亦作“迪”。此當作“迪”，與上文“迪
惟前人光施于我沖子”一律。寧王，文王，參前《大誥》“寧王遺我
大寶龜”注。

㉖天不庸釋于文王受命：天將不捨棄文王所受之命。楊筠如《尚書
覈詁》：“庸釋，古成語，謂捨棄之意。《多方》‘非天庸釋有夏，非

天庸釋有殷'是其例也。"又,"釋"字于省吾《尚書新證》讀爲"斁
(dù)",馬楠《周秦兩漢書經考》謂即"彝倫攸斁"之"斁",訓爲
"敗",亦可通。後《多方》"洪惟圖天之命",吳汝綸《尚書故》謂
圖、度相通,"度"同"斁",訓爲"敗":"圖天之命,敗天之命也。"

公曰:"君奭[①],我聞在昔成湯既受命[②],時則有若伊尹[③],
格于皇天[④]。在太甲[⑤],時則有若保衡[⑥]。在太戊[⑦],時則有若
伊陟、臣扈[⑧],格于上帝;巫咸乂王家[⑨]。在祖乙[⑩],時則有若
巫賢[⑪]。在武丁[⑫],時則有若甘盤[⑬]。率惟茲有陳[⑭],保乂有
殷[⑮],故殷禮陟配天[⑯],多歷年所[⑰]。天惟純佑命[⑱],則商實百
姓、王人罔不秉德明恤[⑲],小臣屏侯、甸[⑳],矧咸奔走[㉑],惟茲惟
德稱[㉒],用乂厥辟[㉓]。故一人有事于四方[㉔],若卜筮罔不
是孚[㉕]。"

公曰:"君奭,天壽平格[㉖],保乂有殷[㉗]。有殷嗣[㉘],天滅
威[㉙]。今汝永念[㉚],則有固命[㉛],厥亂明我新造邦[㉜]。"

【校注】

①君奭:敦煌本無"奭"字,内野本、神宫本無"君奭"二字。

②成湯:即湯,殷墟甲骨文作"唐",商朝第一代王,名履,又稱大乙,
周人稱之爲成湯。

③時則有若:蔡沈《書集傳》:"時則有若者,言當其時有如此人也。"
時,其時,當時。有若,有其,有此。 伊尹:殷之賢臣,名摯,輔佐
湯伐桀,爲商初重要大臣。參前《汝鳩》《汝方》序"伊尹去亳適
夏"注。

④格于皇天:上天來享。格,來,來享。皇,大。下文"格于上帝"與
此義同,皇天亦即上帝。

⑤太甲:成湯之孫,太丁之子。參前《商書·伊訓》序"太甲元
年"注。

君 奭 ／ 429

⑥保衡：《史記·殷本紀》：“伊尹名阿衡。”《詩經·商頌·長發》“實維阿衡，實左右商王”孔穎達疏：“伊尹名摯，湯以爲阿衡，至太甲改曰保衡。阿衡、保衡皆公官。”僞孔傳、蔡沈《書集傳》亦以此保衡即伊尹。但據《古本竹書紀年》：“仲壬崩，伊尹放太甲於桐而自立也。伊尹即位於太甲七年，太甲潛出自桐，殺伊尹，乃立其子伊陟、伊奮，命復其父之田宅而中分之。”陳夢家《殷虚卜辭綜述》中《先公舊臣》謂《詩》《書》中阿衡、保衡乃甲骨文中之“黃尹”，黃、衡古通用，且伊尹、黃尹並見於一版甲骨，所以他們並非一人，疑黃尹爲伊尹之子。

⑦太戊：太甲之孫，太庚之子。

⑧伊陟、臣扈：太戊時二賢臣。《古本竹書紀年》謂伊陟爲伊尹之子，《史記·殷本紀》：“帝太戊立，伊陟爲相。”殷墟甲骨文中有“尹陟”“陟”之名。

⑨巫咸：亦太戊之賢臣。巫，職官名。《史記·殷本紀》：“伊陟贊言于巫咸，巫咸治王家有成。”王引之《經義述聞》謂“巫咸”今文作“巫戊”，楊筠如《尚書覈詁》：“巫咸，甲骨文作‘咸戊’，亦僅謂之‘咸’……其名本爲咸戊，故或稱巫咸，或稱巫戊也。” 乂：安定。 王家：商王室。

⑩祖乙：太戊之孫，《史記·殷本紀》謂其爲河亶甲之子，王國維《殷卜辭中所見先公先王續考》謂其爲中丁之子。《古本竹書紀年》稱祖乙爲中宗。參前《祖乙》序“祖乙圯于耿”注。

⑪巫賢：祖乙之賢臣，僞孔傳謂巫咸之子。《史記·殷本紀》：“帝祖乙立，殷復興，巫賢任職。”《今本竹書紀年》載祖乙三年“命卿士巫賢”。

⑫武丁：祖丁之孫，小乙之子，即殷王高宗。參前《商書·說命上》序“高宗夢得說”注。

⑬甘盤：武丁之賢臣。《今本竹書紀年》載武丁元年“命卿士甘盤”。

⑭率惟兹有陳：此所列賢臣。率惟，語助詞。兹，此。有，所。陳，列。

⑮保乂：保而安之。又參前《多士》"保乂有殷"注。

⑯故殷禮陟配天：俞樾《群經平議》："謂殷人之禮，死則配天而稱帝也。《竹書紀年》凡帝王之終皆曰'陟'，此經'陟'字，義與彼同。言殷有賢臣爲之輔佐，故有殷之君無失德者，死則配天稱帝，其子孫享國長久，多歷年所也。"陟，升，升天。

⑰多歷年所：謂年歲長久。歷，久。所，語助詞。前《召誥》云："有殷受天命惟有歷年。"

⑱天惟純佑命：上天會任命良佐。純，良，善。佑，佐佑之人。命，降而命之。金文中有"屯右"，蓋即此"純佑"，謂良佐。

⑲實：是，此。　百姓、王人：江聲《尚書集注音疏》："百姓，異姓之臣。王人，王之族人，同姓之臣也。"　秉德：持守德行。　明恤：勉力而謹慎。明，勉也。恤，慎也。

⑳小臣：近之王朝之官。　屏：并。　侯、甸：遠之侯服、甸服之官。參前《康誥》"侯、甸、男邦"注。

㉑矧：王引之《經傳釋詞》："矧，猶亦也。"　咸：都，均。　奔走：奔走效勞。下文言"往來"，義同。

㉒兹：此。謂上述百姓、王人、小臣、侯、甸諸人。　惟德稱：即惟德是舉，即上文"秉德"之意。稱，舉。

㉓用：以。　乂：安。　辟：君。

㉔一人：僞孔傳："一人，天子也。"　事：蔡沈《書集傳》："事，征伐會同之類。"　四方：天下。　案：此句，正始石經、内野本、神宮本等無"有"字，敦煌本作"故有一民事于四方"。

㉕若卜筮罔不是孚：蔡沈《書集傳》："如龜之卜，如蓍之筮，天下無不敬信也。"孚，通"符"，信。

㉖天壽平格：謂上天久長之命，殷之衆臣能推究知之，即前《大誥》

“能格知天命”之意。壽，久長，天壽指天久長之命。平，當即
“丕”，語助詞。格，推究，推度。　案：周公謂天命不能確知和信
靠，屢次自謙“不敢知曰”，此則稱讚殷有六臣能知天命，故可“保
乂有殷”，以此闡明賢臣的重要性。

㉗保乂：保安。保，安。乂，安定。又參前《多士》“亦惟天丕建，保
　乂有殷”注。

㉘有殷嗣：殷之嗣君，謂紂。

㉙天滅威：謂天滅其命。威，天威，即天命。

㉚永：長。　念：思，即上文言“念天威越我民”。

㉛則有固命：則有穩定不變之命。固，定。

㉜厥亂明我新造邦：其治理，乃顯明我周邦。厥，其。亂，治理。明，
　顯明，顯揚。新造邦，新建之國，謂周。

　　公曰：“君奭①，在昔上帝割申勸寧王之德，其集大命于厥
躬②？惟文王尚克修和我有夏③，亦惟有若虢叔，有若閎夭，有
若散宜生，有若泰顛，有若南宮括④。”

　　又曰：“無能往來⑤，茲迪彝教文王蔑德⑥，降于國人⑦。
亦惟純佑秉德⑧，迪知天威⑨，乃惟時昭文王⑩，迪見冒⑪，聞于
上帝⑫，惟時受有殷命哉⑬！武王惟茲四人尚迪有祿⑭，後暨
武王誕將天威⑮，咸劉厥敵⑯。惟茲四人昭武王，惟冒⑰，丕單
稱德⑱。今在予小子旦，若游大川⑲，予往，暨汝奭其濟⑳。小
子同未在位㉑，誕無我責㉒，收罔勖不及㉓，耇造德不降㉔，我則
鳴鳥不聞㉕，矧曰其有能格㉖！”

【校注】

　①君奭：敦煌本、神宮本無“奭”字。

　②“在昔上帝”二句：往昔之時上帝爲何一再觀察文王之德行，成就
　　天命於其身？“在昔”，今文作“昔在”，段玉裁《古文尚書撰異》

云："今本'在昔'，宋本'昔在'。疏云'往昔之時在上天'，則宜從'昔在'。"割，即"害"，"害"同"曷"，爲何。申，重，一再。勸，通"觀"，觀察。寧王，即文王，參前《大誥》"用寧王遺我大寶龜"注。集，就，成，《詩經·大雅·大明》"天監在下，有命既集"毛傳："集，就。"或訓"集"爲"降下"，亦通。後《文侯之命》亦云"惟時上帝，集厥命于文王"。大命，天命。躬，身。郭店楚簡《緇衣》有引《君奭》此句幾乎全同，作"昔才（在）上帝戡（割）紳（申）觀文王惪，其集大命于丮身"，"紳"通"申"，"惪"即"德"，"丮"即"厥"。可見今本《禮記·緇衣》引今文《君奭》"昔在上帝周田觀文王之德，其集大命于厥躬"中的"周田"乃誤。

③惟：以，因爲。 克：能。 修和：李學勤《清華簡〈祭公〉與師詢簋銘》謂當理解爲"調和"，協和。 我有夏：謂周。蓋周亦自謂以"夏"，以繼承夏而自居，後《立政》中周公亦勉勵成王"陟禹之跡"。又參前《康誥》"我區夏"、後《立政》"我有夏"注。

④"亦惟有若虢叔"五句：亦惟，亦因。有若，有其，有此。虢（guó）叔、閎（hóng）夭、散宜生、泰顛、南宮括，五人皆文王賢臣。虢叔，王季之子，文王之弟。《左傳》僖公五年："虢仲、虢叔，王季之穆也，爲文王卿士，勳在王室。"《墨子·尚賢上》："文王舉閎夭、泰顛於罝罔之中，授之政，西土服。"《史記·周本紀》載文王"禮下賢者，日中不暇食以待士，士以此多歸之……太顛、閎夭、散宜生、鬻子、辛甲大夫之徒皆往歸之"。太顛即泰顛。《國語·晉語四》謂文王即位後"咨于二虢，度于閎夭而謀於南宮"，南宮即南宮括，蓋即《論語·微子》以及湖北隨州春秋中晚期墓中出土與曾侯相關的器銘所言之"伯适（括）"，其中文峰塔春秋中晚期墓中曾侯與編鐘銘文云："伯适上庸，左右文、武，達殷之命，撫定天下。"但《清華大學藏戰國竹簡（叁）》中《良臣》篇分記南宮适、伯适爲二人，或乃誤分。

⑤無能往來：無賢臣往來效勞。“往來”，義同上文“矧咸奔走”之“奔走”。

⑥茲迪彝教文王蔑德：無賢臣遵法學習文王大德。此句承上句“無”字而言。茲，此，謂賢臣。迪，遵由。彝，法守。教，學，學習。蔑德，大德。《清華大學藏戰國竹簡（壹）》中《祭公之顧命》云：“我亦惟有若祖周公暨祖召公，茲迪襲學于文、武之曼德。”

⑦降于國人：謂無德降於國人。此句亦承前“無”字而言。

⑧亦惟：亦因。　純佑：即上文所云“天惟純佑命”之“純佑”，良佐賢臣。　秉德：即上文所云“百姓、王人罔不秉德明恤”之“秉德”，秉持德行。

⑨迪知天威：誠知天之威命。迪，誠。知，瞭解。天威，天命。又參前《大誥》“迪知上帝命”。

⑩惟：因。　時：是，此。　昭：同“紹”，佑助，輔佐。　案：後《文侯之命》有“克左右昭事厥辟”，“昭”在金文中又作“召”，康王時器大盂鼎銘文云“夙夕召我一人”，厲王時器師詢簋銘文云“用夾紹厥辟”，西周晚期器禹鼎銘文云“夾召先王”，師害簋銘文云“以召其辟”。

⑪迪見冒：誠得進顯亦勉力。迪，誠。見，即“顯”，顯用，任用。冒，即“勖”，勉力。

⑫聞于上帝：前《康誥》亦云“惟時怙冒，聞于上帝”。

⑬受有殷命：謂文王乃接受當初殷所受天命。

⑭武王惟茲四人尚迪有祿：武王有此四人尚可進用有祿。四人，偽孔傳：“虢叔先死，故曰四人。”皮錫瑞《今文尚書考證》：“古者稱死爲不祿、爲無祿，則生者爲有祿。云四人‘尚迪有祿’，則有一人無祿先死可知。《史記·周本紀》曰：‘武王克紂，其明日，除道修社。散宜生、太顛、閎夭皆執劍以衛武王。命南宮适散鹿臺之財，發鉅橋之粟，以振貧弱萌隸。命閎夭封比干之墓。’五人中獨不見虢叔，是虢叔先死之證。”迪，進用。

⑮暨：與，和。 誕：語助詞。 將天威：奉持上天的威罰之命。將，奉持。前《多士》云"將天明威"。

⑯咸：皆，都。一説"咸"即"减"，王引之《經義述聞》："咸者，减絶之名。……咸、劉皆减也，猶言'遏劉''虔劉'也。"减，殺。王説亦通。 劉：殺。 厥：其。

⑰冒：即"勖"，勉力。

⑱丕：乃。 單：大。 稱德：秉舉其德，即上文"罔不秉德明恤"之"秉德"、"惟兹惟德稱"之"德稱"意。

⑲若游大川：好像游渡大河。

⑳暨：與，和。 濟：渡過。

㉑小子：周公自謂。 同未：吴汝綸《尚書故》謂即"詷昧"，楊筠如《尚書覈詁》亦謂即"童昧"，亦即"童蒙"，均無知之意。此周公自謙。 在位：在執政之官位。

㉒誕無我責：未有督責我者。誕，語助詞。

㉓收罔勖不及：屈萬里《尚書集解》："罔勖不及，言己之所不及，罔有勖勉之者。"收，當爲"攸"，所。收、攸二字因聲形相近而誤。罔，無。勖，勉。

㉔耉（gǒu）造德：年老成德之人。此謂召公。耉，年老，長者。造，成。西周早期器麥方尊銘文云"終用造德"。造德蓋謂成德之人，後《立政》云"我則末惟成德之彦以乂我受民"。 不降：不降德於我。賢臣可降德於國人，則召公亦可降德於周公。

㉕我則鳴鳥不聞：我則不能聽到督責批評的聲音。吴汝綸《尚書故》："謂無友聲之可求也。"《詩經·小雅·伐木》："嚶其鳴矣，求其友聲。相彼鳥矣，猶求友聲。矧伊人矣，不求友生？"召公不悦，蓋有指責，周公則視之爲難得的友聲，虚心接納歡迎，以期與召公友好互助，相與共濟。

㉖矧（shěn）曰：猶"更何況説"。矧，況。又參前《商書·盤庚上》

“矧曰其克從先王之烈”注。　有：又。　格：即上文“格于皇天”
“格于上帝”之省。

　　公曰：“嗚呼，君，肆其監于兹：我受命無疆惟休，亦大惟
艱①。告君乃猷②，裕我不以後人迷③。”

　　公曰：“前人敷乃心④，乃悉命汝⑤，作汝民極⑥。曰：汝明
勖偶王⑦，在亶乘兹大命⑧，惟文王德丕承⑨，無疆之恤⑩！”

【校注】

①“肆其監于兹”三句：僞孔傳：“故其當視於此：我周受命無窮惟
　美，亦大惟艱難。”肆，故。監，視，看。或“監”即“鑒”，“鑒于兹”
　謂以此爲鑒，亦通。兹，此。無疆，無止境。休，美，吉。艱，内野
　本、神宮本、足利本作“難”。　案：前《召誥》亦云：“無疆惟休，亦
　無疆惟恤。”

②猷：謀。

③裕：同“欲”。　以：與。　後人：蓋謂成王。後文“前人”謂武
　王。　迷：迷誤。

④前人：謂武王。　敷乃心：陳其心意。敷，布，宣陳。乃，其。前
　《商書·盤庚下》亦云“敷心”，猶推心置腹以言。

⑤悉命汝：詳盡囑命於你。悉，詳盡。命，囑命。

⑥作汝民極：使你作民衆的準則。極，準則，表率。

⑦明勖：勉力。明、勖，皆勉也。　偶：助，協助。

⑧在：在於。一説“在”同“哉”，上屬，爲句末語辭，亦可通。　亶：
　誠。　乘：載，承載。　兹：此。

⑨惟文王德丕承：即“惟丕承文王德”。丕，大。或釋此“丕”爲
　“乃”，亦通。承，繼承。

⑩無疆之恤：即前《召誥》所云“無疆惟恤”，惟當憂無止境，深以爲
　憂。敦煌本無“之”字，九條本“之”作“維”。

公曰:"君,告汝朕允①。保奭②,其汝克敬③,以予監于殷喪大否④,肆念我天威⑤。予不允惟若兹誥⑥,予惟曰襄我二人,汝有合哉言⑦。曰在時二人⑧,天休滋至⑨,惟時二人弗戡⑩。其汝克敬德,明我俊民⑪,在讓後人于丕時⑫。嗚呼⑬!篤棐時二人,我式克至于今日休⑭?我咸成文王功于不怠、丕冒⑮。海隅出日⑯,罔不率俾⑰。"

公曰:"君,予不惠若兹多誥⑱,予惟用閔于天越民⑲。"

公曰:"嗚呼!君,惟乃知民德亦罔不能厥初,惟其終⑳。祗若兹㉑,往!敬用治㉒!"

【校注】

①朕:我。 允:誠。于省吾《尚書新證》謂"允"乃"兄"之訛。"告汝朕兄保奭"亦可通。

②保奭:太保奭,即召公。

③其:表希望語氣。 克:能。 敬:敬德。下文云"其汝克敬德"。前《召誥》亦云"不可不敬德"。

④以予監于殷喪大否:與我一起借鑒於殷之喪亡大亂。監,即"鑒",借鑒。大否,蔡沈《書集傳》:"大否,大亂也。"

⑤肆:長。 念:思。 天威:天之威命。上文云"永遠念天威"。

⑥予不允惟若兹誥:允,誠。若兹,如此。誥,告,謂告於召公。前《酒誥》亦云"予不惟若兹多誥"。

⑦"予惟曰"二句:"予惟曰"云云,郭店楚墓竹簡《成之聞之》引《君奭》此句,李學勤讀爲:"襄(曩)我二人,毋又(有)合才(在)音(言)。"以"襄"同"曩",毋(母)、女(汝)形近,才、在可通,謂往昔我二人,無有合在言,是說周公、召公二人曾言語有不合。曩,往時,以前。汝,當爲"毋"。哉,同"在"。

⑧時:是,此。 二人:周公與召公。敦煌本無"二"字。

⑨天休:天之美命。　滋:即“兹”,此。

⑩弗戡(kān):即“弗堪天休”,不能承受天之美命。戡,即“堪”,能承受。

⑪明:同“勉”,勖勉。　俊民:治理人民。參前《多士》“俊民甸四方”注。

⑫在:在於。　讓:同“襄”,襄助,輔佐。　後人:成王。　丕時:大美。丕,大。時,善,美。楊筠如《尚書覈詁》:“丕時,古成語。《詩·文王》:‘有周不顯,帝命不時。’不顯即丕顯,不時即丕時。時、承一聲之轉,《孟子》引《書》‘丕顯哉文王謨！丕承哉武王烈’,《詩·清廟》之‘不顯不承’,皆其例也。時、承皆有美義。”

⑬嗚呼:“嗚”上,敦煌本甲、内野本、神宮本、足利本等有“公曰”二字。

⑭“篤棐時二人”二句:于省吾《尚書新證》:“篤,猶‘誠’也。棐,即‘非’。時,是也。式,用也。言誠非是二人,我用能至於今日休乎？意謂誠非我二人,今日無休美之可言。”案:以此破人曰“惟時二人弗戡”之言。式,用,以。休,美。

⑮我咸成文王功于不怠、丕冒:謂我們不懈怠又大爲勉力,共同成就文王功業。咸,共同。丕,大。冒,即“勖”,勉力。

⑯海隅出日:鄭玄云:“四海之隅,日出所照。”猶謂“溥天之下”。隅,偏遠角落。

⑰罔不率俾:無不服從。俾,從。後《文侯之命》云“罔不率從”。

⑱惠:吳汝綸《尚書故》:“‘惠’者,詞之‘惟’也。‘予不惠若兹多誥’即‘予不惟若兹多誥’也。”據前之《酒誥》及本篇“不惟”與“惟”多前後相對成義,則此“不惠”即“不惟”,與後句“惟”相對。

⑲用:以。　閔:憂念。　越:與。

⑳“惟乃知民德”二句:僞孔傳:“惟汝所知民德亦無不能其初,鮮能有終。惟其終則惟君子。戒召公以慎終。”乃,汝,你。民德,民之

行。厥,其。《詩經·大雅·蕩》云:"天生烝民,其命匪諶;靡不有初,鮮克有終。"

㉑祇:敬。　若兹:如此。

㉒用:以。

蔡仲之命第十九　周書

【題解】

　　"蔡仲之命"謂對蔡仲的册封之命。鄭玄云《蔡仲之命》亡。今本此篇爲僞古文《尚書》25篇中第二十篇,爲《周書》第十九篇。蔡仲名胡,爲蔡叔度之子,《史記·管蔡世家》云:"武王既崩,成王少,周公旦專王室。管叔、蔡叔疑周公之爲不利於成王,乃挾武庚以作亂。周公旦承成王命伐誅武庚,殺管叔,而放蔡叔,遷之。……蔡叔度既遷而死。其子曰胡,胡乃改行,率德馴善。周公聞之,而舉胡以爲魯卿士,魯國治。於是周公言於成王,復封胡於蔡,以奉蔡叔之祀,是爲蔡仲。"本篇記述周初管蔡之亂平定後,周公任用蔡叔之子蔡仲,蔡仲能改父之過,敬遵祖先之德,遂將其册命於蔡爲君。册命之辭中,稱讚蔡仲能慎於道,勉勵他遵循先王彝訓,無違王命,希望他作爲諸侯,要惠愛人民,爲善敬德,勤勉於政,親睦四鄰,藩衛王室,和諧同姓,使下民安居樂業,且要善始善終。命辭多四字一句,簡明易曉,個别文句可見於《逸周書》《左傳》《史記》等文獻。

　　蔡叔既没①,王命蔡仲踐諸侯位②,作《蔡仲之命》③。

【校注】

　　①蔡叔:名度,爲周文王之子,周武王之弟。武王克殷之後,叔度封於蔡(今河南上蔡),稱蔡叔或蔡叔度。後管叔、蔡叔與武庚叛亂,

周公平叛後,誅殺管叔,流放蔡叔。　　没:死去。

②王:成王。　蔡仲:名胡,蔡叔度之子。　踐諸侯位:蔡仲受册命
　封於蔡(地或在今河南新蔡),即位爲蔡國之君。踐位猶即位。

③《蔡仲之命》:蔡沈《書集傳》謂此篇次序,當在《洛誥》之前。

蔡仲之命

　　惟周公位冢宰①,正百工②。群叔流言③,乃致辟管叔于
商④;囚蔡叔于郭鄰⑤,以車七乘⑥;降霍叔于庶人⑦,三年不
齒⑧。蔡仲克庸祗德⑨,周公以爲卿士⑩。叔卒⑪,乃命諸王⑫,
邦之蔡⑬。

【校注】

①惟:句首語助詞。　周公:周初重要大臣,名旦,周文王子,周武王
　弟。　位:在位,謂任職。　冢宰:官名,亦稱太宰,爲衆官之首。
　案:《左傳》定公四年云"周公爲太宰"。

②正百工:總領百官。正,總領。百工,百官。　案:《今本竹書紀
　年》載成王元年"命冢宰周文公總百官"。

③群叔:謂管叔、蔡叔、霍叔等。　流言:散布謠言。　案:前《金縢》
　云:"武王既喪,管叔及其群弟乃流言於國。"

④致辟:僞孔傳:"致法。謂誅殺。"辟,法。《左傳》襄公二十五年:
　"惟罪所在,各致其辟。"《史記·周本紀》云:"管叔、蔡叔群弟疑
　周公,與武庚作亂,畔周。"故周公誅之。　管叔:名鮮,文王之子,
　武王之弟,周公之兄,封於管(今鄭州附近),故又名管叔鮮。
　商:商地。管叔封於商地,爲"三監"之一。《清華大學藏戰國竹
　簡(貳)》中《繫年》云:"周武王既克殷,乃設三監于殷。"《史記·
　周本紀》:"武王爲殷初定未集,乃使其弟管叔鮮、蔡叔度相祿父
　治殷。"

⑤郭鄰：地名，不詳所在，或以爲當在蔡之境内。　案：《逸周書·作雒》：“降辟三叔，王子禄父北奔，管叔經而卒，乃囚蔡叔于郭淩。”

⑥以：與，給與。　案：《左傳》定公四年：“管、蔡啓商，惎間王室，王於是乎殺管叔而蔡蔡叔，以車七乘，徒七十人。”杜預注：“與蔡叔車、徒而放之。”

⑦霍叔：名處，封於霍。　案：《逸周書·作雒》云“建蔡叔、霍叔于殷，俾監殷臣”，鄭玄謂霍叔監於邶，其地舊説在河南湯陰。

⑧不齒：不參與年齒排列，即剥奪按年齒順序參與各類社會政治事務的權利。僞孔傳：“三年之後乃齒録，封爲霍侯。子孫爲晉所滅。”

⑨克庸祇德：能遵用敬行先祖文王之德。克，能。庸，用。祇，敬。

⑩周公以爲卿士：《左傳》定公四年：“其子蔡仲，改行帥德，周公舉之，以爲己卿士。”杜預注：“爲周公臣。”《史記·管蔡世家》：“周公聞之，而舉胡以爲魯卿士。”

⑪叔卒：蔡叔度死。

⑫命諸王：謂蔡仲受册命於王。

⑬邦之蔡：建國於蔡。邦，國，此作動詞。　案：《左傳》定公四年云：“見諸王，而命之以蔡。”

王若曰①：“小子胡②！惟爾率德改行③，克慎厥猷④。肆予命爾侯于東土⑤。往即乃封⑥，敬哉！爾尚蓋前人之愆⑦，惟忠惟孝⑧。爾乃邁迹自身⑨，克勤無怠⑩，以垂憲乃後⑪。率乃祖文王之彝訓⑫，無若爾考之違王命⑬。皇天無親，惟德是輔⑭。民心無常，惟惠之懷⑮。爲善不同，同歸于治⑯；爲惡不同，同歸于亂。爾其戒哉⑰！慎厥初，惟厥終，終以不困⑱；不惟厥終，終以困窮。懋乃攸績⑲，睦乃四鄰⑳，以蕃王室，以和兄弟㉑，康濟小民㉒。率自中㉓，無作聰明亂舊章。詳乃視聽㉔，罔以側言改厥度㉕，則予一人汝嘉㉖。”

王曰:"嗚呼,小子胡,汝往哉！無荒棄朕命㉗。"

【校注】

①若:如此。

②小子:相對於先祖先父,對後人的一種稱呼。又參前《康誥》"小子封"注。　胡:蔡仲之名。

③爾:你。　率德:遵行祖先之德。　改行:謂改而不有其父之惡行。

④克:能。　厥:其。　猷:教導。

⑤肆:故。　予:我。　命:册命。　侯:爲諸侯。　東土:蔡地在東,故謂之東土。

⑥即:就,就國。　乃:你的。　封:封國。

⑦尚:當。　蓋:掩蓋。　前人:謂其父蔡叔度。　愆(qiān):過錯。謂違王命。《左傳》定公四年云:"胡,無若爾考之違王命也。"下文亦云:"率乃祖文王之彝訓,無若爾考之違王命。"　案:本句,内野本、神宫本等無"人"字。

⑧惟忠惟孝:僞孔傳:"子能蓋父,所以爲惟忠惟孝。"

⑨爾乃邁迹自身:你要自己邁步前行。乃,其,表希望語氣。邁迹,邁步。

⑩無怠:不懈怠。"怠"與"勤"相反。

⑪垂憲:垂法。垂,垂示。憲,法。　乃後:你的後代。

⑫率:遵循。　乃祖:你的祖父。　彝訓:常訓,法教。　案:前《酒誥》云"聰聽祖考之彝訓"。後《君牙》云"率乃祖考之攸行"。

⑬考:父。謂蔡叔度。

⑭皇天無親,惟德是輔:僞孔傳:"天之於人,無有親疏,惟在德者,則輔佑之。"敦煌本、九條本、内野本、神宫本"是"作"之"。　案:《左傳》僖公五年:"《周書》曰:'皇天無親,惟德是輔。'"

⑮民心無常,惟惠之懷:民心所歸無有常主,惟歸向惠愛自己的人。

之,是。懷,歸向。

⑯爲善不同,同歸于治:言人爲善雖各有不同,但卻同歸於治。"治"
　與下句"亂"相對。

⑰戒:戒懼。

⑱慎厥初,惟厥終,終以不困:慎其始,思其終,終將不困。初,始。
　惟,思,念。　案:《左傳》襄公二十五年:"《書》曰:'慎始而敬終,
　終以不困。'"

⑲懋:同"茂",大,盛。　乃:你的。　攸績:所成之功。攸,所。績,功。

⑳睦:親睦。

㉑以蕃王室,以和兄弟:僞孔傳:"以蕃屛王室,以和協同姓之邦。"
　蕃,同"藩",藩衞。　案:《左傳》襄公二十九年:"堅事晉、楚,以
　蕃王室也。"

㉒康濟小民:僞孔傳:"汝爲政當安小民之居,成小民之業。"康,安。
　濟,成。

㉓率自:循用。率,遵循。自,由。　中:標準,法度,謂下句之"舊
　章",指先王之成法典章。前《微子之命》云"率由典常",《詩經·
　大雅·假樂》云"率由舊章","率由"即此"率自","典常""舊章"
　即此"中"。

㉔詳:審慎,詳審。　視聽:所見所聽。

㉕以:因。　側言:一偏之言。側,偏。　改厥度:改其法度。

㉖予一人:自稱之辭。　汝嘉:即"嘉汝",嘉讚你。

㉗荒棄:荒廢。　案:前《商書·盤庚中》云:"明聽朕言,無荒失
　朕命。"

成王政

成王東伐淮夷①,遂踐奄②,作《成王政》③。

【校注】

①伐:征伐。　淮夷:居於淮水流域的夷人。參前《夏書·禹貢》"淮夷蠙珠暨魚"注。

②踐:同"剪",剪滅。　奄:東方之國,亦稱蓋,故地在今山東曲阜。奄在周初參與反叛活動,故成王、周公剪滅之。鄭玄云奄國在淮夷之北。淮夷之北亦即魯地所在。

③《成王政》:即《成王征》,政,同"征",征伐。僞孔傳:"爲平淮夷徙奄之政令。"可備一説。鄭玄云《成王政》亡。

將蒲姑

成王既踐奄,將遷其君於蒲姑①,周公告召公,作《將蒲姑》②。

【校注】

①蒲姑:亦作"薄姑",地名,在今山東博興縣。　案:敦煌本、九條本、内野本、神宮本"蒲姑"前無"於"字。

②《將蒲姑》:將,行,遷行。鄭玄云《將蒲姑》亡。

多方第廿　周書

【題解】

　　“多方”意謂衆多方國，即本篇序中所謂的“庶邦”，篇名蓋源自篇首“猷告爾四國、多方”。《史記·周本紀》：“成王自奄歸，在宗周，作《多方》。”本篇亦爲誥體，其作成年代尚無定論，篇中有“乃自時洛邑”云云，當在營建洛邑之時或之後，僞孔傳謂在成王親政第二年。本篇記述周公發布王命，對衆方國和殷之諸侯及其官長教而告之，追述此前夏、商的成敗，關鍵在於重民、慎法，當然，强調遵從天命仍是貫穿全文的主綫。天命之轉移，由夏至商，由商至周，皆因夏、商君主最後都敗壞天命，淫逸享樂，故天使其喪亡，而其他方國諸侯，無可堪任大命，唯有周王敬天愛民，其德堪之，故統治天下。篇中勉勵衆方國與殷之諸侯、官長順從天命，夾輔周室，和睦衆人，敬其職位，如此才能繼續保有其土地、房屋，並警告他們若不聽從教令，放縱邪惡，則將被驅離土地，大受懲罰。蘇軾《東坡書傳》云：“自《大誥》《康誥》《酒誥》《梓材》《召誥》《洛誥》《多士》《多方》八篇，雖所誥不一，然大略以殷人心不服周而作也。予讀《泰誓》《牧誓》《武成》，常怪周取殷之易，及讀此八篇，又怪周安殷之難也。《多方》所告不止殷人，乃及四方之士，是紛紛焉不心服者非獨殷人也。”由此可見，周初實行的封建統治，在一開始並不穩定，故周之統治者對屢屢不安分不服從的一些方國，再三教導之，征伐之，恩威並用,這其中周公無疑是一個關鍵人物,因此他的誥辭也在《周書》中分量最重。

成王歸自奄①,在宗周誥庶邦②,作《多方》。

【校注】

①成王:周成王,名誦,周武王之子,繼武王而立。　歸自奄:從奄歸來。奄,東方之國,亦稱蓋,故地在今山東曲阜。《成王政》序云:"成王東伐淮夷,遂踐奄。"

②宗周:鎬京,故地在今陝西西安西南。　誥:告。　庶邦:衆方國諸侯。

多　方

惟五月丁亥①,王來自奄②,至于宗周③。

周公曰④:"王若曰⑤:猷告爾四國多方惟爾殷侯尹民⑥,我惟大降爾命⑦,爾罔不知⑧。洪惟圖天之命⑨,弗永寅念于祀⑩。

"惟帝降格于夏⑪,有夏誕厥逸⑫,不肯慼言于民⑬,乃大淫昏,不克終日勸于帝之迪⑭,乃爾攸聞⑮。厥圖帝之命⑯,不克開于民之麗⑰,乃大降罰⑱,崇亂有夏⑲,因甲于内亂⑳,不克靈承于旅㉑,罔丕惟進之恭㉒,洪舒于民㉓。亦惟有夏之民,叨懫日欽,劓割夏邑㉔。

【校注】

①五月丁亥:五月丁亥這天。但在何年,衆説不一:(1)僞孔傳謂在周公歸政成王執政的第二年,蔡沈《書集傳》亦承此説,參後"今爾奔走臣我監五祀"注。(2)楊筠如《尚書覈詁》據本篇"奔走臣

我監五祀”，謂當在成王改元執政的第五年，也即成王即位第十一年。但“奔走臣我監”爲何要從成王改元算起，亦並無堅實理由。（3）顧頡剛、劉起釪《尚書校釋譯論》據《尚書大傳》“三年踐奄”、鄭玄之説等謂在周公攝政三年，此蓋以“奔走臣我監五祀”爲武王滅殷設三監開始，兩年後，武王死去，成王即位，周公攝政，至攝政第三年，總爲五年。未知孰是，今暫依僞孔傳之説。

②王：蔡沈《書集傳》：“成王即位之明年，商奄又叛，成王征滅之。”以周公歸政後乃成王伐奄，謂王即成王。以此年爲周公攝政“三年踐奄”爲説者，則謂王爲周公。

③宗周：鎬京。篇中所告有“殷多士”，故亦有以此“宗周”爲洛邑者。參蔡沈《書集傳》引呂氏曰。

④周公：周初重要大臣，名旦，周文王子，周武王弟。成王年幼即位後周公攝政七年，後歸政於成王。

⑤王若曰：此周公代成王言，故言王如此説。若，如此。

⑥猷告：謂教而告之。猷，教導。　四國：四方。　多方：衆多方國，此謂方國之君。　惟：與，及。　殷侯：殷之諸侯。　尹民：蓋即前《酒誥》之“尹人”，亦即《康誥》之“正人”，行政官長。或如王國維《古史新證》説“尹民”爲“尹氏”之誤。尹氏，官名，參前《大誥》“越尹氏、庶士、御事”注。　案：以前綴之“爾”及連詞之“惟”觀之，“四國多方”與“殷侯尹民”爲兩類，前一類蓋爲被周征服或被周册封的四方方國之君，後一類爲殷或過去屬殷的諸侯及其官長。

⑦我惟大降爾命：我大下教令於你等。降，下，下達。命，教令。義同下文“我惟大降爾四國民命”，前《多士》亦云“予大降爾四國民命”。

⑧爾罔不知：你們無不知之。

⑨洪惟：爲“矧惟”之訛誤。矧惟，意即亦惟，又惟。詳參前《大誥》

"洪惟我幼沖人"注。　圖:吳汝綸《尚書故》謂圖、度相通,"度"同"斁(dù)",如前《洪範》"彝倫攸斁"訓"敗":"圖天之命,敗天之命也。"又,于省吾《尚書新證》謂"圖"爲"啚"之訛字,金文"圖"作"啚":"洪惟圖天之命,言鄙棄天命也。"可備一説。

⑩永:長,久。　寅:敬。　祀:祭祀。　案:"洪惟"二句,謂汝等敗壞天命,也不長久敬念於祭祀之事。

⑪帝:天。　降格:楊筠如《尚書覈詁》:"降格,謂來享也。此指夏之先世得天命之意。"降,下。格,來,至。前《多士》亦云"則惟帝降格嚮于時夏"。

⑫誕厥逸:乃逸樂。誕,乃。厥,其。逸,逸樂。

⑬不肯慼言于民:王先謙《尚書孔傳參正》:"不肯有憂慼之言及於其民,謂不卹民。"慼,憂。楊筠如《尚書覈詁》:"言,辭之間也,與'然'字、'焉'字並同。"則"不肯慼言于民"即"不肯慼于民",謂不肯憂民。亦通。

⑭"乃大淫昏"二句:王先謙《尚書孔傳參正》:"言桀乃大淫佚昏亂,不能有一日勤勉於天之道。"淫昏,淫佚昏亂。不克終日,不能終其一日,謂常懈怠。勤,勉,盡力。迪,道。

⑮乃爾攸聞:此乃你們所知。攸,所。

⑯圖帝之命:義同上"圖天之命",敗天之命。

⑰不克開于民之麗:不能開釋觸犯刑法之民。克,能。開,釋,開釋。麗,附,此謂麗於法網者。後《吕刑》云"越兹麗刑","匪察于獄之麗"。

⑱乃大降罰:謂夏王卻大下刑罰於民。

⑲崇:同"終",最終。

⑳因甲于内亂:鄭玄云:"習爲鳥獸之行,於内爲淫亂。"甲,即"狎",狎習。

㉑靈:善。　承:承保,奉養。　旅:衆,民衆。　案:前《商書·盤庚

中》云:"古我前后,罔不惟民之承保。"

㉒罔丕:無不。此"丕"即"不"。　惟進之恭:即"惟進是恭",要求上供財賄。"進"同"賮",財。之,是,敦煌本、九條本、内野本、神宮本無"之"字。"恭"同"共",供奉,具也。

㉓洪:大。　舒:同"荼",荼毒,毒害。

㉔"亦惟有夏之民"三句:孫星衍《尚書今古文注疏》:"亦惟夏民貪戾日興。謂上有好者,下必其甚也。殘害夏邑,如《湯誓》所云'率割夏邑',《吕氏春秋·慎大篇》云'桀爲無道,暴戾貪頑,天下顚恐而患之'是也。"叨(tāo),即"饕",貪也。愬(zhì),亦作"蟄(chì)",忿戾。日,日日。欽,同"廞(xīn)",興。剿割,殘傷。夏邑,夏國。

　　"天惟時求民主①,乃大降顯休命于成湯②,刑殄有夏③。惟天不畀④,純乃惟以爾多方之義民不克永于多享⑤,惟夏之恭⑥;多士大不克明保享于民⑦,乃胥惟虐于民⑧,至于百爲⑨,大不克開⑩。

　　"乃惟成湯,克以爾多方簡代夏作民主⑪,慎厥麗,乃勸⑫;厥民刑,用勸⑬。以至于帝乙⑭,罔不明德慎罰,亦克用勸;要囚、殄戮多罪⑮,亦克用勸;開釋無辜⑯,亦克用勸。今至于爾辟⑰,弗克以爾多方享天之命⑱。嗚呼!

【校注】

①惟時:因此。　民主:民之主,民之君。

②顯休命:顯明美善之天命。　成湯:即湯,殷墟甲骨文作"唐",商朝第一代王,名履,又稱大乙,周人稱之爲成湯。

③刑:刑殺。　殄(tiǎn):消絶。

④不畀(bì):不與天命。畀,與,給。前《多士》亦云"惟天不畀","惟帝不畀"。

⑤純：全，皆。　以：因爲。　義民：奸邪之民。義，與"俄"同，邪。　不克永于多享：不能長久豐富地獻享上天。永，長，久。享，獻享，進享。此照應上所云"弗永寅念于祀"。

⑥恭：供。　案："惟天不畀"三句，謂上天不再給夏國天命，全因衆方國奸邪之民不能長久豐富地獻享上天，而貢獻給夏國。

⑦多士：衆士，謂衆官吏。　明：勉，勉力。　保享于民：保而養其民。

⑧乃：卻。　胥：皆。　虐于民：暴虐其民。

⑨至于百爲：僞孔傳："至於百端所爲。言虐非一。"

⑩開：釋，開釋。"不克開"義同上文"不克開于民之麗"。

⑪以：率領。　簡：揀，選。謂爲天所選。

⑫慎厥麗，乃勸：謂湯慎其刑罰，乃以之勸勉其民。

⑬厥民刑，用勸：謂湯用刑於民，亦用以勸勉其民。

⑭帝乙：商最後一代國君紂之父。

⑮要（yāo）囚：拘執，囚禁。又參前《康誥》"要囚"注。　殄戮：殺戮。　多罪：罪多之人，猶今言罪大惡極者。

⑯無辜：無罪。

⑰爾辟：你們的君主，謂商紂。辟，君。

⑱享天之命：享有天命。"享"上，内野本、神宮本、足利本等有"其"字。

"王若曰①：誥告爾多方②，非天庸釋有夏③，非天庸釋有殷，乃惟爾辟以爾多方大淫④，圖天之命，屑有辭⑤。乃惟有夏，圖厥政⑥，不集于享⑦，天降時喪⑧，有邦間之⑨。乃惟爾商後王⑩，逸厥逸⑪，圖厥政，不蠲烝⑫，天惟降時喪。

"惟聖罔念作狂，惟狂克念作聖⑬。天惟五年須暇之子孫誕作民主⑭，罔可念聽⑮。天惟求爾多方，大動以威，開厥顧天⑯,惟爾多方,罔堪顧之⑰。惟我周王,靈承于旅,克堪用德⑱,惟典神天⑲,天惟式教我用休⑳,簡畀殷命㉑,尹爾多方㉒。

【校注】

①王若曰:本篇第二次出現的這個"王若曰",陳夢家《尚書通論·王若曰考》謂乃王的第二個誥命。又參前《多士》第二個"王若曰"注。

②誥告:猶下文"我惟時其教告之"之"教告",以教令告之。

③庸釋:捨棄。參前《君奭》"天不庸釋于文王受命"注。又,馬楠《周秦兩漢書經考》謂"釋"讀爲"彝倫攸斁"之"斁",訓爲"敗",亦可通。

④淫:淫佚。"大淫"與上文"乃大淫昏"類同。

⑤屑:多。"屑"從尸肖聲,底本從俗作"屑",段玉裁《説文解字注》:"俗從肖,非。"今正爲"屑"。　　有辭:有惡辭,没有好名聲。

⑥圖厥政:敗壞其政事。圖,同"斁",敗壞。

⑦不集于享:不成于享,謂不能享天之命。集,就,成。

⑧時:是,此。　　喪:喪亡,滅亡。前《酒誥》云"天降喪于殷"。

⑨邦:國,謂殷國。　　間:代替。

⑩商後王:謂商紂。

⑪逸厥逸:樂其所樂。逸,逸樂。

⑫不蠲(juān)烝:孫星衍《尚書今古文注疏》:"言無明德升聞于天。"蠲,顯明,此謂明德,《左傳》襄公十四年"惠公蠲其大德"杜預注:"蠲,明也。"烝,上升。

⑬"惟聖罔念作狂"二句:雖聖明之人,不念天命,則成爲狂愚之人;雖狂愚之人,能念天命,則成爲聖明之人。惟,同"雖"。聖,聖明之人。念,心念天命,前《君奭》有"弗永遠念天威","肆念我天威",天威謂天之威命。作,爲。狂,與"聖"相對,狂愚之人。

⑭"天惟五年"句:上天以五年時間等待寬暇其子孫真正作民之主。
惟,以。須,等待。暇,寬暇,寬裕。之,其。子孫,謂商紂。誕,語
助詞。五年,從文王受命第七年至第十一年。據《史記》《尚書大
傳》,文王受命七年而崩,文王受命第十一年武王伐紂滅商。

⑮罔可念聽:謂商之子孫紂不顧念亦不聽從天命。前《多士》云"惟
時天罔念聞","念聽"即"念聞"。

⑯"天惟求爾多方"三句:王先謙《尚書孔傳參正》:"言天求衆方之
有德者,大動威以誅紂,而啓其能顧諟天命者。"求,尋求,尋求其
堪爲民之主者。大動以威,猶大顯天威。開,啓迪,開導。厥,其,
謂多方。顧天,顧念天威。

⑰堪:勝任。

⑱克堪用德:以其德而能够勝任。克,能。堪,勝任。用,以。

⑲典:法,遵法。　神:神明。　天:天命。

⑳式:用,任用。　教:教導。　用:以。　休:休命,天之美命。

㉑簡畀殷命:揀選我而授予我殷之天命。簡,同"柬",揀選。

㉒尹:統治。

　　"今我曷敢多誥①,我惟大降爾四國民命②,爾曷不忱裕
之于爾多方③?爾曷不夾介乂我周王享天之命④?今爾尚宅
爾宅⑤,畋爾田⑥,爾曷不惠王熙天之命⑦?爾乃迪屢不静⑧,
爾心未愛⑨,爾乃不大宅天命⑩,爾乃屑播天命⑪,爾乃自作不
典⑫,圖忱于正⑬,我惟時其教告之⑭,我惟時其戰要囚之⑮,至
于再,至于三⑯。乃有不用我降爾命⑰,我乃其大罰殛之⑱!
非我有周秉德不康寧⑲,乃惟爾自速辜⑳。"

【校注】

①曷:何。　多誥:多次誥教。

②命:教令。

③爾曷不忱裕之于爾多方：于省吾《尚書新證》：“‘忱’即‘諶’，詳
　《大誥》‘天棐諶辭’條，《爾雅·釋詁》：‘諶，信也。’‘之’指上句
　‘降爾四國民命’言。”裕，同“欲”。句謂你們爲何不信我欲將大
　下教令於四國多方。

④夾介：夾輔。　　乂：保乂，保而安之。前《多士》云“保乂有殷”，此
　則保乂我周王。

⑤尚：還，仍然。　　宅爾宅：居住在你們自己的住宅。前一“宅”字，
　用作動詞，居住。

⑥畋爾田：耕種你們自己的田地。畋，耕田。

⑦惠：助。　　熙：光，光大。

⑧乃：卻。　　迪屢不静：教導多次仍不安分。迪，教導。屢，屢次，多
　次。静，安。前《康誥》云：“今惟民不静，未戾厥心，迪屢未同。”

⑨愛：惠，《爾雅·釋言》：“惠，順也。”

⑩宅天命：念慮天命。宅，度，念慮，顧念。前《康誥》云：“亦惟助王
　宅天命。”

⑪屑：多，全。　　播：散，棄。　　案：天命可集，可就而成之，如前《君
　奭》云“其集大命于厥躬”，則天命亦可散，可散而棄之。

⑫作：爲。　　不典：不法，謂不遵法天命。此與上文云周王“惟典神
　天”正相反。

⑬圖忱于正：在政事上敗壞誠信。圖，同“斁”，敗壞。忱，誠，信。
　正，同“政”，政事。上文兩言“圖厥政”。前《康誥》云“勿用非謀
　非彝蔽時忱”，“圖忱”即“蔽時忱”，謂敗其誠信。

⑭時：是，此。　　教：教導。　　告：訓告。

⑮戰：征戰，征伐。　　要囚：拘囚。　　案：此謂於爾多方，我教導訓
　告，我征伐拘囚。

⑯至于再，至于三：謂再三多次。再，兩次。三，三次。

⑰乃：若，如果。　　用：聽從，聽行。　　降：下，下達。　　命：令，教令。

⑱罰殛(jí)：誅罰。前《康誥》亦云"爽惟天其罰殛我"。

⑲非我有周秉德不康寧：秉德，奉持德行。康寧，安寧。敦煌本、九
條本、内野本、神宮本等無"寧"字。前《多士》亦云"非我一人奉
德不康寧"，"秉德"即"奉德"。

⑳惟：因爲。　自速辜：自己招致禍罪。速，招。辜，罪。前《酒誥》
亦云："天非虐，惟民自速辜。"

　　王曰："嗚呼！猷告爾有方多士暨殷多士①，今爾奔走臣
我監五祀②，越惟有胥伯小大多正③，爾罔不克臬④。自作不
和，爾惟和哉！爾室不睦，爾惟和哉⑤！爾邑克明⑥，爾惟克勤
乃事⑦。爾尚不忌于凶德⑧，亦則以穆穆在乃位⑨，克閱于乃
邑謀介爾⑩。乃自時洛邑⑪，尚永力畋爾田⑫，天惟畀矜爾⑬，
我有周惟其大介賚爾⑭，迪簡在王庭⑮。尚爾事⑯，有服在大
僚⑰。"

　　王曰："嗚呼！多士！爾不克勸忱我命⑱，爾亦則惟不克
享，凡民惟曰不享⑲。爾乃惟逸惟頗⑳，大遠王命㉑，則惟爾多
方探天之威㉒，我則致天之罰，離逖爾土㉓！"

　　王曰："我不惟多誥，我惟祗告爾命㉔。"

　　又曰："時惟爾初㉕，不克敬于和㉖，則無我怨㉗。"

【校注】

①猷：教導。　有方多士：方國衆官吏。　暨：及，與。　殷多士：即
前《多士》"殷遺多士"，殷所遺留下來的衆官吏。

②奔走：奔走效勞。參前《君奭》"矧咸奔走"注。　臣我監：臣服於
我周國。監，國，此謂周。"臣我監"猶前《多士》"臣我宗"之
義。　五祀：五年。蔡沈《書集傳》："言商士遷洛，奔走臣服我
監，於今五年矣。"蓋從周公攝政五年營建洛邑，遷殷民多士於此
奔走效勞，至此成王執政二年，共五年。又，《尚書大傳》及鄭玄謂

武王滅殷設三監,兩年後,武王死去,成王即位,周公攝政,至此攝政第三年,共爲五年。參上"惟五月丁亥"注。

③越惟有胥伯小大多正:《尚書大傳》引作"越維有胥賦小大多政"。于省吾《尚書新證》謂句意爲:徭賦大大小小各種征調。越,語助詞。胥,徭役。伯,通"賦",二字古聲同,可通,徭賦。江聲《尚書集注音疏》:"此言'胥賦'猶彼言'徭賦'也。"正,同"征",征調。

④爾罔不克臬:爾等無不能遵守法令。臬,法度。

⑤"自作不和"四句:孫星衍《尚書今古文注疏》:"言汝自作不和,今惟和哉。汝室有不和者,亦惟和之。"蔡沈《書集傳》:"和其身,睦其家,而後能協於其邑。"自,自身。作,爲。和,和諧。室,家。睦,和睦。

⑥爾邑克明:汝邑之人皆能勉力。明,勉,勉力。周秉鈞《尚書易解》謂"明"爲"政治清明",亦可備一説。

⑦勤:勤勉。 乃:你的。 事:職事。

⑧尚:當。 忌:楊筠如《尚書覈詁》:"忌,《説文》作'誋'。《玉篇》:'誋,謀也。''誋'與'誋'同。《釋詁》:'基,謀也。'亦'誋'之假字。謂不謀于凶德耳。" 凶德:惡行。

⑨以:因此。 穆穆在乃位:謂能在其位肅敬其事,即上"勤乃事"之意。穆穆,肅敬之貌。

⑩克閲于乃邑謀介爾:謂我乃能於汝邑中簡閲之,在你們之中謀求之。閲,簡閲,簡視。介,求。

⑪自:在,於。 時:此。

⑫永:永久。 力:努力。

⑬天惟畀(bì)矜爾:僞孔傳:"天惟與汝、憐汝。"畀,與,賜。矜,憐憫。前《多士》亦云:"爾克敬,天惟畀矜爾。"

⑭介賚:賜予。介,楊筠如《尚書覈詁》:"'介'與'匃'古通……《廣

雅》：‘匄，求也。’又曰：‘匄，予也。’蓋相反爲訓，因求而予之亦謂
之匄。《詩·既醉》‘介爾景福’，謂予爾景福也。《漢書·廣川惠
王越傳》‘盡取善繪，匄諸宮人’，謂予諸宮人也。則介、賚並‘與’
之義。”案：《詩經·周頌·酌》云“是用大介，我龍受之”，介亦賜
予之意，“龍”通“寵”。賚，賜與。楊説爲是。

⑮迪簡在王庭：進用選拔於王庭之中。迪，進用。簡，選拔。在，於。
王庭，周王朝廷。前《多士》云：“夏迪簡在王庭，有服在百僚。”

⑯尚：尊尚，重視。《集韻·漾韻》：“尚，貴也。” 事：職事。

⑰服：供職，服事。 僚：官。

⑱勸：勉力，努力。 忱：信，謂聽從。 命：教令。

⑲“爾亦則惟不克享”二句：謂不惟你們多士不能享有禄命，凡所有
你們的人民也不能享有禄命。

⑳乃：若，如果。 逸：逸樂。 頗：邪惡。

㉑遠：背離。

㉒探：取。 天之威：天之威命。此謂威罰。 案：“探天之威”猶今
所謂自取滅亡。

㉓離逖（tì）爾土：遠離你們的土地。謂將他們從其土地上驅趕到遠
方。離，離開。逖，遠。

㉔祗：敬，慎重。

㉕時惟爾初：這是你們新的開始。蔡沈《書集傳》：“與之更始，故曰
時惟爾初也。”時，是，此。初，始。此句，僞孔傳連下作一句，讀爲
“時惟爾初不克敬于和”，釋爲：“惟汝初不能敬于和道，故誅汝，
汝無我怨。”王先謙《尚書孔傳參正》釋“時惟爾初”爲“是惟汝有
方多士初聽我誥也”。今皆不取。

㉖敬于和：敬與和。于，與。王先謙《尚書孔傳參正》：“上文告殷多
士以‘穆穆在位’，望其克敬也；又告以‘爾惟和哉’，望其克和也。
爾有方多士，亦同此意，若不克敬與和，則我致天之罰，令在必行，

汝無我怨也。"

㉗則無我怨：則不要怨我。謂將懲處之，即上所云"我則致天之罰，
　離逖爾土"。

立政第廿一　周書

【題解】

　　“立政”意謂設立官長，即文中所云“立民長伯”，篇中亦屢言“立政”，“政”同“正”，謂官長。王引之《經義述聞》：“不知‘政’爲‘正’之假借，而以爲政治之‘政’，於是《立政》一篇，遂全失其指。《史記·魯周公世家》曰‘周之官政未次序，於是周公作《周官》，官別其宜，作《立政》，以便百姓’，則誤以爲政治之‘政’者，自子長已然矣。”本篇主要内容是周公誡成王及其大臣、左右，闡述設立官長特别是選任常伯、常任、準人三官的重要性，夏之賢王、殷之成湯，均能敬事上帝之命，爲民立官長，故皆統有天下。周之文、武更是如此，且真正明暸所任人之心，使有德之人各就三官之位，其他内外官長也都任用俊才。若像桀、紂那樣，不遵守舊法，任用殘暴、逸樂之行的邪惡之人，則將受天之罰，失去天命。周公特别告誡成王，要傚法文王，不要干涉三官職事，尤其是刑獄之事，要交任專門的司法官員處理，不僅懂於刑，亦且慎於兵，如此才能將文、武的事業發揚光大，統有天下，無人不服。篇中涉及職官之名甚多，但一些重要的職官在名稱上似乎也還不太固定，這些都是研究西周早期職官的重要材料。《清華大學藏戰國竹簡(拾)》中《四告》(一)部分内容可與本篇參照對讀。

　　周公作《立政》①。

【校注】

　①周公：周初重要大臣，名旦，周文王子，周武王弟。成王年幼即位
　　後周公攝政七年，然後歸政於成王。　　作《立政》：《史記·周本
　　紀》：“既絀殷命，襲淮夷，歸在豐，作《周官》，興正禮樂，度制於是
　　改，而民和睦，頌聲興。”不言作《立政》。《史記·魯周公世家》：
　　“成王在豐，天下已安，周之官政未次序，於是周公作《周官》，官
　　別其宜，作《立政》，以便百姓，百姓説。”兩相比較，《魯周公世家》
　　增加的内容是“官別其宜，作《立政》”，則太史公亦以《立政》爲建
　　立官長、分其職事。

立　政

　　周公若曰①：“拜手稽首②！告嗣天子王矣③。”用咸戒于
王④，曰王左右常伯、常任、準人、綴衣、虎賁⑤。
　　周公曰：“嗚呼！休兹知恤⑥，鮮哉⑦！古之人迪惟有
夏⑧，乃有室大競籲俊⑨，尊上帝⑩，迪知忧恂于九德之行⑪。
乃敢告教厥后曰‘拜手稽首，后矣⑫’，曰‘宅乃事，宅乃牧，宅
乃準⑬，兹惟后矣⑭’。謀面⑮，用丕訓德⑯，則乃宅人⑰，兹乃
三宅無義民⑱。桀德惟乃弗作往任⑲，是惟暴德⑳，罔後㉑。

【校注】

　①若曰：如此説。蔡沈《書集傳》：“此篇周公所作，而記之者周史
　　也，故稱‘若曰’。”
　②拜手稽首：跪而拱手、頭俯至於手曰拜手，亦曰拜；跪而俯身且叩
　　首至地並停留曰稽首；拜手、稽首兩個動作連起來，就是拜手稽
　　首。在此爲禮節用語。參前《洛誥》“拜手稽首曰”注。

③嗣天子王：謂成王。成王爲武王之子，年幼即位後周公攝政，此時周公已歸政成王，成王爲天子稱王。嗣，繼嗣。

④用：以。 咸：即“箴”，諫誡。吴汝綸《尚書故》謂“咸”爲“箴”之借字，楊筠如《尚書覈詁》亦云：“咸，疑即‘箴’之假借字，《左傳》杜注：‘箴，誡也。’字通作‘鍼’，襄二十四年《公羊傳》‘陳咸宜咎’，《釋文》：‘咸，本亦作鍼。’是箴、鍼、咸古皆通用。”又參下“咸告孺子王”注。

⑤曰：同“越”，及，與。 常伯、常任、準人、綴衣、虎賁：蔡沈《書集傳》：“王左右之臣有牧民之長曰常伯，有任事之公卿曰常任，有守法之有司曰準人；三事之外，掌服器者曰綴衣，執射御者曰虎賁。”伯，與“牧”同。任，事也。準，《隸釋》中漢石經作“辟”，法也。綴衣，因掌王之綴衣（衣服）而名其官；虎賁，亦因掌王之虎賁（衛士）而名其官。林之奇《尚書全解》：“下文所謂‘宅乃事’即此‘常任’也，‘宅乃牧’即此‘常伯’也，‘宅乃準’即此‘準人’也。……至於綴衣、虎賁，朝夕與王處，苟非其人，則王德以之而蠱。”故周公特在此誡於諸官。楊筠如《尚書覈詁》：“常伯、常任、準人，疑即三司之别名。下文‘宅乃事，宅乃牧，宅乃準’，又曰‘任人、準夫、牧作三事’，三事即三司也。《詩·十月之交》‘擇三有事’，又曰‘三事大夫’，三事謂司徒、司馬、司空也。……常伯、牧人謂司馬之屬，《王制》‘州有伯’，《漢書·刑法志》作‘州有牧’，是伯與牧同；……準人，漢石經‘準’作‘辟’，謂司空之屬。……常任、任人，謂司徒之屬。”

⑥休兹知恤：猶今所言居安知危。休，美，喜。恤，憂。前《召誥》云：“惟王受命，無疆惟休，亦無疆惟恤。”休、恤相對而言。

⑦鮮：少，寡。

⑧迪惟：表强調語氣。

⑨乃有室大競籲（yù）俊：其王室大爲追求呼召有治才之臣。乃，其。

有室,此謂夏王室。天子、諸侯、卿大夫皆可以室、家稱,如後《康王之誥》稱天子爲王室,前《大誥》言“王宫、邦君室”,可見邦君諸侯可稱“室”;卿大夫常稱家,家同於室。大,程度副詞,猶很。競,追、逐。籲,呼籲,呼喚。俊,能治事者。

⑩尊上帝:敬事上帝。尊,敬。下文云文王、武王能“敬事上帝”。

⑪迪知忱恂:吳汝綸《尚書故》:“迪知者,誠知也,説在《大誥》《君奭》。忱恂者,誠行也。恂,徇之借字,韋昭《國語》注:‘徇,行也。’”謂既誠能知之,又誠能行之。　　九德:僞孔傳:“九德,皋陶所謀。”認爲即前《皋陶謨》中皋陶向禹所進言“行有九德”:寬而栗、柔而立、愿而恭、亂而敬、擾而毅、直而温、簡而廉、剛而塞、彊而義。九德蓋謂天子之德,則此謂夏王有此德,故下云其臣下“乃敢告教厥后”云云。詳參前《虞書·皋陶謨》“九德咸事”注中案語。

⑫厥:其。　后:君王。此夏臣稱夏王。

⑬“宅乃事”三句:楊筠如《尚書覈詁》:“宅,《釋言》:‘居也。’字通作‘度’。《堯典》:‘使宅百揆。’宅之言位也,居其位曰宅。”則此“宅乃事”三句謂使才俊之士居於汝之衆官之位。事,即上所言“常任”;牧,即上所言“常伯”;準,即上所言“準人”。

⑭兹惟后矣:謂以上三官皆得其人,此惟在君王。

⑮謀面:謀於其面,孫星衍《尚書今古文注疏》謂即《周書·官人解》考言觀色。又,吳汝綸《尚書故》:“謀,古讀如敏。謀面者,黽勉也。”楊筠如《尚書覈詁》、于省吾《尚書新證》亦持此論,可資參考。

⑯用丕訓德:用大順於德之人。訓,順。“用丕訓德”與下文“用憸人,不訓于德”相對成文。

⑰宅人:使人居位其官。

⑱兹:此。　三宅:即上所言“宅乃事,宅乃牧,宅乃準”。　義民:奸

邪之民。義,同“俄”,邪。又參上篇《多方》“純乃惟以爾多方之義民不克永于多享”注。

⑲桀德:桀之德行,即桀之行爲。桀,夏桀,夏最後一位亡國之君。　弗作往任:謂不那樣去做、去任人。作,爲,即上所云“謀面,用丕訓德,則乃宅人”。往,去。任,任用。

⑳是惟暴德:即“惟暴德是用”,惟任用暴德之人。據下文“暋惟羞刑暴德之人同于厥邦”,此“暴德”即指暴德之人。

㉑罔後:無後繼之人。謂亡國。　案:“桀德惟乃弗作往任”三句,王先謙《尚書孔傳參正》云:“言桀之爲德,惟乃不爲往者任人之法,是惟暴德之人是用,以致無後。”亦可資參考。

“亦越成湯①,陟丕釐上帝之耿命②,乃用三有宅③,克即宅④;曰三有俊⑤,克即俊⑥。嚴惟丕式,克用三宅三俊,其在商邑,用協于厥邑;其在四方,用丕式見德⑦。嗚呼!其在受德⑧,暋惟羞刑暴德之人同于厥邦⑨,乃惟庶習逸德之人同于厥政⑩。帝欽罰之⑪,乃伻我有夏式商受命⑫,奄甸萬姓⑬。

【校注】

①越:及,越至。　成湯:即湯,殷墟甲骨文作“唐”,商朝第一代王,子姓,名履,又稱大乙,周人稱之爲成湯。

②陟丕釐上帝之耿命:勉力於所賜的上帝之明命。前《虞書·益稷》云“勑天之命”,謂勤勑勉力於天命,孫星衍《尚書今古文注疏》云此“陟”同其“勑”:“陟同敕,《皋陶謨》‘敕天之命’,《史記》作‘陟’。”釐(lài),同“賚(lài)”,賜,予。耿,明。前《康誥》《酒誥》等云“天顯”,即上天光顯之命;《多方》亦言“乃大降顯休命于成湯”。

③三有宅:即上文所言“三宅”。參“茲乃三宅無義民”注。

④克即宅:使能居官者就其位。克,能。即,就。宅,位。

⑤曰：同"越"，與，及。　　三有俊：即三俊，蓋謂三官之屬能治其事者。敦煌本、九條本、内野本、神宮本等無"有"字。《清華大學藏戰國竹簡（拾）》中《四告》（一）云"秉有三畯（俊）"，俊，治事，參前《多士》"俊民甸四方"注。蔡沈《書集傳》："三宅，謂居常伯、常任、準人之位者。三俊，謂有常伯、常任、準人之才者。"孫詒讓《尚書駢枝》謂三俊爲三宅之屬官。

⑥克即俊：使能治事者就其事。

⑦"嚴惟丕式"六句：孫星衍《尚書今古文注疏》："惟嚴以用人，能用三宅三俊，其在京邑，以和于其邑；其在四方，以能用人見其德。"蔡沈《書集傳》："曰邑、曰四方者，各極其遠近而言耳。"嚴，敬。式，用。協，和。見，顯示。

⑧受：紂，商最後一位亡國之君。　　德：德行。　　案：上云"桀德"，此云"受德"。

⑨暋惟羞刑暴德之人同于厥邦：惟大力進用效法殘暴德行的人與之同治其國。同于厥邦，謂任用之。前《牧誓》謂紂："乃惟四方之多罪逋逃是崇是長，是信是使，是以爲大夫卿士，俾暴虐于百姓，以姦宄于商邑。"暋，强，强力。"暋惟"可與上"嚴惟"對照。羞，進，進用，任用。刑，效法，説參王念孫《經義述聞》："此'刑暴德'亦謂效法暴德也。效法暴德之人，所當屏之遠方，弗與共國，今乃進用之，使同治其國。"後《文侯之命》云"汝肇刑文、武"，刑亦謂效法。又，俞樾《群經平議》謂刑、庸同義，庸同用，則羞刑即進用，可備一説。

⑩庶：衆。　　習逸德：與上"刑暴德"相對，謂熟習逸樂德行的人。上篇《多方》云"乃惟爾商後王，逸厥逸"。　　政：政事。

⑪欽：敬，慎重。江聲《尚書集注音疏》："欽之言敬，敬則必不輕傷。"上篇《多方》亦云"天惟五年須暇之子孫誕作民主"。

⑫俾：使。　　我有夏：謂周。楊筠如《尚書覈詁》："有夏，即謂有周，

蓋取中夏之義。《君奭》‘惟文王尚克修和我有夏’，《康誥》‘用肇
造我區夏’，皆其例也。” 式：代。

⑬奄：大，廣。敦煌本甲、九條本、内野本作“弇”。 甸：治。 萬
姓：萬民，謂天下之人。

“亦越文王、武王，克知三有宅心①，灼見三有俊心②，以
敬事上帝，立民長伯③。立政④：任人、準夫、牧作三事⑤；虎
賁、綴衣、趣馬小尹、左右攜僕百司庶府⑥；大都小伯、藝人表
臣百司⑦；大史、尹伯庶常吉士⑧；司徒、司馬、司空、亞旅⑨；夷
微、盧烝⑩，三亳、阪尹⑪。

“文王惟克厥宅心⑫，乃克立兹常事、司牧人⑬，以克俊有
德⑭。文王罔攸兼于庶言、庶獄、庶慎⑮，惟有司之牧夫是訓用
違⑯；庶獄、庶慎，文王罔敢知于兹⑰。

“亦越武王，率惟敉功⑱，不敢替厥義德⑲，率惟謀從容
德⑳，以並受此丕丕基㉑。

【校注】

①克：能。 知：明瞭。 心：心志。

②灼：明。 見：知。《淮南子·脩務訓》：“今使六子者易事，而明
弗能見者何？”高誘注：“見，猶知也。” 案：知人難，知人之心更
難，而文王、武王能確知明瞭其所任之人之心，與紂任用暴德、逸
德之人不同。

③立民長伯：爲民設立合適的官長。伯，長也。長、伯同義。

④立政：設立官長。“政”同“正”，謂官長。《清華大學藏戰國竹簡
（拾）》中《四告》（一）云：“惟作立正：立事、百尹、庶師。”

⑤任人、準夫、牧作：即上文之常任、準人、常伯。夫，人。 三事：統
上任人、準夫、牧作言之，謂以上三官爲“三事”，亦稱“三有事”，
《詩經·小雅·雨無正》云“三事大夫”，《十月之交》云“擇三有

事"，《大雅·常武》云"三事就緒"。此三官職位較高。

⑥趣馬：僞孔傳："趣馬，掌馬之官。"亦見於《詩經·小雅·十月之交》："棸子内史，蹶維趣馬。"西周金文中有"走馬"。　小尹：小官長。僞孔傳："言此三者雖小官長，必慎擇其人。"則以小尹統上虎賁、綴衣、趣馬三者言之，均爲有專職者。此三官職位較低。

左右攜僕百司庶府：蔡沈《書集傳》："攜僕，攜持僕御之人。百司，若司裘、司服。庶府，若内府、太府之屬也。"百、庶，均衆多之意。

⑦大都小伯：吕祖謙《東萊書説》："大都小伯者，大都小都之長也。大都言都不言伯，小伯言伯不言都，互見之也。"楊筠如《尚書覈詁》："《周禮·載師》注引《司馬法》：'小都，卿之采地。大都，公之采地。'小伯與大都對文，疑即小都之長。都、伯互稱，乃變文也。"　藝人表臣百司：俞樾《群經平議》謂"藝"當讀爲"埶"："藝人者，埶御之人也。此藝人猶上之'左右攜僕'；下云'表臣百司'，猶上之'百司庶府'，但有内外臣之别耳。公卿、都邑亦自有埶御之人。"于省吾讚同俞説，謂"藝"金文作"埶"，邇、埶古同聲可通。則藝人爲近臣内臣，表臣爲遠臣外臣。邇，近；表，外。

⑧大史、尹伯：楊筠如《尚書覈詁》："'尹伯'與'大史'並稱，疑即'尹氏'之譌。尹氏爲内史之長，故每稱内史尹，或曰作册尹，《師兑(duì)敦》'王呼内史尹册命師兑'、《師晨(chén)鼎》'王呼作册尹册命師晨'是也。《酒誥》'矧大史友、内史友'，《毛公鼎》'零大史寮、内史寮'，皆以太史、内史並舉也。"　庶常吉士：衆祥吉之士。庶，衆。常，祥，吉，楊筠如《尚書覈詁》："'常'亦有'吉'義，下文'立政其惟克用常人'，又曰'立政其勿以憸人'，'常'與'憸'義相反，是其證矣。"

⑨亞旅：位次於卿的衆大夫。亞，次。旅，衆。前《牧誓》武王伐紂亦言"司徒、司馬、司空、亞旅"。蔡沈《書集傳》謂此司徒、司馬、司

空、亞旅皆指諸侯之官。

⑩夷微、盧烝：夷之微、盧君長。微，在今四川眉山；盧，在今湖北南漳，二國皆蠻夷戎狄之國。此以“夷”字總領下微、盧二國言之。烝，君。此“君”統上微、盧言之，謂微、盧二國之君。又參前《牧誓》“及庸、蜀、羌、髳、微、盧、彭、濮人”句注。

⑪三亳、阪尹：殷曾都亳，因多次遷徙，故舊有所謂西亳、北亳、南亳“三亳”之稱，王夫之《尚書稗疏》：“三亳者，殷之故都也。”王國維《觀堂集林‧説亳》：“然《立政》説文王事，時周但長西土，不得有湯舊都之民與南、北、西三亳之地。此三亳者，自爲西夷。”案：此實文王、武王連言之，武王克商而有殷地，則此三亳可指殷地。

阪：或以爲地名，在其地設官長；或以爲險地之通稱，有官長以防守。　尹：官長。此“尹”亦統上“三亳、阪”言之，與上文“烝”相對。

⑫惟：因。　克厥宅心：即上文“克知三有宅心”。漢石經無“克”字。

⑬立：設立。　常事：即上“常任”“任人”。　司牧人：即上“常伯”“牧作”。敦煌本甲、九條本、内野本、神宮本等無“司”字。

⑭以克俊有德：用能治事而有德者。以，用，任用。克，能。俊，治事。

⑮罔：無。　攸：所。　兼：兼管，謂插手。　庶言、庶獄、庶慎：謂衆獄訟之事。《左傳》昭公二十年、襄公二十七年云“夫子之家事（史）治言於晉國”，董姍謂“治言”意即“聽獄”，鄔可晶疑“言”當讀爲“讞”，義同“獄”。蔡沈《書集傳》：“庶獄，獄訟也。庶慎，國之禁戒儲備也。”于省吾《尚書新證》謂訊、訓、慎、順古通，此“庶慎”即“庶訊”，謂刑訊，與“庶獄”關聯。“庶慎”，敦煌斯坦因本作“庶眘（慎）”，趙平安《出土文獻視域下的“庶慎”》謂“庶眘”即“庶訟”，“眘”由金文中一個表“訟”義的字訛變而來。依上所説，

則庶言、庶獄、庶慎都是關於獄訟在意義上相近的一組詞。

⑯惟有司之牧夫是訓用違：惟所司部門官長來定其是非。有司，職能官署。牧夫，官長。訓，順，同意。用，以，與，和。違，逆，違背，謂不同意。又，龍宇純《尚書札記》疑"用"爲"毋"之訛，"毋違"即"順"，亦或可能。

⑰知：掌管，謂干預。　兹：此，代指庶獄、庶慎。

⑱率惟：語助詞。　敉（mǐ）功：繼文王之功。敉，即"侎"，繼，參前《大誥》"以于敉寧、武圖功"注。功，事業。

⑲替：廢替，更替。　義德：謂有合宜德行的人。　案：又疑"義德"爲"惡德"，猶上文"義民"爲"惡民"，此"惡德"與下"容德"相反，"不敢替厥義德"或謂不敢替之以邪惡德行之人，謂不敢任用之。

⑳謀：圖謀。　從：順從。　容德：謂有聖德之人。楊筠如《尚書覈詁》："容，疑亦當本作'睿'。《洪範》'思曰睿''睿作聖'，《洪範五行傳》'睿'作'容'，鄭注：'容，當爲睿。睿，通也。'是其證矣。睿、聖同義，是'睿德'猶言'聖德'也。"

㉑以並受此丕丕基：僞孔傳："君臣並受此大大之基業。"丕，大。基，業。又參前《大誥》"弼我丕丕基"注。

　　"嗚呼！孺子王矣①！繼自今我其立政②：立事、準人、牧夫③，我其克灼知厥若④，丕乃俾亂⑤，相我受民⑥，和我庶獄、庶慎⑦，時則勿有間之，自一話一言⑧。我則末惟成德之彥以乂我受民⑨。

　　"嗚呼！予旦已受人之徽言⑩，咸告孺子王矣⑪。繼自今文子文孫⑫，其勿誤于庶獄、庶慎⑬，惟正是乂之⑭。自古商人亦越我周文王立政：立事、牧夫、準人，則克宅之⑮，克由繹之⑯，兹乃俾乂⑰，國則罔有立政用憸人⑱，不訓于德，是罔顯在厥世⑲。繼自今立政，其勿以憸人⑳，其惟吉士㉑，用勱相我國家^㉒。

【校注】

①孺子王：謂成王。

②繼自今：自今以往。　我：周公自謂。

③立事、準人、牧夫：即任人、準人、牧人，亦即上文常任、準人、常伯。"任人"稱"立事"，蓋猶上"牧人"稱"牧作"，作、立同義。

④灼知：明知。　厥：其，謂上任人、準人、牧人三官。　若：善。

⑤丕乃：曾運乾《尚書正讀》："'丕乃'連文，猶'斯乃'也。下文'茲乃俾乂'與此語例相同，知'丕乃'即'茲乃'也。"　俾：使。　亂：治，治理。

⑥相：助，佑。　受民：所受於天之民。前《洛誥》云："誕保文、武受民，亂爲四輔。"本篇下云"相我國家"。

⑦和：調和，公平處理。　案：《清華大學藏戰國竹簡（拾）》中《四告》（一）云："惟作立正：立事、百尹、庶師，俾助相我邦國，和我庶獄、庶容。"

⑧"時則勿有間之"二句：謂一話一言，此亦無有代替言之。謂絕不過問干涉其職事。時，是，此。勿，無。間，代替。　案："間"疑可釋爲"間厠"，謂參與，句謂此亦勿間厠插手其事。話，亦言也。《清華大學藏戰國竹簡（捌）》中《攝命》亦云："汝毋敢有退于之，自一話一言。"

⑨末：終，最終。　成德之彦：有德的俊彦之士。　以：來。乂：治。

⑩予旦已受人之徽言：《隸釋》之漢石經殘文作"□旦以前人之微言"，已、以可通；屈萬里《尚書集釋》謂金文中"受""前"形近，故此處"前"訛作"受"，作"前"爲是；孫星衍《尚書今古文注疏》："'微'與'媺'聲義相近，媺言亦美言也。"予，我。旦，周公自稱其名。徽，美，善。句謂我以前人之美言箴告孺子王矣。

⑪咸告:當爲"箴告",告誡。《清華大學藏戰國竹簡(拾)》中《四告》
(一)云"箴告孺子誦",誦爲成王之名。

⑫文子文孫:僞孔傳:"文王之子孫。"楊筠如《尚書覈詁》:"文者,美
稱。文子文孫,猶彝器之稱文祖、文考也。"可備一説。

⑬其勿誤于庶獄、庶慎:不要在庶獄、庶慎上犯錯誤。謂不要干涉其
事。誤,吳闓生《尚書大義》云:"誤,當作'虞'。虞,憂也,度也。"
謂勿憂於庶獄、庶慎,亦可參考。

⑭惟正是乂之:惟讓官長去治之。正,官長。乂,治,治理。

⑮克宅之:能使正確的人居其位,即上文所云"宅乃事,宅乃牧,宅乃
準","三宅無義民"。

⑯克由繹之:能來選擇正確的人。由,用,以。繹,于省吾《尚書新
證》謂同"擇",選擇。

⑰兹乃俾乂:義同上文"丕乃俾亂",於是使其治理之。俾,使。
乂,治。

⑱國則罔有立政用憸(xiān)人:國家沒有設立官長時任用邪僻之人
的。憸,奸邪,邪僻。

⑲"不訓于德"二句:謂憸人不順於德,他們不會在其世被顯揚任用。
訓,順。罔,無,不。顯,顯用,任用。厥,其。

⑳其:表希望語氣。 以:用。

㉑其惟吉士:惟要用吉善之士。

㉒用:以。 勱(mài):勉力,努力。 相:助,輔佑。又參上云"相
我受民"注。

"今文子文孫,孺子王矣!其勿誤于庶獄,惟有司之牧
夫。其克詰爾戎兵①,以陟禹之迹②,方行天下③,至于海表④,
罔有不服,以覲文王之耿光⑤,以揚武王之大烈⑥。嗚呼!繼
自今後王立政,其惟克用常人⑦。"

周公若曰⑧:"太史司寇蘇公⑨,式敬爾由獄⑩,以長我王

國⑪;兹式有慎⑫,以列用中罰⑬。"

【校注】

①其:表希望語氣。 詰爾戎兵:謂謹慎於兵戎戰争。詰,謹,謹慎,慎重。爾,你的。戎兵,謂戰事。古兵、刑同類,故前戒於刑,此戒於兵。

②陟禹之迹:謂繼有天下。陟,循行,謂繼承。"禹之迹"即"禹迹",指代九州、天下。春秋中期器秦公簋銘文云:"丕顯朕皇祖受天命,鼏宅禹蹟。"《左傳》襄公四年:"芒芒禹迹,畫爲九州。"

③方行天下:遍行天下。方,普,遍。

④海表:海外。

⑤覲:見,謂顯明。 耿:舊訓爲"明"或"光"。案:"耿"字本義已難明確,或以爲光照之下面紅耳赤,引申爲明亮;《説文解字·耳部》云"耳箸頰也",嚴章福《説文校議議》:"耿訓耳箸頰,頰者面旁也,蓋言大耳。"疑"耿"義乃顯明其大耳,則"耿"可訓爲大,耿光即大光,與下"大烈"相對。 光:光烈,光輝之業。

⑥揚:顯揚。 烈:功業。

⑦常人:義同上文"吉士"。常,與"祥"聲近義通,善,吉。"常人"與"憸人"義相反。

⑧周公若曰:本篇出現的這第二個"周公若曰",陳夢家《尚書通論·王若曰考》謂乃周公命太史司寇蘇公,在形式上與事實上都是一獨立的命書,與前一個"周公若曰"誥成王是兩件事。蓋二者均與周公以及任官、刑獄有關,後來被整理彙編於一篇。

⑨太史司寇蘇公:吴汝綸《尚書故》:"太史,蓋蘇公之兼官。《魯語》'太史虔糾天刑',是亦刑官也。上戒王勿憂庶獄,然獄者天下之大命,故呼刑官而戒之。"司寇,掌刑罰之官。蘇公,僞孔傳:"忿生爲武王司寇,封蘇國,能用法。"以之爲蘇忿生,《左傳》成公十一年:"昔周克商,使諸侯撫封,蘇忿生以温爲司寇。"杜預注:"蘇忿

生,周武王司寇蘇公也。"

⑩式敬爾由獄:以敬慎其所用之獄。式,用,以。敬,慎。爾,其。
由,用。

⑪以長我王國:謂以延長我王國之祚。長,延長。

⑫式:用。 有慎:即"庶有慎",也即上文"庶慎",指"訟",此與"式
敬爾由獄"之"獄"相對。參上"庶獄、庶慎"注。

⑬列用:例用,比用。蘇軾《東坡書傳》:"列者,前後相比,猶今之言
例也。以舊事爲比,而用其輕重之中者也。"比之乃知其輕重,則
比猶判決、判用。 中罰:不輕不重合宜允當之刑罰。

周官第廿二　周書

【題解】

　　“周官”謂周之官制。《史記·魯周公世家》：“成王在豐，天下已安，周之官政未次序，於是周公作《周官》。”“官政”謂官職政事。鄭玄云《周官》亡。今本此篇爲僞古文《尚書》25篇中第二十一篇，爲《周書》第二十二篇，記載成王設官分職，建立太師、太傅、太保“三公”，少師、少傅、少保“三孤”，以及冢宰、司徒、宗伯、司馬、司寇、司空“六卿”，對這三類官職的政事亦各有所述。其中，對於官職任選，提出了“不惟其官，惟其人”，謂不在於有多少官職，而在於任用合適的人；對於官府施令，提出了“慎乃出令，令出惟行，弗惟反”，謂需謹慎出令，忌諱出臺政令反復無常；對於官員執政，提出了“以公滅私，民其允懷”，謂執政要公平，不徇私情，民衆才會信服；對於官員辦事，提出了“不學牆面，莅事惟煩”，“惟克果斷，乃罔後艱”，謂官員不能不學無術，要不斷學習提高自己，才能處事有條理不紛亂，辦事要果斷不拖拉，才能避免後續煩難；對於官員品德，提出了“位不期驕，禄不期侈，恭儉惟德，無載爾僞”，謂做官不要以富貴驕奢爲目的，要真正以恭儉爲德，而不能假裝如此。這些都是關於中國古代官制思想的重要論述。本篇中所記官制，與上篇《立政》多有不同，有些内容大概參考了《堯典》《舜典》以及《左傳》，關於六卿及其職掌的内容，則明顯源自《周禮》。

成王既黜殷命①,滅淮夷②,還歸在豐③,作《周官》④。

【校注】

①成王:周成王,名誦,周武王之子,繼武王而立。 既:已。 黜殷命:謂廢去殷君武庚之命。黜,廢,退。案:前《微子之命》序亦云"成王既黜殷命"。

②淮夷:居於淮水流域的夷人,多爲嬴姓,殷墟甲骨文中已有,作"隹(淮)夷";西周金文中又稱南淮夷。成王即位後,淮夷曾與管叔、蔡叔、武庚一起叛亂。

③豐:文王所都之邑,在今陝西長安西北灃水西岸。

④作《周官》:《史記·周本紀》亦有相同的記載:"成王自奄歸,在宗周,作《多方》;既絀殷命,襲淮夷,歸在豐,作《周官》。"可見《周官》之作乃與成王相關,與《史記·魯周公世家》謂周公作《周官》不同。《周官》原篇已亡,内容不可詳知,或《周本紀》爲是。

周 官

惟周王撫萬邦①,巡侯、甸②,四征弗庭③,綏厥兆民④,六服群辟⑤,罔不承德⑥。歸于宗周⑦,董正治官⑧。

王曰:"若昔大猷⑨,制治于未亂,保邦于未危⑩。"曰:"唐虞稽古⑪,建官惟百⑫,内有百揆四岳⑬,外有州牧侯伯⑭,庶政惟和⑮,萬國咸寧⑯。夏商官倍,亦克用乂⑰。明王立政,不惟其官,惟其人⑱。今予小子⑲,祗勤于德⑳,夙夜不逮㉑,仰惟前代時若㉒,訓迪厥官㉓。立太師、太傅、太保㉔,兹惟三公,論道經邦,燮理陰陽㉕,官不必備㉖,惟其人;少師、少傅、少保曰三孤㉗,貳公弘化㉘,寅亮天地㉙,弼予一人㉚。

【校注】

①撫：安，安定。　萬邦：萬國。

②巡侯、甸：巡行侯服、甸服。甸服在最內，主要是爲天子治田交納糧食的地區。甸服之外爲侯服，是天子設置諸侯進行瞭望守衛的地區。侯服、甸服這裏泛指天下所有區域。孔穎達疏云：“六服而惟言侯、甸者，二服去圻最近，舉近以言之。言王巡省徧六服也。”

③四征弗庭：四面征討不來朝見歸順的諸侯。弗庭，不來王庭朝見，不服從周王。　案：《左傳》隱公十年云“以王命討不庭”，成公十二年云“謀其不協，而討不庭”，襄公十六年亦云“同討不庭”。

④綏：安。　厥：其。　兆民：猶言萬民。又參前《夏書·五子之歌》云“予臨兆民”注。

⑤六服：孔穎達疏謂即《周禮·夏官·職方氏》侯、甸、男、采、衛、蠻、夷、鎮、藩九服中之六服：“《周禮》九服，此惟言六者，夷、鎮、蕃三服在九州之外夷狄之地，王者之於夷狄，羈縻而已，不可同於華夏，故惟舉六服。”蔡沈《書集傳》則云：“六服，侯、甸、男、采、衛並畿内爲六服也。”其實無論《禹貢》“五服”、《周禮》“九服”還是《周官》“六服”的概念，在周初未必實有，諸説蓋均後世所起。

群辟：衆諸侯。辟，君。

⑥罔不：無不。　承德：承順周德。

⑦宗周：豐、鎬均可稱宗周，依序言“還歸在豐”，則此宗周謂豐。

⑧董正治官：蔡沈《書集傳》：“督正治事之官。”董，督。正，敕正，治理。治官，治事之官。　案：《今本竹書紀年》謂成王“十九年，王巡狩侯、甸、方岳，召康公從。歸于宗周，遂正百官”。

⑨若昔大猷：順從往昔的大道。若，順。猷，道。蔡沈《書集傳》釋爲“若昔大道之世”，亦可通。

⑩“制治于未亂”二句：孔穎達疏：“‘治’謂政教，‘邦’謂國家。……制其治於未亂之前，安其國於未危之前。”制治，制定政教。　案：

《老子》六十四章：“爲之於未有，治之於未亂。”

⑪唐虞稽古：謂考查古之唐堯、虞舜。稽，考，查考。又參前《虞書·堯典》“曰若稽古帝堯”注。

⑫建官惟百：建立的官職惟有一百。

⑬百揆：百官。又參前《虞書·舜典》“納于百揆”注。　四岳：四方方伯。又參前《虞書·堯典》“四岳”注。

⑭州牧：僞孔傳謂十二州之長。牧，州之長。參前《虞書·舜典》“覲四岳群牧”“咨十有二牧”注。　侯伯：諸侯之長。伯，長，首領。

⑮庶：衆。　和：和順，協和。

⑯咸：皆，均。　寧：安寧。　案：前《虞書·大禹謨》亦云：“野無遺賢，萬邦咸寧。”《周易·乾》彖曰：“萬國咸寧。”

⑰“夏商官倍”二句：僞孔傳：“禹、湯建官二百，亦能用治。”克，能。用，以。乂，治。　案：《禮記·明堂位》：“有虞氏官五十，夏后氏官百，殷二百，周三百。”

⑱“明王立政”三句：謂英明的君主建立官長，不在於官之多少，惟在於任用合適的人。立政，設立官長。“政”同“正”，官長。參上篇《立政》“立政”注。

⑲予小子：自謙之稱。又參前《商書·太甲中》“予小子不明于德”注。

⑳祗勤于德：祗，敬。勤，勤力，盡力。後《呂刑》云“罔不惟德之勤”。蔡沈《書集傳》：“蓋修德者，任官之本也。”上篇《立政》云：“用丕訓德，則乃宅人，茲乃三宅無義民。”“惟成德之彦以乂我受民。”

㉑夙夜不逮：僞孔傳：“雖夙夜匪懈，不能及古人。”夙夜，早晚。逮，及，趕得上。

㉒仰：仰望，仰慕。　惟前代時若：僞孔傳：“惟先代之法是順。”時，

是。若,順。

㉓訓:順從。　迪:遵用。

㉔太師、太傅、太保:僞孔傳:"師,天子所師法;傅,傅相天子;保,保安天子於德義者,此惟三公之任。"以三者爲輔相天子之官。案:《禮記·文王世子》謂傅、師、保爲教育太子之官:"立大傅、少傅以養之,欲其知父子、君臣之道也。大傅審父子、君臣之道以示之;少傅奉世子,以觀大傅之德行而審喻之。大傅在前,少傅在後。入則有保,出則有師,是以教喻而德成也。師也者,教之以事而喻諸德者也;保也者,慎其身以輔翼之而歸諸道者也。《記》曰:'虞、夏、商、周有師、保,有疑、丞。設四輔及三公,不必備,唯其人。'語使能也。"鄭玄注:"《記》所云,謂天子也。……語,言也。得能則用之,無則已,不必備其官也。小人處其位,不如且闕。"又賈誼《新書·保傅》:"昔者周成王幼在襁褓之中,召公爲太保,周公爲太傅,太公爲太師。保,保其身體;傅,傅之德義;師,道之教訓,三公之職也。於是爲置三少,皆上大夫也,曰少保、少傅、少師,是與太子燕者也。"

㉕"論道經邦"二句:僞孔傳:"佐王論道以經緯國事,和理陰陽。"論,講論,講明。經,經略,治理。燮(xiè)理,調和,調理。

㉖備:全。

㉗少師、少傅、少保曰三孤:僞孔傳:"此三官名曰三孤。孤,特也,言卑於公,尊於卿,特置此三者。"賈誼《新書·保傅》謂之"三少",參上文"太師、太傅、太保"注。

㉘貳公弘化:作爲三公副手弘其教化。貳,副。公,三公。弘,弘大。

㉙寅:敬。　亮:相,輔助。又參前《虞書·舜典》云"使宅百揆亮采""惟時亮天功"注。

㉚弼:輔弼。　予一人:天子自稱。前《商書·湯誓》云"爾尚輔予一人",《泰誓上》亦云"爾尚弼予一人"。　案:對於公、孤之職

分,蔡沈《書集傳》總括曰:"公論道,孤弘化;公爕理陰陽,孤寅亮天地;公論於前,孤弼於後。公、孤之分如此。"

"冢宰掌邦治,統百官,均四海①。司徒掌邦教,敷五典,擾兆民②。宗伯掌邦禮,治神人,和上下③。司馬掌邦政,統六師,平邦國④。司寇掌邦禁,詰姦慝,刑暴亂⑤。司空掌邦土,居四民,時地利⑥。六卿分職⑦,各率其屬,以倡九牧⑧,阜成兆民⑨。六年,五服一朝⑩。又六年,王乃時巡⑪,考制度于四岳⑫,諸侯各朝于方岳⑬,大明黜陟⑭。"

【校注】

①"冢宰掌邦治"三句:冢宰主掌國家治理,統率百官,均平四海。冢宰,即太宰。蔡沈《書集傳》:"百官異職,管攝使歸于一,是之謂統;四海異宜,調劑使得其平,是之謂均。" 案:《周禮·天官·序官》:"乃立天官冢宰,使帥其屬而掌邦治,以佐王均邦國。"均,賈公彥疏謂"均節財用"。

②"司徒掌邦教"三句:司徒主掌國家教化,頒布五典,馴教萬民。敷,頒布。五典,即《左傳》文公十八年所言"五教":父義、母慈、兄友、弟恭、子孝。《左傳》同年又云:"曰'慎徽五典,五典克從',無違教也。"又參前《虞書·舜典》"慎徽五典"注。 案:《周禮·地官·序官》:"乃立地官司徒,使帥其屬而掌邦教,以佐王安擾邦國。"擾,孫詒讓《周禮正義》:"擾者,犪(ráo)之借字,犪訓馴。"

③"宗伯掌邦禮"三句:宗伯主掌國家禮儀,處理天地神祇、人鬼祭祀等事,協和上下尊卑關係。 案:《周禮·春官·序官》:"乃立春官宗伯,使帥其屬而掌邦禮,以佐王和邦國。"

④"司馬掌邦政"三句:司馬主掌國家征伐,統領六軍,平治邦國。政,同"征",征伐。平,蔡沈《書集傳》:"平,謂强不得凌弱,衆不得暴寡,而人皆得其平也。" 案:《周禮·夏官·序官》:"乃立夏

官司馬,使帥其屬而掌邦政,以佐王平邦國。"

⑤"司寇掌邦禁"三句:司寇主掌國家法禁,詰查邪惡,懲罰暴亂。禁,法。詰,查問。慝(tè),邪惡。刑,施刑,懲罰。 案:《周禮·秋官·序官》:"乃立秋官司寇,使率其屬而掌邦禁,以佐王刑邦國。"

⑥"司空掌邦土"三句:司空主掌國家土地,以居士農工商,順應天時發展農業生產。四民,偽孔傳謂士農工商。時,天時,謂順應天時。地利,地所生產利於人者。 案:《禮記·王制》:"司空執度度地,居民山川沮澤,時四時。量地遠近,興事任力。"

⑦六卿:冢宰、司徒、宗伯、司馬、司寇、司空。 案:《漢書·百官公卿表》:"夏、殷無聞焉,周官則備矣,天官冢宰,地官司徒,春官宗伯,夏官司馬,秋官司寇,冬官司空,是爲六卿,各有徒屬職分,用於百事。太師、太傅、太保,是爲三公,蓋參天子,坐而議政,無不總統,故不以一職爲官名。又立三少爲之副,少師、少傅、少保,是爲孤卿。"

⑧倡:倡引,引導。 九牧:九州之牧。唐虞時天下爲十二州,禹平洪水,劃爲九州。

⑨阜:大。 成:定,安定。

⑩六年,五服一朝:偽孔傳:"五服,侯、甸、男、采、衛。六年一朝會京師。"朝,朝見周王。

⑪又六年,王乃時巡:偽孔傳:"周制,十二年一巡守,春東,夏南,秋西,冬北,故曰時巡。"時,四時,謂春夏秋冬。巡,巡狩。 案:《周禮·秋官·大行人》:"十有二歲,王巡守殷國。"

⑫考制度:考核查驗禮法制度。蔡沈《書集傳》:"考制度者,猶舜之協時月正日、同律度量衡等事也。" 四岳:東岳、南岳、西岳、北岳。

⑬方岳:一方之岳。

⑭大明黜陟：大大彰顯升降獎懲。明，彰顯。黜，降退。陟，提升。
又參前《虞書·舜典》"黜陟幽明"注。

　　王曰："嗚呼！凡我有官君子①，欽乃攸司②，慎乃出令③，令出惟行，弗惟反④。以公滅私，民其允懷⑤。學古入官⑥，議事以制⑦，政乃不迷⑧。其爾典常作之師⑨，無以利口亂厥官⑩。蓄疑敗謀，怠忽荒政⑪。不學牆面，莅事惟煩⑫。戒爾卿士⑬：功崇惟志，業廣惟勤，惟克果斷，乃罔後艱⑭。位不期驕，祿不期侈⑮，恭儉惟德，無載爾偽⑯。作德，心逸日休；作偽，心勞日拙⑰。居寵思危，罔不惟畏，弗畏入畏⑱。推賢讓能⑲，庶官乃和⑳，不和政厖㉑。舉能其官，惟爾之能㉒；稱匪其人，惟爾不任㉓。"

　　王曰："嗚呼！三事暨大夫㉔，敬爾有官㉕，亂爾有政㉖，以佑乃辟㉗，永康兆民㉘，萬邦惟無斁㉙。"

【校注】

①有官君子：擔任官職的君子。君子，偽孔傳謂大夫以上的貴族。

②欽：敬。　　攸：所。　　司：掌，主管。

③乃：你們的。

④令出惟行，弗惟反：偽孔傳："令出必惟行之，不惟反改，若二三其令，亂之道。"

⑤以公滅私，民其允懷：偽孔傳："從政以公平滅私情，則民其信歸之。"允，信，誠。懷，歸向，歸來。

⑥學古入官：學習前代之法入仕爲官。　案：《左傳》襄公三十一年子產曰："僑聞：學而後入政，未聞以政學者也。"

⑦議事以制：斟酌其事以下裁斷。議，斟酌。制，制斷，裁度。　案：《左傳》昭公六年叔向謂子產："昔先王議事以制，不爲刑辟，懼民之有爭心也。"

⑧迷:錯謬。

⑨其爾典常作之師:僞孔傳:"汝爲政當以舊典常故事爲師法。"其，表命令語氣。爾，你們。典常，已有的典章常法。作，爲。內野本、觀智院本無"之"字。

⑩利口:善辯巧言。　亂:變亂。

⑪蓄疑敗謀,怠忽荒政:僞孔傳:"積疑不決,必敗其謀;怠惰忽略,必亂其政。"蓄,積。怠,懈怠。忽,疏忽。荒,廢,敗亂。

⑫不學牆面,莅事惟煩:僞孔傳:"人而不學,其猶正牆面而立,臨政事必煩。"莅,臨。　案:《論語·陽貨》子曰:"人而不爲《周南》《召南》,其猶正牆面而立也與!"

⑬戒:告誡。

⑭"功崇惟志"四句:僞孔傳:"功高由志,業廣由勤,惟能果斷行事,乃無後難。"崇,高。志,有志向。廣,大。克,能。艱,難。

⑮位不期驕,禄不期侈:貴在官位而不期求驕傲,富有禄秩而不期求奢侈。期,期求,期望。

⑯恭儉惟德,無載爾僞:以謙恭、節儉爲德,毋行詐僞。"恭"與上"驕"相對,"儉"與上"侈"相對。載,行。　案:《左傳》襄公三十年引《詩》曰:"淑慎爾止,無載爾僞。"今《詩經·大雅·抑》云:"淑慎爾止,不愆于儀。"

⑰"作德"四句:行德,則心逸豫而日美;作僞,則心勞苦而日拙。

⑱"居寵思危"三句:僞孔傳:"言雖居貴寵,當思危懼,無所不畏。若乃不畏,則入可畏之刑。"　案:《左傳》襄公十一年:"《書》曰:'居安思危。'"

⑲推賢讓能:推舉有賢德之人,讓位於有才能之人。蔡沈《書集傳》:"賢,有德者也。能,有才者也。"　案:《荀子·仲尼篇》:"推賢讓能,而安隨其後。"

⑳和:和順。上文云"庶政惟和"。

㉑厖(máng)：亂。

㉒舉能其官，惟爾之能：所推舉的人在其官職能幹，亦即你們能幹。

㉓稱匪其人，惟爾不任：所推舉的人不堪任其官職，亦即你們不堪其任。稱，舉，推舉。匪，非。

㉔三事：上篇《立政》云“任人、準夫、牧作三事”，參其注。　暨：及，與。

㉕敬爾有官：恭敬於你們的職守。有，詞頭。

㉖亂爾有政：治理好你們的政事。亂，治。

㉗佑：助，輔佑。　辟：君王。

㉘永：長。　康：安。

㉙萬邦惟無斁(yì)：天下萬國順從我周而不厭。無斁，不厭。

賄肅慎之命

　　成王既伐東夷①，肅慎來賀②，王俾榮伯，作《賄肅慎之命》③。

【校注】

①成王：周成王，名誦，周武王之子，繼武王而立。　東夷：東方之夷，江聲《尚書集注音疏》：“東夷，蓋謂淮夷、郯也。淮夷及郯皆瀕東海，皆東夷也。”

②肅慎來賀：肅慎，《史記·周本紀》及馬融、鄭玄本作“息慎”，馬融云“北夷”，鄭玄謂“東北夷”，蓋在北而偏於東。　案：《國語·魯語下》：“昔武王克商，通道于九夷百蠻，使各以其方賄來貢，使無忘職業，於是肅慎氏貢楛矢石砮。”此肅慎在成王時來賀，亦當有所貢。

③王俾榮伯，作《賄肅慎之命》：僞孔傳：“榮，國名，同姓諸侯，爲卿大夫。王使之爲命書，以幣賄賜肅慎之夷也。”但《史記·周本

紀》云："成王既伐東夷，息慎來賀，王賜榮伯，作《賄息慎之命》。"
江聲《尚書集注音疏》："僞孔氏隸古定本凡'俾'與'昇'字無異，
而其傳或解爲'予'，或解爲'使'。唐天寶中詔以時字改其文，凡
其傳之解爲'使'者，悉于《正義》本改爲'俾'矣。此《叙》傳云
'王使之爲命書'，故此'昇'字，《正義》本亦改作'俾'，此則誤改
也。《史記》録此《序》作'王賜榮伯'，據'賜'誼，則字當改爲
'昇'。昇，賜也，《書》或爲'辨'。'辨'，古'班'字，班亦賜也。
王以息慎所貢分賜榮伯也。"當以《史記》和江聲説爲是，《賄肅慎
之命》謂成王以肅慎所貢財賄賜命榮伯。賄，財賄。鄭玄云：
"《賄肅慎之命》亡。"

亳 姑

周公在豐①，將没②，欲葬成周③。公薨④，成王葬于畢⑤，
告周公⑥，作《亳姑》⑦。

【校注】

①周公：名旦，周文王子，周武王弟。　豐：文王所都之邑，在今陝西
　長安西北灃水西岸。

②没：歿，死去。

③成周：洛邑。

④薨（hōng）：死。《公羊傳》隱公三年謂天子死稱"崩"，諸侯死稱
　"薨"。

⑤畢：周文王、武王所葬之地。　案：《逸周書·作雒》："夏六月，葬
　武王於畢。"《史記·魯周公世家》："周公在豐，病，將没，曰：'必
　葬我成周，以明吾不敢離成王。'周公既卒，成王亦讓，葬周公於
　畢，從文王，以明予小子不敢臣周公也。"畢地所在，《史記正義》
　引《括地志》謂在咸陽北的畢原，一説在長安縣南的畢塬，但周之

　　文王、武王等王陵一直未有考古發現,而在今陝西岐山縣西北則
　　發現了周公廟,可見畢地究竟何在,還有待探究。

⑥告:告慰。

⑦《亳姑》:鄭玄云《亳姑》亡。

君陳第廿三　周書

【題解】

　　“君陳”爲人名，猶前“君奭”之稱，鄭玄謂君陳爲周公次子。《清華大學藏戰國竹簡（叄）》中《良臣》云：“武王有君奭，有君陳，有君牙，有周公旦，有召公，遂佐成王。”成王賜命君陳，故該篇以《君陳》爲名。鄭玄云《君陳》亡。今本此篇爲僞古文《尚書》25篇中第二十二篇，爲《周書》第二十三篇，述成王賜命君陳去治理東郊成周，誥教他要遵循並光大周公過去的常法遺訓，要敬其政事，勤勉不懈，達成明德之治；勉勵君陳做好表率，出入政令要與衆人一起商量，一致同意才發布出去；並希望君陳也要爲周王貢獻嘉謀嘉策，顯揚周天子。此外還要求君陳施刑寬緩有度，中正公平，對下民要能容忍，不求全責備，但對一貫作姦犯科、敗壞綱常、擾亂風俗的，則罪小亦不赦免，並希望君陳慎重典法，省察自身德行，以身作則，如此則能移風易俗，讓政事走上正道，使周天子有福，自己最終也會永世受到稱頌。篇中提出的“辟以止辟，乃辟”，認爲施刑可以防止將來他人觸犯刑法的，才施刑，體現了對中國古代刑法思想的深刻思考。本篇一些內容，當取材於《左傳》《論語》《禮記》。

　　周公既没^①，命君陳分正東郊成周^②，作《君陳》^③。

【校注】

①周公:名旦,周文王子,周武王弟。　　没:殁,死。

②君陳:鄭玄《詩譜》及《禮記·坊記》注謂君陳爲周公次子,伯禽
之弟。僞孔傳:“臣名也。”孔穎達疏:“孔直云‘臣名’,則非周
公子也。”　　分:僞孔傳謂“分居”,孔穎達疏云:“以《畢命》之序
言‘分居’,知此‘分’亦爲‘分居’,分別殷民善惡所居,即《畢
命》所云‘旌別淑慝,表厥宅里’是也。”案本篇亦云:“簡厥修,
亦簡其或不修;進厥良,以率其或不良。”　　正:爲官治理。　　東
郊成周:成周即洛邑。孔穎達疏:“成周之邑爲周之東郊也。”
案:《今本竹書紀年》成王十一年:“王命周平公治東都。”或以周
平公即君陳。

③作《君陳》:《君陳》此序不見載於《史記》,但《禮記·坊記》《緇
衣》有引用《君陳》者。

君　陳

王若曰①:“君陳,惟爾令德孝恭②。惟孝,友于兄弟,克
施有政③。命汝尹兹東郊④,敬哉! 昔周公師保萬民⑤,民懷
其德⑥。往慎乃司⑦,兹率厥常⑧,懋昭周公之訓⑨,惟民其
乂⑩。我聞曰:至治馨香,感于神明;黍稷非馨,明德惟馨⑫。
爾尚式時周公之猷訓⑬,惟日孜孜⑭,無敢逸豫。凡人未見聖,
若不克見;既見聖,亦不克由聖⑮。爾其戒哉⑯! 爾惟風,下民
惟草⑰。圖厥政莫或不艱,有廢有興⑱。出入自爾師虞⑲,庶
言同則繹⑳。爾有嘉謀嘉猷㉑,則入告爾后于内㉒,爾乃順之
于外㉓,曰:‘斯謀斯猷㉔,惟我后之德!’嗚呼! 臣人咸若時㉕,
惟良顯哉㉖!”

【校注】

①王:周成王。　若:如此。

②惟爾令德孝恭:你有孝、恭的美德。爾,你。令,美。孝恭,僞孔傳:"善事父母,行己以恭。"孝,《爾雅·釋訓》:"善父母爲孝,善兄弟爲友。"恭,下云"惟孝,友于兄弟",疑此"恭"謂"友于兄弟",《論語·顏淵》:"君子敬而無失,與人恭而有禮,四海之内,皆兄弟也。君子何患乎無兄弟也!"則敬、恭均可對兄弟而言。《國語·周語下》云:"而令德孝恭,非此其誰?"

③克施(yì)有政:謂能將孝、友之德延及於爲政之人。克,能。施,延移,移及。有政,爲政者。　案:《論語·爲政》子曰:"《書》云:'孝乎惟孝,友于兄弟,施於有政。'是亦爲政,奚其爲爲政?"《孝經·廣揚名章》子曰:"居家理,故治可移於官。"

④尹:正,治理。　茲:此。　東郊:謂成周。

⑤昔周公師保萬民:蔡沈《書集傳》:"周公之在東郊,有師之尊,有保之親,師教之,保安之。"師即太師,保即太保,爲教導、輔佐之臣。　案:《左傳》襄公十四年:"昔伯舅太公,股肱周室,師保萬民。"

⑥懷:懷念。

⑦往:去往成周。　乃:你的。　司:所司職事。

⑧茲率厥常:遵循周公的常法。率,循。常,典常,常法。前《商書·微子之命》:"慎乃服命,率由典常。"《左傳》襄公十四年:"今余命女環,茲率舅氏之典。"

⑨懋:同"茂",大。　昭:顯明,光大。　訓:教,遺訓。　案:下文亦云"爾惟弘周公丕訓"。

⑩乂:治。　案:前《康誥》云"惟民其康乂"。

⑪至治馨香,感于神明:最好的政治才是能感動神明的馨香獻祭。

⑫黍稷非馨,明德惟馨:祭以黍稷並不馨香,惟有明德才最馨香。

案:《左傳》僖公五年宮之奇引《周書》曰:“黍稷非馨,明德惟馨。”
並釋之曰:“如是,則非德,民不和、神不享矣。神所馮依,將在
德矣。”

⑬尚:當,應該。　式:法,傚法。　時:是,此。　猷訓:法教。猷,
道,謀,猶今所謂辦法。内野本、觀智院本等無“訓”字。

⑭日:每日,日日。　孜孜:勤勉不懈。又參前《虞書・益稷》“予思
日孜孜”注。

⑮“凡人未見聖”四句:謂大凡常人未見聖道之前,十分渴求,好像不
能得見;已見聖道之後,又不能蹈行聖道。人,常人。由,蹈行,遵
從。　案:《禮記・緇衣》引《君陳》曰:“未見聖,若己弗克見;既
見聖,亦不克由聖。”郭店簡《緇衣》引《君陳》曰:“未見聖,如其弗
克見;我既見,我弗迪聖。”與上博簡《緇衣》引《君陳》此句基本
相同。

⑯戒:鑒戒。

⑰爾惟風,下民惟草:你的德行爲風,小民的德行爲草,草之偃伏惟
風是從。惟,爲。　案:《論語・顔淵》:“君子之德風,小人之
德草。”

⑱“圖厥政莫或不艱”二句:要考慮到政事没有不艱難的,故政事有
興有廢。圖,考慮,思想。莫或,無有。後《君牙》云:“厥惟艱哉!
思其艱以圖其易,民乃寧。”　案:“圖厥政”兩見於前《多方》,其
義爲敗壞其政事。圖,同“斁”,敗壞。本篇作僞者蓋誤用其義,今
依其理解作釋。

⑲出入自爾師虞:出入政令要由你手下衆人商量。出入,謂出入政
令,前《虞書・舜典》云“出納朕命”,《詩經・大雅・烝民》云“出
納王命”,出納即出入。下文亦言入告於内,出告於外:“則入告爾
后于内,爾乃順之于外。”自,由。師,衆。虞,度,謀度,考慮。

⑳庶言同則繹:衆人之言一致,才將政令陳而布之。庶,衆。繹,布

陳。　案:以上兩句,《禮記·緇衣》云:“《君陳》曰:‘出入自爾師虞,庶言同。’”鄭玄注:“自,由也。師、庶,皆衆也。虞,度也。言出內政教,當由女衆之所謀度,衆言同乃行之,政教當由壹也。”

㉑猷:謀,猶今所謂辦法。

㉒后:君王。

㉓順:順令而行之。

㉔斯:此,這。

㉕臣人:臣於人者,即人臣。　咸:皆,都。　時:是,此。

㉖惟良顯哉:謂我君之德良善而顯明也。前《商書·太甲下》云:“一人元良,萬邦以貞。”一人謂君王。　案:以上數句,《禮記·坊記》云:“《君陳》曰:‘爾有嘉謀嘉猷,入告爾君于內,女乃順之于外。曰:“此謀此猷,惟我君之德。”於乎!是惟良顯哉!’”

王曰:“君陳,爾惟弘周公丕訓①,無依勢作威,無倚法以削②。寬而有制,從容以和③。殷民在辟④,予曰辟,爾惟勿辟;予曰宥,爾惟勿宥,惟厥中⑤。有弗若于汝政⑥,弗化于汝訓⑦,辟以止辟,乃辟⑧。狃于姦宄、敗常、亂俗,三細不宥⑨。爾無忿疾于頑⑩,無求備于一夫⑪。必有忍,其乃有濟⑫;有容,德乃大⑬。簡厥修,亦簡其或不修⑭;進厥良,以率其或不良⑮。惟民生厚⑯,因物有遷⑰。違上所命,從厥攸好⑱,爾克敬⑲,典在德⑳,時乃罔不變㉑,允升于大猷㉒,惟予一人膺受多福㉓,其爾之休㉔,終有辭於永世㉕。”

【校注】

①弘:弘揚。　丕:大。

②無依勢作威,無倚法以削:僞孔傳:“無乘勢位作威人上,無倚法制以行刻削之政。”依,依憑,憑藉。

③寬而有制,從容以和:寬緩而又有管制,方能從容以和其政事。

案:《左傳》昭公二十年:"仲尼曰:'善哉! 政寬則民慢,慢則糾之以猛。猛則民殘,殘則施之以寬。寬以濟猛,猛以濟寬,政是以和。'"

④殷民在辟:謂殷民陷入刑法。辟,法。

⑤"予曰辟"五句:我說施刑,你不要就施刑;我說赦免,你不要就赦免,惟要按所立標準不輕不重、公平合宜處理。辟,施刑。宥,寬宥,赦免。中,標準。前《立政》云:"庶獄、庶慎,惟有司之牧夫是訓用違;庶獄庶慎,文王罔敢知于茲。"又云:"相我受民,和我庶獄庶慎,時則勿有間之,自一話一言。"又云:"其勿誤于庶獄,惟有司之牧夫。"均謂君王不干預下面官員的司法。　案:前《虞書·大禹謨》云"刑期于無刑,民協于中",與此"惟厥中",蓋皆來源於後《呂刑》兩言"刑之中"。

⑥若:順,順服。　該句,内野本等無"政"字。

⑦弗化于汝訓:不接受你的教化。内野本等無"汝"字。

⑧辟以止辟,乃辟:施刑若可以止刑,謂防止將來他人觸犯刑法,乃施刑。　案:前《虞書·大禹謨》云:"刑期于無刑,民協于中。"

⑨狃(niǔ)于姦宄、敗常、亂俗,三細不宥:習慣於作姦犯科、敗壞綱常、擾亂風俗的,此三者罪小也不赦免。狃,習慣。常,綱常。細,小。

⑩忿疾:忿恨。　頑:頑固不化者。

⑪無求備于一夫:不要對一個人求全責備。内野本"夫"作"人"。案:《論語·微子》載周公謂魯公曰:"無求備於一人。"又,前《商書·伊訓》云"與人不求備"。

⑫必有忍,其乃有濟:僞孔傳:"爲人君長,必有所含忍,其乃有所成。"濟,成。　案:《國語·周語中》:"《書》有之曰:'必有忍也,若能有濟也。'"《論語·衛靈公》載子曰:"小不忍,則亂大謀。"

⑬有容,德乃大:僞孔傳:"有所包容,德乃爲大。"疑"容德"當連言,

參前《立政》云"率惟謀從容德"及其注,容德謂聖德,聖德則無不包容。

⑭簡厥修,亦簡其或不修:簡視殷民中有修其德行者,亦簡視其中有不修其德行者。簡,檢察,簡視。

⑮進厥良,以率其或不良:進用那些賢良之人,來爲不良之人作表率。

⑯惟民生厚:謂厚其民生,增多人民的衣食財用,即前《虞書·大禹謨》之"厚生":"正德、利用、厚生惟和。" 案:《左傳》成公十六年申叔時曰:"民生厚而德正。"

⑰因物有遷:因多其衣食之物而使之改變,謂其德行由不修變爲修。

⑱違上所命,從厥攸好:謂民易違上之所命,卻多從上之所好。

⑲爾:你。 克敬:能敬慎。前《康誥》云:"汝亦罔不克敬。"《多士》《君奭》《多方》亦屢言"克敬"。

⑳典在德:即"典於德",謂以德爲典常。在,於。

㉑時:是,此。 變:謂民亦隨之改變。不修變爲修,不良變爲良。

㉑允升于大猷:謂政教誠能走上大道。允,誠。升,進。猷,道。

㉒予一人:君王自稱。參前《商書·湯誓》"爾尚輔予一人"注。膺(yīng):受。 案:後《畢命》亦云:"予小子永膺多福。"

㉓休:美。

㉔終有辭於永世:最終永世而有稱頌之辭。辭,稱頌之辭。 案:前《商書·太甲上》云"惟朕以懌,萬世有辭",《洛誥》云"汝永有辭"。

顧命第廿四　周書

【題解】

　　“顧命”謂以看顧嗣王之事托命大臣。馬融釋之曰：“成王將崩，顧念康王，命召公、畢公率諸侯輔相之。”在《康王之誥》中，康王亦云“今予一二伯父，尚胥暨顧”。本篇記述周成王病重臨終前召來重要臣下，告命他們要遵守自己的遺命，努力輔佐太子釗爲君，繼承文王、武王的法教，安定大小諸侯之國，樹立新王的威儀。隨後詳細記載了成王死後太子釗接受册命即位的儀式及其過程，其場景擺設、兵衛布置、冠冕穿戴、祼享行禮的豐富細節，是研究中國古代君王宮室、禮儀、官職、册命制度的重要資料。王國維《〈周書·顧命〉考》說：“古禮經既佚，後世得考周室一代之大典者，惟此篇而已。”本篇可與下篇《康王之誥》結合起來閱讀。

　　成王將崩①，命召公、畢公率諸侯相康王②，作《顧命》③。

【校注】

①成王：周成王，名誦，周武王之子。　　崩：死。《公羊傳》隱公三年謂天子死稱“崩”。

②召（shào）公：周初重要大臣，姬姓，名奭，封邑在召，稱召公，曾佐武王滅商，受封而爲燕國始君，成王時召公任太保之官。　　畢公：名高，畢爲其封地，在今陝西咸陽東。畢公亦爲周初重要大臣，

《左傳》僖公二十四年:"魯、衛、毛、聃、畢、原、酆、郇,文之昭也。"
則畢公爲文王之子。　　相:輔佐。　　康王:周康王,成王之子,名
釗,成王死後繼位。

③作《顧命》:《史記·周本紀》:"成王將崩,懼太子釗之不任,乃命
召公、畢公率諸侯以相太子而立之。成王既崩,二公率諸侯以太
子釗見於先王廟,申告以文王、武王之所以爲王業之不易,務在節
儉,毋多欲,以篤信臨之,作《顧命》。太子釗遂立,是爲康王。康
王即位,徧告諸侯,宣告以文、武之業以申之,作《康誥》。"此《康
誥》當即下篇《康王之誥》。可見司馬遷所見《顧命》《康王之誥》
爲二篇,後歐陽及大、小夏侯本今文《尚書》,則將二者合爲《顧
命》一篇,馬融、鄭玄本古文《尚書》仍分爲二篇,至魏晉58篇所謂
古文《尚書》出,《顧命》《康王之誥》雖也分爲二篇,但與馬、鄭二
篇在内容的分合上已有所不同。

顧　命

惟四月哉生魄①,王不懌②。甲子③,王乃洮頮水④,相被
冕服⑤,憑玉几⑥,乃同召太保奭、芮伯、彤伯、畢公、衛侯、毛
公、師氏、虎臣、百尹御事⑦。

王曰:"嗚呼! 疾大漸⑧,惟幾⑨。病日臻⑩,既彌留⑪,恐
不獲誓言嗣⑫,兹予審訓命汝⑬。昔君文王、武王宣重光⑭,奠
麗陳教⑮,則肄肄不違⑯,用克達殷集大命⑰。在後之侗⑱,敬
迓天威⑲,嗣守文、武大訓⑳,無敢昏逾㉑。今天降疾殆㉒,弗興
弗悟㉓。爾尚明時朕言㉔,用敬保元子釗㉕,弘濟于艱難㉖,柔
遠能邇㉗,安勸小大庶邦㉘,思夫人自亂于威儀㉙,爾無以釗冒
貢于非幾㉚。"

兹既受命,還㉛,出綴衣于庭㉜。越翼日乙丑㉝,王崩㉞。

【校注】

①哉生魄:月之第二日或第三日。哉,才,始。魄,又作"霸",指所見月明部分。參前《康誥》"惟三月哉生魄"注。　案:成王崩於何年,史無明載,鄭玄以此年爲成王即政第二十八年;《今本竹書紀年》則謂成王即位三十七年而崩,其中周公攝政七年,成王即政三十年;夏商周斷代工程《夏商周年表》謂成王即位共二十二年。

②王:成王。　不懌(yì):不安樂,謂生病不舒服。前《金縢》云:"王有疾,弗豫。"不懌即弗豫。

③甲子:甲子這天。已不可考確爲何日。

④洮(táo)頮(huì)水:用水洗髮、洗臉。洮,洗髮。頮,古文作"沬",洗面。

⑤相:輔相君王的侍從之臣。　被冕服:即"被王冕服",給王穿戴好冕服。被,加,穿戴。冕,冠冕。服,朝服。

⑥憑:依憑,靠着。　玉几:有玉裝飾的几案,人席地而坐時可以憑靠。

⑦同召:蔡沈《書集傳》謂"同以王命召"。　太保奭:即召公奭,前《君奭》中之"君奭",在成王時擔任太保之官。　芮伯:鄭玄謂周畿内同姓諸侯,爲王卿士。　彤伯:王肅謂夏後姒姓之國,《世本》以爲周同姓諸侯。　畢公:名高,周之同姓諸侯。詳參本篇序文"畢公"注。　衛侯:衛康叔,詳前《康誥》篇。　毛公:文王之子,周之畿内諸侯,或即《史記·周本紀》中"毛叔鄭"。僞孔傳:"召、芮、彤、畢、衛、毛,皆國名,入爲天子公卿。"　師氏、虎臣、百尹御事:猶"御事師氏、虎臣、百尹",謂迎受事務之師氏、虎臣、百尹。御事,迎受事務,參前《牧誓》"御事"注。師氏,官名,負責帶兵。虎臣,亦見於西周金文,王之勇士之官,僞孔傳謂即"虎賁氏"。師氏、虎賁又見前《牧誓》及其序文。百尹,百官之長。

⑧大漸:加劇。

⑨幾:危險。

⑩病:疾加重爲病。 日臻:日益發展。臻,至,進。

⑪既彌留:謂病已久滯留在身。彌,久。或以彌爲終,謂人臨終暫留。

⑫不獲:不得。 誓:蓋爲"慎"之訛,"慎""誓"古字形近,故致訛誤。《爾雅·釋言》:"誥、誓,謹也。"《禮記·文王世子》"曲藝皆誓之"鄭玄注:"誓,謹也。"則"慎"被誤認爲"誓"久矣。 嗣:嗣位之事。俞樾《群經平議》謂"'嗣'當作'嗣',乃籒文'辭'字",則句謂恐不得慎於言辭,亦可通。

⑬審:詳。 訓:告。 又,于省吾《尚書新證》謂"審"應讀"播":"審,《説文》作'宷',應讀'播'。……《君奭》'乃悉命汝','悉'本應作'釆',從心乃後人所加,應讀作'乃播命汝'。《堯典》'播時百穀'傳:'播,布也。'《詩·抑》'四方其訓之'傳:'訓,教也。'兹予審訓命汝者,兹予播布訓教以命汝也。猶《洪範》之'敷言',《盤庚》之'播告'也。"亦可資參考。

⑭宣重(chóng)光:文王顯揚其光烈,武王亦顯揚其光烈,故云"宣重光"。宣,揚,顯揚。光,光烈,光輝之業。前《立政》云:"以觀文王之耿光,以揚武王之大烈。"《君奭》兩言"前人光",亦謂前人光輝之業。

⑮奠麗陳教:定立刑法、發布教令。奠,定。麗,法。陳,布。教,教令。

⑯肄肄不違:人民勤勉而不違背。肄肄,勤勉戒懼的樣子。

⑰用:因,以。 克:能。 達殷:舊釋"達"爲"撻",打擊,擊伐,但漢石經作"通殷",則"達殷"謂通有殷國。達、通可通,全面。《逸周書·世俘》云"通殷命有國",春秋中晚期器曾侯與鐘銘文云"達殷之命",《清華大學藏戰國竹簡(拾)》中《四告》(一)云"命

朕文考周王罷戎有殷,達有四方","達有四方"謂通有四方。

　　集大命:成就天命。集,就,成。

⑱侗(tóng):同"童",童愚,此成王自謙之謂。

⑲迓(yà):迎,迎受。段玉裁《古文尚書撰異》謂此"迓"當爲"御":"御天威者,謂用天威治民也。"但前《商書·盤庚中》云"予迓續乃命于天",訓迓爲迎自可通。　天威:天之威命,即天命。

⑳嗣:繼續。　訓:教。

㉑無敢昏逾:吳汝綸《尚書故》:"逾、渝同字。《詩傳》:'渝,變也。'昏逾,言妄變也。"于省吾《尚書新證》說同。

㉒今天降疾殆:孫星衍《尚書今古文注疏》:"言今天下危疾。"降,降下。殆,危。《北京大學藏西漢竹書(叁)》中《周馴》云:"故《周書》曰:皇天降殆。"

㉓弗興弗悟:謂臥倒而不能起來,昏睡而不能醒來。興,起。悟,同"寤",覺,醒。

㉔尚:當。　明:勉,謂勉行。　時:是,此。　朕:我。

㉕用:以。　元子:首子,太子。　釗:太子之名,即康王。

㉖弘:大。　濟:渡。

㉗柔遠能邇:懷柔遠方的,安撫近處的。能,安撫。邇,近。孫星衍《尚書今古文注疏》謂能、而二字可通,而,如也,謂安遠如近,亦可備一說。又參前《虞書·舜典》"柔遠能邇"注。

㉘安勸小大庶邦:安定、勸勉大小衆國。庶,衆。邦,國。

㉙思夫人自亂于威儀:當使其人自治於威儀。思,使。夫人,其人,謂太子釗。亂,治。威儀,僞孔傳:"有威可畏,有儀可象,然後足以率人。"

㉚爾無以釗冒貢于非幾:你們不可與釗非法貪求各國上貢財賄。以,與。冒,貪。貢,獻。非幾,吳汝綸《尚書故》:"非幾,非法也。《小爾雅》:'幾,法也。'"蓋即《史記·周本紀》所云"務在節儉,毋

多欲”之意。

㉛兹既受命，還：謂王既已授羣臣命，乃退回寢室。受，同“授”。還，
退，回。

㉜出綴衣于庭：謂王另換新衣，出置所穿綴衣於庭室。因王退回寢
室，且病重將故，故脫去舊衣換新衣。此綴衣或即指王所被冕服。
衣服之制，不見綴衣專名，疑爲禮服、朝服之通名，故《立政》以
“綴衣”爲官名，猶虎賁爲勇士之通稱，亦以“虎賁”爲官名。僞孔
傳釋“綴衣”爲幄帳，鄭玄以爲小斂、大斂之衣，似不妥。

㉝越：及，越至。　翼日：即“翌日”，第二天。甲子之後第二天爲
乙丑。

㉞王崩：今文及馬融本作“成王崩”。

太保命仲桓、南宮毛①，俾爰齊侯呂伋以二干戈、虎賁百
人逆子釗于南門之外②，延入翼室③，恤宅宗④。

丁卯，命作册度⑤。越七日癸酉，伯相命士須材⑥。狄設
黼扆、綴衣⑦，牖間南嚮⑧，敷重篾席⑨，黼純⑩，華玉仍几⑪；西
序東嚮⑫，敷重底席⑬，綴純⑭，文貝仍几⑮；東序西嚮⑯，敷重豐
席⑰，畫純⑱，彫玉仍几⑲；西夾南嚮⑳，敷重筍席㉑，玄紛純㉒，
漆仍几㉓。

越玉五重，陳寶㉔，赤刀、大訓、弘璧、琬琰㉕，在西序；大
玉、夷玉、天球、河圖㉖，在東序；胤之舞衣、大貝、鼖鼓，在西
房；兌之戈、和之弓、垂之竹矢，在東房㉗。大輅在賓階面㉘，綴
輅在阼階面㉙，先輅在左塾之前㉚，次輅在右塾之前㉛。

【校注】

①太保：太保奭。　仲桓、南宮毛：二臣名，孔穎達疏謂二人爲武臣
宿衛。南宮毛蓋即《君奭》所載文、武時期的“南宮括”之後，
姬姓。

②俾:使。 爰:從。 齊侯吕伋:太公吕尚之子,齊國之君。 逆:
迎。 南門:孫星衍《尚書今古文注疏》:"南門者,廟門。《史記》
所云'二公率諸侯以太子釗見於先王廟'是也。" 句謂仲桓、南
宮毛二人各持干戈,跟從齊侯吕伋,帶領虎賁之士百人,去南門之
外迎接太子釗。

③延:延引。 翼室:僞孔傳:"明室,路寢。"段玉裁《古文尚書撰
異》:"今本作'翼',傳訓'翼'爲'明',疏引《釋言》'翌,明也',則
其字必本作'翌'。明室即明堂也,明堂即路寢也。衛包妄改爲
'翼'。"江聲《尚書集注音疏》、王鳴盛《尚書後案》則以路寢堂兩
旁東西夾室爲"翼室",以下文言"西夾"無東夾,則知此延太子釗
所入爲東之夾室;黄以周《禮書通故》則以路寢之北堂爲"翼室"。
比較而言,江聲、王鳴盛説爲宜。

④恤宅宗:憂居爲喪主。恤,憂。宅,居。宗,主。

⑤作册:官名,爲史官,掌册命之事。參前《洛誥》"王命作册逸祝
册"注。 度:楊筠如《尚書覈詁》:"謂度其禮之繁簡也。"謂爲下
文的儀式作準備。

⑥伯相:僞孔傳謂召公。王先謙《尚書孔傳參正》:"伯相者,召公以
西伯爲相。初時與周公爲二伯,周公没,畢公代之,故下文'太保
率西方諸侯,畢公率東方諸侯'也。" 須材:準備儀式所需的各種
物品用材。須,備。

⑦狄:曾運乾《尚書正讀》謂即《禮記·喪大記》中之"狄人",蓋即
《周禮》中之"守祧":"掌守先王先公之廟祧,其遺衣服藏焉。"僞
孔傳謂其爲下士。 設:布設。 黼(fǔ)扆(yǐ):畫有黑白相間
斧形圖案的屏風。黼,繪黑白相間紋飾的繒帛。扆,亦作衣、依,
形如屏風。《周禮·春官·司几筵》:"王位設黼依。"鄭玄注:"於
依前爲王設席。"《禮記·明堂位》:"天子負斧依,南嚮而立。"則
此屏風設於王座之後。 綴衣:禮服。蓋鋪設於王座之上以象

徵王。

⑧牖(yǒu)間南嚮:謂王座在户、牖之間,向南。牖,窗。王鳴盛《尚書後案》:"古者人君宫室之制,前爲堂,後爲室。堂兩旁爲東西夾室,即翼室,中有牆以隔之,謂之東西序。後室之兩旁則爲東西房。室中以東向爲尊,户在其東南,牖在其西南。堂以南向爲尊,王位在户外之西、牖外之東,所謂户牖之間南嚮之坐也。"此牖間南嚮之座,僞孔傳云:"此見群臣、覲諸侯之坐。"此牖間南嚮與下西序東嚮、東序西嚮、西夾南嚮四坐,僞孔傳均以爲王之坐,分別爲見群臣、覲諸侯之坐,旦夕聽事之坐,養國老、饗群臣之坐,親屬私宴之坐;曾運乾《尚書正讀》則分別以爲新陟王成王坐席、嗣王康王坐席、太保坐席、太史坐席。 案:此以下所記,其處所經學家們或以爲在宗廟,或以爲在路寢,或以爲廟、寢爲一。

⑨敷:布,布設,鋪設。 重(chóng):多重,多層。孫詒讓《周禮正義》謂"同席謂之重",即相同的席鋪設多重。 篾席:竹席。鄭玄云:"篾,析竹之次青者。"僞孔傳謂桃枝竹。古人席地而坐。

⑩黼純(zhǔn):用有黑白紋的繒帛鑲邊。純,鑲邊。

⑪華玉仍几:五彩之玉裝飾未加雕刻的几案。華,即"花",謂有花色。仍几,因仍几之木質,其木無所雕飾。《周禮·春官·司几筵》云"凡吉事變几,凶事仍几",鄭衆注:"變几,變更其質,謂有飾也。……仍,因也,因其質,謂無飾也。"孫詒讓《周禮正義》謂質是几之木質,有雕刻爲"有飾",不加雕刻爲"無飾"。

⑫西序:堂之西牆。《爾雅·釋宫》:"東西牆謂之序。"正堂有東西牆,段玉裁《説文解字注》:"正堂近序之處,曰東序、西序。"王鳴盛《尚書後案》:"至于序,則是牆。古者宫室之内,以牆爲隔,牆之外即夾室,堂與夾室共此牆。……此經東嚮、西嚮之坐,乃在堂上,以其附近東西序,故以序言之,原與夾室無涉。"西序東嚮之坐,僞孔傳:"此旦夕聽事之坐。"曾運乾《尚書正讀》則謂爲嗣王

康王坐席。

⑬厎席：鄭玄謂細密竹席，以"厎"爲"緻"，細緻，細密。僞孔傳則以
　爲蒲苹之席。

⑭綴純：彩繪繒帛鑲邊。

⑮文貝：有花紋之貝。

⑯東序西嚮：僞孔傳："此養國老、饗群臣之坐。"曾運乾《尚書正讀》
　則謂爲太保坐席。

⑰豐席：鄭玄云："豐席，刮湅（"湅"之誤）竹席。"謂刮治竹外青皮之
　竹席。僞孔傳則以爲莞草之席。

⑱畫純：畫雲氣之繒帛鑲邊。

⑲彤玉：雕鏤之玉。内野本、觀智院本等無"玉"字。

⑳西夾南嚮：在堂西夾室，向南。僞孔傳："此親屬私宴之坐。"曾運
　乾《尚書正讀》則謂爲太史坐席。

㉑笋（yún）席：鄭玄謂青皮竹席。僞孔傳謂蒻（ruò）竹之席，蒻蓋即
　箬（ruò），《説文解字·竹部》："楚謂竹皮曰箬。"

㉒玄紛：僞孔傳："黑綬。"鄭玄《周禮·春官·司几筵》注："紛如
　綬。"玄紛純謂以黑色帶子鑲邊。

㉓漆：塗漆。

㉔越玉五重，陳寶：僞孔傳："於東西序坐北，列玉五重，又陳先王所
　寶之器物。"越，於。馬融則謂"越玉"爲越地所獻之玉。《周禮·
　春官·天府》："凡國之玉鎮、大寶器，藏焉。若有大祭、大喪，則出
　而陳之。"蓋東西序南北長，故其座之北，可以陳列寶物。玉五重，
　弘璧、琬琰二重在西序，大玉、夷玉、天球三重在東序，並同時也陳
　有其他寶物，詳下文。王國維《观堂集林·陳寶説》則以"越玉五
　重"總領下文，西序、東序所陳共十玉五重："西序、東序所陳即五
　重之玉也。重者，非一玉之謂。蓋陳寶，赤刀爲一重，大訓、弘璧
　爲一重，琬、琰爲一重，在西序者三重；大玉、夷玉爲一重，天球、河

圖爲一重,在東序者二重。合爲五重。"其中陳寶蓋爲天隕之石,其質在玉石間,赤刀爲玉刀或塗以朱赤色,大訓蓋鐫刻古之訓謨於玉,河圖則玉之自然成文者。亦可參考。

㉕赤刀、大訓、弘璧、琬(wǎn)琰(yǎn):鄭玄云:"赤刀者,武王誅紂時刀,赤爲飾,周正色也。大訓者,謂禮法,先王德教,《虞書》典謨是也。大璧、琬琰,皆度尺二寸者。"《國語·楚語上》申叔時云"教之訓典"韋昭注:"訓典,五帝之書也。"弘璧,大玉璧。琬琰,玉圭。

㉖大玉、夷玉、天球、河圖:鄭玄云:"大玉,華山之球也。夷玉,東北之珣玗琪也。天球,雍州所貢之玉,色如天者。皆璞,未見琢治,故不以禮器名之。""河圖,圖出于河,帝王聖者之所受。"

㉗"胤之舞衣"等句:鄭玄云:"胤也、兌也、和也、垂也,皆古人造此物者之名。"謂大貝如車渠,鼖(fén)鼓即大鼓。西房、東房,王鳴盛《尚書後案》:"前堂後室,古人定制。《說文》卷十二上《戶部》云:'房,室在旁也。从戶,方聲。'蓋房各有戶,故从戶。劉熙《釋名》卷五《釋宮室》篇云:'房,旁也。在室兩旁也。'與《說文》合。然則夾室在前堂之兩頭,房在後室之兩旁,是房在夾室之後矣。……西房當西夾後以東,東房當東夾後以西也。房雖與室連比,其間有墉以間之,各不相通,故各于南隅設戶以通于堂。其後室之中,東西北三面皆墉,惟南一面東爲戶、西爲牖。故西房之戶出于西序内室牖之西,東房之戶出于東序内室戶之東也。(戶皆在東南隅,惟東房之戶則在西南隅,因欲通于堂,故如此。)其所陳寶玉,在西房者陳于東墉下,在東房者陳于西墉下。"

㉘大輅(lù):君王所乘之車。鄭玄謂即《周禮》玉輅、金輅、象輅、革輅、木輅五輅中之玉輅,以玉飾之,故稱玉輅。輅,亦作"路"。
在賓階面:在西階前。孔穎達疏謂車轅向南。賓階,登堂之西面臺階。賓客由此西階登堂,故稱賓階。

㉙綴輅：金輅。以金飾之，故稱金輅。　阼階，東階。主人由此登堂。

㉚先輅：象輅。以象牙飾之，故稱象輅。　左塾：路寢門内兩側有堂曰塾，其西爲左塾。先輅在左塾之前，謂象輅在路門内左塾之北，車轅向堂，即面向北，正對西階之大輅。此面向北，故路門内西之塾稱左塾，東之塾稱右塾。

㉛次輅：木輅。其車無所飾，故直稱木輅。次輅向北正對東階之綴輅。

　　二人雀弁①，執惠②，立于畢門之内③。四人綦弁④，執戈上刃⑤，夾兩階戺⑥。一人冕⑦，執劉⑧，立于東堂⑨。一人冕，執鉞⑩，立于西堂。一人冕，執戣⑪，立于東垂⑫。一人冕，執瞿⑬，立于西垂。一人冕，執鋭⑭，立于側階⑮。

　　王麻冕黼裳⑯，由賓階隮⑰。卿士、邦君麻冕蟻裳⑱，入，即位⑲。太保、太史、太宗皆麻冕彤裳⑳，太保承介圭㉑，上宗奉同瑁㉒，由阼階隮㉓。太史秉書㉔，由賓階隮，御王㉕，册命曰："皇后憑玉几道揚末命㉖：命汝嗣訓㉗，臨君周邦㉘，率循大卞㉙，爕和天下㉚，用荅揚文、武之光訓㉛。"

【校注】

①雀弁（biàn）：古男子束髮加冠弁。雀弁即爵弁，鄭玄云："赤黑曰雀，言如雀頭色也。雀弁制如冕，黑色，但無藻耳。"藻是串繫玉珠的彩色絲繩。

②執：握執。　惠：三隅之矛。

③畢門：路寢之門，即路門。從外入内，路門爲最後一門，門畢於此，故稱畢門。王鳴盛《尚書後案》："經文門凡三見，曰'逆子釗南門外'，曰'立于畢門之内'，曰'出廟門竢'，一指其地位方向而言，一指門畢于此而言，一指殯所而言，三名一實，皆路門也。下文

‘王出’,亦出路門。故知‘王出’以上所叙,皆路門内事也。”

④綦(qí)弁:青黑色冠弁。綦,《經典釋文》謂馬融本作“騏”,云:“青黑色。” 案:大夫冠冕,士冠弁,故僞孔傳謂以上六人均爲士。

⑤上刃:戈爲勾殺兵器,其刃本在下,此用作儀仗之設而非實用,故其刃朝上安置。

⑥夾:夾守。 兩階戺(shì):依僞孔傳,謂兩階、兩戺。兩階謂東階、西階。戺,僞孔傳云:“堂廉曰戺。”堂在高臺,其側邊曰廉,故《漢書·賈誼傳》云“廉遠地,則堂高”。王鳴盛《尚書後案》繼承江聲《尚書集注音疏》之説云:“夾兩階戺者,階、戺雖相連,階非即戺,不得以夾階即是夾戺。蓋夾階者二人,一在西階之西,一在阼階之東,相嚮而立。夾戺者二人,一立于東南堂隅之東,一立于西南堂隅之西,當前廉之兩旁厓下,皆南嚮。”程瑶田《釋宫小記·夾兩階戺圖説》則謂戺爲階之兩旁自堂至地所砌的斜石,則夾兩階戺,謂各夾守於堂下東階、西階之兩側;俞樾《群經平議》謂此“戺”乃階之廉:“凡側邊皆謂之廉,堂有堂之廉,階有階之廉。此云‘夾兩階’,則戺者,階廉也,非堂廉也。”其説“戺”雖與程瑶田不同,但説四人“夾兩階戺”之義則同。綜觀之,俞説可從。

⑦冕:冠冕。僞孔傳謂其人爲大夫。

⑧劉:斧類兵器。

⑨東堂:王鳴盛《尚書後案》:“東夾之前爲東堂,西夾之前爲西堂。”謂東堂、西堂即東廂、西廂,亦稱左个、右个。

⑩鉞:大斧。

⑪戣(kuí):戟類兵器。

⑫東垂:王鳴盛《尚書後案》:“蓋東夾西邊之牆爲東序,而東夾東邊亦必有序,序外即東垂。西夾東邊之牆爲西序,而西夾西邊亦必有序,序外即西垂。……是東西序外之廉上皆有餘地,即垂也。立東垂者,東嚮;立西垂者,西嚮也。”

⑬瞿:戟類兵器。

⑭鋭:矛類兵器。　案:孔穎達疏:"此經所陳七種之兵,惟戈經傳多言之,《考工記》有其形制,其餘皆無文。……古今兵器,名異體殊,此等形制,皆不可得而知也。"

⑮側階:鄭玄云:"側階,東下階也。"王鳴盛《尚書後案》讚同鄭説:"蓋康王方恤宅于東翼室,兵衛宜盛,故于此獨多一人。"江聲《尚書集注音疏》依僞孔傳力主"北下階"之説,謂北堂之階:"側階,北下階也,在北堂之下。側之言特,北堂唯一階,故曰側階。"出入東房常由此側階,或因此遂有一人立守於此。

⑯王:康王。　麻冕:麻布之冕,又稱緇布冠。　黼裳:有黼紋之服。

⑰賓階:西階。　隮(jī):升,登。　王國維《觀堂集林·〈周書顧命〉考》:"王由賓階隮者,未受封,不敢當主位也。"

⑱蟻裳:玄色之服。

⑲入,即位:入路門,在堂下之廷各就其位。鄭玄云:"卿西面,諸侯北面。"謂卿在廷東,面向西;諸侯在其南,面向北。

⑳太史:負責册命之官,其位僅次於太保,疑爲畢公。　太宗:即下文"上宗",僞孔傳:"即宗伯也。"　麻冕:内野本、觀智院本等無"麻"字。　彤裳:赤色之服。

㉑承:奉,捧。　介圭:僞孔傳:"大圭,尺二寸,天子守之。"亦作"玠圭",或稱"鎮圭",《爾雅·釋器》:"圭大尺二寸謂之玠。"《考工記·玉人》:"鎮圭,尺有二寸,天子守之。"圭爲長條形片狀器,上鋭下方,或上圓下方。

㉒同:爲盛酒器,即觚。　瑁(mào):僞孔傳:"瑁,所以冒諸侯圭,以齊瑞信,方四寸,邪刻之。"則同爲酒器,瑁爲帽覆諸侯之圭的玉器,蓋其義爲覆蓋天下,統有諸侯。《考工記·玉人》:"天子執冒四寸以朝諸侯。"《説文解字》作"瑁",謂其形"似犁冠"。一説同瑁一物,即酒器"同"。

㉓由阼階隮:阼階,東階。王國維《〈周書顧命〉考》:"大保由阼階者,攝主,故由主階。何以知大保攝主也?曰:大保受顧命於成王而傳之於康王,有王道焉。……大宗從大保者何也?曰:儐也。《周禮·大宗伯職》'王命諸侯則儐',古彝器記王册命諸臣事,必有右之者。器所謂'右',即《大宗伯》所謂'儐'也。周册命之制,王與受册者外,率右者一人、命者一人。故册嗣王亦用是禮也。"册命諸侯臣屬在廷,此册命嗣王則在堂。

㉔秉:持。　書:册命之書,爲成王臨終之遺命。王國維《〈周書顧命〉考》:"書,册書,古者命必有辭,辭書於册,謂之命書。"

㉕御王:迎面向王。

㉖皇后:謂成王。皇,大。后,君。　道揚末命:言説臨終之命。道,言。揚,説。末,終。

㉗命汝嗣訓:蔡沈《書集傳》:"命汝嗣守文、武大訓。"嗣,繼。上文成王遺命要使康王"嗣守文、武大訓",下文亦云"用荅揚文、武之光訓"。

㉘臨君:君臨,統治。

㉙率:循,順從。　循:遵循。　大卞:大治。謂文王、武王之治。"卞"亦作"弁",楊筠如《尚書覈詁》:"弁、辨當可通,《齊策》'齊貌辨',《古今人表》作'昆辯',《元和姓纂》作'昆弁',亦可證也。辯,《説文》:'治也。'辨,《荀子·議兵》注亦云'治也。'"

㉚燮和:協和。前《虞書·堯典》云"協和萬邦"。

㉛用:以。　荅揚:對揚。　光:光烈,光輝之業。此對應上文"文王、武王宣重光"。　訓:法教。此對應上文文王、武王"奠麗陳教"。

　　王再拜,興①,荅曰:"眇眇予末小子②,其能而亂四方以敬忌天威③!"乃受同瑁,王三宿、三祭、三咤④,上宗曰饗⑤。

　　太保受同⑥,降⑦,盥⑧,以異同秉璋以酢⑨,授宗人同,拜⑩,王荅拜。

太保受同⑪,祭、嚌、宅⑫,授宗人同,拜,王荅拜。

太保降⑬,收⑭,諸侯出廟門⑮,俟⑯。

【校注】

①興:起。

②眇眇:渺小的樣子。　予末小子:康王自謙之稱。末,微末。

③其能:豈能。此亦謙之。　亂:治。　敬忌:敬畏。敦煌本、內野本、觀智院本等無"敬"字。　天威:天命。

④三宿、三祭、三咤:偽孔傳:"酌者實三爵於王,王三進爵,三祭酒,三奠爵,告已受群臣所傳顧命。"進爵,持爵以進。祭酒,以酒祭之。奠爵,置放其爵。

⑤上宗曰饗:上宗侑王曰饗。饗,飲。孔穎達疏:"禮於祭末,必飲神之酒,受神之福。……故於王三奠爵訖,上宗以同酌酒進王,讚王曰饗福酒也。王取同嚌(jì)之,乃以同授太保也。"或以"饗"謂勸死者成王饗之,亦可備一說。

⑥受同:受王之同。

⑦降:下堂。

⑧盥:洗手。

⑨以:用。　異同:另外的酒器。　秉璋:謂持以祼酒的圭璋之器。《禮記·郊特牲》云"灌以圭璋",灌酒於圭璋,參後《文侯之命》序"平王錫晉文侯秬鬯、圭瓚"注。璋,形制與圭相關的長版形玉器,文獻中常常圭璋並舉,《詩經》毛傳說半圭爲璋,從出土資料看,確有首端爲斜邊的璋,也有首端爲凹弧被稱爲牙璋者,後者出現在周代之前更早的時期。　酢(zuò):偽孔傳:"王已祭,太保又祭。報祭曰酢。"此太保又上堂行禮。楊筠如《尚書覈詁》謂太保以異同自酌,不敢襲用尊者之爵。

⑩拜:拜王。

⑪受同:受酒器於宗人。

⑫祭、嚌、宅:祭酒、嚌酒、奠爵。嚌,淺嘗至齒。宅,即上文"咤",奠爵,放置酒爵。

⑬降:下堂。

⑭收:僞孔傳:"有司於此盡收徹。"謂結束禮儀。

⑮廟門:此廟門謂路門。

⑯俟:等候。

康王之誥第廿五　周書

【題解】

　　“康王之誥”謂周康王答告諸侯，即篇中云“惟予一人剑報誥”。本篇記述康王在路門與應門之地，接受東西方各國諸侯的朝覲與獻禮，借此儀式獲得諸侯的承認與擁戴，昭示並完成王權由已故的成王到自身的轉移。太保等人勉勵康王要敬於政事，不要敗壞文王所受大命；康王亦答告群公諸侯，稱頌文王、武王及文武大臣，並希望召公等大臣如其先祖一樣看顧王室，謹慎以行，順天之命。本篇可與上篇《顧命》結合閱讀。

　　康王既尸天子①，遂誥諸侯，作《康王之誥》②。

【校注】

①康王：周康王，成王之子，名剑，在成王死後繼位。　尸：主。尸天子謂主天子位，即位。

②作《康王之誥》：《史記·周本紀》：“太子剑遂立，是爲康王。康王即位，徧告諸侯，宣告以文、武之業以申之，作《康誥》。”《康誥》當即《康王之誥》。漢代歐陽及大、小夏侯本今文《尚書》中《顧命》《康王之誥》合爲一篇《顧命》，顧頡剛、劉起釪《尚書校釋譯論》則認爲《史記》所云《康誥》別爲一篇，已佚，並非今《尚書》中《康王之誥》。

康王之誥

王出在應門之内①，太保率西方諸侯入應門左②，畢公率東方諸侯入應門右③，皆布乘黄朱④。賓稱奉圭兼幣⑤，曰："一二臣衛⑥，敢執壤奠⑦。"皆再拜稽首⑧："王義嗣德⑨。"答拜⑩。

太保暨芮伯咸進相揖⑪，皆再拜稽首，曰："敢敬告天子，皇天改大邦殷之命⑫，惟周文、武，誕受羑若⑬，克恤西土⑭。惟新陟王⑮，畢協賞罰⑯，戡定厥功⑰，用敷遺後人休⑱。今王敬之哉！張皇六師⑲，無壞我高祖寡命⑳。"

【校注】

①王：康王。　應門之内：路門與應門之間，爲正朝，乃天子常朝聽政之處。

②太保：名奭，即召公，擔任太保之官。參上篇《顧命》"召公""太保奭"注。

③畢公：名高，周之同姓諸侯。參上篇《顧命》序文"畢公"注。

④皆布乘黄朱：僞孔傳："諸侯皆陳四黄馬朱鬣，以爲庭實。"布，陳列。乘，謂四馬。黄朱，黄馬而朱其尾鬣。鄭玄説同。此古文説，謂諸侯所獻庭實。《白虎通・紱冕篇》引《書》則云"黼黻衣黄朱紱"，蓋今文作"黼黻黄朱"，謂上衣爲黼黻之文，下裳爲黄朱蔽膝。孫星衍《尚書今古文注疏》："是今文'布乘'作'黼黻'，解之者以爲衣也，布與黼聲相近，乘與黻形相近。解'黄朱'爲紱。"紱同韍，謂蔽膝。此今文説，謂諸侯所穿禮服。

⑤賓：僞孔傳："賓，諸侯也。"鄭玄謂夏、商二王之後，蓋即杞、宋，獻馬與圭幣；其他諸侯則獻璧與帛。孔廣森《經學卮言》謂"賓"即

"擯",迎賓之官,亦可參考。　　稱:王先謙《尚書孔傳參正》依僞孔傳云:"稱者,舉其辭也。"謂言稱。　　奉:獻。　　圭:諸侯朝見天子所執之圭。圭爲長條形片狀器,上銳下方,或上圓下方。　　兼:及。　　幣:禮物。

⑥一二臣衛:僞孔傳:"言'一二',見非一也;爲蕃衛,故曰'臣衛'。"

⑦敢:敬辭。　　執:持。　　壤:本土之壤所生之物。　　奠:獻。

⑧皆再拜稽首:諸侯皆兩次拜稽首。跪而拱手,頭俯至於手曰拜,亦稱拜手;跪而俯身且叩首至地並停留曰稽首。稽首比拜更隆重莊敬。將拜、稽首兩個動作連結起來,就是拜稽首。"皆",內野本、足利本、觀智院本等作"並"。

⑨王義嗣德:王宜繼承先王之德。義,宜。句意即上篇《顧命》"嗣守文、武大訓"之意,前《君奭》亦云"嗣前人,恭明德"。

⑩荅拜:康王答拜。

⑪曁:及,與。　　芮伯:蓋周畿內同姓諸侯。又見上篇《顧命》。咸:皆,均。　　進:前進。　　相揖:謂太保、芮伯進時彼此相揖爲禮。下文亦云"群公既皆聽命,相揖趨出"。

⑫皇:大。

⑬誕受羑若:乃受上天美善天命。王先謙《尚書孔傳參正》:"《説文》:'羑,進善也。'《釋言》:'若,順也。'言文、武二王,大受天命而善順之,克撫恤西土,以開王業也。"周秉鈞《尚書易解》:"羑,《説文》:'進善也。'或作'誘'。《淮南·繆稱》'誘然與日月爭光'注:'誘,美稱也。'《爾雅》:'若,善也。'是羑、若二字同有'善'義。羑若,猶言嘉休也。"又,馬楠《周秦兩漢書經考》疑"羑若"讀爲"攸若",或亦可能,前《無逸》云"非天攸若",謂非天所順,"誕受攸若"則言文、武乃受上天所順之命。"羑"上,內野本、足利本有"厥"字。

⑭克:能。　　恤:安撫。　　西土:西部之地。謂西部諸國。

⑮新陟王：新升天之王，謂成王。陟，登，升。

⑯畢：盡，盡力。　協：和諧。

⑰戡：同“堪”，能。　定：成。

⑱用：以。　敷：施，布。　休：美。

⑲張皇：張大，猶整頓。《詩經·大雅·常武》：“整我六師，以修我
戎。”　六師：天子軍隊稱六師。周有宗周六師在鎬京，此外亦有
成周八師在洛邑。

⑳壞：敗壞。　高祖：謂文王。　寡命：大命。鄭玄則謂“寡”當爲
“顧”，聲近而誤，篇名《顧命》即取於此。　案：此以上內容，馬
融、鄭玄、王肅本入於《顧命》之中；“王若曰”以下方始爲《康王之
誥》內容。

　　王若曰：“庶邦侯、甸、男、衛①，惟予一人釗報誥②：昔君
文、武丕平，富不務咎③，厎至齊信④，用昭明于天下⑤，則亦有
熊羆之士、不二心之臣保乂王家⑥，用端命于上帝皇天⑦，用訓
厥道⑧，付畀四方⑨，乃命建侯樹屏⑩，在我後之人⑪。今予一
二伯父⑫，尚胥暨顧⑬，綏爾先公之臣服于先王⑭。雖爾身在
外，乃心罔不在王室，用奉恤厥若⑮，無遺鞠子羞⑯。”

　　群公既皆聽命，相揖趨出⑰。王釋冕⑱，反喪服⑲。

【校注】

①庶邦：衆諸侯國。庶，衆。邦，國。　侯、甸、男、衛：王畿之外遠近
　不同的四類諸侯，即外服諸侯，故下文云“雖爾身在外，乃心罔不
　在王室”。

②予一人：君王自謙之稱。　報：答。

③昔君文、武丕平，富不務咎：周秉鈞《尚書易解》：“《墨子·兼愛
　下》：‘古有文、武，爲政均分，賞賢伐暴，勿有親戚弟兄之所阿。’
　此‘丕平’之事也。富，《說文》：‘厚也。’咎，罰也。富不務咎，仁

厚而不務刑罰也,即《吕刑》'典獄非訖于威,惟訖于富'之意,威、富對言,富亦仁厚之意。"

④底(dǐ)至:即"底行",前《虞書·皋陶謨》:"朕言惠可底行。"底,致。至,行。　齊信:中信,謂其政均平不偏不倚,信於賞罰。齊,《爾雅·釋言》:"中也。"

⑤用:以。　昭明:顯明,昭顯。

⑥熊羆(pí)之士:勇士。熊、羆皆猛獸之名。　不二心之臣:忠臣。保乂:保而安之。乂,安。　王家:謂周王室。

⑦用:以。　端命于上帝皇天:始受天命於上帝。前《洛誥》云"天基命",即謂上天始賜文王、武王天命。端,始。上帝、皇天同義,前《召誥》:"皇天上帝,改厥元子。"

⑧用訓厥道:以順天道。用,以。訓,順。厥,其,謂天。

⑨付畀四方:上天付與周天下。畀,與,給。

⑩建侯樹屏:建立諸侯樹立藩屏。"侯"上,內野本、足利本、觀智院本等有"諸"字。

⑪在:看顧。　後之人:子孫。

⑫伯父:天子稱同姓諸侯爲伯父。《儀禮·覲禮》記天子稱呼諸侯:"同姓大國,則曰伯父;其異姓,則曰伯舅。同姓小邦,則曰叔父;其異姓小邦,則曰叔舅。"此蓋謂召公、畢公等。召公、畢公均爲畿內同姓諸侯,爲王卿士。

⑬尚:尚且。　胥:輔佐。　曁:與。　顧:顧念。

⑭綏爾先公之臣服于先王:繼續如你們先公臣服於先王那樣臣服於我。綏,同"緌(ruí)",繼續。

⑮用:以。　奉:奉行。　恤:謹慎。　厥若:天若,上天順我之命。前《召誥》云"面稽天若",謂勉力合於上天順我之命,與此"奉恤厥若"類同。

⑯無遺鞠(jū)子羞:不要給我留下羞恥。鞠子,稚子,此康王自謂。

《爾雅·釋言》:"鞠,稚也。"又參前《康誥》"兄亦不念鞠子哀"注。

《清華大學藏戰國竹簡(捌)》中《攝命》王告攝亦云"弗爲我一人羞"。

⑰趨:小步快行。

⑱釋:脫下。　冕:冕服。

⑲反喪服:復穿上喪服。反,復。

畢命第廿六　周書

【題解】

　　"畢命"謂畢公之命,指周康王命畢公治理成周洛邑。鄭玄云《畢命》亡。今本此篇爲僞古文《尚書》25篇中第二十三篇,爲《周書》第二十六篇。本篇述康王誥命畢公,述周公輔佐成王,遷殷民於洛邑,使殷人遵從周之訓教,移風易俗,如今再命畢公繼此重任去治理洛邑,管理殷人。但殷人之風,奢侈靡麗,一貫驕縱,仗恃貴寵,不遵德義,難於管教;而周之安危,關鍵則在於東方的殷人貴族是否能被治理服帖:"邦之安危,惟茲殷士。"這是對西周前期政治的洞識。周人此前已命周公、君陳在洛邑經營多年,現在希望通過德高資深的畢公在洛邑的治理,最終爲周人建立長久穩固的基業。本篇在政治上提出了"政貴有恒""不惟好異"的訓誡,在文辭上的明顯特徵是四字一句,整齊易曉,體現了僞古文《尚書》篇章的特徵,與其他周初誥命篇章有明顯區別。

　　康王命作册畢分居里成周郊^①,作《畢命》^②。

【校注】

①康王:周康王,名釗,成王之子。　命作册畢:僞孔傳:"命爲册書,以命畢公。"《史記·周本紀》:"康王命作策畢公分居里成周郊,作《畢命》。"依《史記》,則此序"畢"下當有"公"字。畢公,名高,姬姓,爲周初重要大臣。參上《顧命》序"命召公、畢公率諸侯相

康王"注。案：《顧命》載册命康王時"太保承介圭，上宗奉同瑁，由阼階隮。太史秉書，由賓階隮，御王册命"，太保爲召公奭，史有明載，畢公任職則無記載，疑此太史爲畢公。此序言"作册畢"，又疑作册即謂太史，"作册畢"猶"太保奭"之稱。　　分居里：僞孔傳："分别民之居里，異其善惡。"　　成周郊：僞孔傳："成定東周郊境，使有保護。"案：前《君陳》序云："周公既没，命君陳分正東郊成周，作《君陳》。"此序"成周郊"蓋即《君陳》序中"東郊成周"之稱，當作"康王命作册畢分居里成周郊"一句讀，謂命畢公分居里於成周東郊。或言東郊成周，或言成周東郊，成周、東郊一義，並指洛邑，孔穎達疏："成周之邑爲周之東郊也。"

②作《畢命》：林之奇《尚書全解》："周公以殷之頑民遷之于洛邑而親自監之。周公既没，則君陳代其任，而戀昭周公之訓。此又康王命畢公以監殷民也。"

畢　命

惟十有二年六月庚午朏①，越三日壬申②，王朝步自宗周③，至于豐④，以成周之衆命畢公⑤，保釐東郊⑥。

王若曰⑦："嗚呼！父師⑧！惟文王、武王，敷大德于天下⑨，用克受殷命⑩。惟周公左右先王⑪，綏定厥家⑫，毖殷頑民⑬，遷于洛邑，密邇王室⑭，式化厥訓⑮。既歷三紀⑯，世變風移，四方無虞⑰，予一人以寧⑱。道有升降⑲，政由俗革⑳，不臧厥臧，民罔攸勸㉑。惟公懋德㉒，克勤小物㉓，弼亮四世㉔，正色率下㉕，罔不祇師言㉖，嘉績多于先王，予小子垂拱仰成㉗。"

【校注】

①十有二年：周康王十二年。　　朏(fěi)：月初第三日。

②越:及,越至。參前《武成》"越翼日癸巳"注。

③朝:早晨。　步自宗周:從宗周出發。步,行。自,從。宗周,鎬京,武王所都之地,在今陝西長安西北灃水東岸。

④豐:文王所都之地,在今陝西長安西北灃水西岸。文王廟在此。案:前《召誥》云:"王朝步自周,則至于豐。"

⑤以成周之衆命畢公:即"命畢公以成周之衆",謂命畢公統有成周之衆。成周,洛邑。衆,衆官長。

⑥保:安。　釐(lǐ):治理。　東郊:東境成周洛邑,此地多殷民。案:《今本竹書紀年》記康王:"十二年夏六月壬申,王如豐,錫畢公命。"《漢書·律曆志》:"康王十二年六月戊辰朔,三日庚午,故《畢命豐刑》曰:'惟十有二年六月庚午朏,王命作策書《豐刑》。'"

⑦若:如此。

⑧父師:太師。僞孔傳:"畢公代周公爲大師,爲東伯,命之代君陳。"前《君陳》序云成王時"周公既没,命君陳分正東郊成周"。

⑨敷:布。

⑩用:因。　克:能。　受殷命:接受當初殷所受天命。　案:前《君奭》云文王"惟時受有殷命哉"。

⑪周公:名旦,文王之子,武王之弟,周初重要大臣,曾輔佐武王、成王。　左右:佐佑,輔助。前《商書·太甲上》云"克左右厥辟"。辟,君主。　先王:此謂成王。

⑫綏定厥家:安定周王室。綏,安。家,周家,周室。　案:《詩經·周頌·桓》:"桓桓武王,保有厥士,于以四方,克定厥家。"

⑬愍:勞。謂勞師動衆。　殷頑民:跟隨武庚叛亂的殷民。前《多士》序云"成周既成,遷殷頑民",詳參其注。

⑭密邇:貼近。邇,近。　王室:周王室。或即謂洛邑,洛邑亦爲周都,故可稱王室。

⑮式化厥訓:法守並歸化於周之訓教。式,倣法,法守。化,被教化,

感化。厥，其。訓，教。下文云"子孫訓其成式"，前《君陳》云"爾尚式時周公之猷訓"，下《君牙》亦云"乃惟由先正舊典時式"，"式"均爲傚法、遵守之義。

⑯既：已經。 歷：經過。 三紀：僞孔傳："十二年曰紀。"則三紀爲三十六年。

⑰虞：憂慮。 案：《左傳》昭公四年椒舉曰："君若苟無四方之虞，則愿假寵以請於諸侯。"

⑱予一人：君王自謙之稱。 以：因以。 寧：安寧。 案：前《康誥》云"則予一人以懌"。

⑲道有升降：世道有升有降，謂有盛有衰。道，世道。

⑳政由俗革：政教可因風俗而改變。革，變革。

㉑不臧厥臧，民罔攸勸：僞孔傳："若乃不善其善，則民無所勸慕。"臧，善，嘉獎。罔，無。攸，所。勸，勸勉。

㉒懋德：盛德。懋，盛，大。前《虞書·大禹謨》云"予懋乃德"，後《冏命》亦云"懋乃后德"。

㉓克勤小物：《國語·晉語九》："夫君子能勤小物，故無大患。"韋昭注："物，事也。"勤，謹。

㉔弼亮四世：僞孔傳："輔佐文、武、成、康四世爲公卿。"弼，輔佐。亮，相，輔相。

㉕正色：情態端正嚴肅。孔穎達疏："正色，謂嚴其顏色，不惰慢，不阿諂。" 率下：統率臣民。

㉖罔不祗師言：謂下民無不敬重父師之言教。祗，敬。

㉗"嘉績多于先王"二句：林之奇《尚書全解》："其在先王之世，其功績已爲多。今我小子將垂衣拱手於廟堂之上，惟仰公以成之也。"仰，仰仗，仰望。

王曰："嗚呼！父師！今予祗命公以周公之事①，往哉！旌別淑慝②，表厥宅里③，彰善癉惡④，樹之風聲⑤；弗率訓典⑥，殊厥井疆⑦,俾克畏慕⑧。申畫郊圻⑨,慎固封守⑩,以康四海⑪。政貴有恒⑫,辭尚體要⑬,不惟好異⑭。商俗靡靡⑮,利口惟賢⑯,餘風未殄⑰,公其念哉⑱!

【校注】

①祇:敬。

②旌別淑慝(tè):識別善惡。旌別,彰顯而分別之。旌,表明。淑,善。慝,惡。

③表厥宅里:標記其里居。表,標記。厥,其。　案:《六韜·盈虛》:"旌別淑慝,表其門閭。"

④彰善癉(dàn)惡:彰明其善,疾恨其惡。癉,疾恨。　案:《禮記·緇衣》云:"有國家者章善癉惡,以示民厚。"

⑤樹之風聲:僞孔傳:"立其善風,揚其善聲。"樹,樹立。風,風氣。聲,名聲。　案:《左傳》文公六年:"並建聖哲,樹之風聲。"

⑥率:循,從。　訓:教。　典:法。

⑦殊厥井疆:僞孔傳:"殊其井居田界。"殊,區別。蔡沈《書集傳》:"其不率訓典者,則殊異其井里疆界,使不得與善者雜處。《禮記》曰'不變,移之郊;不變,移之遂'即其法也。"

⑧俾克畏慕:使其能畏惡而慕善。

⑨申畫郊圻:重新劃清邑外郊圻界限。申,重。郊圻,孔穎達疏:"郊圻謂邑之境界。"

⑩慎固封守:僞孔傳:"謹慎堅固封疆之守備。"

⑪康:安。

⑫恒:常,恒定不變。

⑬辭尚體要:辭令貴在體現簡明扼要。尚,崇尚,與"貴"同義。要,同"約",簡約扼要。　案:《荀子·王霸篇》:"故明主好要,而闇主好詳。"《商君書·農戰篇》:"故治其國也,察要而已矣。"

⑭不惟好異:僞孔傳:"若異於先王,君子所不好。"

⑮商俗靡靡:商人風俗奢華靡麗。靡靡,奢麗的樣子。

⑯利口惟賢:巧嘴利舌以爲賢。 案:《論語·陽貨》子曰:"惡利口之覆邦家者。"

⑰殄:絕。

⑱念:念慮。

　　"我聞曰:'世禄之家①,鮮克由禮②。'以蕩陵德③,實悖天道④。敝化奢麗⑤,萬世同流⑥。兹殷庶士⑦,席寵惟舊⑧,怙侈滅義⑨,服美于人⑩,驕淫矜侉⑪,將由惡終⑫。雖收放心,閑之惟艱⑬。資富能訓,惟以永年⑭。惟德惟義,時乃大訓⑮。不由古訓⑯,于何其訓⑰?"

【校注】

①世禄:世代享有禄位。

②鮮:少。 克:能。 由:遵從。 案:林之奇《尚書全解》云:"殷民之居舊都者,康叔治之,而其士大夫之同惡者則遷之成周,以其頑之最甚,故以'世禄之家'爲言。言古人有言,謂卿大夫以其公德之著受禄於其君,而子孫世世有之,則其家鮮克由於禮。蓋其祖父建立之難,故知所以長守富貴之道,子孫未嘗知勞而坐享之,則其不由禮必矣。"

③以蕩陵德:以放蕩無禮而凌壓其德。"陵德"與下"滅義"相對,故後文云"惟德惟義,時乃大訓"。

④悖:違背。

⑤敝化奢麗:奢侈靡麗則敗壞教化。

⑥萬世同流:萬世以來同如一流。謂從來相同。

⑦兹:此。 庶士:衆士,猶前《大誥》《多士》之言"多士"。孔穎達疏:"此殷之衆士。皆是富貴之家。"

⑧席寵惟舊:僞孔傳:"居寵日久。"席,居,處。舊,久。

⑨怙侈滅義：恃其奢侈而泯滅其義。

⑩服美于人：服飾美於一般之人。

⑪驕淫：驕縱淫逸。　矜侉(kuā)：僞孔傳：“矜其所能，以自侉大。”

⑫將由惡終：將以惡而終。　案：《左傳》襄公二十七年：“服美不稱，必以惡終。”不稱，謂不相稱，不匹配。

⑬雖收放心，閑之惟艱：雖已收斂其放蕩之心，但要限制他們還是很難。閑，限制，約束。

⑭資富能訓，惟以永年：謂具有財富又能順從德義，乃能長年永久。資，具有。訓，同“順”，謂順德義，由下“惟德惟義，時乃大訓”可知。永年，謂長久。　案：《漢書·刑法志》引《書》曰：“立功立事，可以永年。”

⑮時：是，此。　訓：順從。

⑯由：順從。　訓：訓教。

⑰于何其訓：於何以爲順。訓，順從。

王曰：“嗚呼！父師！邦之安危，惟兹殷士①。不剛不柔②，厥德允修③。惟周公克慎厥始，惟君陳克和厥中，惟公克成厥終④。三后協心，同底于道，道洽政治，澤潤生民⑤，四夷左衽，罔不咸賴，予小子永膺多福⑥！公其惟時成周建無窮之基⑦，亦有無窮之聞⑧，子孫訓其成式⑨，惟乂⑩。嗚呼！罔曰弗克，惟既厥心⑪；罔曰民寡，惟慎厥事⑫。欽若先王成烈，以休于前政⑬！”

【校注】

①邦之安危，惟兹殷士：僞孔傳：“言邦國所以安危，惟在和此殷士而已。”兹殷士，即上云“兹殷庶士”。

②不剛不柔：僞孔傳：“治之不剛不柔，寬猛相濟。”　案：《詩經·商頌·長發》：“不剛不柔，敷政優優，百祿是遒。”

③厥德允修：謂殷士之德行誠乃能修。允，誠。前《君陳》中成王對
　君陳亦云要簡視殷人中有修其德行者，亦有不修其德行者：“簡厥
　修，亦簡其或不修。”

④“惟周公克慎厥始”三句：僞孔傳：“周公遷殷頑民以消亂階，能慎
　其始；君陳弘周公之訓，能和其中；畢公閟二公之烈，能成其終。”

⑤“三后協心”四句：僞孔傳：“三君合心爲一，終始相成，同致于道，
　道至普洽政化治理，其德澤惠施乃浸潤生民。”后，君。協，合。
　厎，致。　案：《荀子·臣道篇》：“功參天地，澤被生民。”

⑥“四夷左衽”三句：僞孔傳：“言東夷、西戎、南蠻、北狄被髮左衽之
　人，無不皆恃賴三君之德。我小子亦長受其多福。”左衽，上衣前
　襟向左掩，爲遊牧民族的穿法，故又以“左衽”代指夷人。咸，皆，
　均。賴，依賴。膺，受，前《君陳》云“惟予一人膺受多福”。

⑦公其惟時成周建無窮之基：僞孔傳：“公其惟以是成周之治，爲周
　家立無窮之基業。”時，是，此。

⑧聞：令聞，美的聲譽。前《微子之命》云“爾惟踐修厥猷，舊有令聞”。

⑨訓：順，遵從。　成式：既成之法。

⑩乂：安。

⑪罔曰弗克，惟既厥心：僞孔傳：“人之爲政，無曰不能，惟在盡其心
　而已。”既，盡。

⑫罔曰民寡，惟慎厥事：僞孔傳：“無曰民少不足治也，惟在慎其政
　事。”寡，少。

⑬“欽若先王成烈”二句：僞孔傳：“敬順文、武成業，以美於前人之
　政。”欽，敬。若，順。成烈，既成之業。休，美。前政，蓋謂前人周
　公、君陳之政。

君牙第廿七　周書

【題解】

　　"君牙"爲周穆王之臣,亦作"君雅"。鄭玄云《君牙》亡。今本此篇爲僞古文《尚書》25 篇中第二十四篇,爲《周書》第二十七篇。本篇内容爲周穆王任命君牙爲輔佐,並希望他作王的股肱心腹之臣,繼續其祖父、父親過去對王室的服事,立身以正,治民以則,大行"五典",慎重其事,不辱先祖,也爲君主添光。

　　穆王命君牙爲周大司徒①,作《君牙》②。

【校注】

①穆王:周穆王,名滿,爲周昭王之子,周康王之孫。　大司徒:主人民、土地、教化等事務之官。又參前《周官》"司徒掌邦教,敷五典,擾兆民"及注。

②《君牙》:《禮記·緇衣》引作"《君雅》"。

君　牙

　　王若曰:"嗚呼!君牙!惟乃祖乃父①,世篤忠貞②,服勞王家③,厥有成績④,紀于太常⑤。惟予小子⑥,嗣守文、武、成、康遺緒⑦,亦惟先王之臣克左右亂四方⑧,心之憂危⑨,若蹈虎尾,涉于春冰⑩。今命爾予翼⑪,作股肱心膂⑫,纘乃舊服⑬,無忝祖考⑭,弘敷五典⑮,式和民則⑯。爾身克正,罔敢弗正⑰;民心罔中,惟爾之中⑱。夏暑雨,小民惟曰怨咨⑲;冬祁寒,小民亦惟曰怨咨⑳。厥惟艱哉㉑!思其艱以圖其易㉒,民乃寧。

"嗚呼!丕顯哉文王謨㉓!丕承哉武王烈㉔!啟佑我後人,咸以正罔缺㉕。爾惟敬明乃訓㉖,用奉若于先王㉗,對揚文、武之光命㉘,追配于前人㉙。"

王若曰:"君牙!乃惟由先正舊典時式㉚,民之治亂在茲。率乃祖考之攸行㉛,昭乃辟之有乂㉜。"

【校注】

①乃:你的。　案:"乃祖乃父"屢見於前《商書・盤庚上》《盤庚中》。

②世篤忠貞:世代篤厚忠貞。

③服勞王家:服務效勞周王室。　案:前《金縢》云"昔公勤勞王家"。

④厥:其。　績:功。　案:前《洛誥》云"惟王有成績"。

⑤紀于太常:僞孔傳:"見紀錄書于王之太常以表顯之。王之旌旗畫日月曰太常。"紀,記。　案:《周禮・秋官・司勳》:"凡有功者,銘書於王之大常。"

⑥予小子:君王自謙之稱。

⑦嗣守文、武、成、康遺緒:繼守文王、武王、成王、康王遺留下來的事業。嗣,繼。緒,業。　案:前《顧命》云"嗣守文、武大訓"。

⑧克:能。　左右:佐佑,輔佐,輔佑。上篇《畢命》云:"惟周公左右先王,綏定厥家。"後《文侯之命》云:"亦惟先正,克左右昭事厥辟。"　亂:治。前《顧命》云"其能而亂四方"。

⑨憂危:憂慮危懼。

⑩蹈:踩。　涉:走過。　案:《周易・履》:"履虎尾。"《詩經・小雅・小旻》:"如臨深淵,如履薄冰。"《小宛》:"戰戰兢兢,如履

薄冰。”

⑪予翼：輔佐我。予，我。翼，輔佐，輔翼。前《大誥》云“民獻有十
　夫予翼”。

⑫作股肱心膂（lǚ）：謂作我股肱心腹之臣。股，大腿。肱，上臂。
　膂，背脊。　　案：《國語·周語下》云：“其能爲禹股肱心膂。”

⑬纘乃舊服：繼續你祖先過去對周室的服事。纘（zuǎn），繼續。舊
　服，過去的服事。　　案：《左傳》襄公十四年：“纂乃祖考，無忝
　乃舊。”

⑭忝：辱。　　祖：祖父。　　考：父親。

⑮弘：大。　　敷：頒布。　　五典：即《左傳》文公十八年所言“五教”：
　父義、母慈、兄友、弟恭、子孝。前《周官》云：“司徒掌邦教，敷五
　典，擾兆民。”參其注。

⑯式和：蔡沈《書集傳》：“式和者，敬而和之也。”疑“式”可訓“用”，
　遵法；“和”即“宣”，宣布，“式和”與上句“弘敷”義類同。　　民則：
　民所法則，即上云“五典”。

⑰爾身克正，罔敢弗正：僞孔傳：“言汝身能正，則下無敢不正。”爾
　身，你自身。　　案：《論語·顏淵》子曰：“政者，正也。子帥以正，
　孰敢不正？”

⑱民心罔中，惟爾之中：人民心裏没有標準，惟以你爲標準。中，標
　準，準則。

⑲“夏暑雨”二句：謂夏日暑雨，小民惟有怨嘆。怨咨，僞孔傳謂“怨
　歎咨嗟”。

⑳“冬祁寒”二句：謂冬日大寒，小民亦惟有怨嘆。祁，大。《禮記·
　緇衣》：“《君雅》曰：‘夏日暑雨，小民惟曰怨；資冬祁寒，小民亦惟
　曰怨。’”鄭玄注：“‘資’當爲‘至’，齊魯之語，聲之誤也。”　　案：本
　篇二“惟曰怨”，當依郭店簡、上博簡《緇衣》引《君牙》作“惟日怨”，
　即“惟日是怨”，此蓋以日喻君，故下文云“厥惟艱哉”，謂君主治民

之難,常爲民所怨;前"咨"通"資",當下屬爲"咨冬祁寒",資,至也,後"咨"當爲整齊其句而加。今仍依其字面意思標點、作解。

㉑厥惟艱哉:僞孔傳:"治民其惟艱哉!"艱,難。

㉒思其艱以圖其易:謂思其艱,當圖於其易。艱,艱難。圖,圖謀。易,容易。《老子》六十三章:"圖難於其易,爲大於其細。天下難事必作於易,天下大事必作於細。"

㉓丕顯哉文王謨:文王之謨大有顯明。謨,謀。

㉔丕承哉武王烈:武王之業大有繼承。承,繼。王引之《經傳釋詞》則謂"丕顯""丕承"之"丕"均爲語辭。 案:《孟子·滕文公下》:"《書》曰:'丕顯哉文王謨! 丕承哉武王烈! 佑啓我後人,咸以正無缺。'"

㉕啓佑我後人,咸以正罔缺:謂文王、武王均以道正而無缺,引導侑助後之成王、康王。啓,啓示引導。佑,佑助。我後人,蓋謂後之成王、康王。咸,皆,均。缺,缺廢,謂道缺。《史記·周本紀》云"王道衰微,穆王閔文、武之道缺"。

㉖乃:你的。 訓:即上所云"五典"。

㉗用:以。 奉:尊奉。 若:順從。

㉘對:答。 揚:顯揚。 光命:明命。 案:前《顧命》云"用荅揚文、武之光訓"。

㉙配:匹。 前人:謂君牙之祖先。 案:後《文侯之命》云"追孝于前文人"。

㉚由:以。 先正:謂爲官之先祖、先父。 時:是。 式:法守,遵法。

㉛率:循,遵循。 攸:所。山井鼎、物觀《七經孟子考文補遺》云古本"攸"作"道"。 案:前《蔡仲之命》云"率乃祖文王之彝訓"。

㉜昭:同"紹",佑助。或爲"昭事"之簡省,後《文侯之命》云:"亦惟先正,克左右昭事厥辟。"昭事即紹事,亦佑助之意。 辟:君主。
乂:治。

囧命第十八　周書

【題解】

　　"囧（jiǒng）命"謂對囧的册命。囧爲周穆王之臣，被穆王任命爲太僕之長，篇中又稱爲"伯囧"，《史記·周本紀》中稱作"伯臩（jiǒng）"。鄭玄云《囧命》逸。《清華大學藏戰國竹簡（捌）》有一篇《攝命》，記録了對伯攝的册命之辭，或以爲即所逸《囧命》，其内容與今本《囧命》大不相同，可參本書附録"清華簡有關《尚書》的篇章"部分。今本《尚書》此篇爲僞古文《尚書》25篇中最後一篇，爲《周書》第二十八篇。本篇記述周穆王追述文王、武王任用忠良之臣、正直之僕以爲輔弼，故下民萬國都敬而順之；現在穆王任命伯囧爲王之太僕之長，希望左右之臣亦能匡弼君主，因爲君之盛德，乃臣以成之。篇中闡述了任用吉良之士的重要，誥命伯囧要敬其職事，謹慎選擇其下屬臣僚，不要收賄賣官任用邪僻之人，違背先王之常法。其中對臣僚的選任，提出"忠良""正人""吉士"的標準，值得注意。

　　穆王命伯囧爲周大僕正①，作《囧命》②。

【校注】

　　①穆王：周穆王，名滿，周昭王之子　　伯囧：僞孔傳："伯囧，臣名也。"《史記·周本紀》作"伯臩"。　　　　　大僕正：大僕之長。正，長。

《周禮》中有大僕，所掌職爲正王之服位，出入王之大命等。

②作《冏命》：《史記·周本紀》：“穆王即位，春秋已五十矣，王道衰微，穆王閔文、武之道缺，乃命伯𤼲申誡太僕國之政，作《𤼲命》。”

冏　命

王若曰①：“伯冏！惟予弗克于德②，嗣先人宅丕后③，怵惕惟厲④，中夜以興⑤，思免厥愆⑥。昔在文、武⑦，聰明齊聖⑧，小大之臣，咸懷忠良⑨。其侍御僕從⑩，罔匪正人⑪。以旦夕承弼厥辟⑫，出入起居，罔有不欽⑬；發號施令，罔有不臧⑭。下民祗若⑮，萬邦咸休⑯。惟予一人無良⑰，實賴左右前後有位之士⑱，匡其不及⑲，繩愆糾謬⑳，格其非心㉑，俾克紹先烈㉒。

【校注】

①王：周穆王。　若：如此。

②弗克于德：謂不能用德。前《商書·咸有一德》亦云：“夏王弗克庸德。”

③嗣先人宅丕后：僞孔傳：“繼先人居大君之位。”嗣，繼。宅，居。丕后，大君。

④怵惕惟厲：心中憂懼惟恐有危險。厲，危。　案：《禮記·祭義》云“必有怵惕之心”，《周易·乾》九三：“君子終日乾乾，夕惕若，厲無咎。”

⑤中夜：半夜。　興：起。

⑥思免厥愆（qiān）：思想怎樣避免過錯。愆，過錯。

⑦文、武：文王、武王。

⑧聰：善聽。　明：明察。　齊：莊敬。　聖：聖智。　案：“聰明”又

參前《虞書·堯典》序"昔在帝堯,聰明文思"注,"齊聖"又參前《微子之命》"乃祖成湯,克齊聖廣淵"注。

⑨咸:皆,均。　懷:心懷。

⑩侍御僕從:蔡沈《書集傳》:"侍,給侍左右;御,車御之官;僕從,太僕群僕凡從王者。"

⑪罔匪正人:無不是正直之人。罔,無。匪,非。正人,正直不邪僻之人。

⑫以:因。　旦夕:早晚。　承:承順。　弼:輔弼。　辟:君主。

⑬罔有:無或。　欽:敬。　案:前《商書·盤庚下》云"罔有弗欽"。

⑭臧:善。

⑮祗若:敬而順之。

⑯邦:國。　休:美。　案:前《洛誥》云:"萬邦咸休,惟王有成績。"

⑰予一人:君王自謙之稱。　無良:不善。案:《禮記·坊記》云:"《大誓》曰:'予克紂,非予武,惟朕文考無罪;紂克予,非朕文考有罪,惟予小子無良。'"又參前《泰誓下》。

⑱賴:依賴。　位:職位。

⑲匡:匡正。

⑳繩:繩正。　愆:過錯。　糾:糾正。　謬:謬誤。

㉑格:端正。　非心:邪僻不正之心。

㉒俾:使。　克:能。　紹:繼。　先烈:先王之功業。烈,業。

"今予命汝作大正①,正于群僕侍御之臣②。懋乃后德③,交修不逮④。慎簡乃僚,無以巧言令色、便辟側媚⑤,其惟吉士⑥。僕臣正⑦,厥后克正⑧;僕臣諛⑨,厥后自聖⑩。后德惟臣,不德惟臣⑪。爾無昵于憸人⑫,充耳目之官⑬,迪上以非先王之典⑭。非人其吉,惟貨其吉,若時瘝厥官⑮。惟爾大弗克祗厥辟,惟予汝辜⑯。"

王曰:"嗚呼!欽哉^⑰!永弼乃后于彝憲^⑱。"

【校注】

①大正:蔡沈《書集傳》:"大正,太僕正也。"正,長。 案:"大正",古本作"大僕正"。

②正:爲官長,猶統領。

③懋乃后德:大汝君之德。懋,大,美。乃,你的。后,君主。前《虞書·大禹謨》云"予懋乃德",參其注。

④交修不逮:共同修我德所不及,猶上云"匡其不及"之意。交,俱,共同。不逮,不及。 案:《國語·楚語下》云:"必交修余,無余棄也。"

⑤"慎簡乃僚"二句:僞孔傳:"當謹慎簡選汝僚屬侍臣,無得用巧言無實、令色無質、便辟足恭、側媚諂諛之人。"簡,簡選。僚,僚屬。以,用,任用。

⑥其惟吉士:其惟用良吉之士。 案:前《立政》云:"其勿以憸人,其惟吉士。"

⑦僕臣:即上云"侍御僕從"。 正:正直。

⑧厥:其。 后:君主。

⑨諛:諂媚。

⑩自聖:自以爲聖明。

⑪后德惟臣,不德惟臣:君主有德惟在於臣,無德亦惟在於臣。

⑫爾:你。 無:不要。 昵:親近。 憸(xiān)人:邪僻之人。案:前《立政》云:"其勿以憸人,其惟吉士。"

⑬充:充當,充任。 耳目之官:謂王之左右近臣。

⑭迪:導。 上:君上,謂王。 非:否定。 典:典法,典常。

⑮"非人其吉"三句:謂不以其人爲良吉,而以賄賂之財貨爲良吉,像這樣就會敗壞其官職。貨,財貨。時,是,此。瘝(guān),憂,病,謂敗壞。 案:前《康誥》云:"弗念弗庸,瘝厥君。"

⑯ "惟爾大弗克祇厥辟" 二句：偽孔傳："惟汝大不能敬其君，惟我則亦以此罪汝。"祇，敬。辜，罪，罪責。

⑰ 欽：敬。

⑱ 永：長。　彝憲：常法。

吕刑第十九　周書

【題解】

　　"吕刑"謂吕之刑,吕指吕侯,亦稱甫侯。據《史記·周本紀》,周穆王時甫侯修制刑法,其内容名爲《甫刑》,《甫刑》即《吕刑》。本篇首先追溯古代刑罰的歷史,記述蚩尤作亂,民衆相互侵殺搶奪,繼而苗民亦不順政令,乃以五虐之刑以制裁之,但其刑獄,不詳辨訟辭,不公正誠信,虐殺人民,怨聲載天。及至堯舜,乃誅罰苗民,關心民間疾苦,任賢崇德,命伯夷、禹、稷敬慎民事,特别是讓伯夷作刑以制民,倡明刑罰公正,故其政治光顯天下,配享天命。然後告誡當今治民的諸侯,以及王室同姓衆人,要以苗民不察刑獄爲鑒,遵從伯夷頒布的刑罰,敬奉天命。最後詳細告以"祥刑"的内容、原則、注意事項,分别涉及五刑、五罰、五過及罰金的等級、數量。篇中把"德"與"中"作爲刑罰的兩個要點,在全篇多處作了强調,其中"德"雖然也與政治、任人相關,如政治上要有馨香之德,任人上要任明德之人,但更重要的是在刑罰上的直接體現,"有德惟刑",即有德者乃可主刑罰;"中"則集中體現在刑罰之用上,謂典獄之官必須公正,不偏不倚,不輕不重,如此才能取信於民,否則將無善政。本篇指出,不公往往由典獄者人爲造成,於是明確列出五種枉法行爲並將其視爲同等犯罪,充分考慮人在獄訟中的主觀因素;提出"惟察惟法",不僅强調遵守刑法,要合法,還重視其違法的實際情況、一貫表現、主觀動

機,要合情,故在裁斷上予以酌情靈活處理的自由,避免了律法主義
的束縛;還提出"哀敬折獄",認爲當懷着一顆哀憐之心來裁斷刑獄。
這些都和戰國時代盛行的法家思想不太一樣,是研究更早時期中國
刑法思想特點的重要文獻。

　　呂命穆王①,訓夏贖刑②,作《呂刑》③。

【校注】

①呂命穆王:謂呂侯告周穆王。呂侯,《史記·周本紀》作"甫侯",
　林之奇《尚書全解》:"蓋甫與呂,正猶荆之與楚,商之與殷。故曰
　《呂刑》又曰《甫刑》也。"李學勤認爲呂、甫爲一國二名,或以爲
　呂、甫音近而寫殊。呂之爲國,《詩經·大雅·崧高》:"崧高維
　嶽,駿極于天。維嶽降神,生甫及申。維申及甫,維周之翰。"此
　申、甫,即《國語·周語下》"申、呂雖衰,齊、許猶在"之"申、呂"。
　《國語·周語下》亦云:"祚四嶽國,命以侯伯,賜姓曰姜,氏曰有
　呂。"王符《潛夫論·志氏姓》:"四嶽伯夷,爲堯典禮,折民惟刑,
　以封申、呂。……宛西三十里有呂城。"則呂爲姜姓,乃伯夷之後,
　其國最初可能在今陝西寶雞一帶,後遷至今河南南陽之西。春秋
　中期前呂爲楚所滅。命,誥命,告。穆王,周穆王,名滿,周昭王
　之子。

②訓夏贖刑:順於夏之贖刑。訓,同"順",順從。贖刑,交納金屬銅
　以贖減其罪。又參前《虞書·舜典》"金作贖刑"注。蔡沈《書集
　傳》謂穆王贖刑與《舜典》用於官府學校之贖刑不同,"今穆王贖
　法,雖大辟,亦與其贖免矣……穆王巡遊無度,財匱民勞,至其末
　年無以爲計",故以此贖刑寬民、斂財。

③作《呂刑》:《史記·周本紀》:"諸侯有不睦者,甫侯言於王,作修
　刑辟。……命曰《甫刑》。"《禮記·緇衣》《表記》、《孝經》等亦作
　"《甫刑》",《墨子》引作"《呂刑》",《甫刑》即《呂刑》。

吕　刑

惟吕命王^①，享國百年^②，耄荒^③。度作刑^④，以詰四方^⑤。

王曰^⑥：“若古有訓^⑦，蚩尤惟始作亂^⑧，延及于平民^⑨，罔不寇賊鴟義^⑩，姦宄奪攘^⑪，矯虔^⑫。苗民弗用靈^⑬，制以刑^⑭，惟作五虐之刑^⑮，曰法^⑯，殺戮無辜，爰始淫爲劓、刵、椓、黥^⑰。越兹麗刑，并制，罔差有辭^⑱。民興胥漸^⑲，泯泯棼棼^⑳，罔中于信^㉑，以覆詛盟^㉒。虐威庶戮^㉓，方告無辜于上^㉔。上帝監民^㉕，罔有馨香德，刑發聞惟腥^㉖。

【校注】

①惟吕命王：吕侯告王。命，告。

②享國百年：據《史記·周本紀》記載，穆王即位時年已五十，後在位五十五年。享國百年蓋謂其壽有百歲之長。或“百年”謂其在位長久，亦可通。“享”前疑脱一“王”字，“王”字下或本有重文符號，後脱。

③耄（mào）荒：僞孔傳：“耄亂荒忽。”耄，同“薹”，年老之稱，《説文解字·老部》作“薹”，謂年九十曰薹，蔡沈《書集傳》：“耄，老而昏亂之稱。荒，忽也。”又，蘇軾《東坡書傳》以“荒度作刑”爲句，釋“荒”爲“大”：“大度作刑，猶禹曰‘予荒度土功’。”孫星衍《尚書今古文注疏》則釋“荒”爲“治”：“言耄而治事。”可資參考。

④度作刑：審度時宜，修制刑法。度，考量，考慮。

⑤詰：禁。　四方：四方諸侯國。

⑥王曰：林之奇《尚書全解》：“蓋吕侯之誥諸侯，稱王命而已。”則以下“王曰”云云非王之辭，實吕侯所作書，代王而言，故其内容有基於吕國自身歷史情況而言者，與周初其他誥命出於周王室者有

異。雖爲吕侯所言，但臣有嘉謀嘉言，不自顯，乃顯其君，即《君陳》所謂"此謀此猷，惟我君之德"，故稱"王曰"。

⑦若古有訓：王先謙《尚書孔傳參正》："若，詞也，言古有遺訓如此。"

⑧蚩尤：僞孔傳："九黎之君號曰蚩尤。"《國語·楚語下》："及少皞之衰也，九黎亂德。"《逸周書·嘗麥》云"蚩尤宇于少昊"，則九黎之亂之後，其君蚩尤擁有了少昊的地域。《史記·五帝本紀》："蚩尤作亂，不用帝命。於是黄帝乃徵師諸侯，與蚩尤戰於涿鹿之野，遂禽殺蚩尤。"《清華大學藏戰國竹簡（拾壹）》中《五紀》謂蚩尤爲黄帝之子。

⑨延及于平民：謂蚩尤作亂暴虐，其惡化及平民。故下謂民"罔不寇賊鴟義"云云。

⑩寇賊：謂民相侵殺。群搶曰寇，殺人曰賊。 鴟（chī）義：如鴟鳥之惡。鴟，惡鳥，會攫鳥子而食。義，同"俄"，邪惡。

⑪姦宄（guǐ）：《廣雅·釋詁》："竊盜也。"《國語·晉語六》："亂在内爲宄，在外爲姦。御宄以德，御姦以刑。" 奪攘：搶奪竊取。攘，偷竊。前《康誥》亦云"凡民自得罪，寇攘姦宄"。

⑫矯虔：一作"撟虔"，蔡沈《書集傳》："矯虔者，矯詐虔劉也。"矯詐，矯稱詐命。虔劉，劫掠，《左傳》成公十三年："芟夷我農功，虔劉我邊陲。"

⑬苗民：《尚書》中又稱"苗""有苗""三苗"，《史記·五帝本紀》："三苗在江淮荆州。"蓋後來遷於此區域。參前《虞書·舜典》"竄三苗于三危"注。《國語·楚語下》云："九黎亂德……其後，三苗復九黎之德。"則至三苗時復行蚩尤之亂德。 弗用靈：僞孔傳："三苗之君，習蚩尤之惡，不用善化民，而制以重刑。"靈，同"令"，善。 案："靈"，《禮記·緇衣》引作"命"，古文説以爲"政令"，今文説以爲"天命"；《墨子·尚同中》云"是以先王之書《吕刑》之道

曰:'苗民否用練,折則刑,唯作五殺之刑曰法。'則此言善用刑者以治民,不善用刑者以爲五殺。"段玉裁《古文尚書撰異》云:"'靈'作'練'者,雙聲也,依《墨子》上下文觀之,'練'亦訓'善',與孔正同。《緇衣》作'命'者,古'靈''令'通用,皆訓'善'。"則"靈"當訓爲"善"。然此"善"或即指"善政",《戰國策·魏策一》"魏武侯與諸大夫浮於西河"章云:"昔者三苗之居,左彭蠡之波,右有洞庭之水,文山在其南,而衡山在其北。恃此險也,爲政不善,而禹放逐之。"《禮記·緇衣》孔疏引鄭玄《呂刑》注:"苗民,謂九黎之君也。九黎之君於少昊氏衰而棄善道,上效蚩尤重刑。必變九黎言苗民者,有苗,九黎之後。""爲政不善"蓋即"棄善道",或即此"弗用靈"所指。

⑭制以刑:制斷以刑。制,斷,制斷,裁制。以,用。

⑮惟:乃。　五虐之刑:即下云殺戮、劓、刵、椓、黥。

⑯曰法:謂以此爲法。

⑰爰:於是。　淫:過度。　劓(yì):割鼻之刑。　刵(èr):割耳之刑。　椓(zhuó):宮刑,男子割勢,婦人幽閉。　黥(qíng):刻面塗墨之刑。劓、刵、椓、黥四刑與上云"殺戮",凡爲五刑。　案:《說文解字·攴部》"斀(zhuó)"下云:"《周書》曰:'刖、劓、斀、黥。'"王先謙《尚書孔傳參正》疑此"刵"當作"刖":"夏侯、歐陽等《書》之'臏、宮割、劓、頭庶剠',即《說文》之刖、劓、斀、黥也。臏即刖,宮割即斀,頭庶剠即黥,劓則今、古文同。與上之殺戮,合爲五刑。……據《說文》'刵'作'刖',方與夏侯等《書》之'臏'今、古文兩相證合,自不應別有作'刵'之本。《書》疏引鄭注有'刵,斷耳'之語,豈鄭有異本?抑後人竄改之與?"本篇下文云"墨辟""劓辟""剕辟""宮辟""大辟",剕、刖、臏同義,則此"刵"作"刖"義長。

⑱"越兹麗刑"三句:於此觸犯刑罰者,全制其罪,不察其獄訟之辭之

間的差異,謂不加分辨區別。越,於。兹,此。麗,觸犯刑法。并,全,都。差,差別,差異。辭,訟辭。

⑲興:起。 胥:相。 漸:欺詐。王引之《經義述聞》云:"詐謂之漸,《吕刑》曰'民興胥漸',漸亦詐也,言小民方興,相爲詐欺,故下文曰'罔中于信,以覆詛盟'也。"

⑳泯泯棼棼(fén fén):紛亂的樣子。泯泯,底本原作"泜泜",今正。

㉑罔中于信:沒有公正與誠信。罔,無。中,公正,不偏不倚。于,越,與。前《康王之誥》云"厎至齊信",齊信即中信。

㉒覆:反。 詛盟:盟誓。大事曰盟,小事曰詛。

㉓虐威:暴虐威罰,虐殺。 庶戮:那些被刑懲的人。庶,衆。戮,刑懲。下云"庶威",即那些作威施刑的人。

㉔方:普,徧,廣。 無辜:無罪。 上:上帝。

㉕監:監視,查看。 民:苗民。内野本、神宫本、足利本"民"作"人"。

㉖"罔有馨香德"二句:謂無有德之馨香上聞,惟有刑之腥臊上聞於天。發,散發。腥,腥臭。 案:前《酒誥》云"弗惟德馨香祀登聞于天","腥聞在上",《國語·周語上》云國之將亡,"其政腥臊,馨香不登",故楊樹達《積微居讀書記》云:"按'發聞'義不順,以《酒誥》校之,'發聞'疑是'登聞'之誤,以形近故也。"

"皇帝哀矜庶戮之不辜,報虐以威,遏絶苗民,無世在下①。乃命重、黎絶地天通②,罔有降格③。

"群后之逮在下④,明明棐常⑤,鰥寡無蓋⑥。皇帝清問下民⑦,鰥寡有辭于苗⑧。德威惟畏,德明惟明⑨。乃命三后⑩,恤功于民⑪:伯夷降典,折民惟刑⑫;禹平水土,主名山川⑬;稷降播種⑭,農殖嘉穀⑮。三后成功,惟殷于民⑯,士制百姓于刑之中⑰,以教祗德⑱。穆穆在上,明明在下⑲,灼于四方⑳,罔不惟德之勤㉑,故乃明于刑之中㉒,率乂于民棐彝㉓。典獄,非訖于威，惟訖于富^㉔。敬忌，罔有擇言在身^㉕。惟克天德^㉖，自作元命^㉗，配享在下^㉘。"

【校注】

①"皇帝哀矜(jīn)庶戮之不辜"四句：偽孔傳："皇帝，帝堯也。哀矜眾被戮者之不辜，乃報爲虐者以威誅，遏絕苗民，使無世位在下國也。"謂帝堯用兵誅伐爲虐之苗民。古者兵爲刑之大者。皇，大，尊美之辭。哀矜，憐憫。不辜，無罪。威，兵威。遏絕，猶消滅。世，嗣世，後代。　案："皇帝哀矜庶戮之不辜"至"罔有降格"，鄭玄謂"皆説顓頊之事。'乃命重、黎'即是命重、黎之身，非義、和也。'皇帝清問'以下，乃説堯事"，乃據《國語》爲説，以重、黎在顓頊時，非在堯時；但"乃命三后"之事明載於《舜典》舜即位之後，故偽孔傳據之以重、黎爲義、和也，在堯之時。今從偽孔傳，以"乃命重、黎"之"皇帝"爲帝堯，以"乃命三后"之"皇帝"爲帝舜。

②乃命重、黎絕地天通：偽孔傳："重即義，黎即和。堯命義、和世掌天地四時之官，使人神不擾，各得其序，是謂'絕地天通'。"重、黎，謂重、黎之後代義、和。絕，阻斷。地，謂地下之民。天，謂天上之神。《國語·楚語下》云："及少皞之衰也，九黎亂德……顓頊受之，乃命南正重司天以屬神，命火正黎司地以屬民，使復舊常，無相侵瀆，是謂絕地天通。其後，三苗復九黎之德，堯復育重、黎之後，不忘舊者，使復典之，以至于夏、商。"又參前《虞書·堯典》"乃命義、和，欽若昊天"注。

③罔有降格：因重、黎斷絕了地上之人、天上之神之間的溝通，故神不再降而來享。降，下。格，至，來享。楊筠如《尚書覈詁》："絕地天通，即所以遏絕苗民也。《多士》'則惟帝降格'，《多方》'惟帝降格于夏'，降格皆謂神來享佑之意。此文'罔有降格'，即不享佑苗民之意。"

④群后：眾諸侯之君。后，君主。　逮：及，施及，對待。　在下：在

下面的臣民。

⑤明明棐常：謂賢明的人無有任用的常法，即不以常法任用賢明之人。明明，顯明任用賢明之人，又參前《虞書·堯典》“明明揚側陋”及注。棐常，不常，不以爲常道常法。“棐”同“匪”，非，不。“棐常”與下“無蓋”相對。

⑥鰥寡無蓋：鰥夫寡婦無有蔽護。蓋，遮蓋，蔽護。　案：“群后之逮在下，明明棐常，鰥寡無蓋”十四字，在《墨子·尚賢中》引《呂刑》文中，在“有辭于苗”之後，“德威惟畏”之前。依上下文義及《書》疏引鄭玄《尚書》注，《墨子》所引《呂刑》文序更優，故江聲《尚書集注音疏》從之而移其經文。

⑦皇帝：此謂帝舜。今文無“皇”字。　清問：清楚地問訊。

⑧有辭：有怨辭。

⑨德威惟畏，德明惟明：謂有德之威罰惟可畏服，有德之賢明者惟可顯明任用。

⑩三后：伯夷、禹、稷。詳見下文注釋。三人亦見前《虞書·舜典》。

⑪恤功于民：敬慎於民之事。恤，敬慎，前《召誥》云“上下勤恤”。功，事。

⑫伯夷降典，折民惟刑：伯夷頒下典法，以所制刑法制斷民衆。伯夷，前《虞書·舜典》載帝舜命伯夷爲秩宗之官，職掌典禮。《國語·鄭語》及《山海經·海內經》謂其爲姜姓之祖，亦爲呂侯之祖。折，即“制”，制斷，裁制。與上云“制以刑”同。

⑬禹平水土，主名山川：僞孔傳：“禹治洪水，山川無名者主名之。”禹，前《虞書·舜典》載帝舜命禹爲司空，《逸周書》中又稱“崇禹”，《國語·周語下》中亦稱“伯禹”，《戰國策》中稱“大禹”，《史記》中稱“夏禹”，或徑稱“禹”，爲夏族首領。平，整治。主，掌管。名，命名。前《虞書·舜典》云：“禹，汝平水土，惟時懋哉！”

⑭稷降播種：僞孔傳：“后稷下教民播種。”稷，本名棄，前《虞書·舜

典》載帝舜命他爲主管播種百穀的農官后稷,遂稱"后稷"或
"稷",爲周人始祖。

⑮農:王引之《經義述聞》:"農,勉也。言勉殖嘉穀也。""農殖嘉
穀",底本"穀"作"穀",今正。

⑯殷于民:謂以刑法以正其民。殷,正。俞樾《群經平議》:"《堯典》
'以殷仲春'梅《傳》曰:'殷,正也。'此經'殷'字,亦當訓'正'。
'殷于民'者,正于民也。"

⑰士制百姓于刑之中:司法之士判決百姓時用公正合宜、不輕不重
之刑。士,士師,職掌司法。制,斷,裁斷,判決。百姓,即民。于,
以,用。中,謂刑罰合宜不輕不重。 案:今文"士"作"爰",俞樾
《群經平議》謂當以"爰"爲是:"'三后成功,惟殷于民,士制百姓
于刑之中',此三句一氣相屬,'爰制百姓于刑之中',即所以正于
民也。此經'士制'之當爲'爰制',以文勢求之,實無可疑。"

⑱祗:敬。

⑲穆穆在上,明明在下:謂堯舜恭敬在上,賢明之人得用在下。明
明,謂伯夷、禹、稷。

⑳灼:灼然光顯,昭著。 四方:天下。

㉑之:是。 勤:勤力,盡力。

㉒明:明瞭,明曉。

㉓率乂于民棐彝:以治于非法之民。率,用,以。乂,治。棐彝,即
《尚書》中常見之"非彝",非法。棐,非。彝,法。

㉔典獄,非訖于威,惟訖于富:典,主掌。王引之《經義述聞》:"訖,
竟也,終也。富,讀曰福,威、福相對爲文(《洪範》亦曰'作福作
威')。言非終于立威,惟終于作福也。"作福,賜福,參前《商書·
盤庚上》"作福作災,予亦不敢動用非德"及注;前《洪範》亦云"惟
辟作福,惟辟作威"。

㉕敬忌,罔有擇言在身:王引之《經義述聞》:"言必敬必戒,罔或有

敗言出乎身。"擇,讀爲"斁",敗,敗壞。《清華大學藏戰國竹簡（叁）》中《説命下》云:"經德配天,余罔有斁（斁）言。"忌,畏,戒懼。敬忌,敬畏,又參前《康誥》"裕民惟文王之敬忌"及注。

㉖惟克天德:惟能大其德。克,能。天,楊筠如《尚書覈詁》:"天,當作'大'。"天、大字形相似。

㉗自作元命:自興大命。作,興。元,大。前《多士》云"厥惟廢元命"。此言興,《多士》言廢。

㉘配享:楊筠如《尚書覈詁》:"配享,謂配天而享大命。"配,配天,應合天命,參前《召誥》"其自時配皇天"注。享大命,謂長享有其國,與上云苗民"無世在下"義相反。

王曰:"嗟! 四方司政典獄①,非爾惟作天牧,今爾何監②? 非時伯夷播刑之迪,其今爾何懲③? 惟時苗民④,匪察于獄之麗⑤,罔擇吉人觀于五刑之中⑥。惟時庶威奪貨⑦,斷制五刑⑧,以亂無辜⑨。上帝不蠲⑩,降咎于苗⑪,苗民無辭于罰⑫,乃絶厥世⑬。"

王曰:"嗚呼! 念之哉⑭! 伯父、伯兄、仲叔季弟、幼子、童孫⑮,皆聽朕言⑯,庶有格命⑰。今爾罔不由慰日勤,爾罔或戒不勤⑱。天齊于民俾我⑲,一日非終、惟終,在人⑳。爾尚敬逆天命㉑,以奉我一人。雖畏勿畏,雖休勿休,惟敬五刑,以成三德㉒。一人有慶㉓,兆民賴之㉔,其寧惟永㉕。"

【校注】

①四方司政典獄:天下主掌政事與刑獄的諸侯。司、典同義,謂主管。

②非爾惟作天牧,今爾何監:如果不是讓你們作上天的牧民之官,你們看管誰呢? 謂將無民可監,則亦不當司政爲諸侯。諸侯者,監民者也,故諸侯亦可稱監。爾,你,你們。牧,牧養,謂治理。監,

臨,看管。《左傳》襄公十四年:"天生民而立之君,使司牧之。"此二句言"司政"之"政"。《清華大學藏戰國竹簡(玖)》中《成人》:"古天氏降下民,作時后王、君公,正之以四輔祝、宗、史、師,乃有司正典獄,惟曰助上帝亂治四方之有罪無罪。"司正即司政。

③非時伯夷播刑之迪,其今爾何懲:如果不是這伯夷頒布刑法可以蹈行,你們將根據什麼來懲治?謂將無刑法可依,則亦不當典獄。時,是,此。播,頒布。迪,蹈行,遵從。此二句言"典獄"之"獄"。

④時:是,此。

⑤匪察于獄之麗:不明察觸刑之事。匪,非。察,明察,詳審。獄,刑。麗,附,觸犯。

⑥罔擇吉人觀于五刑之中:不選任吉善之士審看五刑是否公正適中。罔,無,不。吉人,吉善之人,前《立政》謂建官設職"其勿以憸人,其惟吉士"。觀,審看。中,適中,謂公正合宜,不輕不重。

⑦庶威:那些作威施刑的人。庶,眾。 奪貨:奪人貨賄。

⑧斷制五刑:裁斷於五刑。斷,判斷,裁定。制,裁制,裁斷。

⑨以亂無辜:偽孔傳:"以亂加無罪。"亂,或釋為治,亦可通。辜,罪。

⑩蠲(juān):免,謂赦免。

⑪咎:禍。

⑫無辭于罰:於其罪罰不能有辯解之辭。

⑬乃絕厥世:於是斷絕其繼嗣,即上云"遏絕苗民,無世在下"。

⑭念:思。

⑮"伯父"句:偽孔傳:"皆王同姓,有父、兄、弟、子、孫列者;伯、仲、叔、季,順少長也。"蓋上告"四方司政典獄"為告異姓諸侯,此告"伯父、伯兄、仲叔季弟、幼子、童孫"為告同姓。伯父,《儀禮·覲禮》:"同姓大國,則曰伯父。"伯兄,長兄。仲叔季弟,兄弟排行伯為長,第二為仲,其次為叔,其末為季。幼子、童孫,幼、童以年少而言,子、孫以輩分而言。

⑯朕：我。

⑰庶有格命：庶幾能有大命，謂有天命。王引之《經義述聞》：“‘格’讀爲‘假’，格命，假命也。《逸周書·皇門》：‘用能承天假命。’《爾雅》曰：‘假，大也。’《君奭》曰：‘其集大命于厥躬。’與此同義。”

⑱“今爾罔不由慰日勤”二句：林之奇《尚書全解》：“言今爾當無不由朕之言相慰勉而日愈勤，不可相戒以不勤也。”　案“日”，一或作“曰”，俞樾《群經平議》云：“經文當作‘曰勤’，唐石經作‘日’誤也。……蓋謂今女等無不用以自安曰我已勤矣，女等無有自戒其不勤者。‘慰’與‘戒’正相反，惟其以勤自慰，故不知以不勤自戒也。”其説亦通。

⑲天齊于民俾我：上天將治民交與我。齊，整齊，整治，治理，《論語·爲政》子曰“齊之以刑”。俾，賜與。“俾”一作“假”，亦謂授與。

⑳一日非終、惟終，在人：謂其罪是一時而非始終有犯，還是始終有犯，需察其人。一日，一時，短暫。終，始終，長久。非終、惟終，參前《康誥》“人有小罪，非眚，乃惟終，自作不典，式爾，有厥罪小，乃不可不殺；乃有大罪，非終，乃惟眚災，適爾，既道極厥辜，時乃不可殺”及注。在，察。

㉑尚：當。　逆：迎。　案：前《顧命》云“敬迓天威”。天威亦即天命。

㉒“雖畏勿畏”四句：蔡沈《書集傳》：“畏、威古通用。威，辟之也。休，宥之也。我雖以爲辟，爾惟勿辟；我雖以爲宥，爾惟勿宥，惟敬乎五刑之用，以成剛、柔、正直之德。”蔡沈雖據僞古文《君陳》爲説，但君主不干涉司法典獄的精神，在《立政》中也確有反映。三德，蔡沈承僞孔傳以《洪範》“三德”正直、剛克、柔克爲説，疑此當指《虞書·皋陶謨》中皋陶所言“九德”中之“三德”，其云“日宣三

德”,孫星衍《尚書今古文注疏》謂即簡而廉、剛而塞、彊而義三德,舊説有三德之人可以爲卿大夫。

㉓一人:君王自稱,即“我一人”“余一人”。 慶:休慶。

㉔兆民:猶萬民。郭店簡、上博簡《緇衣》均引作“萬民”。 賴:利。

㉕寧:安寧。 永:長久。

王曰:“吁①!來!有邦有土②,告爾祥刑③。在今,爾安百姓,何擇非人?何敬非刑?何度非及④?兩造具備⑤,師聽五辭⑥。五辭簡孚,正于五刑⑦。五刑不簡,正于五罰⑧。五罰不服,正于五過⑨。五過之疵⑩,惟官、惟反、惟內、惟貨、惟來⑪,其罪惟均⑫,其審克之⑬!五刑之疑有赦,五罰之疑有赦⑭,其審克之!簡孚有衆⑮,惟貌有稽⑯,無簡不聽⑰。具嚴天威⑱。

“墨辟疑赦⑲,其罰百鍰⑳,閱實其罪㉑。劓辟疑赦,其罰惟倍㉒,閱實其罪。剕辟疑赦㉓,其罰倍差㉔,閱實其罪。宮辟疑赦㉕,其罰六百鍰,閱實其罪。大辟疑赦㉖,其罰千鍰,閱實其罪。墨罰之屬千㉗,劓罰之屬千,剕罰之屬五百,宮罰之屬三百,大辟之罰其屬二百,五刑之屬三千。

【校注】

①吁(xū):感嘆之詞。

②有邦:即“有國”,此謂諸侯。 有土:孫星衍《尚書今古文注疏》:“有國者,畿外諸侯。有土者,畿內有采地之臣。”或有邦、有土同義並列,通謂諸侯,非必有畿外、畿內之別。

③告爾祥刑:偽孔傳:“告汝以善用刑之道。”釋“祥”爲“善”。段玉裁《古文尚書撰異》謂“祥”本作“詳”:“古詳、祥多通用,蓋偽孔本亦作‘詳’,而讀爲‘祥’,後徑改作‘祥’。”鄭玄云:“詳,審察之也。”俞樾《群經平議》:“祥,古通作‘常’,説見《立政》篇。告爾祥

刑者,告爾常刑也。莊十四年《左傳》曰'周有常刑',正謂此矣。"
三説各有道理,其中僞孔與鄭玄之説有相通之處,詳審而用刑,亦
善用刑之道,依下文詳述用刑之道,則僞孔與鄭説可從。

④"在今"五句:僞孔傳:"在今,爾安百姓兆民之道,當何所擇? 非
惟吉人乎? 當何所敬? 非惟五刑乎? 當何所度? 非惟及世輕重
所宜乎?"度,度其適宜。

⑤兩造:蔡沈《書集傳》:"兩爭者皆至也。"兩,謂原告、被告兩方。
造,至,到。"造"一作"遭",或謂即"譬",兩遭即"兩曹",獄之兩
曹,段玉裁《説文解字注》"譬,獄之兩曹"下云:"兩曹,今俗所謂
原告、被告也。曹,猶類也。"

⑥師:士師,刑獄之官。　聽:聽審。　五辭:僞孔傳:"入五刑之
辭。"辭謂訟辭。曾運乾《尚書正讀》則云:"五辭,即五聽也。《周
禮·小司寇》云:'以五聲聽獄訟,求民情,一曰辭聽,二曰色聽,三
曰氣聽,四曰耳聽,五曰目聽。"謂根據言辭、面色、氣息、聽覺、眼
神來聽審。亦或可能。

⑦五辭簡孚,正于五刑:僞孔傳:"五辭簡核信有罪驗,則正之於五
刑。"蔡沈《書集傳》:"簡,核其實也。孚,無可疑也。"孚,信。正,
治。五刑,即上云殺戮、劓、刵、椓、黥。

⑧五刑不簡,正于五罰:僞孔傳:"不簡核,謂不應五刑,當正五罰,出
金贖罪。"五罰,輕重不同的五等罰金。前《虞書·舜典》云"金作
贖刑",參其注。簡核既不與五刑相應合,爲何還以五罰治之? 林
之奇《尚書全解》:"老蘇曰:'疑者雖或非其辜,而法亦不至於殘
潰其肢體;若其有罪,則法雖不刑,而彼固已困於贖金矣。'"

⑨五罰不服,正于五過:與五罰不相應合,則正於五過。服,應合。
五過,五種過失。若過失則可赦免。前《虞書·舜典》云"眚災肆
赦",參其注。

⑩五過之疵:蔡沈《書集傳》謂"五者之病",林之奇《尚書全解》謂此

言“五過”是“帶上文而言耳,以此文在‘五過’之下故也”,因這種頂針修辭,則此雖言“五過”,實包含五刑、五罰、五過統而言之,謂在各環節聽獄者若有以下五疵者,則其罪與犯法者均等。疵,病,謂害於五刑、五罰、五過者。

⑪惟官、惟反、惟内、惟貨、惟來:即五疵,五種枉法行為。惟官謂仗恃其官職權勢,惟反謂借此報恩或報怨,惟内謂受内親影響,惟貨謂索受賄賂,惟來謂朋友往來請託。馬融本“來”作“求”,云“求,有求,請賕也”,謂接受請託所謝的財物。

⑫均:均等,同。

⑬其審克之:要審慎核定。“克”,今文作“核”,段玉裁《古文尚書撰異》:“克、核古音同在第一部。蓋古文《尚書》作‘克’,今文《尚書》作‘核’也。‘克’當為‘核’之假借。”則“克”通“核”,核定。

⑭五刑之疑有赦,五罰之疑有赦:偽孔傳:“刑疑赦從罰,罰疑赦從免。”謂入五刑而有疑點則赦減而正之於五罰,入五罰而有疑點則赦減而正之於五過,因過失則可赦免。一説入五刑而有疑者徑赦之而不入五罰,入五罰而有疑者徑赦之亦不入五過,但下有“墨辟疑赦,其罰百鍰(huán)”云云,則當以偽孔傳為是。

⑮簡孚有眾:屈萬里《尚書集釋》:“簡孚有眾,檢驗眾犯也。”簡孚,簡核而確信。

⑯惟貌有稽:考察其貌,蓋即辭聽、色聽、氣聽、耳聽、目聽五聽,參上文“師聽五辭”注。《史記·周本紀》引作“惟訊有稽”,訊謂審訊,審訊亦可以五聽。稽,考察。

⑰無簡不聽:沒有簡核以確信,則不聽其獄。簡,核實。

⑱具嚴天威:俱敬天之威命。具,同“俱”,共。嚴,敬。

⑲墨辟:墨刑,即上文五刑之“黥”。辟,刑。　疑赦:偽孔傳:“疑則赦從罰。”謂墨刑有疑點則赦而入罰。不施肉刑而處以罰金,故亦曰赦。

⑳其罰百鍰：罰金六百兩。金謂銅。鍰，六兩。

㉑閱實其罪：檢視核實其罪。又，楊筠如《尚書覈詁》謂"閱實"猶言脫赦，備考。

㉒倍：兩倍，謂二百鍰。

㉓剕(fèi)辟：剕刑，即五刑中之刖刑，斷足。僞孔傳："刖足曰剕。"

㉔倍差：僞孔傳："倍差謂倍之又半，爲五百鍰。"

㉕宮辟：宮刑，即上文五刑之"椓"。

㉖大辟：死刑，即上文所云"殺戮"。

㉗墨罰之屬千：墨刑條目有一千。"墨罰"即上所云"墨辟"，罰，刑。屬，類，謂條目。

　　"上下比罪①，無僭亂辭②，勿用不行③。惟察惟法④，其審克之！上刑適輕，下服；下刑適重，上服⑤，輕重諸罰有權⑥，刑罰世輕世重⑦。惟齊非齊，有倫有要⑧。罰懲非死⑨，人極于病⑩。非佞折獄，惟良折獄⑪，罔非在中⑫。察辭于差⑬，非從、惟從⑭。哀敬折獄⑮，明啓刑書，胥占⑯，咸庶中正⑰。其刑其罰，其審克之！獄成而孚，輸而孚⑱。其刑上備，有并兩刑⑲。"

【校注】

①上下：即下文之上刑、下刑，謂重刑、輕刑。　　比罪：蔡沈《書集傳》："比，附也。罪無正律，則以上下刑而比附其罪也。"即重罪比於上刑，輕罪比於下刑。

②無僭亂辭：孫星衍《尚書今古文注疏》："囚之訟辭及決獄之辭，勿有差亂以失其實也。"僭，差失。　　案：疑"辭"同"斯"，語氣詞，"上下比罪，無僭亂斯"謂上下比附其罪時，不要因此淆亂刑法而失上下之序。蓋因其所犯之罪，法無明文規定，上下比附之時，若輕罪者重刑，重罪者輕刑，則失刑法上下輕重等級之序，故於此誡之。

③勿用不行:林之奇《尚書全解》:"勿用不行,王氏(王安石《尚書新義》)曰:'謂責人以恕:所不可行者勿用也。《莊子》曰:重其任而罰不勝,遠其途而誅不至。此皆不可行,而先王之所不用也。'"蘇軾《東坡書傳》亦云:"立法必用衆人所能者,然後法行;若責人以所不能,則是以不可行者爲法也。"謂不用不當行之刑法。而蔡沈《書集傳》引或曰謂"不行"爲"舊有是法而今不行者",江聲《尚書集注音疏》謂之"已革之法",孫星衍《尚書今古文注疏》謂之"蠲除之法",以"勿用不行"謂不用已經廢除不行的刑法。　案:疑"用"訓"以",因,"勿用不行"謂不能因爲其罪律無明文便不行其法。

④惟察惟法:林之奇《尚書全解》云:"惟察者,察其情也;惟法者,正其法也。察其情,正其法,則法與吏交相爲用而不偏廢。"謂兼顧情、法。此既上承"上下比罪,無僭亂辭,勿用不行",又爲下"上刑適輕,下服;下刑適重,上服"張本。

⑤"上刑適輕"四句:蔡沈《書集傳》:"事在上刑而情適輕,則服下刑,舜之'宥過無大'、《康誥》所謂'大罪非終'者是也。事在下刑而情適重,則服上刑,舜之'刑故無小'、《康誥》所謂'小罪非眚'者是也。"適,楊筠如《尚書覈詁》云:"適,《呂覽·適威篇》注:'宜也。'謂律雖一定,而情有輕重,亦可原情而有權宜也。"

⑥輕重諸罰有權:僞孔傳:"輕重諸刑罰各有權宜。"罰,刑。權,蔡沈《書集傳》:"權者,進退推移,以求其輕重之宜也。"

⑦刑罰世輕世重:以當世的具體情況來決定刑罰或輕或重。《周禮·秋官·大司寇之職》:"一曰刑新國用輕典,二曰刑平國用中典,三曰刑亂國用重典。"鄭玄注云新國謂新辟地立君之國,平國謂承平守成之國,亂國謂篡弑叛逆之國。典,法。林之奇《尚書全解》引王安石《尚書新義》云:"上言刑罰輕重有權者,權一人而爲輕重也;此言世輕世重者,權一世而爲輕重也。"

⑧惟齊非齊,有倫有要:謂刑罰惟在齊同,亦在不齊同,不紊亂、有條理、有綱常即可。倫,理,條理。要,綱要,綱常。刑以齊民,故有五刑、五罰、五過不同類別整齊之;而又需上下適情,輕重有權,故又有突破類別而不齊。惟齊乃爲合法,非齊乃爲合情。又,王安石《尚書新義》云:"情之輕重、世之治亂不同,則刑罰之用當異,而欲爲一法以齊之,則其齊也不齊。以不齊齊之,則齊矣。'惟齊非齊',以不齊齊之之謂也。先後有序謂之倫,衆體所會謂之要。"亦可參考。

⑨罰懲非死:刑罰懲治,非致人於死。

⑩人極于病:謂人將以罰殛爲病,不敢違法犯罪。極,同"殛(jí)",殛罰,誅罰。

⑪非佞折獄,惟良折獄:僞孔傳:"非口才可以斷獄,惟平良可以斷獄。"佞,奸佞之人,口能善辯。良,吉善之士,心懷良善。折,斷,裁定。 案:前《立政》云:"繼自今立政,其勿以憸人,其惟吉士。"

⑫中:謂斷獄公正,不偏不倚,不輕不重。

⑬察辭于差:詳察訟辭之差池。差,差異,差池。此"察辭于差"與上文苗民"罔差有辭"正相反。

⑭非從、惟從:有不可順而從者,有可順而從者。從,謂從其訟辭。

⑮哀敬折獄:敬,《尚書大傳》引作"矜",憐。句謂當懷哀憐之心以斷獄。皮錫瑞《尚書大傳疏證》:"子曰:'聽訟者雖得其情,必哀矜之,死者不可復生,斷者不可復續也。'"

⑯明啓刑書,胥占:公開地打開刑書,相互考問推度。明,清楚,公開。啓,開。胥,相互。占,問,推度,論斷。上文云五刑條目上千,故需打開刑書檢閱。

⑰咸庶中正:希望都能公正。咸,皆,都。庶,庶幾,表希望。中正,公正。

⑱獄成而孚，輸而孚：成，定。孚，信。王引之《經義述聞》："'成'與'輸'相對爲文，'輸'之言渝也，謂變更也。《爾雅》：'渝，變也。'《廣雅》：'輸，更也。'獄辭或有不實，又察其曲直而變更之，後世所謂平反也。獄辭定而人信之，其有變更而人亦信之，所謂民自以爲不冤也。故曰'獄成而孚，輸而孚'。"王説是，《上海博物館藏戰國楚竹書(六)》中《景公瘧》言聽獄"敷情而不愈"，裘錫圭謂此"愈"當讀爲"渝"，不渝即不變，謂當依據實情而不歪曲。

⑲其刑上備，有并兩刑：蘇軾《東坡書傳》："其上刑已有餘罪矣，則并兩刑從一重論。"謂其刑罰已足上刑，或有輕重兩刑者則併而爲一，以其上刑論處。上刑謂重刑。備，足，一説"備"同"服"，吴汝綸《尚書故》："上備，即上服。"上服，謂當服以上刑，亦通。

王曰："嗚呼！敬之哉！官伯、族姓①。朕言多懼②。朕敬于刑，有德惟刑③。今天相民，作配在下④，明清于單辭⑤，民之亂⑥，罔不中聽獄之兩辭⑦，無或私家于獄之兩辭⑧。獄貨非寶，惟府辜功⑨。報以庶尤⑩，永畏惟罰⑪。非天不中，惟人在命⑫。天罰不極⑬，庶民罔有令政在于天下⑭。"

王曰："嗚呼！嗣孫⑮，今往⑯！何監非德⑰？于民之中，尚明聽之哉⑱！哲人惟刑⑲。無疆之辭，屬于五極，咸中有慶⑳。受王嘉師，監于茲祥刑㉑。"

【校注】

①官伯、族姓：江聲《尚書集注音疏》："官伯，謂司政典獄也。族姓，伯父、伯兄、仲叔季弟、幼子、僮孫也。徧呼而戒之。"官伯，官長。

②朕言多懼：僞孔傳："我言多可戒懼。"以此儆誡衆人。

③有德惟刑：有德之人乃可主掌刑罰。上文云："罔不惟德之勤，故乃明于刑之中。"

④今天相民，作配在下：江聲《尚書集注音疏》："相，助也。今天相

助斯民,作之君以配在下,則承天以治民。"

⑤明清:明察。　單辭:單方之辭,不可對證之辭。"單辭"與下"兩辭"相對。

⑥亂:治。

⑦中:公正,不偏不倚。　聽:聽審。　兩辭:原告被告兩方之辭。

⑧無或:不能有。　私家:猶私人,謂偏私。其義與上句"中聽"相對。屈萬里《尚書集釋》謂"家"當爲"圂"之譌,即"溷",亂。馬楠《周秦兩漢書經考》謂"家"爲謀利,句謂不因獄訟之事自營爲利,亦可參考。　案:岩崎本、内野本、神宫本無"私"字。

⑨獄貨非寶,惟府辜功:獄訟之賄賂不可寶愛,它們只能積聚禍罪之事。貨,賄賂的財貨。府,聚。辜,罪。功,事。

⑩報以庶尤:謂以刑罰治理衆罪犯。報,治罪,斷獄。庶,衆。尤,罪。庶尤,衆罪人,與上文"庶戮""庶威"類同。

⑪永畏惟罰:使其長能畏懼於刑罰。永,長。

⑫非天不中,惟人在命:非上天不公正,人當察於天命。謂罪人受刑罰,乃天命罰之如此。在,察。命,天命。

⑬天罰不極:刑罰不至,謂刑罰不施。天罰,上天之罰,天不能行,乃人代而行之,故天罰即謂刑罰。極,至。又疑"極"即"殛(jí)",謂誅罰。前《康誥》云"爽惟天其罰殛我",《多方》云"我乃其大罰殛之"。

⑭庶民罔有令政在于天下:庶民不能蒙有善政於天下。令,美,善。案:上二句,吴汝綸《尚書故》云:"言若使天罰不至,則衆人在天下無有善政矣。"

⑮嗣孫:僞孔傳:"諸侯嗣世子孫。"

⑯往:往而敬之。謂敬慎於刑。此"往"猶前《虞書·堯典》"往欽哉"、《康誥》"往哉"、《洛誥》"汝往敬哉"之類。

⑰何監非德:何所監民?非惟有德乎?以反問表示肯定。監,參上

"非爾惟作天牧,今爾何監"及注。"何監非德"與上文"何擇非人? 何敬非刑? 何度非及"句式同。

⑱于民之中,尚明聽之哉:即當明聽於民之中。尚,當。聽,聽獄,聽斷。中,不輕不重。上文云"罔不惟德之勤,故乃明于刑之中"。

⑲哲人惟刑:即上文"折民惟刑",謂裁斷人民惟在於刑罰。哲、折,同"制",裁斷,判決,又參上文"士制百姓于刑之中"及注。

⑳"無疆之辭"三句:謂所有無窮之訟辭,使各歸屬於五種法則,皆公正而善。無疆,無止境,無窮。辭,訟辭。屬,歸屬。五極,五種誅罰,謂五刑、五罰、五過。極,同"殛",誅罰。咸,皆。慶,吉,善。

㉑受王嘉師,監于兹祥刑:蔡沈《書集傳》:"諸侯受天子良民善衆,當監視于此祥刑。"嘉,良,善。師,衆。監,視。兹,此。祥刑,詳參上文"告爾祥刑"注。

文侯之命第卅　周書

【題解】

　　"文侯之命"謂晉文侯之册命,是周平王對其東遷有功的晉文侯所作的册命,記述了周王對文侯的嘉獎之辭和賞賜之物兩個方面的内容,屬於比較典型的册命文獻。前二段稱頌文王、武王之德,大有功績,有賴於文侯先祖的輔助,然後希望以文侯爲主的諸侯,像其先祖一樣輔佑王室,捍衛自己,度過大難。末段記載了周王對文侯豐厚的賞賜,包括宗廟祭祀用酒、象徵征伐權力的弓矢、駟駕之馬,亦勉勵文侯綏安天下,寧其民,安其國,成就大德。

　　平王錫晉文侯秬鬯、圭瓚①,作《文侯之命》②。

【校注】

①平王:周平王,名宜臼,爲周幽王之子。　錫:同"賜"。　晉文侯:名仇,晉國之君。　秬(jù)鬯(chàng):黑黍釀的香酒。秬,黑黍。鬯,鬱金香草加香的酒。　圭瓚(zàn):古人認爲玉有精氣,神靈食之,故用香酒澆灌插放於容器中的玉件,然後以酒祭祀。這些用香酒澆灌的玉件,或圭或璋或瓚,故常以"圭瓚"統稱,有時也稱"璋瓚""玉瓚"。圭,爲長條形片狀玉器,上鋭下方,或上圓下方。瓚,是一種柄形玉器。秬鬯、圭瓚常配套使用,用於宗廟祭祀。《詩經·大雅·江漢》:"釐爾圭瓚,秬鬯一卣。"　案:關於本

篇册命的背景,僞孔傳:"幽王爲犬戎所殺,平王立而東遷洛邑,晉文侯迎送安定之,故錫命焉。"《左傳》隱公六年:"我周之東遷,晉、鄭焉依。"《國語·周語中》亦云:"鄭武、莊有大勳力于平、桓,我周之東遷,晉、鄭是依。"又《晉語四》:"晉、鄭兄弟也,吾先君武公與晉文侯戮力一心,股肱周室,夾輔平王,平王勞而德之。"平王東遷,歷史上的東周時代就此開始。

②作《文侯之命》:《史記·晉世家》載晉文公在城濮之戰擊敗楚人後:"天子使王子虎命晉侯爲伯,賜大路、彤弓矢百、玈弓矢千、秬鬯一卣、珪瓚、虎賁三百人。晉侯三辭,然後稽首受之。周作《晉文侯命》。"誤以《文侯之命》爲周襄王賜晉文公命,以二事爲一事,今不從,以《書》序爲是。

文侯之命

王若曰①:"父義和②,丕顯文、武③,克慎明德④,昭升于上,敷聞在下⑤。惟時上帝⑥,集厥命于文王⑦。亦惟先正⑧,克左右昭事厥辟⑨,越小大謀猷⑩,罔不率從⑪,肆先祖懷在位⑫。

嗚呼!閔予小子嗣⑬,造天丕愆⑭,殄資澤于下民⑮,侵戎我國家純⑯。即我御事⑰,罔或耆壽,俊在厥服⑱,予則罔克⑲,曰惟祖惟父⑳,其伊恤朕躬㉑。嗚呼!有績予一人,永綏在位㉒。父義和,汝克昭乃顯祖㉓,汝肇刑文、武㉔,用會紹乃辟㉕,追孝于前文人㉖。汝多修,扞我于艱㉗,若汝,予嘉㉘。"

【校注】

①若:如此。

②父:周王對同姓諸侯稱父。周、晉同姓。 義和:晉文侯之字。古

人名、字彼此關聯,鄭玄云:"'義'讀爲'儀',儀、仇皆'匹'也,故名仇字儀。"曾運乾《尚書正讀》:"'和'與'仇'義相反亦相成。《周官·調人》:'掌司萬民之難而調和之。'是名'仇'字'義和'之義。" 案:義,陸德明《經典釋文》謂一本作"誼",古本也作"誼"。義、誼同義,"義和"與"仇"相反以應。

③丕顯:尊美之詞,猶偉大光輝。 文、武:周文王、周武王。

④克慎明德:能謹慎而勉於德行。克,能。慎,蓋謂慎於刑罰。明,勉,勤勉。前《康誥》云:"惟乃丕顯考文王,克明德慎罰。"參其注。

⑤昭升于上,敷聞在下:光顯於上天,廣聞於下民。昭,光顯。上,上天。敷,廣,普遍。下,下民。曾運乾《尚書正讀》:"上謂天,下謂人。《詩·文王》云'文王在上,於昭于天','昭升于上'也;'亹亹文王,令聞不已','敷聞在下'也。"

⑥時:是,此。

⑦集厥命于文王:成就天命於文王。集,就,成;一説"集"有降落義,此"集厥命于文王"謂上帝降大命於文王,亦通。又參前《君奭》云"其集大命于厥躬"及注。厥,其。命,天命。文王,《史記·晉世家》作"文、武"。

⑧先正:楊筠如《尚書覈詁》:"正,《釋詁》:'長也。'先正,謂文侯之先人,臣事于文、武者也。"

⑨左右:佐佑,輔助。 昭事:佑助,輔佐。 辟:君。此謂周王。

⑩越小大謀猷:於大小之謀。越,於。猷,謀劃。

⑪率:循,遵循。 從:服從,順從。 案:前《虞書·舜典》云"蠻夷率服",率從、率服同義。

⑫肆:故。 先祖:謂平王之先祖。 懷:安。

⑬閔:同"憫",憐,哀傷。 予小子:自謙之稱。 嗣:繼,繼位。

⑭造:遭。 丕:大。 愆:過,懲。

⑮殄(tiǎn)資澤于下民：孫星衍《尚書今古文注疏》："絕財禄于下民。"殄，絕，盡。資，財。澤，禄。

⑯侵戎我國家純：侵伐我國及卿大夫之家，爲禍甚大。侵戎，兵戎侵伐。天子諸侯之地曰國，卿大夫之地曰家。純，大。

⑰即：今，現在。　御事：迎受諸事之臣。參前《牧誓》"御事司徒、司馬、司空"注。

⑱罔或耆壽，俊在厥服：無有年長之人，治理在其位。罔或，無有。耆壽，年長賢者。俊，同"畯"，治理。服，職事，職位。厲王時器㝬(hú)簋銘文云"畯在位"，《清華大學藏戰國竹簡(叁)》中《説命下》云"小臣罔俊在朕服"，前《虞書·皋陶謨》亦云"俊乂在官，百僚師師"。

⑲予則罔克：我則不能，謂一己之力不能勝任其事。罔，無，不。克，能。

⑳惟祖惟父：謂祖輩、父輩的同姓諸侯。

㉑其：表希望語氣。　伊：惟。　恤：憂慮，體恤。　朕：我。　躬：身。

㉒有績予一人，永綏在位：有功於我，使我長久安然在位。績，功。永，長久。綏，安。

㉓汝：你。　昭：同"紹"，繼，承。　乃：你的。　顯祖：對先祖的尊稱，猶尊稱父爲"顯考"之例。顯爲尊美之辭，猶今言偉大。

㉔肇：語助詞。　刑：同"型"，傚法。

㉕用：以。　會紹：楊筠如《尚書覈詁》："會紹，當是成語。"蓋謂佑助。宣王時器逨盤銘文云"會召康王"，"用會昭王、穆王"。　乃辟：你的君主，即謂平王。

㉖追孝：追敬。孝，敬。　前文人：以前的文德之人，在西周金文中常用作對先祖的美稱。蔡沈《書集傳》："顯祖、文人，皆謂唐叔，即上文'先正''昭事厥辟'者也。"唐叔，名虞，爲晉文侯先祖，晉國始封之君。

㉗汝多修,扞(hàn)我于艱:修,協和,調和。前《康誥》云“越我一二
邦以修我西土”,《君奭》云“惟文王尚克修和我有夏”,此“修”之
義當同於上二句之“修”,謂協和其國,下文周王謂文侯云“寧爾
邦”。扞,捍衛。艱,艱難。又,于省吾《尚書新證》:“‘修’應讀作
‘休’。修、休同聲,《爾雅·釋詁》:‘休,美也。’言汝多休美,扞衛
我於艱難也。”亦備一説。

㉘若汝,予嘉:孫星衍《尚書今古文注疏》:“如汝者,予嘉美之。”意
謂像你這樣的,乃我所嘉獎。若,如。

王曰:“父義和,其歸視爾師①,寧爾邦②。用賚爾秬鬯一
卣、彤弓一、彤矢百、盧弓一、盧矢百、馬四匹③。父往哉! 柔遠
能邇④,惠康小民⑤,無荒寧⑥。簡恤爾都⑦,用成爾顯德⑧。”

【校注】

①歸:歸國,謂回晉國。　視爾師:照看你的民衆。視,看顧,治理。
　爾,你的。師,衆。

②寧爾邦:安定你的國家。寧,安。邦,國。《儀禮·覲禮》:“伯父
　無事,歸寧乃邦。”

③賚(lài):賜。　卣(yǒu):中等大小的盛酒器。　彤:赤色。
　矢:箭。　盧:黑色。“盧”,九條本、内野本、足利本、古本作
　“旅”。　案:僞孔傳:“諸侯有大功,賜弓矢,然後專征伐。”

④柔遠能邇:懷柔遠方的,安撫近處的。能,善,安撫。邇,近。又參
　前《顧命》“柔遠能邇”注。

⑤惠康小民:惠愛、康保小民。前《康誥》云“用康保民”,《無逸》云
　“能保惠于庶民”,康保、保惠、惠康,義皆類同。

⑥無荒寧:毋荒怠其政而自圖安樂。

⑦簡:大。　恤:安。　爾都:你國。

⑧用:以。　顯:明。

費誓第卅一　周書

【題解】

　　“費（bì）誓”謂在費地的誓辭。費爲魯國東境地名，《史記》作“胗（xī）”，今文又作“鮮”，或作“獮（xiǎn）”，古文作“粊（bì）”，段玉裁《古文尚書撰異》謂至唐代衛包誤改爲“費”，吳闓生《尚書大義》謂即魯侯彝銘文中之“獮邑”。淮夷、徐戎起兵寇亂，魯公興兵抗擊，在費地而誓衆。依本篇序文，此誓乃西周初期伯禽之事，馬融、鄭玄本列之於《吕刑》之前；今此篇列西周之末《文侯之命》後者，蔡沈《書集傳》云：“《費誓》《秦誓》皆侯國之事，而繫於帝王書末者，猶《詩》之録《商頌》《魯頌》也。”本篇内容雖爲戰前誓辭，但與此前《尚書》多篇誓辭頗有區别，更像是一篇徵發兵力、軍賦及告諭軍隊駐地民衆的動員令。

　　魯侯伯禽宅曲阜①，徐夷並興②，東郊不開③，作《費誓》④。

【校注】

①魯侯伯禽：周公封於魯，其子伯禽就國，爲魯國國君。　宅：居，謂定都。　曲阜：魯國國都，即今山東曲阜。

②徐：文中稱“徐戎”，在古代徐州地域的戎人。　夷：文中稱“淮夷”，古代淮河下游的夷人。一説徐戎、淮夷爲一，亦稱徐淮夷，楊筠如《尚書覈詁》：“徐與淮夷，二名一地。……蓋淮爲水名，徐爲

國名。淮水之夷,以徐爲大,言淮夷固可以包徐戎,言徐戎亦可以統淮夷也。” 並:都,一起。 興:興兵作亂。

③東郊:東境。 開:通。

④作《費誓》:《史記·魯周公世家》:“伯禽即位之後,有管、蔡等反也,淮夷、徐戎亦並興反。於是伯禽率師伐之於肸,作《肸誓》。”《肸誓》即《費誓》,其所作之年代,或謂作於管、蔡叛亂之時,或謂作於周公歸政成王之後,要之,據《史記》,其作於周初。近現代以來,則有學者如余永梁、屈萬里等以《費誓》爲春秋魯僖公時所作,楊筠如《尚書覈詁》亦云:“西周諸侯,當承王命征伐,而此篇無一語道及王命,當是東周以後諸侯自專攻伐時代之作品。且其文字,與《秦誓》相去不遠。”今姑從《史記》及《書》序之説。

費 誓

公曰①:“嗟②!人無譁③,聽命④!徂兹淮夷、徐戎並興⑤,善敹乃甲冑⑥,敿乃干⑦,無敢不弔⑧;備乃弓矢,鍛乃戈矛⑨,礪乃鋒刃⑩,無敢不善。今惟淫舍牿牛馬⑪,杜乃擭⑫,敜乃穽⑬,無敢傷牿⑭,牿之傷⑮,汝則有常刑⑯。馬牛其風⑰,臣妾逋逃⑱,勿敢越逐⑲,祗復之⑳,我商賚汝㉑;乃越逐不復㉒,汝則有常刑。無敢寇攘㉓,踰垣牆㉔,竊馬牛,誘臣妾㉕,汝則有常刑。

【校注】

①公:魯公。

②嗟:嘆詞,此表招呼之意。

③人:鄭玄云:“人,謂軍之士衆及柴地之民。” 無:不要。 譁:喧嘩。

④聽命:僞孔傳:"静聽誓命。""命"上,内野本、神宫本、足利本等有
"予"字。

⑤徂:王引之《經傳釋詞》:"'徂'讀爲'且'。且,今也。言今兹淮
夷、徐戎並興也。"于省吾《尚書新證》謂"徂"即"盧",爲句首語
詞;楊樹達《積微居金文説・全盂鼎跋》謂"徂兹"猶"嗟兹",《管
子・小稱》云"嗟兹乎,聖人之言長乎哉",亦作"嗟嗞""嗟子",並
與"嗟兹"同,歎詞表聲,無定字也。説亦可參。　兹:此。　淮
夷、徐戎並興:詳參序文"徐夷並興"注。

⑥善:好好地。疑"善"當讀作"繕",修繕,修補。《左傳》隱公元年:
"繕甲兵,具卒乘。"　敿(mí):簡選,擇選。段玉裁《古文尚書撰
異》謂此字讀音"古音不讀如了彫切,當讀如彌綸之彌"。裘錫圭
《湖北江陵鳳凰山十號漢墓出土簡牘考釋》謂"敿"通"撩",義爲
修整,亦通。　乃:你們的。　甲胄:鎧甲頭盔。

⑦敿(jiǎo):繫結。　干:盾牌。

⑧弴(shū):淑,善。

⑨鍛:鍛造,製作。

⑩礪:磨。　鋒刃:九條本、内野本、神宫本無"鋒"字。

⑪今惟淫舍牿(gù)牛馬:今大放出所牿牛馬。淫,大。舍,放出。
牿,同"梏",此謂放牧時對牛馬之足加束縛以梏之,以免跑失。僞
孔傳:"軍所在,必放牧也。"孫星衍《尚書今古文注疏》:"軍行以
牛載輜重,馬駕兵車。常駕不舍,力不能任,故放置之。"

⑫杜:亦作"斁",閉塞,堵住。　擭(huò):施於坑中的捕獸器具。

⑬敜(niè):塞住。　穽(jǐng):同"阱",陷阱。

⑭牿:謂所梏之牛馬。

⑮之:若,如果。

⑯汝則有常刑:謂定有刑法處罰你們。常刑,常法。

⑰風:跑散。鄭玄云:"風,走逸。"

⑱臣妾：鄭玄云：“厮役之屬。”僞孔傳：“役人賤者男曰臣，女曰
　　妾。”　逋（bū）逃：逃亡。逋，亡。

⑲勿敢越逐：此謂禁止民衆劫掠、追獲走逃的馬牛、臣妾（以爲己
　　有）。越，劫奪，掠奪，參前《康誥》“殺越人于貨”注。逐，追獲。

⑳祗復之：謂若獲得馬牛或臣妾者，敬慎歸還。祗，敬慎。復，歸還，
　　還回來。

㉑商：通“賞”。　賚（lài）：賜。

㉒乃：如，若。

㉓寇攘：搶盗。寇，群搶。攘，盗取。前《康誥》亦云“寇攘姦宄”。

㉔踰：翻越。

㉕誘：誘拐。

　　“甲戌①，我惟征徐戎。峙乃糗糧②，無敢不逮③，汝則有
大刑④。魯人三郊三遂峙乃楨榦⑤，甲戌，我惟築⑥，無敢不
供，汝則有無餘刑非殺⑦。魯人三郊三遂峙乃芻茭⑧，無敢不
多⑨，汝則有大刑。”

【校注】

①甲戌：甲戌這天。

②峙（zhì）：具備，準備。王先謙《尚書孔傳參正》：“‘峙’當爲‘跱’，
　　轉寫之誤，下同。《釋詁》：‘跱，具也。’即《説文》‘偫’字。”　糗
　　（qiǔ）糧：乾糧。

③逮：及，交來。

④汝則有大刑：謂否則你們將有死刑加身。大刑，即大辟，馬融云：
　　“大刑，死刑也。”于省吾《尚書新證》謂此“不逮”及下“不供”“不
　　多”均應有重文，此當作“無敢不逮，不逮，汝則有大刑”，可資
　　參考。

⑤魯人三郊三遂峙乃楨（zhēn）榦（gàn）：謂三郊三遂的魯人準備築

城之具。邑外爲郊,郊外爲遂。天子有六軍,徵兵於六鄉六遂。魯爲大國,有三軍,徵兵於三郊三遂。楨榦,築城所用之具,榦爲夾牆兩側之木板,楨爲固定兩側木板的橫木柱。

⑥築:修築營壘。

⑦無餘刑非殺:謂非殺之外別無他刑,亦謂將施用大刑。餘,剩餘。

⑧芻茭(jiāo):飼軍中牛馬之草。芻,生草。茭,乾草。

⑨多:足,够。《史記・魯周公世家》“多”作“及”。據上言“不逮”“不供”,作“不及”義長。

秦誓第卅二　周書

【題解】

　　"秦誓"謂秦穆公之誓。春秋時期，公元前 628 年，秦穆公不聽百里奚、蹇叔之諫，勞師而偷襲遠在東方的鄭國，不成，回師途經晉國境內崤地時被晉軍攔擊而大敗。僞孔傳謂秦穆公悔過而作此誓；牟庭《同文尚書》則謂秦穆公爲任用百里奚而作此誓。本篇主要強調君主聽取謀臣意見以及謀臣本身的重要，通過引用古人之言，說明給別人提批評意見容易，但接受別人的批評意見很難，君主要有謀臣，尤其是要聽從老臣的建議，才不會犯錯，強調良善的謀士勝於勇猛的武夫。但君主不能親近那些善於花言巧語的人，惟求誠實專一、心地美善的謀臣，他能大度容人，用他能長保子孫、有利人民，這樣的謀臣，即便獨此一人，也能顯榮、安定國家；反之，臣下若嫉賢妒能，阻撓設絆，不能容人，則將使國家傾危，不保子孫，危害人民。

　　秦穆公伐鄭①，晉襄公帥師敗諸崤②，還歸③，作《秦誓》④。

【校注】

①秦穆公：名任好，春秋中前期秦國國君，公元前 659 年即位，被視爲"春秋五霸"之一。　伐鄭：秦此次伐鄭始於公元前 628 年冬，參《左傳》僖公三十二年、三十三年相關記載。

②晉襄公:名歡,晉文公之子,公元前 628 年即位。　帥:率領。
師:軍隊。　崤(xiáo):又作"殽",山名,在今河南西部。

③還歸:僞孔傳謂崤之戰,秦軍三帥被晉國擒獲,後釋放,回到秦國。
或據《史記·秦本紀》謂四年後秦軍報仇,大敗晉軍,回到秦國,參
下"作《秦誓》"注。

④作《秦誓》:《史記·秦本紀》記載崤之戰後第四年:"三十六年,繆
公復益厚孟明等,使將兵伐晉,渡河焚船,大敗晉人,取王官及鄗,
以報殽之役。晉人皆城守不敢出。於是繆公乃自茅津渡河,封殽
中尸,爲發喪,哭之三日。乃誓於軍曰:'嗟! 士卒,聽無譁,余誓
告汝。古之人謀黄髮番番,則無所過。'以申思不用蹇叔、百里奚
之謀,故作此誓,令後世以記余過。"或據此謂《秦誓》作於崤之戰
四年後。但《史記》載誓軍之辭極爲簡略,雖與《秦誓》在文字上
有所關聯,但《秦誓》内容完全不似誓軍之辭,而是論述君主應該
納諫以及謀臣的重要性,因此,二者是否同爲一誓,尚有疑問。牟
庭《同文尚書》則謂《史記》與《書》序均誤,認爲《秦誓》乃魯僖公
二年秦穆公爲任用百里奚而作:"今據《大學》引《秦誓》之文,知
是穆公用人之書也。穆公始得百里奚,欲用以相秦,而國人譁言
不服,故作此誓與衆共之。'黄髮'謂百里奚也。《孟子》曰:'百
里奚不諫,知虞公之不可諫,而去,之秦,年已七十矣。'是百里奚
已老乃入秦,故曰'旅力既愆'也;《史記》載百里奚薦蹇叔事,真
可謂'若己有之','其心好之,不啻若自其口出'者也。《誓》作於
僖二年,亦穆公之二年,時秦事未見於《傳》,故《傳》無作《秦誓》
之文。蓋自僖二年百里奚始用秦,用秦十三年,年八十三卒於僖
十五年,是年十一月,戰于韓,獲晉侯,《傳》無百里之言,是其已卒
之驗也。奚卒後二十餘年,秦尚多才,以霸西戎,奚之餘烈也。
'寔能容之,以保我子孫',信哉!《史記》言敗於殽時奚尚在,《史
記》誤。"今細繹篇文,牟説可從。

秦　誓

　　公曰^①:"嗟^②! 我士^③,聽無譁^④。予誓告汝群言之首^⑤。古人有言曰:'民訖自若是多盤^⑥。責人斯無難^⑦,惟受責俾如流,是惟艱哉^⑧!'我心之憂^⑨。日月逾邁^⑩,若弗云來^⑪。惟古之謀人^⑫,則曰未就予忌^⑬;惟今之謀人,姑將以爲親^⑭。雖則云然^⑮,尚猷詢兹黃髮^⑯,則罔所愆^⑰。番番良士^⑱,旅力既愆^⑲,我尚有之^⑳;仡仡勇夫^㉑,射御不違^㉒,我尚不欲^㉓。惟截截善諞言^㉔,俾君子易辭^㉕,我皇多有之^㉖?

【校注】

①公:秦穆公。

②嗟:嘆詞,此表招呼之意。

③士:士臣。僞孔傳:"誓其群臣,通稱士也。"

④聽:謂聽我誓命。　無:不要。　譁:喧嘩。

⑤群言之首:僞孔傳:"衆言之本要。"首,本,根本。

⑥民訖自若是多盤:謂人之常情,多喜歡盡都順己之心。訖,盡。若,順。盤,樂。

⑦責人斯無難:批評他人並不難。責,責難,批評。

⑧惟受責俾如流,是惟艱哉:僞孔傳:"若己有非,惟受人責,即改之如水流下,是惟艱哉。"俾,從,謂聽從責難之言。是,此。艱,難。內野本、神宮本無"惟"字,敦煌本、九條本"艱"作"難"。

⑨我心之憂:我心所憂。

⑩日月逾邁:謂日月流逝。逾,過。邁,行。

⑪若弗云來:而不再有。若,而。云,王引之《經傳釋詞》:"云,猶'有'也,或通作'員'。"敦煌本、內野本、足利本"云"即作"員"。

來,語助詞。

⑫古:過去的。　謀人:謀臣,出謀獻言之人。

⑬未就予忌:謂我未能就而受其謀。忌,蓋即《説文解字·心部》"惎(jì)"下所引"《周書》曰'來就惎惎'"之"惎",俞樾《群經平議》謂當訓爲"謀"。前《多方》"爾尚不忌于凶德","忌"亦訓"謀",參其注。

⑭姑:且。　親:親近。謂就而受其謀。

⑮雖則云然:謂雖則有謀人可親。此承上文"惟今之謀人,姑將以爲親"而言。云,有。

⑯尚猷詢兹黃髮:我當詢謀於黃髮長者。謂當任用百里奚而聽其謀。尚,當。猷,謀。牟庭《同文尚書》謂"尚猷"即"尚猶",猷、猶可通,尚、猶二字同義連用:"按僖四年《左傳》曰'十年尚猶有臭','尚猶'連用,與此經同。"亦可通。詢,諮詢。兹,此。黃髮,謂年老者,此謂百里奚。

⑰則罔所愆:則不會犯過錯。愆,過錯。

⑱番番:即"皤皤(pó pó)",年老白髮之貌。

⑲旅力既愆:謂體力已失。旅,即"膂",《廣雅·釋詁》:"膂,力也。"愆,失,過。

⑳尚:猶。　有:同"友",親近。

㉑仡仡(yì yì):健勇强壯之貌。

㉒射:射箭。　御:駕車。　違:失,出錯。

㉓不欲:不想要。

㉔截截善諞(piǎn)言:能辯的人善於花言巧語。截截,善辯之貌,此謂善辯之人。諞言,巧語。

㉕俾:使。　易辭:即"易怠",《春秋公羊傳》文公十二年引作"俾君子易怠",楊筠如《尚書覈詁》謂辭、怠可通。易,輕忽。怠,疑惑。

㉖我皇多有之:我怎會多親近巧言之人?皇,況,怎麼,表疑問。

"昧昧我思之^①,如有一介臣^②,**斷斷猗**無他技^③,其心休休焉^④,其如有容^⑤。人之有技^⑥,若己有之^⑦;人之彦聖^⑧,其心好之,不啻如自其口出^⑨,是能容之。以保我子孫^⑩,黎民亦職有利哉^⑪! 人之有技,冒疾以惡之^⑫;人之彦聖而違之俾不達^⑬,是不能容。以不能保我子孫^⑭,黎民亦曰殆哉^⑮! 邦之杌陧^⑯,曰由一人^⑰;邦之榮懷^⑱,亦尚一人之慶^⑲。"

【校注】

①昧昧我思之:蔡沈《書集傳》:"深潛而静思也。"謂穆公深思欲得"一介臣"。

②如有一介(gè)臣:若獨有一個臣。如,若。介,讀作"个",獨個。吴汝綸《尚書故》:"介,與'一'同義,'一介臣'即一臣也。《左傳》'一介行李',《吴語》'一介嫡男'。"

③斷斷猗無他技:惟有誠實專一而無其他技藝。斷斷,誠實專一之貌。猗,同"兮",語氣詞。

④其心休休焉:他的心美善而寬大。休休,《春秋公羊傳》文公十二年引此句何休注:"美大貌。"美則能善,大則能容。

⑤如:能。　容:容納,接受,寬容。

⑥之:若,如果。

⑦有之:内野本、神宫本作"之有"。

⑧彦:聖哲。蔡偉《誤字、衍文與用字習慣》云:"'人之彦聖'之'彦'也應當讀爲'獻','彦(獻)聖'是同義並列的複音詞。《爾雅·釋言》曰:'獻,聖也。'郭璞注:'《謚法》曰:聰明睿智曰獻。'"聖:明哲。

⑨其心好之,不啻(chì)如自其口出:其心誠好之,而不僅僅能自其口出言以稱之。蔡沈《書集傳》:"心之所好,甚於口之所言也。"不啻,不但,不僅。如,能。"如",敦煌本、内野本、神宫本作

"而",九條本作"若"。

⑩以保我子孫:用之能安保我子孫。以,用,謂用此人。保,安。

⑪黎民:衆民,天下衆人。黎,衆。參前《虞書·堯典》"黎民於變時雍"注。 職:惟,惟此,職此,由此。"職",《禮記·大學》引作"尚",尚,猶也,"猶"同"由",亦謂"由此"。

⑫冒疾:妒嫉。冒,即"媢",鄭玄云:"媢,妒也。"疾,同"嫉"。 以:而。 惡(wù):恨,厭惡,不喜歡。此"惡之"與上"其心好之"相反。

⑬違之俾不達:僞孔傳:"違背壅塞之,使不得上通。"違,違拗,阻止。俾不達,鄭玄云:"使功不通於君也。"俾,使。達,通。蔡沈《書集傳》、屈萬里《尚書集釋》謂"達"爲成功,亦可備一説。

⑭以不能保我子孫:用之則不能安保我子孫。

⑮殆:危。

⑯邦:國。 杌(wù)隉(niè):僞孔傳:"杌隉,不安,言危也。"楊筠如《尚書覈詁》:"杌,《説文》作'阢',《廣雅》:'阢,高也。'高則有危懼之意。"隉,《説文解字·𡴌部》云:"隉,危也。"

⑰曰:句首語助詞。 由:由於,因。 一人:謂上文所云一介之臣。

⑱榮懷:繁榮安定。懷,安。

⑲尚:由,因。楊筠如《尚書覈詁》:"尚,疑本作'猶'。《詩·抑篇》'尚可磨也',《史記·晉世家》'尚'作'猶'即其證。《荀子·富國篇》注:'由與猶同。'則'亦猶'即'亦由',正承上文'由'字而言。" 慶:休慶,美善。前《吕刑》云:"一人有慶,兆民賴之,其寧惟永。"

附録:清華簡有關《尚書》的篇章

附一:《清華大學藏戰國竹簡(壹)》中《尹誥》①

尹　誥

　　惟尹既及湯咸有一德,尹念天之敗西邑夏,曰:"夏自絕其有民,亦惟厥衆,非民亡與守邑,厥辟作怨于民,民復之用離心,我捷滅夏,今后胡不監?"摯告湯曰:"我克協我友,今惟民遠邦歸志。"湯曰:"嗚呼,吾何祚于民?俾我衆勿違朕言?"摯曰:"后其賚之,其有夏之金玉實邑,舍之吉言。"乃致衆于亳中邑。

---

①清華大學出土文獻研究與保護中心編,李學勤主編:《清華大學藏戰國竹簡(壹)》,中西書局 2010 年,第 133 頁。此用寬式釋文。

附二:《清華大學藏戰國竹簡(叁)》中《説命》三篇①

説命上

惟殷王賜説于天,庸爲失仲使人。王命厥百工向,以貨徇求説于邑人。惟弼人得説于傅巖,厥俾繃弓,引關辟矢。説方築城,縢降庸力,厥説之狀,腕肩如椎。王迺訊説曰:"帝抑尔以畀余,抑非?"説迺曰:"惟帝以余畀尔,尔左執朕袂,尔右稽首。"王曰:"亶然。"天迺命説伐失仲。失仲是生子,生二牡豕,失仲卜曰:"我其殺之?我其已,勿殺?"勿殺是吉。失仲違卜,乃殺一豕。説于圍伐失仲,一豕乃旋保以逝。迺踐,邑人皆從,一豕隨仲之自行,是爲赦俘之戎。其惟説邑,在北海之州,是惟圜土。説來,自從事于殷,王用命説爲公。

説命中

説來自傅巖,在殷。武丁朝于門,入在宗。王原比厥夢,曰:"汝來惟帝命。"説曰:"允若時。"武丁曰:"來格汝説,聽戒朕言,漸之于乃心。若金,用惟汝作礪。古我先王滅夏,燮强,捷蠢邦,惟庶相之力勝,用孚自邇。敬之哉!啓乃心,日沃朕心。若藥,如不瞑眩,越疾罔瘳。朕畜汝,惟乃腹,非乃身。若天旱,汝作淫雨;若津水,汝作舟。汝惟兹説底之于乃心。且天出不祥,不徂遠,在厥落。汝克覲視四方,乃俯視

①清華大學出土文獻研究與保護中心編,李學勤主編:《清華大學藏戰國竹簡(叁)》,中西書局2012年,第122、125、128頁。此用寬式釋文。

地,心毀惟備。敬之哉!用惟多德。且惟口起戎出好,惟干戈作疾;惟衣載病,惟干戈眚厥身。若抵不視,用傷。吉不吉。余告汝若時,志之于乃心。"

説命下

……員,經德配天,余罔有斁言。小臣罔俊在朕服,余惟命汝説融朕命。余柔遠能邇,以益視事,弼永延,作余一人。王曰:"説!既亦詣乃服,勿易俾越。如飛雀,罔畏離,不惟鷹隼,迺弗虞民,厥其禍亦羅于罿罦。"王曰:"説!汝毋忘曰:'余克享于朕辟。'其有迺司四方民丕克明。汝惟有萬壽在乃政。汝亦惟克顯天,恫瘝小民,中乃罰;汝亦惟有萬福業業在乃服。"王曰:"説!晝如視日,夜如視辰,時罔非乃載。敬之哉!若賈,汝毋非貨如墈石。"王曰:"説!余既諟劫毖汝,使若玉冰,上下罔不我儀。"王曰:"説!昔在大戊,克漸五祀,天章之用九德,弗易百姓。惟時大戊謙曰:'余不克辟萬民,余罔墜天休,式惟三德賜我,吾乃敷之于百姓。余惟弗雍天之嘏命。'"王曰:"説!毋獨乃心,敷之于朕政,欲汝其有友敕朕命哉。"

附三:《清華大學藏戰國竹簡(壹)》中《周武王有疾周公所自以代王之志(金縢)》①

周武王有疾周公所自以代王之志（金縢）

　　武王既克殷三年,王不豫有遲。二公告周公曰:"我其爲王穆卜。"周公曰:"未可以戚吾先王。"周公乃爲三壇同墠,爲一壇於南方,周公立焉,秉璧植珪。史乃册祝告先王曰:"爾元孫發也,遘害虐疾,爾毋乃有備子之責在上,惟爾元孫發也,不若旦也,是佞若巧能,多才多藝,能事鬼神。命于帝庭,溥有四方,以定爾子孫于下地。爾之許我,我則晉璧與珪。爾不我許,我乃以璧與珪歸。"周公乃納其所爲功,自以代王之説于金縢之匱,乃命執事人曰:"勿敢言。"就後武王陟,成王猶幼在位,管叔及其群兄弟,乃流言于邦曰:"公將不利于孺子。"周公乃告二公曰:"我之□□□□亡以復見於先王。"周公宅東三年,禍人乃斯得,於後周公乃遺王詩曰《雕鴞》,王亦未逆公。是歲也,秋大熟,未穫。天疾風以雷,禾斯偃,大木斯拔。邦人□□□□弁,大夫綠,以啓金縢之匱。王得周公之所自以爲功以代武王之説。王問執事人,曰:"信。噫,公命我勿敢言。"王布書以泣曰:"昔公勤勞王家,惟余沖人亦弗及知,今皇天動威,以彰公德,惟余沖人其親逆公,我邦家禮亦宜之。"王乃出逆公至郊,是夕,天反風,禾斯起,凡大木之所拔,二公命邦人盡復築之。歲大有年,秋則大穫。

①清華大學出土文獻研究與保護中心編,李學勤主編:《清華大學藏戰國竹簡(壹)》,中西書局2010年,第157—158頁。此用寬式釋文。

附四：《清華大學藏戰國竹簡（捌）》中《攝命》①

攝　命

王曰："劫姪㢭攝：亡承朕鄉，余弗造民康，余亦曼窮亡可使。余一人無晝夕勤㘝，湛圂在憂。余亦橫于四方，宏义亡斁，甚余我邦之若否，越小大命，肆余囊緐卜乃身，休，卜吉。"

王曰："攝，今余既明命汝曰：肇出納朕命，且今民丕造不康，□□□怨，越四方小大邦，越御事庶百又告有省。今是亡其奔告，非汝亡其協，即行汝。"

王曰："攝，敬哉，毋閉于乃唯沖子小子，毋遞在服，勤祇乃事。有曰：汝唯衛事衛命，汝唯沖子小子，汝威由表由望，不啻汝威，則由勸汝訓言之譔。汝能歷，汝能并命，并命勤肆。汝其敬哉，虔㘝乃事。汝毋敢怗遏余曰乃毓，有曰四方大嬴亡民，亦斯欽我御事。今亦肩肱勤乃事，乃事亡他，汝唯言之司。唯言乃事，我非易。矧行墮敬戀，惠不惠，亦乃服。雖民攸協弗恭其旅，亦勿侮其童，恫瘝寡鰥，惠于小民，翼翼畏小心，恭民長長。汝亦毋敢惰在乃尸服，敬學瞀明，勿緐之庶不順。汝亦毋不夙夕經德，用事朕命。欲汝繹繹，弗功我一人在位，亦則乃身亡能憿用非庸汝正命。汝有告于余事，汝有命正，有即正，亦若之庸弜义。汝有退進于朕命，乃唯望亡逢，則或即命朕。毋敢有退于之，自一話一言。汝亦毋敢"

---

① 清華大學出土文獻研究與保護中心編，李學勤主編：《清華大學藏戰國竹簡（捌）》，中西書局 2018 年，第 109—112 頁。此用寬式釋文。

洪于之,言唯明,毋淫,毋弗節,其亦唯。乃亦唯肇謀,亦則遏逆于朕,是唯君子秉心,是汝則唯肇咨弜義,乃既悔。汝迺敢整極,汝則亦唯肇不子不學,不啻汝,亦畏獲戁朕心。"

王曰:"攝,汝有唯沖子,余既設乃服。汝毋敢朋酗于酒,勿教人德我。曰:毋朋多朋,鮮唯胥以夙夕敬,罔非胥以墮愆;鮮唯胥學于威儀德,罔非胥以淫極。"

王曰:"攝,余辟相唯御事,余厭既異厥心厥德,不之則俾于余。矧汝唯子,今乃辟余,小大乃有聞知弼詳。汝其有斁有湛,乃罛余言,乃知唯子不唯之庸,是亦尚弗逢乃彝。乃作穆穆,唯恭威儀,用辟余在位,乃克用之彝。汝不迺是,唯人乃亦無知亡聞于民若否。乃身載唯明唯寅,汝亦毋敢畏用不審不允。"

王曰:"攝,已,汝唯沖子,余既明命汝,乃服唯寅,汝毋敢滔滔。凡人有獄有讒,汝勿受幣,不明于民,民其聽汝,時唯子乃弗受幣,亦尚辯逆于朕。凡人無獄無讒,迺唯德享,享載不孚,是亦引休,汝則亦受幣,汝迺尚祇逆告于朕。"

王曰:"攝,余肇使汝,汝毋娶,汝亦引毋好好、宏宏、劊德。有汝由子,唯余其卹。"

王曰:"攝,乃克悉用朕命,越朕毖朕教,朋□興從顯汝,從恭汝與汝,曰:穆穆不顯,載允非常人,王子則克悉用王教王學,亦義若時,我小人唯由。民有曰之。余一人曷假,不則職知之聞之言;余曷假,不則高奉乃身,亦余一人永安在位。所弗克職用朕命朕教,民朋亦則興仇怨汝,仇□汝,亦則唯肇不咨逆許朕命,獲羞毓子。"

王曰:"攝,人有言多,唯我鮮。唯朕□□□箴教汝,余唯亦功作汝,余亦唯誻㸌說汝,有汝唯沖子,余亦唯肇耆汝德行,唯穀罘非穀。"

王曰:"攝,敬哉,虔聽乃命,余既明啓劼毖汝,無多朕言曰兹。汝毋弗敬,甚欲汝寵乃服,弗爲我一人羞。"

唯九月既望壬申,王在鎬京,各于大室,即位,咸。士矦右伯攝,立在中廷,北嚮。王呼作册任册命伯攝,虔。

主要參考引用書目

一、校勘的參考

1. 馬衡《漢石經集存》，北京：科學出版社 1957 年

2. 孫海波《魏三字石經集錄》，北平：北平大業印刷局 1937 年

3. 王重民《敦煌古籍叙錄》，北京：中華書局 2010 年

4. 吳福熙《敦煌殘卷古文尚書校注》，蘭州：甘肅人民出版社 1992 年

5. 許建平《敦煌經部文獻合集》（第一冊），北京：中華書局 2008 年

6. 陸德明《經典釋文》，北京：中華書局 1983 年

7. 嚴可均《唐石經校文》，《續修四庫全書》影印上海辭書出版社圖書館藏嘉慶刻《四錄堂類集》本，上海：上海古籍出版社 2002 年

8. 馮登府《唐石經考異》，《清經解》咸豐庚申補刊本

9. 毛居正《六經正誤》，《四庫全書》本

10. 沈廷芳《十三經正字》，《四庫全書珍本初集》本

11. 盧文弨《尚書注疏校正》，《續修四庫全書》影印抱經堂雕《群書拾補》，上海：上海古籍出版社 2002 年

12. 阮元《十三經注疏校勘記》，嘉慶二十年江西南昌府學本

13. 張參《五經文字》，《四庫全書》本

14. 唐玄度《九經字樣》，《四庫全書》本

15. 山井鼎、物觀《七經孟子考文補遺》，北京：國家圖書館出版社

2016 年

16. 屈萬里《尚書異文彙録》,《屈萬里全集》,臺北:聯經出版事業公司
1983 年

17. 顧頡剛、顧廷龍《尚書文字合編》,上海:上海古籍出版社 1996 年

18. 臧克和《尚書文字校詁》,上海:上海教育出版社 1999 年

19. 孫詒讓《十三經注疏校記》,許嘉璐主編《孫詒讓全集》,雪克輯校,
北京:中華書局 2009 年

20. 劉玉才《十三經注疏校勘記》,北京:北京大學出版社 2014 年

21. 杜澤遜《尚書注疏校議》,北京:中華書局 2018 年

22. 杜澤遜《尚書注疏彙校》,北京:中華書局 2018 年

23. 荆門市博物館《郭店楚墓竹簡》,北京:文物出版社 1998 年

24. 馬承源主編《上海博物館藏戰國楚竹書》(一~九),上海:上海古籍
出版社 2001—2012 年

25. 李學勤等主編《清華大學藏戰國竹簡》(壹~拾),上海:中西書局
2010—2020 年

二、注釋的參考

1. 皮錫瑞《尚書大傳疏證》,《續修四庫全書》影印光緒丙申師伏堂刊
本,上海:上海古籍出版社 2002 年

2. 僞孔安國傳、孔穎達疏《尚書正義》,“十三經注疏”,黃懷信整理,上
海:上海古籍出版社 2007 年

3. 林之奇《尚書全解》,陳良中點校,北京:人民出版社 2019 年

4. 夏僎《夏氏尚書詳解》,“叢書集成初編”,上海:商務印書館 1936 年

5. 時瀾修訂、呂祖謙撰《增修東萊書説》,“叢書集成初編”據《金華叢
書》本排印,上海:商務印書館 1936 年

6. 王安石《尚書新義》,見程元敏《三經新義輯考彙評》,上海:華東師
範大學出版社 2011 年

7. 蘇軾《東坡書傳》，"叢書集成初編"據《學津討原》本影印，北京：中華書局 1991 年

8. 蔡沈《書集傳》，王豐先點校，北京：中華書局 2018 年

9. 王柏《書疑》，"叢書集成新編"第 107 冊，臺北：新文豐出版公司 1985 年

10. 金履祥《書經注》，"叢書集成新編"第 107 冊，臺北：新文豐出版公司 1985 年

11. 梅鷟《尚書考異・尚書譜》，"嶽麓書院國學文庫"，姜廣輝點校，上海：上海古籍出版社 2014 年

12. 王夫之《尚書稗疏》《尚書引義》，《船山全書》第二冊，長沙：嶽麓書社 1988 年

13. 閻若璩《尚書古文疏證》（附《古文尚書冤詞》），黃懷信、呂翊欣校點，上海：上海古籍出版社 2010 年

14. 惠棟《古文尚書考》，《清經解》咸豐庚申補刊本

15. 江聲《尚書集注音疏》，《清經解》咸豐庚申補刊本

16. 王鳴盛《尚書後案》，"清代經學著作叢刊"，顧寶田、劉連朋校點，北京：北京大學出版社 2012 年

17. 段玉裁《古文尚書撰異》，《續修四庫全書》本，上海：上海古籍出版社 2002 年

18. 牟庭《同文尚書》，"山左名賢遺書"，濟南：齊魯書社 1981 年

19. 朱駿聲《尚書古注便讀》，"華西大學國學叢書"，成都：華西協和大學鉛印本 1935 年

20. 焦循《尚書補疏》，《清經解》咸豐庚申補刊本

21. 孫星衍《尚書今古文注疏》，"十三經清人注疏"，陳抗、盛冬鈴點校，北京：中華書局 1986 年

22. 陳喬樅《今文尚書經說考》，《續修四庫全書》本，上海：上海古籍出版社 2002 年

23. 皮錫瑞《今文尚書考證》，"十三經清人注疏"，盛冬鈴、陳抗點校，北京：中華書局 1989 年

24. 王先謙《尚書孔傳參正》，"十三經清人注疏"，何晉點校，北京：中華書局 2011 年

25. 俞樾《尚書平議》，見其《群經平議》，《清經解續編》光緒十四年南菁書院本

26. 莊述祖《尚書今古文考證》，《續修四庫全書》本，上海：上海古籍出版社 2002 年

27. 孫詒讓《尚書駢枝》，"孫詒讓遺書"《大戴禮記斠補》附，雪克點校，濟南：齊魯書社 1988 年

28. 劉逢祿《尚書今古文集解》，《清經解續編》光緒十四年南菁書院本

29. 黃式三《尚書啓幪》，《續修四庫全書》本，上海：上海古籍出版社 2002 年

30. 吳汝綸《尚書故》，"中西學術文叢"，上海：中西書局 2014 年

31. 楊筠如《尚書覈詁》，黃懷信標校，西安：陝西人民出版社 2005 年

32. 于省吾《尚書新證》，見其《雙劍誃群經新證》，上海：上海書店出版社 1999 年

33. 曾運乾《尚書正讀》，黃曙輝點校，上海：華東師範大學出版社 2011 年

34. 章太炎《太炎先生尚書說》，諸祖耿整理，北京：中華書局 2013 年

35. 楊樹達《尚書說》，見其《積微居讀書記》，北京：中華書局 1962 年

36. 吳闓生《尚書大義》，臺北：中華書局 2019 年，臺三版

37. 周秉鈞《尚書易解》，上海：華東師範大學出版社 2010 年

38. 周秉鈞《白話尚書》，長沙：嶽麓書社 1990 年

39. 王世舜《尚書譯注》，成都：四川人民出版社 1982 年版

40. 屈萬里《尚書集釋》，見其《屈萬里先生全集》，臺北：聯經出版事業公司 1983 年

41. 金景芳、吕紹綱《〈尚書·虞夏書〉新解》,瀋陽:遼寧古籍出版社 1996 年

42. 金兆梓《尚書詮譯》,"中國古典名著譯注叢書",北京:中華書局 2010 年

43. 李民、王健《尚書譯注》,上海:上海古籍出版社 2000 年

44. 黄懷信《尚書注訓》,濟南:齊魯書社 2002 年

45. 錢宗武、杜純梓《尚書新箋與上古文明》,北京:北京大學出版社 2004 年

46. 顧頡剛、劉起釪《尚書校釋譯論》,北京:中華書局 2005 年

47. 雒江生《尚書校詁》,北京:中華書局 2018 年

48. 胡渭《禹貢錐指》,《清經解》咸豐庚申補刊本

49. 程瑤田《禹貢三江考》,《清經解》咸豐庚申補刊本

50. 辛樹幟《禹貢新解》,北京:農業出版社 1964 年

51. 李長傅《禹貢釋地》,鄭州:中州書畫社 1983 年

52. 茅彭年《吕刑今釋》,北京:群衆出版社 1984 年

53. 程元敏《尚書周書牧誓洪範金縢吕刑篇義證》,臺北:萬卷樓圖書股份有限公司 2012 年

54. 杜勇《〈尚書〉周初八誥研究(增訂本)》,北京:中國社會科學出版社 2017 年

55. 李民《尚書與古史研究(增訂本)》,鄭州:中州書畫社 1983 年第 2 版

56. 姜昆武《詩書成詞考釋》,濟南:齊魯書社 1989 年

57. 林志强《古本〈尚書〉文字研究》,廣州:中山大學出版社 2009 年

58. 劉光勝《出土文獻與〈古文尚書〉研究》,北京:中國社會科學出版社 2020 年

59. 趙朝陽《出土文獻與〈尚書〉校讀》,臺北:蘭臺出版社 2020 年

60. 馬楠《周秦兩漢書經考》,清華大學博士學位論文 2012 年

61. 黄傑《〈尚書〉之〈康誥〉〈酒誥〉〈梓材〉新解》,武漢大學博士學位論文 2017 年

62. 蔣善國《尚書綜述》,上海:上海古籍出版社 1988 年

63. 劉起釪《尚書學史(訂補本)》,北京:中華書局 1996 年

64. 劉起釪《尚書源流與傳本》,瀋陽:遼寧大學出版社 1997 年

65. 程浩《有爲言之:先秦"書"類文獻的源與流》,北京:中華書局 2021 年

66. 陳夢家《尚書通論》,"陳夢家作品集",北京:中華書局 2005 年

67. 程元敏《尚書學史》,上海:華東師範大學出版社 2013 年

68. 馬士遠《周秦〈尚書〉學研究》,北京:中華書局 2008 年

69. 馬士遠《兩漢〈尚書〉學研究》,北京:中國社會科學出版社 2014 年

70. 孔廣森《經學巵言》,《續修四庫全書》影印嘉慶刻巽軒孔氏所著書本,上海:上海古籍出版社 1994 年

71. 王念孫《讀書雜志》,"清代學術名著叢刊",徐煒君、樊波成、虞思徵、張靖偉等校點,上海:上海古籍出版社 2015 年

72. 王引之《經義述聞》,"清代學術名著叢刊",虞思徵、馬濤、徐煒君點校,上海:上海古籍出版社 2016 年

73. 王引之《經傳釋詞》,黄侃、楊樹達批本,長沙:嶽麓書社 1984 年

74. 朱彝尊《經義考》,影印《四部備要》本,北京:中華書局 1998 年

75. 丁福保《説文解字詁林》,北京:中華書局 1988 年

76. 楊樹達《積微居金文説》,"楊樹達文集",上海:上海古籍出版社 2013 年

77. 楊樹達《詞詮》,北京:中華書局 1965 年第 2 版

78.《毛詩正義》,阮元校刻《十三經注疏(附校勘記)》,臺北:藝文印書館 2001 年

79. 馬瑞辰《毛詩傳箋通釋》,"十三經清人注疏",陳金生點校,北京:中華書局 1989 年

80.《周禮注疏》,阮元校刻《十三經注疏(附校勘記)》,臺北:藝文印書館 2001 年

81. 黃以周《禮書通故》,"十三經清人注疏",王文錦點校,北京:中華書局 2007 年

82.《春秋左傳正義》,阮元校刻《十三經注疏(附校勘記)》,臺北:藝文印書館 2001 年

83.《孟子注疏》,阮元校刻《十三經注疏(附校勘記)》,臺北:藝文印書館 2001 年

84. 焦循《孟子正義》,"新編諸子集成",沈文倬點校,北京:中華書局 2004 年

85.《爾雅注疏》,阮元校刻《十三經注疏(附校勘記)》,臺北:藝文印書館 2001 年

86.《國語》,上海:上海古籍出版社 1988 年

87. 徐元誥《國語集解》,北京:中華書局 2002 年

88. 司馬遷《史記》,北京:中華書局 1959 年

89. 班固《漢書》,北京:中華書局 1962 年

90. 范曄《後漢書》,北京:中華書局 1965 年

91. 孫詒讓《墨子閒詁》,"新編諸子集成",孫以楷點校,北京:中華書局 1986 年

92. 王先慎《韓非子集解》,"新編諸子集成",鍾哲點校,北京:中華書局 1998 年

93. 陳立《白虎通疏證》,"新編諸子集成",吳則虞點校,北京:中華書局 1994 年

94. 黃暉《論衡校釋(附劉盼遂《集解》)》,"新編諸子集成",北京:中華書局 1990 年

95. 汪繼培箋、彭鐸校正《潛夫論箋校正》,"新編諸子集成",北京:中華書局 1985 年

96. 王應麟《困學紀聞》,翁元圻等注,欒保群、田松青、吕宗力校點,上海:上海古籍出版社 2008 年

97. 朱熹《朱子全書》,朱傑人、嚴佐之、劉永翔主編,上海:上海古籍出版社;合肥:安徽教育出版社 2002 年

98. 戴震《戴震全書》,張岱年主編,合肥:黄山書社 1995 年

99. 錢大昕《嘉定錢大昕全集》,南京:江蘇古籍出版社 1997 年

100. 王國維《王國維全集》,謝維揚等主編,杭州:浙江教育出版社 2009 年

101. 裘錫圭《裘錫圭學術文集(全六卷)》,上海:復旦大學出版社 2012 年

102. 復旦大學出土文獻與古文字研究中心編《出土文獻與傳世典籍的詮釋》,上海:中西書局 2019 年

103. 李零《我們的中國》,北京:三聯書店 2016 年

104. 馮勝君《二十世紀古文獻新證研究》,濟南:齊魯書社 2006 年

105. 鄭邦宏《出土文獻與古書形近訛誤字校訂》,上海:中西書局 2019 年